Kanon der Theologie

Christian Danz (Hrsg.)

Kanon der Theologie

45 Schlüsseltexte im Portrait

2. Auflage

Die Deutsche Nationalbibliothek verzeichnet diese Publikation
in der Deutschen Nationalbibliografie;
detaillierte bibliografische Daten sind im Internet über
http://dnb.d-nb.de abrufbar.

2., durchgesehene Auflage 2010

1. Auflage 2009
Die Herausgabe dieses Werks wurde durch
die Vereinsmitglieder der WBG ermöglicht.
Gedruckt auf säurefreiem und alterungsbeständigem Papier
Printed in Germany

Besuchen Sie uns im Internet: www.wbg-wissenverbindet.de

ISBN 978-3-534-23501-8

Inhaltverzeichnis

II. Römisch-katholische Literatur

III. Protestantische Literatur

Einleitung

Die Geschichte der christlichen Theologie ist nicht zuletzt auch eine Geschichte der theologischen Literatur. Dies gilt bereits für die allerersten Anfänge dessen, was man später christliche Theologie genannt hat. Schon die Schriften, die in das Neue Testament aufgenommen wurden, setzten sich auf unterschiedliche Weise mit alttestamentlichen Schriften auseinander. Und der zweiteilige, aus Altem und Neuem Testament bestehende biblische Kanon, der in einem langwierigen Prozess von der frühen Kirche festgelegt wurde, fungiert durch die gesamte Geschichte der christlichen Theologie hindurch als Ausgangs- und Fluchtpunkt des theologischen Denkens. Die theologischen Auslegungen der Bibel in Form von erbaulichen Traktaten, Exegesen, lehrhaften Darstellungen oder systematischen Zusammenfassungen wurden dann selbst wieder zu Werken, die die weitere Auslegung bestimmten. Die theologische Schriftenproduktion antwortet auf gegenwärtige Problemstellungen im Horizont eines bereits vorliegenden Problemniveaus und führt dies weiter. So gesehen ist die Geschichte der Theologie eine Geschichte der theologischen Literatur. In den einzelnen theologischen Werken verdichtet sich gleichsam die vorangegangene Geschichte des theologischen Denkens und sie werden selbst wieder zum Anstoß der weiteren theologischen Entwicklung.

Der vorliegende Band bietet einen einführenden Überblick über 45 Schlüsselwerke der Theologiegeschichte von *Iräneus von Lyon* bis *Eberhard Jüngel*. Die vorgestellten Werke zeichnen sich allesamt dadurch aus, den weiteren Gang des theologischen Denkens entscheidend mitbestimmt zu haben. Es sind Werke, denen man den Rang eines ‚Klassikers' der Theologie zubilligt und deren Kenntnis auch noch für das Verständnis von gegenwärtigen theologischen Debatten unerlässlich ist. Sie haben nicht nur ihre eigene Zeit im Gedanken erfasst, sondern auch das Problembewusstsein der nachfolgenden Generation tiefgreifend geprägt.

Der Begriff ‚Kanon', der keineswegs nur in der Theologie gebräuchlich ist, meint einen fest umrissenen Bestand an normativ verbindlichen Texten von höchster Autorität. Dieser Begriff des Kanons ist das Resultat der Aufnahme des antiken Kanonbegriffs (Richtschnur, Maßstab, Norm) durch die christliche Theologie. Zu dem Kanon darf, wie es in der klassischen Formulierung des patristischen Theologen Athanasius heißt, nichts hinzugefügt, nichts weggelassen und nichts verändert werden. Selbstverständlich haben theologische Werke nicht den Rang oder den Status von normativ verbindlichen Texten. Ihr Anspruch ist viel bescheidener. Sie sind Auslegungen und Neudeutungen des Christentums in ihrer Zeit und damit alles andere als verbindlich. In diesem Sinne kann also von einem Kanon der Theologie gar nicht die Rede sein.

Ein Kanon, auch der biblische, ist eine Auswahl von exemplarischen Texten, denen die Funktion eines kulturellen Gedächtnisses (Jan Assmann) zukommt. Auf diesen eher schwachen Sinn ist mit dem Begriff des Kanons in diesem Buch angespielt. Es sollen Schlüsselwerke aus der Geschichte der Theologie einführend vorgestellt werden, die auch noch für die gegenwärtigen Problemstellungen in Theologie und Religionsphilosophie von hoher Bedeutung sind. Dem Leser soll eine allererste Einführung in grundlegende Texte der Geschichte der Theologie geboten werden, die ihm eine Orientierung erlaubt und die vor allem zu eigener Lektüre dieser Werke anregen soll.

Die 45 in diesem Band vorgestellten Werke stellen eine Auswahl aus der enormen Fülle der literarischen theologischen Produktion aus einem Zeitraum von nahezu 2000 Jahren dar. Eine solche Auswahl, das lässt sich gar nicht vermeiden, bleibt zwangsläufig selektiv. Auch dies hat die vorliegende Auswahl mit jedem Kanon gemein. Ein Kanon ist immer das Resultat eines kulturellen und religiösen Selektionsprozesses, in dem bestimmte Texte ausgewählt werden und andere nicht. Das Kriterium der vorliegenden Auswahl lag in der überragenden Bedeutung und Innovationskraft der Schriften. Der Kenner der Theologiegeschichte wird das eine oder andere Werk vermissen. So wurde eines der einflussreichsten Werke der mittelalterlichen theologischen Literatur, die *Sentenzen* des Petrus Lombardus (1095/1100-1160), nicht aufgenommen. Die Bedeutung dieses Werkes mag man daran ermessen, dass es bis in die frühe Neuzeit das theologische Standardlehrbuch war, das immer wieder kommentiert wurde. An Stelle des Lombarden wurde *Sic et non* von Abaelardus aufgenommen. Die Entscheidung zwischen dem Lombarden und Abarlard, die im Interesse an der Ausgewogenheit des Bandes gefällt werden musste, stellte vor die Alternative, entweder den einflussreichsten mittelalterlichen Denker in den Band aufzunehmen oder den innovativsten. Nach Rücksprache mit Mittelalterspezialisten fiel die Entscheidung auf den innovativen Denker.

Die einzelnen Artikel zu den in diesen Band aufgenommenen Hauptwerken der Theologie stellen diese in ihren jeweiligen problemgeschichtlichen Kontext, erörtern die Stellung des Werkes in der Entwicklung des Autors, informieren über Inhalt und Aufbau der Schrift und beleuchten dessen Wirkungs- und Rezeptionsgeschichte. Auf diese Weise wird gleichsam aus der Optik von Schlüsselwerken der Theologie die Geschichte der Theologie selbst in den Blick genommen. Die einzelnen Werke werden in ihren entstehungsgeschichtlichen Kontext gestellt und dadurch kontextualisiert. Dem Leser wird es dadurch möglich, das Werk in bestimmten Problemkonstellationen einzuordnen. Das Buch möchte also kein Werklexikon der Theologie sein, in dem die Fülle der theologischen Literaturproduktion dargestellt wird. Es sollen grundlegende Texte vorgestellt werden, die jeweils für das Gesamtwerk eines Autors exemplarisch sind.

Jeder Artikel des Bandes ist aus sich selbst verständlich und bietet grundlegende Informationen zu dem besprochenen Werk, nennt die wichtigsten Quellen- und Werkausgaben sowie die Standardliteratur, die zu eigener, weiterführender und vertiefender Lektüre anregen wollen. Die Seitenzahlen in den jeweiligen Beiträgen verweisen, sofern nicht anders vermerkt, auf das dargestellte Hauptwerk. Zitate aus der Sekundärliteratur werden in allen Beiträgen im Text durch Nennung des Verfassers, Erscheinungsjahr des Buches und Seitenzahl angegeben. Die vollständige Angabe der Quelle findet sich in den Literaturangaben, am Ende jedes Beitrags. Die in dem Band verwendeten Abkürzungen und Siglen folgen dem Abkürzungsverzeichnis der *Theologischen Realenzyklopädie* (zusammengestellt von Siegfried Schwertner, Berlin/New York 1976. ^{2}1994).

I. Patristische und mittelalterliche Literatur

Irenäus von Lyon, Adversus haereses / Gegen die Häresien (180-185)

1. Der Autor und sein Werk

Irenäus, der wohl um 140 in Kleinasien geboren und um 200 in Lyon gestorben ist, gelangte vielleicht aufgrund einer kirchlichen „Dienstreise“ in die mehrheitlich griechischsprachige Gemeinde von Lyon in Gallien, wo er vor 177 Presbyter wurde. Nach dem Martyrium des dortigen Bischof Potheinos in der Verfolgung von 177 wurde er dessen Nachfolger. Von seinen Schriften, die Euseb in seiner Kirchengeschichte noch kennt (Eus., h.e. V, 26), sind nur mehr zwei vollständig erhalten. Die *Epideixis* (’Επίδειξις τοῦ ἀποστολικοῦ κηρύγματος/Darlegung der apostolischen Verkündigung) und die Hauptschrift ’Ελεγχος καὶ ἀνατροπὴ τῆς ψευδωνύμου γνώσεως (Widerlegung der fälschlich so bezeichneten Gnosis), die unter ihrem lateinischen Kurztitel *Adversus haereses* (Gegen die Häretiker/Häresien) bekannt geworden ist. Irenäus schrieb *Adverus haereses* als Bischof wohl in den Jahren zwischen 180-185 in mehreren Anläufen. Den im griechischen Originaltitel genannten häretischen Anhängern der Gnosis begegnete Irenäus auch in seiner eigenen Gemeinde. Seine genauen Kenntnisse der Gnosis hatte er aber nicht nur aus den Gesprächen und Diskussionen mit den Gnostikern erworben, sondern auch aus gnostischen Schriften, die er gesammelt hatte. Das ursprünglich in der Muttersprache des Irenäus auf Griechisch geschriebene Werk ist uns heute vollständig nur mehr in einer lateinischen Übersetzung des späten vierten Jahrhunderts erhalten. Fragmente des griechischen Textes sind uns bei späteren Kirchenvätern, aber auch in einem Papyrus überliefert.

2. Die Zeit und der Gegner des Irenäus

Irenäus schrieb als Autor des 2. Jahrhunderts in einer Zeit, in der sich das Christentum in einem Transformationsprozess und in einer charakteristischen Situation befand. Das Christentum hatte sich vom ersten bis ins zweite Jahrhundert in geographischer und soziologischer Hinsicht von einer ländlichen, abgelegenen Region des östlichen Mittelmeerraumes aus mit erstaunlicher Geschwindigkeit in die Metropolen des römischen Reiches ausgebreitet. Damit trat das Christentum nun in Konkurrenz nicht nur zu den Religionen der Antike, sondern auch zu den herrschenden anspruchsvollen und zum Teil hoch entwickelten Philosophien und „Weltanschauungen“ der damaligen Welt. Die dafür noch wenig gerüsteten Christen standen damit vor der Aufgabe, den gebildeten antiken Zeitgenossen das junge Christentum zu erklären und vor ihnen intellektuell zu verantworten. Bei dieser Aufgabe wagten sich manche Theologen in neue und mitunter gefährliche Gebiete vor. Theologische Entwürfe entstanden, die den Dialog mit der antiken intellektuellen Umwelt suchten, wobei nicht selten der Boden des (noch keineswegs überall endgültig fixierten) Christlichen verlassen wurde. Deshalb kam gleichzeitig mit diesen Entwicklungen auch ein innerchristlicher Reflexions- und Klärungsprozess in Gang, in dem zur Debatte stand, was noch als christlich bzw. rechtgläubig gelten konnte und nach welchen Kriterien dabei zu urteilen sei. Nicht zu Unrecht hat man deshalb das 2. Jahrhundert mit einem „Laboratorium“ verglichen, in dem theologisch experimentiert wurde. Während dieses Prozesses entstand und verbreitete sich im 2. Jahrhundert in den Bildungsmetropolen der Antike auch jene religiöse Bewegung, gegen die sich die Schrift des Irenäus bereits im Titel wendet: die Gnosis. Die Gnosis war in sich vielgestaltig und brachte eine Reihe von Systemen hervor, die allesamt mit Hilfe der zeitgenössischen Popularphilosophie mehr oder weniger versuchten, den philosophisch gebildeten Zeitgenossen das Christentum zu erklären und näher zu bringen.

Stark vereinfachend können die Systeme der verschiedenen gnostischen Bewegungen folgendermaßen typologisch zusammengefasst werden: Alle gnostischen Systeme gehen von einem unendlich fernen, jenseitigen, höchsten guten Gott aus. Dieser Gott ist aber nicht der Schöpfer der irdischen Welt und der Materie. Diese wurde von einem eigenen, bösen oder auch unwissenden Gott geschaffen, dem „Demiurgen“ (Handwerker). Die vom Demiurgen (und nicht vom guten Gott) geschaffene Welt bzw. Materie ist nach Auffassung der Gnostiker schlecht und böse. Welt und Materie sind im Prinzip radikal vom höchsten, guten unendlich fernen Gott unterschieden. Diese negative Qualifizierung der Schöpfung ist das Signum der Gnosis. Ihr Weltbild ist deswegen stark dualistisch geprägt. Allerlei göttliche Mittelwesen zwischen dem höchsten Gott und der Welt wurden aus diesem Grund eingeführt. Die Entstehung dieser göttlichen Zwischenwesen wird von den Gnostikern oft in langatmigen und geheimnisvollen Genealogien beschrieben. Der Schaffung der Welt durch den Demiurgen geht zumeist ein „tragischer Prolog im Himmel“ voraus, der als kompliziertes mythologisches Drama geschildert werden kann, bei dem ein göttliches Element bzw. Lichtwesen aus der Umgebung des jenseitigen guten Gottes in die Tiefe fällt und damit in die böse Materie gerät wie ein Stück Gold in lauter Unrat. Dieser göttliche Lichtfunke schlummert in bestimmten Menschen und kann geweckt werden. Er ist die notwendige Voraussetzung für die Erlösung, die erst durch diesen „göttlichen“ Ansatzpunkt im Menschen möglich wird. Die Erlösung beginnt für den Gnostiker ab dem Moment, in dem der Mensch erkennt und weiß, dass sich ein Element des jenseitigen Gottes in ihm befindet, d.h. Gott selbst in ihm ist. Diese durch die Vernunft erreichbare und mögliche Erkenntnis und Einsicht (Gnosis) bedeutet die Erlösung. Diese Erkenntnis ist aber letztlich einer vermittelnden Erlösergestalt zu verdanken, die zumeist mit „Christus“ identifiziert wird, die aus der Welt des jenseitigen höchsten Gottes herabkommt, zwar in den Raum der bösen und schlechten Materie hinabsteigt, sich aber als göttliches Wesen nicht auf diese einlässt bzw. in sie eingeht. Diese Erlösergestalt verkündet die Wahrheit, um dann wieder nach Oben zurückzukehren. Diese göttliche Wahrheit gilt es zu erkennen. Der Gnostiker fühlt sich deshalb ab dem Moment der „Gnosis“ in dieser bösen und schlecht gelungenen Welt als Fremder. Er hat Sehnsucht und „Heimweh“ nach dem höchsten, jenseitigen guten Gott und will dieser Welt durch Einsicht und Erkenntnis entfliehen, aber nur geistlich-intellektuell durch Gnosis und nicht leiblich, denn die Materie muss hinter sich gelassen werden.

Diese verschiedenen gnostischen Richtungen und Systeme waren, wie wir wissen, für die Zeitgenossen attraktiv. Irenäus sah sich genötigt, dagegen Stellung zu nehmen, um die Gnosis als Häresie zu entlarven.

3. Aufbau, Inhalt und Stil des Werkes

Irenäus will mit seiner Schrift die christlichen Gemeinden gegen die Gefahren dieser einflussreichen und expandierenden Häresie wappnen und immunisieren. Dies will er durch die vollständige Widerlegung der Gnosis und die genaue Darlegung der damaligen kirchlichen Lehre bzw. durch eine gründliche Unterweisung erreichen.

Adversus haereses besteht aus fünf Büchern. In Buch I stellt Irenäus das gnostische System anhand der „Valentinianischen" Gnosis (System des Ptolemaios) vor. Schon hier kommt er aber nicht umhin, erste massive Kritik anzubringen. Buch II bringt die Widerlegung. Ab Buch III beginnt die positive Darlegung der Wahrheit der kirchlichen Überlieferung durch den Beweis aus der Schrift. Diese zieht sich von hier bis zum Ende des Werkes durch, wobei Buch IV sich der Einheit der Heilsgeschichte widmet und Buch V von der Errettung des Menschen handelt. Das Werk ist wenig bzw. unvollständig gegliedert. Insbesondere im vierten Buch wird man eine klare Gliederung vergeblich suchen. Wir haben mit *Adversus haereses* also keinen geschlossenen, streng komponierten theologischen Systementwurf im herkömmlichen Sinn vor uns. Die kirchliche Lehre wird im Zuge der Auseinandersetzung mit den Schriften der Gnosis in immer neuen Anläufen und Argumentationsreihen, Einzelbeobachtungen und Kommentaren Schritt für Schritt entfaltet. Irenäus zitiert dabei ausführlich gnostische Texte, mit deren Hilfe er zunächst die Lehre seiner Gegner darstellt. Diese Zitate werden dann von ihm kommentiert bzw. widerlegt, wobei es nicht einfach ist, das Zitat und den eingeschalteten Kommentar des Irenäus voneinander zu unterscheiden.

Irenäus legt seine Theologie in einem einfachen literarischen Stil und in klaren Sätzen dar. Er will verständlich sein. Dies liegt nicht nur darin begründet, dass er als Theologe offensichtlich nicht in philosophischer Begrifflichkeit und philosophischer Argumentation geschult und groß geworden ist, sondern Irenäus hat sogar einen offenkundigen Widerwillen gegen eine solche Argumentation mit wissenschaftlicher Begrifflichkeit. Er hegt Misstrauen gegenüber hoher Gelehrsamkeit. Für ihn bestand dabei die Gefahr, in leere theologische Spekulation oder substanzarme Intellektualität abzugleiten. Diese Abneigung hat eine ihrer Wurzeln auch im Auftreten der Gnostiker, die in den Augen des Irenäus mit großer pseudowissenschaftlicher Attitüde und im Gewand hochtrabender Spekulation auftraten und dabei in ihrem Hochmut die gesunde, klare, schlichte und eindeutige Lehre der Kirche geringschätzig betrachteten. In der Tat haftete an den Gnostikern ein elitärer Zug. Sie verstanden sich als jene, die im Reich der Finsternis und unter den vielen Unwissenden das Licht der eigentlichen und wahren erlösenden Einsicht und Erkenntnis besaßen. Nicht selten wurde von Zeitgenossen den Gnostikern hochmütiges Benehmen vorgeworfen. Demgegenüber ist Irenäus der unerschütterlichen und von keinerlei Zweifel angekränkelten Überzeugung, dass die Wahrheit eine Angelegenheit von größter Klarheit ist, allen offen steht und für jeden zugänglich ist. Das Wesentliche des Glaubens sei klar und eindeutig und auch ohne große intellektuelle Anstrengung einsichtig. Zwar gebe es auch schwierige Fragen der Theologie, diese sind aber Fachleuten vorbehalten und berühren nicht den unumstrittenen klaren und eindeutigen Kern des christlichen Glaubens. Irenäus vertritt ein in diesem Sinn schlichtes und praktisches Christentum für jedermann.

4. Die kirchliche Theologie des Irenäus als Antwort auf die Häresien

Nach Irenäus gründet die christliche Lehre auf drei Fundamenten: 1.) auf der apostolischen Sukzession 2.) auf der so genannten Glaubensregel und 3.) auf den biblischen Schriften des Alten und des Neuen Testaments. Im Grunde sind aber alle drei genannten Fundamente nur Teil eines übergeordneten Ganzen, Teile eines großen Fundamentes, nämlich der in historischer Kontinuität auf die Apostel und damit letztlich auf Christus selbst zurückgehenden kirchlichen Überlieferung und Tradition. Nach Irenäus ist die in den Gemeinden lebendige kirchliche Tradition letztlich das Kriterium, woran sich die Christen und die Gemeinden halten und orientieren können. Die kirchliche Gemeindetradition scheidet die rechte Lehre von der Häresie und sie ist zugleich der Garant für die Wahrheit der christlichen Lehre. Besonders deutlich wird dies an der „Glaubensregel" (regula fidei, regula veritatis). Bei der Glaubensregel handelt es sich um eine in den altkirchlichen Gemeinden mündlich überlieferte bekenntnishafte Glaubensnorm, also nicht um einen schriftlich niedergelegten bzw. schriftlich fixierten Text. Nach dem Selbstverständnis der Gemeinden stellt die Glaubensregel eine verbindliche Zusammenfassung der Lehre und der Verkündigung der Apostel dar. Genau in der Zeit als Irenäus *Adversus haereses* schrieb, begannen Theologen sich zur Abgrenzung gegen die Häresien auf sie zu berufen. Formulierungen der in den Gemeinden überlieferten Glaubensregel tauchen außer bei Irenäus noch bei Tertullian und später auch noch bei Origenes auf. In den theologischen Aussagen stimmen alle überlieferten Versionen der Glaubensregel überein. In der Formulierung des Irenäus lautet sie: Die Kirche „hat von den Aposteln und ihren Schülern den Glauben angenommen an den einen Gott, den allmächtigen Vater, ‚der Himmel, Erde, Meer und alles darin gemacht hat' und an den einen Jesus Christus, der Sohn Gottes Fleisch geworden zu unserem Heil und an den Heiligen Geist der durch die Propheten verkündet hat und das Kommen des geliebten Christus Jesus, unseren Herrn; und seine Geburt aus der Jungfrau, das Leiden und die Auferstehung von den Toten und seine leibliche Aufnahme in den Himmel und seine Ankunft vom Himmel in der Herrlichkeit des Vaters um ‚alles zusammenzufassen' (Eph 1,10) und um alles Fleisch der ganzen Menschheit zu erwecken". Diesen von den Aposteln empfangenen Glauben habe die Kirche, obwohl sie über die ganze Welt verbreitet ist, immer sorgfältig und vor allem einheitlich bewahrt (I,10,1-2). Die Glaubensregel sei deshalb die zuverlässige Richtschnur für die christliche Lehre. Sie ist es, weil sie in historischer Kontinuität auf die Apostel selbst zurückgeht. Deshalb ist die Glaubensregel der Garant für die überall gültige Lehre. Auf der ganzen Welt hat deswegen die Kirche ein und denselben Glauben

(I,10,3). Eine solche auf die Apostel und damit auf Christus selbst zurückgehende Überlieferung könnten die Gnostiker eben nicht vorweisen, sie müssen darum zwangsläufig in die Irre gehen. In den Gemeinden hingegen haben die Apostel selbst die Lehre des Herrn den ersten dort von ihnen eingesetzten Bischöfen gegeben, die diese ihrerseits ihren Nachfolgern mitgeteilt haben (III,3,1; IV,33,8). Deshalb ist die Sukzession der Bischöfe von höchster Bedeutung und nicht zufällig ist Irenäus der erste, der uns Bischofslisten überliefert, um die historische Zuverlässigkeit der apostolischen Tradition zu demonstrieren. Die damit von Irenäus formulierte apostolische Sukzession steht dabei für die Zuverlässigkeit der in den Gemeinden lebendigen kirchlichen Überlieferung insgesamt. Dies gilt bis zu einem gewissen Grad sogar für die biblische Überlieferung. Nach Irenäus ist in den biblischen Schriften (Altes und Neues Testament) zwar die gesamte Wahrheit enthalten und sind diese deshalb die Richtschnur der Wahrheit selbst. Alle Aussagen der kirchlichen Überlieferung bleiben zurückgebunden an die Heilige Schrift (III,4,2; III,1,2). In diesem Sinn kann Irenäus durchaus als Schrifttheologe bezeichnet werden. Allerdings beruht die Wahrheit der biblischen Schriften nach Irenäus nicht zuletzt darauf, dass sie seit den Zeiten der Apostel unverfälscht in den Gemeinden überliefert wurden. Sicherheit bei ihrer Auslegung gibt nicht zuletzt die schon vorangegangene Auslegung der Vorväter und damit eben wieder die kirchliche Überlieferung (IV,32,1). Es wird daran deutlich, dass bei Irenäus im Grunde genommen die Kirche als Bewahrerin der Überlieferung und als Verkünderin der Wahrheit die Offenbarung Gottes fortsetzt. In ihr manifestiert sich das offenbarende Handeln Gottes.

Nach Irenäus enthält die kirchliche Überlieferung und Tradition also bereits alle Argumente gegen die Lehren der Gnosis bzw. der Häretiker insgesamt. Seine Theologie findet schon in der Glaubensregel alle für die Gemeinde wichtigen theologischen Aussagen, die die Gnosis entlarven und die mit der Exegese nur mehr zu entfalten und zu illustrieren sind. Irenäus ist der dezidierten Meinung, dass die Gegner gar nicht mehr vernünftig antworten könnten (II,11,2). Der rechtgläubige Christ brauche bloß auf Tatsachen zu verweisen.

An erster Stelle der positiven Darlegungen des Irenäus steht die dogmatische Grundaussage, dass der Erlösergott und der Schöpfergott im Gegensatz zur Gnosis ein- und derselbe sind. Es gilt die theologische Einheit von Schöpfung und Erlösung. Damit wird Welt und Materie als Gottes gute Schöpfung ausgesagt. Die oben zitierte Glaubensregel betont aber nicht nur die Schöpfung durch Gott, sondern in dezidiert antignostischer Stoßrichtung auch die Inkarnation (!) des Sohnes Gottes zum Heil der Menschen. „Invisibile enim Filii Pater, visibile autem Patris Filius" (IV,6,6): Die unsichtbare Realität des Vaters offenbart sich wirklich und greifbar in seinem Sohn, um den Menschen wieder mit Gott zu versöhnen (IV,20, 4). Diese Glaubensüberzeugung des Eingehens des höchsten Gottes in die Materie durch Inkarnation war für Gnostiker eine Ungeheuerlichkeit. In gleicher Weise betont Irenäus in der Glaubensregel die leibliche Auferstehung und die leibliche Himmelfahrt, also keine geistige, sondern eine leibliche Erlösung. In diesem Sinn ist auch die zentrale Stellung der Kreuzigung bei Irenäus zu interpretieren, die bei ihm zusammen mit der Inkarnation das zentrale heilsgeschichtliche Ereignis darstellt. Gerade in der Kreuzigung des inkarnierten Gottessohnes – auch dies für den Gnostiker eine Ungeheuerlichkeit – offenbart sich der Schöpfungsmittler. Letzteres wird von Irenäus übrigens vor allem in seiner Epideixis herausgearbeitet.

Antignostisch ist auch die Vorstellung des Irenäus von einem göttlichen Heilsplan (οἰκονομία/dispositio): Gott hat den Gang der Schöpfung und der Erlösung nach einem genauen Heilsplan eingerichtet. Die Schöpfung bzw. die Welt ist eben nicht im Zusammenhang eines tragischen Unfalls, durch den Fall eines göttlichen Lichtwesens entstanden und deshalb verdorben und übel geraten, sondern die Geschichte des Kosmos ist eine unaufhaltsame und anwachsende, sich entwickelnde Ordnung des Heils. Es handelt sich zugleich um eine fortschreitende „Erziehung" der Menschheit. Die Absichten mit seinem Heilsplan hat Gott den Menschen mitgeteilt und werden in den Gemeinden überliefert. Irenäus will diesen heilgeschichtlichen Weg des Fortschritts in *Adversus haereses* beschreiben und nachzeichnen. Der heilsgeschichtliche Fortschritt vollzieht sich nach ihm dabei auf eine charakteristische Weise. Sie geschieht im immer wieder erfolgenden Rückgriff auf den eigentlichen Anfang, nämlich auf Christus. Denn Christus hat die gesamte Geschichte in sich zusammengefasst (Eph 1,10). Irenäus nennt dies ἀνακεφαλαίωσις/recapitulatio (III,23,1). In Christus ist die gesamte Heilsordnung rekapituliert. Die durch Adams Fall verloren gegangene Gemeinschaft der Menschen mit Gott muss durch den Inkarnierten selbst wiederhergestellt werden. Der Gottessohn stellt wieder her, was durch Adams Fall zerstört worden ist. Das Unvollkommene und Sündhafte muss in einem Rückgriff auf Christus zum Heil „rekapituliert" werden (III,21,10). Der sündige Mensch als das eine Ende eines Bandes wird wieder mit dessen Anfang verbunden und so wieder zum Bild Gottes, das im Inkarnierten für den Menschen sichtbar geworden ist (IV,2; 4; III,21,10-23,8). Die Menschheit entwickelt sich fortschreitend zu diesem Anfang hin, zu dem, was im Menschgewordenen uns schon gegeben ist (V,6,1; V,38f.). Die Heilsgeschichte kommt voran, indem alles auf den inkarnierten Gottesssohn bezogen wird. Bei der Wiederkunft Christi in der Parusie vollendet sich der Heilsplan, sodass alles in allem und in Chistus rekapituliert sein wird (Eph 1,10). Irenäus folgt dabei übrigens chiliastischen Vorstellungen (Apk 20,1ff.). Am Ende wird es zwei Auferstehungen geben. Nach einer ersten Auferstehung der Auserwählten erleben diese im Reich des Sohnes die Erfüllung der Verheißungen. Die danach erfolgende zweite allgemeine Auferstehung bringt dann erst das letzte Gericht, in dem die Erlösten in der endgültigen recapitulatio dem Inkarnierten gleich werden (V,31-36).

5. Bedeutung, Wirkung und Rezeption

Irenäus war nach unserer Kenntnis der erste, der das Thema „Häresien" grundsätzlich und umfassend behandelte. Er ist von Beginn an als *der* Bekämpfer der Häresien in die Kirchengeschichte eingegangen. Irenäus war nach unserer Kenntnis auch der erste, der mit seinem Werk eine Gesamtschau der christlichen kirchlichen Lehre bieten wollte, auch wenn manche Themen wegen der im Vordergrund stehenden antignostischen Argumentation zurücktreten. In gewisser Weise kann Irenäus deshalb als Begründer der Dogmatik bezeichnet werden. Mit dem Werk des Irenäus erreicht die altkirchliche Theologie jedenfalls einen ersten Höhepunkt. Die Skepsis und Ablehnung gegenüber theologischen Experimenten und die gleichzeitige Rückbesinnung auf die kirchliche Tradition lassen ihn als „konservativen" Theologen erscheinen. Mit der Irenäusausgabe des Erasmus von 1526 wurde die Inkarnationstheologie des Irenäus im 16. Jahrhundert einer breiteren wissenschaftlichen Öffentlichkeit zugänglich. Die reformierten Theologen interessierten sich für seine Inkarnationstheologie, die sie gegen die Antitrinitarier verwendeten. Da Irenäus als erster ausführlich das „katholische Prinzip" der apostolischen Sukzession als Garant der Wahrheit der kirchlichen Lehre formulierte, wurde auf ihn naturgemäß in der katholischen Reform und Gegenreformation zurückgegriffen.

Literatur

Quellen und Werkausgaben

IRENÄUS VON LYON, Adversus haereses/Gegen die Häresien (übersetzt u. eingeleitet v. N. BROX, Fontes Christiani 8/1-5), Freiburg/Basel/Wien 1993-2001.

IRENÄUS VON LYON, Contre les hérésies. Buch I (hrsg. u. übers. v. A. ROUSSEAU/L. DOUTRELEAU/ Sources Chrétienne 263. 264), Paris 1982; Buch II (hrsg. u. übers. v. A. ROUSSEAU/L. DOUTRELEAU, Sources Chrétienne 293. 294), Paris 1982; Buch III (hrsg. u. übers. v. A. ROUSSEAU/L. DOUTRELEAU, Sources Chrétienne 210. 211), Paris 1974; Buch IV (hrsg. u. übers. v. A. ROUSSEAU unter Mitarbeit v. B. HEMMERDINGER/L. DOUTRELEAU/C. MERCIER, Sources Chrétienne 152. 133), Paris 1965; Buch V (hrsg. u. übers. v. A. ROUSSEAU/L. DOUTRELEAU, Sources Chrétienne 152. 153), Paris 1969.

Sekundärliteratur

ALAND, B., Frühe direkte Auseinandersetzung zwischen Christen, Heiden und Häretikern (Hans-Lietzmann-Vorlesungen 8), Berlin/New York 2005.

BEHR, J., Asceticism and anthropology in Irenaeus and Clement, Oxford 2000.

BROX, N., Die biblische Hermeneutik des Irenäus, in: ZAC 2 (1998), 26-48.

BROX, N., Irenaeus von Lyon, in: RAC 18 (1998), 820-854.

HAMM, U., Irenäus von Lyon, in: LACL, Freiburg-Basel-Wien ^{3}2002, 351-355.

JASCHKE, H.-J.R., Irenäus von Lyon, in: TRE 16 (1987), 258-268.

MARKSCHIES, C., Die Gnosis, München 2001.

MEIJERING, E.P., Bemerkungen zum Nachleben des Irenäus im Streit der Konfessionen, in: VigChr. 53 (1999), 74-99.

MUTSCHLER, B, Das Corpus Johanneum bei Irenäus von Lyon (WUNT 189), Tübingen 2006.

MUTSCHLER, B., Irenäus als johanneischer Theologe (Studien und Texte zu Antike und Christentum 21), Tübingen 2004.

NOORMANN, R., Irenäus als Paulusinterpret (WUNT 2/66), Tübingen 1994.

OSBORN, E., Irenaeus of Lyons, Cambridge 2001.

OVERBECK, W., Menschwerdung. Eine Untersuchung zur literarischen und theologischen Einheit des fünften Buches „Adversus haereses" des Irenäus von Lyon (BSHST 61), Bern u.a. 1995.

WANKE, D., Das Kreuz Christi bei Irenäus von Lyon (BZNW 99), Berlin/New York 2000.

WYRWA, D., Kosmos und Heilsgeschichte bei Irenäus von Lyon, in: D. WYRWA (Hrsg.), Die Weltlichkeit des Glaubens in der Alten Kirche (FS U. Wickert), Berlin/New York 1997, 443-480.

Rudolf Leeb

Tertullian, Adversus Praxean (um 213)

1. Kontext

Die christlich-lateinische Literatur beginnt in Nordafrika, und sie hat dort in Quintus Septimius Florens Tertullianus „mit einem unvermittelten Fortissimo“ (Sieben) angefangen. Das gilt nicht nur für sein apologetisches Schrifttum und besonders für das berühmte Apologeticum. Vielmehr hat man gerade über die Schrift, die hier vorgestellt wird, gesagt, „daß es in der gesamten patristischen Literatur keine Schrift gibt, die sich an Bedeutung und Einfluss mit […] dem Traktat Adversus Praxean messen kann“ (v. Harnack). Auch wenn wir heute, was solche lobenden Wendungen angeht, zurückhaltender sind, so sind doch die literarischen Qualitäten Tertullians beachtlich, und der Typ des christlichen Intellektuellen, dem wir hier begegnen, besitzt eine Dynamik, die die herkömmliche Theologiegeschichtsschreibung sprengt.

Dabei kennen wir Tertullian, der in der antoninischen und severischen Blütezeit Nordafrikas in Karthago lebte (ca. 160-225 n. Chr.) und sozialgeschichtlich wohl der Oberschicht zuzuordnen ist, nur durch seine 31 (nach anderer Zählung 32) lateinischen Schriften – seine griechischen sind verloren –, in denen er Hyperbel, Antithese und Paradox und all seine von der sog. Zweiten Sophistik bestimmte Sprachkunst mit Witz und common sense dazu einsetzte, im lateinischen Sprachbereich „das Christentum theologiefähig, das heißt: theoriefähig und damit auch diskussionsfähig für den intellektuellen Diskurs […] [zu machen], besonders für den Diskurs mit der Philosophie. In all seiner Fremdheit hat der römische Afrikaner Tertullian entscheidend zur kulturellen Prägung und Definition Europas beigetragen“ (Brennecke). Und das gilt trotz einer Grundeinstellung, die Christentum und Kirche von der Gesellschaft und der Verantwortung für diese trennen will.

Zwei große Themenkomplexe lassen sich in seinem Werk finden: Fragen zur christlichen Existenz in einer nichtchristlichen und eigentlich mit dem christlichen Glauben nicht vereinbaren Gesellschaft sowie zur inhaltlichen Bestimmung des Glaubens, gerade angesichts des in christlichen Kreisen fortschreitenden Pluralismus.

2. Das Problem

Lange Zeit hat man in der Forschung das Denken Tertullians als fortschreitende Radikalisierung beschrieben, ausgelöst durch seine zunehmende Hinneigung zur prophetischen Bewegung des Montanismus, die letztendlich auch zu einem formalen Bruch mit der Großkirche führte. Diese Interpretation erlaubte auch, ein zeitliches Nacheinander von „katholischen" und „montanistischen" Schriften anzunehmen und dies für die Chronologie zu nutzen. Eine solche Entwicklung ist nun in der neueren Forschung ebenso bezweifelt worden wie Tertullians Bruch mit der Großkirche; die Radikalisierung dürfte wohl eher literatur- und stilgeschichtlichen Bedingungen entsprechen. Und nicht jede Erwähnung des Heiligen Geistes oder, wie Tertullian in johanneischer Sprache sagt, des Parakleten ist gleich sicher montanistisch. „In Tertullians Schriften finden sich zudem weder Erwähnungen über montanistische noch ablehnende Äußerungen über afrikanische oder katholische Bischöfe und keine Hinweise auf einen generellen Kirchenausschluß der Montanisten" (Zilling).

Eine Sonderstellung nicht nur im Werk Tertullians, sondern auch in der zeitgenössischen theologischen Debatte nimmt die um 213 geschriebene Schrift *Adversus Praxean* ein, die gegen einen uns unbekannten christlichen Theologen polemisiert, der in Rom und Afrika gelehrt hat und dessen Identifizierung – ein sonst unbekannter monarchianischer Theologe Praxeas oder aber unter dem Spottnamen „Händelsucher" zu identifizieren mit einem bei Hippolyt (haer. 9,7,1) belegten Monarchianer Epigonus, einem Noetschüler, der in Rom gelehrt hat, oder mit dem römischen Bischof Calixtus I. oder gar mit Irenäus von Lyon – zu einem ebenso beliebten wie vergeblichen theologischen Vexierspiel geworden ist. Dabei stützt sich die Schrift Tertullian zum Teil auf eine Homilie *Contra Noetum*, die vielleicht dem kleinasiatischen Schriftsteller mit Namen Hippolyt zugeschrieben werden kann, der von Hippolyt von Rom zu unterscheiden ist.

Der in der Gemeindetheologie stärker als gemeinhin angenommen bekannte Monarchianismus (Hübner) suchte das in der christlichen Tradition mit dem Monotheismus gegebene Problem mit einer einfachen Identifikation zu lösen: Gott und Christus wurden als eigentlich identisch gesehen, und damit war die Menschheit Christi in Frage gestellt. Tertullian will die Unsinnigkeit dieser (monarchianischen) Lehre bei ihren zahlreichen Anhängern entlarven. Dazu benutzt er die insbesondere die rhetorische Gestaltung des Exordiums seines „wichtigsten theologischen Werkes" (Zilling), um drastisch die teuflische Lehre von dem „einen und einzigen Herrn" (unicus dominus) zu geißeln und damit zugleich den Adressaten seiner Schrift die Identifikation ihres Lehrers Praxeas mit dem Teufel zu insinuieren: „Sehr verschiedenartig hat der Teufel die Wahrheit nachgeäfft. Bisweilen sucht er sie zu vernichten, wenn er vorgibt, sie zu verteidigen. So macht er sich zum Anwalt des einzigen Herrn, des Allmächtigen, des Weltschöpfers, um aus dem „einzigen" eine Häresie zu bilden. Er behauptet, der Vater selber sei in die Jungfrau hinabgestiegen, sei selber aus ihr geboren, habe selber gelitten, kurz sei selber Jesus Christus". Dabei könnte doch der Teufel, der die Schrift kennt und benutzt, aus dieser wissen, „dass Gott einen Sohn hat" (Prax 1,1).

3. Das Werk

Deshalb verwendet Tertullian zur Leserlenkung Zitate aus dem Alten und Neuen Testament, nachdem er ein Bild von Praxeas und der Geschichte seiner Häresie gezeichnet hat. Weiterhin weist er anhand der Glaubensregel, die er für die allgemeine kirchliche Position, erst recht aber für jemanden, der zusätzlich vom Parakleten zusätzlich belehrt ist, in Anspruch nimmt, präskriptiv die Lehre der Gegner ab. Er stellt das Beweisziel heraus, nämlich die Vielheit ohne Teilung: „Als ob nicht auch in der Weise einer alles sei, dass aus einem alles ist, und zwar durch die Einheit der Substanz, und trotzdem das Geheimnis (sacramentum) der Ökonomie (oikonomia) gewahrt bleibt, die die Einheit in der Dreiheit anordnet (unitatem in trinitatem disponit) und als drei den Vater, den Sohn und den Geist lenkt (dirigens), als drei nicht der Beschaffenheit (status), sondern dem Grad (gradus) nach, nicht der Substanz (substantia), sondern der Form (forma) nach, nicht der Macht (potestas), sondern der Erscheinungsweise (species) nach, dagegen von einer einzigen Substanz und von einer einzigen Beschaffenheit und von einer einzigen Macht, weil es ein Gott ist, aus dem die Grade und Formen und Erscheinungsweisen unter den Namen Vater, Sohn und Heiliger Geist hergeleitet werden" (Prax 2,4). Dabei stellt „die Aufteilung (dispensatio, anderswo kann es auch dispositio heißen), die wir auch oikonomia nennen" (Prax 2,1), eine entscheidende Voraussetzung für den Glauben an diesen einen Gott dar.

Diese Ökonomie ist ebenso wie die Monarchie längst ein unverstandenes Schlagwort unter den lateinisch sprechenden Christen, so dass es vorweg gilt, zentrale Begriffe für die Schriftargumentation zu klären wie eben „Monarchie" (Prax 3-4), aber auch „Sohn", letzeres unter den Gesichtpunkten, ob er ist (5), wer er ist (6-7) und wie er ist (8), und was die Bedeutung von „ein anderer" (9-10,6) ist. Der kritische Geist Tertullians zeigt sich darin, dass er darauf verzichtet, auf einen judenchristlichen Midrasch, der vielleicht Aristo von Pella zuzuschreiben ist und den auch Irenäus kennt (epid. 43), zurückzugreifen. Diese Variante gibt Gen 1,1 in folgender Fassung wieder: „Im Anfang schuf sich Gott einen Sohn" (5,1). Ebenso lehnt Tertullian hochironisch jede Spekulation über Gottes Willen ab, die sich nicht deutlich aus der Bibel herleiten lässt (10,7-9).

Dabei geht Tertullian seinerseits im Hauptteil seines theologischen Traktates den Bibelstellen nach, die seine These, dass es in Gott eine Mehrheit von „Personen" gibt, verteidigen (Prax 11-16) und die von Praxeas angeführten Schriftstellen widerlegen (17-26). Dabei führt er für seine prosopologische Auslegung bis auf Joh 1,1 nur alttestamentliche Schriftzitate an, während ihm für seine Theophanietheorie, die aus der grundsätzlichen Unsichtbarkeit Gottes zu folgern ist, nur neutestamentliche Schriftstellen zur Verfügung stehen.

Der ersten Refutatio des Praxeas folgt eine zweite (Prax 27-30), die gewisse Modifikationen der monarchianischen Position erkennen lässt, die wohl versuchen, auf trinitarisches Unterscheidungsdenken in Kompromissen einzugehen, aber zu nichts anderem führten als zu Unverständlichkeiten, über die Tertullian seinen Spott ausgießt, ja die er als gnostische Spekulation entlarven kann: „Leute, die bisher behaupteten, der Vater und der Sohn seien einer und derselbe, fangen jetzt damit an, sie eher zu teilen als zu einen! Denn wenn nämlich ein anderer Jesus ist und ein anderer Christus, dann wird der Vater ein anderer Sohn sein, denn Jesus ist der Sohn und Christus der Vater. Eine solche Monarchie, das heißt Jesus und Christus zu zweien zu machen, haben sie vielleicht bei Valentin gelernt“ (Prax 27,2).

Auf verschiedene Richtigstellungen zu Geist und Fleischwerdung (Prax 27,4-15), zu Christus und der biblischen Verwendung dieser Bezeichnung (28) sowie zu Tod, Leiden und Mitleiden Gottes (29-30) folgt die Peroratio, die die Ergebnisse des Traktates zusammenfasst (31). Hat Tertullian schon die Anklage der gnostischen Häresie erhoben, so steigert er diese Anklage jetzt noch durch den Vorwurf, was Praxeas und seine Anhänger verfolgen, sei jüdischer Glaube, der den Unterschied der Christen, das Werk des Evangeliums und die Substanz des Neuen Testamentes vergäße: „Denn Gott hat so das Sakrament erneuern wollen, dass er auf ganz neue Weise als der eine durch den Sohn und den Geist geglaubt werden soll, damit auch öffentlich in seinen eigenen Namen und Personen derjenige erkannt werden soll, welcher in der Vergangenheit zwar durch den Sohn und den verkündet wurde, aber nicht verstanden wurde.“ Trost und Mahnung für den, der bekennt, dass Christus der Sohn Gottes ist, hat Tertullian hier am Ende mit Stellen aus dem 1. Johannesbrief parat. Das Leben hat nur, wer den Sohn hat. „Den Sohn aber hat nicht, der ihn für jemand anderen als den Sohn hält“ (31,3).

4. Die Wirkung

Tertullians Traktat setzt den grundsätzlichen Schritt älterer Apologeten voraus, mit der Logostheologie von der Einzigartigkeit Gottes zu einer Zweiheit zu gelangen, die in theologisch reflektierter Weise das Christusereignis bedachte. Tertullian erweiterte diese Zweiheit in Gott zu einer Dreiheit und modifizierte damit entscheidend die altapologetischen Versuche, Gott nicht nur zu glauben, sondern auch zu denken. Zugleich sprach er von drei „Personen“ und positionierte sie in dem einen Gott „als unter bestimmter Rücksicht, nämlich der des Personseins, Gleiche“ (Sieben). Dabei darf aber Gleichheit nicht mit Identität verwechselt werden. „Identity would destroy them, their difference is the ground of their identity“ (Osborn). Hier liegen dem Denken Tertullians stoische Gedanken zugrunde, die bei Alexander von Aphrodisias oder Stobaeus zu finden sind. Dasselbe gilt für den Gedanken der totalen Mischung, deren Qualitäten oder Naturen erhalten bleiben, eine Vorstellung, die bei der Unterscheidung der beiden Naturen in Christus wichtig ist.

Die Akzeptanz der ökonomischen Trinitätslehre Tertullians erweist sich nicht zuletzt in ihrer theologiegeschichtlichen Wirkungsgeschichte. Das gilt trotz aller Modifikationen der Fragestellungen im Laufe der Geschichte des christologischen und trinitätstheologischen Diskurses. Dabei ist auch schon die Überlieferungsgeschichte des Textes eines nicht für orthodox gehaltenen Schriftstellers erstaunlich. Im Einzelnen hat die Forschungsgeschichte über den direkten Einfluss von *Adversus Praxean* auf bestimmte Kirchenschriftsteller und auf die Konzilsgeschichte zu kontroversen Ergebnissen geführt, insbesondere ist man gegenüber einer geraden und ungebrochenen Traditionskette, die von unserer Schrift zu den Definitionen des Konzils von Chalcedon 451 geführt habe, skeptisch geworden. Das soll aber nicht sagen, dass nicht Gedanken Tertullians adaptiert und, wie es dem Magister wohl gefallen hätte, beim theologischen Weiterdenken anregend nachhaltigen Einfluss ausgeübt haben.

Literatur

Quellen und Werkausgaben (CPL 26)

TERTULLIAN, Adversus Praxean, in: Opera Septimii Florentis Tertulliani, hrsg. v. BEATUS RHENANUS, ED Basel 1521.

TERTULLIAN, Adversus Praxean, in: CSEL 47 (1906), hrsg. v. A. KROYMANN, 227-289.

TERTULLIAN, Adversus Praxean, in: CCSL 1-2, hrsg. v. E. DEKKERS, Turnhout 1954.

TERTULLIAN, Adversus Praxean, in: Corona Patrum 12, hrsg. v. G. SCARPAT, Turin 1952.

TERTULLIAN, Adversus Praxean, in: Tertullians apologetische, dogmatische und montanistische Schriften (BKV 1, 24), hrsg. v. K.A.H. KELLNER, Kempten 1915.

TERTULLIAN, Adversus Praxean, übers. und eingeleitet v. H.J. SIEBEN (FC 34), Freiburg 2001.

Sekundärliteratur

BARNES, T.D., Tertullian, Oxford [2]1985.

BRENNECKE, H.C., Tertullian von Karthago, in: F.W. GRAF (Hrsg.), Klassiker der Theologie 1: Von Tertullian bis Calvin, München 2005, 28-42.

OSBORN, E., Tertullian, in: G.R. EVANS (Hrsg.), The First Christian Theologians, Oxford 2004, 143-149.

WILHITE, D.E., Tertullian the African (Millenium-Studien 14), Berlin 2007.

ZILLING, H.M., Tertullian. Untertan Gottes und des Kaisers, Paderborn 2004.

Wolfgang Wischmeyer

Origenes, De principiis / Περὶ ἀρχῶν (vor 231)

De principiis (*Περὶ ἀρχῶν*), systematisch-theologisches Hauptwerk, das Origenes (185-254) noch in seiner alexandrinischen Zeit (also vor 231) verfasste und in dem er die Grundlinien seines Systems darlegte.

1. Überlieferung des Werkes

Die Überlieferungslage dieses Werkes ist allerdings prekär: Aufgrund der origenistischen Streitigkeiten und der Verurteilung des Origenes und einiger seiner Lehren in den Jahren 543 und 553 ist das Prinzipienwerk in der griechischen Originalgestalt verloren gegangen und nur noch in der lateinischen Übersetzung des Rufin vollständig erhalten. Diese allerdings ist, wie der Übersetzer selbst deutlich macht (De princ. Praef. Rufini 3), alles andere als eine objektive Wiedergabe des griechischen Originals, sondern stellt an vielen Stellen eine orthodoxe Bearbeitung der Vorlage dar. Rufin ging nämlich davon aus, dass Häretiker das Prinzpienwerk des Origenes nachträglich verfälscht hätten und merzte daher in seiner Übertragung alle ihm dogmatisch anstößigen Aussagen aus oder formulierte Passagen, die den inzwischen strenger gewordenen Maßstäben kirchlich-theologischer Lehre nicht mehr genügten, im Sinne der dogmatischen Normen seiner Zeit, die sich ja durchaus von denen der Zeit des Origenes unterschieden, um. An vielen Stellen ist daher eine Rekonstruktion des vom Autor Gemeinten gegen die Übersetzung des Rufin nötig. Eine solche kann auf verschiedene Quellen zurückgreifen: Eine ihrem Anspruch nach wörtliche Übersetzung des Hieronymus, mit der er gegen die Rufin'schen Glättungen den häretischen Charakter der Lehre des großen Alexandriners beweisen wollte, ist zwar ebenfalls verloren gegangen, einige Passagen daraus sind aber in seinen Briefen und polemischen Schriften gegen Rufin durch Selbstzitat des Übersetzers erhalten (Epistula 124). Darüber hinaus sind längere griechische Passagen in der Philokalia, einer von Basilius von Caesarea und Gregor von Nazianz herausgegebenen „Blütenlese" aus den Werken des Origenes, die allerdings nur dogmatisch unanstößige Texte überliefern, und daneben griechische Fragmente in Zitaten und Paraphrasen verschiedener Kirchenschriftsteller (Antipater von Bostra, Athanasius, Epiphanius von Salamis, Euseb von Cäsarea, Marcellus von Ankyra, Maximus Confessor und Theophilus von Antiochien) und in den Zitaten, die als Anhang zu dem antiorigenistischen Edikt des Kaisers Justinian von 543 überliefert sind, erhalten. Der Patriarch und Gelehrte Photius hatte noch eine vollständige griechische Ausgabe des Prinzipienwerkes vorliegen und teilt uns in seiner kurzen Inhaltsangabe des Werkes die ursprünglichen griechischen Kapitelüberschriften mit. Aus diesen Quellen muss die ursprüngliche Lehre des Prinzipienwerkes rekonstruiert werden, wobei allerdings allen Gewährsleuten gegenüber Vorsicht zu walten hat: Wollen die einen die Rechgläubigkeit des Alexandriners erweisen, so die anderen den häretischen Charakter seiner Lehren.

2. Kontext und problemgeschichtlicher Hintergrund

Das Werk offenbart die starke Verwurzelung seines Verfassers im geistigen Milieu der Kulturmetropole Alexandriens: Aufgewachsen in einer christlichen Familie und schon früh mit häretisch-gnostischen Gedanken bekannt geworden, empfing Origenes, als er selbst schon als freier christlicher Lehrer wirkte und philosophisch Interessierte und Anhänger gnostischer Häresien seinen Unterricht besuchten, bei Ammonius Sakkas, dem späteren Lehrer des Begründers des Neuplatonismus, eine gründliche Schulung in der platonischen Philosophie (vgl. Euseb, Kirchengeschichte VI,19,1-14). So sind eine gediegene und auf Höhe der Zeit stehende Kenntnis der klassischen und zeitgenössischen Philosophie, eine eingehende Auseinandersetzung mit den Lehren der christlichen Gnosis, insbesondere des Valentinianismus, und zugleich eine bewusste Rückbindung seines theologisch-spekulativen Denkens an die christliche Tradition kennzeichnend für den origeneischen Systementwurf. Diese christliche Tradition spricht sich bei Origenes einmal in seiner grundlegend biblischen Fundierung seines theologischen Denkens, zum anderen in der Übernahme der kirchlichen Glaubensregel als eines unhintergehbaren Maßstabes allen theologischen Forschens und Lehrens aus.

3. Inhalt des Werkes

In der Einleitung zur Prinzipienschrift entfaltet Origenes das Programm seiner systematisch-theologischen Forschung, die christliche Wahrheit in Auseinandersetzung mit der Philosophie und der christlichen Häresie am Leitfaden der kirchlichen und apostolischen Überlieferung klar und zwingend in ihrem inneren Zusammenhang als „organisches Ganzes“ (*series et corpus*) darzustellen (Praef. 10). Auf der Basis der kirchlichen Glaubensregel (*ecclesistica et apostolica traditio*), in der die grundsätzliche Selbstabgrenzung der Kirche von der gnostischen wie auch der markionitischen Häresie zur Zeit des Origenes schon vollzogen ist (Betonung der Zusammengehörigkeit von Altem und Neuem Testament, der Identität von Schöpfer- und Erlösergott, der Einheit und Einzigkeit des Erlösers Jesus Christus und Ablehnung des Doketismus, vgl. Praef. 3-8), sollen gerade die Probleme und Fragestellungen, die in der kirchlichen Tradition noch nicht endgültig geklärt werden konnten, durch spekulative Schriftexegese und rationale Argumentation bearbeitet und einer Lösung zugeführt werden. Dieses Forschungsprogramm wendet sich ausdrücklich an die intellektuelle Elite unter den Christen, während sich die einfachen Gläubigen an die von den Aposteln und der kirchlichen Tradition eindeutig festgeschriebenen heilsnotwendigen Lehren halten sollen.

Die eigentliche Darstellung der Theologie folgt dann in *De principiis* durchaus dem Aufriss eines theologischen Systems in der Abfolge: die göttliche Trias (Vater, Sohn und Heiliger Geist), die Vernunftwesen, der Kosmos. Anders als in einer theologischen Summe wird diese absteigende Bewegung von den ersten Prinzipien bis zur Materie allerdings nicht in einem geschlossenen linearen Entwurf, sondern in drei aufeinander folgenden systematischen Zyklen dargestellt und zwar in I,1 bis II,3 in einem mehr allgemeinen Durchgang, in II,4 bis IV,3 in einem mehr auf die Heilsgeschichte und auf philosophische und häretische Herausforderungen eingehenden Verfahren, das mit der Lehre von der Heiligen Schrift als dem Höhepunkt der theologischen Darstellung abschließt, und schließlich in IV,4 mit einer kurzen zusammenfassenden und die Ergebnisse der bisherigen Untersuchungen vervollständigenden Anakephalaiosis (zur Gliederung vgl. Harl, 1975, 11-32; Lies, 1992, 15-21; Steidle, 1940/41, 236-239).

Ausgangspunkt der Systementwicklung ist die göttliche Trias, die als eine hierarchische Ordnung ewiger Hypostasen geschildert wird: Ursprung allen Seins ist der streng transzendent vorgestellte Vater (I,1), der in ewiger Zeugung den Sohn als Abbild seiner selbst (I,2,4-7) und dann durch den Sohn den Heiligen Geist hervorbringt (I,3,3 rekonstruiert nach Justinian, Ep. ad Menam [21,7-10], vgl. Strutwolf, 1993, 224 Anm. 88).

An diese göttliche Sphäre schließt sich eine ewige geistige Schöpfung, eine Welt reiner, unkörperlicher Geister an, die vom Vater durch den Sohn geschaffen worden und durch ihre Herkunft aus dem Nichts deutlich von der göttlichen Sphäre unterschieden ist (I,7,1-2). Denn diese Vernunftwesen sind, da sie nicht notwendig existieren, nicht wesenhaft gut, und bedürfen, um gut zu sein und zu bleiben, der ständigen Heiligung durch den Heiligen Geist, der sie mit dem Sohn verbindet, welcher ihnen wiederum den Vater offenbart (I,3,8). Diese übernatürliche Verbindung der Vernunftwesen mit Gott unterliegt daher der Freiheit der Vernunftwesen und es kostet sie offenbar nicht unerhebliche Mühe, in diesem vollkommenen Zustand zu verharren (I,3,8-4,1). Diese Vorstellung von der Freiheit der Vernunftwesen ist nun der „archimedische Punkt" der origeneischen Systembildung (Lies), denn sie ermöglicht es dem alexandrinischen Theologen, die Vorstellung von der Güte und Gerechtigkeit des Schöpfergottes mit der Wirklichkeit einer durch metaphysische und moralische Unvollkommenheit gekennzeichneten materiellen Welt, die durch die scheinbar ungerechte Verschiedenheit der in ihr lebenden Vernunftwesen und deren Lebenslose geprägt ist, auszugleichen. Entspricht die primäre Schöpfung einer großen Zahl von einander völlig gleichen und körperlosen Vernunftwesen der Güte und Gerechtigkeit Gottes, so resultiert die faktische Verschiedenheit der Kreaturen in der gegenwärtigen Welt erst aus dem freien Willen eben dieser Geschöpfe, die nicht in ihrem ursprünglichen schöpfungsgemäßen Status der gottseligen Schau geblieben, sondern in verschiedenem Maße von Gott abgefallen sind (vgl. Strutwolf, 1993, 242-244). Erst auf den Fall und die daraus resultierende qualitative Verschiedenheit der Vernunftwesen reagiert Gott dann mit der Schaffung der materiellen Welt, die dazu dienen soll, die gefallenen Geister aufzunehmen und sie durch ihre Verbindung mit materiellen Leibern zu erziehen.

Diese Freiheitslehre ist deutlich in Abgrenzung von der gnostisch-valentinianischen Lehre von den drei verschiedenen Naturen (den von Natur zur Erlösung bestimmten Pneumatikern, den durch freie Entscheidung zum Heil fähigen Psychikern und den aufgrund ihrer rein materiellen Wesenheit zum Verderben prädestinierten Hylikern) entworfen. Während die Gnostiker die Verschiedenheit der Lebenslose von Engeln, Menschen und Dämonen als Ausdruck ihrer verschiedenen, ihnen quasi schicksalhaft zugekommenen Naturen interpretierten, ist sie für Origenes das Resultat der freien Entscheidung der Vernunftwesen und impliziert die prinzipielle Gleichheit aller Vernunftwesen, die daher gleichen Wesens und somit prinzipiell erlösungsfähig sind. Da im Kontext dieses Entwurfs die Schöpfung der sichtbaren Welt nicht der ursprüngliche Wille Gottes ist, sondern eine Reaktion auf den Fall der Vernunftwesen und eine pädagogische Notmaßnahme darstellt, liegt es nahe, dass das Ziel der Erlösung letztlich in der endzeitlichen Aufhebung der materiellen Schöpfung und in der Befreiung der an und für sich immateriellen Seelen von der Körperlichkeit und ihrer Rückführung in den anfänglichen körperlosen Zustand besteht.

Das Zentrum der Heilsgeschichte, die als ganze der Rückführung der gefallenen Wesen zu ihrem Ursprung dient, bildet auch im Systementwurf des Origenes die Inkarnation des Gottessohnes, der durch seinen Tod und seine Auferstehung die Verlorenheit des Menschen überwindet. Da Origenes wie viele seiner christlichen Zeitgenossen die philosophische Vorstellung vom Göttlichen als unveränderlicher und leidensunfähiger Wesenheit teilt und somit die Vorstellung von einem leidenden und sterbenden Gott für eine logische und theologische Unmöglichkeit hält, zugleich aber auch der antidoketisch zugespitzten apostolischen Verkündigung von der Menschwerdung, von Leiden, Tod und Auferstehung des göttlichen Logos, verpflichtet ist (Praef. 4), entwirft er als Lösung dieser Grundaporie des christlich-platonischen Denkens als erster Theologe eine Christologie (II,6), die er selbst ausdrücklich als Modell vorstellte, ohne den Anspruch auf dogmatische Verbindlichkeit zu erheben. Ausgangspunkt der Überlegungen ist die Vorstellung von der Mittlerfunktion der menschlichen Seele zwischen geistigem und materiellem Bereich. Während das Göttliche als solches nicht in der Lage ist, sich mit der Materie zu vereinigen, ist die Seele als immaterielle Substanz nicht nur fähig, mit Gott verbunden zu werden und das Göttliche in sich aufzunehmen, sondern auch in die materielle Welt hinab zu steigen und einen materiellen Leib anzunehmen, und kann so die Brücke zwischen Gott und Materie bilden.

Eine solche Mittlerfunktion kann aber nur eine vollkommene und daher nicht gefallene Seele übernehmen, da allein eine solche den göttlichen Logos ganz und gar in sich aufnehmen kann. Daher muss Origenes postulieren, dass eines der präexistenten Vernunftwesen vom Urfall ausgenommen ist und sich in der Präexistenz so sehr mit dem göttlichen Logos, dem Sohn Gottes, verbunden hat, dass es ganz in ihm aufgegangen ist und sich in dieser engen Verbindung so sehr mit dem göttlichen Sohn vereinigt hat, dass es selbst vergöttlicht wurde. Diese Seele kann daher in ihrem Abstieg in dieser Welt den göttlichen Logos repräsentieren und damit als Mittler zwischen dem überweltlichen Logos und dem menschlichen Leib fungieren. Diese Christologie baut Origenes zu einer regelrechten Zwei-Naturen-Lehre aus: Der göttliche Logos, der sich in Christus offenbart, ist die göttliche Seite in Jesus, die weder leiden noch auf den menschlichen Leib eingegrenzt werden kann, sondern auch während der Inkarnation beim Vater weilt und zugleich die gesamte Welt durchwaltet. Die menschliche Seele und der von ihr angenommene Leib dagegen bilden die menschliche Seite Jesu, die veränderlich und leidensfähig und so Träger aller kreatürlichen Akte des Erlösers ist. Die untrennbare Einheit beider Naturen, die sich im wohl von Origenes geprägten Begriff des „Gott-Menschen" (Deus-homo = θεάνθρωπος) ausspricht (II,6,3, vgl. Lk. Hom 7), führt dazu, dass er im Ansatz schon die Lehre von der Idiomenkommunikation" vertreten kann (vgl. Lieske, 1938, 123-25; Strutwolf, 1993, 272-73). Auch im Erlösungswerk wirken beide Naturen Christi zusammen, indem der göttliche Logos seine mit ihm in völliger Willenseinheit verbundene Seele als Lösegeld für die Seelen der gefallenen Menschen einsetzt (II,4,4). Tod und Auferstehung Jesu leiten den Prozess der ‚Wiederbringung aller Dinge', die Apokatastasis, ein. Da alle Vernunftwesen in ihrer Natur und ihrem Ursprung gleich sind, scheint es zwingend zu sein, dass auch alle vernünftigen Wesen am Ende wieder zu ihrem Ursprung zurückkehren werden. Und es ist daher mehr als folgerichtig, dass Origenes wirklich die Allversöhnung gelehrt hat, die sich auch jenes Vernunftwesen einbezieht, das durch seinen Fall zum Teufel geworden ist (III,6,5; zum vermeintlichen Widerspruch dieser Lehre mit anderen Aussagen des Origenes, vgl. Strutwolf, 1993, 354f.).

Da dieser Prozess der Wiedereinbringung aller Vernunftwesen aber mit dem Postulat der Freiheit der Vernunftwesen vereinbart werden muss und Gott dabei keinerlei Zwang auf die freien Wesen ausüben soll, muss sich die Erlösung über eine unüberschaubare Zahl von verschiedenen Weltenläufen erstrecken. Die origeneische Vorstellung von verschiedenen Welten vor und nach dem gegenwärtigen Kosmos ergibt sich auch aus dem Postulat, dass Ursprung und Ziel der Heilsgeschichte einander gleich sein sollen (I,6,2): Da nämlich der Anfang durch die Gleichheit aller Vernunftwesen gekennzeichnet ist, muss jeder Zustand des Weltsystems, in dem es noch Verschiedenheit unter den Vernunftwesen gegeben ist, als vorläufiger Übergangszustand angesehen werden. Steht nach biblischem Zeugnis nämlich am Ende dieser Welt das Weltgericht mit der Scheidung von Erlösten und Verdammten, so kann das von den Voraussetzungen des Origenes her betrachtet nur bedeuten, dass das Ende der gegenwärtigen Welt noch nicht das eschatologische Ziel der gesamten Heilsgeschichte sein kann (II,1,3 Ende).

Den Höhepunkt des Werkes bildet nicht zufällig die Lehre von der Heiligen Schrift (IV,1,1-3,15), weil der gesamte Systementwurf nichts anderes sein will als das Ergebnis einer methodisch durchgeführten Auslegung der ganzen Heiligen Schrift, in der die verschiedenen Aussagen und Lehren der Bibel zu einem organischen Ganzen verbunden werden. Ausgehend von einer – schon als kirchliche Tradition vorgestellten – Lehre von der durchgehenden göttlichen Inspiration der Heiligen Schrift Alten und Neuen Testaments durch den Heiligen Geist (Praef. 8; IV,1,1) entwirft Origenes dann seine Lehre vom dreifachen Schriftsinn (IV,2,4-6): Die anthropologische Trichotomie von Leib, Seele und Geist wird auf die Heilige Schrift übertragen: Den Leib der Schrift bildet der Text in seinem Wortlaut und in seinem buchstäblichen Sinn. Da dieser leibliche Sinn der Schrift aber an vielen Stellen Widersprüche, Brüche und Ärgernisse enthalte, verweise er auf einen zweifachen höheren Schriftsinn, nämlich zum einen auf den seelischen, der sich auf Erbauung der menschlichen Seele bezieht und damit auch als moralischer Schriftsinn bezeichnet werden kann, zum anderen auf den geistlichen (pneumatischen) Sinn, der die göttlichen Geheimnisse und tiefe nur den Vollkommenen zugänglichen Lehren enthält – jene Lehre nämlich, in die Origenes seine Schüler mit seinem Prinzipienwerk einführen möchte.

4. Wirkungs- und Rezeptionsgeschichte

Aufgrund der problematischen Überlieferungslage wie auch der eigentümlichen, problemorientierten und teilweise aporetischen Darstellungsweise seines Systems im Prinzipienwerk ist sowohl die Gesamtcharakteristik des Werkes als auch das Verständnis vieler darin diskutierter theologischer Positionen bis heute in der Forschung strittig. Da Origenes hier vielfach Probleme hypothetisch erörtert und in einigen Fragen verschiedenen Lösungsmodelle nebeneinander stellt, ohne eine eindeutige Antwort zu geben, wird von vielen Forschern der Systemcharakter es Prinzipienwerkes überhaupt bestritten und von einer „théologie en recherche“ gesprochen (Crouzel). Dagegen geht etwa F.-H. Kettler von einer Verhüllung der eigentlichen Ansichten durch Origenes aus, der dadurch Anstoß und Häresieverdacht zu vermeiden trachte. Es lässt sich nämlich feststellen, dass Origenes zu einigen der in *De principiis* offen gelassenen Fragen, in anderen Werken (besonders den Kommentaren) durchaus eindeutige Positionen vertreten hat. So bleibt im Prinzipienwerk die Frage offen, ob die verklärte Auferstehungsleiblichkeit im Endheil erhalten bleibe oder sich dann völlig auflösen werde (I,6,4 und II,3,7), während Origens an andere Stelle unverhohlen für die Unkörperlichkeit des Endheils votiert hat (Mt. Komm XVI,5; CCels V,44). Es spricht daher viel dafür, das Prinzipienwerk als „Einführung in das System“ zu verstehen, „als den Versuch, die zur Spekulation und tieferen Erkenntnis Fähigen von der Ebene des einfachen Gemeindeglaubens zur Betrachtung der den simpliciores verborgenen Mysterien hinzuführen“ (Strutwolf, 1993, 364f.).

Die Wirkungsgeschichte des Prinzipienwerkes war nach einer lang andauernden Phase, in der Schüler und Enkelschüler des großen Alexandriners und Origenesverehrer prominente Bischofsitze in der östlichen Kirche besetzen und Theologen wie Dionysius von Alexandrien, Theognost und Pierius, Pamphilus und Euseb von Caesarea in den Bahnen des origeneischen Systementwurfs dachten und in der bis weit ins vierte Jahrhundert hinein wesentliche Impulse zur Ausbildung der christlichen Trinitätslehre von origenistischen Theologen ausgingen, durch die origenistischen Streitigkeiten des vierten und fünften Jahrhunderts stark eingeschränkt, obwohl ein Theologe vom Format eines Maximus Confessor noch im 7. Jahrhundert versuchte, die Lehren des alexandrinischen Systematiker durch eine möglichst orthodoxe Interpretation in der Kirche zu erhalten. Verschwand das griechische Original, dessen letzter greifbarer Zeuge Photius im 9. Jahrhundert ist, in der Folgezeit völlig aus den Bibliotheken des Ostens, so überlebte das Werk im Westen einmal in der dogmatisch geglättete Übersetzung des Rufin, zum anderen blieben hier auch durch die weit verbreiteten antiorgenistischen Werke des Hieronymus die problematischen Lehren des Origenes weiterhin bekannt, ohne dass von einer wirklich positiven Rezeption des Prinzipienwerkes bei den lateinisch schreibenden Theologen gesprochen werden könnte. Wie im Osten so wurde auch im Westen Origenes primär als Exeget und nicht als Dogmatiker rezipiert. Allein der in vielerlei Hinsicht außergewöhnliche Johannes Scotus Eriugena zitierte nicht nur aus dem Prinzipienwerk, sondern war auch in seiner Frühschrift *De praedestinatione* inhaltlich vom systematischen Hauptwerk des Origenes beeinflusst, wenn er auch die Lehre von der Präexistenz der Vernunftwesen nicht übernahm (vgl. Lies, 1992, 194). Erst die Humanisten fanden einen neuen Zugang zu den Werken des Origenes, allen voran Erasmus von Rotterdam, der sich im seinem Streit um die Willensfreiheit gegen Luther auf Passagen aus *De principiis* berief, während die Theologen der Reformation wie auch ihre katholischen Gegner der Theologie des Alexandriners weithin ablehnend gegenüber standen. In der Neuzeit wurden Leben und Werk des Origenes und damit auch sein Hauptwerk zum Gegenstand kirchen-, theologie- und geistesgeschichtlicher Forschung. Auf dem Umweg dieser historisch-kritischen Erschließung des origeneischen Systementwurfs hat dieser dann wohl auch auf das Denken bedeutender Theologen und Philosophen der Neuzeit eingewirkt (G.E. Lessing, C.F. Bahrdt, J.H. Newmann, F.C. Oetinger, Julius Müller, E. Troeltsch und P. Tillich) – eine Wirkungsgeschichte, die allerdings noch keineswegs genügend erforscht worden ist.

Literatur

Quellen und Werkausgaben

ORIGENES, Peri Archon, in: Origenis Opera II, hrsg. v. J. MERLIN, Paris 1512 (Editio princeps).

ORIGENES, Peri Archon, in: Origenes Werke. Fünfter Band: De principiis (GCS 22), hrsg. v. P. KOETSCHAU, Leipzig 1913.

ORIGENES, Vier Bücher von den Prinzipien hrsg., übersetzt, mit kritischen Anmerkungen versehen v. H. GÖRGEMANNS/H. KARPP, Darmstadt [2]1985.

Sekundärliteratur

CADIOU, R., Introduction au système d'Origène. Paris 1932.

CROUZEL, H., Origène est-il un systématique?, in: BLE 60 (1959), 81-116.

DORIVAL, G., Remarques sur la Forme du „Peri Archon", in: H. CROUZEL/G. LOMIENTO/J. RIUS-CAMPS (Hrsg.), Origeniana. Premier colloque international des études origéniennes, Bari 1975, 33-45.

HARL, M., Recherches sur le „Peri Archon" d'Origène en vue d´une nouvelle édition: la division en chapitres, in: Studia Patristica 3 = Texte und Untersuchungen 78 (1961), 57-67.

HARL, M., Structure et cohérence du „Peri Archon", in: H. CROUZEL/G. LOMIENTO/J. RIUS-CAMPS (Hrsg.), Origeniana. Premier colloque international des études origéniennes, Bari 1975, 11-32.

JONAS, H., Origenes' „Peri Archon" – ein System patristischer Gnosis, in: ThZ 4 (1948), 101-119.

KETTLER, F.-H., Der ursprüngliche Sinn der Dogmatik des Origenes (Beiheft 31 zur ZNW), Berlin 1966.

KÜBEL, P., Zum Aufbau von Origenes' De principiis, in: Vigiliae Christianae 25 (1971), 31-39.

LIES, L., Origenes' „Peri Archon". Eine undogmatische Dogmatik. Werkinterpretationen, Darmstadt 1992.

LIESKE, A., Die Theologie der Logosmystik bei Origenes, Münster 1938.

RIUS CAMPS, J., El „Peri Archon" d'Orígenes. Radiografia del primer tractat de teologia dogmático-sapiencial, Barcelona 1985.

SIMONETTI, M., Osservationi sulla struttura del „De principiis" di Origene, in: Rivista di filologia e d'instruzione classica, N.S. 40 (1962), 273-290.

STEIDLE, B., Neue Untersuchungen zur Origenes „Peri archon", in: ZNW 40/41 (1940/41), 236-243.

STRUTWOLF, H., Gnosis als System. Zur Rezeption der valentinianischen Gnosis bei Origenes, Göttingen 1993.

Holger Strutwolf

Eusebius von Caesarea, Praeparatio evangelica / Demonstratio evangelica (314-323)

1. Werk und Kontext

Aus dem reichen literarischen Schaffen des Eusebius von Caesarea ragt neben der *Historia ecclesiastica* v.a. das sog. apologetische Doppelwerk *Praeparatio evangelica* (p.e.) und *Demonstratio evangelica* (d.e.) hervor. Die voluminösen Bände sind nach dem die diokletianische Christenverfolgung endgültig beendenden Toleranzedikt des Galerius (311) entstanden. Als Abfassungszeit werden für die p.e. meist die Jahre 314 bis 318, für die d.e. 318 bis 323 angenommen (Winkelmann, 1991, 190). Während die p.e. in ihren fünfzehn Büchern vollständig auf uns gekommen ist, fehlt von der d.e. ungefähr die Hälfte des in der Disposition Eusebs (d.e. I,1,6) auf zwanzig Bücher angegebenen Umfangs, so dass nur die Bücher I-X und ein Fragment des Buches XV erhalten sind. In ihrem Zusammenhang repräsentieren die beiden Teile des Doppelwerks den Höhepunkt der griechischsprachigen christlichen Apologetik der Antike. In der Tradition früherer Apologeten (Justin, Clemens Alexandrinus, Origenes) stehend, verleiht Euseb der christlichen Apologetik eine neue Qualität (Winkelmann, 1991, 46), indem er mit der „apologetischen Summe" (Ulrich, 2007, 56) ein neuartiges literarisches Genre etabliert. Zugleich ist das Doppelwerk das umfänglichste literarische Zeugnis seiner universalgeschichtlichen Konzeption, die auch anderen seiner Werke (*Eclogae propheticae*, *Historica ecclesiastica*, *Chronicon*, *Theophaneia*) zugrundeliegt. Es hat ein pädagogisch-lehrhaftes und zugleich wissenschaftlich-beweisendes Anliegen (Sirinelli, 1974, 43-47).

2. Programm und Intention

In der Einleitung zur *Praeparatio* und *Demonstratio evangelica*, die von vornherein als aufeinander bezogene Teile eines Doppelwerks geplant und dann auch ausgeführt worden sind, erläutert Eusebius sein apologetisches Programm: Er betont, dass er gegenüber den Anstrengungen der früheren Apologeten neue Wege beschreiten wolle (p.e. I,3,4). Seine Arbeit habe den Charakter eines Neuansatzes: Ziel der Schrift(en) sei es, „das Christentum zu zeigen, was es denn sei" (p.e. I,1,1). Damit verbindet sich der universale Anspruch nicht nur auf Darstellung der gesamten christlichen Lehre, sondern auch nach Einordnung derselben in den Kontext der Heilsgeschichte, wodurch sie in Unterscheidung von allen anderen Lehren als die einzig wahre, vollständig logosgemäße Religion erwiesen werden soll.

Das apologetische Doppelwerk richtet sich dezidiert an Christen, wobei die *Praeparatio evangelica* an diejenigen adressiert ist, die sich erst unlängst dem Christentum zugewandt haben und eine Argumentationshilfe in der Auseinandersetzung mit den Heiden benötigen (p.e. I,1,11-13), während die *Demonstratio evangelica* sich an fortgeschrittene Christen wendet (p.e. I,5,2f.), „die darauf vorbereitet sind, die höheren Wahrheiten zu empfangen" (p.e. I,1,12), um einer Auseinandersetzung mit den Juden gewachsen zu sein. Sobald die Anfänger im Christentum nach Lektüre der p.e. die Überlegenheit der christlich-jüdischen Tradition über die pagane argumentativ vertreten können, sollen sie in der d.e. begründet sehen, warum sich die Christen von den Juden getrennt haben (d.e. I,1,15-18); zu diesem Zwecke sollen in der d.e. die genaue Kenntnis und die exakten Beweise für Gottes geheimnisvolles Wirken in dem Herrn und Retter Jesus Christus aufgeführt werden (p.e. I,1,12). Diesem Ansatz folgend setzt Euseb in der *Praeparatio evangelica* eine Fülle von Quellen aus der paganen Tradition mit der jüdisch-christlichen Überlieferung in Beziehung, um die Überlegenheit letzterer zum Vorschein kommen zu lassen. In der *Demonstratio evangelica* hingegen beweist er, nachdem die Dignität der jüdisch-christlichen Tradition gegenüber der heidnischen durch die Ausführungen in p.e. gesichert ist, die Überlegenheit des Christentums gegenüber dem Judentum. Diese Beweisführung muss aus den Quellen des Alten Testaments erfolgen, dessen Deutung zwischen Christen und Juden strittig ist.

Primäre Intention von p.e. und d.e. ist es also, die Christen in die Lage zu versetzen, ihren Glauben gegenüber Kritikern jedweder Provenienz argumentativ zu entfalten und gegen allfällige Einwände zu verteidigen. Aber zugleich will das apologetische Doppelwerk mit nichtchristlichen Zeitgenossen ins Gespräch kommen. Es wendet sich auch an Außenstehende, an das interessiert-unentschiedene Publikum, das möglicherweise Vorbehalte gegen das Christentum hatte, aber zugleich offen dafür war, mehr über diese nach wie vor fremd anmutende Religion zu erfahren. In diesem Sinne kann Euseb in der Einleitung der *Praeparatio* sagen, dass in seinem Werk das Wesen des Christentums denen gezeigt werde, die nicht wissen, worum es sich handelt (p.e. I,1,1). Und auch in der d.e. geht es ihm nicht nur um eine Argumentationshilfe für Christen in Auseinandersetzung mit dem Judentum, sondern darüberhinaus um die mögliche Gewinnung von Juden für das Christentum: Zwar habe die *Demonstratio* das Christentum gegen die Juden zu verteidigen, aber sie richte sich dabei nicht *gegen* die Juden, sondern argumentiere *zu ihren Gunsten*, falls sie die (christliche) Weisheit zu akzeptieren bereit seien (d.e. I,1,11).

3. Inhalt und Aufbau

Aus der unterschiedlichen Ausrichtung der beiden Teile des apologetischen Doppelwerkes ergibt sich eine vollständig verschiedene Akzentsetzung bei der Auswahl der zum Zweck der Beweisführung zitierten Quellen. In der *Praeparatio evangelica* präsentiert Euseb eine nahezu unüberschaubare Fülle von Zitaten aus Texten paganer, jüdischer und zu geringem Teil auch christlicher Schriftsteller. Es sei hier nur eine kleine Auswahl genannt: Zu finden sind Auszüge aus Plutarch *De Daedalis Plataeensibus*, Fragmente aus Euripides *Über den Charakter schlechter und guter Frauen*, Auszüge aus einer Tragödie eines ansonsten unbekannten jüdischen Autors namens Ezechiel, Fragmente eines Jerusalemgedichts aus der Feder eines Juden namens Philo, Auszüge aus dem epischen Gedicht *Über die Juden* von Theodotus, verschiedene Orakel, die bei Oenomaus zitiert sind, Orakel aus den Arbeiten des Porphyrius, Teile eines orphischen Hymnus' auf Zeus, historische Fragmente und Auszüge aus der von Philo Byblios übersetzten phönizischen Geschichte des Sanchuniaton, Exzerpte aus Diodor Siculus' *Bibliotheca*, Auszüge aus der assyrischen

Geschichte des Abydenus; Auszüge aus Alexander Polyhistor *Über die Juden*, Auszüge aus Julius Africanus' *Chronicon*; umfangreiche Auszüge aus Philo von Alexandrien und aus Josephus. Im Bereich der griechischen Philosophie ist der Ertrag der Sammlung Eusebs besonders reich: Atticus, Proclus, Areius Didymus, Numenius der Neupythagoraeer, Aristocles der Peripatetiker, Euemerus, Diogenian, Porphyrius, Plotin und natürlich viele Auszüge aus Aristoteles und vor allem aus Platon. In und unter der Fülle dieser Zitate entwickelt Euseb ein Weltdeutungssystem, in welchem jedes einzelne Zeugnis mit jedem anderen in Beziehung gesetzt werden kann und nach dem Kriterium der Logosgemäßheit beurteilt wird. All dies ist dem einen Ziel untergeordnet, die Überlegenheit der jüdisch-christlichen Tradition gegenüber den verschiedenen Ausprägungen des Heidentums zu erweisen, wobei unter den Heiden Platon noch der vergleichsweise höchste Stellenwert zukommt, weil er in manchen seiner Lehren nächstmöglich an die christlichen herangereicht habe. Über diesen ihren zeitgenössischen apologetischen Zweck hinaus ist die *Praeparatio* auch deshalb bis heute von unschätzbarer Bedeutung, weil in ihr viele der von Euseb in einer bestimmten Intention zitierten Quellen erhalten geblieben sind, die sonst nirgends mehr greifbar wären.

In der *Demonstratio evangelica* sind die Zitate auf die biblischen Schriften beschränkt. Bei den alttestamentlichen Zitaten geht Eusebius zur Ermittlung des präzisen Wortlauts immer wieder den verschiedenen Textvarianten des Hebräischen, v.a. aber der Septuaginta und der Übersetzungen des Aquila, Symmachus und Theodotion nach. Offensichtlich hatte er ein Exemplar der *Hexapla* in der Bibliothek von Caesarea zu seiner Verfügung (Carriker, 2003, 308). Gegenstand der Beweisführung ist die Erfüllung der alttestamentlichen Prophezeiungen im Logos-Christus gemäß seiner Menschlichkeit und seiner Göttlichkeit, die sich an seinem irdischen Wandel und seiner Auferstehung und Himmelfahrt zeigen; und damit die Logosgemäßheit der christlichen Religion, die sich in den Spuren des Logos-Christus und mit seiner Hilfe ausgebreitet hat.

Die Zitate in der *Praeparatio* und *Demonstratio* sind nicht willkürlich angeordnet, sondern folgen einer inneren Systematik (Fiedrowicz, 2001, 91), die im Laufe der Durchführung allerdings nicht immer ganz transparent bleibt: Zunächst soll deutlich gemacht werden, warum die Christen die Religion ihrer heidnischen Vorfahrten aufgegeben haben (p.e. I-VI), dann soll begründet werden, warum sie sich der Religion der Hebräer angeschlossen haben (p.e. VII-XV), darauf soll gezeigt werden, warum sie die Schriften der Juden als ihre Heiligen Schriften gebrauchen, zugleich aber den Kult der Juden ablehnen (d.e. I-II) und schließlich soll bewiesen werden, dass die Prophezeiungen des Alten Testaments in der Person Jesu Christi erfüllt sind und dass Juden, die dies nicht wahrhaben wollen, der Niedergang zuteil wird (d.e. III-XX). Damit ergibt sich für das apologetische Doppelwerk Eusebs der folgende Aufbau:

Praeparatio evangelica:
I, 1-5: Einführung sowohl in p.e. als auch in d.e.
I-III: Angriff auf die pagane Mythologie und ihre Absurdität.
IV-VI: Angriff auf das Orakelwesen, auf die Opfer für die Dämonen und auf die Schicksalsgläubigkeit.

VII-IX: Plädoyer für die Bedeutung und das Gewicht der Orakel der Hebräer mitsamt dem Beweis dafür, dass sie selbst bei einigen Schriftstellern der Griechen in Ansehen standen.
X: Beweis für das Plagiatentum der griechischen Schriftsteller und für das höhere Alter des Mose und der hebräischen Propheten.
XI-XIII: Beweis für den Zusammenhang zwischen den angesehensten griechischen Philosophen, besonders Platon, und den Hebräern. Erweis der Priorität der hebräischen Schriften.
XIV: Angriff auf die heidnischen Philosophen aufgrund der Widersprüchlichkeiten in ihren Lehren.
XV, 1: Zusammenfassung des Inhalts der p.e.
XV, 2-62: Angriff auf Fehler und Irrtümer in den griechischen philosophischen Systemen, besonders bei Peripatetikern, Stoikern und Materialisten verschiedener Schulen.
XV, 62: Ende der p.e.: Eusebius unterstreicht, dass er denen, die den Christen vorwerfen, den Wechsel von den Heiden zu den Hebräern blindlings und unwissend vollzogen zu haben, eine vollständige Antwort erteilt habe.

Demonstratio evangelica:
I-II: Einleitung (I: kurze Einführung des Evangeliums; Begründung, warum die Christen den jüdischen Weg verlassen haben; Unterscheidung zwischen Hebräern, Juden und Christen; II: die zwei bedeutenden geschichtlichen Phänomene, die in der Kirche seit langem vorausgesagt worden sind: a] die Versammlung der Heidenvölker und b] der Niedergang der Juden).
III: Die Menschheit und Menschlichkeit Christi gemäß den Prophezeiungen der Propheten.
IV: Die Gottheit und Göttlichkeit Christi gemäß den Prophezeiungen der Propheten.
V-X: Die Menschwerdung und das Leben Christi als Erfüllung der Prophezeiungen.
XI-XX: Diese Bücher sind nicht erhalten (gemäß der Disposition thematisierten sie möglicherweise Tod, Grablegung, Auferstehung, Himmelfahrt, Gründung der Kirche, Wiederkunft Christi). Erhalten ist nur ein Fragment von Buch XV: Hier geht es um die vier Königreiche nach Dan 2. Das nicht erhaltene Buch XVI enthielt laut der Einleitung zum Hoseakommentar des Hieronymus Auslegungen zum Propheten Hosea.

Hinter diesem Aufbau steht das auch sonst bei Euseb nachweisbare universalgeschichtliche Konzept, welches die Entwicklung des gesamten Kosmos in eine theologische Ordnung im Sinne einer linearen Fortschrittsgeschichte bringt. Der gesamte Kosmos ist in diese Universalgeschichte eingeschlossen, die beim Schöpfergott und dem aus ihm hervortretenden Logos beginnt (Winkelmann, 1991, 127). Die Missachtung der göttlichen Gebote durch den Menschen macht das Erlösungshandeln Gottes erforderlich, das sich durch den Logos in verschiedenen Stufen vollzieht. An der Erkenntnis des Logos sind die Lehren der Menschen, gleich welcher philosophischen Schule sie angehören, zu messen. Im höchsten Segment der Logos-

Erkenntnis befinden sich die jüdische Tradition und, nach deren Nichtannahme Jesu, die Christen. Wie sich Eusebius das Ziel und Ende der Geschichte vorgestellt hat, ist nicht sicher zu sagen, weil die letzten Bücher der *Demonstratio evangelica*, die wohl die Frage nach der Wiederkunft Christi am Ende der Zeiten behandelten, verloren gegangen sind.

4. Würdigung

Eusebs apologetisches Doppelwerk ist das eindrucksvollste erhaltene Beispiel einer „apologetischen Summe" in der griechischen Tradition, wobei nicht außer Acht bleiben darf, dass wir entsprechende Ansätze schon bei Clemens Alexandrinus im frühen dritten Jh. zu verzeichnen haben und im lateinischen Sprachraum bei Eusebs Zeitgenossen Laktanz in den *Institutiones*. Man kann fragen, inwiefern das Entstehen solcher „Summen" mit der geschichtlichen Situation zu erklären ist. Denn hier spiegelt sich eine Verbindung des seit jeher erhobenen Selbstanspruches des Christentums, eine allen Menschen geltende Universalreligion zu sein, mit dem geschichtlich greifbaren Umstand seiner massiven Ausbreitung im dritten Jahrhunderts und, zumal seit den Ereignissen der Konstantinischen Wende, seines erwachenden politischen Selbstbewusstseins. So wurde es möglich, den theologischen Ansprüchen mit Hinweis auf die Evidenz des geschichtlich Faktischen Nachdruck zu verleihen. Diese doppelte Struktur schlägt sich in der apologetischen Methode Eusebs nieder, wie es selbst sie in der Einleitung zur *Praeparatio evangelica* darstellt: Es geht einerseits darum, die Wahrheit des Christentums in argumentativer Form auf der Basis nachvollziehbarer Vernunftgründe zu erweisen. Die Widersprüchlichkeiten der gegnerischen Positionen und die Plausibilität der eigenen soll mittels der Methode der philologischen Bearbeitung und vernunftorientierten, nachvollziehbaren Bewertung von Quellentexten erwiesen werden. Euseb bezeichnet ein solches Verfahren als „wissenschaftliche Beweisführung" (p.e. I,3,6). Zugleich baut er aber darauf, dass neben und als Teil der wissenschaftlichen Argumentation auch der Geschichtsbeweis als apologetisches Argument trägt. Hierzu weist er auf das Eintreffen der Prophezeiungen Jesu Christi und auf den „Erfolg" der Kirche hin, den er an ihrer zahlenmäßigen und regionalen Ausbreitung und an ihrer Unbeugsamkeit festmacht (p.e. I,3,7-4,13), ein Gedanke, der sich auch im Proömium seiner *Historia ecclesiastica* findet. Euseb lässt durchblicken, dass er, so sehr er an seiner Doppelstrategie festhält, im Zweifelsfall die Evidenz des Faktischen sogar für überzeugender hält als die Kraft der rationalen wissenschaftlichen Argumentation (p.e. I,3,7).

5. Wirkungs- und Rezeptionsgeschichte

Über die Wirkungs- bzw. Rezeptionsgeschichte des apologetischen Doppelwerks Eusebs ist wenig bekannt. Dass Athanasius von Alexandrien in *De incarnatione / Contra gentes* auf die Apologetik Eusebs zurückgegriffen hat, wenn auch eher auf die *Theophaneia*, ist wahrscheinlich zu machen (Heil, 2007, 214). Im Westen hat das apologetische Doppelwerk von seiner Anlage her auf Augustins Gottesstaat gewirkt: Freilich wird hier der Gedanke des evidenten Beweises aus der Geschichte jedenfalls für die politische Gegenwart eingezogen, weil er sich angesichts der Katastrophe der Erorberung Roms im Jahre 410 nicht mehr halten ließ, sondern plötzlich heidnischen Christentumskritikern unfreiwillig Nahrung gab. Im griechischen Raum stellt Theodorets *Curatio affectionum graecarum* eine eigenständige Rezeption von p.e. und d.e. dar. Danach verlieren sich die Spuren, was einerseits mit der nicht mehr bestehenden Notwendigkeit für christliche Apologetik ab dem 5. Jh. und andererseits mit gewissen dogmatischen Reserven gegen den im trinitätstheologischen Streit als „Arianer“ diskreditierten Euseb zusammenhängen mag. Die *Praeparatio* ist vom handschriftlichen Befund her breiter überliefert als die in nur sechs noch dazu von einer einzigen Handschrift abhängigen Manuskripten überlieferte *Demonstratio*. Interpretiert man diesen Befund als Teil der Wirkungsgeschichte des Doppelwerkes, kann man sagen, dass die paganen griechischen Zitate und die Auseinandersetzung mit ihnen im Mittelalter mehr Interesse fanden als die kleinteilige und um Bibellesarten streitende Auseinandersetzung Eusebs mit dem Judentum. In der Neuzeit wurde die p.e. primär als Steinbruch und Fundgrube für ausschließlich hier überlieferte Texte paganer Autoren benutzt, während die in der d.e. entfaltete Christologie (Strutwolf, 1999, 276-375) und Auseinandersetzung mit den Juden (Ulrich, 1999, 133-238) sowie die im gesamten Doppelwerk beschlossene apologetische Leistung erst in jüngster Zeit wieder größeres Interesse in der wissenschaftlichen Diskussion gefunden haben.

Literatur

Quellen und Werkausgaben

EUSEBIUS VON CAESAREA, Demonstratio evangelica, ed. I.A. HEIKEL, GCS Euseb VI, Leipzig 1913.

EUSEBIUS VON CAESAREA, The Proof of the Gospel, translated by W.J. FERRAR, 2 vol., New York 1920.

EUSEBIUS VON CAESAREA, Praeparatio evangelica, ed. K. MRAS/É. DES PLACES, GCS Euseb VIII 1-2, Berlin ^{2}1982-1983.

EUSEBIUS VON CAESAREA, La Préparation evangelique, P.e. I, ed. J. SIRINELLI/É. DES PLACES, SC 206, Paris 1974; P.e. II-III, ed. É. DES PLACES, SC 228, Paris 1976; P.e. IV-V,1-17, ed. O. ZINK, SC 262, Paris 1979; P.e. V,18-36-VI, ed. É. DES PLACES, SC 266, Paris 1980; P.e. VII, ed. G. SCHROEDER/É. DES PLACES, SC 215, Paris 1975; P.e. VIII-X, ed. G. SCHROEDER/É. DES PLACES, SC 369, Paris 1991; P.e. XI, ed. G. FAVRELLE, SC 292, Paris 1982; P.e. XII-XIII, ed. É. DES PLACES, SC 307, Paris 1983; P.e. XIV-XV, ed. É. DES PLACES, SC 338, Paris 1987.

Sekundärliteratur

BARNES, T.D., Constantine and Eusebius, Cambridge 1981.

CARRIKER, A.J., The Library of Eusebius of Caesarea, SVigChr 67, Leiden 2003.

DES PLACES, É., Eusèbe de Césarée commentateur. Platonisme et Écriture sainte, ThH 63, Paris 1982.

FEIGE, G., Art.: Euangelikē proparaskeuē, in: M. ECKERT u.a (Hg.), Lexikon der theologischen Werke, Stuttgart 2003, S. 285f.

FIEDROWICZ, M., Apologie im frühen Christentum. Die Kontroverse um den christlichen Wahrheitsanspruch in den ersten Jahrhunderten, Paderborn [2]2001.

HEIL, U., Athanasius und Eusebius. Zum Rückgriff des Athanasius auf Euseb von Caesarea, in: A.-C. JACOBSEN/J. ULRICH (Hrsg.), Three Greek Apologists / Drei griechische Apologeten, ECCA 3, Frankfurt 2007, 189-214.

INOWLOCKI, S., Eusebius and the Jewish Authors, AJEC 64, Leiden 2006.

MORLET, S., Eusebius and the *testimonia*: Tradition and Originality, in: A.-C. JACOBSEN/J. ULRICH (Hrsg.), Three Greek Apologists / Drei griechische Apologeten, ECCA 3, Frankfurt 2007, 93-157.

SIRINELLI, J., Introduction générale, in: La Préparation evangelique, P.e. I, ed. J. SIRINELLI/É. DES PLACES, SC 206, Paris 1974, 7-54.

SIRINELLI, J., Les vues historiques d'Eusèbe de Césarée durant la période prénicéenne, Paris 1961.

STRUTWOLF, H., Die Trinitätstheologie und Christologie des Euseb von Caesarea. Eine dogmengeschichtliche Untersuchung seiner Platonismus-Rezeption und Wirkungsgeschichte, FKGD 72, Göttingen 1999.

ULRICH, J., Euseb von Caesarea und die Juden. Studien zur Rolle der Juden in der Theologie des Eusebius von Caesarea, PTS 49, Berlin 1999.

ULRICH, J., Wie verteidigte Euseb das Christentum? in: A.-C. JACOBSEN/J. ULRICH (Hrsg.), Three Greek Apologists/Drei griechische Apologeten, ECCA 3, Frankfurt 2007, 49-74.

WINKELMANN, F., Euseb von Kaisareia. Der Vater der Kirchengeschichte, Berlin 1991.

Jörg Ulrich

Athanasius, Arianerreden I und II (340)

1. Der Kontext

Charles Kanengiesser schloss 1986 seinen Wiener Eranos-Vortrag über *Literarische Leistung und geistiges Erbe des Athanasius von Alexandrien in heutiger Sicht* mit dem folgenden, „vielleicht unerwarteten Wunsch" ab: „Wer nämlich die literarische Leistung des Athanasius aus heutiger Sicht korrekt zu beurteilen versucht, wird dem gegenwärtigen Episkopat in der katholischen Kirche nichts dringender wünschen als die Gelegenheit, öfter irgendwie ins Exil zu wandern: hat doch die Erfahrung des Exils solch einen schöpferischen Einfluss auf die literarische Begabung eines Athanasius bewirkt!" Nicht nur der Westen, also das Exil, hat von Athanasius gelernt, sondern auch der um 295 geborene Bischof selbst (Bischof von Alexandrien von 328 bis zu seinem Tod am 2.5.373) hat durch seine vielen Reisen und die durch seine fünf Absetzungen bedingten mehr oder weniger langen Aufenthalte in Gallien und Rom, in Palästina und bei den Mönchen in der Wüste Vieles gelernt, das zur Dynamik seiner Wirkung beigetragen hat, bis heute anhält.

2. Werkgeschichtliche Stellung

Das zeigt sich auch in dem 340 in Rom bei Bischof Julius geschriebenen *Doppeltraktat* des Athanasius *Gegen die Arianer (c.Ar. I und II)*, dessen Widerhall in seinen dogmatischen Schriften bis zu seinem Tode zu finden ist. Die beiden Traktate sind von mehreren Texten umgeben, die hier kurz vorgestellt werden müssen. Von Rom aus hat Athanasius zu c.Ar. I und II einen *Brief* an die ägyptischen Mönche geschrieben (PG 25,692f.), der nicht, wie es der byzantinische Editor des 9. oder 10. Jahrhundert glaubte, eine Vorrede der Historia Arianorum von 357/358 darstellt, sondern vielleicht den ersten Entwurf eines heute *verlorenen athanasianischen Tractatus contra Arianos* begleitete. In diesem Entwurf waren c.Ar. I und II nach einer Vermutung von Kannengiesser noch nicht getrennt, und einige Exkurse fehlten – es handelte sich dabei also um eine Vorstufe der beiden Traktate, um die es hier geht. Athanasius bittet in dem Brief um Unterstützung des Unternehmens durch das Gebet der Mönche und um Zustimmung und Kritik, wobei er zugleich die Intentionen seiner Schrift darlegt:

„Von eurer Liebe überzeugt und öfters durch euch ermahnt, habe ich knapp über die Prüfungen geschrieben, die wir erlitten, ich selbst und die Kirche, indem ich, so gut ich konnte, die abscheuliche Häresie der Leute, die vom Wahnsinn des Arius ergriffen sind, widerlegte, indem ich zeigte, wie weit dieser Wahnsinn von der Wahrheit entfernt ist. Aber ich fand mich verpflichtet, eurer Pietät die Schwierigkeit auszudrücken, die ich in meinem Schreiben erfuhr, so dass ihr eine Gelegenheit findet nachzuprüfen, wie angemessen der selige Apostel gesagt hat: „O Tiefe der Fülle, der Weisheit und des Wissens Gottes“ (Röm 11,3), und damit ihr erkennt, dass ich von Natur aus ein Mann von kleinen Mitteln bin. In der Tat, je mehr ich mich zum Schreiben entschloß und mich selbst anspornte, die Gottheit des Logos zu kennen, um so mehr wandte sich das „Wissen“ von mir ab und ich entdeckte, dass ich um so mehr von ihm verlassen war, als ich vermutete, es zu ergreifen. Mehr noch, selbst was ich vermutete ergriffen zu haben, vermochte ich nicht niederzuschreiben. So ist denn das von mir Geschriebene geringer als ein auch nur schwacher Schatten der Wahrheit, die in meinem Denken entstand [...]. Oftmals dachte ich aufzuhören und das Schreiben aufzugeben. Ihr sollt es wirklich glauben. Aber um den Anschein zu vermeiden, euch zu betrüben oder die Leute, die euch Fragen stellen oder sich mit euch zanken, zur Unfrömmigkeit zu verleiten, strengte ich mich an, doch ein Weniges aufzusetzen, und das ist es, was ich eurer Pietät zusende. Denn selbst wenn das authentische Ergreifen der Wahrheit unsere Fassungskraft in der jetzigen Lage wegen der Schwäche des Fleisches übersteigt, so ist es dennoch möglich, wie es der Ekklesiastes selbst sagt, den Wahnsinn der Gottlosen zu kennen [...]. Also habe ich geschrieben nach dem Maße meiner Mittel. Ihr aber, meine Freunde, empfangt dies, nicht als ob es eine volle Auslegung der Gottheit des Logos mitteilte, sondern bloß als eine Widerlegung der Gottlosigkeit der Feinde Christi, als eine elementare Einführung in die Frömmigkeit und den rechten Glauben an Christus“ (Übersetzung Kannengiesser).

3. Das Werk

Die *Traktate c.Ar. III und IV* stellen eigene Texte dar. Die Eigenständigkeit von *c.Ar. III* hat die philosophische und theologische Analyse von Meijering gezeigt. Die philologischen Untersuchungen führen nicht nur auf eine spätere Datierung um 345/346 (Tetz), sondern vielleicht auch zu einem anderen Verfasser, nämlich Apollinarius von Laodicea, (Kannengiesser). *C.Ar. IV* gilt spätestens seit Alfred Stülcken 1899 als apokryph, 1917 verband A. Stegmann die Schrift ebenfalls mit Apollinarius, und jüngst datiert M. Vincent diesen Pseudoathanasius um 339/340 und sieht in der Schrift „eine grundlegende, nicht parteigebundene Kritik [...], als Handreichung für Theologen gedacht, die einerseits antieusebianisch gesinnt sind und andererseits aufgrund der Kritik des Eusebius von Caesarea an Markells Buch auch der markellischen Theologie und der seines Schülers Photin gegenüber unsicher wurden".

Die beiden Traktate sind stark narrativ angelegte Reden. Sie zeigen die Häresie des Arius und seiner Freunde, besonders des Asterius, auf und sollen die rechtgläubigen Christen von der Gefährlichkeit der Gottlosen und der Richtigkeit der Position des Athanasius überzeugen. Kannengiessers literarische Analyse hat eine klare Gliederung von *c.Ar. I und II* herausgearbeitet. Der zitierte *Brief* des Athanasius zeigt die Leselenkung, die er in c.Ar. I und II vornehmen will. Er schreibt zur „Erkenntnis des Wahnsinns der Gottlosen", also zur Entlarvung der Häresie, und zum Trost seiner Anhänger „eine Auslegung der Gottheit [...] eine elementare Einführung in die Frömmigkeit und den rechten Glauben an Christus". Polemik und Exegese, oft auch miteinander verbunden, sind seine Methoden. Nach dem Tod des Arius 336 in Konstantinopel geht der Streit, der 318 mit seiner Exkommunikation durch eine alexandrinische Synode unter Bischof Alexander virulent geworden war und 325 auf der Synode von Nicaea einen Höhepunkt erreicht hatte, weiter, ja steigert sich nach der Wahl des Athanasius zum Bischof am 8.6.328. Es gehört zur tragischen Seite dieses Streites, dass es um einen Diskurs von zwei Generationen mit unterschiedlichen Interessen ging, die in der Geschichte der christlichen Theologie immer wieder aufeinanderprallen und ausgeglichen werden müssen, soweit das möglich ist: das systematische Interesse eines freien christlichen Philosophen im Kontext des zeitgenössischen philosophischen Diskurses steht gegen das pastorale und spirituelle Interesse des Seelsorgers in seiner Kirche. Es waren nicht nur die Karrieren und Generationen der beiden Protagonisten und ihre Einbindungen in Schulzusammenhänge, nicht nur das Verhältnis von Apologetik und Fundamentaltheologie zu Dogmatik und Seelsorge, die diesem Streit seine Ökumenizität gaben, sondern viele Faktoren, die mit dem Kontext der konstantinischen Zeit zusammenhingen, in der Staat und Kirche, die Kaiser ebenso wie die lokalen Bischöfe, ihre neuen Rollen auf den verschiedenen Ebenen einüben mussten, spielten hier zusammen.

Athanasius bedient sich in seinem Doppelwerk der Exegese und der Polemik. Die Bedeutung der Exegese für das Doppelwerk wird sehr deutlich durch die Aufstellungen, die J.D. Ernest geliefert hat: Bei den insgesamt gebrauchten 52797 Wörtern handelt es sich um 8429 Wörtern aus den biblischen Schriften, die im Zusammenhang der insgesamt 1182 Fälle von Schriftgebrauch begegnen. Neben den Tabellen *Uses of Scripture in Against the Arians 1-3* sind hier auch diejenigen zur *Canonical*

Distribution of Uses of Scripture und zu den *Disputed Biblical Texts in Against the Arians 1-3* zu beachten.

Die Rolle der Polemik wird schon am Anfang von *c.Ar. I, 1* deutlich, wenn Athanasius kurz die Attribute „Wahngebilde" und „Gottlosigkeit" von Häresien feststellt und die Arianer diesen zuordnet: „Eine von den Irrlehren nun und zwar die jüngste, die eben erst als Vorläuferin des Antichrist ausgezogen ist, die sogenannte arianische – listig und verschlagen – sieht, wie ihre älteren Schwestern, die anderen Irrlehren, vor aller Welt gebrandmarkt werden. Deshalb sucht sie sich heuchlerisch mit den Aussprüchen der Schrift zu decken wie schon ihr Vater, der Teufel, und will sich den Wiedereintritt in das Paradies der Kirche erzwingen, um unter der Maske des Christentums durch ihre verführerischen Fehlschlüsse – etwas Vernünftiges ist bei ihr ja nicht zu finden – den einen und anderen zu einer falschen Vorstellung von Christus zu verleiten" (Übersetzung Stegmann).

Athanasius polemisiert auch heftig in *I, 1-10* gegen ein Werk des Arius, das wohl um 321/322 im Kontakt mit den Lukianisten entstandene, von Athanasius als Thalia (Festschmaus) gegeißelte Werk, das der Bischof später in *De Synodis* noch einmal angreifen wird. Nach Rowan William haben wir es nach den erhaltenen Fragmenten zu tun mit einem „strongly-worded piece of apophatic theology", das einen theologischen Stil vertrat, der in arianischen Kreisen nach der Mittes des 4. Jahrhunderts nicht mehr vertretbar war. Daneben greift Athanasius ein Syntagma des Asterius in der Einleitung seines Doppelwerkes an. Danach entwickelt der Bischof gemäß den Lehren seines Vorgängers Alexander sein erstes Konzept der absoluten Ewigkeit des gleichwertigen Sohnes und des Vaters, das er dem „Es gab eine Zeit, als der Sohn nicht war" entgegenstellt.

C.Ar. I, 2,22-34 will das zweite antiarianische Konzept des Bischofs darlegen, die Zeugung des Sohnes durch das besondere Sein des Vaters. Athanasius führt sehr lebhaft in die Fragestellung ein, indem er eine alexandrinische Straßenszene schildert: „Vergebens also sannen die Unverständigen auch dies aus, sie, die vom Vater das Bild loslösen wollten, um den Sohn der Kreatur gleichzustellen. Indem nun die Anhänger des Arius nach der Lehre des Eusebius ihn in die Reihe des erschaffenen Wesen stellten und ihn dem gleichgeartet erachteten, was durch ihn entsteht, so weichen sie von der Wahrheit ab, und indem sie sich trügerische Sprüchlein schmiedeten, gingen sie im Anfang, als sie diese Häresie schufen, überall herum, und noch bis zur Stunde treffen einige von ihnen auf dem Markt mit Kindern zusammen und fragen sie natürlich entfernt nicht nach der Schrift, sondern reden gleichsam „aus dem Überfluß ihres Herzens": „Hat der Seiende den Nichtseienden aus dem Seienden gemacht oder den Seienden? Hat er ihn also als einen Seienden gemacht oder als einen Nichtseienden?" Und wiederum: „Ist das Ungewordene Eins oder sind es zwei?" Ferner: „Ist er selbstmächtig und ändert er sich, obwohl veränderlicher Natur, aus eigenem Entschlusse nicht? Denn nicht ist er wie ein Stein, der von sich aus unbeweglich bleibt". Dann wenden sie sich auch an die Weiblein und belästigen sie mit ihren unziemlichen Reden: „Hattest du einen Sohn, bevor du gebarest? So wie du keinen Sohn hattest, war auch der Sohn Gottes nicht, bevor er geboren wurde". Mit solchen Phrasen scherzen und tanzen die Ehrlosen und machen Gott den Menschen gleich. Und sie, die sich Christen nennen, vertauschen die

Herrlichkeit Gottes mit der Ähnlichkeit eines Bildes von einem vergänglichen Menschen“ (Übersetzung Stegmann).

In *Kapitel 3 (§ 35-52)* geht es um die unveränderliche Natur des Sohnes und um die Schriftbeweise für diese, beginnend mit Hebr 13,8. Hier nimmt dann von § 37 an die Auseinandersetzung mit der arianischen Exegese breiten Platz ein. Athanasius stellt vor allem Phil 2,9f. und Ps 44,8f. exemplarisch ins Zentrum, während im *4. und letzen Kapitel von c.Ar. I (§ 53-64)* das weite Feld der sonstigen arianischen Belegstellen und der athanasianischen Gegenbeweise ausgebreitet wird.

Diese setzen sich in *c.Ar. II ab § 6* so nahtlos fort, dass Kannengiesser wohl mit Recht die heutige Einleitung zu *c.Ar. II (§ 1-5)* für sekundär hält, zumal sie teilweise eine Wiederholung der Einleitung zu c.Ar. I darstellt. Dazu kommt, dass der ausführlichen katechetischen Exegese zu Prov 8,22, die den ganzen zweiten Teil von c.Ar. II bildet, in *§ 18 bis 43* eine besondere Einleitung vorangestellt ist, die wiederum Formen und Themen der arianischen Propaganda aufnimmt. Der Übergang zur katechetischen Rede über Prov 8,22 ist dann in § 44 auch entsprechend markiert: „Das haben wir vor [der Erklärung] der Stelle aus den Sprichwörtern bisher durchgenommen und haben uns erhoben wider die unvernünftigen Wahngebilde aus dem Grunde ihres Herzens, damit sie einsehen, dass es sich nicht schicke, den Sohn Gottes ein Geschöpf zu nennen, und dann auch die Stelle in den Sprichwörtern richtig lesen lernen, die gleichfalls einen richtigen Sinn hat. Es steht also geschrieben: „Der Herr schuf mich als Anfang seiner Wege für seine Werke“. Da es aber Sprichwörter sind, und dies „sprichwörtlich“ gesagt ist, darf man den vorliegenden Ausdruck nicht einfachhin so auffassen, sondern man muß nach der Person suchen, und so in [aller] Gottesfurcht den Sinn ihr anpassen. Denn was in den Sprichwörtern ausgesprochen ist, ist nicht offen gesagt, sondern wird verschleiert verkündet, wie der Herr selbst im Evangelium des Johannes gelehrt hat, wenn er sagt: „Dies habe ich in Sprichwörtern zu euch geredet; es kommt aber die Stunde, da ich nicht mehr in Sprichwörtern zu euch reden werde, sondern offen“: Man muß also den Sinn der Stelle enthüllen und nach ihm als einem verborgenen suchen, und man darf die Stelle nicht einfach so auffassen, als läge der Sinn erschlossen vor, damit wir nicht mit einer unrichtigen Erklärung von der Wahrheit abirren [...]. Wenn sich nun das Geschriebene auf einen Engel oder sonst irgendein entstandenes Wesen bezieht, so mag der Ausdruck „er schuf mich“ wie bei einem von uns Geschöpfen gebraucht sein. Wenn aber die Weisheit Gottes, in der alle entstandenen Dinge geschaffen worden sind, es ist, die von sich redet, was muß man anders denken, als dass sie mit dem Worte „er schuf“ nichts anderes sagen will als „er zeugte“. Und nicht als ob sie vergessen hätte, dass sie schöpferisch und wirksam sei, oder als ob sie den Unterschied zwischen dem Schöpfer und den Geschöpfen nicht kennte, zählt sie sich mit bei den Geschöpfen, sondern sie deutet einen gewissen Sinn wie in Sprichwörtern nicht offen, sondern verschleiert an. Diesen zu prophezeien trieb sie die Heiligen an; sie selbst aber deutete bald darauf den Ausdruck „er schuf“ mit einer Parallelstelle in anderen Worten, wenn sie sagt: „Die Weisheit hat sich ein Haus gebaut“. Offenbar aber ist dies Haus der Weisheit unser leib, den er annahm, als er Mensch wurde. Und mit Recht sagt Johannes: „Das Wort ist Fleisch geworden“, und durch Salomo spricht die Weisheit mit Bedacht von sich selbst, nicht: „Ich bin ein Geschöpf“, sondern nur: „Der Herr schuf mich als Anfang seiner Wege für seine Werke", aber nicht: „Er schuf mich, damit ich existiere", auch nicht, „daß ich Anfang und Ursprung eines Geschöpfes habe" (Übersetzung Stegmann).

Athanasius gibt in *II § 45 bis 61* zuerst eine wörtliche, dann eine dogmatische Auslegung von Prov 8,22. Dabei stellt er einen Zusammenhang mit Kol 1,15 und Prov 8,23 her. Die Paragraphen *77 bis 82* bilden dann einen scheinbar unvermittelten Schluß der Abhandlung, der auch die arianischen Lieblingszitationen aus dem Blick verliert und – darin vielleicht mit dem Ende von Augustins Gottesstaat vergleichbar – die immerwährende immanente Freude Gottes herausstellt (§ 82): „Denn auch diese seine Freude hat man nicht so zu denken, als wäre die Freude ihm [von außen her] zuteil geworden, sondern er freute sich, indem er wieder die nach seinem Bilde entstandenen Werke sah; – also auch für diese Freude Gottes liegt die Ursache in seinem Bilde. Und wie anders freut sich auch der Sohn als eben, indem er sich im Vater schaut? Eben dies wollen nämlich die Worte sagen: „Wer mich gesehen hat, hat den Vater gesehen", und: „Ich im Vater und der Vater in mir". Womit ihr euch brüstet, ist also in allweg als nichtig erwiesen, ihr Christusfeinde, und umsonst schwatzt ihr prahlerisch überall herum: „Der Herr schuf mich als Anfang seiner Wege", indem ihr den Sinn dieser Worte verdreht und eher eure eigenen Einfälle als die Meinung Salomos verkündet. Denn seht, eure Ansicht hat sich als reines Hirngespinst herausgestellt; die Stelle in den Sprichwörtern aber und alles, was wir bisher gesagt haben, beweist, daß der Sohn der Natur und der Substanz nach nicht ein Geschöpf, sondern eigene Zeugung des Vaters ist, Weisheit und wahres Wort, durch das alles entstanden ist und ohne das nichts" (Übersetzung Stegmann).

4. Zur Wertung

C.Ar. I und II des Athanasius erinnern uns zunächst an den Versuch der dogmatischen Disziplinierung durch Nicaea I und an den existentiellen Kampf eines der Vorkämpfer der nicaenischen Lösung mit allen Mitteln, vor allem aber mit dem Mittel der literarischen Polemik und der seltsamen und uns zum Teil sehr fremden Verbindungen von Politik und Kirche. Stärker aber noch sind die Traktate gegen Arius ein Beispiel für die Pluralität der Ansätze der Schriftsteller der Alten Kirche. Diese Pluralität ist nicht zuletzt durch die grundsätzliche Unvollkommenheit theologischer Sprache bedingt, von der Athanasius selbst im zitierten Brief spricht, die er aber in der konkreten Auseinandersetzung und im theologischen Tageskampf zu vergessen scheint. Diese Pluralität zeigt uns, dass die theologische Aufgabe der Schriftauslegung nicht nur eine Exegese ist, deren Anliegen im Sammeln von Belegstellen besteht, sondern die in ihrer Art ein Fortschreiben der biblischen Zeugnisse darstellt, das aber ständig der Gefahr ausgesetzt ist, von der Einseitigkeit der eigenen Perspektive und Position vereinnahmt zu werden.

Literatur

Quellen und Werkausgaben (CPG 2093)

ATHANASIUS, Arianerreden I. Lat. Erstausgabe von c.Ar. 1: edd. PETRUS BRUTUS/BARNABAS CELSANUS, Vicenza 1482.

ATHANASIUS, Arianerreden, Lat. und griech. C.Ar. I-IV: ed. PETRUS NANNIUS, 2 Bde., Heidelberg 1600-1601 (Editio Commeliniana), 1, 134-324.

ATHANASIUS, Orationes I und II contra Arianos (2. Lieferung), hrsg. K. METZLER/K. SAVVIDIS, Berlin 1998; Oratio III contra Arianos (3. Lieferung), in: M. TETZ (Hrsg.), Athanasius 1,1: Die dogmatischen Schriften, Berlin 2000.

ATHANASIUS, Des heiligen Athanasius vier Reden gegen die Arianer (BKV 1, 13), hrsg. v. S. STEGMANN, Kempten 1913.

Sekundärliteratur

BUTTERWECK, C., Athanasius von Alexandrien. Bibliographie (AbhAkNRW 90), Köln 1995.

CHADWICK, H., History and Thought, London 1982.

ERNEST, J.D., The Bible in Athanasius of Alexandria (The Bible in Ancient Christianity 2), Boston 2004.

KANNENGIESSER, C., Arius and Athanasius. Two Alexandrian Theologians (Collected Studies 353), Hampshire 1991.

MEIJERING, E.P., Athanasius: Die dritte Rede gegen die Arianer. Einleitung, Übersetzung, Kommentar 1-3, Amsterdam 1996.

MORALES, X., La thélogie trinitarie d´Athanase d'Alexandrie (Collection des Études Augustiniennes. Série Antiquité 180), Paris 2006.

PORTMANN, W., Athanasius. Zwei Schriften gegen die Arianer: Verteidigungsschrift gegen die Arianer (Apologia contra Arianos), Geschichte der Arianer (Historia Arianorum), Einleitung, Übersetzung und Kommentar (Bibliothek der griechischen Literatur 65), Stuttgart 2006.

SCHWARTZ, E., Zur Geschichte des Athanasius (Gesammelte Schriften 3), Berlin 1959.

STEAD, C., Substance and Illusion in the Christian Fathers, London 1985.

STEGMANN, A., Des heiligen Athanasius vier Reden gegen die Arianer aus dem Griechischen übersetzt (BKV 13: Athanasius 1), Kempten 1913, 1-387.

VINCENT, M., Pseudo-Athanasius, Contra Arianos IV. Eine Schrift gegen Asterius von Kappadokien, Eusebius von Caesarea, Markell von Ankyra und Photin von Sirmium (SupplVC 36), Leiden 1996.

WILLIAMS, R., Arius. Heresy and Tradition, Grand Rapids ^{2}2001.

Wolfgang Wischmeyer

Augustin, Confessiones / Bekenntnisse (um 400)

1. Die Frage nach Eigenart und Intention der *Confessiones*

Die *Confessiones* Augustins gehören zu den Werken der Weltliteratur, deren immense Wirkungsgeschichte sich vom frühen 5. Jahrhundert bis ins 20. Jahrhundert verfolgen lässt. „Daß sie aber vielen Brüdern sehr gefallen haben und noch gefallen, weiß ich“ (Retractationes 2,6,1), schrieb schon Augustin selbst. Die Rezeption betrifft dabei neben der Theologie auch Literatur, Kunst und Philosophie. Im Gefolge von Georg Misch's *Geschichte der Autobiographie* gelten die *Confessiones* als erste große, christliche Autobiographie. Diese Charakterisierung steht jedoch vor dem Problem, dass es zumindest in der zweiten Hälfte des Buches gar nicht um Augustin zu gehen scheint. Augustin selbst schreibt dazu: „Vom ersten bis zum zehnten Buch sind sie über mich geschrieben, in den drei übrigen Büchern über die Heiligen Schriften, von der Stelle, an der geschrieben steht: Am Anfang machte Gott Himmel und Erde, bis zur Ruhe des Sabbats“ (Retractationes 2,6,1,). Damit verweist Augustin auf eine Zweiteilung der *Confessiones*. Nur im ersten Teil handelt er von sich selbst, im zweiten Teil folgt eine Auslegung der Schöpfungsgeschichte.

Auch die ersten 10 Bücher scheinen jedoch als Autobiographie kaum angemessen charakterisiert zu sein. Das zeigt sich nicht nur an Buch 10, wo Augustin seine Lehre von der memoria, dem Gedächtnis, entwickelt, sondern auch in den ersten neun Büchern. Zwar gehen, vom Umfang her ungefähr die erste Hälfte des Werkes, tatsächlich chronologisch vor und orientieren sich an Augustins Leben von seiner Geburt im Jahr 354 bis zu seiner Taufe im Jahr 387, doch hat James O'Donnell darauf aufmerksam gemacht, dass damit ein sehr wichtiger Teil von Augustins Leben, nämlich seine Zeit als Christ, Priester und Bischof, schlichtweg fehlt. Zudem, so O'Donnell weiter, ist das, was Augustin über die Jahre bis zur Taufe und dem Tod seiner Mutter berichtet, recht wenig. Der größere Teil der Textmenge enthält auch hier Reflexionen und Betrachtungen aus späterer Zeit. Vieles, jedenfalls für eine Autobiographie zu vieles bleibt unklar. So wird etwa die Zeit als Manichäer zwar erwähnt, doch nicht einmal ausführlich geschildert, wie Augustin als Manichäer gelebt hat. Ob er an manichäischen Liturgien teilgenommen hat, bleibt genauso unklar wie seine eigene Kenntnis etwa von Schriften Manis. Diese Beobachtung einer Tendenz, auszuwählen und in einer bestimmten Weise darzustellen und mit Betrachtungen zu verbinden, führt O'Donnell dazu, die Fragerichtung umzudrehen: Nicht, warum Augustin Bücher über die Schrift angefügt habe, sei eigentlich die offene Frage, sondern, warum Augustin dem eine erste Hälfte vorangeschickt habe, in denen er neben vielen allgemeinen Gedanken und Reflexionen zu Gott und der Psychologie des Menschen auch einige Details aus seinem Leben in grober chronologischer Ordnung einflicht. In der Tat ist die Perspektive von O'Donnell hilfreich, um eine neue Perspektive auf die *Confessiones* zu gewinnen. Zugleich zeigt sein Ansatz, dass nicht nur die Inhalte und Ausführungen selbst zu untersuchen sind, sondern auch die Frage nach der Pragmatik und Intention zu beantworten ist.

Um sich dem Duktus des Gesamtwerkes zu nähern, ist die Beschäftigung mit dem Proömium hilfreich. Hier fällt nicht nur der berühmte Satz „Unser Herz ist unruhig, bis es ruht in Dir“, sondern zeigt sich auch die gebetsartige Sprache, in der Augustin sich bekennend und in Benutzung von Psalmensprache an Gott wendet. „Groß bist du, Herr, und sehr zu loben, groß ist deine Kraft und deiner Weisheit ist keine Zahl“. Das Bekennen erhält dadurch eine deutlich weitere Bedeutung als nur das Bekennen der eigenen, sündhaften Vergangenheit, es ist zugleich ein lobendes und den Inhalt der Gotteslehre vergewisserndes Bekennen, das Augustin vor den Augen seiner Leser bzw. (bedenkt man, dass damals üblicherweise laut gelesen wurde) den Ohren seiner Hörer, denen die *Confessiones* vorgelesen werden, praktiziert. Entsprechend schildert Augustin nicht sein eigenes Leben als solches, sondern reflektiert daraufhin, inwiefern Gott in diesem Leben gehandelt hat und ihn schließlich zur Taufe geführt hat. Entsprechend lehnt Augustin es in Buch 10 ab, dass sich die Neugier seiner Hörer auf seine Person als solche richtet. Vielmehr sollen die *Confessiones* anleiten, von Gott zu hören, wie sie sind. Die *Confessiones* zielen also auf die Gottesbeziehung der Hörer.

Darin liegt zugleich allerdings die Abwehr eines neugierigen Fragens nach Augustin, genauer nach seiner Vergangenheit. Augustin bekennt diese zwar, stellt sie aber zugleich als überwundene dar. Dies dürfte angesichts der Vorwürfe und Widerstände, die es bei seiner Bischofswahl gegeben hat (vor allem seine Nähe zum Manichäismus spielte hierbei eine Rolle), auch als Versuch zu verstehen sein, die Vergangenheit einzuräumen, gleichzeitig aber der Beurteilung durch andere Menschen zu entziehen. „Und woher wissen sie, wenn sie von mir selbst etwas über mich selbst hören, ob ich Wahres sage, wo doch niemand der Menschen weiß, was im Menschen geschieht außer dem Geist des Menschen?“ (conf. 10,3). Augustin lässt damit nur eine einzige Instanz zu, die das Recht hat, ihn und sein Leben zu beurteilen: Gott selbst. Damit hat sich Augustin durch das Bekennen seiner Vergangenheit zugleich gegen jegliche Vorwürfe, die ihn und sein Leben betreffen, immunisiert. Er stellt sich selbst den Hörern vor Augen und entzieht den Hörern im gleichen Moment die Kompetenz, darüber zu urteilen. Eine solche „Selbstimmunisierungsstrategie“ ist besonders dann verständlich, wenn die *Confessiones* nicht nur als Erbauungsbuch funktionieren sollen, sondern zugleich die Position des umstrittenen Bischofs verteidigen sollen. Neben der ermunternden, werbenden, Gott lobenden Perspektive eignet den *Confessiones* also auch eine verteidigende Seite. Dass man hierbei insbesondere auch an die Manichäer zu denken hat, hat Kotzé zur Grundthese ihrer Monographie gemacht.

2. Augustins Rückblick auf seinen Lebensweg bis 386

Der Teil der *Confessiones*, der immer wieder auch auf Augustins Leben eingeht, endet in Buch 9 mit der Taufe und fügt eine hagiographische Lebensbeschreibung seiner Mutter Monnica an. Mit der Taufe und dem Bezug zur Mutter sind die beiden Faktoren genannt, die Augustins Zugehörigkeit zur Kirche, in der er später Bischof sein sollte, von Anfang an bestimmt haben. Gleich im ersten Buch erzählt Augustin, wie er selbst fast getauft worden wäre. Augustin wuchs in einem christlichen Haus auf. Der einzige, der nicht Christ war, war der Vater, vielleicht in Rücksicht auf öffentliche Ämter und die damit verbundenen kultischen Pflichten. Augustin wurde von Anfang an christlich erzogen. Und dazu gehörte, dass man die Kinder nach der Geburt zur Kirche brachte und dort zur Taufe anmeldete. So machte es auch Monnica. Dabei wurde das Kind mit dem Zeichen des Kreuzes gesegnet und mit einem geweihten Salz berieben (im Anklang an den Bibelvers Mt 5,13). Damit war das Kind grundsätzlich, man könnte sagen, für die Taufe vorgemerkt. Diese schob man häufig auf, um so die Gefahr zu minimieren, nach der Taufe durch eigene Vergehen die Taufgnade leichtfertig wieder zu verspielen. Umgekehrt konnte man in Notsituationen, etwa schwerer Krankheit, doch die Taufe schnell erlangen.

Und genau so eine Notsituation trat ein, als Augustin ein Schulkind war. Er wurde krank, irgendeine Magenkrankheit, die jedoch – so Augustin – lebensbedrohlich war. Er selbst habe damals um die Taufe gebeten. Dazu wäre es auch beinahe gekommen, doch als Augustin schnell wieder gesund wurde, blieb es bei dem ursprünglichen Plan, die Taufe aufzuschieben (vgl. conf. 1,17). Im Rückblick fragt sich Augustin, ob das wirklich gut gewesen ist, ob nicht die Zügel des Sündigens gelockert worden seien – so getreu dem Motto: „Laß ihn, er mag es tun (scil. die Sünde); er ist ja noch nicht getauft“ (conf. 1,18). Aber Monnica habe eben gewusst, welche Stürme noch auf den heranwachsenden Augustin zukommen würden, und daher die Taufe verschoben. Mit dem Bericht dieser Begebenheit setzt Augustin ein deutliches Signal: Er betont, dass er von Kindheit an mit der Hoffnung auf Christus groß geworden ist. Damit ist klar: Nicht ein Ungläubiger kommt nach Jahren des Suchens im Jahr 386 zum Christentum, sondern ein als Christ erzogener junger Mann distanziert sich in der Zeit seiner Jugend vom Glauben seiner Mutter, bleibt aber doch im großen und ganzen dem Christentum treu.

Das gilt nun gerade auch für die Zeit, in der Augustin sich dem Manichäismus anschloss. Denn dieser hatte in Nordafrika eine besondere, weitgehend christliche Ausprägung angenommen. Dementsprechend sagt Augustin auch, als er in Buch 3 von seiner Hinwendung zum Manichäismus spricht, dass er Leuten verfallen sei, die den Namen Gottes und des Herrn Jesus Christi und unseres Parakleten und Trösters, des Heiligen Geistes hineingemischt hätten (vgl. conf. 3,10). Augustin hat wohl gar nicht das Gefühl gehabt, sich vom Christentum abzuwenden, als er sich dem Manichäismus zuwandte. Er hat nur eine Form von Christentum gewählt, die ihm höherwertig zu sein schien, weil sie versprach, wirklich Auskunft über die Wahrheit zu geben (vgl. conf. 3,10). Die Suche nach Wahrheit war wohl das entscheidende Motiv für die Beschäftigung mit dem Manichäismus – und die Enttäuschung über das, was im Manichäismus als Wahrheit galt (etwa die kosmologisch-astrologischen Spekulationen; vgl. conf. 5,4.6), hat ihn vom Manichäismus dann wieder weggebracht. Gerade die Begegnung mit dem führenden Manichäerbischof Faustus, von dem sich Augustin jahrelang die Erklärung und Zurechtrückung verschiedener Anfragen erhofft hatte, hat ihn hinsichtlich des Wahrheitsanspruches des manichäischen Christentums desillusioniert (vgl. conf. 5,10).

Das geistige Milieu, das Augustin schließlich zu der Form von Christentum gebracht hat, für die er dann selbst wichtig geworden ist, ist in Mailand zu verorten. Augustin war hier nur kurze Zeit seines Lebens, vermutlich von 384 bis 387, aber diese zweieinhalb Jahre waren doch entscheidend – und sind für die Gesamtkonzeption der *Confessiones* der Mittelpunkt. Prägende Figur ist dabei Ambrosius gewesen, der Augustin nicht nur als Bischof vor Augen stand, der sich gegen Ansprüche des Kaiserhofes hatte durchsetzen können, sondern Augustin auch als interessanter Theologe beeindruckte.

Hatte Augustin in seiner Mailänder Zeit anfänglich noch die Position der sog. Skepsis der jüngeren Akademie geteilt, der zufolge über die Wahrheit nichts sicher erkennbar ist und man sich daher in einen ethisch verantwortbaren Probabilismus retten muss (vgl. conf. 5,19), so veränderte sich dies, als Augustin, selbst erfolgreicher Rhetor am Kaiserhof und anfänglich aus rein technischem Interesse, die Predigten des Ambrosius besuchte. Mit der Zeit fing Augustin dann an, sich mit den von Ambrosius gepredigten Inhalten zu beschäftigen (vgl. conf. 5,23-24). Dabei eröffnete Ambrosius durch seine allegorische Auslegung die geistige Dimension des Menschen, der Schrift, der Welt und schließlich auch Gottes (vgl. conf. 5,24-25).

In der Augustinforschung war für die Mailänder Zeit die ab 1950 entwickelte These von Pierre Courcelle vorherrschend, der einen Mailänder Kreis postulierte, der eine spezifische Verbindung von Neuplatonismus und Christentum vertrat. Die Existenz eines solchen Kreises hat mit guten Gründen Christoph Markschies in Frage gestellt, denn im Grunde reduziert sich dieser Kreis sehr schnell auf wenige Namen, von denen eigentlich nur im Fall des Ambrosius wirklich erkennbar ist, wie die Verbindung von Neuplatonismus und Christentum ausgesehen hat. Für weitere Personen, etwa den Priester Simplician oder den sonst kaum fassbaren Theodorus, ist noch die Kenntnis neuplatonischer Bücher wahrscheinlich zu machen, aber nicht eine besondere Synthese von Neuplatonismus und Christentum. Hieran anknüpfend hat Therese Fuhrer darauf aufmerksam gemacht, dass der Freundeskreis, in dem sich Augustin in Mailand und dann auf dem Landgut seines Freundes Verecundus in Cassiciacum bewegt habe, ein bestimmtes intellektuelles Milieu war, in dem wohlhabende Personen verschiedene philosophische und theologische Konzepte diskutierten, und zwar über die Grenze zwischen Christentum – Nichtchristentum hinweg. Auch ein Nicht-Christ wie Nebridius beschäftigte sich mit der Christologie und stellte z.B. in Frage, dass Christus wirklich Mensch war (vgl. conf. 9,6). So klar die Taufe auch die Zugehörigkeit zum Christentum markierte – und entsprechend im Gottesdienst der eucharistische Teil unter bewusstem Ausschluss aller Nicht-Getauften gefeiert wurde – so unscharf scheint diese Grenze in dem intellektuellen Milieu gewesen zu sein, in dem sich Augustin bewegte. Die These von Courcelle ist also zu modifizieren, weniger als Hinweis auf einen konkreten Kreis, der ein spezifisches theologisch-philosophisches Konzept vertreten hat, denn als Hinweis darauf, wie der Diskurs zwischen Christentum und Nichtchristentum am Ende des 4. Jh.s in Mailand aussah.

Immerhin scheinen zwischen diesem Milieu, in dem sich Augustin bewegte, und Leuten wie Ambrosius oder Simplician Kontakte bestanden zu haben. Augustin hatte immer wieder, insgesamt aber wohl doch eher punktuellen Kontakt zu Ambrosius. Zu Leuten aus dem Ambrosiusumfeld wie Simplician hatte Augustin engeren Kontakt, jedenfalls berichtet Augustin in conf. 8 von einem recht ausführlichen Gespräch mit Simplician.

Dabei gratuliert Simplician Augustin dazu, dass er unter der philosophischen Literatur nun ausgerechnet auf die Bücher der Platoniker verfallen sei (vgl. conf. 8,3). In der Augustinforschung der letzten 100 Jahre hat die Frage, was unter diesen libri Platonicorum zu verstehen sei, zu kontroversen Ergebnissen geführt. Vermutlich reichen wenige Enneaden Plotins aus, um das neuplatonische Gedankenmaterial, das sich beim frühen Augustin findet, erklären zu können. Andere Forscher plädieren für eine zusätzliche Kenntnis von Porphyrius, jedoch ohne hierfür konkrete Texte des Porphyrius namhaft machen zu können. Jedenfalls hat die Augustinforschung der letzten dreißig Jahre herausgearbeitet, dass die Lektüre der libri Platonicorum nicht von dem Einfluss des Ambrosius zu trennen ist. Eine These, wie man sie um 1900 vertreten hatte, der zufolge Augustin im Jahr 386 eigentlich Neuplatoniker und erst durch die Bibellektüre als Priester in den neunziger Jahren richtig Christ geworden sei, ist jedenfalls nicht aufrechtzuerhalten. Vielmehr wird man davon ausgehen müssen, dass die Lektüre der libri Platonicorum bestimmte Denkanstöße des Ambrosius verstärkt hat.

Dies betrifft nun vor allem die Art und Weise, wie Augustin die Erkenntnis der geistigen Dimension Gottes beschreibt. Die Entdeckung der geistigen Dimension Gottes führte Augustin dazu, in Gott nicht mehr etwas Stoffliches zu sehen. Das bedeutet, dass Augustin bis 384/385 ein materialistisches Gottes- (und Seelen)verständnis gehabt hat, wie es etwa von der Stoa vertreten wurde und sich auch im nordafrikanischen Manichäismus findet: Gott wurde dabei als feinstoffliche Lebensenergie verstanden, als feinstoffliches Pneuma, das durch die ganze Welt hindurchdringt. An die Stelle dieses Gottesbegriffes setzt Augustin nun einen geistigen Gottes- und Seelenbegriff und nutzt dafür plotinische Vorstellungen, mit denen er einen gedanklichen Aufstieg der Seele beschreibt. Dabei biegt er sie aber an der entscheidenden Stelle, dem Moment der höchsten Einheit, um: Ist bei Plotin das Ziel des Aufstiegs die Aufhebung der individuellen Existenz in der Einheit mit dem Einen selbst, so gipfelt die Aufstiegserfahrung Augustins gerade in dem Bewusstsein, ganz anders als Gott zu sein und als Geschöpf wieder hinabzugleiten, weggestoßen zu werden in die geschöpfliche Welt (vgl. conf. 7,16.23). Ganz entsprechend schildert er auch eine gemeinsam mit seiner Mutter Monnica erlebte Aufstiegserfahrung, in der gerade bewusst wird, dass die Betrachtenden geschaffen sind (vgl. conf. 9,25). Und als Augustin in Buch 10 die memoria analysiert, schreitet er über den Bereich der sinnlichen Wahrnehmung zu den intellektuellen Fähigkeiten empor, unter denen er besonders das Suchen nach glücklichem Leben als Bemühen um die Wahrheit hervorhebt (vgl. conf. 10,34-35), dann aber beim Gottesbegriff gipfelt, den er als etwas ansieht, was in der memoria angelegt ist. Betrachtet man dieses Gegebensein Gottes in der memoria, ergibt sich das Paradox, dass Gott im Inneren des Menschen ist, zugleich aber außerhalb. Das Gewahrwerden des Gottesbegriffes geht Hand in Hand damit, dass Gott sich entzieht (vgl. conf. 10,38). Entsprechend findet sich der Mensch als vergängliches, durch seine Affekte und Begierden gesteuertes Geschöpf vor (vgl. conf. 10,39-41). Genau diesen Gottesbegriff hat Augustin von Ambrosius gelernt und durch die Lektüre der libri Platonicorum vertieft, wobei er zugleich das neuplatonische Konzept in sein eigenes Denken einpasst. Dabei ist die Unterscheidung zwischen Schöpfer und Geschöpf eine tragende Grunddifferenz, die selbst in den Aufstiegserfahrungen durchschlägt. Der Gottesbegriff wird damit zum entscheidenden inhaltlichen Kern, den Augustin in den Vordergrund stellt. Das passt gut zu dem, was Augustin später in seinem Rückblick als Intention der *Confessiones* benennt: „Die dreizehn Bücher meiner Confessiones loben Gott von meinen schlechten wie guten Taten aus als gerecht und gut und erwecken den menschlichen Intellekt und Affekt auf ihn hin" (Retractationes 2,6,1). Damit werden die *Confessiones* zu einer Schrift, die einen bestimmten Gottesbegriff begründen und befürworten will. Diese Intention lässt sich mit der Bezeichnung der *Confessiones* als Protreptikos ganz gut beschreiben, auch wenn sich die literarische Gattung Protreptikos nicht so spezifisch beschreiben lässt, dass man einfach die entsprechenden Gattungsmerkmale wiederfinden kann. Entscheidend für diese Zuordnung ist jedoch die Gewichtung dessen, was Augustin über sich selbst sagt, im Verhältnis zu dem befürworteten Gottesbegriff. Die Person Augustins ist gleichsam nur der Anlass, Gott und sein Handeln zu loben und den Leser zu Gott hin zu erwecken, wachzurufen, zu ermuntern.

Zugleich gibt Augustin in conf. 7 deutlich zu erkennen, dass für ihn die libri Platonicorum mit einem wesentlichen Defizit belastet sind: In ihnen fehlt der Name Christi. Im Rückblick stellt Augustin fest, dass die libri Platonicorum zwar Richtiges über die Grundlegung der Welt gesagt haben (ganz entsprechend zu Augustins Verständnis von Joh 1, von dem Logos, der die Welt strukturiert und ordnet), dass aber der demütige Christus gefehlt habe (vgl. conf. 7,26). Entsprechend ist die richtige Erkenntnis des Gottesbegriffes allein noch nicht der entscheidende Punkt gewesen, von dem her Augustin sein Leben neu gestalten konnte. Die Erkenntnis des richtigen Gottesbegriffes lässt Augustin in einer Situation der Zerrissenheit und inneren Gespanntheit zurück, die erst in Buch 8 überwunden wird. Erst am Ende von Buch 8 kommt es zu der berühmten Gartenszene und dem festen Entschluss, sich taufen zu lassen. Diese Abfolge von Buch 7 und Buch 8 ist theologisch aussagekräftig und relativiert die Bedeutung der Erkenntnis für die Erlösung in einer fundamentalen Weise. Aus der Erkenntnis ergibt sich keineswegs gleichsam automatisch ein richtiges Leben und Verhalten, vielmehr bedarf es noch einer zusätzlichen, quasi affektiven und emotionalen Dimension, die den Menschen zu dem festen Willensentschluss lenkt, das eigene Leben ganz nach Gott auszurichten.

3. Gnadenlehre und Gottesbegriff in den *Confessiones*

Dies stellt die Frage, inwiefern die *Confessiones* die Gnadenlehre Augustins veranschaulichen. Entstanden sind die *Confessiones* um oder kurz nach 400 und damit vermutlich nach derjenigen Schrift, die für die Entwicklung der Gnadenlehre Augustins entscheidend ist, die Schrift *Ad Simplicianum*. Simplician, den Augustin aus Mailänder Zeiten kannte und der dann Nachfolger des Ambrosius werden sollte, hatte sich von Augustin die Erklärung einiger Schriftstellen erbeten, darunter von Röm 9. Diese Anfrage hat Augustin dazu bewegt, seine eigene Sicht der Gnadenlehre noch einmal zu prüfen, mit dem Ergebnis, dass er die früher von ihm vertretene Theorie nun ablehnte und später als error, als Fehler einstufte (vgl. De praedestiantione sanctorum 7-8).

Gegenstand seiner jetzt neuen Einsicht ist die Frage nach dem initium fidei, dem Anfang des Glaubens, also der Entscheidung, die allem weiteren Glauben zugrunde liegt. Dabei verfolgt Augustin die Frage: Wie wählt Gott diejenigen aus, die er dann begnadet, die er beruft und anschließend im Glaubensleben weiter beschenkt?

Nimmt Gott dabei Rücksicht auf den Willen des Menschen, sei es auch nur, indem er vorausweiß, ob jemand im Falle der Berufung auch positiv reagiert und sich zum Glauben entschließt? In der Tat hatte Augustin diese Lösung in einigen früheren Schriften vertreten. Die Idee war eigentlich einfach: Einerseits ist alles der Gnade zuzurechnen, denn der Mensch kann nicht ohne Gnade erlöst werden oder zum Glauben kommen, Gott muss den ersten Schritt machen und den Menschen berufen. Er muss ihn auch in seinem Glauben unterstützen, der ohne Gottes Gnade und Hilfe nicht in der Lage wäre, das Leben nach Gottes Willen zu gestalten. Aber andererseits sieht Gott voraus, wie jemand auf die Berufung reagiert, und er wählt dementsprechend diejenigen als zu Erlösende aus, von denen er vorherweiß, dass sie auch glauben werden. Die Willensentscheidung zum Glauben liegt dann letztlich in der Entscheidung dessen, der sich zum Glauben berufen lässt.

Genau diese Lösung lehnte Augustin in der Anfrage an Simplician ab. Denn, so seine Begründung, im Grunde sei die Entscheidung zum Glauben, das initium fidei, dann doch als eine menschliche Tat anzusehen, von der abhängt, ob Gott jemanden begnadet oder nicht. Zwar werde Gott in dieser Lösung als erster aktiv, aber sein Handeln ist seinerseits abhängig vom wenn auch künftigen Tun des Menschen. Und entsprechend wäre die Verleihung des Geistes, die Ermöglichung des guten Lebens etc. dann letztlich doch nur eine Belohnung dieses Tuns des Menschen. Also wäre Gnade nicht mehr Gnade, sondern Bezahlung.

Entsprechend muss man, so Augustin weiter, annehmen, dass auch der Anfang des Glaubens nicht vom Menschen selbst geleistet werde, sondern von Gott im Menschen hervorgerufen werde, und zwar so, dass der Mensch es nicht in seiner Macht hat, sich für oder gegen den Glauben zu entscheiden. Der Mensch wird von Gott überzeugt und in die Richtung gelenkt, die Gott beschlossen hat. Gnade bedeutet grundlose, wirklich umsonst gegebene Erlösungstat Gottes. Der Mensch kann das in sich nur vorfinden, dankbar annehmen. Das ändert zwar nichts daran, dass die Entscheidung zum Glauben etwas ist, das der Mensch mit seinem Willen vornimmt. Doch zugleich ist klar, dass diese Regung des Willens nicht vom Menschen selbst gemacht wird, sondern er sie nur in sich vorfindet.

Diese Konzeption der Gnadenlehre, die Jahre später zu den Auseinandersetzungen des sog. Pelagianischen Streits geführt hat, ist von Augustin vor der Abfassung der *Confessiones* entwickelt worden. Die Frage, ob letztere diese Auffassung auch darstellen, wird unterschiedlich beantwortet. So bezweifelt z.B. Johannes Brachtendorf, ob sich die Frage einer zuvorkommenden Gnade überhaupt in einer Lebensbeschreibung verifizieren lasse, und stellt fest, dass die Gnadenlehre letztlich erstaunlich wenig Niederschlag in den *Confessiones* gefunden habe. Dem kann man jedoch gegenüberstellen, dass der entscheidende Punkt in *Ad Simplicianum* ja die Art und Weise war, wie das initium fidei zustandekommt. Und dabei vertritt Augustin eine Vorstellung, der zufolge der Mensch durch eine Kombination von äußeren Eindrücken und Dingen, die einem im Inneren begegnen, sich plötzlich als willig empfindet. Der Mensch hat nicht in seiner Macht, was ihm in den Sinn kommt (vgl. Ad Simplicianum 1,2,21; De spiritu et littera 60). Einfälle und Gedanken werden direkt von Gott gesteuert und führen zusammen mit Empfindungen und Gefühlen zu einer Motivationslage, die das plötzliche Vorhandensein eines Glaubenswillens bedeuten.

Genau diese Konzeption lässt sich in der Gartenszene erkennen. Die Situation ist weltberühmt: Augustin findet sich in einem Zustand tiefer Zerknirschung und Aufgewühltheit vor. Er ist hin- und hergerissen, er hat zwar das Gefühl, jetzt eine richtige, eben nicht mehr körperliche Vorstellung von Gott zu haben, die ihm eine angemessene Weltdeutung (incl. der Frage nach dem Ursprung des Bösen, das als Nichtiges eingeordnet wird) erlaubt, aber er fühlt, dass er es nicht vermag, sein Leben entsprechend neu auszurichten, sondern sieht sich nach wie vor durch die Orientierung an vergänglichen Dingen bestimmt. Honor et uxor, Ruhm und Ehe, sind dabei die beiden Stichpunkte, an denen Augustin dies besonders illustriert: Beruflicher Erfolg und eine gelingende Beziehung zum anderen Geschlecht. Diese beiden Ziele sind, so Augustin insgesamt, nicht für sich schlecht, aber so, wie Augustin sie anstrebt, werden beide Dinge hingebogen zu einer Form von Selbstsucht, die das eigene Glück gerade nicht von Gott aus definiert, sondern von vergänglichen Dingen aus, wie eben dem beruflichen Erfolg oder der Sexualität (vgl. conf. 8,12-13).

Augustin tritt in diesem Zustand innerster Zerrissenheit in den Garten. Er ist nicht allein, sein Freund Alypius ist bei ihm (vgl. conf. 8,28). Als Augustin in Tränen ausbricht, läuft er ein paar Schritte in den Garten hinein, Alypius zögert ihm zu folgen. Da hört Augustin eine Stimme, die so klingt, als käme sie von einem Kind. „Tolle, lege“ – „Nimm und lies“. Augustin versucht, dies einzuordnen, zu überlegen, ob er einen Kindervers oder Reim kennt, der vielleicht aus dem Nachbarhaus herüberschallt. Aber dieser Deutungsversuch läuft ins Leere. Da kommt ihm die Idee, es so zu machen, wie es ein Besucher ihm wenige Tage zuvor von Antonius erzählt hat: nämlich das erstbeste angetroffene Bibelzitat auf sich zu beziehen. Entsprechend läuft er zurück zu Alypius, neben dem ein Pauluscodex liegt, nimmt ihn, schlägt ihn an der erstbesten Stelle auf und liest: „Nicht in Fressen und Saufen, nicht in Beilagern und Unzüchtigkeiten, nicht in Kampf und Eifer – sondern zieht an den Herrn Jesus Christus und betreibt nicht die Fürsorge für das Fleisch in Begierden.“ (Röm 13,13f. nach Vetus Latina). Da bricht er ab und mit dem Ende dieses Satzes ist gleichsam ein Licht der Sicherheit, eine lux securitatis, in ihn eingeflossen, alle Zweifel sind vorbei (vgl. conf. 8,29) – und Augustin sieht sich in der Lage, sein Leben neu auszurichten. Diese lux securitatis ist keine neue Erkenntnis, sondern plötzlich erfahrene Sicherheit, die in ihn einströmt wie ein Licht, verursacht durch äußere Einflüsse, die Erzählungen und Begegnungen, die der Szene vorangegangen sind, und durch innere Ideen und Einfälle. Für beides lässt sich mit der Simplicianschrift sagen: Der Mensch hat nicht in seiner Macht, was ihm in den Sinn kommt. Augustin kommt nicht durch reifliche Überlegung zu der Entscheidung, sich taufen zu lassen, sondern Gott bewirkt diese Entscheidung in ihm. Entsprechend sagt Augustin, Gott habe ihn in der Gartenszene zu ihm umgedreht, d.h. bekehrt (convertisti enim me ad te; conf. 8,30).

Damit befürwortet Augustin zugleich eine Vorstellung von Gott, der sich im Leben des einzelnen Menschen durchsetzt. Augustin zeigt auf, wie sich nach und nach in seinem Leben, durch eine Vielzahl von äußeren Einflüssen, Lektüren, Begegnungen, Erlebnissen und Gefühlen, Fragen und Erkenntnissen ein Weg aufbaut, in dem Gott selbst Augustin dorthin führt, wo er ihn haben möchte: nämlich bei der Taufe. Diese Perspektive weitet sich ab Buch 10 und wird ab Buch 11 auf die Welt insgesamt bezogen. Die Auslegung der Schöpfungsgeschichte wird zum Aufweis, dass die gesamte Welt von dem trinitarischen Gott abhängt und sich Gott seinerseits auf allen Ebenen in der Welt durchsetzt. So zielt schon die berühmte Abhandlung über die Zeit, die noch für Heidegger ein wesentlicher Bezugstext war, darauf zu zeigen, dass die Zeit etwas Geschöpfliches ist, das seinerseits von Gott abhängig ist, dem Gott aber nicht selbst unterliegt. Gott hat ohne zeitliche Erstreckung seiner Handlung die Schöpfung durch seine Weisheit ins Leben gerufen (vgl. conf. 11,41) und damit auch die zeitliche Dimension geschaffen, deren Durchdringung dem menschlichen Geist enorme Probleme bereitet, weil dem Menschen die Zeit immer nur als vergangen oder noch zukünftig erscheint, die gegenwärtige Zeit sich aber seinem Zugriff entzieht (vgl. conf. 11,27-28). Entsprechend deutet Augustin die Erschaffung des Lichtes nicht nur auf seinen eigenen Erkenntnisweg, sondern auch darauf, dass es kein mit Gott gleichewiges Geschöpf gibt (vgl. conf. 12,7.10-11). Und passend dazu kann der Mensch zwar nach Analogien in der Schöpfung oder auch in sich suchen (und dabei z.B. auf die Trias esse – nosse – velle / Sein – Wissen – Wollen stoßen), doch sind solche analogen Dinge longe aliud, bei weitem etwas anderes (vgl. conf. 13,12). Insgesamt zeigt die allegorische Auslegung der Schöpfungsgeschichte, wie alles Schöne, Gelungene, Geformte, Lichthafte, Räumlich-zeitliche sich Gott verdankt, der nicht begrifflich erfassbar ist und sich auch nicht in dem, was in der Welt zu sehen ist, erschöpft, der jedoch im Glauben zugänglich ist, womit Augustin letztlich auf den Taufglauben zurücklenkt (vgl. conf. 13,13-14). Die *Confessiones* enden mit der Auslegung der Sabbatruhe Gottes, an der Gott sieht, dass alles sehr gut ist (vgl. conf. 13,43). Von der Schöpfungsgeschichte her wird deutlich, dass das Lob Gottes nicht nur von einzelnen Menschen ausgeht, sondern sich eingliedert in die Relation der gesamten Welt zu Gott. Darin, dass Gott die Welt geschaffen hat und in Ruhe auf die geordnete Schöpfung schaut, ahnt der Mensch das Ziel seiner Lebensgeschichte genauso wie das Ziel der Geschichte der Welt insgesamt. Die requies, die Ruhe Gottes wird zum Fluchtpunkt aller menschlichen Unruhe. Die Überwindung aller Unruhe durch das Gute kann letztlich nur von Gott erbeten werden: sic, sic accipietur, sic invenietur, sic aperietur (so, so wird es empfangen werden, so wird es gefunden werden, so wird es sich auftun) (vgl. conf. 13,51-53).

Literatur

Quellen und Werkausgaben

Sancti Augustini Confessionum Libri XIII, quos post Martinum Skutella iterum edidit LUCAS VERHEIJEN, editio altera, Corpus Christianorum. Series Latina 27, Turnhout 1990.
AUGUSTINUS, Bekenntnisse, übersetzt v. B. MOJSISCH/K. FLASCH, Ditzingen 1989.

Sekundärliteratur

Bochet, I., „Le firmament de l'écriture". L'herméneutique augustinienne, Collection des Études augustiniennes. Série Antiquité 172, Paris 2004.

Brachtendorf, J., Augustins „Confessiones", Darmstadt 2005.

Courcelle, P., Recherches sur les Confessions de saint Augustin, nouvelle éditione augmentée et illustrée, Paris 1968.

Drecoll, V.H. (Hrsg.), Augustinhandbuch, Tübingen 2007 (darin bes. 127-143. 153-164. 294-309. 488-497).

Feldmann, E., Art. Confessiones, in: P.C. Mayer (Hrsg.), Augustinuslexikon 1 (Basel 1986-1994), 1134-1193.

Fischer, N./C. Mayer (Hrsg.), Die Confessiones des Augustinus von Hippo. Einführung und Interpretation zu den dreizehn Büchern, Freiburg i.Br. 1998 (Taschenbuch Freiburg i.Br. 2004).

Fondazione Lorenzo Valla (anstelle eines Hrsg.s): Sant'Agostino. Confessioni. Testo criticamente riveduto e apparati scritturistici a cura di Manlio Simonetti, traduzione di Gioacchino Chiarini, commento, Scrittori greci e latini, 5 vol., Mailand 1992-1997.

Fuhrer, T., Augustinus, Darmstadt 2004.

Kotzé, A., Augustine's Confessions. Communicative Purpose and Audience, Supplements to Vigiliae Christianae 71, Leiden 2004.

Markschies, C., Ambrosius von Mailand und die Trinitätstheologie, Beiträge zur Historischen Theologie 90, Tübingen 1995.

O'Donnell, J.J., Augustine. Confessions, 3 Vol.s, Oxford 1992.

O'Donnell, J.J., Augustine. Sinner and Saint. A New Biography, London 2005.

Volker Henning Drecoll

Dionysius Areopagita, Die Namen Gottes / Περὶ θείων ὀνομάτων (zwischen 518-525)

1. Autor und geschichtlicher Hintergrund

Der Autor dieses Werkes, das den integralen Bestandteil eines bewusst konzipierten Korpus von systematisch aufeinander bezogenen Einzelschriften (*De divinis nominibus = Die Namen Gottes*, *De coelestia hierarchia = Die himmlische Hierarchie*, *De ecclesiastica hierarchia = Die kirchliche Hierarchie*, *De mystica theologia = Die mystische Theologie und eine Sammlung von zehn Briefen = Epistulae*) bildet, ist trotz vielfältiger Bemühungen, sein Inkognito zu lüften, bis heute unbekannt. Zu geschickt wusste er sich hinter der Fiktion zu verbergen, er sei jener athenische Ratsherr und Philosoph Dionysius (vgl. die explizite Selbstbezeichnung in *Epistula* VII,3), den der Apostel Paulus anlässlich seiner Rede auf dem Areopag zum Christentum bekehrt habe (Apg 17,34, vgl. DN II,11; III,2, wo er sich als Schüler des Paulus und eines ansonsten unbekannten Hierotheus bezeichnet, und Epistula VII,2-3, wo er sich als Augenzeuge der beim Tode Jesu eingetretenen Sonnenfinsternis darstellt). Die Versuche, den Verfasser des Corpus Dionysiacum mit verschieden antiken christlichen Theologen wie Petrus dem Iberer (Honigmann), Petrus dem Walker (Riedinger) und anderen zu identifizieren, müssen zwar als gescheitert angesehen werden. Aber immerhin verweisen zum einen die von H. Koch und J. Stiglmayr erstmals erwiesene Abhängigkeit der dionysischen Schriften von den Werken des Neuplatonikers Proklos (gestorben 485) zum anderen die terminologischen Berührungspunkte mit der Christologie des so genannten *Henotikon* von 482 und mit der syrisch-antiochenischen Messliturgie, wie sie Petrus der Walker im Jahre 476 mit der Einfügung der Formulierung „einer aus der Trinität hat gelitten" in das Credo und durch die Einführung der Myronweihe umgestaltet hat, als terminus post quem auf das Ende des fünften Jahrhunderts hin. Was den terminus ante quem angeht, so lässt sich in zwischen 518 und 528 datierten Werken des Severus von Antiochien zum ersten Mal die literarische Kenntnis des Corpus Dionysiacum nachweisen.

2. Inhalt und Gedankengang von *Die Namen Gottes*

Schon die Einleitung (Kap. I) in die Fragestellung des Werkes von den göttlichen Namen lässt deutlich die Grundstruktur des dionysischen Denkens erkennen, die spannungsvolle Vereinigung des neuplatonischen Transzendenz- und Emanationsgedankens mit dem christlichen Schöpfungsglauben: Einerseits wird Gott als das höchste Prinzip völlig neuplatonisch als „das Eine" (I,1,588 B), vorgestellt, das „jenseits von Sein und Vernunft" steht und über alles Sein, Wesen und Denken erhaben und daher für Vernunft und Wort unerkennbar ist und allein in der übervernünftigen, alle Seins- und Vernunftbestimmungen hinter sich lassenden Schau qua Einung der Seele mit dem Einen erkannt werden kann. Andererseits aber offenbart die Heilige Schrift Namen Gottes, die von seinem Wirken auf die außergöttliche und kreatürliche Sphäre hergenommen sind. Gott als der Gute ist daher – wenn auch nicht in seinem Wesen, so doch aus seinem Wirken als Ursache aller Dinge – als der seine gefallenen Geschöpfe zurecht bringende und durch die als Ausstrahlungen seines Lichts verstandenen Offenbarungen sich seinen Kreaturen kundtuende Gott jeweils soweit erkennbar, wie es die Fähigkeit und die Kraft eines jeden Geschöpfes zulassen. Dieser spannungsvolle Zusammenhang von negativer und positiver Theologie findet sich nun für Dionysius schon in der Heiligen Schrift selbst ausgesprochen, wenn diese einerseits Gott als den „Namenlosen" bezeichnet, ihm aber andererseits von seiner Schöpfungs- und Offenbarungswirksamkeit her „alle Namen" beilegt (I,6), und ihn schließlich sogar mit aus der Sinnenwelt auf Gott übertragenen Namen ehrt, die dann Gegenstand einer „Symbolischen Theologie" sein sollen. Mit diesen drei Redeweisen der Heiligen Schrift deutet Dionysius zum ersten Mal in seinem Gesamtwerk die Unterscheidung von „kataphatischer, symbolischer und mystischer, bzw. apophatischer Theologie" an: In der kataphatischen Theologie werden die göttllichen Namen als abstrakte Verstandesbestimmungen aus der Heiligen Schrift gewonnen und vernunftgemäß durchdacht, wobei Gott aus seinen Wirkungen erkannt wird. Dagegen spricht die mystische Theologie als negative Theologie Gott alle ontologischen Bestimmungen und alle menschlichen Erkenntniskategorien ab (via negationis). Schließlich steht die symbolische Theologie in eigentümlicher Weise zwischen diesen beiden Zugängen, da sie ihre Bilder und uneigentlichen Begriffe als Symbole des in der überwesentlichen Schau Geschauten gewinnt (vgl. MTh III,1033 A; DN I,6-8; vgl. hierzu u.a. Theill-Wunder, 154-165). Gegenstand von *De divinis nominibus* ist daher die kataphatische und damit positive Theologie, zu deren Inhalten nicht nur die allgemeinen Namen der Gottheit, sondern auch das trinitarische und das christologische Dogma gehören (DN I,4).

Diese beiden Dogmen werden dann in Kapitel II ausdrücklich thematisiert und in ihrer Beziehung zu den allgemeinen Namen Gottes geklärt: Die abstrakten göttlichen Namen, wie etwa der Begriff des „Guten", beziehen sich auf die „vollständige Gesamtheit der vollkommenen Gottheit" und können und dürfen nicht zur inneren Differenzierung der göttlichen Trias herangezogen werden. Damit schließt sich Dionysius an das orthodoxe Trinitätsdogma an und grenzt sich gegen die als Blasphemie bezeichnete arianische Lehre ab, die ja die „Gott geziemenden Namen" nicht auf die ganze Gottheit, sondern auf den Vater allein bezieht (II,1,637 A), um so die vollwertige Gottheit des Sohnes und des Heiligen Geistes zu leugnen. Dionysius greift hierbei die neunizänische Trinitätslehre von der einen, gemeinsamen Wesenheit Gottes in den drei, von einander unterschiedenen Subsistenzen (Hypostasen) auf und setzt diese christliche Trinität mit dem neuplatonischen Einen gleich (DN II,3,641 A B): Während bei Plotin das Eine sich von seinen Emanationen der Vernunft (Nous) und der Seele ontologisch unterscheidet und bei Proklos durch die Einführung eines zweiten Einen noch weiter von aller Vielheit abgesetzt wird, betont Dionysius, dass das höchste Eine selbst als dreieiniger Gott in sich differenziert ist. Auch in der Inkarnation des göttlichen Logos offenbart sich die hypostatische Differenzierung des göttlichen Wesens, weil allein der göttliche Logos zum Heil der Menschen unsere Natur angenommen und in ihr gelitten hat (II,7,644 C). Allerdings kann die Inkarnation in gewissem Sinne auch als der Ausdruck des gemeinsamen Willens der einen vollkommenen Gottheit verstanden werden, so dass weder die trinitarische Binnendifferenzierung Gottes, noch die Inkarnation des göttlichen Logos die Einheit des göttlichen Wesens und Wirkens aufhebt.

Kapitel III thematisiert den Aufstieg der Seele durch das Gebet als den der apophatischen Theologie zugrunde liegenden Erkenntnisweg. Mag es zunächst so scheinen, als zögen wir mit dem Gebet das Göttliche zu uns herab, so wird mit dem Bilde von absteigenden Lichterketten, die im Himmel befestigt zu uns herunterreichen und die wir, aus unserer Perspektive betrachtet, Stück für Stück an uns heranziehen, während wir in Wahrheit uns selbst damit in die Höhe ziehen, gezeigt, dass die Gläubigen sich im Gebet vielmehr selbst zur Gottheit erheben. Mit dieser christlichen Vorstellung greift Dionysius zugleich auch neuplatonisch-theurgisches Gedankengut auf. So betont etwa der neuplatonische Verehrer der heidnischen Mysterien Jamblich (Myst. 1,12), dass es sich bei der Herabrufung der Götter im Kult keineswegs um ein „Herabziehen" des Göttlichen in den irdischen Bereich handele, sondern es dabei vielmehr darum gehe, die Seele zum Göttlichen hinaufzuführen.

Die eigentliche Behandlung der göttlichen Namen beginnt dann in Kapitel IV mit des Gottesprädikats des „Guten", das ihn als Ursache aller Güter und alles Seienden beschreibt: Wie das von oben ausstrahlende himmlische Licht, das als angemessenes Bild seiner Güte gebraucht wird, dringt die Güte von der jenseitigen und über allem Seienden stehenden Gottheit bei den höchsten Seinsstufen beginnend bis zu den untersten Sphären der Wirklichkeit hinab (IV,4,697 C). Das Gute wird dabei als das intelligible Licht bezeichnet, weil es die überweltlichen und weltlichen Hierarchien der Vernunftwesen mit intelligiblem Licht anfüllt und so zur Einheit und gegenseitiger Harmonie führt (701 B). Daher wird das Göttliche auch Anmut und Schönheit genannt, dem alles Sein und Wohlgeordnetsein entspringt und das von allen Seienden geliebt und erstrebt wird. Zugleich kann aber auch der für das neuplatonische Denken kühne und nur biblisch begründete Satz gesagt werden, dass Gott selber alles das liebt, was er schafft und vollendet (708 B). Selbst der platonische Erosbegriff kann in diesem Zusammenhang auf Gott und seine die Gesamtwirklichkeit einende und auf ihn selbst ausrichtende Kraft angewendet werden (IV, 10. 11,708 A-709 B).

An die Ausführungen über das Gute schließt sich dann ganz organisch die Frage nach dem Bösen an: Wie kann es überhaupt Böses geben, wenn doch das Gute Ursache allen Seins und aller Seinsordnung ist (713 D)? Da das Böse nicht aus dem Guten stammen kann und alles Seiende ein Gut ist und aus dem Guten stammt, kann das Böse nach Dionysius, der hier neuplatonischem Denken folgt, kein selbständiges Seiendes sein, sondern stellt vielmehr eine Schwäche und einen Defekt des Guten dar (732 B). Es ist dann aber auch die Meinung abzulehnen, das Böse bestehe in einer als aktive Widerstandsmacht gegen das Gute verstandenen Privation (729 C). Der Mangel an Guten ist vielmehr als Mangel gerade kraftlos und keine eigene Seins- und Handlungsmacht. Das Böse ist daher nach Dionysius anders als das Gute keine einheitliche Wirkmacht, sondern entsteht aus vielen und partiellen Defekten, ist bloßes Akzidenz am Seienden und Guten (732 C) und unterliegt gerade als solcher Teilaspekt des Guten der Vorsehung Gottes, der es zum Besten der Gesamtwirklichkeit einzusetzen vermag.

Kapitel V behandelt das Gottesattribut „Sein", durch das Gott als der „wahrhaft Seiende" ausgewiesen wird. Auch hier wird erneut unterstrichen, dass eine solche Bezeichnung nicht Gottes Wesen an sich, das für alle Kreatur gänzlich unerkennbar und unbegreiflich bleibt, beschreibt, sondern sich auf Gott nur insoweit bezieht, als er die Ursache und der Grund des Seins jeglichen Seienden ist. Ähnlich gilt das göttliche Wesen (nach Kapitel VI) als „Leben", insoweit es Ursache allen Lebens ist, und als Weisheit, bzw. Vernunft und Wort (Kapitel VII), insoweit es nicht nur die Ursache für die Ordnung des Kosmos, sondern auch für die Erkenntnis dieser Ordnung und der aus dieser Ordnung auf deren Ursprung in Gott zurück schließenden Gotteserkenntnis ist. In der Zusammenstellung der drei Gottesbezeichnungen „Sein, Leben und Weisheit" greift Dionysius wohl bewusst die so genannte „proklische Trias" von Sein (Wesenheit), Leben und Vernunft, bzw. Erkenntnis (Gnosis) auf, die im neuplatonischen Denken sowohl die innere Differenzierung der vom ersten Prinzip abgeleiteten geistigen Wesen, als auch verschiedene Hypostasen beschreiben kann (vgl. Proklos, Institutio 101-103; v. Ivánka, 390).

Nach diesen Gottesbezeichnungen philosophischer Provenienz werden in Kapitel VIII die scheinbar eher der biblisch-heilsgeschichtlichen Sphäre entspringenden Begriffe der „Kraft", der „Gerechtigkeit", des „Heils" und der „Erlösung" behandelt, die aber hier ganz ins Ontologisch-Metaphysische gewendet werden (vgl. v.

Ivánka, 393), indem sie auf die ständige Einwirkung Gottes auf seine Schöpfung bezogen werden, mit der er das Seiende aus sich hervorbringt und wieder zu sich zurückwendet.

Dagegen behandelt das Kapitel IX rein abstrakte einander paarweise antithetisch zugeordnete Begriffe wie „der Große – der Kleine", „derselbe – der andere", „der Ähnliche – der Unähnliche", „der feste Stand – die Bewegung" und schließlich „das Gleiche". Diese Begriffskette entstammt offensichtlich dem platonischen Parmenides (137c-155c) und wird von Dionysius auf das Verhältnis Gottes zu seiner Schöpfung bezogen, offenbar wieder in dem Bestreben, „ein christliches Gegenstück zur Begriffsarchetektonik des Parmenides zu schaffen" (v. Ivánka, 293, vgl. auch Corsini, 81-104).

Wird Gott in Kapitel X als „Allmächtiger" und als „Alter der Tage" bezeichnet, was auf sein ewiges Schöpfersein bezogen wird, so in Kapitel XI als „Friede", insofern er nämlich die von ihm ausgehenden Geschöpfe zu sich als ihrem Ursprung zurückwendet und sie so in Harmonie und Übereinstimmung miteinander bringt. Schließlich symbolisieren die im Kapitel XII behandelten Gottesnamen „Heiliger der Heiligen", „König der Könige", „König für immer und ewig", „Herr der Herren" und „Gott der Götter" die Überfülle des alle seine Hervorbringungen unendlich überragenden Schöpfergottes, der allen seinen Geschöpfen an sich Anteil gibt, aber gerade darin alle von ihm abhängigen Wesenheiten prinzipiell übergeordnet und entzogen ist.

Den Höhepunkt der Gedankenentwicklung des Buches bildet dann das Kapitel XIII, in dem die Gottesbezeichnungen „der Vollkommene" und „der Eine" als die höchsten Gottesnamen abgehandelt werden. Vollkommen ist Gott nicht nur in sich selbst, insoweit er alle Vollkommenheit in sich enthält und aller Vervollkommnung unbedürftig ist, sondern auch im Sinne der Übervollkommenheit, durch die er die Überfülle und das unendlich überfließende und alle andere Wesen erst vervollkommnende Prinzip aller Vollkommenheiten ist (XIII,1). Mit dem alle anderen Gottesbezeichnungen in sich enthaltenden Namen des „Einen" wird die Gottheit bezeichnet, weil sie nicht nur schlechthin eine über alle Zahl und alles Erkennen hinausgehende absolute Einheit darstellt, sondern als dieses Eine zugleich alles ist, in dem Sinne, dass sie alles, was überhaupt ist, aus sich hervorgehen lässt, da jedes überhaupt denkbare Seiende und auch jede Ordnung und jede Vielheit von Seienden nur durch die Teilhabe am Einen überhaupt existieren kann (XIII,2). Daher wird einerseits gut platonisch alles Seiende auf das Eine zurückgeführt, indem es von ihm ausgeht und sich auch zu ihm zurückwendet und zu ihm zurückstrebt. Andererseits wird aber ebenso gut platonisch betont, dass diese Bezeichnung des höchsten Prinzips als des Einen dieses damit nicht zu einem der Zählbarkeit unterworfenen Seienden mache. Durch diesen zweiten Gedanken wird zugleich von der positiven Theologie auf die negative und mystische Theologie hingewiesen. Denn zur Erkenntnis dieses Einen muss man nicht nur alle Begrenztheit, sondern auch alle Unbegrenztheit, alles Seiende und jegliches Denken hinter sich lassen, weil das Eine über alle Bestimmung, Einheit und Zählung absolut erhaben ist. Daher kommt es am Ende des Buches auch zu einer grundsätzlichen Relativierung aller positiven Rede über Gott und zur Feststellung von der Unerkennbarkeit seines Wesens. Auch die Rede von der göttlichen Trinität, die am Anfang des Buches mit dem platonischen Einen identifiziert worden war, wird vor diesem Hintergrund zwar nicht zurückgenommen, aber im Letzten relativiert: Auch im christlichen Dogma von der Dreieinigkeit erkennen wir nach Dionysius Gottes Wesenheit nicht an und für sich, sondern „wir legen nur, um das Übergeeinte und das Gotterzeugte in ihr wahrheitsgemäß zu feiern, ihr als Überwesenhafter die Namen ‚Dreifaltigkeit' und ‚Einzigkeit' bei, ihr als Überwesentlicher die Namen von Seiendem" (XIII,3,981 A).

Die Schrift über die göttlichen Namen kann daher nur im Rahmen des Gesamtkorpus angemessen verstanden werden, so nämlich, dass die in ihr vertretene „kataphatische Theologie" mit jenen anderen beiden theologischen Erkenntniswegen, auf die sie selber hinweist, in Beziehung gesetzt wird. Zeigen schon viele Aussagen in *De divinis nominibus*, dass die Erkenntnis, wie sie die positive Theologie vertritt, nicht wirklich zur überwesentlichen Gottheit des Einen vorzudringen vermag, sondern auf der noetischen Ebene der Erkenntnis stehen bleibt, die nur auf die Wirkungen Gottes, seine Emanationen und Ausstrahlungen in den kreatürlichen und ontologisch greifbaren Bereich der Wirklichkeit reflektieren und so auf Gott auf uneigentliche und analoge Weise zurück schließen, aber als solche noetischen Akte in das eigentliche Mysterium des göttlichen Überseins nicht eindringen können, so kommt Dionysius in der „mystischen Theologie" zu Aussagen, die auf den ersten Blick wie schlichte Negationen und Zurücknahmen der in der Namensschrift gewonnenen Erkenntnisse erscheinen (vgl. MTh V,1048 A, wo es heißt, dass Gott als die transzendente Ursache allen Sein weder Eins, noch Gottheit und Gutheit, aber auch nicht Geist, Sohnschaft oder Vaterschaft ist). Beschreibt Dionysius die positive Theologie als Nachvollzug des Hervorgangs der Hierarchie der Kreaturen aus der Gottheit in einer absteigenden Bewegung, so die negative Theologie als Weg des Aufstiegs von der untersten materiellen Wirklichkeit der Schöpfung bis in den überweltlichen und geistigen Bereich. Beide Wege der Gotteserkenntnis gehören anscheinend aber untrennbar zusammen, weil der Aufstieg der Erkenntnis via negationis den Abstieg Gottes und seinen Nachvollzug durch das erkennende Subjekt voraussetzen muss, weil sonst die negative Gotteserkenntnis leere und inhaltslose Negation wäre.

3. Zur Wirkungsgeschichte

Die Wirkungsgeschichte von *De divinis nominibus* und des Corpus Dionysiacum überhaupt, waren erheblich, nicht nur und auch gar nicht einmal primär im griechischen Osten, wo Maximus Confessor, Johannes Damanscenus zwar ausgiebig aus den Werken des Dionysius zitieren, Johannes Philoponos und Johannes von Skythopolis sich als Apologeten des Pseudo-Areopagiten betätigten, aber schon Photius und Arethas von Caesarea wieder gelegentlich die Zweifel an der Echtheit erörtern, sondern auch und besonders im syrischen Bereich, wo frühe Übersetzungen das Interesse am pseudo-dionysischen Werk dokumentieren. Besonders intensiv war allerdings die Rezeption des Dionysius im Westen, wo der die erste lateinische Übersetzung des Hilduin verbessernde Johannes Scotus Eriugena stark vom Denken des Areopagiten beeinflusst war und auch die großen Lehrer von St. Denis, Hugo und Richard, in ihrer mystischen Theologie tief davon geprägt waren. Auch die

Theologen der Hochscholastik wie Albertus Magnus, der das Gesamtwerk kommentierte, und Thomas von Aquin, der einen Kommentar zu *De divinis nominibus* verfasste, rezipierten das pseudodionysische Werk intensiv und diese Rezeption bildete in ihrem Denken ein wirksames und heilsames Gegengewicht gegen den das scholastischen Denken immer wieder gefährdenden Rationalismus. Auch die Wirkung auf die Theologen der spätmittelalterlichen Mystik (Meister Eckhart, Johannes Tauler, Jan von Ruysbrock und Dionysius den Kartäuser) war verständlicher Weise beträchtlich. Nikolaus von Kues schließlich, der schon nicht mehr an die Echtheit der pseudodionysischen Schriften glaubte, war in seiner Vorstellung von der docta ignorantia und in seiner Theorie der coincidentia oppositorum tief von der negativen Theologie des Areopagiten beeinflusst. Die Reformatoren dagegen lehnten nicht nur die Echtheit des Corpus Dionysiacum ab, sondern fanden auch keinen inhaltlichen Zugang zu dessen Vorstellungswelt.

Literatur

Quellen und Werkausgaben

Sancti Dionysii opera omnia in aedibus Philippi Juntae edidit A. COLOTIUS, Florenz 1516 (Editio princeps).

PSEUDO-DIONYSIUS AREOPAGITA, De Divinis Nominibus, Corpus Dionysiacum I, Patristische Texte und Studien 33, hrsg. v. B.R. SUCHLA, Berlin/NewYork 1990.

PSEUDO-DIONYSIUS AREOPAGITA, De Coelesti Hierarchia, De Ecclesiastica Hierarchia, De Mystica Theologia, Epistulae, Corpus Dionysiacum II, Patristische Texte und Studien 36, hrsg. v. G. HEIL/A.M. RITTER, Berlin/New York 1991.

PSEUDO-DIONYSIUS AREOPAGITA, Die Namen Gottes, hrsg., eingeleitet, übersetzt und mit Anmerkungen versehen v. B.R. SUCHLA (Bibliothek der griechischen Literatur 26), Stuttgart 1988.

Sekundärliteratur

BRONS, B., Gott und die Seienden. Untersuchungen zum Verhältnis von neuplatonischer Metaphysik und christlicher Tradition bei Dionysius Areopagita, Göttingen 1976.

CORSINI, E., De Divinis Nominibus dello Pseudo-Dionigi e il Commenti neoplatonici al Parmenide, Turin 1962.

HONIGMANN, E., Pierre l'Ibérien et les écrits du Pseudo-D., in: Académie Royale de Belgique. Classe des lettres et des sciences morales et politiques. Mémoires 47/3, Brüssel 1932.

IVÁNKA, E. v., Der Aufbau der Schrift „De divinis nominibus" des Ps.-Dionysios, in: Scholastik 15 (1940), 386-399.

KOCH, H., Der pseudepigraphische Charakter der dionysischen Schriften, in: Theologische Quartalsschrift 77 (1895), 353-420.

KOCH, H., Proklus als Quelle des Pseudo-Dionysius Areopagita in der Lehre vom Bösen, in: Philologus 54 (1895), 438-454.

KOCH, H., Pseudo-Dionysius Areopagita in seinen Beziehungen zum Neuplatonismus und Mysterienwesen, Eine litteraturhistorische Untersuchung, Mainz 1900.

RIEDINGER, U., Petros der Walker von Antiocheia als Verfasser der pseudo-dionysischen Schriften, in: Salzburger Jahrbuch für Philosophie 5/6 (1961-62), 135-156.
RITTER, A.M., Dionysius Pseudo-Arepagita im 15. und 16. Jahrhundert, in: DERS., Vom Glauben der Christen und seiner Bewährung in Denken und Handeln. Gesammelte Aufsätze zur Kirchengeschichte, TASHT 8, Mandelbachtal/Cambridge 2003, 214-226.
RITTER, A.M., Dionysius Pseudo-Arepagita und der Neuplatonismus, in: R.G. KHOURY/J. HALBWASSEN (Hrsg.), Platonismus im Orient und Okzident, Heidelberg 2005, 87-101.
RITTER, A.M., Gregor Palamas als Leser des Pseudo-Arepagiten- Eine Untersuchung in ökumenischer Absicht, in: DERS., Vom Glauben der Christen und seiner Bewährung in Denken und Handeln. Gesammelte Aufsätze zur Kirchengeschichte, TASHT 8, Mandelbachtal/Cambridge 2003, 202-213.
ROLT, C.E., Dionysius the Areopagite, On the Divine Names and the Mystical Theology, Translation and Introduction, London 1957.
ROREM, P., Pseudo-Dionysius. A Commentary on the Texts and an Introduction to their Influence, Oxford 1993.
SCHÄFER, C., Philosophy of Dionysius the Areopagite. An Introduction to the Structure and the Content of the Treatise *On the Divine Names*, Leiden/Boston 2006.
STIGLMAYR, J., Der Neuplatoniker Proklus als Vorlage des sogen. Dionysius Areopagita in der Lehre vom Übel, in: Historisches Jahrbuch 16 (1895), 253-273. 721-748.
SUCHLA, B.R., Wahrheit über jeder Wahrheit. Zur philosophischen Absicht der Schrift „De divinis nominibus" des Dionysius Areopagita, in: Theologische Quartalsschrift 176 (1996), 205-217.
THEILL-WUNDER, H., Die archaische Verborgenheit. Die philosophischen Wurzeln der negativen Theologie, München 1970.
TOMASIC, T., Negative Theology and Subjectivity. An Approach to the Tradition of the Pseudo-Dionysius, in: International Philosophical Quarterly 9 (1969), 406-430.

Holger Strutwolf

Anselm von Canterbury, Cur Deus homo (1098)

1. Bedeutung und Rezeptionsgeschichte

Mit seiner Antwort auf die Frage nach den Gründen für die Erniedrigung Gottes in der Menschwerdung und im Kreuzestod des Sohnes überwindet Anselm in CDH die im Mittelalter verbreiteten Redemptionstheorien. Diese waren davon ausgegangen, dass Christus die sündige Menschheit aus einem Rechtsverhältnis des Teufels loskaufen musste. Anselms eigene Konzeption – aufgrund der bedeutenden Rolle der *satisfactio* häufig als „Satisfaktionslehre" bezeichnet – hat die Entwicklung und Diskussion der Erlösungslehre für Jahrhunderte geprägt. Das geschah auch indirekt, insofern durch sie die Art, die Stellvertretung Christi zu denken, nachhaltig beeinflusst wurde (zugunsten einer exklusiven Stellvertretung, zuungunsten eines stellvertretenden Strafleidens). Die Auseinandersetzung mit ihr findet bereits im Mittelalter statt (Thomas v. Aquin, Peter Abaelard), vor allem dann in der Neuzeit. Die an sich differenzierte Kritik A. v. Harnacks ist bekannt geworden durch ihre Spitze, das „Schlimmste an Anselm's Theorie" sei „der mythologische Begriff Gottes als eines mächtigen Privatmanns, der seiner beleidigten Ehre wegen zürnt und den Zorn nicht eher aufgiebt, bis er irgend ein mindestens gleich grosses Aequivalent erhalten hat." (Harnack, 408). In der modernen Theologie wird Anselms Position oft einem fragwürdigen Gottes- und Versöhnungsverständnis zugeordnet, wonach Gott dergestalt als Objekt der Versöhnung gedacht werde, dass er eines gewaltsamen Opfers (‚victim'), eines Prügelknabens bedürfe, um gnädig zu sein. Allerdings will Anselms eigene Problembearbeitung einem solchen Grausamkeitsvorwurf gerade entgegentreten (CDH I,10 [II, 66,24-26]).

2. Historischer und werkimmanenter Kontext

Die neueren Interpretationen sind z.T. stark von der Frage des historischen Kontexts von CDH beeinflusst. Während Harnack die Genugtuung (*satisfactio*) vom römischen Privatrecht und der Bußpraxis her als Schadensersatz bestimmt, stellen sie andere (Cremer, Greshake) in den Kontext der germanischen Lehnsordnung, so dass der Gott Anselms als oberster Lehnsherr erscheint, dessen Ehre nicht nur um einer persönlichen Genugtuung, sondern um der öffentlichen Rechts- und Friedensordnung willen wiederherzustellen nötig sei. Solche juristischen Zusammenhänge bleiben ebenso wie der beachtliche Versuch, die *satisfactio* im Sinne einer vorgerichtlichen gütigen Konfliktbeilegung des Mittelalters zu verstehen (Althoff), hypothetisch. Mehr Gewicht verdient der monastische und biblische Hintergrund, zumal die Begriffe in Anselms Gebrauchskontext nicht ohne entsprechende Modifikationen auftreten (Hermann, Southern, Brown): Mit dem Begriff der *satisfactio* will Anselm die göttliche Wiederherstellung der durch den Menschen zerstörten Schöpfungsordnung theologisch einholen – und zwar so, dass sich die Barmherzigkeit Gottes als übereinstimmend mit seiner Gerechtigkeit (im Sinne der Bundestreue) und damit seiner Ehre (hebr. *kabod*) erweist. Diese theozentrische Fragerichtung lässt sich nicht nur in CDH deutlich greifen, sie führt im Kontext des Schaffens Anselms auch eine wichtige Fragestellung des Proslogion weiter (vgl. II,20 mit P 9 [I, 108,2-9]). Für weitere begriffliche Näherbestimmungen ist der Zusammenhang mit anderen früheren Werken ebenso erhellend, etwa mit *De veritate* im Blick auf die Sollensverpflichtung des Menschen und auf die zu wahrende göttliche und menschliche Gerechtigkeit. Anselm versucht die Begriffe so zu fassen, dass sie allgemeinem Denken zugänglich sind und zugleich dem biblischen Gott entsprechen.

Die theozentrische Fragerichtung bringt es mit sich, dass gar keine umfassende Darstellung der Erlösung oder des Werks Christi beabsichtigt ist und oft geäußerte Defizitmutmaßungen von der *intentio operis* her zu überprüfen sind. In der Leidensmeditation Med. 3 (III, 84,22-85,29) treten andere Aspekte des Leidens Christi in den Vordergrund.

Das theozentrische Problem, ob die Menschwerdung und das Leiden Christi, der Barmherzigkeit Gottes als notwendig zugrunde gelegt, nicht die Gottheit bzw. die Ehre Gottes gefährde, verweist auf einen historischen Hintergrund, der in der Forschung wieder mehr Beachtung findet: das jüdisch-christliche Religionsgespräch des Mittelalters. In seiner wichtigen Bedeutung im persönlichen Umfeld Anselms lässt es sich aus den Streitgesprächen des mit ihm befreundeten Abtes von Westminster, Gilbert Crispin, erschließen (Gauss, Southern, Gäde, Kienzler). Von diesem Hintergrund her könnte nicht nur Anselms Kanon der Argumentationsvoraussetzungen, sondern auch das methodische Beiseitesetzen der Schriftautorität und das Beharren auf *rationes necessariae* verständlicher gemacht werden.

3. Aufbau und Inhalt

Anselms Argumentationsgang nimmt seinen Ausgang von jener Kernfrage, die sich auch aus dem zentralen Einwand der Ungläubigen (*infideles*) ergibt: Aus welchem Grund und aus welcher Notwendigkeit nahm der allmächtige Gott Niedrigkeit und Schwachheit an, um die Menschheit retten zu können (I,1)? Wenn es der Erniedrigung Gottes in der Menschwerdung und in der Erduldung des Todes bedarf, wenn der Gottessohn also um der Rettung der Menschheit willen den Tod erleiden muss, dann verbindet sich damit der Vorwurf eines grausamen göttlichen Vaters, der den Tod eines Unschuldigen braucht, um gnädig sein zu können. Anselm lässt diesen Grausamkeitsvorwurf – neuzeitliche Kritik an seiner eigenen Konzeption geradezu vorwegnehmend – durch seinen Gesprächspartner Boso formulieren und verdichtet damit seine eigene Problembearbeitung (I,10). Denn in diesem Licht erscheinen der Gottheit Gottes alle anderen Möglichkeiten der Begnadigung weit angemessener, vor allem die Möglichkeit, dass Gott allein aus Barmherzigkeit vergibt (I,5).

Die gemeinsame Zwecksetzung der beiden Bücher von CDH besteht darin, den christlichen Glauben an dieser Stelle nach seinen *rationes necessariae* verstehbar zu machen. Ihr Unterschied besteht darin, dass das erste Buch die Unmöglichkeit (*impossibilitas*) einer Rettung ohne Christus, das zweite die Notwendigkeit (*necessitas*) einer Rettung durch Christus (*per hominem-deum*) zu erweisen sucht (Praef.). Diese Anlageform ergibt sich aus den Einwänden der Ungläubigen, welche auf dem Gebiet jener scheinbar dem Wesen Gottes weit angemesseneren Möglichkeiten operieren. Anselm macht es sich daher im ersten Buch zur Aufgabe, die Unmöglichkeit einer Rettung ohne Christus zu behaupten, legt dann aber selbst dar, dass seine Argumentation ohne Notwendigkeitserweis unzureichend ist (I,25). Denn es ist noch nicht gezeigt, ob die verbleibende Möglichkeit einer Rettung durch Christus kontingent oder notwendig ist. Wäre sie nämlich kontingent, wäre das Gegenteil nicht notwendig falsch. Das heißt: Wenn Gott andere Möglichkeiten der Errettung hätte wählen können, es aber nicht getan hat, dann stellt die Erniedrigung Gottes eine *nichtnotwendige* Schändung seiner Göttlichkeit und seiner Ehre dar. Gerade für einen argumentationslogisch geschulten jüdischen Gesprächspartner wäre ein rationaler Antwortversuch ohne Notwendigkeitserweis daher unvollständig.

Das folgende Vorgehen lässt sich in acht Schritten zusammenfassen (zu Aufbau und Argumentationsstruktur vgl. Schmitt, Kienzler, Rieger):

1. Zunächst versucht Anselm in I,3-10 die ihm aufgegebene Frage mit internen Gründen für die Konvenienz (Angemessenheit) des christlichen Glaubens zu bearbeiten. Doch Boso, der die Ungläubigen vertritt, lässt sich davon nicht überzeugen. So einigen sich beide auf *Voraussetzungen,* die von beiden Seiten anerkannt werden

können. Dazu gehört die Überzeugung, dass der Mensch gemäß dem göttlichen Schöpfungs- und Heilswillen zur Seligkeit geschaffen ist; dass er sündig ist und deshalb ohne Vergebung zu dieser Seligkeit nicht gelangen kann (I,10). Diese Voraussetzungen werfen nicht nur ein Licht auf die Adressaten, welche keinesfalls Atheisten sein können, sie sind auch für die folgende Argumentation von grundlegender Bedeutung. Denn nun wird Anselm zeigen, dass sich die Sünde des Menschen dem *perficere* von Gottes Schöpfungs- und Heilswillen entgegenstellt und damit auch der von den Ungläubigen geteilten Voraussetzung zuwiderläuft. Mehr noch: Würde Gott im Blick auf den Sünder zur Bestrafung (*poena*) schreiten, würde er zwar seine Ehre offenbaren, sein Schöpfungs- und Heilsziel mit dem Menschen indes nicht erreichen (I,19). Auch dies verstößt gegen die gemachten Voraussetzungen, wird deshalb als absurde Konsequenz festgestellt und verworfen. Dieser Zusammenhang erhellt bereits, in welchem Sinn der Ausdruck *poena* gebraucht wird.

2. Das *Dilemma* des Menschen besteht darin, dass er zwar zur Seligkeit geschaffen ist, ihm diese aber durch den Verstoß gegen die geforderte Unterordnung alles Geschaffenen unter Gott in unerreichbare Ferne gerückt ist. Denn jedes endliche Sein hat für Anselm eine Sollensverpflichtung (*debitum*) in der Ordnung des Geschaffenen; sie Gott zu entziehen, bedeutet, ihm die ihm zustehende Ehre des Schöpfers zu rauben (I,11). Die Sollensverpflichtung des Menschen besteht darin, das höchste Gut über alles zu lieben, nicht um eines anderen, sondern um seiner selbst willen (II,1). Als Missachtung dieser Sollensverpflichtung definiert Anselm die Sünde so entschieden theozentrisch und vermag doch deutlich zu machen, dass sich in ihr der Mensch *zugleich* an der gesamten Ordnung und Schönheit des Universums vergeht (I,15).

Dieser Zusammenhang erhellt sich auf dem Hintergrund der grundlegenden Frage, inwiefern die Sünde des Menschen die Ehre Gottes verletzt. Anselm unterscheidet dazu in I,15 zwischen einer Gott selbst betreffenden Ehre und einer die Menschen betreffenden Ehre: Der Gott selbst betreffenden Ehre kann nichts genommen, sie kann nicht verletzt werden (gegen Harnack). Verletzt werden kann aber die Ordnung der Schöpfung, zu welcher der Mensch selbst gehört. Allein darauf kann sich die menschliche Entehrung Gottes beziehen. Das heißt dann aber: Wenn der Mensch Gott die Ehre „nimmt“, entstellt er dessen Ordnung, welche für ihn selbst Heil und Seligkeit vorsieht; er schädigt sich also selbst. Gott schädigt er insofern, als er ihm die Vollendung seines Schöpfungs- und Heilswillens zu nehmen im Begriff ist. Anselm zieht diese Folgerung selbst: „Nahm er Gott nicht alles, was er mit der menschlichen Natur sich zu tun vorgenommen hatte?“ (I,23). Der Gedanke eines zu seiner Gnade erst noch umzustimmenden Gottes liegt diesem Gottesbild fern.

3. Die Alternative *poena aut satisfactio* (Strafe oder Genugtuung) und der Ausschluss der *poena* ist vom Argumentationskontext her leicht einzusehen. Zunächst ergibt sich die Alternative daraus, dass es Gott nicht möglich ist, von der Entstellung seiner Ordnung unberührt zu bleiben, diese Entehrung also zu übersehen. Denn das Ungeordnet-lassen seiner Schöpfung ließe es erscheinen, als ob Gott in seiner Leitung versagte. Das wird auch von dem die Ungläubigen vertretenden Boso abgelehnt (I,15) – Zur Wiederherstellung der Ordnung und Schönheit der Schöpfung, an welcher Gott mit seiner ganzen Würde und Ehre hängt, bleiben daher zwei Mög-

lichkeiten: Entweder die Bestrafung des Verursachers (*poena*) oder die Wiederherstellung des Menschen durch die Einlösung der Schuld (*satisfactio*). Die Bestrafung würde bedeuten: Auf den Tatbestand, dass der Mensch Gott das Seine nimmt, reagiert Gott damit, dass er die dem Menschen zugedachte Seligkeit „nimmt“. Dieses Nehmen Gottes würde aber, wie erwähnt, der Vollendung seines Heilswerks entgegenstehen und muss deshalb ausgeschlossen werden.

4. Es bleibt die *satisfactio*: Denn würde Gott den Menschen als Sünder zur Seligkeit aufnehmen, würde er nicht nur seinem eigenen Willensbeschluss untreu, er würde sich auch selbst in die Ungerechtigkeit hinabziehen lassen (I,12). Gegenüber dem sündigen Nehmen des Menschen, seinem Vergreifen an der Ordnung Gottes ist die *satisfactio* ein „Geben“, das die Gott geraubte Ehre einlöst. Entsprechend der differenzierten Bestimmung des Begriffs der Ehre geschieht solches nicht anders als so, dass Gott die Verwirklichung seines Schöpfungs- und Heilsziels mit den Menschen (zurück-) gegeben wird. Im Blick auf die Menschen wird die *satisfactio* daher auch als dessen zur Aufnahme in die Seligkeit erforderliche Reinigung und Gerechtmachung definiert (I,19). Beides gehört zusammen: Bei der Satisfaktion geht es um ein „Geben“, das die Wiederherstellung der gottgewollten Ordnung und Schönheit des Universums und *insofern* die Wiederherstellung der Würde und Ehre Gottes zum Ziel hat.

5. Diese Wiederherstellung ist dem Menschen unmöglich. Denn die Genugtuung geht über den ohnehin geschuldeten Gehorsam des Menschen hinaus. Er kann sie nicht erbringen, weil er durch seine Umkehr, selbst durch sein Leiden oder sein Sterben immer im Bereich des ohnehin Geschuldeten verbleibt (I,11. 20). Seinem Geben ist es entzogen, Gottes Schöpfungs- und Heilsordnung wiederherzustellen. Letztlich bedeutet das Geben der *satisfactio* nämlich nichts weniger als die Rechtfertigung der sündigen Menschen. Weil aber ein Sünder nicht Sünder rechtfertigen kann, ist ihm die *satisfactio* unmöglich (I,20-23). Zu meinen, auch nur die kleinste Sünde lasse sich durch Buße oder Reue wiedergutmachen, würde die Schwere der Sünde völlig verkennen (I,21).

6. Möglich ist die Wiederherstellung *allein Christus:* Er bringt in seinem Sterben eine solche Gabe dar, welche über die Sollensverpflichtung des Menschen und über alles Geschaffene hinausgeht (*aliquid maius*). Sie ist insofern nun auch *notwendig*, als Gott sich in Freiheit an das Ziel der Heilsvollendung des Menschen gebunden hat und es ungeziemend wäre, wenn er von seinem begonnenen Werk abließe (Neueinsatz in II,1, vgl. zur Modifikation des Notwendigkeitsbegriffs II,17).

Um die Gabe Christi zu erfassen, muss Anselm darauf abheben, worin im Tod Christi die *entscheidende Differenz* zum menschlichen Sterben besteht. Ihm liegt an dieser Stelle daher nicht an der vollen theologischen Erfassung des Sterbens Christi, sondern an seinem spezifischen und exklusiven *maius*. Auf dem Hintergrund der Sollensordnung findet er es darin, dass Christi Tod die *in Freiwilligkeit aktiv vollzogene Hingabe* seines Lebens für Gott und die Menschen ist (II,11). Sie, nicht das prinzipiell jeden Menschen zu treffen mögliche Erleiden an sich, ist das Exklusive, was im Sterben Christi Gott zur Wiederherstellung (*satisfactio*) der Schöpfungs- und Heilsordnung gegeben wird. Auf dieser Weise erlangt der Vater vom Sohn die Verwirklichung seines Schöpfungs- und Heilsziels zurück.

7. Freiwilligkeit und Gehorsam Christi: Während dem Menschen das Geben der *satisfactio* nicht möglich ist, vermag es allein der *deus-homo*, welcher der Sollensverpflichtung des Geschöpflichen nicht unterliegt und von welchem der Tod nicht *ex debito* verlangt ist. Er besitzt eine Freiheit, welche – augustinisch-monastischer Tradition entsprechend – in der Hingabe an den Willen Gottes ihre höchste Betätigung findet (II,10f.). Er wurde nicht gegen seinen Willen zum Sterben gezwungen, sondern begab sich im freiwilligen Gehorsam in die Übereinstimmung mit dem Willen des Vaters und seines Schöpfungs- und Heilsziels. Der Gedankengang zeigt: Eine Viktimisierung Jesus durch einen despotisch agierenden Vater liegt Anselm fern. Selbst angesichts der Anfragen an das christliche Gottesbild will Anselm allerdings daran festhalten, dass Christus auch und zuerst *für Gott* stirbt. Für den Gott, welcher mit seiner ganzen Ehre und Würde an der Ordnung und Schönheit seiner Schöpfung hängt. In der Willenskonformität mit dem Vater kommt es zu einer Hingabe Christi an den Vater, die zugleich Hingabe für die gefallene Welt ist.

8. Hinsichtlich der Heilsbedeutung des Todes Christi und der Heilszuwendung für den Menschen bleibt das Moment der Freiwilligkeit grundlegend. Denn eine freiwillig dargebrachte Gabe kann nicht ohne Belohnung bleiben (II,19). Der Gedanke der Freiwilligkeit liegt auch dem Sachverhalt zugrunde, dass Anselm vom Begriff der Satisfaktion auf das Begriffsfeld des Verdienstes überwechselt, um das Partizipationsproblem einer Lösung zuzuführen: Während die *satisfactio* vom Menschen geschuldet ist, ist das Werk Christi eine in göttlicher Freiheit vollzogene ungeschuldete Tat. Mit dem Verdienstgedanken will Anselm letztlich die gänzlich ungeschuldete Hingabe und den exklusiven Charakter des Christuswerks betonen. Zugleich aber soll dieser Gedanke es ihm gestatten, als notwendig und mit der göttlichen Gerechtigkeit übereinstimmend zu erweisen, dass dieses Werk von Gott als Satisfaktion für die Menschen angenommen, es also als Heilswerk für den Menschen wirksam wird und ihm solchermaßen Erfolg beschieden ist (Hermann, Gäde).

Das starke Gewicht der Freiwilligkeit beruht allerdings auf einem theorieimmanenten Denkzwang, wonach nur ein Ungeschuldetes verdienstvoll und damit anders als ein Geschuldetes soteriologisch von Bedeutung sein könne. Das entspricht zwar ganz der Anselmschen Gedankenentwicklung im Überzeugungshorizont einer allgemeinen Seins- und Sollensordnung (Begriff des *debitum*). Es führt aber, das ist kritisch anzumerken, dazu, das Spezifikum des Sterbens Christi zu verfehlen, das darin besteht, das Sterben *Christi* zu sein. Formal unterscheidet sich dessen Gehorsam gerade nicht vom menschlich geschuldeten: Er lebt ganz in der Übereinstimmung mit Gottes Gebot und lässt in seinem Leben wie dann in seinem Sterben Gott Gott sein.

Unbeschadet einer kritischen Würdigung im Einzelnen hat Anselm ein Argumentationsmodell vorgelegt, welches dem von ihm selbst im Proslogion noch problematisierten *intelligere* der Übereinstimmung von Gottes Barmherzigkeit und Gottes Gerechtigkeit nachzukommen und im Kontext einer Auseinandersetzung mit Ungläubigen zu demonstrieren sucht.

Literatur

Quellen und Werkausgaben

S. Anselmi Cantuariensis Archiepiscopi Opera Omnia, hrsg. v. F.S. SCHMITT, Bd. I-VI, 1938ff. [ND Stuttgart-Bad Cannstatt ²1984]. CDH befindet sich in Bd. II, 37-133.

ANSELM VON CANTERBURY, Cur deus homo. Warum Gott Mensch geworden, lateinisch und deutsch, München ⁴1986.

Sekundärliteratur

ALTHOFF, G., Genugtuung (satisfactio). Zur Eigenart gütlicher Konfliktbeilegung im Mittelalter, in: J. HEINZLE (Hrsg.), Modernes Mittelalter. Neue Bilder einer populären Epoche, Frankfurt/Main 1994, 247-265.

BROWN, D., Anselm on atonement, in: B. DAVIES/B. LEFTOW (Hrsg.), The Cambridge Companion to Anselm, Cambridge 2004, 279-302.

CREMER, H., Die Wurzeln des Anselm'schen Satisfactionsbegriffes, in: ThStKr 53 (1880), 7-24.

CREMER, H., Der germanische Satisfaktionsbegriff in der Versöhnungslehre, in: ThStKr 66 (1893), 316-345.

GÄDE, G., Eine andere Barmherzigkeit. Zum Verständnis der Erlösungslehre Anselms von Canterbury, BDS 3, Würzburg 1989.

GAUSS, J., Anselm von Canterbury. Zur Begegnung und Auseinandersetzung der Religionen, in: Saeculum 17 (1966), 277-363.

GAUSS, J., Die Auseinandersetzung mit Judentum und Islam bei Anselm, in: Analecta Anselmiana 4/2, Frankfurt 1974, 101-111.

GRESHAKE, G., Erlösung und Freiheit. Zur Neuinterpretation der Erlösungslehre Anselms von Canterbury, in: ThQ 153 (1973), 323-345.

HARNACK, A.V., Lehrbuch der Dogmengeschichte, Bd. 3, Tübingen ⁵1932.

HERMANN, R., Anselms Lehre vom Werke Christi in ihrer bleibenden Bedeutung, ZSTh 1 (1923), 376-396.

HERMANN, R., Christi Verdienst und Vorbild. Zum Problem der Schlusskapitel von Anselms „Cur Deus homo?“, ZSTh 9 (1932), 455-472.

KIENZLER, K., Gott ist größer. Studien zu Anselm von Canterbury, Würzburg 1997.

MCINTYRE, J., Cur deus-homo: The axis of the argument, in: H. K. KOHLENBERGER (Hrsg.), Sola ratione. Anselm-Studien, FS Franciscus S. Schmitt, Stuttgart-Bad Cannstatt 1970, 111-118.

PLASGER, G., Die Not-wendigkeit der Gerechtigkeit. Eine Interpretation zu „Cur deus homo“ von Anselm von Canterbury, Beiträge zur Geschichte der Philosophie und Theologie des Mittelalters NF Bd. 38, Münster 1993.

RIEGER, H.-M., Der Gottesdienst des Gekreuzigten. Zum systematisch-theologischen Problemniveau von Anselms „Cur deus homo“, in: NZSTh 47 (2005), 173-197.

SCHMITT, F.S., Die wissenschaftliche Methode in Anselms „Cur deus homo“, in: Spicilegium Beccense, Paris 1959, 349-370.

SOUTHERN, R.W., Saint Anselm. A portrait in a landscape, Cambridge 1990 (ND 2000).

WIESE, H.-U., Die Lehre Anselms von Canterbury über den Tod Jesu in der Schrift „Cur Deus Homo“, Teil 1 u. 2, in: WiWei 41 (1978), 149-179 u. 42 (1979), 34-55.

Hans-Martin Rieger

Petrus Abaelardus, Sic et non / Ja und Nein (1121)

„Es gibt, wie ich höre, noch andere Werklein von ihm, ‚Sic et non‘, ‚Scito te ipsum‘ benannt, sowie einige weitere. Ich befürchte, dass so wie sie dem Namen nach monströs sind, sie auch den Lehrinhalten nach monströs sind.“ So despektierlich äußert sich Wilhelm von St. Thierry am Ende seines Briefes an Bernhard von Clairvaux, mit dem er den einflussreichen Zisterzienser Anfang der 40er Jahre des 12. Jh. zum Handeln gegen Abaelard (1079-1142) aufrufen will, nicht nur aber auch über dessen *Sic et non* („Ja und Nein“ = SN). Für ihn stellt Abaelard einen gefährlichen Neuerer dar, dem Einhalt geboten werden muss. Spätere Forscher hingegen sahen in Abaelards SN so viel Neues im positiven Sinne, dass sie ihn zum „Vater der scholastischen Methode“ kürten. Und so ist Abaelard, über dessen Vita wir v.a. durch seine „autobiographische“ Historia Calamitatum (= HC), bei aller Stilisierung, relativ gut informiert sind, nicht nur wegen seiner tragischen Liebesgeschichte mit Heloïse oder der Auseinandersetzung mit Bernhard, sondern auch als Autor von SN ins kulturelle Gedächtnis eingegangen.

1. Kontext und problemgeschichtlicher Hintergrund

Der als Rittersohn geborene streitbare Magister und Mönch bzw. Abt, zu dessen intellektuellen Werdegang Studien bei den Großen seiner Zeit (Roscelin von Compiègne, Wilhelm von Champeaux, Anselm von Laon) gehörten, lebte in einer äußerst dynamischen Epoche. Die Rede von der „Renaissance des 12. Jh.“ (Haskins) ist zu Recht kritisch hinterfragt worden, lässt aber etwas von der Kraft und Aufbruchsstimmung dieser Zeit erahnen. Obwohl man sich als „auf den Schultern von Riesen sitzende Zwerge“ verstand (Bernhard von Chartres), war man zugleich überzeugt, von dort weiter zu sehen als die antiken, biblischen bzw. christlichen Autoritäten „unter“ einem. Diese positive Selbsteinschätzung korrelierte u.a. mit einem Aufschwung der Schulen, einer zunehmenden Professionalisierung und nicht zuletzt dem Austausch mit der arabischen und byzantinischen Welt.

Der den Schulbetrieb prägende Lehrvorgang war die lectio, ein mehrphasiges Verfahren der Lesung eines als autoritativ angesehenen Textes, an dessen Ende konkrete Fragen (quaestiones) standen. Der Schritt hin zu den neuen Literaturgattungen Sentenzensammlung und Summa war nicht mehr allzu groß. Für die Methode, einzelne Sätze (sententiae) aufgrund ihres Inhaltes und ihres als Autorität angesehenen Urhebers zu Sammlungen zusammen zu stellen, finden sich pagane und altkirchliche Vorläufer. Jedoch erwuchs aus der Zusammenstellung und Systematisierung der Autoritäten ein zentrales Problem. Obwohl es nur die eine Wahrheit geben durfte, ließ die Synopse von Aussagen zu einem Thema Unterschiede klar hervortreten. Doch wie war damit umzugehen, wenn eine Frage nicht nur unterschiedlich beantwortet wurde, sondern die eine Antwort im Widerspruch zur anderen stand oder wenigstens zu stehen schien? Manchmal bot sogar derselbe Autor „Widersprüchliches“. Die Väter hatten für die Bibel die Formel „Diversa, non adversa“ geprägt. Diese wurde im 12. Jh. aufgegriffen, um zu zeigen, dass es zwischen den Autoritäten zwar eine Verschiedenheit (diversa) dem Wortlaut nach gebe, aber kein Widerspruch (adversa) vorliege. Dazu bedurfte es freilich z.T. einer erheblichen hermeneutischen Anstrengung.

Doch dürfte SN zudem einen konkreten Anlass gehabt haben. Abaelard begann mit der Abfassung kurz nach der Verurteilung seines Trinitätstraktats (Soissons 1121). Dabei spielte die Frage der Autoritäten eine nicht unwesentliche Rolle. Schon im Vorfeld warf Roscelin, der Ende des 11. Jh. selbst trinitätstheologischer Häresien bezichtigt worden war, Abaelard vor, seine Lehre sei von den Vätern nicht gedeckt. Laut HC wurde Abaelard zudem wegen des Rekurses auf pagane Schriften angegriffen. Außerdem soll am Rande der Synode ein Disput stattgefunden haben, in dem sein Gegner, Alberich von Reims, allein den „Autoritätsbeweis" und nicht die menschliche Vernunft oder Abaelards eigene Ansicht habe gelten lassen. Wenn Abaelard also in SN anfänglich primär zu trinitätstheologischen Fragen sich „widersprechende" Autoritäten zusammenstellte, reagierte er damit wohl auch auf das ihm in Soissons Widerfahrene. Laut HC war diese Verurteilung für ihn sogar schlimmer als die krude Bestrafung durch Heloïses Verwandte. Die Bibliothek und das Skriptorium des bedeutenden Pariser Klosters St. Denis, in das er nach der Entmannung ca. 1117 eingetreten war, boten ihm geradezu optimale Bedingungen für sein Vorhaben. Es kommen aber weitere Kontexte hinzu. Unter Verwendung der Handschriftensiglen können vier „Stadien" unterschieden werden: Die Erstfassung SN Z (St. Denis, 1121), die ca. 1121-1126 im Kontext der von ihm geleiteten Lebens- und Lehrgemeinschaft des Parakleten entstandene Fassungen SN TCEB bzw. SN DL sowie das ca. 1127-1132 verfasste SN AKM; Abaelard war nun Abt in St. Gildas-de-Rhuys und zugleich Betreuer des von Heloïse geleiteten Frauenkonvents.

2. Inhalt

Abaelard sammelt in SN nicht nur Zitate pro (sic) und contra (non) zu einer Reihe von Fragen (quaestiones). Vielmehr schaltet er einen Prolog vor, in dem hermeneutische Regeln zur Lösung der Widersprüche zwischen Autoritäten entfaltet werden und ergänzt Auszüge aus dem Decretum Gelasianum, mit dem im 6. Jh. ein kirchenrechtlich anerkannter „Kanon" nichtbiblischer Schriften geschaffen worden war. Den Abschluss bilden Auszüge aus Augustins Retractationes. Mit diesen Exzerpten zeigt Abaelard, dass er akkurat arbeitet, d.h. keine Apokryphen heranzieht bzw. sich nur auf von Augustin am Ende seines Schaffens noch Approbiertes bezieht. Gleichzeitig dürfte damit auch ein apologetischer Impetus verbunden sein.

An den quaestiones wird das Ausmaß der Fortschreibungen besonders deutlich. Während SN Z 18, primär auf die Trinität bezogene Fragen thematisiert, kennt SN AKM 158 Fragen zu einem breiten Themenspektrum. Eingangs wird jeweils das Problem benannt (z.B. „Quod fides humanis rationibus non sit adstruenda et contra/ Dass der Glaube nicht mit menschlichen Vernunftgründen zu stützen sei und umgekehrt"). Dann folgen Autoritätenzitate, zwischen 2 und 134, insgesamt ca. 2000. Diese werden weder in Pro und Contra untergliedert, noch wird die Frage entschieden. Abaelard führt v.a. Kirchenväter an, Lateiner und Griechen. Zudem greift er auf den Juden Josephus Flavius sowie den christlichen Philosophen Boethius zurück. Außerdem werden Konzilsentscheidungen und Bibelverse herangezogen. Nur in geringem Maße zitiert er pagane Autoritäten (z.B. Cicero, Macrobius, Ovid, Plato oder [Pseudo-]Seneca), noch seltener „Zeitgenossen" (v.a. Ivo von Chartres).

Als Grobstruktur hinter den 158 quaestiones zeichnet sich die Trias „fides/ Glaube", „sacramenta/Sakramente" und „caritas/Liebe" ab: Die erste Rubrik eröffnet Abaelard mit grundlegenden Fragen zum Glauben (1-4). Dann wendet er sich trinitätstheologischen Fragen zu (5-25). Es folgen weitere Aspekte der Gotteslehre: der Themenkomplex Präskienz, Providenz, Prädestination bzw. Gottes Wissen, Wollen und Können (26-39) sowie die Frage nach der örtlichen Veränderbarkeit Gottes bzw. grundsätzlicher die Thematik der Theophanien (40-45). Mittels Fragen zur Angelologie (46-50) bzw. zu den Stammeltern Adam und Eva (51-58), insbesondere Erschaffung und Sündenfall, erfolgt die Überleitung zur Christologie (59-91). Hier behandelt Abaelard zunächst mariologische Aspekte der Inkarnation (59-63), dann wendet er sich dem Problemkreis der Zweinaturenlehre zu (64-82), wobei der Übergang zu den Themen Passion, Tod, Auferstehung und Himmelfahrt (80-91) fließend erfolgt. Den Abschluss bilden, ausgehend von der pfingstlichen Geistausgießung, „ekklesiologische" wie „exegetische" Fragen, in deren Zentrum die Apostel stehen. Neben Petrus, Paulus, Jakobus, Philippus und Johannes werden auch die Evangelisten Matthäus und Markus sowie Maria von Magdala aufgegriffen (92-105). Deutlich kürzer fallen die beiden anderen impliziten Gliederungsmomente aus. In Bezug auf die Sakramente behandelt Abaelard die Taufe (106-116), insbesondere im Verhältnis zur Sünde, das Altarsakrament (117-121) – neben der (seit dem von Berengar von Tours ausgelösten Abendmahlsstreit des 11. Jh. besonders zentralen) Frage nach der Wandlung wird auch Liturgisch-Praktisches problematisiert – sowie die Ehe, v.a. damit verbundene Moral- bzw. Rechtsfragen (123-135). Der Rubrik caritas können dann zunächst die Themen Nächstenliebe (136), Liebe als Tugend (137) und deren Unverlierbarkeit (138) zugerechnet werden, zudem auf die Rechtfertigung (139-142) bzw. die Sünde (143-158), z.T. konkrete Sünden wie Ehebruch, Lüge, Selbstmord oder Töten, bezogene Fragen.

Mit den vorgeschalteten hermeneutischen Regeln liefert Abaelard dem Leser das Handwerkszeug, sich selbst ein Urteil zu bilden. Diese sind von einer hohen Wertschätzung der Autoritäten geprägt. Die „Aussagen der Heiligen" mögen zwar nicht nur „verschieden", sondern sogar „einander entgegengesetzt" erscheinen, trotzdem dürfe man diese nicht vorschnell richten oder sie der Lüge bzw. des Irrtums bezichtigen, u.a. deshalb, weil den jetzt Lebenden beim Erkennen die göttliche Inspiration fehle, die jenen beim Schreiben gegeben war (Z. 1-11). Erst auf dieser Grundlage wendet Abaelard sich konkreten Lösungsvorschlägen zu, die er in nicht geringem Maße von anerkannten Autoritäten, insbesondere Augustin und Hieronymus, übernimmt bzw. von diesen her legitimiert und so zugleich v.a. auch biblische Beispiele heranzieht. Zunächst verweist der sprachlogisch versierte Denker auf Unterschiede im Sprachgebrauch bzw. die verschiedenen Bedeutungen eines Wortes. Auch wenn er deutlich macht, dass er protreptische Formulierungen durchaus wertschätzt, legt er im Folgenden den Schwerpunkt auf die Verstehbarkeit: Missverständliche bzw. erkenntnisverhindernde Worte seien auszutauschen bzw. wegzulassen (Z. 11-43). Trotz aller Sprachlogik, werden die weiteren hermeneutischen Prinzipien bzw. Motive erneut pneumatologisch, d.h. mit dem Verweis auf den Heiligen Geist bzw. dessen Inspirationswirken als oberste Instanz eingeleitet (Z. 44-53). Abaelard nennt das Phänomen der Pseudepigraphie sowie Fehler der Schreiber, wobei er unter Rekurs auf Hieronymus auf Unstimmigkeiten zwischen biblischen Schriften hinweist, um von dort A-fortiori auf die Väter zu schließen (Z. 54-85). Zudem sei nach dem Stellenwert der Aussage in der gesamten Lehre des Autors zu fragen: Gab es Widerrufe oder handelt es sich um die Wiedergabe der Meinung anderer, evtl. sogar um nur der Vollständigkeit willen angeführte (häretische) Aussagen (Z. 86-114)? Diesem Motiv kann Abaelard noch einen zusätzlichen Akzent verleihen, insofern er die Formulierung gemäß einer Meinung von der Wahrheit abgrenzt und dies anhand der Väter, aber wiederum auch der Bibel sowie der Dichter und Philosophen verdeutlicht (Z. 114-177). Weiterhin seien Intention und Umstände der Aussagen zu beachten (Z. 177-187). Falls nun jedoch die genannten Prinzipien zur Lösung der Kontroversen nicht ausreichten, müssten die Autoritäten gewichtet werden. Wenn Abaelard hier dem Einzelnen die Rolle des Abwägens zuweist, geht er über das bloße Harmonisieren von Autoritäten weit hinaus. Wie das konkret auszusehen hat, wird durch die angegebenen Kriterien „von gewichtigerer Bezeugung (potioris est testimonii)“ bzw. „von größerer Bestätigung (maioris confirmationis)“ nur bedingt deutlich (Z. 188-194). Letztlich beschränkt Abaelard kritische Anfragen auf die Väter, trotz der mehrfach angedeuteten Möglichkeit einer kritischen Hinterfragung biblischer Autoritäten. Dieser Schritt wird in der Theologie erst viel später explizit vollzogen werden. Demgegenüber betont Abaelard, dass die kanonischen Schriften der Bibel nicht von der Wahrheit abweichen könnten (Z. 280-329). Vorbereitet wurde diese Unterscheidung zum einen durch die dem Potential nach nicht weniger revolutionäre Relativierung der Rede von Inspiriertheit: Nicht alle Aussagen einer als inspiriert angesehenen Person beruhten tatsächlich auf Inspiration. Wie selbst die Propheten und Apostel, seien auch die Kirchenväter nicht vor Irrtümern sicher. Da jedoch keine schlechte Absicht dahinter stecke, handele es sich nicht um Lüge (Z. 195-248). Zudem hielten die Väter selbst Einiges ihrer Schriften der Korrektur bedürftig (Z. 249-279). Hier kann Abaelard sogar von der Erlaubnis, diese zu verbessern bzw. ihnen nicht zu folgen (emendandi vel non sequendi licentia; Z. 253) sprechen sowie die Freiheit zu urteilen der Notwendigkeit zu glauben (iudicandi libertas/credendi necessitas; Z. 278f.) gegenüberstellen.

Nur auf Grundlage dieser Regeln hält Abaelard die nach Fragen geordnete Zusammenstellung der Autoritäten für legitim (Z. 330-351). Wenn er damit die Intention verbindet, den jugendlichen Leser zu maximaler Übung der Wahrheitssuche zu provozieren und ihn durch die Untersuchung scharfsinniger werden zu lassen, ist aufgrund des Vorherigen kein absoluter Rationalismus begründet. Dies macht er zudem dadurch deutlich, dass er nicht nur Aristoteles als Begründer eines solchen Fragens anführt, sondern auch die Wahrheit und Weisheit selbst, die für ihn ohne jeglichen rationalistisch-aufgeklärten Zweifel Christus ist. So wird der wohl berühmteste Satz aus SN fortgeführt durch ein Zitat aus Mt 7,7: „Dubitando quippe ad inquisitionem venimus; inquirendo veritatem percipimus. Iuxta quod et Veritas ipsa *Quaerite* inquit *et invenietis, pulsate et aperietur vobis*/ Durch Zweifeln gelangen wir zur Untersuchung; durch die Untersuchung erfassen wir die Wahrheit. Demgemäß sagt auch die Wahrheit selbst *Suchet, so werdet ihr finden, klopfet an, so wird euch aufgetan werden*“ (Z. 338-340). Es folgt ein Verweis auf den zwölfjährigen Jesus im Tempel (Lk 2,41-52) als moralisches Exemplum. D.h. letztlich werden wir im Fragen, das dem Lehren vorangeht, christuskonform – für einen Bernhard von Clairvaux und seine Weggenossen wohl wirklich ein monströser Gedanke.

3. Werkgeschichtliche Stellung

Dass Abaelard sich dem Problem der Autoritäten so grundsätzlich annahm, liegt nicht zuletzt an seiner hervorragenden Schulung in den Artes des Trivium (Grammatik, Rhetorik, Dialektik). Sein logisches Schrifttum gibt hiervon beredtes Zeugnis. Trotzdem verzichtet er, aufgrund der Entstehungssituation nur allzu verständlich, auf weitergehende, explizit von den logischen Autoritäten geprägte Reflexionen oder Verweise auf z.T. sogar parallel entstehende logische Schriften. Bereits während seines Studiums bei Anselm von Laon machte Abaelard deutlich, dass er im Umgang mit theologischen Autoritäten eigene Wege beschreiten wollte. Der dort begonnene und in Paris vollendete Ezechiel-Kommentar (ca. 1113/14) ist uns zwar nicht überkommen, doch berichtet die HC, dass Abaelard sich in diesem Werk, im Unterschied zu seinem Lehrer, auf Schriftkommentare und Glossen beschränkt habe. Von allen seinen Werken stehen nun insbesondere die Folgeschriften des Trinitätstraktates, d.h. die sog. Theologien, in relativ engem Zusammenhang mit SN. Meiner Meinung nach gibt es gewichtige Indizien dafür, dass dieser Traktat evtl. zu Unrecht mit der Theologia ‚Summi boni' identifiziert wird und vielmehr eine „Vorstufe" derselben darstellt. Die in SN Z behandelten Fragen spiegelten dann indirekt Abaelards Programm zur Überarbeitung des verurteilten Traktates in die Theologia ‚Summi boni' in groben Linien wider. Hinsichtlich der im Parakleten entstandenen Theologia christiana gilt, dass der dort erfolgende verstärkte Rekurs auf Väter nur bedingt ein Ferment der parallel entstandenen Erweiterungen von SN darstellt. Zudem übernimmt Abaelard zunächst weder – bis auf wenige Ausnahmen – die thematisch breiteren Fortschreibungen von SN noch die Untergliederung anhand der Trias fides, sacramentum, caritas. Diese wird erst in der im Kontext der erneuten Pariser Lehrtätigkeit in den 30er Jahren des 12. Jh. entstandenen Theologia ‚Scholarium' aufgegriffen, die Abaelard als „Summe der ‚Heiligen Bildung" und „Einleitung in die Heilige Schrift" konzipiert. Dabei spielen auch verschiedene „Sentenzensammlungen", in denen seine Vorlesungstätigkeit greifbar wird, eine zentrale Rolle. Allen sog. Theologien gemein ist, dass die hermeneutischen Regeln von SN punktuell im Hintergrund aufblitzen können, ohne jedoch explizit benannt zu werden. Deutlicher treten diese in der zur Lösung des Konfliktes mit seinen Mitmönchen um die Identifikation des Schutzpatrons von St. Denis ca. 1121/22 verfassten Epistel 11 bzw. in der Epistel 10, in der Abaelard sich wohl nach 1131 mit Bernhard von Clairvaux über den „richtigen" Wortlaut des Vaterunser auseinandersetzt, zu Tage. Hier wird jeweils exemplarisch deutlich wie Abaelard seine Regeln im konkreten Konfliktfall angewendet hat. Ein ganz anders gelagerter Autoritätenkonflikt liegt den wohl noch während Abaelards Abbatiats entstandenen Collationes zugrunde. In diesen fiktiven Dialogen treffen ein Jude, ein Christ und ein evtl. muslimischer Philosoph aufeinander und machen Abaelard zu ihrem Richter. Letztlich werden hier die hermeneutischen Regeln von SN transzendiert. Ansonsten gilt für die Collationes wie für weitere erst während der erneuten Pariser Lehrtätigkeit entstandenen Werke (z.B. die Ethik *Scito te ipsum*, der Römerbrief- bzw. Sechstagewerk-Kommentar, die Problemata Heloissae), dass der direkte Einfluss von SN relativ gering ist. V.a. dort, wo sich thematische Überschneidungen finden, legt sich z.T. der Eindruck nahe, dass Abaelard SN als „Zitat-Karteikasten" verwendet hat. Jedoch führt er trotz gemeinsamer Themen oftmals auch nicht in SN vorhandene Zitate an oder weicht von der dortigen Zitation ab. Insofern er in dieser Phase wohl auch keine weiteren Ergänzungen an SN vorgenommen hat, scheint es insgesamt zugunsten seiner neuen Projekte eher in den Hintergrund gerückt zu sein.

4. Wirkungs- und Rezeptionsgeschichte

Dass SN für viele Jahrhunderte in Vergessenheit geraten war, ist vermutlich nicht allein mit der – wohl auch revidierten – zweiten Verurteilung Abaelards (Sens 1141) zu erklären. SN hat den treibenden Kräften wahrscheinlich nicht einmal vorgelegen und mit Coelestin II. hat sogar ein Papst noch 1144 eine Abschrift von SN hinterlassen. Dennoch sind nur zehn Handschriften (spätes 12./frühes 13. Jh.) sowie eine davon abhängige Kopie aus dem 16. Jh. bekannt; erst in den 1830ern wurde SN wiederentdeckt. Der Bezeichnung Abaelards als „Vater der scholastischen Methode" zum Trotz ist wohl nur von einem mittelbaren Einfluss von SN auf deren Entwicklung auszugehen, v.a. wenn man deren schulischen Sitz im Leben ernst nimmt und berücksichtigt, dass schon Bernhard von Konstanz oder Ivo von Chartres ähnlich vorgegangen sind. Einige Regeln finden sich zudem bereits in der „Schule von Laon". Hinzu kommt Abaelards Desinteresse an den für den lateinischen Westen wiedergewonnenen Aristotelesschriften, die die folgende geistesgeschichtliche Entwicklung entscheidend bestimmen sollten. Andererseits hat Abaelard mit dieser breit gefächerten Synopse von Fragen und Autoritätenzitaten ein beeindruckendes enzyklopädisches Werk geschaffen, das thematisch weite Teile dessen abdeckt, was wir heute Theologie nennen; hier spielt jedoch auch die Theologia ‚Scholarium' eine wichtige Rolle. Außerdem stellt er sich mit dem im Prolog formulierten differenzierten Katalog hermeneutischer Regeln dem alten Problem des diversum/adversum in einer Weise, die einerseits von einem tiefen Ernstnehmen der Autoritäten geprägt ist, andererseits „neue" Wege aufzeigt, in Bezug auf die Bibel freilich ohne diese zu beschreiten, in Bezug auf die Kirchenväter wird jedoch, wenn alle Harmonisierungsversuche zu keinem Ergebnis führen, dem Leser die Freiheit zu urteilen zuerkannt und damit letztlich das Vernunfturteil als letztes Instrument etabliert. Insgesamt ist die mit SN verbundene Leistung und seine theologiegeschichtliche Bedeutung alles andere als gering zu achten.

Literatur

Quellen und Werkausgaben

PETRUS ABAELARDUS, Sic et Non, ed. B. B. BOYER/R. MCKEON, Chicago/London 1976 [eine zweisprachige kommentierte Ausgabe des Prologs bietet C. RIZEK-PFISTER, Petrus

Abaelardus, Prologus in Sic et non, in: Sinnvermittlung. Studien zur Geschichte von Exegese und Hermeneutik, 1, hrsg. v. P. MICHEL/H. WEDER, Zürich 2000, 207-252].
PETRUS ABAELARDUS, Sic et Non, in: CChr.CM 11-15. 190; BGPhMA 21,1-4; PL 178.
PETRUS ABAELARDUS, Die Leidensgeschichte und der Briefwechsel mit Heloisa, übers. u. hrsg. v. E. BROST, Heidelberg [4]1979.

Sekundärliteratur

CLANCHY, M.T., Abaelard. Ein mittelalterliches Leben, Darmstadt 2000.
ERNST, S., Petrus Abaelardus (Zugänge zum Denken des Mittelalters 2), Münster 2003.
KLITZSCH, I., Die ‚Theologien' des Petrus Abaelardus. Genetisch-kontextuelle Analyse und theologiegeschichtliche Relektüre, Leipzig 2010.
LEINSLE, U.G., Einführung in die scholastische Theologie, Paderborn 1995.
RIZEK-PFISTER, C., Die hermeneutischen Prinzipien in Abaelards Sic et non, in: Freiburger Zeitschrift für Philosophie und Theologie 47 (2000), 484-501.

Ingo Klitzsch

Bernhard von Clairvaux, Hoheliedpredigten / Sermones super Cantica Canticorum (1135-1153)

1. Literarische Gestalt und Entstehung

Unter den theologischen Werken, die in „Kanon der Theologie" vorgestellt werden, nehmen die Hoheliedpredigten (SC) Bernhards von Clairvaux eine Sonderstellung ein. Es handelt sich um eine Reihe von 86 Predigten, die das Hohelied fortlaufend von 1,1 bis 3,1 auslegen. Die letzte Predigt ist ebenso unvollständig wie die ganze Reihe.

Die 86 Abschnitte des Werks gehen auf Predigten zurück, die der Abt des Zisterzienserklosters Clairvaux in den letzten 18 Jahren seines Lebens, von 1135 bis 1153, vor seinen Mönchen gehalten hat. Längere Unterbrechungen wurden durch Reisen Bernhards verursacht, die von kirchenpolitischen Ereignissen veranlasst waren. Gelegentliche Anspielungen auf solche Ereignisse erlauben es, einzelne Texte zu datieren. Vermutlich hat Bernhard die Predigtreihe nach seiner Rückkehr von einer längeren Italienreise im Advent 1135 begonnen. Ein Jahr später scheinen die ersten 24 Sermones vorgelegen zu haben. Nach der Rückkehr von seiner dritten Romreise im Sommer 1138 dürften in rascher Folge weitere Predigten entstanden sein; in der Karwoche 1139 erwähnt Bernhard bereits Sermo 33. In SC 66-67 reagiert er auf Mitteilungen über die Entdeckung von Ketzern in Köln 1143, und in SC 80,8f. nimmt er zu einem Theologenprozess auf dem Konzil von Reims 1148 Stellung.

Bernhard selbst hat seine Auslegung des Hohenlieds als ‚Predigt' bezeichnet. Er gebraucht verschiedene Stilmittel, um seinen Lesern den Eindruck zu vermitteln, sie läsen gehaltene Predigten. Vom Beginn des ersten Sermo an wendet er sich immer wieder an seine Zuhörer, appelliert an ihre persönliche Erfahrung, Stimmung und Aufmerksamkeit, klagt aber auch über Unterbrechungen und Abhaltungen bei seiner Predigttätigkeit. Der Leser des Werks muss aus dem lebensvollen Stil den Eindruck gewinnen, er nehme unmittelbar an den Predigten, ja am Leben im Konvent mit all seinen freudigen und traurigen Situationen teil. Innere und äußere Zeugnisse sprechen aber dafür, dass das Werk keine getreue Wiedergabe der von Bernhard gesprochenen Worte ist, sondern eine mit großer gedanklicher Klarheit und sprachlicher Kunstfertigkeit geformte Überarbeitung gehaltener Predigten. Wahrscheinlich hat der Abt in einem Latein gepredigt, das der Volkssprache nahestand. Seine Ansprachen wurden von ihm selbst oder von seinen Sekretären aufgezeichnet und vor der Veröffentlichung sorgfältig bearbeitet. Teile davon sandte er wiederholt an Freunde zur Lektüre und Beurteilung, um sie nach der Rückgabe erneut zu überarbeiten. Gelegentlich haben sich noch Abschriften älterer Fassungen erhalten. Der Vergleich mit dem endgültigen Text zeigt, mit welcher Intensität Bernhard sein eigenes Exemplar bis zu seinem Tod fortlaufend verbessert hat. In Clairvaux wurden die älteren Fassungen unterdrückt und nur die letzte aufbewahrt. Doch haben sich innerhalb und außerhalb der Klöster des Ordens viele Abschriften anderer Textformen erhalten. Die umfangreiche, weit mehr als 100 Handschriften umfassende Überlieferung wird heute in vier Textgruppen eingeteilt.

2. Inhalt und historische Einordnung

Das Hohelied ist eine Sammlung ursprünglich selbständiger profaner Liebeslieder, die erst durch die Zusammenfassung in einem Buch miteinander verbunden worden sind. Die Aufnahme des Buches in den alttestamentlichen Kanon hing mit der Auffassung zusammen, es handle sich um ein religiöses Werk. Diese Annahme ließ sich aber nicht durch wörtliche, sondern nur durch allegorische Auslegung beweisen. So hat bereits die rabbinische Exegese Bräutigam und Braut des Hohenlieds mit Gott und seinem Volk gleichgesetzt. Nach ihrem Vorbild hat auch die christliche Schriftauslegung eine wörtliche Deutung früh verworfen. Im ältesten christlichen Kommentar, dem Hippolyts von Rom, lässt sich der Übergang von der jüdischen Deutung auf Gott und Israel zur christlichen auf Gott (oder Christus) und das neue Gottesvolk, die Kirche, noch fassen. Origenes hat diese ekklesiologische um eine individuelle Deutung auf Christus und die Seele des einzelnen Gläubigen erweitert, die einen moralischen (tropologischen) und einen mystischen Aspekt aufweist. Durch die Interpretation der Braut als gottgeweihte Jungfrau wurde bereits in der Alten Kirche eine mariologische Deutung begründet.

Bernhards Bedeutung für die Geschichte der Hoheliedauslegung liegt darin, dass er nach jahrhundertelanger Vorherrschaft der ekklesiologischen Deutung unter Rückgriff auf Origenes die verdrängte individuelle, vor allem aber die mystische Deutung wieder in ihr Recht einsetzte. Daneben pflegte er auch die ekklesiologische, verschloss sich aber der mariologischen Deutung, die im 12. Jahrhundert besonders von Regularkanonikern und Prämonstratensern entwickelt wurde.

3. Theologischer Gehalt

a) Monastische Theologie – Erfahrungstheologie

Wenn Bernhard nur einen Beitrag zur Hoheliedauslegung geleistet hätte, dann gehörte sein Werk kaum in den „Kanon der Theologie". In Wirklichkeit sind seine Hoheliedpredigten aber die wichtigste Quelle eines von ihm als Gegenstück zur Frühscholastik entwickelten Typus von Theologie, den wir nach dem Vorbild Jean Leclercqs als „monastische Theologie" bezeichnen. Die Predigten lassen sich nicht nur als fortlaufende Auslegung von Hld. 1,1 bis 3,1 lesen, sondern zugleich als eine Darstellung und theologische Interpretation monastischer und darüber hinaus allgemein christlicher Erfahrungen mit den sprachlich-bildhaften Ausdrucksformen des Hohenlieds. Wenn Bernhard einzelne Verse und Versteile des Texts auslegt, so beschreibt und deutet er mit Hilfe des Texts Situationen, Fragen und Erlebnisse des Mönchs, hinter denen allgemein christliche Phänomene sichtbar werden.

Er spricht freilich nicht nur von Erfahrungen, sondern gebraucht dabei auch intensiver als je ein Theologe vor ihm einen klar durchdachten, gehaltvollen Begriff religiöser Erfahrung. Dieser unterscheidet sich grundsätzlich vom aristotelischen Begriff der Erfahrung als dem Ergebnis rationaler Verarbeitung einer im Gedächtnis aufbewahrten Mehrzahl äußerer Wahrnehmungen von Phänomenen der Außenwelt. Religiöse Erfahrung richtet sich nicht nach außen, sondern nach innen. Sie vollzieht sich nicht im rationalen Bereich, sondern im Affekt, und löst im Menschen seelische Bewegungen (Emotionen) aus: Freude und Trauer, Hoffnung und Furcht, Liebe und Hass und andere. Wenn man ihren Ort und ihren Ablauf näher bestimmen möchte, dann fehlen unserer Sprache genau darauf passende Bezeichnungen. Bernhard vergleicht sie deshalb mit der Funktion der fünf körperlichen Sinne und hat eine umfangreiche Metaphorik der inneren Sinnesorgane entwickelt. Mit diesem Instrumentarium spürt er den innersten Regungen des menschlichen Herzens nach und schildert sie in seinen Werken, zumal in den Predigten, in einer von biblischen Worten und Formulierungen gesättigten Sprache – in den Hoheliedpredigten vor allem in der des Hohenlieds. Bernhards monastische Theologie ist so zugleich eine Schrifttheologie und eine Erfahrungstheologie.

b) Aufbau und Inhalte

Die Hoheliedpredigten gehen wie ein Kommentar Vers für Vers, Versteil für Versteil und Wort für Wort am Text des Hohenlieds entlang. Von außen gesehen lässt sich Bernhard also von dem biblischen Buch die Themen und den Ablauf seiner Predigtreihe vorgeben. Übergreifendes Thema des Werks ist der Preis von Liebe und Schönheit oder auch nur die Liebe, um die es in dem Wechselgesang von Bräutigam und Braut sowie in den Chorliedern der Begleiterinnen geht. Eine inhaltliche Gliederung lässt sich darin auf den ersten Blick nicht erkennen. Mit den theologischen Traktaten Bernhards oder gar mit den Werken der Schultheologie kann man die Predigtreihe keineswegs vergleichen. Heutige Versuche, den Inhalt einzelner Predigten durch traditionelle dogmatische und ethische Begriffe zu charakterisieren und die so gewonnenen Themen wieder zu Themenkreisen zusammenzufassen, die am Ende sogar ein gewisses der Schuldogmatik vergleichbares System ergeben, sind von Grund auf verfehlt – nicht etwa, weil es im 12. Jahrhundert noch keine theologischen Systeme gegeben hätte, sondern weil Bernhard sich von der Systematisierung des theologischen Stoffes in Sentenzenwerken und Summen, die in den verschiedenen Schulen des 12. Jahrhunderts die theologische Arbeit beherrschte, bewusst ferngehalten hat.

Das heißt aber nicht, Bernhard sei ein unsystematischer Denker und bloß erbaulicher Schriftsteller gewesen. Bei näherem Hinsehen zeigen sich in seinen Ausführungen Strukturen, die eine innere Systematik erkennen lassen – nur eben eine andere als die in der Schultheologie übliche. Sie legt sich gleichsam über die Auslegung des Texts, dessen sprachliches Material und dessen emotionale Gehalte sie durch die Allegorese den sachlichen Interessen Bernhards dienstbar macht. Sein eigentliches Thema ist das Leben und Erleben des Mönchs auf dem Wege zu Gott, ein großes Rahmenthema, das immer wieder auf Grundfragen christlicher Existenz hin transparent gemacht wird. Es geht hier um das Wissen des Richtigen und Heilbringenden, um Erfahrungen der Anfechtung, der eigenen Schwäche und des Versagens vor der Forderung Gottes, aber auch um Erfahrungen der göttlichen Hilfe und der eigenen Bewährung, um die Tugenden, um die Aspekte und Stadien des Umgangs mit Gott und seinem Wort Jesus Christus bis hin zur Vereinigung mit diesem Wort. Doch vermeidet Bernhard jede thematische Engführung und lässt in seine Predigten auch wiederholt Hinweise auf aktuelle Ereignisse einfließen. Besonders bezeichnend sind dafür die Klage über den Tod seines Mitbruders und leiblichen Bruders Gerhard (SC 26) sowie die Auseinandersetzung mit der in Köln entdeckten Häresie (SC 66f.) oder mit der soeben verworfenen Gottes- und Trinitätslehre Gilberts von Poitiers (SC 80). Diese und andere Anlässe durchbrechen immer wieder einmal den lockeren Gang der Gedanken, den Bernhard bereits in der dritten Predigt programmatisch entwickelt.

In der ersten Predigt hatte er aus der seit Origenes bekannten wissenschaftstheoretischen Aufteilung der drei salomonischen Bücher die Rolle des Hohenlieds als Frucht der beiden anderen (Prediger und Sprüche) und als "heiliges und kontemplatives Gespräch" abgeleitet (SC 1,2f.). Sein Name bezeichne das Werk als ein Lied, das alle anderen an Würde und Lieblichkeit übertreffe (SC 1,11). Nachdem er in SC 2 die verschiedenen Aspekte des in Hld. 1,1 verlangten Kusses erläutert hat, der die Menschwerdung des Gottessohnes bedeutet, entwickelt er anschließend aus dem Bild der drei Küsse von Fuß, Hand und Mund das Schema eines dreigestuften Weges von der Reinigung des Anfängers durch Reue und Buße in der Askese über die Erleuchtung des Fortgeschrittenen in der Bewährung eines frommen, rechtschaffenen Lebens bis zur Vollendung in der Vereinigung des Vollkommenen mit dem göttlichen Wort (SC 3f.). Diese Wegbeschreibung ist aus der Tradition der christlichen Mystik als das wichtigste Aufstiegsschema bekannt.

Man rechnet Bernhard immer wieder unter die großen Mystiker der Christenheit. Dabei setzt man ohne weiteres voraus, wenn er den mystischen Aufstieg darstelle, meine er seinen eigenen geistlichen Weg, und wenn er über mystische Erfahrungen spreche, berichte er von seinen eigenen Erfahrungen. Gewiss greift Bernhard auf persönliche Erfahrungen zurück, unter denen auch einige mystische gewesen sein mögen. Doch war er gewiss kein Mystiker im landläufigen Sinne von "Erlebnismystik". Sein Leben war von den üblichen religiösen Erfahrungen des Mönchs beherrscht. Auf spektakuläre Erlebnisse, auf Visionen und Auditionen, wie sie seit dem 12. Jahrhundert vor allem von vielen religiösen Frauen überliefert sind, konnte er sich nicht berufen. Er schildert und behandelt eigene und fremde, auch in der Tradition überlieferte Erfahrungen. Man sollte ihn deshalb nicht so sehr als Mystiker, sondern als Theologen der Mystik bezeichnen.

Den mystischen Weg entwickelt Bernhard nun nicht geradlinig, sondern gleichsam in Kreisbewegungen, wobei er die religiösen Phänomene mit den Ausdrucksmitteln des Hohenlieds und mit denen anderer biblischer Bücher beschreibt, deutet und in größere Zusammenhänge einordnet. Das wichtigste systematische Element seiner theologischen Reflexion stellt er selbst in den eng miteinander verbundenen Predigten 34 bis 38 vor. Sie knüpfen an Hld. 1,7 an („Wenn du dich nicht kennst [...]"). SC 34 eröffnet den Gedankengang durch Ausführungen über die rechte Demut als notwendige Voraussetzung der als Heil erstrebten künftigen Erhöhung. Die freiwillige Selbstdemütigung setzt aber ein Wissen um die eigene Lage voraus. SC 35 beschreibt die Verworfenheit des Menschen, der sich selbst nicht kennt. Ohne den Gebrauch seiner Vernunft ist der Mensch schlimmer als ein wildes Tier, und ohne Selbsterkenntnis gibt es keine Gotteserkenntnis. Die Reflexion auf Selbst- und Gotteserkenntnis führt Bernhard im folgenden Sermo 36 zum Nachdenken über die Arten des Wissens, ihre Gefahren und ihren Nutzen. Wissendurst aus bloßer Neugier, aus Ruhmsucht oder Gewinnstreben ist verwerflich. Heilsam dagegen ist jenes Streben nach Wissen, das aus Liebe andere Menschen erbauen oder aus Klugheit der eigenen Erbauung dienen möchte. Den ersten Schritt zum heilbringenden Wissen bildet die Selbsterkenntnis, deren Bitterkeit durch das Aufschauen zu Gottes Barmherzigkeit gemildert wird. In der Gotteserkenntnis, die daraus fließt, liegt unser Heil; aber ohne die Selbsterkenntnis und die daraus folgende Gottesfurcht und Demut führt kein Weg zur Gotteserkenntnis (SC 36,6f.). Die beiden folgenden Predigten 37 und 38 wiederholen und vertiefen die Einsicht in diesen Sachverhalt. Der ganze Komplex SC 34-38 stellt nicht nur den fundamentaltheologischen Zusammenhang von Erkenntnis und Heil dar, sondern ist zugleich ein Musterbeispiel für Bernhards theologisches Denken. Er kennt zwar durchaus, vor allem in seinen Traktaten, das scholastische Abwägen von Argumenten und Gegenargumenten mit Hilfe von Definitionen, Distinktionen und Schlussfolgerungen. Aber in seinen Hoheliedpredigten geht er von kleinen und kleinsten Texteinheiten aus, interpretiert sie allegorisch auf einen theologisch relevanten Sachverhalt hin und umkreist diesen Sachverhalt, religiöse Phänomene und insbesondere Erfahrungen mit allen sprachlich-rhetorischen Mitteln. Dabei erweist sich die Heilige Schrift nicht so sehr als autoritativ vorgegebener Text, sondern als ein Schatz von Erfahrungen, der unter Rückgriff auf die eigene Erfahrenheit des Auslegers verstanden und für neue Erfahrungen, Erkenntnisse und Verhaltensweisen fruchtbar gemacht wird. In der Hoheliedauslegung kreist Bernhards Denken um die einzelnen Schritte bis zur unmittelbaren Begegnung mit dem Wort. Er beschreibt und analysiert phänomennah negative und positive Erfahrungen, die vielfältigen Probleme, die jeden Schritt begleiten, ihre Lösung mit göttlichem Beistand und menschlicher Hilfe, vor allem aber das gänzlich unanschauliche Geschehen, das sich zwischen der individuellen Seele und ihrem Bräutigam abspielt. Auch dieses Geschehen lässt sich nur andeutungsweise durch Bilder aus dem zwischenmenschlichen Umgang beschreiben: als Besuch, als Kommen und Gehen, Anwesenheit und Abwesenheit, Begegnung und Gespräch, Beisammensein und Verbundenheit, schließlich sogar als Vermischung und Vereinigung.

Natürlich kennt und bejaht Bernhard auch die christlichen Institutionen. Die ekklesiologische Deutung des Hohenlieds, an der auch er sich beteiligt, führt ihn immer wieder zu konkreten Fragen über die Kirche und ihre Probleme: etwa über ihr Verhältnis zur Synagoge, ihre inneren und äußeren Feinde, ihre Ordnung und ihre Zukunft. Doch stehen die ekklesiologischen Aspekte, die da und dort berührt oder gar erörtert werden, ganz im Schatten des zentralen Themas dieser Predigtreihe: des Umgangs und der Geschichte der Seele, des religiösen Subjekts, mit Gott, der ihm in der dreifachen Gestalt Gottvaters, des Heiligen Geistes, vor allem aber des Gottessohnes Christus entgegentritt. Bernhard kennt auch die zu seiner Zeit üblichen Gnadenmittel; aber sein Sakramentsbegriff hat eine weite Bedeutung und ist noch nicht durch die frühscholastische Lehrentwicklung festgelegt. Das wichtigste Mittel des Verkehrs mit Gott ist für ihn das Wort: das ‚Wort' Christus, das Gott zu den Menschen gesandt hat und das ihre Seele aufsucht, und das menschliche Wort, mit dem das religiöse Subjekt dem göttlichen ‚Wort' entspricht. Besonders ausführlich schildert Bernhard in SC 74,5-7 den Umgang des ‚Wortes' mit der Seele des Gläubigen. Man kann die Denkweise seiner Hoheliedpredigten auch als Worttheologie bezeichnen.

Wenn das ‚Wort' die göttliche Natur des Gottmenschen darstellt, so dominiert in den Hoheliedpredigten wie in der gesamten Christologie vor Bernhard dieser göttliche Aspekt. Bernhard hat sich hier aber auch in einer der älteren Theologie unbekannten Offenheit der menschlichen Natur Christi zugewandt. Sein volles Menschsein zeigt sich in seinem Leiden und Tod. Das Wort des Hohenlieds (1,12) vom Myrrhenbüschel bietet Bernhard Gelegenheit, seinen Umgang mit diesem Aspekt ausführlich darzustellen: Seit seiner Hinwendung zum Mönchsleben habe er ein solches Myrrhenbüschel aus allen Ängsten und Bitternissen des Herrn gesammelt, d.h. seine Nöte und Leiden von seiner Kindheit bis zu seinem Tod am Kreuz sich vergegenwärtigt und meditiert (SC 43,3). Der Rückblick auf seinen Umgang mit dem Menschen Jesus gipfelt in dem Bekenntnis: „Dies ist meine tiefere Lebensauffassung: Jesus zu kennen, und zwar den Gekreuzigten" (SC 43,4). Hier und an anderen Stellen (besonders SC 45,3) zitiert er 1. Kor 2,2, daneben auch – an das Wort der Braut „Schwarz bin ich, doch schön" (Hld 1,4) anknüpfend – Gal 6,14: „Es sei ferne von mir, mich zu rühmen, außer im Kreuz meines Herrn Jesu Christi" (SC 25,8). Das Wort an die Braut: „Meine Taube in den Felsspalten, in den Mauerhöhlen […]" (Hld 2,14) deutet Bernhard auf die Kreuzeswunden Christi, in denen die Seele mit ganzer Hingabe und in ständiger Meditation verweilen soll (SC 61,7).

Die in den Hoheliedpredigten entwickelte Leidensfrömmigkeit und Kreuzestheologie ist für Bernhard charakteristisch.

4. Rezeptions- und Wirkungsgeschichte

Unter allen mittelalterlichen Theologen stellte Bernhard die größte geistliche Autorität nicht nur in seinem eigenen Orden, sondern weit darüber hinaus dar. Seine echten und die zahlreichen unter seinem Namen umlaufenden Werke und Kurztexte machten ihn zum im Mittelalter meistzitierten mittelalterlichen Autor. Seine unvollendete Hoheliedauslegung wurde in seinem Orden durch Gilbert von Hoyland (gestorben 1172; 48 Predigten zu 3,1-5,10) und Johannes von Ford (gestorben 1220; 120 Predigten zu 5,8-8,14) in seinem Sinne fortgesetzt. Durch die Wiederaufnahme der mystischen Deutung hat Bernhard die spätere Hoheliedauslegung zwar keineswegs dominiert, aber doch stark beeinflusst. Ihre Wirkungen reichen bis in die Altprotestantische Orthodoxie und den Pietismus. Stärker als das Werk als Ganzes wirkten einzelne Elemente daraus. Bernhards Wortmystik (Brautmystik) wurde für die weitere Entwicklung der abendländischen Mystik wegweisend, besonders für die der religiösen Frauen. Seine Betrachtung von Leiden und Kreuz Jesu wurde ebenso für die spätmittelalterliche Passionsfrömmigkeit grundlegend wie für die Ikonographie des Kruzifixus, der Kreuzigungsbilder und der ganzen Passion. Während der neuzeitliche Katholizismus diese frömmigkeitsgeschichtlichen Anstöße breit rezipierte, wirkten theologische Elemente wie der konsequente Erfahrungsbezug und der untrennbare Zusammenhang von Selbsterkenntnis und Gotteserkenntnis bei Luther und anderen Reformatoren und durch sie im Protestantismus fort. Die Gegenstände der Passionsfrömmigkeit wurden hier freilich im Kreuz, den Wunden und dem Blut Christi konzentriert.

Literatur

Quellen und Werkausgaben

BERNHARD VON CLAIRVAUX, Sämtliche Werke lateinisch/deutsch, hrsg. v. G.B. WINKLER, Bd. V/VI, Innsbruck 1994/1995.

Sekundärliteratur

KÖPF, U., Hoheliedauslegung als Quelle einer Theologie der Mystik, in: Grundfragen christlicher Mystik, M. SCHMIDT / D.R. BAUER (Hrsg.), Stuttgart-Bad Cannstatt 1987, 50-72.

KÖPF, U., Einleitung, in: Bernhard von Clairvaux, Sämtliche Werke (s.o.), Bd. V, 1994, 27-47.

LECLERCQ, J., Recueil d'études sur saint Bernard et ses écrits, 5 Bde., Rom 1962-1992.

Ulrich Köpf

Bonaventura, Breviloquium (1256 / 57)

Das *Breviloquium* gehört mit dem *Itinerarium mentis in Deum* zu den Werken, die Bonaventuras Ruhm als Theologe begründet haben. Es ist das Meisterwerk aus der Zeit seiner Tätigkeit als Professor der Theologie in Paris (1253/54-1257). Wie der Titel sagt, handelt es sich um eine „Knappe Rede", eine Art Grundkurs theologischen Wissens. Durchaus passend wurde es auch als „Einführung in die Theologie bzw. die Schriftauslegung" *(Introductorius totius sacrae Scripturae)*, als *Compendium, Summa Bonaventurae, Summa totius theologiae,* oder als *Breviloquium pauperis* betitelt (Distelbrink, 3).

1. Kontext und Absicht

Ähnlich wie Thomas von Aquin sein *Compendium theologiae* und später die *Summa theologiae,* schrieb Bonaventura (1221-1274) das *Breviloquium* für studierende Mitbrüder, wie er im Prolog (§7) erläutert: Diese hatten ihm geklagt, die „Beschäftigung mit der Heiligen Schrift" – das heißt: die theologischen Vorlesungen über die Bücher der Schrift, die den Kern des Theologiestudiums bildeten – käme ihnen „wie ein düsterer Wald" vor; denn verstreut und unübersichtlich würden die Inhalte im Studium dargeboten.

Bonaventura konnte zum Zeitpunkt der Abfassung (mit großer Wahrscheinlichkeit 1256/57) auf mehrere Jahre akademischer Lehrtätigkeit zurückblicken. Als Baccalaureus hatte er Studenten anhand des Lukas-Evangeliums in die Schriftauslegung eingeführt (1248-1250) und hatte die vier Bücher *Sentenzen* des Petrus Lombardus kommentiert (1250-1252). Nach der Promotion zum Magister der Theologie hielt er Vorlesungen über Kohelet und das Johannesevangelium, überarbeitete nochmals den Lukas-Kommentar, hielt umfangreiche Disputationen (Die *Quaestiones disputatae De mysterio Trinitatis* und *De scientia Christi* sind im *Breviloquium* vorausgesetzt) und Universitätspredigten. Im *Breviloquium* will er, „auf die Bitten und Fragen" eingehend, in systematischer Ordnung das theologische Grundwissen vorlegen, das zur Schriftauslegung nötig ist. Denn ohne ein solides Fundament an Glaubenswissen ist schöpferisches theologisches Denken nicht möglich, und ohne Kenntnis der Heiligen Schrift als Ganzes keine fruchtbare Auslegung (Prol. §1). Damit bezieht er auch Position in der Frage nach dem Wesen der Theologie als Glaubenswissenschaft wie als akademischer Wissenschaft, ihrem Gegenstand, ihrer eigenen Methode und Zielsetzung.

2. Inhalt

In sieben Teilen und insgesamt 72 Kapiteln – eine Zahl, die nicht nur an die 72 Jünger Jesu erinnert, die zur Verkündigung ausgesandt wurden, sondern auch an die Übersetzer der Septuaginta – präsentiert dieser „Grundkurs" auf den ersten Blick die klassischen Traktate der Dogmatik: In der Gotteslehre (I) geht es um Einheit und Dreifaltigkeit Gottes, wie sie theologisch gedacht und in welcher Terminologie sie verantwortlich ausgesagt werden kann. Zudem werden die Eigenschaften Gottes erläutert: Allmacht, Weisheit und seine Vorsehung, was eine Reflexion des Verhältnisses des ewigen Gottes zur geschaffenen Wirklichkeit erfordert. So ist zu klären, was bedeutet: Gott „erscheine“, „wohne“, oder der Heilige Geist „werde gesandt“ (I,5). Damit ergibt sich bereits der Übergang zur Schöpfungslehre (II). Meisterhaft kurz und klar zieht Bonaventura die Grundlinien für das Verständnis der „creatio ex nihilo“ (II,1). Die hier auf knappstem Raum vorgestellte Schöpfungstheologie bezeugt, wie wenig naiv mittelalterliche Theologen über den Beginn des kontingenten Seins, den Sinn der „sechs Tage“ oder die Stellung der Erde im Kosmos dachten. Mit großer Selbstverständlichkeit bezieht Bonaventura die Naturwissenschaft bzw. Naturphilosophie seiner Zeit in die Darlegung der Schöpfungswirklichkeit ein (2-4). Die meiste Aufmerksamkeit aber widmet er den geistigen, mit Erkenntnis und Freiheit erschaffenen Wesen: den Engeln und Menschen; die Kapitel 9-12 enthalten eine Kurzfassung der Anthropologie und Erkenntnistheorie Bonaventuras. Der III. Teil thematisiert die Frage nach der Herkunft und dem „Wesen“ des Bösen. Ausgehend von der sozusagen prototypischen Sünde der Stammeltern wird das Phänomen von Versuchung und Freiheit behandelt, das Verhältnis von Sünde und ihren Folgen untersucht, sowie die Unterschiedenheit der Erbsünde von der persönlichen Sünde erklärt. Der Zusammenhang zwischen bestimmten Fehlhaltungen untereinander („Wurzelsünden“) wird dargelegt – ein Thema, das für die Theologie des geistlichen Lebens seit den Wüstenvätern von hoher Bedeutung war. Abschließend macht Bonaventura einige Vorschläge, was unter der „Sünde gegen den Heiligen Geist“ zu verstehen sei. Buchstäblich im Zentrum des *Breviloquium* steht die Christologie (IV), welche Überlegungen zur Inkarnation (IV,1-4), zur Person des Erlösers (5-7) sowie die Soteriologie einschließt (8f.). Ein besonders schönes Beispiel für Bonaventuras Art theologischer Argumentation bietet IV,1: Mit dem Ziel, die Sinnhaftigkeit der Inkarnation aufscheinen zu lassen, werden verschiedene in der theologischen Tradition verankerte Aspekte verbunden: die Offenbarung der Liebe Gottes zum Menschen, die Ermöglichung antwortender Liebe („das WORT wurde Fleisch, damit es vom Menschen, der Fleisch war, erkannt, geliebt und nachgeahmt werden konnte“), die Wiederherstellung der Würde des Menschen, seiner Unschuld und der Freundschaft mit Gott. Teil IV endet mit der Auferstehung, Himmelfahrt und der Sendung des Heiligen Geistes, wodurch die Kirche aus allen Völkern konstituiert wird. Folgerichtig geht es im V. Teil um den Heiligen Geist, genauer: um sein Wirken in der Gnade; denn die besondere Eigenheit der Person war bereits in der Trinitätstheologie erläutert worden. Dieser Teil darf als der zweite Höhepunkt des *Breviloquium* bezeichnet werden. Bonaventura kannte die seit dem 12. Jahrhundert vielfach verzweigte Diskussion im Bereich der Gnadenlehre: die notwendige Klärung des Verhältnisses zwischen geschaffener Gnade (als Habitus im Menschen) und ungeschaffener Gnade (der Heilige Geist selbst), und des Verhältnisses von übernatürlicher Liebe *(caritas)* – die ohne den Heiligen Geist nicht bestehen kann und die Form aller Tugenden bildet, wenn diese vor Gott verdienstlich sein sollen (V,4) – zur Gnade *(gratia)*. Die vielfältigen Einteilungen und die differenzierte Terminologie waren ihm vertraut (vgl. *Sentenzenkommentar* II. distinctio 27, dubium 1: Opera omnia II, 668-670). Um so beeindruckender ist hier die luzide Darlegung der Gnadenlehre: die heiligmachende Gnade als unmittelbare Gabe Gottes, die Wirkung der Heiligung, Gnade und Freiheit (Verdienst), Heilung von Sünde (V,1-3). Es folgen konzise Ausführungen zu den im weitesten Sinn als Tugenden zu bezeichnenden Habitus, welche die Gnade im Menschen ausprägt – vergleichbar der Farbenvielfalt, welche das selbst einfache Licht erweckt (V,4) –: theologische Tugenden und Kardinaltugenden, die Sieben Gaben des Heiligen Geistes (gemäß Jes 11) und die Haltungen der Seligpreisungen (V,4-6). In V,6 kommt Bonaventura auch auf die Gnade der mystischen Erfahrung und die Bedeutung der geistlichen Sinne zu sprechen *(notitia Dei experimentalis, sensus spirituales).* Die letzten Kapitel sind der Mitwirkung des Menschen mit der Gnade gewidmet: in den Akten des Glaubens und der Liebe, in der Befolgung der Gebote und Räte, und schließlich im Gebet, besonders im Bittgebet. Dieses abschließende Kapitel enthält eine kurze Vaterunser-Auslegung. Der VI. Teil bietet die Sakramentenlehre. Der Behandlung der sieben Sakramente im einzelnen (VI,7-13) ist die allgemeine Sakramentenlehre vorgeschaltet (1-6). Besonders klar kommt hier die heilsgeschichtliche Sichtweise Bonaventuras zum Tragen, wenn die in den verschiedenen Epochen der Heilsgeschichte (Paradies, Zeit des Naturgesetzes, Zeit des Mosaischen Gesetzes, Zeit der Gnade) auch unterschiedlichen Heilszeichen *(sacramenta)* zu den sieben Sakramenten des Neuen Bundes und deren Einsetzung durch Jesus Christus, die sich wiederum in drei Weisen vollzieht, in Bezug gesetzt werden (V,2.4). Jedoch hält sich Bonaventura – wie generell im *Breviloquium* – zurück, seine eigene theologische Position, wie sie etwa im Sentenzenkommentar deutlicher sichtbar wird, in den Vordergrund zu rücken oder einzelne Schulmeinungen zu favorisieren. Der letzte Abschnitt (VII) ist der Eschatologie gewidmet. Man mag vielleicht erstaunt sein über die detaillierten Ausführungen zum Endgericht und der Neugestaltung der Schöpfung; doch machen z. B. die Überlegungen über die Beschaffenheit des Auferstehungsleibes deutlich, wie ernst die leibliche Wirklichkeit genommen wurde.

Da weder die Heilige Schrift noch die theologische Wissenschaft nur das Wissen über Gott vermehren wollen, sondern nach Bonaventura darauf hinzielen, „daß der Mensch gut werde" (Prooemium zum I. Buch des *Sentenzenkommentars*, quaestio 3: Opera omnia I,13), sind Glauben und Handeln *(fides, mores)* nicht zu trennen. Inhalte der Moraltheologie behandelt Bonaventura in der Schöpfungs- und der Gnadenlehre (II, III, V). Kirchenrechtliche und liturgische Aspekte werden ganz selbstverständlich eingeflochten, etwa in der Sakramententheologie (VI). Die Theologie zeigt sich im *Breviloquium* als *eine* Wissenschaft. Die Einheit der Wissenschaft gründet in ihrem „Einen Prinzip": Theologie ist Wissenschaft von Gott dem Schöpfer und von allem Geschaffenen, insbesondere vom Menschen und seiner Berufung zur Seligkeit in Gott. „Weil nun aber das vernunftbegabte Geschöpf, welches gewissermaßen das Ziel aller Dinge ist, nicht in dem Zustand stehen blieb, in dem es erschaffen wurde, sondern abfiel, und nach dem Fall der Wiederherstellung bedurfte, darum handelt die Theologie auch vom Schaden der Sünde, vom Arzt, der Heilung und den Heilmitteln, und schließlich von dem, was volle Gesundheit ist." (I,1). Das Modell von Krankheit, Arzt und Heilung, das sich durch alle Kapitel zieht, erweist das *Breviloquium* als eine Dogmatik unter heilsgeschichtlichem Blickwinkel.

3. Heilige Schrift und theologische Wissenschaft – Die Methode des *Breviloquium*

Der ausführliche Prolog enthält, modern gesprochen, Bonaventuras Fundamentaltheologie (etwa die Bedeutung des Glaubensaktes für das Verständnis der Heiligen Schrift) und die Prinzipien der Schriftauslegung: „das schönste Programm geistlicher Hermeneutik, das im 13. Jahrhundert vorgelegt wurde" (Chenu, 55). Bonaventura erklärt, in diesem Werk jede einzelne Begründung in Gott selbst verankern zu wollen (Prol. §7, Ende: *doctrina altissima omnia resolvit in Deum tanquam principium primum et summum*): Denn Gott ist nicht nur der Ursprung von allem, sondern in besonderer Weise Ursprung und letzter Grund alles theologischen Wissens. Theo-logia, Rede über Gott, ist möglich, weil Gott zuerst *(principaliter)* von sich Kunde gibt. Diese Mitteilung geschieht im WORT und im Heiligen Geist und bedeutet für den Menschen „Erkenntnis, Leben und Seligkeit", also eine personale Beziehung. In der Heiligen Schrift, die ihr Zentrum in Christus hat (Prol. §1), wird die Kenntnis von Gott vermittelt, daher wird sie als „theologia" – Gottesrede bezeichnet (§5; I,1). Sie hat Gott zum Urheber und zum Inhalt; sie besitzt eine eigene Methode: das heißt, der Stil der Heiligen Schrift will bewirken, dass der gläubige Leser in Erkenntnis und Liebe Gott ähnlich wird; die letzte Zielsetzung des Gotteswortes ist die Herbeiführung der seligen Gemeinschaft mit Gott.

Die Theologie als Wissenschaft hat den gleichen Gegenstand wie die Heilige Schrift, ebenso das gleiche Ziel. Sie unterscheidet sich jedoch in der Art, wie der Gegenstand dargelegt wird. Während die Heilige Schrift „das zu Glaubende" gerade im Hinblick auf die vom Menschen zu gebende Antwort der Umkehr und des Glaubens darbietet *(credibile ut credibile)* – und darum nicht „disputiert", sondern „mahnt, gebietet, erzählt, verheißt" –, beschäftigt sich die theologische Wissenschaft mit „dem zu Glaubenden unter der Hinsicht, dass es der Einsicht zugänglich ist" *(credibile ut intelligibile)*. Sie zeigt Zusammenhänge und sucht nach Begründungen.

Diesem Programm, das mit den Namen Augustinus' und Anselms von Canterbury verbunden ist, verleiht sozusagen das *Breviloquium* Gestalt. Anders als im *Sentenzenkommentar,* anders auch als Thomas von Aquin in seinem Lehrbuch für Anfänger, der *Summa theologiae,* verzichtet Bonaventura hier auf die Struktur der Quästio (Pro- und Contra-Argumente, die einer umfassenden Antwort zugeführt werden). Auch werden nur wenige Autoren namentlich (darunter Augustinus, Hugo von St. Victor, Anselm), und dies sparsam, zitiert; eine Ausnahme ist das lange Proslogion-Zitat, mit dem Bonaventura das *Breviloquium* – wie auch zwei weitere seiner Werke – beschließt, und damit noch einmal sein Selbstverständnis als Theologe zusammenfasst. Jedes der 72 Kapitel weist die gleiche Zweigliederung auf: In einem kurzen ersten Abschnitt wird eine Glaubenslehre oder allgemein anerkannte theologische Lehre vorgestellt (eingeleitet mit: *Tenendum est* – „Festzuhalten ist"); in einem viel ausführlicheren zweiten Abschnitt werden die einzelnen Punkte der Reihe nach erläutert und begründet *(ratio ad praedictorum intelligentiam)*. Ziel ist, die Sinnhaftigkeit des Geglaubten, seine innere *ratio,* aufleuchten zu lassen. „Das zu Glaubende“ soll somit als etwas „der Einsicht Zugängliches“ und „Einsicht Schenkendes“ erfasst werden.

Der Glaubenseinsicht – der Erkenntnis der „Stimmigkeit“ einer Glaubenslehre in ihrem Verhältnis zu anderen, offenkundigeren – eignet eine besondere Art von Evidenz, womit weder eine Notwendigkeit, es könne nicht anders sein, oder eine unter allen Umständen zwingende Einsichtigkeit gemeint ist, noch eine bloße Wahrscheinlichkeit (z.B. IV,1: „Warum es so sein mußte *(debuit),* und warum es zutiefst sinnvoll war *(decuit),* daß das WORT Mensch wurde [...] nicht weil Gott die Menschheit nicht auf andere Weise hätte erretten können, sondern weil keine andere Weise so passend und in solchem Grade angemessen war.“). Der *intellectus fidei* macht den Glaubensakt nicht überflüssig, lässt aber doch die Wahrheit, die Gott in sich ist, und die Konvenienz seines Handelns in besonderer Klarheit aufleuchten.

4. Sprache

Bonaventura sieht die Wahrheit als Kosmos. Jede einzelne Erkenntnis ist verknüpft mit anderen, und dieser Zusammenhang kann und muss in der Darstellung aufgewiesen werden. Ob Traktat, ob Predigt oder geistliche Betrachtung: die sprachliche Gestalt spiegelt die geistige Ordnung, d.h. die Schönheit und Intelligibilität des Inhalts. Dies gilt auch für das *Breviloquium.* Die einzelnen Aspekte werden oft in Dreier-, Vierer-, Siebener-Reihen vorgelegt, die sich noch vielfach verästeln können. Selbstverständlich spielen die in der Heiligen Schrift vorkommenden Zahlen eine besondere Rolle. Dies erleichtert zugleich der Zuhörerschaft mnemotechnisch die Einprägung des Inhalts. Bonaventuras sprachliche Meisterschaft bezieht sich jedoch nicht nur auf den architektonischen Bau der Abschnitte. Er beherrscht den rhythmischen Satzschluss, der Stil ist farbig und bilderreich, jedoch stets auf Klarheit und Durchsichtigkeit bedacht.

5. Rezeption

Zu Beginn des 14. Jahrhunderts bedauerte der Kanzler der Universität Paris, Jean Gerson (1363-1429) zutiefst, dass Bonaventura so wenig von den Studenten gelesen werde. Er selbst empfahl als die Quintessenz das *Breviloquium* und das *Itinerarium.* Gerson schätzte an Bonaventuras theologischem Entwurf vor allem die Einheit von intellektuellem Anspruch und geistlich-spiritueller Zielsetzung („Erleuchtung des Verstandes und Entflammung des Herzens“: Brief 9. Mai 1426). Bonaventuras mystische Werke wurden vielfältig, auch in den Volkssprachen, rezipiert. Das gilt nicht in gleichem Maß von den im strengen Sinn theologischen Werken; die Theologie des Franziskanerordens begann mit Johannes Duns Scotus andere Wege zu gehen. Dennoch verlief die Rezeption des *Breviloquium* offenbar nicht so kläglich: Die Herausgeber der Opera omnia listen 227 lateinische Handschriften vom 13. bis zum 15. Jahrhundert auf – ein klares Zeugnis für die weite Verbreitung des Werkes. Unter allen Werken Bonaventuras wurden *Breviloquium* und *Itinerarium* am häufigsten ediert, das *Breviloquium* zum ersten Mal in Nürnberg 1472. Zwar ist bis jetzt keine volkssprachliche Übersetzung bekannt, doch darf die indirekte Rezeption – durch namentliche oder anonyme Zitation – nicht vergessen werden. Das *Breviloquium* wurde nachweislich von anderen, ihrerseits einflußreichen Autoren benützt, z.B. von Hugo Ripelin von Straßburg in seinem *Compendium theologicae veritatis*, allerdings ohne Bonaventuras Namen zu nennen (Steer, 146-156). Das 17. Jahrhundert brachte eine erste Bonaventura-Renaissance; der neu entstandene Kapuzinerorden wählt sich Bonaventura zum Leitbild der Studien. Neuen Schwung erhielt die Erforschung der Theologie, Philosophie und Mystik Bonaventuras durch die Erarbeitung einer kritischen Ausgabe der Werke (Ende des 19. Jahrhunderts).

Für Matthias J. Scheeben ist das *Breviloquium* ein „Juwelenkästlein", das mit jedem Wort eine große Frage löse und die Quintessenz mittelalterlicher Theologie in sich berge. M.-Dominique Chenu sieht darin geradezu eine Inkarnation der franziskanisch-inspirierten Theologie. Es fasziniert durch seine Klarheit, die Stringenz der Durchführung und die meisterliche Begrenzung des Stoffes auf das Wesentliche.

Literatur

Quellen und Werkausgaben

BONAVENTURA, Breviloquium, ed. ANTONIUS M. DE VICETIA, Freiburg 1881 [NB: Die Zählung der Paragraphen des Prologs differiert um eine Zahl gegenüber der Ausgabe der Opera omnia].

Doctoris seraphici S. Bonaventurae Opera omnia, edita studio et cura Patrum Collegii a S. Bonaventura, Quaracchi 1882-1902, Vol. V, 199-291.

S. Bonaventurae Tria Opuscula: Breviloquium, Itinerarium mentis in Deum, De reductione artium ad theologiam, Quaracchi ^{5}1938.

Breviloquium des hl. Bonaventura. Ein Abriß der Theologie, übers. v. F. IMLE, Werl 1931.

BONAVENTURA, Breviloquium, übertragen, eingeleitet und mit einem Glossar versehen von M. SCHLOSSER, Einsiedeln ^{2}2006.

Obras de San Buenaventura. Edicion bilingue, dirigada, anotada y con introducciones por L. AMOROS/B. APPERIBAY/M. OROMI, Vol. 1, Madrid ^{2}1955 (BAC).

Sekundärliteratur

Bibliographia Franciscana, ed. Collegio San Lorenzo da Brindisi, Istituto Storico dei Cappuccini, Roma.

BOUGEROL, J.-G., Introduction à saint Bonaventure, Paris 1988.

CAROLI, E. (Hrsg.), Dizionario Bonaventuriano. Filosofia, teologia, spiritualità, Padova 2008.

CHENU, M.-D., La théologie comme science au XIIIe siècle, Paris ^{2}1943.

DISTELBRINK, B., Bonaventurae scripta. Authentica, dubia, spuria, critice recensita, Roma 1975.

DONNEAUD, H., Le sens du mot théologia chez Bonaventure, Revue Thomiste 102 (2002), 273-295.

FALQUE, E., Saint Bonaventure et l'entrée de Dieu en théologie. La Somme theologique du Breviloquium (Prologue et première partie), Paris 2000.
San Bonaventura 1274-1974. Volumen commemorativum, cura et studio Commissionis Internationalis Bonaventurianae, Vol. V, Grottaferrata-Roma 1974.
SCHLOSSER, M., Cognitio et amor. Zum kognitiven und voluntativen Grund der Gotteserfahrung bei Bonaventura, Paderborn 1990.
SCHLOSSER, M., Bonaventura begegnen, Augsburg 2000.
STEER, G., Die Rezeption des theologischen Bonaventura-Schrifttums im deutschen Spätmittelalter, in: I. VANDERHEYDEN (Hrsg.), Bonaventura. Studien zu seiner Wirkungsgeschichte, Werl 1974, 146-156.

Marianne Schlosser

Thomas von Aquin, Summa theologiae (1268)

1. Kontext und problemgeschichtlicher Hintergrund

Während in Neapel die Hinrichtung Konradins, des letzten Staufers, die jahrzehntelangen Auseinandersetzungen zwischen Papsttum und Kaisertum zugunsten des Papstes beendet, arbeitet der Dominikanermönch Thomas von Aquin (1225-1274), berühmter Magister an der turbulenten Pariser Universität, unermüdet an einer der längsten und einflussreichsten Gesamtdarstellungen der christlichen Theologie. Mehrere Ordensbrüder sind als Sekretäre abgestellt, denen Thomas täglich zahlreiche Seiten diktiert. Für Thomas war eigentlich ein anderer Weg vorgesehen: geboren auf dem Schloss Roccasecca in der italienischen Grafschaft Aquino schickten seine Eltern Landulf und Theodora den jüngsten Sohn mit ungefähr fünf Jahren ins ländlich gelegene Benediktinerkloster Montecassino; dort sollte er wohl als kontemplativer Benediktiner einmal der Abt werden. Ab 1239 studierte Thomas dann aber in Neapel, beschäftigte sich intensiv mit den aristotelischen Schriften und trat 1244 gegen den dezidierten Willen seiner Familie in den Bettelorden der Dominikaner ein. Seine theologischen Studien setzte Thomas in Paris als Schüler Albertus Magnus fort, dem er auch 1248 nach Köln folgte. 1252-1256 lehrte Thomas dann selbst in Paris, und nach verschiedenen Tätigkeiten für seinen Orden in Italien dann nochmals von 1268-1272.

2. Werkgeschichtliche Stellung

Als er an der *Summa theologiae* schrieb, hatte er bereits eine andere Gesamtdarstellung der christlichen Lehre verfasst, die *Summa contra gentiles*, gelehrte Kommentare zu biblischen Schriften, bedeutende Kommentare zu den aristotelischen Schriften, eigene philosophische Texte (z.B. *De ente et essentia*) sowie viele kleinere Texte und Auftragsschriften. Thomas ist einer der führenden Intellektuellen seiner Zeit, engagiert in den wesentlichen, hochkontroversen Debatten. Unzufrieden mit dem gängigen theologischen Lehrbuch, den Sentenzen des Petrus Lombardus, intendiert Thomas nun eine streng geordnete und klare Gesamtdarstellung der Theologie für Anfänger: Die sogenannte *Summa theologiae* – der Originaltitel ist nicht überliefert, gelegentlich findet sich auch die Bezeichnung *Summa theologica*.

Thomas beginnt in diesem seinen zentralen Werk mit einer Bestimmung dessen, was Theologie ist. In der Vorstellung seines Theologiekonzeptes sollen auch die Problemkontexte des Werkes benannt werden.

3. Inhalt des Werkes

Die Argumentation erfolgt in Form der sogenannten Quaestionenmethode. Diese hat sich in der scholastischen Theologie als Methode der Erörterung theologischer Probleme herausgebildet, akademisch vollzogen in der Disputatio. Zu einer gestellten Frage werden Contra-Argumente, dann Pro-Argumente aus der Tradition formuliert, dann die eigene Lösung ausführlich begründet mit der anschließenden Widerlegung der eingangs genannten Contra-Argumente. Ein solcher Argumentationsgang ergibt einen Artikel, dieser wiederum bildet mit anderen Artikeln zum gleichen Oberthema eine Quaestio. Die *Summa theologiae* enthält 2669 Artikel, zusammengefasst in 512 Quaestionen.

Die erste Quaestio der *Summa theologiae* widmet sich der Theologie als Wissenschaft. Das reflektiert den zeitgenössischen Status der Theologie. Ab 1200 sind Universitäten entstanden, deren wichtigste zur Zeit des Thomas Paris war. Als Fächer konnte man die sogenannten Artes liberales studieren, um anschließend sich in das Studium der Jurisprudenz, der Medizin oder der Theologie zu vertiefen. Für die Theologie bedeutete das eine doppelte Rechenschaftspflicht: einerseits musste sie sich als eigenständige Wissenschaft gegenüber den anderen Wissenschaften ausweisen, andererseits ihre Treue zur biblischen Offenbarung und kirchlichen Tradition bezeugen.

Thomas fragt nun als erstes, inwiefern die Theologie noch neben der Philosophie, die ebenfalls Gott thematisiere, überhaupt nötig sei. Die Theologie, welche auf göttlicher Offenbarung basiere, sei aber nötig zum Heile des Menschen. Erstens weil der Mensch nur durch die Offenbarung Gott als sein letztes Ziel erkennen und daher sich handelnd darauf hin orientieren könne. Zweitens weil die philosophisch erkennbaren Wahrheiten über Gott auf diesem Wege nur wenigen Menschen und auf unsichere Weise zugänglich, aber durch die göttliche Offenbarung allen Menschen und auf gewisse Weise gegeben seien. Da auf diese Weise die Offenbarung für das Heil der Menschen unverzichtbar sei, sei auch eine Wissenschaft unverzichtbar, welche die Offenbarungswahrheiten gedanklich entfalte. Was aber begründet dann den Wissenschaftscharakter von Theologie? Hier bezieht sich Thomas auf Aristoteles, der im Laufe des 13. Jahrhunderts vermittelt durch arabische Kommentatoren dem lateinischen Abendland wieder präsent wird – und sogleich überzeugende Autorität und provozierende Herausforderung in einem bildet. Denn mit Aristoteles liegt erstmals dem christlichen Mittelalter eine umfassende theoretische und naturkundlich schlüssige Welterklärung vor, die vollkommen ohne Rekurs auf den biblischen Gott und seine Offenbarung auskommt. Das leidenschaftliche Ringen, aristotelische Philosophie und christlich-kirchliche Tradition in Übereinstimmung zu denken, kennzeichnet das ganze 13. Jahrhundert. Als die Meisterleistung einer solchen, wie auch immer zu bewertenden Synthese gilt das Werk des Thomas von Aquin, zumindest in der Wahrnehmung folgender Jahrhunderte bis hin zu päpstlichen Einschätzungen des 20. Jahrhunderts. Zu seiner eigenen Zeit dagegen war Thomas mit seinen Thesen höchst umstritten. Als Magister an der Pariser Universität wurde er zum Teil erbittert bekämpft. Nach seinem Tod 1274 wurden sogar einzelne seiner Thesen – wenn auch anonym – vom Pariser Bischof zusammen mit anderen Thesen als häretisch verurteilt, weil sie sich zu sehr mit dem Denken des Aristoteles eingelassen hätten. Thomas rezipierte das Wissenschaftsverständnis von Aristoteles so, dass Wissenschaft darin bestehe, aus Prinzipien Deduktionen vorzunehmen. Diese Prinzipien seien entweder selbstevident oder aus anderen Wissenschaften entnommen. Für die Theologie – so Thomas – gelte nun auch, dass sie Deduktionen aus vorgegebenen Prinzipien vornehme. Diese Prinzipien seien aber nicht selbstevident, sondern stammten aus einer anderen Wissenschaft: nämlich der Wissenschaft Gottes und der Heiligen. In der Offenbarung würden diese Prinzipien den Menschen vermittelt. Insofern stelle die Theologie eine gewisse Nachbildung der göttlichen Wissenschaft dar.

Die *Summa theologiae* gliedert die Darstellung der Theologie wie folgt: (Teil I) Gott als Ursprung und Ziel aller Dinge, (Teil II) Der Mensch auf dem Weg zu Gott als seinem Ziel, (Teil III) Christus als der Weg der Menschen zu Gott.

Die Gotteslehre beginnt Thomas mit der Frage, ob es selbstverständlich sei, dass es einen Gott gebe, dann ob sich Gott beweisen lasse, um daran dann die sogenannten fünf Wege, Gott zu beweisen anzuschließen. Gott ist zwar das in sich Selbstverständlichste, aber nicht für den Menschen, dessen Erkenntnis mit sinnlicher Erfahrung beginne. Von dieser sinnlichen Erfahrung ausgehend lasse sich dann aber Gott beweisen, so wie man eine Ursache anhand ihrer Wirkungen beweist. Der erste Beweis (ex parte motus) geht von der Bewegung aus, der zweite (ex ratione causae) von der Ursache-Wirkungs-Kette. So wie nichts sich selbst bewegen oder sich selbst verursachen kann, so muss alles von einem anderen bewegt oder verursacht werden. Diese Kette an Bewegungsanstößen oder Verursachung kann aber nicht bis ins Unendliche reichen, sondern muss einen ersten Anfang haben. Dieser erste Anfang wird mit Gott identifiziert. Der dritte Weg (ex possibili et necessario) folgert aus der Kontingenz der sinnlichen wahrnehmbaren Dinge etwas, das aus sich heraus notwendig ist und alles andere bedingt. Beim vierten Weg (ex gradibus in rebus) setzt Thomas ein neuplatonisches Stufenmodell des Seienden voraus. Bei allen Qualitäten, wie schön oder gut, muss es ein Äußerstes oder Höchstes geben. Dieses Höchste nennt er Gott. Teleologisch argumentiert schließlich der fünfte Weg (ex gubernatione rerum): da alles auf ein Ziel hingeordnet sei, auch die bewusstseinslosen Entitäten, müssen diese auf ihr Ziel hingeordnet werden. Diese Instanz wird Gott genannt. Thomas geht auch auf den ontologischen Gottesbeweis des Anselm von Canterbury ein; diesen Beweis hält er aber nicht für gültig. Durch die Gottesbeweise kann Gott vom Menschen nur insofern erkannt werden, insofern er Ursache von feststellbaren Wirkungen ist. Wie begründet sich darüberhinausreichende Gotteserkenntnis des Menschen? Die Menschen erkennen von Gott „erstens seine Beziehung zu den Geschöpfen, daß er nämlich Ursache aller Dinge ist; zweitens den

Unterschied zwischen ihm und den Geschöpfen: daß er nicht etwas von dem ist, was er geschaffen hat; drittens, daß wir dieses nicht etwa wegen einer Unvollkommenheit von ihm ausschließen, sondern weil er alles überragt" (I,12,12 c.a.). Für Thomas kann also der irdische Mensch vom Wesen Gottes nur erkennen, wie Gott nicht ist. „Wie Gott nicht ist, zeigen wir nun am besten, indem wir alles von ihm ausschließen, was mit unserer Vorstellung von Gott nicht vereinbar ist, wie Zusammensetzung, Veränderlichkeit usw." (I,3 prol.). Gott ist nicht geschöpflich, daraus folgt: dass bei Gott Sein und Wesen identisch sind, dass Gott ganz eins ist, dass Gott vollkommen ist, dass Gott gut ist.

Der Mensch in der Ewigkeit dagegen vermag Gott zu schauen. Diese Schau Gottes bildet zugleich das letzte Ziel des Menschen; dabei setzt Thomas wie Aristoteles voraus, dass alle bewussten Handlungen eines Menschen um eines letzten Zieles willen geschehen. Entscheidend ist dann, worin jeweils dieses letzte Ziel besteht. Im ersten Teil des zweiten Teils (I-II) analysiert Thomas die Grundstrukturen und Grundelemente des menschlichen Handelns. Nach der Ausrichtung auf ein letztes Ziel legt Thomas die Struktur des Willens und seiner Akte dar. Zur Strebestruktur des Menschen gehören auch die Leidenschaften, wobei Thomas im Einzelnen Liebe, Hoffnung, Furcht, Zorn untersucht. Den menschlichen Handlungen liegen nach Thomas Grundhaltungen bzw. Verhaltensdispositionen zugrunde. Diese nennt er im Anschluss an Aristoteles Habitus. Bei diesen kann man gute (vor allem Tugenden) von schlechten (Laster) unterscheiden, womit Thomas zur Entfaltung seiner ausführlichen Sündenlehre überleitet. Das Wesen der Sünde besteht im Widerstand gegen Gott, konkret gegen das göttliche Gesetz. Der Widerstand gegen Gott impliziert die ungeordnete Hinwendung zum eigenen Selbst und hat zur Konsequenz, dass die verschiedenen Kräfte des Menschen in Unordnung geraten und nicht mehr harmonisch wirken. Als zweite Wirkung der Sünde benennt Thomas den „Sündenmakel"; das bedeutet, dass die Seele ihren Glanz verliert. Die dritte Wirkung erkennt Thomas in der Schuldverhaftung des Menschen. Die Sünde bringt die natürlichen Kräfte des Menschen also in Unordnung, sie schwächt damit die menschliche Natur, ohne allerdings die Prinzipien der menschlichen Natur zu verändern.

Auf den solchermaßen sündigen und sündegeschädigten Menschen wirken dann das Gesetz und die Gnade. Durch die Gnade gewährt Gott dem Menschen Anteil am ewigen Leben. Dazu ist erforderlich, dass der Mensch zuerst von der Sünde befreit und von ihren Folgen geheilt wird. Als erste Wirkung der Gnade versteht Thomas die Rechtfertigung des Sünders. In der theologischen Auslotung dieses Themas sowie dessen, was Verdienst ist, beendet Thomas die Prima Secundae. Die Secunda Secundae widmet sich nun dem begnadeten Menschen, dem konkreten Menschen, der durch die Gnade hin auf Gott sein Leben lebt. Das Leben des gerechtfertigten Menschen in der Gnade ist bestimmt durch die ihm eingegossenen neuen Grundhaltungen, durch sieben Haupttugenden: Glaube, Hoffnung und Liebe sowie Klugheit, Gerechtigkeit, Tapferkeit und Mäßigung. Indem Thomas die einzelnen Tugenden hin auf ihre Grundstrukturen analysiert, integriert er darin die Beschreibung der entgegengesetzten Laster, die entsprechenden biblischen Gebote und ähnliches. Schließlich erörtert er die möglichen Lebensformen des begnadeten Menschen, vor allem die monastische Lebensform.

Glauben definiert Thomas im Anschluss an Augustin als „beistimmendes Überdenken“. Es ist ein Akt des Verstandes, der zu Inhalten willensbestimmt seine Zustimmung gibt, um diese Inhalte zu bedenken. Der glaubende Mensch liebt „die im Glauben erfaßte Wahrheit, denkt darüber nach und greift nach allen Gründen, die er dazu nur auffinden kann“ (II-II,2,10 c.a).

Die Wahrheit, auf die sich der Glaubensakt richtet, ist Gott als die Erstwahrheit. Die Inhalte, in denen sich diese Ausrichtung auf die Erstwahrheit vollzieht, sind von Gott geoffenbarte Inhalte als durch Gott als die Erstwahrheit vermittelte Wahrheit. Gemäß der menschlichen Erkenntnisstruktur ist Wahres dem Menschen nur in der Aussageform zugänglich, konkret in Gestalt des kirchlichen Glaubensbekenntnisses. Damit ist die Ausrichtung der Erkenntniskraft des Menschen auf Gott beschrieben, während die begnadete Willenskraft durch die Tugenden Hoffnung und Liebe bezeichnet werden.

Die Liebe als eingegossene Tugend richtet alle einzelnen Akte des Menschen auf Gott hin aus. Erst in dieser Ausrichtung aller Einzelakte des Menschen auf Gott als letztes Ziel sind die Einzelakte eines Menschen wahrhaft gut. Wenn Thomas formuliert, dass die Liebe die Form der anderen eingegossenen Tugenden bildet, dann ist damit die Ausrichtung der zu diesen Tugenden gehörenden Akte auf Gott als letztes Ziel gemeint. In eben diesem Sinn spricht Thomas auch vom Glauben, der durch die Liebe geformt werden muss (fides caritate formata). Auf protestantischer Seite hat man das oft so verstanden, dass der Glaube durch Werke der Liebe ergänzt werden müsse. Daraus wurde dann die kontroverstheologische Entgegensetzung von sola fide gegen fides caritate formata. Erst die ökumenisch orientierte Thomasforschung seit den 60er-Jahren des 20. Jahrhunderts (Otto Hermann Pesch, Ulrich Kühn) konnte diese schiefe Alternative überwinden. Fides caritate formata meint bei Thomas, dass die Akte des Glaubens als Verstandesakte auf Gott als letztes Ziel ausgerichtet werden müssen, was durch die Liebe geschieht. Die thomasische Grundbestimmung der Liebe zu Gott besteht nun aber gar nicht darin, dass sie eine Tugend ist, sondern darin, dass sie eine Lebensform darstellt, und zwar die Freundschaft zu Gott. Basierend auf der aristotelischen Freundschaftsdefinition in der *Nikomachischen Ethik* hat Freundschaft zum Kennzeichen ein gegenseitiges Wohlwollen, das in einer Gemeinsamkeit gründet. Bei der Freundschaft zwischen Gott und Mensch stellt Gott ganz von sich aus diese Gemeinsamkeit her, indem er den Mensch Anteil an seiner eigenen Seligkeit mitteilt. Im Anschluss an Augustin entfaltet Thomas dann eine „Ordnung der Liebe“, in der die verschiedenen Liebesrelationen eines Menschen, z.B. zu Eltern und Kindern, zum Nächsten und zu sich selbst, mit Gründen hierarchisiert werden. Innerhalb des Liebestraktates wendet sich Thomas immer konkreteren Fragestellungen zu, bis hin zu einer Almosenordnung und der Frage, ob man verpflichtet sei, seinen Oberen zurechtzuweisen. Ja, ist man.

Die Tertia Pars beginnt Thomas christologisch mit der Inkarnation, um dann den Lebensweg Jesu bis zur Passion im Einzelnen theologisch zu deuten. In der Christologie kommt vor allem die Konvenienz-Argumentation zur Geltung, welche nicht mit der gedanklichen Notwendigkeit von Sachverhalten argumentiert, sondern mit der Frage nach der Stimmigkeit und Angemessenheit die geschichtliche Dimension des göttlichen Heilshandelns würdigt. Ob die Menschwerdung Gottes dem göttlichen Wesen angemessen war, beantwortet Thomas im ersten Artikel der Christologie. Gottes Wesen ist das Gute. Was also dem Gutsein entspricht, entspricht auch Gott. Dem Gutsein aber kommt es zu, sich anderem mitzuteilen. So ist es also Gott angemessen, sich dem Geschöpflichen mitzuteilen. Die vollkommenste Mitteilung aber besteht darin, dass Gott sich mit der geschöpflichen Natur so vereinigt, dass eine menschliche Person entsteht. Wie aber stellt sich das aus Perspektive der sündigen Menschheit dar? War die Menschwerdung Gottes zur Rettung dieser sündigen Menschheit notwendig? Auch hier verneint Thomas eine gedankliche Notwendigkeit. Aber er legt dar, dass die Menschwerdung Gottes der beste, wenn auch nicht der einzig mögliche Weg zur Rettung der Menschheit war. Thomas zählt dann zehn Wirkungen der Menschwerdung auf: u.a. wird angesichts der göttlichen Liebe die Hoffnung gestärkt, die Liebe entflammt und der Glaube gewisser. Der Mensch wird befreit aus der Knechtschaft der Sünde, indem Christus Genugtuung leistete sowohl für die Erbsünde als auch für die Tatsünden der Menschen.

Dieses durch Christus geschenkte Heil vermitteln die Sakramente. Sie bilden auf diese Weise die Instrumentalursache der Gnade, die wirkt, indem sie von Gott bewegt wird. Hauptursache der Gnade ist Gott selbst, der durch die Menschheit Christi wie ein naturverbundenes Werkzeug, durch die Sakramente aber wie ein getrenntes Werkzeug wirkt. Im Sakrament handelt Gott am Menschen, sofern der Mensch Natur ist, die sich nach Vollendung sehnt, und sofern der Mensch Sünder ist, welcher der Versöhnung und Erlösung bedarf. So bietet Thomas erst eine allgemeine Sakramentenlehre, dann wendet er sich den einzelnen der sieben Sakramente zu. So jedenfalls war es geplant. Thomas hat jedoch seinen Text beim Bußsakrament abgebrochen.

Überliefert ist, dass ihm bei der Messe am 6. Dezember 1273 ein besonderes Ereignis widerfahren sei, infolge dessen er nichts mehr schrieb oder diktierte. Zu seinem Mitbruder und Sekretär Reginald von Piperno soll er als Begründung gesagt haben: „Ich kann nicht mehr. Alles, was ich geschrieben habe, kommt mir vor wie Stroh im Vergleich zu dem, was ich gesehen habe.“ (Torell, 302) Obwohl danach krank und arbeitsunfähig, brach er bald darauf von Neapel aus zum Konzil von Lyon auf. Aufgrund seiner fortgeschrittenen Schwäche musste er seine Reise im Zisterzienserkloster Fossanova abbrechen. Dort starb er am 7. März 1274. Schon 1323 sprach Papst Alexander XXII. Thomas heilig; 1567 ernannte man ihn zum Kirchenlehrer.

4. Wirkungs- und Rezeptionsgeschichte des Werkes

Die *Summa theologiae* diente vom 16. Jahrhundert bis zur Aufklärungszeit zumindest in Teilen als gängiges Lehrbuch in der katholischen Theologie. Die autoritative Stellung des Thomas erneuerte im Zusammenhang mit dem Neuthomismus die päpstliche Enzyklika *Aeterni Patris Unigenitus* von 1879, die Thomas zum maßgeblichen Lehrer katholischer Theologie *und* Philosophie erklärte. Eine streng historische Thomas-Forschung konnte sich erst seit den 60er-Jahren etablieren. Im Zusammenhang damit entstand aus ökumenischen Anliegen heraus ein neuer Zugang, welcher den historischen Thomas mit seinen je eigenen Fragestellungen von der späteren kirchlichen Rezeption auf katholischer und reformatorischer Seite unterscheiden wollte.

Literatur

Quellen und Werkausgaben

Sancti Thomae Aquinatis doctoris angelici opera omnia iussu Leonis XIII edita, Rom 1882 („Editio Leonina").

THOMAS VON AQUIN, Summa Theologica. Deutsch-lateinische Ausgabe, übersetzt von den Dominikanern und Benediktinern Deutschlands und Österreichs, Band 1-31 (noch nicht vollständig erschienen) Graz u.a. 1933ff.

Sekundärliteratur

BERGER, D., Thomas von Aquins ‚Summa theologiae', Darmstadt 2004.

DÖRNEMANN, H., Freundschaft als Paradigma der Erlösung, Würzburg 1997.

GRABMANN, M., Thomas von Aquin. Persönlichkeit und Gedankenwelt. Eine Einführung, München ^{3}1949.

KÜHN, U., Via caritatis. Theologie des Gesetzes bei Thomas v. Aquin, Göttingen 1965.

METZ, W., Die Architektonik der Summa Theologiae des Thomas von Aquin. Zur Gesamtsicht des thomasischen Gedankens, Hamburg 1998.

OEING-HANHOFF, L. (Hrsg), Thomas von Aquin 1274/1974, München 1974.

PESCH, O.H., Thomas von Aquin. Grenze und Größe mittelalterlicher Theologie. Eine Einführung, Mainz ^{3}1995.

ROSE, M., Fides caritate formata. Das Verhältnis von Glaube und Liebe in der Summa theologiae des Thomas von Aquin, Göttingen 2007.

SPEER, A. (Hrsg.), Thomas von Aquin: Die Summa theologiae. Werkinterpretationen, Berlin/New York 2005.

TORRELL, J.-P., Magister Thomas. Leben und Werk des Thomas von Aquin, Freiburg i.Br. u.a. 1995.

Miriam Rose

Johannes Duns Scotus, Tractatus de primo principio / Abhandlung über das erste Prinzip (um 1305)

1. Bedeutung des Traktats

Duns Scotus (1265/6-1308) zählt zu jenen Denkern, die am Übergang von der Hoch- zur Spätscholastik nachhaltig Theologie und Philosophie umgebaut haben.

Unter dem Eindruck der Pariser Lehrverurteilung von 1277, mit der der dort gepflegte konsequente Aristotelismus, aber auch Einzelsätze des Thomas von Aquin getroffen wurden, setzte er im Gottes- und Menschenverständnis durch die Vorrangstellung des Willens gegenüber der Vernunft neu an. Diesen Neuansatz hat er vor allem in seinem Kommentar zu den Sentenzen des Petrus Lombardus entwickelt und entfaltet, der in mehreren Versionen überliefert ist: Neben studentischen Mitschriften aus seiner Lehrtätigkeit in Oxford bis 1301 und in Paris in der Folgezeit ist auch eine von ihm selbst redigierte und zur Weiterverbreitung bestimmte Fassung, die Ordinatio, erhalten. Entsprechend der mittelalterlichen Lehrstruktur war diese umfassende Behandlung der Theologie nicht ohne ausführliche philosophische Reflexionen zu leisten, und Duns Scotus, der auch mehrere Aristoteleskommentare geschrieben hat, hat diese auch entsprechend angestellt. Das bedeutete in der Zeitsituation nach der genannten Lehrverurteilung auch, Aristoteles weder kritiklos anzunehmen noch ihn der theologischen Verwendbarkeit anzupassen, sondern ihn kritisch-nüchtern auszulegen, möglichst nahe am Textsinn, aber auch mit der Distanz der christlichen Weltsicht gegenüber der paganen Philosophie. Eines der grundlegenden Werke aus diesem Zusammenhang sind die *Quaestiones super libros Metaphysicorum Aristotelis*, an denen Duns über Jahre hinweg gearbeitet und die er am Ende unvollendet gelassen hat. Offenbar aber hatte Duns nicht nur das Bedürfnis, Aristoteles fortlaufend zu kommentieren, sondern wollte einzelne philosophische Fragen auch einzeln traktathaft behandeln. Den wichtigsten Beitrag hierzu bot er in seinem *Tractatus de primo principio*.

2. Entstehung

Der *Tractatus* setzt das fertiggestellte erste Buch der Ordinatio voraus; etwa die Hälfte seines Textes ist aus den distinctiones 2,3 und 8 übernommen. Das bedeutet für die Datierung, dass der *Tractatus* nicht vor 1305 entstanden sein dürfte, also in die letzte Lebensphase des Duns fällt. In ihm ist das Bemühen erkennbar, Grundfragen der Metaphysik eigenständig und systematisch zu behandeln. Der Weg von der Ordinatio zum *Tractatus* ist nicht ganz klar erkennbar: An einzelnen Stellen lassen sich Fehler im Text identifizieren, die offenbar durch das Abschreiben aus der Ordinatio entstanden sind – dies lässt vermuten, dass Duns sich hat zuarbeiten lassen, der Text also zu Teilen auf die Abschreibarbeit eines nicht näher bestimmbaren Mitarbeiters zurückgeht. Diese Zuarbeit geht freilich nicht so weit, dass man den Text insgesamt auf einen Redaktor zurückzuführen hätte: Duns selbst hat den Traktat in einer Randbemerkung zur Ordinatio als den seinen identifiziert, und auch die gesamte Überlieferung sieht ihn als authentisch an. Er bediente sich also für die eigene Arbeit einer Hilfe und hat hier – möglicherweise weil der Text noch nicht für die Weiterverbreitung bestimmt war – nicht die allerletzten Korrekturen durchgeführt.

3. Form

Die Form – und im Explizit des Textes selbst belegte Bezeichnung – als Traktat lässt vielfach übersehen, dass der gesamte Text in Gebetsform eingekleidet ist: Das erste Kapitel beginnt mit der konjunktivischen Hoffnung, das *primum principium* möge den Geist des Autors zu Glauben, Verständnis und Darlegung geleiten und schließt daran eine unmittelbare Gebetsanrede, eingeleitet mit „*Domine deus noster*“ an. Solche Gebetsanrufungen stehen immer wieder an den Kapitelanfängen des Traktats, in den letzten beiden Kapiteln auch jeweils am Ende und damit auch am Ende des Traktats insgesamt. Diese Einrahmung durch Gebetssprache könnte durchaus eine Anspielung auf das *Proslogion* Anselms von Canterbury sein, das Duns im Text auch gelegentlich anführt (Kapitel 4, Nr. 79). Dies unterstreicht, dass solche Gebetsformen nicht dazu dienten, die argumentative Eigenständigkeit der metaphysischen Ausführungen in Frage zu stellen. Wohl aber hat Duns so deutlich markiert, dass auch das metaphysische Bemühen um die unpersonale Kategorie des ersten Prinzips Bestandteil einer theologischen Lehre vom personalen Gott der Bibel ist – nicht zufällig erinnert Duns einleitend auch an Ex 3,13 als Urbild des Bemühens um Gottesverständnis. Im Blick auf die Entstehungsgeschichte des Traktats wird damit noch einmal unterstrichen, dass die Verselbständigung der einzelnen Darlegungen gegenüber dem Sentenzenkommentar keine Lösung von dessen theologischem Fragehorizont bedeuten.

4. Aufbau und Inhalt

Im Traktat will Duns will nach seinem eigenen Bekunden im Anschluss an die Selbstidentifikation Gottes in Ex 3,14 Erkenntnis über das wahre Sein („*de vero esse*“) gewinnen (Kapitel 1, Nr. 1). Dies erfolgt in vier Kapiteln. Die ersten beiden entfalten das philosophische Begriffsgerüst – was auch ein Grund dafür sein kann, dass hier, gewissermaßen im Bereich der Präliminarien, der Gebetsschluss fehlt. Das dritte Kapitel als argumentativer Kern beweist mit ihrer Hilfe die Existenz eines ersten Prinzips, das vierte schließlich beweist dessen Vollkommenheiten und die Gleichsetzung mit Gott.

Im ersten Kapitel entfaltet Duns zur Durchführung der Frage nach dem *esse* sechs Seinsordnungen (*ordines essentiales*). Leitendes Strukturprinzip dieser Darlegung ist die Zuordnung von Priorität und Posteriorität. Diese kann sich einerseits als Verhältnis eines Vorrangs (*eminentia*) gestalten, andererseits als Verhältnis von Abhängigkeit. Letzteres wiederum führt über zu fünf unterschiedlichen Formen von Verhältnissen im Rahmen von Kausalität: Neben dem aristotelischen Vier-Ursachen-Schema, also der Einteilung in Ziel-, Wirk-, Material- und Formursache (*causa finalis, efficiens, materialis, formalis*), veranschlagt Duns eine in sich unterschiedene fünfte Form von Abhängigkeitsverhältnissen von verschiedenen Wirkungen zu einer gemeinsamen Ursache. Insgesamt also legt Duns sechs Zuordnungen von Priorität und Posteriorität zugrunde. Das zweite Kapitel dient im Wesentlichen dazu, durch innere Bezüge der Ordnungen aufzuweisen, dass sie in ihrer Zuordnung notwendig und in ihrer Gesamtzahl vollständig sind.

Dass Duns diese Denkoperationen nicht nur ad hoc für den beabsichtigten Zweck des Traktats vorgenommen hat, sondern hiermit tatsächlich ontologische Verhältnisse im Allgemeinen erfasst zu haben meint, zeigt die Tatsache, dass das dritte Kapitel nicht mit allen vorgestellten Ordnungen arbeitet, sondern aus ihnen drei, nämlich die sogenannten äußeren Kausalitäten, Wirk- und Zielursache sowie das Verhältnis des Vorrangs auswählt, um nachzuweisen, dass innerhalb dieser Ordnungen jeweils eine Natur die schlechthin erste ist. Diese Auswahl begründet Duns an dieser Stelle nicht, sie ergibt sich aber aus dem weiteren Verlauf: Einerseits ist es klar, dass das Erste Prinzip nicht unter gegebenen Wirkungen zu finden sein kann, womit diese Ordnung selbstredend ausfällt. Aber zu den argumentativen Zielen gehört auch der Aufweis der Einfachheit Gottes und das heißt ausdrücklich, der Nichtzusammengesetztheit aus Materie und Form (Kapitel 4, Nr. 50) – damit scheiden auch diese beiden Ursachenreihen aus, und es bleiben nur die drei genannten Ordnungen.

Für die Wirkursache benutzt Duns das klassische Argument des unmöglichen *regressus in infinitum*, nach dem es unmöglich ist, in der Ursachenreihe ins Unendliche fortzuschreiten; freilich zeigt sich gerade hier auch seine Position nach der Lehrverurteilung von 1277, denn ausführlich setzt er sich mit den etwa bei dem konsequenten Aristoteliker Siger von Brabant (gest. ca. 1284) in „*De aeternitate mundi*" zu findenden Überlegungen zur Möglichkeit eines solchen *regressus in infinitum* auseinander. Da Duns so zu einer ihrerseits nicht verursachten Natur gelangt, spricht er ihr, weil sie von keinem anderen abhängig ist, Notwendigkeit aus sich selbst heraus zu. Da solche *necessitas essendi ex se* nicht mehreren Wesen gleichzeitig zukommen kann, ist für ihn hiermit auch die Einzigkeit jener ersten Natur begründet. Und dieses Argument wird dann auch entscheidend für die Zusammenbindung der weiteren Argumentation: In Analogie zur Argumentation mit der Wirkursache kann Duns ganz knapp auch die Existenz von etwas als Erstem im Sinne der Zielursächlichkeit wie im Sinne des Vorrangs beweisen. Da aber diese Argumentation auch jeweils auf eine *necessitas essendi ex se* hinausläuft, diese aber nur jeweils einer Natur zugesprochen werden kann, muss das jeweils durch die drei unterschiedlichen Wege Bewiesene miteinander identisch sein: Neben der Notwendigkeit kommt ihm also die Einzigkeit zu: „Einer einzigen und mit sich identischen Natur, die tatsächlich existiert, wohnt die dreifache Erstheit in der vorgenannten dreifachen Seinsordnung inne, nämlich in der Ordnung der Wirkung, des Ziels und des Vorrangs" („*Alicui unicae et eidem naturae actu existenti inest triplex primitas in triplici ordine essentiali praedicto, scilicet efficentiae, finis, et eminentiae*"; Kapitel 3, Nr. 40).

Das vierte Kapiel schließlich beweist als Vollkommenheiten Gottes seine Einfachheit, seine Unendlichkeit, Weisheit und seinen Willen. Es ist das Gefälle dieser Argumente, das die Spezifik des Dunsschen Denkens und des bei ihm gegebenen Übergangs zwischen Metaphysik und materialer Theologie ausmacht. Mit der Kategorie des Willens öffnet er die unpersonale Beschreibung des *primum principium* für die personale Rede vom biblischen Gott. Der Einfachheit Gottes kam in der mittelalterlichen Argumentation besondere Bedeutung zur Unterscheidung von den zusammengesetzten Entitäten der geschöpflichen Welt zu. Insofern steht sie am Anfang des von Duns benannten Beweiszieles, und Duns beginnt das Kapitel auch mit einigen Ausführungen zur Einfachheit. Doch führt er diesen Beweisgang nicht bis zum Ziel des Nachweises der Einfachheit, sondern setzt nach einigen Klärungen noch einmal neu ein: mit der Unterscheidung von Willen und Verstand. Hier zeigt sich der eigene Akzent in Duns' Metaphysik und Theologie, denn innerhalb dieser Unterscheidung ist es wiederum der Willen, von dem aus er argumentiert. Und gerade hier wird deutlich, wie Duns an einer denkerischen Bewegung partizipiert, wie sie sich wenig früher bei Heinrich von Gent (gest. 1293) und eine Generation später bei Meister Eckhart (ca. 1260-1328) niederschlägt: einer zunehmenden Dynamisierung des Gottesbildes gegenüber der Gefahr einer stärker statischen Interpretation durch Aufnahme aristotelischer Ontologie. Diese wird im *Tractatus* durch die Ableitungen des Duns gewissermaßen von innen heraus aufgebrochen. Denn nach der beschriebenen Entfaltung metaphysischer Grundüberzeugungen verlässt er diese nicht etwa, bricht aber wesentliche Inhalte durch Überlegungen, die offenkundig am biblischen Gottesbild geschult sind. Dies gilt insbesondere durch die Einfügung des Gedankens der Liebe: Aristotelisch gedacht ist der Bezug des ersten Prinzips als eines im Sinne der Ableitung aus der Wirkursache ersten Wirkenden (*primum efficiens*) auf ein Ziel dieses Wirkens, ein *finis*. Der Bezug auf diesen *finis* aber ist, da es um ein Erstreben dieses Ziels geht, als Liebe fassbar – diese wiederum kann nicht bloß naturhaft gedacht werden, weil dies die Notwendigkeit des ersten Prinzips nur aus sich heraus in Frage stellen würde: Zu seiner Existenz gehört dann ja natürlicherweise schon ein Bezug auf ein anderes. Also kann dieser Bezug nur ein willentlicher sein (Kapitel Nr. 55), und damit wird der Wille zur Fundamentalkategorie zum Verständnis des *primum principium*, dieses seinerseits aber aus ontologischen Gründen nur in einer die Grenzen des Ontologischen überschreitenden personalen Weise fassbar: Eben der biblische Gott, der als Angeredeter dem Traktat von vorneherein präsent ist, wird in diesem selbst aus sachlicher Notwendigkeit hergeleitet – auch wenn Duns dies sprachlich nicht explizit macht, ja, gerade bewusst nicht vom Glaubensbestand aus argumentiert: Ausdrücklich verweist er im Falle der Lehre von der Allmacht darauf, dass diese nicht in diesen, den Kontext des Traktats gehöre, sondern in den der Glaubenswahrheiten (Kapitel 4, Nr. 85): Der Traktat also ist, auch dort, wo er Glaubenswahrheiten offenkundig den Boden bereitet, als in sich konsistenter metaphysischer Traktat gemeint und verstehbar – und damit geradezu die radikalste Infragestellung bisheriger intellektualistischer Metaphysiken, weil diese aus metaphysischen Gründen hinterfragt werden.

Der exponierte sachliche Vorrang des Willens im Gottesverständnis hat für das Weltverständnis fundamentale Folgerungen: „Es gibt etwas, das kontingent verursacht wird. Also verursacht die erste Ursache kontingent. Also verursacht sie willentlich" („*Aliquid causatur contingenter; igitur prima causa contingenter causat; igitur volens causat*"; Kapitel 4, Nr. 56). Die angesprochene Dynamisierung ist hier gerade als konsequente Antwort auf die in der Lehrverurteilung von 1277 betroffenen aristotelischen Lehren unmittelbar erkennbar: Zu den verurteilten Positionen hatte der Gedanke einer durchgängigen Kausalität der Welt im Sinne einer notwendigen Kausalität gehört, den die konsequenten Aristoteliker aus dem Werk des Stagiriten abgeleitet hatten. Indem Duns nun die kontingente und willentliche Verursachung an den Anfang stellte, war zwar – zumal wenn man die oben angesprochenen Ordnungsmuster, die auch die Verhältnisbestimmung unterschiedlicher Wirkungen einer Ursache umfassen, in die Reflexion einbezieht – nicht jede Form einer rational nachvollziehbaren Kausalität aufgehoben, aber das Vorzeichen war, darin dem biblischen Befund entsprechend, eines, das nicht Notwendigkeit und Zwang, sondern die freie Willensentscheidung an den – metaphysisch abgeleiteten – Anfang stellte. Die Ausführungen zum Willen gipfeln in dem Nachweis, dass das erste Prinzip sich selbst liebt – und erst in Entsprechung hierzu wird dann, unter ausdrücklichem Verweis auf Aristoteles‘ Metaphysik 12, auch das Verstehen als Sichselbst-Verstehen entfaltet und abgeleitet (Kapitel 4; Nr. 61): Der Duns‘sche Primat des Willens bedeutet nicht, wie es gelegentlich in seiner Einordnung als „Voluntarismus“ kritisch mitschwingt, eine antirationale Zuspitzung, sondern bewegt sich durchaus in einem harmonischen Zusammenhang mit dem Verstehen, doch so, dass dieses zwar zum Wesen des ersten Prinzips gehört, nicht aber dessen entscheidende Charakteristik darstellt. Freilich bleibt der Verstand auch im Duktus des Traktates von großer Bedeutung, denn über den Gedankengang, dass es unendlich viel zu Verstehendes gibt, Gott aber alles versteht, leitet Duns ab, dass dann auch sein Verstand und damit er selbst unendlich sein muss, also eine weitere Vollkommenheit. Aus dieser Unendlichkeit aber folgt die eingangs angesprochene umfassende Einfachheit, denn wäre Gott nicht einfach, sondern zusammengesetzt, müsste er entweder aus endlichen Teilen zusammengesetzt sein – das könnte aber kein unendliches Ganzes ergeben –, oder aus unendlichen Teilen, dann wäre aber das Ganze nicht größer als die Teile (Kapitel 4, Nr. 88).

Mit diesen Beweisgängen hat Duns die eingangs des Kapitels angesprochenen Vollkommenheiten der Einfachheit, Unendlichkeit und der als Verstand interpretierten Weisheit aus der Wurzel des Willens heraus abgeleitet und diesem eine ungewohnte Zentralstellung in der Metaphysik gegeben, die seine theologischen Motive erkennen lässt, ohne von diesen ganz vereinnahmt zu sein. So kann der Traktat mit einem Gebet ausschwingen, in dem philosophische und hymnische Sprache ineinander gleiten. Und es ist der Rahmen dieses Gebets, in dem Duns dann noch einmal zu einem, freilich knappen Argumentationsgang ausholt, indem die Einzigkeit Gottes hinsichtlich Verstand, Wille, Macht, Notwendigkeit und Güte bewiesen wird.

5. Bedeutung

Dieser Traktat bietet in konzentrierter Form die Gotteslehre des Duns Scotus und hat zu deren reicher Rezeption im späten Mittelalter beigetragen. Er lässt dabei auch erkennen, warum diese Rezeption eine doppelte sein konnte: Folgte man dem klaren Vertrauen auf metaphysische Beweisbarkeiten in der Gotteslehre, so war das Denken des Duns durchaus in die sich formierende *via antiqua* an den Universitäten integrierbar, die überwiegend Thomas von Aquin aufnahm und sich dabei durch eine große erkenntnistheoretische Sicherheit im Umgang mit der begrifflich erschlossenen Wirklichkeit auszeichnete. Wurde Duns stärker unter der beschriebenen Perspektive einer Dynamisierung des Gottesbildes gelesen, so passten seine Ausführungen gut in die sich im Gegenüber zur *Via antiqua* formierende *Via moderna*, deren Hauptcharakteristikum die Skepsis gegenüber der begrifflichen Erschließung der Wirklichkeit war, wie sie sich am stärksten bei Wilhelm von Ockham (gest. 1347) zeigen sollte, der zwar kein unmittelbarer Schüler des Duns war, sich aber in seinem Werk vielfach auf ihn bezog. Angesichts dieser Schwierigkeit, ihn auf einen der Schulzusammenhänge festzulegen, überrascht es nicht, dass sich zwischen den sich im späten Mittelalter immer mehr verfestigenden *Viae* auch ein eigener Schulzusammenhang des Scotismus entwickelte, der über Stephan Brulefer (gest. ca. 1497) bis hin zu Huldrych Zwingli (1484-1531) Wirkung zeigte.

Literatur

Quellen und Werkausgaben

Quodlibeta Scoti cum ejusdem tabula, Venedig 1490.
Joannis Duns Scoti Tractatus de Primo Principio, hrsg. v. M. MÜLLER, Freiburg 1941.
The De Primo Principio of John Duns Scotus. A revised text and translation, hrsg. v. E. ROCHE, St. Bonaventure / Louvain 1949.
JOHANNES DUNS SCOTUS, Abhandlung über das erste Prinzip, hrsg. u. übers. v. W. KLUXEN, Darmstadt ³1994.

Sekundärliteratur

ADAMS, M.M. (Ed.), The Philosophical Theologiy of John Duns Scotus, Ithaca/N.Y. 1990.
CROSS, R., Duns Scotus on God, Aldershot 2005.
FERNÁNDEZ-GARCÍA, F., Lexicon scholasticum philosophico-theologicum, Quaracchi 1900 (= Hildesheim 1988).
GILSON, E., Johannes Duns Scotus. Einführung in die Grundgedanken seiner Lehre, Düsseldorf 1959.
INGHAM, M.B., Johannes Duns Scotus, Münster 2006.
KRAUSE, A., Der traditionell Johannes Duns Scotus zugeschriebene Tractatus de primo principio. Die Entwicklung seiner metaphysischen Theoreme aus dem ordo essentialis, Halle/Saale 1997.
WILLIAMS, T. (Ed.), The Cambridge Companion to Duns Scotus, Cambridge 2003.

Volker Leppin

Wilhelm von Ockham, Sentenzenkommentar (1317-1319)

1. Gattung und Entstehung

Sentenzenkommentare sind in der Regel das Erstlings- oft aber auch das Hauptwerk eines spätmittelalterlichen Theologen: Es gehörte im Rahmen der theologischen Ausbildung zur Pflicht, die Sentenzensammlung zu kommentieren, die Petrus Lombardus (1095-1160) zusammengestellt hatte. Die wichtigste Leistung dieses Werkes war es, Aussagen der Kirchenväter, eben die Sentenzen, systematisch geordnet zusammengestellt und so für den Lehrbetrieb fruchtbar gemacht zu haben. Dabei war insbesondere die Bedeutung der Pariser Universität hilfreich für den Aufstieg zum wichtigsten Lehrbuch des späten Mittelalters. Die zahlreichen Kommentare vollzogen seine Gliederung in vier Bücher nach: Das erste behandelte die Trinität, das zweite die Schöpfung, das dritte Menschwerdung Christi und Erlösung und das vierte die Sakramente. Diese Großthemen waren wiederum in Distinktionen unterteilte, die es ermöglichten, sie in feinen Begriffsunterscheidungen abzuschreiten.

Die Aufgabe, dieses Werk zu kommentieren, hatte in den Jahren etwa 1317 bis 1319 in Oxford auch ein junger Franziskaner namens Wilhelm, nach seinem Geburtsort mit der Herkunftsangabe von Ockham versehen. Geboren um 1285 hatte er zunächst wohl die *artes* am Ordensstudium in London absolviert, ehe er wohl 1308 zum Theologiestudium an die Universität Oxford wechselte. Hier kam er in ein aufgeregtes Klima der Auseinandersetzungen zwischen den Bettelorden und der Gesamtuniversität hinein, das den Hintergrund dafür gebildet haben würde, dass ihm die kritische Aufmerksamkeit des zeitweiligen Oxforder Universitätskanzlers Johannes Lutterell (gest. 1335) selbst noch in der Zeit zuteil wurde, als Ockham schon von Oxford als Theologielehrer an das Londoner Ordensstudium gewechselt sein dürfte. Aus der Perspektive eines gelehrten Thomisten sah Lutterell in den Lehren Ockhams eine Gefährdung der rationalen Erfassbarkeit Gottes und der Welt; überdies witterte er in Ockhams Gnadenlehre die Gefahr des Pelagianismus. Mit diesen Vorwürfen sorgte er nicht nur in England für Unruhe, wo Ockham von einem Kapitel seines eigenen Ordens vorgeladen und zur Rechenschaft gezogen wurde, sondern zog mit ihnen auch vor den seinerzeit in Avignon residierenden Papsthof. Ockham stellte sich hier dem Prozess, der sich aber auch nach seiner Ankunft in Avignon noch lange Zeit ergebnislos hinschleppte. Ockham erhielt in dieser Zeit Kenntnis von den Auseinandersetzungen zwischen Papst Johannes XXII. (1316-1334) und seinem Orden um die Armutsfrage und floh zusammen mit anderen Ordensmitgliedern, die sich wegen dieser Sache an der Kurie befanden, 1328 in die Obhut von Kaiser Ludwig dem Bayern. Von da an nutzte er seine philosophische und theologische Schulung vor allem zum kirchenpolitischen Kampf gegen den Papst.

Eine solche Zukunft aber war für den jungen Theologiestudenten noch nicht absehbar, der wohl 1317 in Oxford mit der Kommentierung der Sentenzen begann und damit erstmals sein eigenes Bild von Theologie und Philosophie entfaltete. Er dürfte dabei die üblich gewordene Reihenfolge befolgt haben: Wie in Paris, so pflegte man wohl auch in Oxford nach der Kommentierung von Buch I unmittelbar zum vierten Buch zu springen. So waren die für besonders wichtig gehaltenen Aspekte – Trinitätslehre und Beschreibung des Heilsweges – einer ausführlichen Darlegung zugänglich, auch wenn unter Umständen eine unzureichende Disposition des Stoffes dazu führte, dass am Ende des Studienjahres übereilt vorangeschritten werden musste: Zum dritten Buch stellte Ockham nur noch zehn Fragen, nachdem allein der Prolog zum ersten Buch zwölf aufgewiesen hatte. Dieses Missverhältnis kann allerdings auch dadurch verstärkt sein, dass die Teile der Vorlesung auf unterschiedliche Weise überliefert sind. Für das zweite bis vierte Buch liegt eine *Reportatio* vor, eine studentische Mitschrift. Das Erste Buch aber hat Ockham selbst – vermutlich noch vor der mündlich gehaltenen Vorlesung – als *Ordinatio* ausgearbeitet, weswegen dieses insgesamt bedeutend länger und gründlicher geraten ist als die restlichen drei. Wie stark diese bei Ockham selbst oder in seinem Schülerkreis Arbeitsmaterial blieb, zeigt eine im Zuge der modernen kritischen Edition zu Tage getretene Besonderheit: An mehreren Stellen wurde auch die Ordinatio noch einmal korrigierend überarbeitet; an Stellen, an denen Ockham seine eigene Theorie weiterentwickelt hatte, vor allem in der unten noch zu besprechenden Universalienlehre, wurde in den frühen Text Ockhams spätere Lehre eingetragen. Da sich durch die Akten des Avignonser Prozesses nachweisen lässt, dass diese Korrekturen wohl nicht in Ockhams eigenem Handexemplar erfolgt sind, ist anzunehmen, dass für sie nicht Ockham selbst, sondern wohl ihm nahestehende Schüler verantwortlich sind, die freilich in der Überzeugung handelten, die Verbesserungen ganz in seinem Sinne vorzunehmen.

2. Die theologischen Neuansätze

Die erwähnte Disproportion der Teile bringt es mit sich, dass die interessantesten Einsichten des Sentenzenkommentars sich in Buch I und IV finden. Dies gilt in besonderer Weise für den umfassenden Prolog. Mit seiner ausführlichen Anlage fiel Ockham keineswegs aus dem Rahmen: Der konsequente Aristotelismus, der 1277 in Paris verurteilt worden war, hatte gleichwohl ein Aristotelesverständnis vorangebracht, das die Schwierigkeit, aristotelischen Wissenschaftsbegriff und Theologie zu vereinbaren in viel schärferer Weise exponierte, als dies etwa noch bei Thomas von Aquin der Fall gewesen war. Das hatte zu einer enormen Ausweitung der wissenschafts- und erkenntnistheoretischen Diskussion in der Theologie und einer entsprechenden rapiden Zunahme des Umfangs der diesen Fragen gewidmeten Prologe zu den Sentenzenkommentaren geführt.

2.1. Theologische Wissenschaftstheorie

Auch Ockham hat sich in seinem Prolog mit dem geschärften aristotelischen Wissenschaftsverständnis auseinandergesetzt. Der Wissenschaftsbegriff der *Analytica Posteriora*, wie er Ockham unter anderem durch Duns Scotus (1265/6-1308) vermittelt worden war, verlangte für eine wahre wissenschaftliche Erkenntnis Notwendigkeit, Evidenz und syllogistische Beweisführung. Der Punkt, an dem Schwierigkeiten entstehen mussten, war der der Evidenz, insofern die Prämissen, die ein Theologe in seinen Beweisführungen verwenden konnte, vielfach gerade nicht, wie es bei der Evidenz der Falle gewesen wäre, für jedermann einsichtig waren. Ockham hat nun in seiner Untersuchung zu dieser Frage der Theologie nicht einfach jegliche Evidenz bestritten – selbstverständlich gab es auch in seinen Augen Bereiche der Theologie, die sich mit metaphysischer Beweisführung überschnitten und insofern evidenter Erkenntnis zugänglich waren. Sein Ansatz, das Problem zu lösen, war ein anderer, der letztlich darauf hinauslief, Theologie nicht unter dem Druck des herrschenden Wissenschaftsverständnisses Aristoteles anzupassen, sondern ihm selbstbewusst ein eigenes theologisches Wissenschaftsverständnis entgegenzustellen. Nach Ockham nämlich habe Aristoteles nur unzureichend erfasst, welche Seelenanlagen (Habitus) in der Lage seien, Wahrheit zu gewährleisten. Neben den von ihm in der Nikomachischen Ethik gelehrten, durch Evidenz ausgezeichneten Anlagen, zu denen auch die wissenschaftliche Erkenntnis gehörte, gebe es nämlich noch eine weitere Anlage, die auch Wahrheit gewährleisten könne, freilich nicht mit Evidenz: den Glauben, genauer: den eingegossenen Glauben, der dem Christen in der Taufe zuteil wird und aufgrund dessen er bejaht, dass alles, was von Gott offenbart worden ist, wahr ist. Der Theologie nun sei es eigen, ihre Wahrheitsentscheidungen aufgrund dieser nichtevidenten eingegossenen Anlage zu fällen und darin ihre entscheidende Funktion zu besitzen, auch wo Wahrheitserkenntnis auf andere Weise erlangt werden könne. Letztlich sei diese Form der Wahrheitserkenntnis, die nicht auf Evidenz, sondern auf einem Anhangen an Gott beruht, sogar gewisser als die rein wissenschaftliche und stelle eine wissenschaftliche Erkenntnis im weiteren Sinne dar.

Damit hatte Ockham nicht nur den wissenschaftstheoretischen Status der Theologie bewahrt, sondern auch wichtige Entscheidungen über ihren inneren Aufbau gefällt, die sich durch den gesamten Sentenzenkommentar hindurchzogen. Wenn entscheidend für Theologie der auf die Offenbarung Gottes bezogene Glaubenshabitus ist, dann ist es klar, dass in ihrer Argumentationsweise die metaphysische Konstruktion eine viel geringere Rolle spielt als der schlichte Verweis auf Gottes Selbstmitteilung, freilich eine solche Selbstmitteilung, die Ockham nicht in einem andere Formen wir kirchliche Tradition ausschließenden, sondern in einem diese inkludierenden Sinne in der Schrift begründet sah.

In keiner Hinsicht war damit eine antirationale Spitze verbunden, im Gegenteil: Gerade Ockham wurde später als überaus spitzfindiger Gelehrter geschmäht. Hintergrund hierfür war, dass unter den genannten Kriterien strenger Wissenschaftlichkeit zwar die Evidenz in Frage stand, nicht aber die syllogistische Ableitbarkeit. Aus jenen Offenbarungssätzen war die theologische Lehre durchaus vermittels der syllogistischen Argumentationstechnik abzuleiten, weswegen man so etwas wie eine formale Evidenz für die Theologie beanspruchen kann. Damit nahm sie auch an den von Ockham geforderten Rationalitätsstandards teil, insofern für ihn immer stärker die Logik unter den *artes* in eine wissenschaftstheoretische Zentralstellung geriet.

2.2. Die Universalienlehre

Das förderte eine scharfe Arbeit am denkerischen Instrumentarium der Begriffe, und entsprechend findet sich ausgerechnet im Sentenzenkommentar, mitten in der Gotteslehre des ersten Buches, diejenige Lehre, für die Ockham vor allem als Philosoph berühmt geworden ist, auch wenn der Kontext des Sentenzenkommentars zeigt, dass sie zunächst einmal aus theologischer Notwendigkeit entstanden ist: die Universalienlehre. Ockham kam auf sie im Rahmen der Frage, wie von Gott überhaupt gesprochen werden kann. Er erwog die klassischen Modelle univoker, äquivoker oder analoger Rede von Gott und kam hierüber in einer Weise, die offenkundig aus dem argumentativen Duktus des Sentenzenkommentars herausbricht, in eine ausführliche Diskussion über den Status der Allgemeinbegriffe. Das wichtigste Ergebnis dieser denkerischen Auseinandersetzung ist die Feststellung, dass die Allgemeinbegriffe kein reales Sein außerhalb des menschlichen Verstandes besitzen. Indem Ockham dies sagte, war er sich bewusst und vermerkte dies auch, dass er vom Konsens abwich, der zu einem mehr oder minder ausgefeilten Universalienrealismus, also der Annahme einer extramentalen Realität der Allgemeinbegriffe, neigte. Diesen hat Ockham klar bestritten, seine eigene Position wird innerhalb des Sentenzenkommentars nicht ganz endgültig geklärt; hierfür ist insbesondere auf seine späteren Ausführungen in der *Summa Logicae* aus der Londoner Zeit zurückzugreifen. Zusammenfassend lässt sich sagen, dass für seine Position wohl weniger der üblich gewordene Begriff „Nominalismus“ zutreffend ist als „Konzeptualismus“: Ockham wusste sehr genau zwischen bloßen *nomina*, Benennungen, und *conceptus*, Begriffen zu unterscheiden. Während die Benennungen letztlich der Willkür menschlicher Sprachbildung unterliegen, erfolgt die Begriffsbildung unwillkürlich und in Abhängigkeit von der außermentalen Realität: Obwohl also die Allgemeinbegriffe selbst keine außermentale Realität besaßen, hatten sie doch dort ihre Grundlage. Nur Letzteres hat Ockham für die Allgemeinbegriffe vertreten, mithin eine moderatere Position, als die spätere Rezeption zuzugestehen bereit war. Für den Kontext des Sentenzenkommentars brauchte er dies noch keiner definitiven Festlegung zuzuführen – es reichte die Einsicht in die bloß innermentale Realität der Begriffe selbst. Und diese philosophisch wegweisende Erkenntnis erfolgte aufgrund dezidiert theologischer Untersuchung.

2.3. *Potentia*-Lehre

Vielleicht ist gerade dieses Ineinander von markanter Originalität und mangelnder Ausgereiftheit kennzeichnend für den oben benannten Status eines Sentenzenkommentars als Erstlings- und Hauptwerk zugleich. Sie findet sich vergleichbar auch bei einem anderen wichtigen Lehrstück: Der gesamte Sentenzenkommentar ist von der Argumentation mit der Unterscheidung von Gottes absoluter und anordnungsgemäßer Macht, *potentia absoluta* und *potentia ordinata*, durchzogen. Eine Definition dieser Unterscheidung sucht man darin freilich vergeblich, sie findet sich erst Jahre später, in den *Quodlibeta*, die Ockham vermutlich in Avignon abgefasst hat, um sich dort eine Art „virtueller Universität“ aufrechtzuerhalten. Was aber im Sentenzenkommentar bereits erkennbar ist, ist, dass ihm diese Unterscheidung dazu dient, Möglichkeitsräume für Gottes Handeln offenzuhalten: Während die *potentia ordinata* dazu dient, die tatsächlich gültigen Anordnungen Gottes und die ihnen folgenden Ordnungszusammenhänge zu beschreiben, macht Ockham mit Hilfe der *potentia absoluta* immer wieder die Rechnung auf, was Gott auch hätte tun können bzw. was er tun könnte. Das gibt der gesamten Argumentation des Sentenzenkommentars etwas Fließendes und Öffnendes.

Das gilt freilich nicht für jeden Lehrpunkt: An bestimmten Stellen bemüht Ockham sich in besonderer Weise um klare Auskünfte, wohl auch um die Heilssicherung der Menschen zu gewährleisten. Ein berühmtes Beispiel hierfür ist seine Diskussion der Eucharistielehre: Er greift die unterschiedlichen denkerischen Möglichkeiten auf, wie sie sich schon beim Lombarden aufgelistet finden, und diskutiert ihre denkerische Valenz. Dabei kommt er zu dem Ergebnis, dass die Lehre von der Transsubstantiation, nach der die äußerlichen Eigenschaften von Brot und Wein unverändert bleiben, aber unter ihnen ihre Substanz in die Substanz von Leib und Blut Christi verwandelt wird, geringere denkerische Plausibilität besitzt als der Gedanke der Konsubstantiation, nach dem nicht die eine Substanz in die andere verwandelt wird, sondern diese zu jener hinzutritt. Doch weil die Kirche es anders beschlossen hat, hält er entgegen dieser Plausibilitätserwägung die Lehre von der Transubstantiation für wahr.

Diese Ausführungen stellen keine Kapitulation des Intellekts gegenüber der kirchlichen Lehrauffassung dar, sie sind vielmehr eine konsequente Folgerung aus der wissenschaftstheoretischen Überlegung, dass die Theologie sich auf jenen Glauben stütze, nach dem wahr ist, was Gott offenbart hat – die intellektuelle Tätigkeit und Möglichkeitserwägung bleibt hiervon gänzlich unberührt. Diese manchmal fast schillernde Weise der Argumentation mag mit dazu beigetragen haben, dass es zu der erwähnten Anklage gegen Ockham kam, die freilich nie in eine offizielle Verurteilung mündete: Dass Ockham schließlich exkommuniziert wurde, lag in seiner Flucht auf Avignon begründet, nicht in dem ins Stocken geratenen Prozess gegen ihn. Gleichwohl wurde sein Name noch im Laufe des 14. Jahrhunderts in verschiedenen Pariser Lehrverurteilungen zu einer Chiffre für die als problematisch empfundenen Züge der neuen, auf kritische Reflexion des begrifflichen Verstehens ausgerichteten Philosophie.

3. Werkgeschichtliche Bedeutung

Allerdings sieht man Ockham heute nicht mehr in dem Maße wie lange Zeit üblich als Hauptgestalt der *Via moderna*, der die begriffskritischen Philosophen des späten Mittelalters anhingen. Diese Schule hatte mehrere Väter, und Ockham stand in seiner Wirkung lange Zeit im Schatten des Pariser Magisters Johannes Buridan, dessen Aristoteles-Kommentare in ganz Europa studiert wurden. Erst im ausgehenden 15. Jahrhundert kam es wieder zu einer Ockham-Renaissance, vornehmlich durch Gabriel Biel in Tübingen. Er hat seinen eigenen Sentenzenkommentar weitgehend aus dem des damals schon fast zwei Jahrhunderte alten Kommentar Ockhams geschöpft, der in dieser Zeit auch andernorts entdeckt wurde, unter anderem in Erfurt. Hier studierte Martin Luther und konnte später von sich sagen, er sei zeitweise in der Schule Ockhams gewesen.

Literatur

Quellen und Werkausgaben

GUILLELMUS DE OCCAM, Opera plurima, Lyon 1494-1496.
Guillelmi de Ockham Opera Theologica, hrsg. v. J. LALOR u.a. Bd. 1-7, St. Bonaventure, N.Y. 1967-1984.

Sekundärliteratur

ADAMS, M.M., William Ockham. 2 Bde., Notre Dame/ Ind. 1987.
BAUDRY, L., Lexique philosophique de Guillaume d'Ockham. Étude des notions fondamentales, Paris 1958.
BECKMANN, J.P. (Hrsg.), Ockham-Bibliographie 1900-1990, Hamburg 1992.
BECKMANN, J.P., Wilhelm von Ockham, München 1995.
BOEHNER, P., Collected Papers on Ockham, hrsg. v. E.M. BUYTAERT, St. Bonaventure, N.Y. u.a. 1958 (= 1992).
JUNGHANS, H., Ockham im Lichte der neueren Forschung, Berlin/Hamburg 1968 (= AGTL 21).
LEFF, G., William of Ockham. The Metamorphosis of Scholastic Discourse, Manchester 1975.
LEPPIN, V., Geglaubte Wahrheit. Das Theologieverständnis Wilhelms von Ockham, Göttingen 1995 (FKDG 63).
LEPPIN, V., Wilhelm von Ockham. Gelehrter – Streiter – Bettelmönch, Darmstadt 2003.
SPADE, P.V. (Hrsg.), The Cambridge Companion to Ockham, Cambridge 1999.
ZUIDEMA, S.U., De Philosophie von Occam in zijn Commentaar op de Sententien, Hilversum 1936.

Volker Leppin

Meister Eckhart, Das Buch der göttlichen Tröstung (vor 1326)

1. Entstehung und Kontext des Buches

Der konkrete Anlass von Meister Eckharts Trostbuch ist unklar. Man ging zunächst davon aus, dass es um eine konkrete Tröstung für eine Person ging. In diesem Fall war es ein Indiz, dass Eckhart das Buch mit einer Begleitpredigt „Vom edlen Menschen“ an die in Königsfelden in der Schweiz als Residentin über die Habsburger

Güter lebende Königin Agnes von Ungarn geschickt hatte, die Vater (König Albrecht I von Habsburg durch Mord 1308) und Mann (König Andreas III. von Ungarn, gest. 1301) verloren hatte. Gegen eine damit verbundene Frühdatierung im Schrifttum Meister Eckharts (1308) spricht jedoch, dass Eckhart am Ende des Buches eine kleine Apologie seines Predigens angebracht hat, also offensichtlich bereits mit Anklagen rechnete. Dies würde für eine Datierung in Eckharts letzte, angefeindete Lebensphase in Köln sprechen, das Buch also in die zwanziger Jahre des 14. Jahrhunderts verlegen. Eckhart könnte das Trostbuch für sich selbst verfasst haben, angeregt durch andere Trostbücher (Boethius), aber auch aus apologetischen Gründen als Muster seiner Lehre an eine mögliche kirchenpolitische Protektorin gerichtet haben. Agnes von Ungarn war eine aktive und einflussreiche Frau, die im Konflikt der Habsburger mit Ludwig von Bayern die Interessen ihres Hauses in Verbindung mit Papst Johannes XXII. in Avignon vertrat. Diese Verbindung könnte Meister Eckhart im Auge gehabt haben. Auf der anderen Seite bildet das Trostbuch auch eine Quelle der Anklageschriften im Prozess gegen Meister Eckhart in Köln 1326, so dass es vorher verfügbar gewesen sein muss, ein Grund freilich mehr, es aufgrund dieser Zitation, aber auch der darin vorweggenommenen Selbstverteidigung, in der Nähe dieses Prozesses, wenn auch ausreichend vorher anzusetzen.

Diese Zuweisung bleibt eine Spekulation mit guten Gründen, die hier erstmalig vorgetragen werden. Jedenfalls können wir davon ausgehen, dass es Eckhart nicht nur auf die Trostsammlung ankam, die von den drei Teilen des Buches den zweiten (etwa 30 Trostgedanken) und dritten Teil (Vorbilder im Trost) beherrscht, sondern auch im ersten Teil die philosophische Begründung seiner Lehre „in nuce“ enthält. Insofern vermag dieser erste Teil auch das Gerüst des Eckhartschen Denkens mitzuteilen, in welchem christlichen Theologie entsprechend des im Johanneskommentar vorgelegten Programms (s.u.) so mit philosophischen Argumenten („rationes“) dargelegt wird, dass man mit einem gewissen Recht von einer „Philosophie des Christentums“ (Flasch) sprechen kann.

2. Der erste Teil: Grundlegende Gedanken Meister Eckharts

Der erste Teil (DW V, 9-15) legt zunächst in einem ersten Angang das Verhältnis transzendenter Allgemeinbegriffe zu alltagssprachlichen Bezeichnungen dar. Eckhart war „Realist“, d.h. für ihn waren diese Allgemeinbegriff nicht bloß „nomina“, sondern sie waren Ausdruckformen einer intensiveren Wirklichkeit, als sie uns empirisch in den Bezeichnungen für die Phänomene der Alltagswelt begegnet. Diese Bezeichnungen sind bloße Abkömmlinge der transzendenten Allgemeinbegriffe: Weisheit, Wahrheit, Gerechtigkeit, Güte. Die in der Hochscholastik, etwa bei Thomas von Aquin, herausgearbeitete kommunikative wechselseitige Implikation der sog. Transzendentalien (Sein, Güte, Wahrheit) wird von Eckhart ausgeweitet und verallgemeinert. Zwischen diesen Tranzendentalien und den sog. „perfectiones spirituales“, also den spirituellen Begriffen der Vollkommenheit, besteht für Eckhart ebenfalls Identität. Ein für ihn zentraler Begriff wie „Gerechtigkeit“ hat daher zugleich erkenntnistheoretische und spirituelle Bedeutung. Man kann sogar sagen, dass die philosophische Beziehung zwischen dem Allgemeinbegriff „Gerechtigkeit“

und dem alltäglichen Zuweisungswort „gerecht“ zugleich Eckharts theologische Rechtfertigungslehre enthält. Diese Lehre ist weder konsekutiv (wie bei Thomas: auf die Reue folgt die Gnade), noch imputativ (wie bei Luther trotz der bleibenden Sünde), sondern sie ist gleichsam präventiv, insofern bereits mit Gottes Schöpfungsabsicht, die sich in der Offenbarung durch die Schrift schrittweise entfaltet, das wahre Menschsein in gnadenhafter Adoption dem Christussein gleichgeordnet wird. Das Verhältnis der Allgemeinbegriffe zu den empirischen Gegebenheiten wird dabei von Eckhart durch „zeugen“ und „gebären“ ausgedrückt, d.h. das wahre Sein drängt auf seien Ekstase in diese Gegebenheiten, die es aber ansonsten ohne diesen immerwährenden Schöpfungsvollzug gar nicht gäbe. Denn in sich selbst wären sie nichts. Der Prozess aber führt sie einer Einheit zusammen, in welcher sie sich nur noch nach reiner Aktivität (Gott als pures Wirken, also aktiv gebärend) und reiner Passivität (Geboren werden) unterscheiden. Ohne dieses Werden im kreatürlichen Sinne würde aber wiederum nichts offenbar, so dass die am irdischen abgelesene Differenz gleichsam die Bedingung dafür ist, dass wir diese Konstitution des Daseins erkennen und aus ihr leben können. Die prozessuale Einheit ist aber abkömmlich vom Ursprung dieses Prozesses, der innertrinitarisch bereits, vor allem durch die wechselseitige Bedingung von Vater- und Sohnsein, vollzogen wird.

Für die biblische Auslegung dieses Gedankens greift Eckhart im zweiten Anlauf des ersten Teiles auf Joh 1,12f. DW V, 10f. zurück: das Sohnwerden des Menschen „kopiert“ sozusagen diesen Prozess im Rückwärtsgang, d.h. in der Loslösung und Befreiung von einer im Irdischen befangenen, die erkenntnistheoretische Hierachie umkehrenden und damit dem Schein verhafteten Mentalität und Lebensweise. Der spekulative Denkweg ist für Eckhart zugleich erforderlicher Lebensweg, ja ohne den Lebensweg verkümmert der Denkweg. „In der Befreiung von den kreaturhaft vermittelnden Bildern und vom kreaturhaften Ich verliert die Seele ihr Geschaffen-Sein zugunsten ihres Geboren-Seins.“ (Largier, 752). Freilich muss man bedenken, dass diese Befreiung in ihrem Zugang wiederum von der Erfahrung der Geschöpflichkeit als Nichtsein im eigentlichen Sinne abhängt. Zwischen Evangelium und Vernunft herrscht nach Eckhart eine Art prästabilisierte Harmonie. Das „Dass“ der biblischen Offenbarung ist dafür der Augenöffner, damit die Kenntnis des „Prinzips“, also der Ursprünglichkeit, eines Beginns ohne zeitlichen Anfang, wie er nach Eckhart im Johannesprolog evoziert ist. Aber Offenbarung kann nur heißen, dass offenbar wird, was ohnehin ist. Darum vollzieht die Vernunft im tätigen Intellekt des Menschen die Offenbarung so nach, dass sie ihr ohne Abstriche zu eigen wird. Dass dies möglich ist, ist zugleich der zentrale und wahre Trost in allem Leiden.

Angesichts dieser Voraussetzungen fragt der dritte Anlauf des ersten Teiles (DW, V 11f.)nach dem Ursprung des Leidens. Leid entsteht durch Abwendung von diesem Prozess. Dadurch ist der Mensch in einem falschen Zustand. Setzt er sich in den richtigen Zustand der Erkenntnis als theoretischer und praktischer Anerkennung des richtigen Zustandes, wird er „unberührbar für Liebe und Leid“. Dies freilich ist, wie Eckhart an anderer Stelle sagt, nicht so zu verstehen, als fühle er nichts mehr. Vielmehr gerät die Empfindung in den Mantel einer höheren Geborgenheit, in welcher sie nicht ausgehoben, aber hinaufgehoben ist. Diese höhere Geborgenheit kann als Erkenntnisweg und als Lebensweg angestrebt werden – das läuft bei Eckhart immer parallel und ist aufeinander verwiesen, weshalb er „einfachen Leuten“ Erkenntnis predigt. Höchste Abstraktion und schärfste Konkretion fallen hier zusammen.

Es gibt aber nicht nur die negative Loslösung und Befreiung von den Hindernissen, wie sie bei Eckhart in den Termini spiritueller Bereitschaft, insbesondere in der „Gelassenheit“ und in der „Armut“ aufscheint. Es gibt auch die Freude des Befreitseins, in welcher der Trost ansteigt. Diese Freude ist eine Freude des Mitwirkens mit dem göttlichen Prozess: Gott wirkt und ich werde, ja sogar: mein Wirken kann Teil der göttlichen Wirklichkeit werden.

Schließlich geht es auch um eine Umkehr der Erfahrung des Liebesprozesses. Liebt der Mensch in falscher Ordnung, dann kommt „alles Leid von der Liebe“(DW V, 14,9). Liebt er, indem er aus Gott die Liebe in sich schöpft und damit heilt, wird Liebe zum Trost. Freilich muss man die Emphase solcher Gedanken auch wiederum mit Eckhart zurückfahren, da es auch die Gotteserfahrung als „Wüste“, als Nichten Gottes selbst in der unerfahrbaren, weil nicht aus ihrer menschzugewandten Aktivität erkennbaren „Gottheit“ gibt. Der „deus absconditus“ bleibt für sich; der Gottes als „lauteres Wirken“ bleibt uns zugewandt und gibt sich völlig an uns aus.

3. Exkurs: Ein Vergleich mit Eckharts theologischem Programm in seinem Johanneskommentar

Was im ersten Teil des Buches dargestellt wird, kann man gut mit den einleitenden Passagen von Eckharts lateinischem Hauptwerk, dem Johanneskommentar vergleichen. Was dort methodologisch von Eckhart erörtert wird, muss hier berücksichtigt werden.

Der Johannesprolog ist für Eckhart aus mehreren Gründen ein zentraler Text: er vermittelt zwischen Philosophie und Theologie, er vermittelt zwischen den Worten des Anfangs („in principio“) am Beginn des Genesis und eben im Johannesprolog, und er vermittelt zwischen dem Schöpfungswort, dem „liber creaturarum“ (die ganze Schöpfung wird als Buch Gottes begriffen, das der Lektüre der menschlichen Vernunft offensteht) und dem Heilswort, das durch die Menschwerdung ergeht. Eckhart geht es um die „Harmonie von Heilsbotschaft und Naturerkenntnis“ (Largier, 839). Er verweist mit Augustinus (Gottesstaat, X c. 29) darauf, dass nach einem heidnischen Neuplatoniker die ersten fünf Verse des Evangeliums öffentlich in goldenen Lettern aufgestellt werden sollten. Umgekehrt meinte Augustin, bei Platon vieles von diesem Prolog wiederzufinden (Bekenntnisse VII).

Eckhart geht also nicht von einer strikten Unterscheidung von Philosophie und Theologie aus, sondern von ihrer strukturellen Entsprechung. Der Glaube verbürgt diese Korrespondenz. Philosophie wird synonym mit einer „Weisheit“ („sapientia“) gebraucht, der es in begrifflicher Sprache um das Ganze geht, das in der Offenbarung bereits „gewortet“ ist.

Eckharts Programm ist im Johanneskommentar klar formuliert: „Wie in all seinen Werken hat der Verfasser bei der Auslegung dieses Wortes […] die Absicht, die Lehren des heiligen christlichen Glaubens und der Schrift beider Testamente mit Hilfe der natürlichen Gründe der Philosophen auszulegen.“ Dazu wird die Glossa ordinaria zum Römerbrief (1,20) zitiert, wonach „durch das Geschaffene" das „Unsichtbare" (Eckhart nennt die Trinität!) „intellektuell erschaut" werden kann.

Eckhart geht also nicht von zwei Wirklichkeiten, einer des Begriffes und Beweises und einer des Glaubens und des Zeugnisses aus. Er kannte nur eine Wirklichkeit, die freilich perspektivisch auszulegen war. Die heutige Frage nach „Vernunft und Offenbarung" trifft die Sache Eckharts insofern, als er die „Entschleierung der Wahrheit", die bildlich im lateinischen Offenbarungsbegriff („revelatio") enthalten ist, aus dem Glauben heraus deutet, aber dabei dem Licht der natürlichen Vernunft, das sich der strikten begrifflich-philosophischen Beweiskraft anvertraut, eine große Reichweite gibt. Darin besteht eben der Wissenschaftscharakter der Theologie, in dem Eckhart Anselm von Canterbury folgt, ja ihn verschärft: „Es ist ein Zeichen von Stolz und Verwegenheit, nicht glauben zu wollen, wenn man nicht vorher mit dem Verstand es einsieht; aber es ist ebenso ein Zeichen von Feigheit und Nachlässigkeit, wenn man das, was man glaubt, nicht mit Überlegungen der natürlichen Vernunft und mit Gleichnissen erforschen wollte." (In Joh. n. 361)

Vor allem im Bereich der Ethik, der Verbindung von Erkenntnisweg und Lebensweg, ist die strukturelle Entsprechung zwischen Vernunft und Glaube sichtbar: „Für unser sittliches Verhalten ergibt sich die Lehre, daß der Anfang unseres Strebens und Tuns Gott sein muß [...] so sieh zu, ob das Ziel deines Strebens Gott ist [...]. Zudem aber erhalten wir die Lehre, daß unser Werk vernünftig sein und dem Spruch und der Anordnung der Vernunft folgen muß, die es hervorbringt" (In Joh I n. 1). Was nämlich vernunftgemäß sei, sei gut und richtig getan und entspreche der Verantwortung vor dem Antlitze Gottes.

Eckhart geht zudem als „Realist" von einer Entsprechung zwischen Sprache und Wirklichkeit aus. Wirklichkeit haben wir aber nicht als empirische Realität zu verstehen, sondern, wie das von der Mystik geprägte Wort „Wirklichkeit" meint, als Vorzeichen des Wirkenden, letztlich Gottes als „lauterem Wirken" (actus purus). Die Sprache vermittelt zwischen diesen Zeichen und der schöpferischen, sich selbst wissenden Selbstbekundung des Menschen, die in ihr zum Ausdruck kommt. Wir haben nichts als Worte, aber diese verweisen auf eine Perspektive der Wirklichkeit, in der diese nicht gegeben ist, sondern erst entsteht. Dieses Entstehen ist aber Schöpfung Gottes, sei es als Werden in der Genesis, sei es als Werden im inkarnierten Logos. Oder persönlich gesprochen: „Gott wirkt, und ich werde." Denn der Sinn der Menschwerdung Gottes ist das Werden des Menschen aus Gott und zu Gott. „Werden" ist hier ausdrücklich nicht als räumliche Fortbewegung oder zeitliches Werden und Vergehen gemeint, sondern als ein Geschehen im Jetzt, das quer zur Zeit steht, sozusagen in einer anderen Dimension des Wirkens, freilich eines Wirkens, das immer, ohne Unterlass geschieht. Sonst würde alles in den Strudel des Nichts fallen, wenn dieses Wirken nicht ständig geschähe: als Hervorgang der Schöpfung, aber auch als Menschwerdung.

Der von der Glaubenssprache als angemessener Sprache für die volle Wirklichkeit Gott-Mensch-Kosmos erschlossene philosophische Gedanke ist es, der den verborgenen Sinn erschließt und kontrolliert. Dieser Gedanke ist zugleich göttliche Selbstmitteilung im Wort (Logos) und in der Kreatur als von Gott durch die Schöpfung gegebenem „Lesegerät".

Dies lässt sich am Anfang der Auslegung des Johannesevangeliums am Wort „bei" („apud") zeigen: „und das Wort war bei Gott" (1,1). Was macht Eckhart daraus? Er denkt philosophisch darüber nach, wie das Hervorgebrachte im Hervorbringenden auf die Weise dieses Hervorbringenden ist, das Wort also im Sprechenden, noch bevor er es spricht, das Werk im Künstler, bevor er es ausführt. Da ist zugleich Identität zwischen Sprecher und Wort („Gott war das Wort"), aber auch Differenz („bei"). Aber die Differenz des „bei" ist nicht die gleiche wie die Differenz des „unter"; sie unterscheidet gleichsam aus dem Wissen um den Prozess des Hervorgehens des Logos, des Sohnes, das ihn zur Person macht, bewahrt ihm aber, sofern im Ursprung bleibend wie das ausgegangene Wort im Sprecher verbleibt, die Gleichheit der Natur.

Das in der Selbstmitteilung Gottes Erscheinende wird gleichsam seinem Ursprungsgeschehen nach hervorgedacht. Entscheidend für diesen Ansatz ist die Verbindung von äußerstem Ausreizen des denkerisch-argumentativen Scharfsinnes und spiritueller Lebenslehre. In dieser Erkenntnis und gemäß ihr soll man nämlich leben und umgekehrt: dieses radikale (wurzelhafte) Leben schenkt auch die Erkenntnis der Einfachheit eines Lebens ohne Worumwillen „bei" dem Wort, d.h. „bei" Gott.

Das Ursprungsgeschehen, das quer zur Zeit steht (Anfang ohne Beginn) sieht Eckhart so: „der Prozeß oder das Hervorbringen und das Ausfließen, von dem wir hier reden, findet eigentlich, zuerst und vor allem im Entstehen statt. Dies geschieht nicht mit Bewegung noch geschieht es in der Zeit, sondern es ist Ziel und Ende der Bewegung [...]. Deswegen geht es folgerichtig nicht in Nichtsein über, noch sinkt es in Vergangenheit. Ist das aber so, dann ist es immer im Anfang – so ist es doch auch bei uns: nimm die Zeit weg, und der Abend wird zum Morgen – und, wenn es immer wie ‚im Anfang' ist, dann ist die Geburt immer, das Entstehen immer. Denn entweder niemals oder immer, weil der Anfang oder ‚im Anfang' immer ist. Daher kommt es, daß der Sohn in der Gottheit, das Wort ‚im Anfang' immer geboren wird, immer geboren ist."

Ein zentrales Motiv Eckharts, die Gottesgeburt im Menschen, knüpft hier an: Menschsein ist mit der Menschwerdung nicht nur durch das „er hat unter uns gewohnt" verbunden. Der Mensch muss sich auch dem Göttlichen anverwandelt sehen, weil Gott, der das Menschsein riskiert, zugleich das Gottsein des Menschen riskiert, wenn auch im Sinne gnadenhafter Adoption. Unser Leben kann folglich nur darin bestehen, den Schleier von der verborgenen Wirklichkeit zu ziehen und so zu sein, wie wir schon sind: mitseiend mit dem Sohn im Schoß des Vaters, zurückgeboren in die Herkunft des Wortes, das die Schöpfung und die Erlösung im ewigen Zugleich aussprach.

4. Der zweite Teil: eine Sammlung von Trostgründen

Im *zweiten Teil* des Buches der göttlichen Tröstung (DW V, 15-56) erscheinen die ungefähr 30 Trostgründe. Auf die genaue Zählung kommt es Eckhart hier nicht an. Man hat daher den Eindruck einer thematischen Sammlung, die locker zusammenfügt wurde. Es wirkt wie ein Einblick in eine Werkstatt, während z.B. die Begleitpredigt „Vom edlen Menschen“ wie aus einem Guss als Lesepredigt erscheint. Man kann jedoch einige Gedanken und Lehrstücke herausgreifen.

Dazu gehört die schon erwähnte Passage über Leid und Liebe. (vgl. DW V, 17, 9ff.) Eckhart unterscheidet zwei Arten von Leid: das irdische und das himmlische. Irdische leidverursachende Liebe ist Liebe zu dem, was Leid verursachen kann. „Ein guter Mensch soll niemals über Schaden klagen oder Leid; er soll vielmehr nur beklagen, daß er klage und daß er in sich Klagen und Leid vorfindet.“ Dies rigoros stoische Motiv – Seneca wird dazu erwähnt (DW V, 20,12f.) – wird mit der Einwilligkeit mit Gott begründet. Diese Einwilligkeit kann jedoch im Extrem dazu führen, dass der Mensch sich mit Paulus wünscht, „um Gottes willen von Gott geschieden“ (vgl. Röm 9,3) zu sein. „Ein solcher Mensch ist so einwillig mit Gott, daß er alles will, was Gott will, und in der Weise, wie es Gott will. Und darum, da Gott in gewisser Weise will, daß ich auch Sünde getan habe, so wollte ich nicht, daß ich sie nicht getan hätte, denn so geschieht Gottes Wille ‚auf Erden’, das ist in Missetat, ‚wie im Himmel’, das ist im Wohltun.“ (DW V, 22,5ff.) Das himmlische Leid schöpft Leid aus Gottes Willen und darin schöpft er zugleich Trost, dass der Mensch in der Einwilligkeit ist. Güter irdischen Trostes verlieren heißt, Leid verlieren: „Wahrlich, Leid verlieren ist ein echter Trost. Darum soll der Mensch keinen Schaden beklagen. Er soll vielmehr beklagen, daß ihm Trost unbekannt ist, daß Trost ihn nicht zu trösten vermag, wie der süße Wein dem Kranken nicht schmeckt.“ (DW V, 27,3ff.; Eckhart gebraucht dieses Beispiel: es liegt an der belegten Zunge des Kranken, nicht am Wein.)

Wenn man das irdische Leid nicht als Verlust zu beklagen hat, so doch das himmlische Leid zu feiern als Gewinn. Die Glückseligkeit des guten und rechten Lebens (der „Tugend“) liegt im Leiden um der Gerechtigkeit willen (vgl. Mt 5,10).

Trost schöpft der Mensch auch aus Gottes Lohn für das Verlassen der üblichen hinfälligen Ziele. Hier folgt Eckhart Mk 10 (statt wie im Text DW V, 24,5-17 Mt 19,29). Denn es kommt ihm wie Jesus bei Markus darauf an, dass schon im irdischen Leben der Verzicht überboten wird: man liebt die Menschen, die man verlässt, mehr als je zuvor, und man liebt weiter im Kreis der Menschen ohne Verwandtschaftsvorbehalt. Aber wie an anderer Stelle schränkt Eckhart seine Radikalität wieder ein: „Ein guter Mensch kann wohl ein guter Mensch sein und doch von natürlicher Liebe zu Vater, Mutter, Schwester, Bruder mehr oder weniger berührt werden und schwanken, jedoch nicht von Gott noch von der Gutheit abfällig werden.“ Die Einheit wird also zwar mit Abstufungen der Intensität versehen, aber nicht mit einem rigorosen „Entweder-oder“. Denn die „Tugend“, also der Inbegriff des guten und richtigen Lebens, wie es Eckhart sieht, wird „in der Schwachheit vollbracht“. Leidet also der Mensch unter der Sünde, so ist ihm die Einwilligkeit mit Gottes richtender Gerechtigkeit wiederum ein Trost.

5. Ein zentraler Gedanke: Der Mensch als „geborngot“

Eckhart bemüht sich um anschauliche Bilder: um das Gefäß, dessen Wasser man ausgießt, um Wein hinein zu füllen; um Farbe zu sehen, darf das Auge nicht selbst ein Farbenträger sein; wahre Armut sei wie die leere, die zur Fülle werden muss:

„leere macht Wasser bergauf steigen“ und lässt einen Becher ohne Luftgehalt fliegen. Liebe ist ein Zugleich von Zweiheit und Einheit: wie Feuer und Holz, die zwei sind und doch eines werden [...] der Funke des Feuers steigt zum Himmel: „Vater des Funkens ist das Feuer, seine Mutter ist das Holz“, das sich verzehrt , um ganz Feuer zu werden und nicht an dem verbleibenden Holz weiter brennend das Feuer zu erleiden. Ein häufiges Bild bei Eckhart, das hier besonders ausgeführt wird, ist dieses Feuergleichnis: bis es zur Einheit kommt, gibt es immer „ein Rauchen, ein Widerstreit, ein Prasseln, eine Anstrengung und einen Kampf zwischen Feuer und Holz“.

Eckhart benutzt diese Gleichnisse auch, um zu zeigen, dass im Menschen „eine verborgene Kraft der Natur“ anwesend ist, die gleichsam durch die Botschaft offenbarer Einheit geweckt und in Bewegung gesetzt wird. Das Drängen des Menschen in die Dimension offenbarer Wahrheit ist seine Natur; was Eckhart die „Gottesgeburt“ nennt, ist dem Menschen natürlich, wenn auch nicht von Natur aus gewahr. Das Prasseln des störrigen Holzes im Feuer vergleicht Eckhart mit den Schmerzen der Geburt, die nach der Geburt selbst vergessen sind.

Ein anderes Bild ist die Differenz zwischen Dasein leihweise („auf Borg“) und Dasein als bleibende Gabe. Wird Irdisches genommen, so betrifft es nur Leihgaben, während Dasein als bleibende Gabe Gottes Verheißung adoptiver Kindschaft entspricht. Die Möglichkeit der Adoption ist durch den Anteil des Menschen am Ungeschaffenen gegeben. Dieser Anteil besteht in den durch die Schöpfung bereits gegebenen Möglichkeiten der menschlichen Natur.

Das Ursprüngliche bloß Geliehenes wird nun Eigenes. Gottebenbildlichkeit ist da, das Bild wird enthüllt und mit dem Urbild vereint. Menschwerdung Gottes offenbart die wahren Möglichkeiten der Menschennatur: Das Bildsein als Prozess des Gebärens, als wahres Sohnsein. Der Mensch gerät in die Geselligkeit der Trinität. Er wird „*geborngot*“ (DW V, 46,7f.).

Dass Eckhart die Beziehung Gott-Mensch als Zwei-Eines denkt (vgl. DW V 30, 15ff.) muss unsere Vorstellung an der Stelle einer Zweierbeziehung oder einer Einheits-Substanz einen Prozess denken, eben den des Gebärens, denn dieser verbale Vorgang bringt die Zweiheit des Einen (Gebären und geboren Werden) ebenso hervor wie die Einheit der Zweiheit (Vater und Sohn sind Eins). Das Ungeschaffene im Menschen ist dieser Prozess, der am Menschen als Geschöpf nicht haftet, aber im Vorgang der göttlichen Zuwendung ständig in ihm präsent ist, nicht, wie Eckhart sagt, als Kraft der Seele, sondern als Kraft *in* der Seele (Predigt 2). Diese Feinheit des Bleibens im Vorübergang – durch den unaufhörlichen und immerwährenden Prozess – an Stelle einer statischen Auffassung des Ungeschaffenen als eigenständigem Seelenmerkmal ist den Inquisitoren entgangen, und so wurde das Ungeschaffensein wie ein anthropologisches Datum gesehen und verurteilt. Andererseits kann man nicht verkennen, dass Eckhart aus der Endlichkeit des Menschen zugleich seine einzigartige Gottesverfassung hervor denkt. Er baut freilich gegen eine Bemächtigung Gottes, die paradoxerweise durch die Kraft der schlechthinnigen Abhängigkeit des Menschen geschieht und damit die implizite Vernunft der Offenbarung darlegt, die Sicherung der fernen, unerkennbaren „Gottheit“ ein, die gegenüber ihren Werken unabhängig bleibt. Aber gerade dieser Abgrund des Göttlichen wiederum kann als „ferne Nähe“ gedacht werden, was Eckharts Zeitgenossin, die Begine Marguerite Porete (als Ketzerin hingerichtet in Paris 1310) mit der Metapher des „Loingpres“ zum Ausdruck gebracht hat.

Für Eckhart ist die menschliche Natur den Naturgesetzen homolog. Wie die Schwerkraft am Stein, so ist die Strebekraft des Menschen nach dem Guten, das die Schwerkraft eines Gutes hat. Ähnlich fließt das Wasser nach unten, zum Tal. Aber der Mond veranlasst die Gezeiten und das Wasser fließt bergauf. Also heißt es einerseits: der Natur folgen, anderseits: sie verleugnen bzw. sich ihrer zu entäußern. Ähnlich ist es mit der Wirknotwendigkeit als Wesen Gottes: Gott bewirkt durch Wirken. Das menschliche Wirken hat mit Widerständen der Schwerkraft zu kämpfen und erst mit den Erfolgen wird es leichter. An der „Tugend“ in diesem Sinne als einem Zeichen ist Gottessohnschaft und Durchdrungensein vom Geist erkennbar. Erkenntnisweg und Lebensweg sind auch hier miteinander vereint.

Man muss den Blick auf Eckharts prozessuale und verbale Sicht der Bewegungen zwischen göttlichem und menschlichem Bereich richten. Geschaffen sein und Erschaffen sind zueinander ebenso gehörig wie Gebären und Geboren-werden. denn die aktive Seite erhält ihren Namen von der empfangenden Seite: ohne Schöpfung kein Schöpfer, ohne Geburt keine Eltern. Dass Gott Liebe ist, ist darin bewiesen, dass er von seinem Liebeshandeln her einen Namen erhält, der auf ihn zurückwirkt. Gottes Wirken trifft auf menschliches Erleiden: Gott wirkt, ich werde. Das Werden schließt Leiden und zugleich Leidaufhebung ein. Die Kreuzesaufnahme in der Nachfolge (vgl. Mt 16,24) ist für Eckhart eine Kreuzesverwandlung zugunsten des Trostes im Leiden.

Eckhart strebt im Letzten aber nicht Leid-Hinaufhebung durch Leidaufhebung, sondern Leidverwandlung durch Sinngebung des Leidens an. In diesem Sinne werden im *dritten Teil* des Buches (DW V, 56-61) Propheten, Apostel und Heilige als Vorbilder der Leidverwandlung angeboten. Sie überbieten im mittelalterlichen Güterschema andere Modelle: den Kaufmann, der alles beschwerlich auf sich nimmt, um Nutzen zu erlangen, und den Ritter, der sein Leben um der Ehre willen wagt. Wer denkt da nicht an Walter von der Vogelweides „Reichsspruch“ über die Unvereinbarkeit von weltlichem Gut, ritterlicher Ehre und Gottesbild?

6. Eckharts Apologie

Den *Schluss des Buches* bildet Eckharts erste Apologie vor dem Prozess, in welchem sich die Ankläger des Buches zu bedienen wissen. Zunächst bezieht er sich darauf, dass das, was er sagen will, nicht als zeitliche Abfolge, sondern als vertikales Zeugnis des immer und Jetzt zu verstehen ist. „Was kann ich dafür, wenn jemand das nicht versteht?“ Man hört Taulers Verteidigung mit: „Er sprach aus der Ewigkeit und ihr versteht es nach der Zeit.“ Es ist nicht etwa so, dass Eckhart sich nicht um Verstehen bemüht. Aber er sieht seine Sicht nicht von der Rezeption abhängig. Es muss Rezeptionen gegeben haben, Berufungen auf ihn, die ihm Probleme bereiteten. Der „pastorale“ Anlass der Inquisition sind Wirkungen nicht Glaubensprüfungen in akademischer Auseinandersetzung. Das war dann das Verhängnis, das über Eckhart hereinbrach. Es ist schwer, sich in einer pastoral-politischen Situation akademisch zu verteidigen, wenn man selbst den akademischen Raum verlassen hat. Dies hat der Lebemeister Eckhart getan: „Darum belehrt man die Ungelehrten, daß sie aus Ungelehrten zu Gelehrten werden. Gäbe es nichts Neues, so würde nichts Altes." Dass Eckhart sich im Bewusstsein der Neuheit abzusichern versuchte, war nicht mehr mittelalterlich, erleichtert aber seit dem deutschen Idealismus seine Rezeption. Auf der anderen Seite ist die hohe Abstraktheit seiner philosophisch-begrifflichen Auslegung des geoffenbarten Wortes mit einem großen Reichtum an (Natur)Gleichnissen und mit Lebenskonkretheit verbunden. Dies wiederum erleichtert seine Rezeption dort, wo man weniger nach der Aneinanderreihung von Glaubensnormen sucht, sondern nach einer an grundsätzlichen Sinnfragen orientierten Lebensform.

Literatur

Quellen und Werkausgaben

MEISTER ECKHART, Das Buch der göttlichen Tröstung, DERS., Die Deutschen Werke (DW mit Bandnummer), hrsg. v. J. QUINT, Band V.

MEISTER ECKHART, Abteilung II: Die Lateinischen Werke (LW mit Bandnummer), Stuttgart 1936ff. Derzeit betreut von L. STURLESE. Der Johanneskommentar findet sich in LW III.

MEISTER ECKHART, Band II: Traktate, Lateinische Werke, Auswahl, hrsg. v. N. LARGIER, mit dem Buch der göttlichen Tröstung und dem Anfang des Johanneskommentars, 488-536 und einem vorzüglichen Kommentar dazu: 835-867.

MEISTER ECKHART, Einheit mit Gott. Eine Auswahl, teilweise übers. u. kommentiert v. D. MIETH, 2. Aufl. der Neuauflage 2007. Düsseldorf 2008.

Sekundärliteratur

BÜCHNER, C., Gottes Kreatur – „ein reines Nichts"? Einheit Gottes als Ermöglichung von Geschöpflichkeit und Personalität im Werk Meister Eckharts (Innsbrucker Theologische Studien 71) Innsbruck-Wien 2005.

BÜCHNER, C., Die Transformation des Einheitsdenkens Meister Eckharts bei Heinrich Seuse und Johannes Tauler = Meister-Eckhart-Jahrbuch Beihefte 1, Stuttgart 2007.

FLASCH, K., Meister Eckhart. Die Geburt der „Deutschen Mystik" aus dem Geist der arabischen Philosophie, München 2006.

Meister Eckhart aus theologischer Sicht, hrsg. v. V. LEPPIN/H.-J. SCHIEWER = Meister-Eckhart-Jahrbuch, hrsg. v. H.-J. SCHIEWER/A. SPEER/G. STEER, Bd. 1, Stuttgart 2007.

MIETH, D., Meister Eckhart: Mystik und Lebenskunst, Düsseldorf 2004.

PANZIG, E.A., Gelâzenheit und abegescheidenheit. Eine Einführung in das theologische Denken des Meister Eckhart, Leipzig 2005.

WILDE, M., Das neue Bild vom Gottesbild. Bild und Theologie bei Meister Eckhart (Dokimion 24) Freiburg/Schweiz 2000.

Dietmar Mieth

II. Römisch-katholische Literatur

Roberto Bellarminio, De controversiis christianae fidei adversus huius temporis haereticos, 3 Bde., ED Ingolstadt 1586 / 1588 / 1593

1. Historische und theologische Einordnung

Im Jahr 1576 kehrt der Jesuit Robert Bellarmin aus Löwen nach Rom zurück, wo er am Collegium Romanum den Lehrstuhl „de controversiis“ übernimmt. In Löwen hatte er seine umfängliche philosophische und theologische Ausbildung abgeschlossen und mit der Kommentierung der Summa von Thomas von Aquin erste Erfahrungen als Lehrer der Theologie gesammelt.

Aus Löwen bringt Bellarmin eine Reihe von Studienschriften mit nach Rom, in denen er seine historisch-kritischen Forschungen zusammengetragen hat und die ein Zeugnis für seine umfassende Auseinandersetzung mit bibeltheologischen, theologiegeschichtlichen und allgemein historischen Fragen sind. Dass er sich schon in Löwen intensiv mit der reformatorischen Theologie befasst hat, zeigt eine Sammlung von zentralen Aussagen und Zitaten der wichtigsten Reformatoren, die er sich als Arbeitsinstrument erstellt hat.

Sowohl der Ort seiner Bildung wie die genannten Studienschriften weisen Bellarmin als einen umfassend gebildeten Theologen seiner Zeit aus. Mit dem Thomaskommentar vollzieht er mit der Reform von Salamanca die Abkehr von den Sentenzen des Lombarden und zeigt eine gründliche spekulative Bildung, die durch intensive Kontakte mit der in Löwen bevorzugten positiven Begründung und Darlegung der Glaubensinhalte ergänzt wird.

Seine Löwener Zeit prägt Bellarmin für den Rest seines Lebens. Während er aber 1613, acht Jahre vor seinem Tod, die erstgenannten Studienschriften zusammenfasst und veröffentlicht, verhindert er Zeit seines Lebens sowohl die Veröffentlichung des Summenkommentars wie seines *index haereticorum* und rückt damit die sogenannten Kontroversen, sein dreibändiges Hauptwerk, in den Mittelpunkt der Aufmerksamkeit. Was er im Summenkommentar begonnen und im Index gesammelt, erarbeitet und überdacht hat, ist nur über die Kontroversen zugänglich.

Die *disputationes de controversiis fidei adversus huius temporis haereticos*, zumeist nur Kontroversen genannt, gehen als Hauptwerk Bellarmins aus dessen römischen Vorlesungen (1576-88) hervor und erscheinen gegen Ende seiner Vorlesungstätigkeit als dreibändiges Werk in rascher Folge (1586/88/93). Die Kontroversen sind ein großer Erfolg und erleben in kurzer Zeit mehrere Auflagen. Die vielfachen Drucklegungen sind ohne Zweifel ein äußeres Zeichen für die Bedeutung des Werkes in der Auseinandersetzung der katholischen Theologen mit den aus reformatorischem Geist neu formierten Konfessionen. Zudem arbeitet Bellarmin Zeit seines Leben weiter an den Kontroversen, ergänzt einzelne Kapitel, fügt Kleinschriften als neue Teile ein und unterzieht das Gesamtwerk 1607 einer aufmerksamen „recognitio“. Die venezianische Ausgabe der Kontroversen aus Bellarmins Todesjahr 1621 gilt schließlich als Standardversion, nachdem der Jesuit selbst sie durchgesehen und korrigiert hat. Auf ihr basieren nahezu alle Folgeeditionen.

Die Kontroversen Bellarmins markieren in verschiedener Hinsicht eine Zäsur in der Theologiegeschichte. Zum einen findet sich hier die erste große und vor allem systematische Auseinandersetzung der katholischen Theologie mit den theologischen Positionen der Reformatoren. Bemerkenswert ist dabei insbesondere, dass der Jesuit auf jegliche Polemik verzichtet. Der faire Umgang mit den Reformatoren und die saubere Zitation ihrer Texte haben Bellarmin neben der Hochachtung seiner theologischen Gegner immer wieder Ärger im eigenen Orden wie in der eigenen Kirche eingetragen. Während sich die meisten katholischen Zeitgenossen Bellarmins auf die theologischen Themen der Zeit konzentrieren und diese kontrovers zuspitzen, beansprucht Bellarmin für die Kontroversen, in seinem Werk das Ganze des katholischen Glaubens vorzulegen, und schreckt auch nicht davor zurück, die Schwachpunkte katholischer Autoren aufzudecken. Neben eine außerordentliche Sorgfalt in der Darstellung der reformatorischen Position verbunden mit einer Fülle von exakten Zitaten tritt eine beeindruckende Akribie in der Aufreihung von Argumenten und Einwänden aus katholischem Geist. Beide Faktoren erschweren dem Leser den Zugang zu einem umfangreichen Werk und lassen oft nur mit Mühe den gesamten Gedankengang Bellarmins erkennen.

In den Kontroversen zeigt sich Bellarmin als Verteidiger des katholischen Glaubens, bleibt aber keinesfalls in der Rolle des bloßen Kontroversisten, sondern setzt auf die positive Darlegung des zu seiner Zeit in den Grundfesten erschütterten Systems der katholischen Lehre. Die Nachwirkung der zunächst drei, später vier Bände zeigt, dass der Jesuit in diesem Anliegen Entscheidendes geleistet hat. Sein Beitrag hat wesentlich zur Stabilisierung der katholischen Theologie beigetragen, auch wenn die kontroverstheologische Ausrichtung des Jesuiten den Systematiker Bellarmin in der Rezeption weitgehend verdeckt.

2. Die formale Ordnung der Gedanken und Argumente

Der Titel der Kontroversen hat programmatischen Charakter: *disputationes de controversiis fidei adversus huius temporis haereticos*. Bellarmin zielt neben der positiven Darlegung theologischer Inhalte besonders auf die umfassende Sammlung und Ordnung der Argumente. Dazu wählt er als Ordnungsstruktur die scholastische Disputation, indem er seine großen Leitfragen in Teilfragen aufgliedert und sorgfältig aufeinander aufbauend beantwortet. Das Werk steht damit in der alten Tradition der mittelalterlichen Disputation und verpflichtet sich neben einer sorgsamen Unterscheidung der Fragestellungen zu einer unpolemischen Aufreihung der eigenen wie der gegnerischen Argumente.

Bellarmin arbeitet in den Kontroversen mit einer traditionellen Argumentationsstruktur, um den neuen Herausforderungen seiner Epoche zu begegnen. Der Verzicht auf polemische Passagen fügt sich in dieses Denkmodell ohne jegliche Schwierigkeit ein, da Bellarmin mit dieser Struktur zu klaren Fragehierarchien wie zu einer angemessenen Darstellung der gegnerischen Position kommt. In der formalen Gliederung seiner Gedankenfolge zeigt Bellarmin sich damit als kreativer Schüler von Thomas, zu dem er sich seit seinen Löwener Tagen bekennt. Dagegen ist die philosophische Orientierung keinesfalls streng thomistisch, vielmehr hat er bereits in seiner frühen römischen Studienzeit einen Aristoteles mit humanistischen Zügen kennengelernt.

Das Interesse an einer klaren Argumentationsstruktur ist in den Kontroversen stets gegenwärtig, wird aber in der Nomenklatur durchbrochen: Während die große Summentradition mit „quaestiones" und articula" arbeitet, folgt Bellarmin diesem Muster nur inhaltlich und gliedert sein Hauptwerk formal in „libri" und „capita". Damit zerschneidet er durch die moderne Gliederung bzw. Benennung seine traditionelle Gedankenführung und erschwert dem Leser die Orientierung in den Kontroversen. Dieses Moment wird durch die in ungeheurem Umfang verarbeitete Materialfülle verschärft. Beides lässt die theologisch-systematische Leistung des Jesuiten häufig hinter seinem kontroverstheologischen Anliegen verschwinden.

Bellarmin stellt an den Anfang eines jedes großen Themenbereichs eine Aufgliederung der Fragestellung in Teilfragen. Diese Teilfragen eröffnet er dann jeweils mit einer langen Durchsicht der reformatorischen Werke und ihrer Theologie. Ohne Polemik zitiert er lange Texte oder stellt die gegnerische Position mit eigenen Worten dar. Ein solcher Einstieg in eine Fragestellung liest sich über viele Seiten hinweg wie ein Kompendium reformatorischer Positionen, ehe Bellarmin mit der Entfaltung der eigenen Position beginnt.

Im Kernbereich seiner Fragestellung verweist der Jesuit konsequent auf die Lehre der Kirche und erweist sich damit auch formal als ein zutiefst kirchlicher Denker. Dass die Kontroversen damit auch einen wegweisenden Beitrag zur fortschreitenden Konfessionalisierung des Christentums und der Theologie darstellen, ist offensichtlich.

Auf diesen Kernbereich lässt Bellarmin lange Beweisgänge folgen, die er streng gliedert. Gerade hier bewährt sich seine Entscheidung für eine positive Darlegung der katholischen Glaubenslehre und steht gegen eine aus Autorität gewonnenen oder bloß kontroversen Argumentation.

Erst im Anschluss an diese langen Argumentationsketten widmet Bellarmin sich abschließend den reformatorischen Texten und Positionen, die er detailbeflissen diskutiert und verwirft. Hier wie in den vorangehenden Partien erweist er sich als gründlicher Sammler und Disputant, der nicht nur alle gegnerischen Argumente aufführen, sondern auch widerlegen will. Dabei geht er keinem Text und keiner Schwierigkeit aus dem Weg, sondern überschüttet seinen Leser mit einer Fülle von Meinungen, Argumenten und Auseinandersetzungen.

Zur Unterscheidung und Ordnung seiner eigenen Argumente bedient sich Bellarmin der von Melchior Cano entworfenen Methodologie und folgt im Wesentlichen auch dessen Gliederung der „loci theologici". Auch wenn er mit dem Rückgriff auf die Disputation auf traditionellen Wegen wandelt, zeigt er sich zugleich im Blick auf die Neuorientierung der Theologie ganz auf der Höhe seiner Zeit.

Während Bellarmin sich im Kernbereich seiner Argumentation gern auf die Position der Kirche beruft, ist er dagegen außerordentlich zurückhaltend, wenn es um Lehrentscheidungen der kirchlichen Autoritäten geht. In der Begründung der zentralen Aussagen werden Schrift und Väter in geradezu überbordender Fülle zitiert. Hier zeigt er wie schon im Bereich der reformatorischen Theologie eine außerordentlich breit angelegte Bildung. Mit ähnlichem Hintergrund werden historische

Beweisgänge breit entfaltet. Dagegen finden sich rationale oder philosophische Beweisgänge nur selten und nehmen nie eine zentrale Funktion ein.

Sowohl hinter den aus der Schrift gewonnenen Argumenten wie hinter den Väterzitaten oder seinen historischen Erörterungen zeigt sich aber die immer wieder in den Vordergrund tretende ekklesiale Grundorientierung Bellarmins. Nicht nur im Zweifelsfall ist ihm die Kirche die zentrale Bezeugungsinstanz der vorgetragenen Position wie der sie stützenden Argumente. Darin unterscheidet er sich von Cano: Die institutionell verstandene Kirche ist für Bellarmin nicht ein „locus theologicus" neben anderen, sondern hat den Charakter eines hermeneutischen Fundamentalprinzips.

Diese methodische Orientierung ist in seinem ersten Gedankengang, der sogenannten „controversia prima" grundgelegt. Hier entwickelt er seine theologische Erkenntnislehre, indem er nach dem Wort Gottes, geschrieben oder ungeschrieben, als der alle Theologie begründenden Wirklichkeit fragt. Sein Ergebnis ist klar: So wie die Kirche durch ihre im Prozess der Kanonbildung getroffenen Grundentscheidung die Schrift garantiert, so sichert ihr Urteil über die Schriftauslegung auch die in der Schrift gesicherte Wahrheit. Damit wird die Kanonenbildung in der frühen Kirche als Kanonentscheidung der institutionellen Kirche gedeutet und diese paradigmatisch auf die Schriftauslegung übertragen. Die „obscuritas scripturae" wird im Dienst der Kirche an der Wahrheit gelichtet.

Mit diesem Deutungsmuster überträgt Bellarmin mittelalterliche Positionen der Sakramententheologie auf die theologische Methodenlehre. Kirche und Schrift werden wie Form und Materie einander zugeordnet, und auch dem kirchlichen Amt als „in persona Christi" handelnder Institution ist sein Platz gesichert. Die institutionelle Kirche ist als maßgebliche Größe in den gesamten Kontroversen gegenwärtig. Bellarmin versteht Kirche letztlich als Werkzeug Gottes (Sakrament!) und bereitet mit dieser Deutung eine zentrale Position späterer katholischer Theologie vor, ohne dass diese Position zu seinen Lebezeiten wahrgenommen worden wäre.

3. Die zentralen Inhalte des Werkes

Als Bellarmin seinen Lehrstuhl 1576 in Rom antritt, gibt es keine Lehrtradition „de controversiis", auf die er zurückgreifen kann. So entwirft er bereits in seiner Antrittsvorlesung in Rom ein detailliertes Bild der ihm aufgetragenen Fragestellung, das er zwar nicht in seinen Vorlesungen, aber in den Kontroversen als deren Verschriftlichung umsetzt.

Die Antrittsvorlesung, später als Vorwort in die Gesamtausgabe der Kontroversen eingefügt, nennt den neunten und zehnten Artikel des Glaubensbekenntnisses als die zentralen Streitpunkte der Zeit. Mit „Kirche", „Gemeinschaft der (!) Heiligen" und „Vergebung der Sünden" sind drei theologische Stichworte benannt, denen Bellarmin je einen Band seiner Kontroversen widmet, die er aber als „tanquam unius corporis membra" verstehen möchte.

Der erste Band der Kontroversen ist in sieben „controversiae generales" gegliedert und gründet im theologischen Stichwort Kirche. Bereits die Kölner Ausgabe von 1615 teilt diesen ersten Band in zwei Bände und trägt damit seiner ungeheuren Stofffülle Rechnung. Andere Ausgaben haben diese Teilung wieder aufgegeben.

Bellarmin nimmt seinen Ausgangspunkt bei der Frage nach der Schrift als dem Fundament der Theologie und deutet diesen ersten Gedankengang als „quasi magnam quoddam prooemium" seines Werkes wie der Theologie. Es folgt seine Abhandlung über Christus als das Haupt der Kirche, in dem Bellarmin Trinitätslehre, Christologie und Soteriologie zusammenfasst. Ganz im Sinne der in der Methodologie geschilderten Grundentscheidung schließt Bellarmin eine Kontroverse über den Papst als das Haupt der streitenden Kirche an. Dagegen fasst er in seinem vierten Gedankengang verschiedene Elemente der Theologie zusammen: hier findet sich neben einem Konzilstraktat die Gliedschaftslehre Bellarmins sowie eine Abhandlung über die vier „notae ecclesiae". Gerade diese vierte Kontroverse zeigt einen Theologen, der sich zugleich traditionellen Themen verpflichtet weiß und doch den Fragen seiner Zeit stellt. Diesen ersten Fragefeldern fügt er drei Abhandlungen über die Glieder der Kirche, nämlich Kleriker, Mönche und Laien an. Damit verlässt Bellarmin den Bereich der irdischen Kirche, indem er sich in einem sechsten Gedankengang der leidenden Kirche im Fegefeuer und im siebten der triumphierenden Kirche des Himmels widmet.

Tomus I/1	Contr. I	De verbo Dei scripto et non scripto
	Contr. II	De Christo capite totius ecclesiae
	Contr. III	De Summo Pontifice capite militantis ecclesiae
Tomus I/2	Contr. IV	De Ecclesia tum in concillis congregate, tum sparsa toto orbe terrarum (auch: De Ecclesia militante)
	Contr. V	De membris Ecclesiae (clericis, monachis, laicis)
	Contr. VI	De Ecclesia, quae est in purgatorio
	Contr. VII	De Ecclesia, quae triumphat in coelis

Der zweite Kontroversenband nimmt das Stichwort von der Gemeinschaft am (!) Heiligen auf und entfaltet in fünf „controversiae generales" die Sakramentenlehre Bellarmins. In diesem Bereich zeigt er sich wenig kreativ und entfaltet im Wesentlichen die von Thomas her tradierte und auf scholastischer Basis diskutierte Sakramententheologie. Eine gewisse Gewichtung zeigt sich bestenfalls in der Tatsache, welchen Sakramenten er einen eigenen Gedankengang widmet und welche er in einer Kontroverse zusammenfasst.

Tomus II	Contr. VIII	De sacramentis in genere
	Contr. IX	De baptismo et confirmatione
	Contr. X	De eucharistia et sacrificio missae
	Contr. XI	De poenitentia
	Contr. XII	De extrema unctione, ordine et matrimonio

Das dritte Stichwort von der Vergebung der Sünden durchzieht den dritten Kontroversenband, der sich aber nicht einfach auf dieses Thema konzentriert, sondern die Gnadenlehre breit entfaltet. Während er noch 1576 die zwischen Reformatoren und

Katholiken kontroversen Punkte als Leitfragen dieses Bereichs formuliert und Gnade, freien Willen, gute Werke und Gesetzesgehorsam als theologische Eckpunkte benennt, ordnet er seine Vorlesungen für die Schriftlegung neu und geht in drei Schritten vor: Er beginnt in einem ersten Gedankengang schöpfungstheologisch, schließt in einem zweiten Schritt den Verlust der Gnade an und macht zuletzt die Rechtfertigung des Sünders durch Christus zum zentralen Anliegen seines Nachdenkens.

Tomus III	Contr. XIII	De gratia primi hominis et statu innocentiae
	Contr. XIV	De gratia amissione
	Contr. XV	De gratiae reparatione et statu justificatorum per Christum

Auch eine solchermaßen knappe Übersicht der Kontroversen zeigt, wie Bellarmins Hauptwerk das Ganze der katholischen Glaubenslehre unter drei aktuellen Stichworten fasst und entfaltet. Die breit ausgefalteten Themen leben aus einer engen Zusammengehörigkeit und erweisen damit als Grundeinsicht Bellarmins, dass in jeder theologischen Teilfrage das Ganze der Theologie gegenwärtig ist. Damit musste er die reformatorische Initiative zugleich als Infragestellung seines gesamten theologischen Denkens wie der kirchlichen Wirklichkeit verstehen. Seine Antwort darauf ist gründliche Durchsicht der theologischen Systematik und detailgenaue Auseinandersetzung mit den großen Linien der Reformatoren wie mit deren Argumenten im Einzelnen.

4. Nachwirkung

Die Quellenlage kann nicht genau feststellen, ob es vor Bellarmin einen bedeutenden Lehrer „de controversiis“ am Collegium Romanum gegeben hat. Sicher aber ist, dass der Vorlesungsplan im Jahr vor Bellarmins Ankunft in Rom die Vorlesungen „de controversiis“ von zwei Wochenstunden auf tägliche Lesung erhöht hat. Diesem Anspruch ist Bellarmin mit seiner Lehrtätigkeit wie der Veröffentlichung der Kontroversen in einer solchen Weise nachgekommen, dass „sein“ Lehrstuhl über Jahrzehnte unbesetzt bleibt. Stattdessen werden die Studenten aus den Kontroversen unterrichtet; zeitweise ersetzt die Lektüre der Kontroversen sogar die der Heiligen Schrift. Erst für das Jahr 1672 ist wieder ein fester Lehrstuhlinhaber nachgewiesen. Diesem Sachstand entspricht eine kaum übersichtliche Zahl an Kontroversenausgaben. Zu Lebzeiten Bellarmins erscheinen dreizehn Auflagen des Hauptwerkes, am Ende des 17. Jahrhunderts sind es bereits einundzwanzig. Dem Ersterscheinungsort Ingolstadt folgen Lyon, Paris, Mailand, Köln, Mainz, Venedig und Prag als Orte, an denen die katholisch-reformatorische Kontroverse konkret ausgetragen wird. Die erste römische Ausgabe der Kontroversen erscheint erst im 19. Jahrhundert am Vorabend des Ersten Vatikanischen Konzils.

Dem entspricht, dass Bellarmin keine namentlich auszumachenden Schüler hatte und auch keine eigene Schule begründet hat. Er findet sich als einsame Gestalt in der Geschichte der katholischen Theologie. Stattdessen übernehmen die Kontroversen für mehrere Jahrhunderte die Funktion einer quasi-amtlichen Antwort der katholischen Theologie auf die reformatorische Herausforderung. Noch in der ersten Hälfte des zwanzigsten Jahrhunderts zeigen sich in den großen Diskussionen seine theologischen Spuren. Dass er in seiner Rezeption überwiegend als Kontroverstheologe gelesen wurde, ist zum einen seiner Darstellung geschuldet und versteht sich zum anderen als Selbstaussage der großen Konfessionen. Die ökumenische Diskussion des letzten Jahrhunderts hat diese Bellarmindeutung nicht korrigiert, sondern weithin fortgeführt. Sein positiver Beitrag zur Entfaltung der Theologie, insbesondere seine vorsichtigen Anknüpfungen an reformatorische Positionen sind darüber verloren gegangen.

Literatur

Quellen und Werkausgaben

BELLARMIN, R., De controversiis christianae fidei adversus huius temporis haereticos, 3 Bde., Ingolstadt 1586/1588/1593.

BELLARMIN, R., De controversiis christianae fidei adversus huius temporis haereticos, in: Opera omnia, Bd. 1-4, Venedig 1621.

Sekundärliteratur

DIETRICH, T., Die Theologie der Kirche bei Robert Bellarmin (1542-1621), Paderborn 1999.

BEKES, G., Die Sakramentenlehre Bellarmins. Die Auseinandersetzung des 16. Jhds. im Lichte der heutigen Lehre, in: In unum congregati (FG Augustin Mayer), Metten 1991, 239-252.

BIERSACK, M., Initia Bellarminiana, Stuttgart 1989.

LÖHR, T., Die Lehre Robert Bellarmins vom allgemeinen Konzil. Excerpta ex dissertatione, Limburg 1986.

RICHGELS, R., Robert Bellarmine's use of Calvin in the Controversies, Wisconsin 1973.

SEDELAAR, L., Die Lehre von der Mittlerschaft Christi nach dem heiligen Bellarmin, Würzburg 1937.

ARNOLD, F.X., Die Staatslehre des Kardinals Bellarmin, München 1934.

Thomas Dietrich

Jacques-Bénigne Bossuet, Discours sur l'Histoire universelle à Monseigneur le Dauphin pour expliquer la suite de la Religion et les changements des Empires / Abhandlung über die Universalgeschichte für den Thronfolger, um die Abfolge der Religion und die Wechsel der Reiche zu erklären), ED Paris: Sebastien Mabre-Cramoisy, 1681

1. Autor und Werk

Der aus einer aufstrebenden burgundischen Beamtenfamilie stammende, schon früh für den geistlichen Stand bestimmte Jacques-Bénigne Bossuet (1627-1704) betrieb seine Studien am Jesuitenkolleg seiner Heimatstadt Dijon und am Collège de Navarre in Paris. 1652 wurde er zum Priester geweiht und erlangte den theologischen Doktorgrad an der Sorbonne. Eine akademische Karriere jedoch strebte er nicht an. Er wurde Groß-Archidiakon des Kathedralkapitels von Metz, wo seine Familie mittlerweile lebte. In den folgenden Jahren pendelte Bossuet zwischen Metz und Paris, wo er ab 1660 seinen Lebensschwerpunkt fand. Hier profilierte er sich zu einem der berühmtesten Prediger seiner Zeit. Zweimal hielt er vor König Ludwig XIV. (1643-1715) und seinem Hof die Fastenpredigten (*Carême du Louvre* [1662] und *Carême de Saint-Germain* [1666]). Die politischen Erfolge des „Sonnenkönigs" nahmen auch Bossuet für diesen ein. Er vergleicht ihn immer häufiger mit David, dem maßgeblichen König Israels – und Ehebrecher (Meyer, 1993, 137). 1669 wurde Bossuet zum Bischof der in Südwestfrankreich gelegenen Diözese Condom ernannt, ohne jedoch jemals diese Aufgabe zu übernehmen; denn wenige Tage vor seiner Bischofsweihe wurde er Anfang September 1670 zum Erzieher des Thronfolgers Louis (1661-1711) bestimmt. Die bedeutendste Frucht von Bossuets Unterricht ist der monumentale *Discours sur l'Histoire universelle*, in welchem er das Geschichtsbild seines königlichen Schülers zu formen versuchte. Da Ludwig XIV. seinen Sohn überlebte, musste letzterer das Beherrschen der Staatskunst niemals unter Beweis stellen. Bossuet wurde nach Abschluss seines Präzeptorats im Jahre 1682 Bischof von Meaux. Obwohl er seinen bischöflichen Pflichten in vollem Umfang nachkam, war er häufig in Paris und Versailles präsent und übte seine schriftstellerische Tätigkeit weiterhin aus, ja intensivierte diese noch.

2. Inhalt des *Discours*

Der erste Teil („Les époques, ou la suite des temps") bietet eine Gliederung der Weltgeschichte in sieben Weltalter, die Bossuet teilweise nochmals in Epochen unterteilt. So kommt er vom ersten, mit der Schöpfung beginnenden und bis zur Sintflut reichenden Weltalter, welches zugleich auch die erste Epoche darstellt, bis zur zwölften Epoche, der Zeit Karl des Großen, mit der die Übersicht schließt. Diese letzte Epoche gehört zum siebten Weltalter, das mit der Geburt Jesu Christi einsetzt und insgesamt drei Epochen umfasst: die zehnte, welche von der Inkarnation bis zu Konstantin reicht, die elfte, die die Zeit von Konstantin zu Karl dem Großen einschließt und schließlich die zwölfte, die mit Karl dem Großen beginnt und von Bossuet nicht im einzelnen vorgestellt wird. Für ihn, den einflussreichen Vertreter des Gallikanismus, ist entscheidend, dass das „Imperium" durch Karl von den Römern zu den Franken gekommen ist und nun im französischen Königreich fortlebt. Die Einteilung in Weltalter ist für die christliche Geschichtstheologie durchaus traditionell, ob man nun wie Augustinus (354-430) in seinem Buch vom Gottesstaat (*De civitate Dei*) entsprechend den Tagen des Schöpfungswerkes sechs oder wie Bossuet sieben solcher Weltalter zählt. Entscheidend für diese Sicht ist, dass das letzte Weltalter mit der Geburt Jesu Christi beginnt und mit dem Jüngsten Tag endet.

Der zweite Teil behandelt die Abfolge der Religion („La suite de la Religion"). Wie der Titel deutlich macht, geht es nicht um eine Geschichte verschiedener Religionen, sondern um die Geschichte der einen Religion bzw. des einen Volkes Gottes in ihren unterschiedlichen Stadien. Wiederum beginnt Bossuet mit der Schöpfung, um die ganze Entwicklung in lockerer Weise unter das traditionelle Schema der drei „Gesetze" zu fassen, wie es sich etwa in der *Summa theologiae* des Thomas von Aquin (1225-1274) als Gliederungsschema für die Erörterung der Gesetzes-Thematik findet (vgl. S.th. I-II q.90-108): die Zeit des Naturgesetzes, die von der Schöpfung bis zu Mose reicht, die Zeit des alten bzw. des geschriebenen Gesetzes, dessen zentraler Text – die Zehn Gebote – dem Volk am Sinai gegeben wurde, sowie die Zeit des neuen Gesetzes bzw. des Gesetzes der Gnade, das mit dem E-vangelium Jesu Christi beginnt. Bossuet bietet in diesem Teil weitgehend eine Paraphrase der biblischen Texte. Dabei liest er die Geschichte des Alten Bundes als Geschichte des Abfalls der Menschen von Gott und zugleich als Zeit der prophetischen Verheißung. Die Wende kommt in Jesus Christus, der die Verheißungen erfüllt und die Umkehr der Menschen zu Gott ermöglicht (Discours II, 19). Sein Leben und seine Botschaft lassen sich unter dem einen Stichwort der Liebe zusammenfassen: „Das Ziel der Religion, die Seele der Tugenden und die Zusammenfassung des Gesetzes ist die Liebe. Man kann sagen, dass bis zu Jesus Christus die Vollkommenheit und die Wirkungen dieser Tugend nicht vollständig bekannt waren. Jesus Christus erst lehrt uns, uns mit Gott allein zu begnügen" (Discours II, 19; ed. Truchet, 239). Dies geschieht im Doppelgebot der Gottes- und Nächstenliebe. Das Gebot, welches am meisten dem Evangelium entspricht, ist dasjenige, sein Kreuz zu tragen. „Das Kreuz ist der wahre Beweis des Glaubens, das wahre Fundament der Hoffnung, die vollkommenste Reinigung der Liebe, mit einem Wort: der Weg zum Himmel" (ebd., 240). An der Gottverlassenheit Jesu am Kreuz lässt sich für Bossuet ablesen, „dass der tugendhafte Mensch in der größten äußeren Not keines menschlichen Trostes bedarf, ja nicht einmal eines wahrnehmbaren Zeichens göttlicher Hilfe, damit er nichts als liebt und sich anvertraut, in der Gewissheit, dass Gott an ihn denkt, ohne ihm dafür ein Zeichen zu geben, und dass ihm die ewige Seligkeit bereitet ist" (ebd., 241). Es ist bezeichnend für Bossuet, dass er die „Idee" zu solchem tugendhaften Verhalten im zweiten Buch von Platons *Staat* in der Gestalt des Gerechten vorgebildet sieht, der bis hin zur Kreuzigung leidet (Plat. rep. 361e-362a). Gott hat diese Idee dem Philosophen eingegeben und sie in seinem

Sohn verwirklicht und auf diese Weise „sehen lassen, dass der Gerechte einen anderen Ruhm, eine andere Ruhe und ein anderes Glück hat als das, welches man auf Erden haben kann" (Discours II, 19; 241; zur Platon-Rezeption Bossuets vgl. Goyet, 1956, 47-80). Nachdem Bossuet in einem weiteren Kapitel (Discours II, 20) die Gründung der Kirche, ihre wunderbare Ausbreitung und ihre ständige Gefährdung von außen wie von innen durch Verfolgung und Irrlehren sowie Spaltungen dargestellt hat, geht er in weiteren Kapiteln auf Probleme ein, die er bisher, um die Abfolge der Darstellung nicht zu unterbrechen, am Rande behandeln musste. Einen breiten Raum nimmt hier die Beschäftigung mit dem Judentum ein. Bossuet ist mit Paulus (Röm 11,25-32) von der bleibenden Berufung Israels durch Gott wie seiner endgültigen Rettung überzeugt und deutet die Geschichte des Judentums als beispielhafte Bestrafung dafür, dass das Volk, das die Verheißungen kannte, ihnen jedoch nicht glaubte, sich von Gott abwandte und den Messias verwarf. In diesem Zusammenhang beschäftigt er sich auch mit der talmudischen Überlieferung, die die christliche Interpretation der alttestamentlichen Verheißungen bestreitet (Discours II, 23). Bossuet ist bei seiner Darstellung des Judentums keineswegs originell, sondern folgt den Stereotypen des christlichen Antijudaismus. Dass es zu seiner Zeit auch anders ging, zeigt ein Vergleich mit dem im selben Jahr wie Bossuets *Discours* erschienenen Werk *Les Mœurs des Israélites, où l'on voit le modèle d'une politique simple et sincère pour le gouvernement des Etats et de la réforme des mœurs* [*Die Sitten der Israeliten, in denen man das Modell einer einfachen und aufrichtigen Staatskunst zur Regierung der Staaten und zur Reform der Sitten erkennt*] (Paris 1681) des im übrigen mit Bossuet befreundeten Abbé Claude Fleury (1640-1723). Dieser „schreibt der ursprünglichen jüdischen Gesellschaft ein Ensemble an Sitten zu wie Einfachheit, Genügsamkeit und Arbeitsfreude, die nach ihm einen doppelten Zweck erfüllten: Sie haben die Israeliten auf den Weg der sittlichen Vollkommenheit geführt und ihnen zugleich ökonomische Prosperität und politische Stabilität gesichert" (Hoarau, 2005, 151).

In Discours II, 26 betrachtet Bossuet die Gefährdung des christlichen Glaubens durch verschiedene Formen des Götzendienstes. Auch wenn er hier nur historische Beispiele dafür nennt, wie Menschen endlichen Dingen wie Macht, Reichtum usw. und falschen Göttern die allein Gott geschuldete Verehrung haben zuteil werden lassen, so hält er hierdurch seinen Zeitgenossen den Spiegel vor. Dies ist auch der Fall, wenn er Versuche tadelt, die Torheit, welche das Evangelium in den Augen der Welt besitzt, durch Erklärungen der Schwierigkeiten, die der Glaube bietet, zu entschärfen. Seine Auseinandersetzung mit der Bibelkritik (Discours II, 28) fasst kurz zusammen, was Bossuet an der historisch-kritischen Beschäftigung mit der Heiligen Schrift beklagt, nämlich die Infragestellung ihres göttlichen Ursprungs und ihrer entsprechenden Autorität. Gemeint ist, auch wenn Bossuet den Namen nicht nennt, vor allem der katholische Exeget Richard Simon (1638-1712), dem er vorwirft, dem zerstörerischen Gedankengut des Philosophen Benedictus de Spinoza (1632-1677) wie auch der protestantischen Bibelkritik Eingang in die katholische Schriftauslegung verschafft zu haben. Bossuet gelang es auf Grund seiner guten Beziehungen zu Kanzler Michel Le Tellier (1603-1685), dem er nach dessen Tod die Leichenrede hielt, fast die gesamte Erstauflage von Simons Hauptwerk *Histoire critique du Vieux Testament* [*Kritische Geschichte des Alten Testaments*] (Paris

1678) einstampfen zu lassen, obwohl diese mit kirchlicher Druckerlaubnis erschienen war (vgl. Bedon).

In den beiden letzten Kapiteln des zweiten Teiles fasst Bossuet die gesamte Argumentation von der Einheit der Religion in ihrer geschichtlichen Abfolge nochmals zusammen. Jesus selbst hat sie im Gleichnis von den bösen Winzern (Mt 21,33-46) in ein Bild gebracht: Die Winzer, welche die Diener und schließlich den Sohn des Weinbergsbesitzers töten und die den Grund dafür liefern, dass der Weinberg anderen anvertraut wird, sind die Juden, die den verheißenen Messias ablehnen, weswegen dann die Heiden berufen werden. „Das Volk, das ihn [sc. den Messias] als gekommenen anerkennt, ist dem Volk inkorporiert, das ihn erwartete, ohne dass es zwischen beiden einen einzigen Augenblick der Unterbrechung gegeben hat; dieses Volk ist über die ganze Erde verbreitet; die Heiden hören nicht auf, sich ihm anzuschließen, und diese Kirche, welche Jesus Christus auf den Felsen gegründet hat, wurde, trotz aller Anstrengungen der Unterwelt, niemals überwältigt" (Discours II, 30; 337). Das letzte Kapitel des zweiten Teiles beginnt Bossuet damit, dass er den amtierenden Papst, Innozenz XI. (1676-1689), unbeschadet seiner Konflikte mit Ludwig XIV. als den Nachfolger dessen herausstellt, dem die Verheißung Jesu galt, die Pforten der Unterwelt werden die auf den Felsen Petri erbaute Kirche nicht überwältigen (Mt 16,18). Eine solche Sukzession vom Anfang der Schöpfung bis in die Gegenwart kann keine andere menschliche Gesellschaft aufweisen als allein die Kirche, und darin sieht Bossuet das eindrücklichste Zeichen ihrer Wahrheit. Er schließt diesen Teil mit einer Ermahnung an den Thronfolger, die Rechte Gottes zu verteidigen und das Reich Jesu Christi über die ganze Erde auszubreiten.

Der dritte und insgesamt kürzeste Teil des Werkes ist der Abfolge der Reiche gewidmet („Les Empires"). Bossuet behandelt hier nur die Reiche der Antike einschließlich des Römischen Reiches, von dem er am Ende nochmals feststellt, dass es seit Karl dem Großen im französischen Königtum weiterlebt. Er legt bei seiner Darstellung eine stupende Kenntnis der antiken Historiker an den Tag, wie man am Beispiel der römischen Geschichte sehen kann (André, 2005). Was Bossuet damit bezweckt, ist in der Überschrift des ersten Kapitels treffend zusammengefasst: „Les révolutions des empires sont réglées par la Providence, et servent à humilier les princes [Die Umstürze der Reiche sind durch die Vorsehung geregelt und dienen der Verdemütigung der Fürsten]" (Discours III, 1; 349). Er möchte seinem Schüler, um ihn auf seine staatsmännische Aufgabe vorzubereiten, „la vraie science de l'histoire [die wahre Geschichtswissenschaft]" vermitteln, die darin besteht, „in jeder Zeit die geheimen Dispositionen zu entdecken, die die großen Veränderungen vorbereitet sowie die wichtigen Konstellationen, die sie herbeigeführt haben" (Discours III, 2; 354). Im einzelnen unterscheidet Bossuet bei seiner Darstellung im Anschluss an Thomas von Aquin zwischen der Vorsehung Gottes als Erstursache und dem Handeln der Menschen auf der Ebene der Zweitursachen, welches letztlich von Gott zur Erreichung seiner Ziele eingesetzt wird, ohne dadurch die Freiheit der Menschen aufzuheben (vgl. Ferreyrolles, 2006, 192-194; zum augustinischen Hintergrund vgl. ders., 1982, 237-241; Goyet, 1965, Bd. 2, 330-333). Man kann den *Discours* oberflächlich als eine triumphalistische Darstellung der sakralen und profanen Geschichte lesen. Dann übersieht man aber die zahlreichen Hinweise, die Bossuet einstreut, um die Leser vor Selbstüberschätzung wie vor Selbstzufriedenheit zu warnen. Gott ist der Herr der Geschichte und der eigentliche Schlüssel zu ihrem Verständnis ist nicht der äußere Erfolg, sondern das Kreuz. Dies erkannt zu haben, macht den Wert der ebenso kurzen wie eindringlichen Darstellung aus, welche Karl Löwith (1897-1973) Bossuets *Discours* in seinem Werk *Weltgeschichte und Heilsgeschehen. Die theologischen Voraussetzungen der Geschichtsphilosophie* gewidmet hat (Löwith, 1983, 150-158).

3. Wirkungs- und Rezeptionsgeschichte

Bossuet veröffentlichte 1682 eine zweite, kaum veränderte Auflage des *Discours*, 1700 ließ er eine vermehrte dritte Auflage folgen. Die Überarbeitungen, die er bis zu seinem Tod weiterhin vornahm – er fügte etwa im zweiten Teil das 29. Kapitel ein, das sich mit der damals viel diskutierten Frage der Authentizität der biblischen Bücher beschäftigt –, wurden erst ein Jahrhundert später in der von Augustin-Pierre-Paul Caron (1779-1850) herausgegebenen Edition im Rahmen der Gesamtausgabe der Werke Bossuets (Œuvres de Bossuet, Bd. 35, Versailles 1818) veröffentlicht (Vgl. Goyet, 1956, 17-23). Der *Discours* als ganzer wurde bis in die Gegenwart etwa 200mal nachgedruckt, eine kritische Edition jedoch fehlt bis heute. Im 18. Jh. wurde der *Discours* von Jean de la Barre u. a. bis in die Gegenwart fortgeschrieben (Continuation de l'Histoire universelle [...] jusqu'à l'an 1700 (Luxemburg 1704 u.ö.; zuletzt bis zum Jahre 1750 fortgeführt: 4 Bde., Amsterdam – Leipzig 1753-1755). Das Werk wurde, teilweise unter Einschluss der Fortsetzungen, in zahlreiche Sprachen übersetzt, darunter auch ins Spanische, Italienische, Englische und Polnische. Eine lateinische Übersetzung von Emmanuel de Partenay (Commentarii universam complectentes Historiam, ab orbe condito ad Carolum Magnum, quibus accedunt series Religionis et Imperiorum vices, Paris 1718. ^{2}1818) sollte die internationale Verbreitung noch erhöhen. Die erste deutsche Übersetzung erschien anonym kurz nach der französischen Erstausgabe: *Rede über die allgemeine Histori, worinnen deutlich fürgestellt wird die Folge der Religion und Veränderung der mächtigen Reiche vom Anfang der Welt bis zu Caroli des Großen Zeiten*, Cosmopel (d.i. Frankfurt/Main) 1690. Die wichtigste deutsche Übersetzung stammt von dem lutherischen Theologen und gemäßigten Aufklärer Johann Andreas Cramer (1723-1788): Jacob Benignus Bossuet, Bischofs von Meaux, Einleitung in die allgemeine Geschichte der Welt, bis auf Kaiser Carln den Großen, Leipzig 1748 u.ö., was den Einfluss Bossuets auch im protestantischen Bereich bezeugt. Cramer hat dem Band allerdings einen Anhang beigegeben, in dem er die Darstellung Bossuets aus protestantischer Sicht etwas zurechtrückt. Seine mehrbändige Fortsetzung ließ er unter einem leicht veränderten Titel, aber weiterhin unter dem Namen Bossuets erscheinen: Jakob Benignus Bossuet, Bischofs von Meaux, Einleitung in die Geschichte der Welt und der Religion, 7 Bde., Leipzig 1752-1786 u.ö.). Die Cramersche Übersetzung wurde ihrerseits, worauf der Verlagsort Wien schließen lässt, von einem katholischen Autor bearbeitet: Einleitung in die allgemeine Geschichte der Welt, von der Erschaffung derselben bis auf Karl den Grossen, zuvor übersetzt von Johann Andreas Kramer – nun aber nach den französischen Ausgaben durchaus berichtiget, mit den vom Hrn. Kramer weggelassenen Stellen ergänzt und herausgegeben von Franz Scholz, Wien 1782. Eine weitere deutsche Übersetzung brachte im 19. Jahrhundert Ludwig Anton Mayer, der auch einige weitere Werke Bossuets verdeutschte, heraus: *Jakob Benignus Bossuet's Universal-Geschichte vom Anfange der Welt bis auf das Kaiserreich Karl's des Großen*, Würzburg 1827. ²1832. Diese breite Rezeption zeigt, wie sehr man Bossuets Geschichtstheologie bis ins 19. Jahrhundert in Frankreich und weit darüber hinaus schätzte und aus ihr Anregungen bezog. Gerade in der Epoche der Restauration nach der Französischen Revolution hat man auf Bossuets Geschichtsdarstellung zurückgegriffen, seinen Gallikanismus jedoch haben ihm die Vertreter des Ultramontanismus, die das Papsttum nicht nur als Garant der kirchlichen, sondern auch der weltlichen Ordnung entdeckten, nicht verziehen (vgl. Boutry).

Literatur

Quellen und Werkausgaben

JACQUES-BENIGNE BOSSUET, Discours sur l'histoire universelle, hrsg. v. J. TRUCHET, Paris 1966.

JACQUES-BÉNIGNE BOSSUET, Œuvres, hrsg. v. A.-P.-P. CARON/N.-PH. HEMEY D'AUBERIVE, 43 Bde., Versailles 1815-1819.

JACQUES-BENIGNE BOSSUET, Œuvres complètes, hrsg. v. F. LACHAT, 31 Bde., Paris 1862-1866 u. ö.

JACQUES-BENIGNE BOSSUET, Œuvres oratoires, hrsg. v. J. LEBARQ, verbessert und erweitert v. C. URBAIN/E. LEVESQUE, 7 Bde., Paris 1926-1927.

JACQUES-BÉNIGNE BOSSUET, Correspondance de Bossuet, hrsg. v. C. URBAIN/E. LEVESQUE, 15 Bde., Paris 1909-1925.

JACQUES-BENIGNE BOSSUET, Œuvres, hrsg. v. B. VELAT/Y. CHAMPAILLER (Bibliothèque de la Pléiade 33), Paris 1961.

Sekundärliteratur

ANDRE, J.-M., La réflexion de Bossuet sur la décadence de Rome, in: M. CHAUNEY-BOUILLOT (Hrsg.), Bossuet en son temps, 83-96.

BEDON, V., Simon, Bossuet et la Bible, in: Nouvelle revue théologique 120 (1998), 60-74.

BOUTRY, P., Joseph de Maistre lecteur de Bossuet, in: G. FERREYROLLES (Hrsg.), Bossuet, 377–403.

CHAUNEY-BOUILLOT, M. (Hrsg.), Bossuet en son temps. Actes du 14ᵉ colloque de l'Association bourguignonne des sociétés savantes, Dijon, 16-17 octobre 2004 (Mémoires de l'Académie des sciences, arts et belles-lettres de Dijon 139), Dijon 2005.

FERREYROLLES, G., L'influence de la conception augustinienne de l'histoire au XVIIᵉ siècle, in: XVIIᵉ Siècle 34 (1982), 216-241.

FERREYROLLES, G. (Hrsg.), Bossuet. Le Verbe et l'Histoire (1704-2004). Actes du colloque international de Paris et Meaux pour le troisième centenaire de la mort de Bossuet, Paris 2006.

FERREYROLLES, G., Histoire et causalité chez Bossuet, in: DERS. (Hrsg.), Bossuet, 185-195.

GOYET, T., Autour du *Discours sur l'Histoire universelle*. Etudes critiques (Annales littéraires de l'Université de Besançon. 2ᵉ Série, t. III, fasc. 4), Besançon – Paris 1956.

GOYET, T., L'humanisme de Bossuet, 2 Bde., Paris 1965.
HOARAU, F., Le judaïsme dans la pensée de Bossuet et de Fleury, in: M. CHAUNEY-BOUILLOT (Hrsg.), Bossuet en son temps, 151-169.
LE BRUN, J., La spiritualité de Bossuet, Paris 1972.
LÖWITH, K., Weltgeschichte und Heilsgeschehen. Die theologischen Voraussetzungen der Geschichtsphilosophie (= Sämtliche Schriften Bd. 2), Stuttgart 1983.
MARTIMORT, A.-G., Le gallicanisme de Bossuet, Paris 1953.
MEYER, J., Bossuet, Paris 1993.
TRUCHET, J., La prédication de Bossuet. Étude des thèmes. 2 Bde., Paris 1960.
VERLAQUE, V., Bibliographie raisonnée des Œuvres de Bossuet, Paris 1908, ND Nendeln 1975.
WALTER, P., Jacques-Bénigne Bossuet. Standortsicherung aus dem Geist der Tradition, in: DERS./M. H. JUNG (Hrsg.), Theologen des 17. und 18. Jahrhunderts. Konfessionelles Zeitalter – Pietismus – Aufklärung, Darmstadt 2003, 144-165.

Peter Walter

Anton Günther, Vorschule zur spekulativen Theologie des positiven Christentums, 2 Bde., ED Wien 1828 / 29

1. Vor dem Hintergrund der Zeit

Mit Scharfblick erkannte A. Günther die für seine Zeit unerträglich gewordene Kluft zwischen Christentum und Wissenschaft. Die Aussöhnung von Glauben und Wissen in den Herausforderungen neuzeitlicher Vernunftprozesse galt ihm deshalb als vorrangiges Bedürfnis für das zeitgenössische Christentum und seine Theologie. Angesichts des weit verbreiteten „Vernunfthasses" auf katholischem Boden und der Niveaulosigkeit theologischer Ansprüche suchte er nach einer ideell-spekulativen Vergewisserung des Christentums in der kritischen Auseinandersetzung mit den Repräsentanten der neuzeitlichen Denkentwicklung im Anschluss an den subjekttheoretischen Ansatz bei Descartes. Kant, Fichte, Schelling und Hegel sind die nicht immer leicht identifizierbaren Gesprächspartner seiner „spekulativen Theologie". Günther kritisierte das Vernunftverständnis der Scholastik, weil sie im Horizont eines vorwaltenden „Naturdenkens" nicht über eine Nicht-Widersprüchlichkeit von Glauben und Wissen hinausgekommen war („negatives Vernunftkriterium") und infolgedessen der Auffassung einer „zweifachen Wahrheit" in Philosophie und Theologie auch nicht wirksam zu widerstehen vermochte. Diesem geistvergessenen Denken setzte er als neuzeitlicher Denker eine im Selbstbewusstsein des Geistes verwurzelte Glaubensaneignung entgegen, die auf eine originelle Neufassung des Verhältnisses von Schöpfung und Erlösung, von Philosophie und Theologie, von Wissen und Glauben in „wechselseitiger Immanenz" zielt.

Die Front, an der er kämpfte, war vor allem der monistisch unterströmte Pantheismus in all seinen – oft sehr sublimen – Ausdrucksformen. In diesem „gefährlichsten Feind des Christentums" diagnostizierte er eine für das geistige Leben destruktive Verschleifung der Schöpfungsdifferenz von Gott und Welt und infolgedessen auch die Gefahr einer Entpersonalisierung des Menschen in einem verabsolutierten Naturbewusstsein, nach dessen Logik das seiner selbst bewusste Ich mit seiner Verantwortlichkeit im Prozess der Selbstverwirklichung des Absoluten untergehen muss. Auf dem Boden einer revidierten Theorie vom Selbstbewusstsein als ursprünglicher „Seinsgewissheit" versucht Günther dieser Auflösung des „selbstigen" Geistes und seines selbsttätigen Daseins in Vernunft und Freiheit entgegenzuwirken.

Nur ein in sich absolut vollendeter Gott kann eine nicht-göttliche Welt kreieren und den letzten Sinn („Zweck") der *freien* Schöpfung in einer *freien* Annahme durch den Menschen begründen. Die Schöpfungsdifferenz in der „geistigen Form" als freies „Gegenüber" zu Gott lässt die Welt nicht mehr als naturhafte Emanation, nicht als Kausation, aber auch nicht als Erscheinung Gottes im Prozess seiner Selbstverwirklichung denken. Den Verdacht eines „abstrakten Dualismus" von Gott und Welt kann Günthers Konzeption der „Weltidee" entkräften, die er aus dem Selbstbewusstsein Gottes heraus als göttlichen Nicht-Ich-Gedanken, d.h. als „Eben- und Gegenbild" Gottes gedanklich zu ermessen sucht.

2. Inhalt des Werkes

Die *Vorschule* (1828/29) ist das erste selbständige Werk, in dem Günther sein philosophisch-theologisches System in kritischer Auseinandersetzung mit den idealistischen Denkansätzen seiner Zeit entwickelte. Es stellt eine Art Einführung in die spekulative Theologie mit ihren beiden Hauptthemen „Kreation" (1. Band) und „Inkarnation" (2. Band) dar. In ihm zeigt sich bereits umrisshaft das Gesamtsystem des spekulativen Theologen und Philosophen. In rascher Folge erschienen bis 1843 weitere sieben Werke, die den ersten Systementwurf ausführten und im einzelnen vertieften. Nach 1848 rundeten umfangreiche Abhandlungen die systematische Grundkonzeption ab. Die beiden letzten Bücher, von denen das eine posthum erschien, waren nur noch Repliken auf die Angriffe seiner Kritiker.

Die Bezeichnung *Vorschule* hat ein Vorbild an I.H. Fichtes *Sätzen zur Vorschule der Theologie* (1826) und an J. Pauls *Vorschule der Ästhetik* (1800). Die literarische Form des Briefwechsels gibt ihm die Möglichkeit, Zeitströmungen, geschichtliche Verhältnisse in Kirche und Wissenschaft sowie Biographisches erzählend in kunstvoller Gestalt zu integrieren. Der Dialog spiegelt eine gedankliche „Dialektik" des Für und Wider möglicher Standpunkte in ständiger Auseinandersetzung mit seinen Partnern und Gegnern. Der Briefwechsel zwischen „Peregrin Niger" als Onkel und dem jungen Theologen „Thomas Wendeling" als Neffen möchte dem Klerus die weithin herrschende Scheu vor der spekulativen Durchdringung der christlichen Offenbarungswahrheiten nehmen. In der Form des Briefwechsels hat Günther auch seine Werke *Der letzte Symboliker*, *Süd- und Nordlichter*, *Thomas a Scrupulis* und *Lentigos und Peregrins Briefwechsel* abgefasst und sich dabei an großen Vorbildern wie J. G. Hamann und vor allem J. Paul orientiert.

2.1. Spekulatives Vernunftdenken

Als neuzeitlicher Denker weiß sich auch Günther der Neuorientierung im Wirklichkeitsverständnis in der Wendung vom „Objekt" zum alle Objektivität ermöglichenden Subjekt verpflichtet. Anders als für Descartes gilt ihm jedoch diese Gewissheit als ursprüngliche Selbstoffenbarkeit des Geistes, der sich im Ichgedanken seine Selbstheit in der Erscheinung bezeugt und in diesem ursprünglichen Wissen um sich selbst das Prinzip und Maß für alles Wissen um anderes Sein besitzt.

Günther nennt diesen Grund-Gedanken, der als Gedanke schon die Gewissheit des Seins einschließt und infolgedessen als Maß jeglichen Realitätsbewusstseins fungiert, kurz auch „Idee" im Unterschied zum „Begriff" als bloßem „Erscheinungswissen". Im Wissen um dieses ursprüngliche Wissen der Ich-Idee liegt der Schlüssel für ein ideelles Verständnis der im „niederen" Selbstbewusstsein bereits unreflektiert erschlossenen Wirklichkeit. So zeigt sich das unmittelbar rezipierte Leben der Natur in ihren Erscheinungen für den selbstbewussten Geist als bestimmte Negation desselben, da sie selbst in ihren höchsten Manifestationen nur ein Bewusstsein als Verinnerlichung des in der Materialisierung „Veräußerlichten" hervorzubringen vermag.

Das „niedere" Selbstbewusstsein erschöpft sich jedoch nicht im Selbst- und Weltverständnis des Menschen, es schließt auch den Gottesgedanken ein, der – wenn auch noch so anfanghaft und unbestimmt – die Welt als Offenbarung Gottes zu verstehen gibt. Seine stärkste Triebfeder hat dieses der Verdunkelung und Missdeutung ausgesetzte Gottesbewusstsein im unbeugsamen Spruch des Gewissens, in dem sich eine transsubjektive Autorität im Ichbewusstsein meldet. So wie der einmal zu sich selbst gefundene Geist die faktische Ichgewissheit in seiner Genesis, d.h. *als* Offenbarung eines selbstigen Geistprinzips und die natürlichen Erscheinungen in ihrer Verinnerlichungstendenz als Offenbarung eines Naturprinzips zu vergewissern vermag, kann er auch das faktische Gottesbewusstsein zum Wissen um ein Unbedingtes steigern, das als Prinzip einer absoluten Erscheinung oder Selbstoffenbarung auch die absolute Voraussetzung des Weltdaseins im Ganzen ist: Gott, die unbedingte Urrealität, als Grund, als Maß und Ziel der Welt.

2.2. Schöpfung als Ur- und Grundoffenbarung

Die Gottesidee aber erschließt Welt in ihrer „objektiven" Vernunft als Verwirklichung des göttlichen *Weltgedankens*. Schöpfung ist als Kontraposition des göttlichen Selbstbewusstseins erste und grundlegende *Offenbarung* Gottes ad extra, die im Menschen als der „organischen Vereinigung" von Natur und Geist kulminiert und in ihm auch ihre freie Anerkennung finden soll.

Der wesenhafte („qualitative") Gegensatz von Geist und Natur schließt aber die Welt als direkte Erscheinung des Absoluten oder als Teilhabe am Sein Gottes aus. Die Welt ist weder naturhafte Emanation („Ausfluss" der Gottheit) noch die stufenweise Selbsterscheinung des Absoluten im Zu-sich-Kommen desselben. Sie entspringt in ihrer Grundstruktur einem „Cogitor" im göttlichen Geist („Weltidee"), in dem Gott nicht sich, sondern Anderes und Anderes nur unter der Voraussetzung seiner vollendeten Ichheit als Nicht-Göttliches denkt. Auch der Gedanke einer Seinsmitteilung und Teilhabe am göttlichen Sein („Partizipationsdenken") verkennt die wesenhafte Differenz zwischen Gott und Nicht-Göttlichem, weil das sich im Selbstbewusstsein ewig offenbare Sein Gottes nur in einer *Selbst*mitteilung als Mitteilung seines selbstigen Lebens mit der Kreatur in eine personale Gemeinschaft treten kann. Die Welt als „Schlagschatten" des göttlichen Selbstbewusstseins bezeugt an sich selbst Gott *spiegelverkehrt* in seiner vollendeten Selbstoffenbarung. Diese „geistige Struktur" (in Natur, Geist und in deren Synthese als Mensch) musste einem Partizipationsdenken griechischer Provenienz – als vorherrschendem Naturbewusstsein – noch verborgen bleiben.

Wie das göttliche Sein sich in realer Selbstaffirmation der Form nach dreipersönlich zeigt, weil die zwei realen Momente des Gegensatzes und Gleichsatzes eine Dreiheit von Personen bedingen, dabei aber ein einziges Wesen (Substanz) bleibt, so steht umgekehrt der Nicht-Ich-Gedanke Gottes unter der Idee einer Einigkeit in der *Form* (Streben nach Selbstoffenbarkeit) und der Dreiheit im *Wesen* (Natur, Geist und Mensch). In dieser Umkehr ist die Welt kein bloßes Abbild, das sich vom Urbild wie das Unvollkommenere vom Vollkommenen unterscheidet, sie ist das kreatürliche *Eben- und Gegenbild* Gottes. Denn eine Ähnlichkeit oder Ebenbildlichkeit gibt es nur in dieser „Gegenbildlichkeit". Eine in diese „geistige Form" freigesetzte Schöpfung kann allein im selbstbewussten Menschen zur Sinnerfüllung ihres Daseins gelangen („Endzweck" der Schöpfung).

2.3. Die gott-menschliche Persönlichkeit des Erlösers und seine freie Erlösungstat

Die freie Verfehlung der göttlichen Schöpfungsbestimmung („Sündenfall") hätte unmittelbar den Tod des Menschen (die Auflösung des Menschen als organischer Einheit von Natur und Geist) zur Folge gehabt, wenn Gottes Schöpfungsabsicht ihr Ziel nicht auf dem Weg über die Geschichte aufgrund der Anteilnahme des personalen Geistes am Gattungsleben der Natur zu erreichen vermochte. Die Fortexistenz des Menschen nach dem „Fall" und seine Entwicklung zu einem Menschengeschlecht gründen selbst schon in jenem *zweiten* Adam, der aufgrund einer Erneuerung der ursprünglichen Schöpfungsverhältnisse („Neuschöpfung auf dem Boden der alten") und in personaler Verbindung mit Gott den Sinn der Schöpfung in der Geschichte endgültig erfüllen und zum Erlöser der Menschheit werden konnte („Und das Licht fing mir an zu leuchten, daß kein Wissen, sondern nur eine Tat die Welt erlöst hat. Und darin erkannte ich die Unzulänglichkeit der natürlichen Religion durch die menschliche Vernunft."). Aus dem ersten Adam (Schöpfungsoffenbarung) erschließt sich die Idee des zweiten Adam, der seinerseits zur Voraussetzung der „Stammvaterschaft" des ersten Adam wurde, weil dieser sich nach dem Fall nur um des kommenden Erlösers willen zur Menschheitsgattung entwickeln konnte.

Die beherrschende soteriologische Idee vom zweiten Adam und seiner Vorausexistenz in der Menschheitsgeschichte bis hin zu seinem persönlichen Eintritt in sie gehört zum Kern der Güntherschen Inkarnationstheorie. Aufgrund der christologischen Vermittlung der Menschheitsgeschichte ist der Erlöser in ihr schon vor seinem geschichtlichen Eintritt im Ruf des Gewissens wie auch im Typus des Opferdienstes und der Prophetie des Alten Bundes wirksam gewesen. Im Christusereignis kulminiert die geschichtliche Offenbarung, weil Gott in ihm *als* Mensch – in dieser konkret-einmaligen Gestalt des Bundes – den Sinn der Schöpfung endgültig realisiert und ihn der Menschheit als ihr Heilsziel unwiderruflich eingestiftet hat. Dem opus operatum vonseiten Gottes korrespondiert das opus operantis des „Menschensohnes". Schöpfung fungiert nicht mehr bloß als Hintergrund oder Unterbau für ein supranaturalistisches Offenbarungsereignis, weil es in der geschichtlichen Erlösungstat um die Sinnverwirklichung der Schöpfung selber geht. Nach Günther ist die Christusoffenbarung nicht Modifikation einer in der Menschheit fortlaufenden Offenbarung (wie etwa bei J.S. v. Drey), sondern – antithetisch zur primären Gottesoffenbarung – geschichtliche Erlösungsoffenbarung auf dem Boden der ursprünglichen Schöpfung zur Erfüllung *ihres* Sinns.

Günther wehrt sich gegen eine *Christologie*, in der das „subjektive" Moment im „objektiven" auf- und untergeht. Die vom griechischen Geist beeinflusste und vor allem in der Scholastik tradierte Christologie hat – ins Gegenständliche versenkt – noch zu ausschließlich die Erlösung in die Tat Gottes hineinverlegt und das Verständnis der Menschheit Jesu als „Form" der materialen Offenbarung verkürzt. Die Perspektive des „objektiven" Gotteswillens verdeckte noch die persönliche Offenbarung des Logos *für* den Menschen Jesus und die gehorsame Selbsttat, in der und durch die allein sich eine Erlösung von Gott her verwirklichen kann.

Gegen alle Verdächtigungen eines Nestorianismus wollte Günther unbedingt an der Chalcedonensischen Formel von der hypostatischen Union festhalten und sie in der *Daseinsform* eines selbstigen Geistes (Selbstbewusstsein und Freiheit) zur Geltung bringen. Nur in einem echt menschlichen Selbstbewusstsein konnte sich Jesus – bei der unverschleifbaren Wesensdifferenz von göttlicher Natur und menschlicher Natur – der Offenbarung Gottes *für ihn* und durch ihn *für Andere* („Sendung") überhaupt bewusst werden. Diese gott-menschliche Einheit bedeutet demnach keine Übersetzung eines menschlichen Wesens in einen höheren Wesensrang, sie ist vielmehr der einmalige und einzigartige Fall einer Offenbarung Gottes, in dem Gott sich „als" Mensch im Gesamtvollzug des Lebens, Sterbens und Auferstehens in personaler Einheit mit den Menschen als gott-menschliche Persönlichkeit zur Erscheinung bringt.

Erst in dieser Erscheinung offenbart sich das tiefe Geheimnis der gottmenschlichen Persönlichkeit des Erlösers als das *Wunder* aller Wunder. *Faktisch* ist die Gottesoffenbarung in der Menschwerdung zwar „Erlösung". Dennoch ist sie in der Person des Erlösers – von Gott wie auch vom Menschen her – die höchste Form der Offenbarung in der Ausschöpfung der Schöpfungsidee Gottes zur Erfüllung derselben. Günther will das Verhältnis von natürlicher und übernatürlicher Offenbarung dem Naturdenken entwinden und in ein *geschichtliches* Verhältnis von Schöpfung und Erlösung – übrigens in auffälliger Nähe zu ähnlichen Bemühungen in der gegenwärtigen Theologie – transformieren.

Erste Offenbarung (Schöpfung) und *zweite* Offenbarung (Erlösung in Christus) sind ineinander vermittelt und bezeugen einander wechselseitig. Sie sind deshalb nicht „zwei Pfeiler eines Bauwerks". Eine derartige Systematisierung der Offenbarung würde nämlich die Geschichtlichkeit dieser Vermittlung verkennen. Insofern vermag Günther durchaus anti-idealistisch die Theologie aus philosophischer Umklammerung zu befreien und sich auch dem Zirkel einer übernatürlichen „Offenbarungstheologie“ zu entwinden. In dieser gott-menschlichen Persönlichkeit ist Gott konkret für die Welt und die Welt Gottes Schöpfung. Keine auch noch so konkrete Philosophie der Geschichte vermag diese Konkretheit ohne vorgängige Anerkennung ihrer Faktizität zu begreifen. Günther ist auch in dieser Hinsicht ein Vordenker und Vorläufer heutiger Theologie, die im Horizont der Geschichte eine naturhaft-räumlich gedachte Dualität von natürlicher und übernatürlicher Offenbarung zu überwinden sucht.

Eine besondere Eigenart der Erlösungslehre bildet die Auffassung von der Erbschuld und dem Erbverdienst, d.h. von der Erlösbarkeit der Menschheitsgattung aufgrund der natürlichen Verfasstheit des freien Geistes. Nur weil der Mensch nicht bloß personales Geistwesen ist, sondern auch teilhat am Gattungsleben der Natur, also Geschlechts- und Geschichtswesen ist, kann er überhaupt von einer Erlösungstat in „stellvertretender Genugtuung“ erreicht werden. Umgekehrt ist diese Heilsoffenbarung Gottes die geschichtlich-kontingente, d.h. nicht essentiell begründbare Erfüllung der göttlichen Schöpfungsidee. In dieser *konkreten* Einheit von Form und Inhalt der Offenbarung liegt eine wechselseitige Immanenz von Glauben und Wissen begründet.

2.4. Die wechselseitige Immanenz von Glauben und Wissen

Der christliche Glaube gründet in der geschichtlichen Offenbarung und gewinnt auch seine inhaltliche Eigenart in der Begegnung mit der geschichtlichen Persönlichkeit des Gott-Menschen Jesus Christus. Aber er bleibt strukturell in der Schöpfung als Grundoffenbarung Gottes verwurzelt.

Endliche Vernunft kann sich nur von den Erscheinungen zu deren Grund oder Prinzip erheben, den Grund nur *im* Begründeten ergreifen und nicht in unmittelbarer Schau erfahren. Glaube in der Bedeutung des „Wahrhaltens“ eines Grundes von Erscheinungen in den Erscheinungen selber ist eine Grundvoraussetzung allen geistigen Lebens. Er ist „Autoritätsglaube“ kraft der Rezeptivität des endlichen Geistes, der im Gesamtraum seines selbstbewussten und freien Daseins auf die Begegnung mit Anderem angewiesen bleibt. Doch ermöglicht und fundiert er eine ausdrückliche *Vergewisserung* der Erscheinungen aus ihrem Prinzip als eigentliches („spekulatives“) Wissen.

3. Im Kontext der Wirkungsgeschichte

Mit diesem ersten selbständigen Werk hat Günther rasch die Aufmerksamkeit der Wissenschaftswelt auf sich gezogen. Nach J. Görres erfüllt es ein Desiderat des christlichen Geistes in der Auseinandersetzung mit den geistigen Vorgängen der Zeit. Im Kontrast zu Günthers geistiger Präsenz und dem wachsenden Einfluss des Güntherianismus in der wissenschaftlichen und gesellschaftlichen Öffentlichkeit bevorzugte Günther für sich selbst das bescheidene und zurückgezogene Leben eines Privatgelehrten im engen Kreis seiner Freunde. Er schlug nicht nur die Schelling-Nachfolge in München aus, sondern lehnte auch andere Berufungen wie z.B. nach Bonn, Breslau und Gießen ab. Von Wien aus formierte sich eine weit um sich greifende Anhängerschaft, die Günthers Ideen nicht nur im ganzen deutschen Sprachraum verbreiteten, sondern auch nach Rom, Frankreich, Belgien, selbst nach England und Amerika trugen. Ausgesprochene Zentren des Güntherianismus bildeten sich in Bonn (um P. Knoodt) und Breslau, wo sich ehemalige Hermesianer dem Güntherkreis anschlossen. In den meisten deutschen Universitätsstädten gab es Vertreter des Güntherianismus (Bamberg, Augsburg, Tübingen, München u.a.). Auch im Kreis der Katholischen Tübinger Schule fand Günthers Ideengut ein positives Echo. Zum engeren Freundeskreis um Günther gehörten unter anderen: J.H. Pabst (1785-1838), E. Veith (1787-1876), J.N. Ehrlich (1810-1865), J.H. Loewe (1808-1892), J. Zukrigl (1807-1876), S. Brunner (1814-1893), V. Knauer (1828-1894), F. Werner (1810-1866) und C. Werner (1821-1888).

Günther und seine Anhänger waren es vor allem, die nach dem Zusammenbruch des josephinischen Staatskirchentums für Rede-, Presse- und Assoziationsfreiheit, aber auch in der Kirche für ein auf dem Boden des Selbstbewusstseins und der autonomen Freiheit geklärtes „Autoritätsverhältnis" eintraten. Auf dieser Basis hatte Günther eine elementare Lehre über das Verhältnis von Staat und Kirche entwickelt und mit seiner Kritik am entpersonalisierenden Naturdenken auch früh die heraufziehende Gefahr des Kommunismus erkannt.

Mit seiner Kritik an der Scholastik zog sich Günther freilich bald die Feindschaft der Neuscholastiker zu, in deren Kreisen seine kirchliche Verurteilung betrieben wurde. G. Perrone (1794-1876) und J. Kleutgen (1811-1883) spielten bei der Indizierung Günthers eine entscheidende Rolle. Am 8. Januar 1857 wurde von Pius IX. das Verurteilungsdekret erlassen, das ohne Angabe einzelner Irrtümer abgefasst war. Der Papst wählte eine milde Form, weil ihn Kardinal Schwarzenberg auf die großen Leistungen des „genio sublime" in seiner Kritik des Pantheismus und Rationalismus aufmerksam gemacht hatte und dem Papst die 1853 nach Rom gesandte Erklärung Günthers, dem höchsten und letzten Urteil der Kirche inneren Gehorsam zu leisten, tief beeindruckte. Die vom I. Vaticanum beanstandeten Punkte bezüglich der Freiheit und des Endzwecks der Schöpfung (DS 3002 und 3025) scheinen eher G. Hermes als Günther zu treffen.

Dieser Verurteilung ist es zuzuschreiben, dass die Denkleistungen des großen österreichischen Philosophen und Theologen rasch in Vergessenheit gerieten und höchst undifferenziert oder entstellt im Lichte der kirchlichen Zensuren weitertradiert wurden. Doch gehört auch Günther zweifelsohne zu den „Wegbereitern heutiger Theologie". Manche Fragestellungen des II. Vaticanum und der nachkonziliaren Theologie sind wie überhaupt eine am Subjekt orientierte Glaubensverantwortung bei diesem Vertreter der neuzeitlichen Theologie vorbereitet und theologiegeschichtlich verankert. Es ist das Verdienst von *J. Pritz* (1912-1979), die Aufmerksamkeit auf A. Günther und seine Schule gelenkt zu haben, um dieses unverlierbare Erbe einer offensiven Begegnung des Christentums mit den geistigen Problemen der Zeit dem Gedächtnis heutiger Theologie einzuschreiben.

Literatur

Quellen und Werkausgaben

GÜNTHER, A., Vorschule zur spekulativen Theologie des positiven Christentums. 1. Band, Wien 1828. ²1846; 2. Band, Wien 1829. ²1848.

GÜNTHER, A., Gesammelte Schriften. Neue Ausgabe in neun Bänden, Wien 1882, unveränderter ND, Frankfurt/Main 1968.

Sekundärliteratur

KLAGHOFER, W., Kritische Differenz. Biographisch-theologische Studien zur Wiener Theologischen Schule des 19. Jahrhunderts, Innsbruck 2000.

PRITZ, J., Glauben und Wissen bei Anton Günther, Wien 1963.

REIKERSTORFER, J., Anton Günther (1783-1863) und seine Schule, in: E. CORETH/W.N. NEIDL/G. PFLIGERSDORFER (Hrsg.), Christliche Philosophie im katholischen Denken des 19. und 20. Jahrhunderts 1: Neue Ansätze im 19. Jahrhundert, Graz-Köln 1987, 266-284.

REIKERSTORFER, J., In der Entdeckung eines unverlierbaren Erbes der Wiener Theologischen Schule um Anton Günther (1783-1863), in: DERS., Vom Totalexperiment des Glaubens. Beiträge zur Logik christlicher Gottesrede, Frankfurt a. M. 2008.

Johann Reikerstorfer

Johann Adam Möhler, Symbolik, oder Darstellung der dogmatischen Gegensätze der Katholiken und Protestanten nach ihren öffentlichen Bekenntnischriften, ED Mainz 1832

1. Kontext und problemgeschichtlicher Hintergrund

Das Verhältnis zwischen den Konfessionen zu Beginn des 19. Jahrhunderts war in Deutschland gespannt bis problematisch. Dazu trugen nicht zuletzt zeitgeschichtliche Fakten bei, wie die aufwendig gefeierten Reformationsjubiläen von 1817 (Thesenanschlag 1517) und 1830 (Confessio Augustana um 1530) und die entsprechenden katholischen Repliken auf verschiedenen Ebenen. Der junge Johann Adam Möhler (1796-1858), Priester aus der Diözese Rottenburg, blieb davon nicht unberührt, jedoch führte seine Ausbildung an der Universität Tübingen, wo gerade eine Katholische Fakultät errichtet worden war (gesamte Verlagerung der theologischen Lehranstalt in Ellwangen nach Tübingen) zu einer frühen, unmittelbaren Kenntnis der konfessionellen Gegensätze. 1822 zum Privatdozenten an der Kath.-Theol. Fakultät designiert, erbat er sich – den Gepflogenheiten der Zeit entsprechend – eine „literarische Reise“, die ihn auch mit damals führenden evangelischen Theologen zusammenbrachte, so mit G.J. Planck in Göttingen, J.A.W. Neander, F.D. Schleiermacher und P. Marheinecke in Berlin. Marheinecke, der Begründer der evangelischen Konfessionskunde, hat ihn wohl ganz besonders beeindruckt.

2. Werkgeschichtliche Stellung

Insgesamt schärfte sich der Blick des jungen Tübingers für Inhalt und Gestaltungen der konfessionellen Gegensätze, sowohl praktisch wie theoretisch. Der Gedanke, selbst in die akademische Diskussion um die konfessionellen Gegensätze einzutreten und sie auf seine Weise zu bearbeiten und zu deuten, mag Möhler schon früh gekommen sein, spätestens, als sein Tübinger Kollege F.C. Baur 1828/29 über Symbolik las. In seinem späteren Hauptwerk der *Symbolik* von 1832, stellt er – fast neidvoll – fest: „An allen deutschen, lutherischen und reformierten Universitäten besteht seit Jahren die Sitte, über den genannten Gegenstand Vorträge der Kandidaten der Theologie anzubieten" (Symbolik, Vorrede, 1). Vorerst aber versucht Möhler theologische Gewissheit über das Wesen von Kirche zu finden, wie er es in seiner eigenen Kirche realisiert sieht, und zwar in seinem Frühwerk *Die Einheit in der Kirche oder das Prinzip des Katholizismus dargestellt im Geiste der Kirchenväter der drei ersten Jahrhunderte* (1825). Was Kirche ist, erschließt sich aus den Schriften ihrer Frühzeit. Möhler verabschiedet sich hier vom Kirchenbild der Aufklärung und zeichnet die Kirche als die geistgewirkte, geistdurchwaltete Gemeinschaft der Menschen, die an Jesus Christus glauben. Das geistgewirkte Leben der Gläubigen ist etwas Inneres, sobald es aber vorhanden ist, muss es nach außen drängen und sich aussprechen. Deshalb hat die „mystische Einheit" der Kirche auch Institutionen mit sich und bei sich, kennt Lehren, sprachliche Gestaltungen des Glaubens, formt Ämter, welche die Einheit konkret schützen, das Bischofsamt vor allem. Ebenfalls von der frühen Kirche ausgehend stellt sich für Möhler das Problem der Kirchenspaltung bzw. der Häresie.

So kommt Möhler über seine ekklesiologische Reflexion auch wieder zurück zum Problem der Spaltungen, d.h. den möglichen und faktischen Trennungen innerhalb der Glaubenslehren. So entschließt er sich zu einer schriftlichen Symbolik, einer „Darstellung der dogmatischen Gegensätze der Protestanten" (1832). In großen Abhandlungen über Athanasius und Anselm von Canterbury (1827), im historischen Gewand der früheren Kirchengeschichte, erkennt Möhler (analog zu den Gegnern des Athanasius und Anselm von Canterbury) auch „Häretiker" seiner Zeit, grenzt sich z. B. ab gegen den zeitweise von ihm so verehrten Schleiermacher, weil dieser z. B. den Weg altkirchlicher – d.h. katholischer – Christologie nicht mitgeht.

Aber nicht der einzelne Theologe ist es, der eingehend die Lehre einer Kirche prägt und bestimmt, mag er auch durch seine theologische Arbeit viel zu dem Profil beigetragen haben. Will man die konfessionellen Lehren erkennen und gegenüberstellen, so muss man die allgemein geltenden Schriften analysieren. Möhler versucht also Symbolik als „die wissenschaftliche Darstellung der dogmatischen Gegensätze der verschiedenen, durch die kirchlichen Revolutionen des sechzehnten Jahrhunderts nebeneinander gestellten, christlichen Religionsparteien aus ihren öffentlichen Bekenntnisschriften" herauszulesen (Symbolik, Einleitung). In relativ kurzer Zeit hat Möhler seine zunächst ästhetisierend-romantisch wirkende *Symbolik* der *Einheit* in eine komparative Konfessionskunde umgestaltet. Aber ein radikaler Bruch war es nicht, wie sich Elemente des Denkens in der *Einheit* an der *Symbolik* wieder finden, so auch umgekehrt. Zunächst einmal, so Möhler, sollen die Darstellungen der *Symbolik* beschreibend und analysierend sein, aber gerade um der Wissenschaftlichkeit willen müssen auch polemische und apologetische Züge ins Spiel kommen, weil es ja nicht nur um schlichten Vergleich, sondern auch um Bewertung geht.

3. Gliederung und Inhalt

Das Werk gliedert sich in zwei Bücher zu je sechs Kapiteln. Das erste Buch behandelt in systematischer Form „die dogmatischen Gegensätze der Katholiken, Lutheraner und Reformierten" (Urstand, Erbsünde, Rechtfertigung, Sakramente, Kirche, Fegefeuer und Heiligenverehrung). Das zweite Buch stellt einige der „kleineren protestantischen Sekten" vor (Wiedertäufer, Mennoniten, Quäker, Herrenhuter, Methodisten, Swedenborgianer, Socinianer und Arminianer). Möhler glaubt die protestantische Lehre durch ihren individuellen Ursprung im Subjekt der Reformatoren von der katholischen, die unmittelbar auf Christus und auf die Apostel zurückgehe, grundsätzlich abheben zu können. Im Katholizismus müsse deshalb das allgemeine Dogma der Kirche von den Interpretationen oder Lehren einzelner Theologen unterschieden werden, während der Protestantismus („nur ein zur Allgemeinheit erhobenes Individuelles") dazu unfähig sei.

Die geheime Frage – mitunter auch deutlich ausgesprochen –, die Möhler bewegte, ist die nach der Einheit der Kirche. Sie richtete sich aber nicht nur auf die innerkirchliche Einheit, sondern stellte sich ihm angesichts des Daseins der einen katholischen Kirche sowie anderer christlicher Gemeinschaften.

Schon recht früh, im Spätherbst 1822, redete er einer Annäherung von Protestanten und Katholiken das Wort, wobei beide Gruppen nahezu als gleichrangig angesehen werden. Wie ein roter Faden zieht sich durch die Rezensionen bis 1824 die Beschäftigung mit dem Protestantismus. In einer gewissen „idealen" Sicht hat Möhler in der *Einheit* den Protestantismus zwar als Häresie dargestellt. Aber das Nebeneinander von katholischer Kirche und protestantischen Gemeinschaften ist für ihn die Realität der Jetztzeit. Wie die Kirche (in ihren einzelnen Gliedern) durchaus Elemente der Unwahrheit und des Bösen in sich trägt, so ist andererseits die protestantische Gruppe nicht absolut böse. In ihr gibt es Bestrebungen hin auf eine neue Christozentrik, in ihr gibt es großartige und ehrliche Gestalten (wie Neander), in ihr gibt es redliche Einheitsbestrebungen. Die Einheit der Christen wurde schon vom jungen Möhler erhofft und erstrebt.

Freilich ändert Möhler später die Tonart. Der „Athanasius" ist nicht zuletzt eine Auseinandersetzung mit dem Protestantismus. Der historische Arianismus ist Prototyp des Protestantismus: Auch dort wird nicht selten Christi Gottheit geleugnet, vertritt man eine bloß äußerliche Rechtfertigung usw. Man hört schon deutlich den Verfasser der *Symbolik*. Allerdings ist die *Symbolik* keineswegs eine durch und durch polemische, die andere Seite abwertende Schrift. Das Hauptwerk Möhlers ist beseelt und inspiriert von dem Gedanken, dass das Nebeneinander der Konfessionen nicht das Letzte ist, vielmehr ihr künftiges Ineinander, wenn die Zeit dafür auch noch nicht reif ist. Gerade mit diesem seinen Werk hat Möhler der kontroverstheologischen Arbeit bzw. der ökumenischen Orientierung auf katholischer Seite entscheidende Anstöße gegeben. Methodisch und sachlich hat er klargelegt, dass theologische Ökumenik nur fruchtbar gestaltet werden kann, wenn die Lehr- und Lebensunterschiede der getrennten Gemeinschaften erkannt und verstanden werden, wenn sie in einer größeren Synthese „aufgehoben“ sind. Ohne dass er eine relative Gleichberechtigung der einzelnen Konfessionen anerkannte, glaubte er doch an einen verborgenen Sinn, den die Spaltungen für das Schicksal der Kirche Christi haben. „So ist Möhlers Symbolik eine Theodizee der Glaubensspaltungen.“ (J.R. Geiselmann)

Die anthropologische Frage stand für Möhler im Zentrum der abendländischen Glaubensspaltung. Somit ist seine *Symbolik* in großen Teilen als „christliche Anthropologie“ gestaltet – eine Perspektive, die bei der Würdigung des möhlerschen Werkes häufig übersehen oder eben nur am Rande erwähnt wird. Hier kann es nicht darum gehen, all die Nuancen und Entwicklungsstadien jener Anthropologie nachzuzeichnen, die teilweise von einer Auflage der *Symbolik* zur anderen sichtbar werden. Nur eben sei vermerkt, dass er – hierin der Theologie seiner Zeit weit voraus – versucht hat, das klassische Modell von „Natur“ und „Übernatur“ in Abhebung von einem neuscholastischen Zweistockwerkdenken neu zu durchdenken. Natur und Übernatur, so Möhler in seinen späteren Darlegungen, stehen sich nicht wie zwei fremde Größen im Menschen gegenüber. Die Natur im Menschen ist vielmehr auf die Übernatur hingeordnet. Dennoch bleibt das übernatürliche Vermögen – diese Aussage ist eine Abgrenzung gegen die reformatorische Lehre, nach der die ursprüngliche Gerechtigkeit zur Substanz des Menschen gehört – ein dem Menschen durch die Tätigkeit Gottes zukommendes und also verlierbares Akzidenz. In dem *Sendschreiben an Bautain* (1835) hat Möhler die Natur des Menschen gerade in ihrem Eigensein und Eigenwirken stark betont. Insgesamt handelt es sich hierbei um Ansätze und Überlegungen, die für die Gnadentheologie und theologische Anthropologie vor einigen Jahrzehnten von richtungsweisender Bedeutung waren, mögen sie heute auch weniger im Blickpunkt theologischen Interesses stehen.

4. Wirkungs- und Rezeptionsgeschichte

Die im Schatten der *Symbolik* stehende *Einheit* hatte zweifelsohne auch ihre Wirkung in der und für die katholische Theologie. Die Kirche, deren Wesen letztlich unaussprechliches Geheimnis ist; die Kirche, die geistgewirkte Einheit besitzt; die Kirche als der mystische Leib Christi; die Kirche, die sich vor allem in Bildern und Umschreibungen des Neuen Testamentes und der Väter wieder erkennt: Das ist die Kirche des Zweiten Vatikanischen Konzils. Die Frühschrift ist und bleibt ein Markstein in der neueren katholischen Ekklesiologie.

Aus Möhlers Feder stammt noch eine ganze Reihe weiterer Veröffentlichungen, die heranzuziehen sind, wenn man ein abgerundetes Bild von diesem Klassiker der Theologie gewinnen will. Neben Rezensionen und Briefen, die beide oft eingestreute Bemerkungen von sehr grundsätzlichem, theologischem Charakter enthalten, ist es eine Reihe von Abhandlungen zu verschiedensten Themen meist kirchengeschichtlichen, aber auch „kirchenpolitischen" Inhalts, die Beachtung verdienen. Zu ersteren zählen sein *Versuch über den Ursprung des Gnosticismus* (1838) und die *Bruchstücke aus der Geschichte der Aufhebung der Sklaverei* (1834), zu den zweiten die gegen bestimmte Bestrebungen in Baden gerichtete *Beleuchtung der Denkschrift für die Aufhebung des den katholischen Geistlichen vorgeschriebenen Cölibats* und, wohl die letzte seiner Schriften überhaupt: *Über die neueste Bekämpfung der katholischen Kirche* (1838). Zahlreiche literarische Pläne konnte Möhler infolge angegriffener Gesundheit bzw. seines relativ kurzen Lebens nicht verwirklichen. Eine „Kirchengeschichte" und eine „Patrologie" sind in mäßig guten Schülernachschriften erhalten.

Nichtsdestoweniger war es die *Symbolik*, die Möhlers eigentlichen Ruhm begründete. Dieses Werk erschien in 25 Auflagen und wurde in die wichtigsten Sprachen übersetzt. Seine vollständige Wirkungsgeschichte ist noch nicht geschrieben. Unmittelbar führte es zu einem verstärkten Selbstbewusstsein des Katholizismus in einer schwierigen Zeit, auch brachte es der katholischen Kirche viele Übertritte oder trug doch wesentlich dazu bei. Besonders hinzuweisen ist auf die Wirkung im französischen und im englischen Raum (z. B. auf J.H. Newman). Schließlich ist die Möhlersche *Symbolik* gewissermaßen Klassiker und Grundschrift katholischer Kontroverstheologie bzw. Ökumenik bis in die Gegenwart hinein. Es ist sehr angemessen, wenn eines der wichtigsten katholischen Institute für Ökumenik in Deutschland nach ihm benannt ist.

Die Wirkung Möhlers ist nicht nur eine Wirkung seines literarischen Werkes, sondern reichte über seine unmittelbaren und mittelbaren Schüler in weite Theologenkreise: Staudenmaier, Kuhn und Hefele in Tübingen, Windischmann und Reithmayr in München, Düx in Würzburg. Viele deutsche Bischöfe in der Zeit Pius' IX. waren stolz darauf, sich als geistige Schüler Möhlers fühlen zu dürfen, unter ihnen Hefele von Rottenburg und von Ketteler in Mainz. Schließlich ist ganz allgemein auf die Stellung Möhlers innerhalb der Tübinger Theologie zu verweisen. Wenn auch im letzten die Eigenart der „Katholischen Tübinger Schule" und Tübinger Theologie überhaupt bis heute schwer zu präzisieren ist, so lässt sich doch sagen, dass sie einige ihrer unbestreitbaren Charakteristika Möhler verdankt oder doch mitverdankt: Den Sinn für Liberalität und ihr originelles Selbstdenkertum, das Ringen um die Vermittlung der Wahrheit durch Geschichte, das Hinhören auf die Anfragen der jeweiligen Gegenwart. In diesem Sinne ist Möhler aber über Tübingen hinaus bleibender Inspirator – und eben deshalb Klassiker – theologischer Methode und theologischer Arbeit.

Literatur

Quellen und Werkausgaben

MÖHLER, J.A., Die Einheit in der Kirche oder das Prinzip des Katholizismus, Tübingen 1925.

MÖHLER, J.A., Die Einheit in der Kirche oder das Prinzip des Katholizismus, hrsg., eingel. u. komm. v. J.R. GEISELMANN, Köln 1957.

MÖHLER, J.A., Symbolik oder Darstellung der dogmatischen Gegensätze der Katholiken und Protestanten nach ihren öffentlichen Bekenntnisschriften, Mainz 1832.

MÖHLER, J.A., Symbolik oder Darstellung der dogmatischen Gegensätze der Katholiken und Protestanten nach ihren öffentlichen Bekenntnisschriften, hrsg. v. J.R. GEISELMANN, Köln 1960/61.

DÖLLINGER, J.J. IGNAZ VON (Hrsg.), Dr. J.A. Möhler's Gesammelte Schriften und Aufsätze, 2 Bde., Regensburg 1839/40.

Sekundärliteratur

SCHEELE, P.W., Einheit und Glaube. Johann Adam Möhlers Lehre v. der Einheit der Kirche u. ihre Glaubensbegründung, München/Paderborn/Wien 1964.

WAGNER, H., Die eine Kirche und die vielen Kirchen. Ekklesiologie und Symbolik beim jungen Möhler, München/Paderborn/Wien 1977 (BÖT 16).

WAGNER, H., Möhler auf dem Weg zur „Symbolik“, in: Cath 36 (1982), 15-30.

Harald Wagner

Johann Sebastian von Drey, Die Apologetik als wissenschaftliche Nachweisung der Göttlichkeit des Christentums in seiner Erscheinung, 3 Bde., ED Mainz 1838-1847

Theologie verdankt sich historischen Quellen und hat Tradition. Aufklärung ist Kritik dieser Quellen und Bruch mit der Tradition. Daher stellt sich die Frage: Ist Theologie auf dem Boden der Aufklärung möglich? Johann Sebastian Drey (1777-1853) hat sich mit dieser Frage befasst. Er war Priester der Diözese Augsburg – 1801, wurde 1812 an der neu errichteten Universität Ellwangen Professor für theologische Enzyklopädie, Apologetik, Dogmatik und Dogmengeschichte, promovierte 1813 zum Dr. theol. an der Universität Freiburg und kam 1817 – nach Aufhebung der Universität Ellwangen – an die neu errichtete katholisch-theologische Fakultät der Universität Tübingen. Er war Mitbegründer der Tübinger theologischen Quartalschrift – 1819. Durch die württembergische Regierung designiert zum Bischof von Rottenburg, wurde er jedoch von Pius VII. sowie Kardinal Consalvi – auch wegen der Quartalschrift – nicht bestätigt, sondern abgelehnt – 1823.

Drey steht im Schnittpunkt kirchen- und geistespolitischer Auseinandersetzungen zu Beginn des 19. Jahrhunderts. Die katholische Theologie an der Universität in einem protestantischen Land unter einem protestantischen König hatte sich neu zu organisieren und musste sich bewähren. Drey war sich der Besonderheit dieser Aufgabe bewusst und hat sich ihr mit Entschiedenheit, großer Eindeutigkeit sowie nachhaltigem Erfolg gestellt. H. Wolf nennt ihn einen der „berühmtesten katholischen Denker des 19. Jahrhunderts“ und „den Kopf der Tübinger Theologie“ (Wolf, 86).

1. Der problemgeschichtliche Hintergrund und die neue Aufgabe

Die Herausforderung, wie Drey sie verstanden hat, war nicht der Gegensatz zu anderen Traditionen der Kirche – wie etwa der Scholastik – auch nicht der Gegensatz zu nichtkatholischen Traditionen, von denen er lernt und die er auch positiv bewertet, sondern war die Aufklärung. Denn sie stellt Theologie als Theologie infrage. Es genügt nicht, gegen sie die Tradition festzuhalten oder mit ihr gegen sie zu kämpfen. Denn Aufklärung ist der Ansatz des Lebens und Denkens der Gegenwart; sie macht es möglich, aber auch erforderlich, Tradition als Tradition, Kirche als Kirche, Glaube als Glaube, Vernunft als Vernunft selbständig und eigenverantwortlich zu denken. Sie ist kein Gegensatz, sie ist ein neuer Ort der Theologie. Diese überwindet an ihm die Aufspaltung der Welt in die falschen Alternativen von Supranaturalismus und Naturalismus, Fideismus und Rationalismus, Objektivismus und Subjektivismus, Extrinsezismus und Intrinsezismus, Katholizismus und Protestantismus, Restauration und Revolution.

Daher steht am Anfang der Theologie bei Drey das Nachdenken über die Aufgabe der Theologie. Von diesem Anfang sagt A.P. Kustermann, Drey möchte „ein prüfendes Nachdenken unter den Theologen veranlassen“ über den Zustand, in dem sich die Theologie gegenwärtig befindet, und die Revision, die er im grundsätzlichen von ihr verlangt. „Was ihm vorschwebte, war nicht die Verbesserung von Marginalien, sondern eine grundsätzliche Revision der Theologie: im positiven Ausgang von der Aufklärung und ihrer Traditionskritik. [...] Und Hand in Hand damit eine effektive Reform der Kirche: bei nüchterner Akzeptanz der von der Säkularisation geschaffenen Ausgangspunkte“ (Kustermann, 25).

Das Problem ihres Zustandes in der Gegenwart ist das Verhältnis zur Gegenwart. Muss sie diese von sich oder kann sie sich von dieser her verstehen? – Kant nennt die Gegenwart ein „Zeitalter der Aufklärung“ und er selbst habe, sagt er, „den Hauptpunkt der Aufklärung, die des Ausganges der Menschen aus ihrer selbstverschuldeten Unmündigkeit vorzüglich in Religionssachen gesetzt“. Aufklärung in diesem Sinn meint die Eigenart des Denkens einer historischen Epoche, aber zugleich einen programmatischen Ansatz im Denken überhaupt, der es bis heute prägt und es vor immer neue Aufgaben stellt.

Drey setzt sich mit der Aufklärung auseinander und behauptet, dass Vergangenes generell von der Gegenwart her zu denken sei – daher eben auch die Religion –, diese umgekehrt jedoch den Kriterien der Mündigkeit genügt und daher Legitimität in der Gegenwart besitzt; Vernunft kann und muss sich im Umgang mit ihr entwickeln und selber Fortschritte an Mündigkeit erzielen. Der Perspektivenwechsel im Denken der Religion von der Gegenwart her macht eine Revision der Theologie ebenso erforderlich wie die Reform der Kirche.

2. Werkgeschichtliche Stellung und Inhalt des Werkes

Drey hat an Revision und Reform hart gearbeitet. Für beides tritt er ein. Das Konzept einer Revision der Theologie unterbreitet sein erstes Hauptwerk: *Kurze Einleitung in das Studium der Theologie mit Rücksicht auf den wissenschaftlichen Standpunkt und das katholische System* (Tübingen 1819). – Darin erklärt er die Notwendigkeit der Theologie für die Religion als Religion. Er sagt: „Die Theologie ist also in Ansehung der Religion dasselbe, was in Ansehung aller übrigen Dinge, die den Menschen berühren, alles Erkennen, Begreifen und Wissen ist; [...] Wie des Menschen Religion, wie seine Stellung gegen Gott, so ist auch seine Theologie; dies ist der erste Grundsatz; Wie des Menschen geistige Bildung, so ist auch seine Theologie; dies ist der andere" (§§ 39-40, 24). – Sein Standpunkt von der Notwendigkeit einer intellektuellen Beschäftigung mit der Religion – also Theologie – macht Drey zu einem Klassiker der Theologie auf dem Boden der Aufklärung.

Sein zweites Hauptwerk hat den Titel: *Die Apologetik als wissenschaftliche Nachweisung der Göttlichkeit des Christentums in seiner Erscheinung* (Mainz 1838-1847). Es besteht aus drei Bänden. Der erste behandelt die Philosophie der Offenbarung, der zweite „Die Religion in ihrer geschichtlichen Entwicklung bis zu ihrer Vollendung durch die Offenbarung in Christus", der dritte „Die christliche Offenbarung in der katholischen Kirche". Das Werk setzt sich konstruktiv mit der Aufklärung auseinander. Es bringt sie zur Geltung und überwindet sie. Es verteidigt Religion im Allgemeinen, Christentum im Besonderen und die katholische Kirche speziell. Ein Maßstab des Umgangs mit ihrer Erscheinung in der Geschichte sind erstens die Offenbarung selbst und zweitens die Rationalität. – Das Werk spricht nirgendwo von einer Reform der Kirche, aber es entwickelt Prinzipien der Reform, die, wenn sie denn überhaupt durchgeführt werden kann, ihre Grundlage sind.

Drey unterscheidet zwischen Apologetik und bloßer Apologie. Diese hat es immer gegeben. Sie verteidigt Einzelaussagen gegen Einwände, „die Apologetik [jedoch] ist eine neue theologische Disziplin, ebenso neu [...] in der Darstellung [wie] in der Begründung der christlichen Theologie" (I, 16). Die „Apologetik des Christentums kann nur geführt werden aus den Prinzipien der Religionsphilosophie und der Religionsgeschichte" (17). Sie muss es auf prinzipieller Basis verteidigen – gegen Einwände, die man gegen es in der Gegenwart prinzipiell erhebt. Sie hat daher aktuelle Bedeutung in einem prinzipiellen Sinn.

Auf die Religionsphilosophie verweist Drey mit seinem Begriff der Religion: „sie ist das durchgängige und lebendige Bestimmtsein des Menschen durch das Gottesbewußtsein" (110). Auf die Religionsgeschichte verweist er mit seinem Begriff der Offenbarung. Historisch betrachtet, sagt er, ist sie ein Phänomen der Religion, das es in der Geschichte gibt. Sie hat in diesem Gegebensein jedoch bloß äußerlichen Charakter. Sie ist etwas Faktisches und Zufälliges. Betrachtet man Offenbarung jedoch unter wissenschaftlichem Gesichtspunkt – bewusstseinstheoretisch – dann ist ihr Verhältnis zu der Religion von innen heraus zu bestimmen: sie ist etwas Notwendiges; denn er sagt: „Der innere Sitz der Religion aber, und folglich auch der innerste Punkt im Menschen, welcher die Offenbarung – als Tat Gottes gedacht – treffen muss, ist das Bewußtsein – das religiöse nämlich [...]. Bis auf diesen innersten Punkt muß daher die Wissenschaft zurück, wenn sie den innern Begriff, die innere Notwendigkeit der Offenbarung bestimmen will. Sie hat daher vor allem zu zeigen, dass die Entwicklung des religiösen Bewußtseins den Bedingungen und Gesetzen der Entwicklung des Bewußtseins überhaupt unterliege; daß nach der Natur des religiösen Bewußtseins die Offenbarung, und zwar die äußere, zu den Bedingungen seiner Entwicklung gehöre, daß dieses Verhältnis ein konstantes, und daher der Begriff der Offenbarung von dem der Religion und der religiösen Entwicklung unzertrennlich." (120f.)

Die Entwicklung der Religion in der Geschichte ist somit von der äußeren Anschauung abhängig, von Erscheinungen, auf die sie trifft und mit denen sie sich befasst: „Dieses Nicht-Ich ist für das gewöhnliche Bewußtsein die Welt, für das religiöse Gott. Darum findet sich im ursprünglichen Selbstbewußtsein schon das Bewußtsein Gottes und der Welt eingeschlossen, weil ohne die beiden letztern und ihre Objekte das erste nie entstehen könnte." (121)

Drey gibt der Apologetik einen programmatischen Titel, indem er behauptet, dass sie die „wissenschaftliche Nachweisung der Göttlichkeit des Christentums" – d. h. des Transzendenzgehalts, den es besitzt, – „in seiner" – historisch greifbaren – „Erscheinung" sei. Es hat für das religiöse Selbstverständnis des Menschen der Gegenwart und seine weitere Geschichte substantielle Bedeutung.

Mit dieser Konzeption überwindet Drey den klassischen Gegensatz der Aufklärung von Supranaturalismus, der in Frankreich Traditionalismus sowie in Amerika zu Beginn des 20. Jahrhunderts Fundamentalismus heißt, und Naturalismus, der ein Rationalismus ist und am Beginn des 20. Jahrhunderts in Europa Modernismus heißt. Die eine Richtung lehnt Aufklärung grundsätzlich ab und kann sich Theologie auf ihrer Grundlage überhaupt nicht denken. Die andere setzt Aufklärung absolut, löst Theologie in Philosophie auf oder möchte sie – szientistisch – in eine Vorstufe zur Entwicklung von Wissenschaft verwandeln.

Drey lehnt beide ab, den Supranaturalismus, weil er unvernünftig, den Naturalismus, weil er ungeschichtlich ist. Er lehnt aber auch den Semirationalismus ab, den Lessing in seiner Schrift über die *Erziehung des Menschengeschlechts* und mit ihm die großen Gestalten des Deutschen Idealismus vertraten. Diese bescheinigen der Religion eine Wegbereiterrolle zur Mündigkeit. Religion besäße heuristische Bedeutung für die menschliche Vernunft, könne jedoch keine unbedingte Größe, kein unverzichtbares Prinzip ihrer Entwicklung in der Geschichte sein. Daher verwirft Drey den Semirationalismus; denn Vernunft ist selbst Teil der Geschichte und wird in ihr offenbar. Vernunft und Unvernunft kommen in ihr zur Erscheinung. Geschichte ist Ort der Offenbarung von beiden. Daher die Notwendigkeit von Theologie in der Aufklärung. Sie reflektiert die Bedingtheit des Unbedingten der Vernunft, aber klagt auch die Unbedingtheit des Bedingten in ihrer Geschichte ein. Drey denkt sie nicht organologisch im Sinn der Romantik oder evolutionär im Sinn des Idealismus, sondern transzendent im Sinn der Theologie. Geschichte ist die Übernatur der Natur selbst, ihre Offenbarung. Er nennt diese Art der Synthese von Supranaturalismus und Naturalismus „das System der wahren Theologie" (273).

Über die Reform der Kirche spricht Drey in der Apologetik nicht. Sie begegnet in vielen anderen Schriften außerhalb des Werks: dieses ist jedoch das Fundament, um den religiösen Sinn der Reform zu bestimmen. Ein Beispiel hierfür ist die Rezeption Schleiermachers bei Drey. Sie geschieht nicht unkritisch, aber ist dezidiert. Drey kann ihm auf der Basis von Religion und ihrer Geschichte dogmatische Bedeutung zuerkennen und von einem „katholischen Protestantismus“ sprechen. J.E. Thiel nennt diesen „Legitimate Protest in the Development of Catholic Tradition” (Thiel 1994, 135).

3. Wirkungsgeschichte und Rezeption des Werkes

Drey steht am Übergang von der Kontroverstheologie zu einer Theologie der Ökumene und kann diesen Standpunkt in der Apologetik grundsätzlich bestimmen. Sie ist ein Richtungswechsel. Niemand jedoch wird leugnen, dass es in der Auseinandersetzung um die Reform der Kirche kirchliche Standpunkte braucht, Supranaturalismus, Naturalismus und Semirationalismus damals wie heute jedoch große Hindernisse sind. Apologetik ist so verstanden die Grundlage einer neuen Theologie, Fundamentaltheologie in diesem neuen Sinn des Wortes.

Die Beschäftigung mit Drey und seiner Apologetik hängt in der Folgezeit mit diesem Problem engstens zusammen. Er wirkt direkt auf die katholische Tübinger Schule, zu deren Vertretern so berühmte Namen wie Möhler, Hirscher, Staudenmaier, Kuhn, Graf, auch Hefele gehören. Sie steht im 19. Jahrhundert auch stellvertretend für deutsche katholische Theologie im Ganzen.

Eine große Aufmerksamkeit genießt die Apologetik bei K. Werner *Geschichte der katholischen Theologie seit dem Trienter Konzil bis zur Gegenwart*, der ihr einen großen Artikel widmet. In der Mitte des 19. Jahrhunderts bricht die Beschäftigung mit der Apologetik fast 100 Jahre lang ab. Die geistesgeschichtlichen Umstände und die kirchenpolitische Situation hatten sich grundlegend geändert. Es herrscht in der Wissenschaft der Positivismus, in der katholischen Theologie die Neuscholastik, in der katholischen Kirche die Auseinandersetzung um den Kirchenstaat und das Erste Vatikanum, sowie in der großen Politik die Realpolitik – der Imperialismus. Eine Theologie, die im Zeichen der Aufklärung ein notwendiges Verhältnis zu ihr behauptet, fand bei dieser Ausgangslage kein Interesse. Im 20. Jahrhundert jedoch ändert sich die historische Situation.

Mit dem Aufsatz von R. Geiselmann *Die Glaubenswissenschaft der katholischen Tübinger Schule in ihrer Grundlegung durch Johann Sebastian Drey*, – 1930 – hat die Drey-Forschung neu begonnen und neue Aufmerksamkeit auf sich gelenkt. Aber Geiselmann sieht in Drey einen Gegner der Aufklärung und will nicht verstehen, wie es auf ihrer Grundlage und mit ihren Voraussetzungen Theologie im authentischen Sinn des Wortes geben kann. Er sieht also nicht das Neue an seinem Ansatz der Theologie.

Seitdem jedoch erzielt er Breitenwirkung in steigendem Maß. Man befasst sich mit vielen Einzelthemen, die Drey behandelt. A.P. Kustermann *Die Apologetik Johann Sebastian Dreys (1777-1853)*, unterbreitet dazu einen umfassenden Forschungsbericht, der zugleich die Werkgeschichte behandelt. M. Seckler (Johann Sebastian Drey, Mein Tagebuch über philosophische, theologische und historische Gegenstände 1812-1817, Tübingen 1997 sowie ders., Praelectiones dogmaticae, Tübingen 2003) hat die wichtigen Handschriften ediert. In: M. Kessler/M. Seckler (Hrsg.), Theologie, Kirche, Katholizismus Beiträge zur Programmatik der katholischen Tübinger Schule von Joseph Ratzinger, Walter Kasper und Max Seckler, Tübingen 2003, liegt ein weiterer Nachdruck der Kurzen Einleitung vor. Sie stößt auf wachsendes internationales Interesse und ist literarisch gesehen nach Seckler, „ein Meisterwerk aus der Blütezeit des enzyklopädischen Schrifttums, dem berühmten Schleiermacherschen Pendant von 1811, durchaus ebenbürtig". Sie wurde 1966 und 1971 nachgedruckt. Eine Übersetzung ins Französische ist in Vorbereitung; eine italienische Ausgabe des Werkes ist soeben erschienen. Es ist dabei, zu einem Klassiker der theologischen Weltliteratur zu werden (Seckler, 2003, 27). Auch eine Übersetzung ins Englische ist erschienen: *Brief Introduction to the Study of Theology* (New York 1996).

Von der Apologetik, dem zweiten Hauptwerk, seinem zugleich umfassendsten Werk, liegt ein fotomechanischer Nachdruck, Frankfurt 1967, vor, jedoch keine Übersetzung.

Eine Rezeption auf breiter Front steht noch aus. Dennoch wächst auch für sie die internationale Aufmerksamkeit. Belege sind das erste internationale Drey-Symposion *Revision der Theologie – Reform der Kirche. Die Bedeutung des Tübinger Theologen Johann Sebastian Drey (1777-1853),* in Stuttgart-Hohenheim (1993), das internationale Symposion in Boston (1996): *The Legacy of the Tübingen School. The Relevance of Nineteenth-Century Theology for the Twenty-First Century,* sowie das Symposion anlässlich des 150. Todestags von Drey in Tübingen *Theologie als Instanz der Moderne. Beiträge und Studien zu Johann Sebastian Drey und zur Tübinger Schule.*

Das Wort Hegels von der „unbefriedigten Aufklärung" hat nichts an Aktualität verloren. Die Theologie muss an dieser Front weiterhin mit Nachdruck arbeiten und kann auf die Apologetik dafür nicht verzichten. Sie ist grundlegend für eine Reform der Kirche nach Maßgabe des Zweiten Vatikanum.

Literatur

Quellen und Werkausgaben

DREY, J.S., Kurze Einleitung in das Studium der Theologie mit Rücksicht auf den wissenschaftlichen Standpunkt und das katholische System, Tübingen 1819.

DREY, J.S., Johann Sebastian Drey, Brief Introduction to the Study of Theology: With Reference to the Scientific Standpoint and the Catholic System, hrsg. v. M. HIMES, New York 1996.

DREY, J.S., Die Apologetik als wissenschaftliche Nachweisung der Göttlichkeit des Christentums in seiner Erscheinung, Bd. 1: Philosophie der Offenbarung, Mainz 1838, ²1844; Bd. 2: Die Religion in ihrer geschichtlichen Entwicklung bis zu ihrer Vollendung durch die Offenbarung in Christus, Mainz 1843, ²1844; Bd. 3: Die christliche Offenbarung in der katholischen Kirche, Mainz 1847, Bde. 1-3, Frankfurt ³1967 (ND fotomechanisch).

DREY, J.S., Nachgelassene Schriften, Bd. 2. Praelectiones dogmaticae 1814-1834, hrsg. v. M. SECKLER, Tübingen 2003.

Sekundärliteratur

BURKARD, D., Staatskirche – Papstkirche – Bischofskirche. Die „Frankfurter Konferenzen“ und die Neuordnung der Kirche in Deutschland nach der Säkularisation, Rom 2000.

DIETRICH, D.J./M.J. HIMES (Eds.), The Legacy of the Tübingen School. The Relevance of Nineteenth-Century Theology for the Twenty-First Century, New York 1997.

GEISELMANN, R., Die Glaubenswissenschaft der katholischen Tübinger Schule in ihrer Grundlegung durch Johann Sebastian Drey, in: Theologische Quartalschrift 111 (1930), 49-117.

KESSLER, M./O. FUCHS (Hrsg.), Theologie als Instanz der Moderne. Beiträge und Studien zu Johann Sebastian Drey und zur Tübinger Schule, Tübingen 2005.

KLINGER, E., Offenbarung im Horizont der Heilsgeschichte. Historisch-systematische Untersuchung der heilsgeschichtlichen Stellung des alten Bundes in der Offenbarungsphilosophie der katholischen Tübinger Schule, Zürich 1969.

KLINGER, E., Tübinger Schule, in: K. RAHNER/A. DARLAP (Hrsg.), Sacramentum Mundi 4, Freiburg 1969, 1031-1037.

KUSTERMANN, A.P. (Hrsg.), Revision der Theologie – Reform der Kirche. Die Bedeutung des Tübinger Theologen Johann Sebastian Drey (1777-1853), Würzburg 1994.

KUSTERMANN, A.P., „ … ein prüfendes Nachdenken unter den Theologen veranlassen“, in: DERS. (Hrsg.), Revision der Theologie – Reform der Kirche, Würzburg 1994, 23-45.

KUSTERMANN, A.P., Die Apologetik Johann Sebastian Dreys (1777-1853), Tübingen 1988.

LACHNER, R., Das ekklesiologische Denken Johann Sebastian Dreys, Frankfurt 1986.

HARSKAMP, A.v., Theologie: Text im Kontext. Auf der Suche nach der Methode ideologiekritischer Analyse der Theologie, illustriert an Werken von Drey, Möhler und Staudenmaier, Tübingen 2000.

SCHUPP, F., Die Evidenz der Geschichte. Theologie als Wissenschaft bei J. S. Drey, Innsbruck 1970.

SECKLER, M., H Johann Sebastian Drey, Mein Tagebuch über philosophische, theologische und historische Gegenstände 1812-1817, Tübingen 1997.

KESSLER, M./M. SECKLER (Hrsg.), Theologie, Kirche, Katholizismus. Beiträge zur Programmatik der katholischen Tübinger Schule von Joseph Ratzinger, Walter Kasper und Max Seckler, Tübingen 2003.

TIEFENSEE, E., Die religiöse Anlage und ihre Entwicklung. Der religionsphilosophische Ansatz Johann Sebastian Dreys (1777-1853), Leipzig 1988.

THIEL, J.E., Imagination and Authority. Theological Autorship in the Modern Tradition, Minneapolis 1991.

THIEL, J.E., Naming the Heterodox: Interconfessional Polemics as a Context for Drey's Theology, in: A.P. KUSTERMANN (Hrsg.), Revision der Theologie – Reform der Kirche, Würzburg 1994, 114-139.

WERNER, K., Geschichte der katholischen Theologie seit dem Trienter Konzil bis zur Gegenwart, München/Leipzig [2]1889, 473-481.

WOLF, H., Der Vatikan und die verbotenen Bücher, München 2004.

Elmar Klinger

Johannes Evangelist von Kuhn, Katholische Dogmatik, 2 Bde., ED Tübingen 1859-1862 / 1857

Die *Katholische Dogmatik* des Johannes Evangelist von Kuhn (1806-1887) ist unvollendet geblieben. Erschienen sind zwei Bände. Der erste Band enthielt die Einleitung und die allgemeine Gotteslehre und erschien 1846 in erster Auflage. Als zweiter Band folgte 1857 die Trinitätslehre. Anschließend erschien die zweite, völlig neu bearbeitete und wesentlich erweiterte Auflage des ersten Bandes 1859 und 1862 in zwei Abteilungen. Außerdem erschien 1868 der erste Teil der Gnadenlehre, der zwar von Kuhn als Fortsetzung seiner Dogmatik bezeichnet wurde, in erster Linie aber eine Streitschrift zur richtigen Interpretation des Thomas von Aquin war. Dieser Beitrag beschränkt sich auf die zweite Auflage des ersten Bandes und die Trinitätslehre. Diese lassen am ehesten eine Einheit in Konzept und Methode entdecken.

1. Biografischer Kontext und problemgeschichtlicher Hintergrund

Die Dogmatik Kuhns steht in der von J.S. Drey inaugurierten Tradition der Katholisch-Theologischen Fakultät von Tübingen. Hier entwickelte sich eine Theologie, die sich für das Gespräch sowohl mit evangelischer Theologie als auch mit zeitgenössischer Philosophie öffnete. Insbesondere mit dem Auftreten J.A. Möhlers trat neben dem wachen Sinn für Geschichte das Bedürfnis, die eigene christliche Identität und katholische Kirchlichkeit sichtbar zu machen, stärker hervor.

Das Denken Kuhns bewegt sich zunächst vor dem Hintergrund der philosophischen Erneuerung seit Kant. Kant (und verschärfend Fichte) hatte die Unaufhebbarkeit des subjektiven Standpunktes in der Erkenntnis aufgezeigt. Jede Erkenntnis ist eine Erkenntnis dessen, was dem Subjekt erscheint. Es kann nur erkennen, was und insofern es ihm bewusst ist, d.h. es irgendeine Vorstellung davon hat. Allerdings wird so die Begründung ihrer Bestimmtheit problematisch. Denn diese Bestimmtheit einer Vorstellung oder Erscheinung ist nicht mit dieser selbst gegeben, sondern folgt aus einer anderen wie sie auch selbst andere Vorstellungen oder Erscheinungen hervorruft. Da von diesen dasselbe gilt, entsteht eine endlose Reihe von einerseits begründenden, andererseits der Begründung bedürftigen Erkenntnissen oder Vorstellungen: das mittelbare Wissen. So weicht in der Erkenntnis eine Vergewisserung ihrer Bestimmtheit immer wieder zurück. Um dieser Verlegenheit zu entgehen, bräuchte es ein Unmittelbares, ein von sich aus Evidentes, das deshalb keiner Begründung bedarf. Nach Kant kann aber im mittelbaren, also der Erkenntnis zur Verfügung stehenden Wissen ein solches Unmittelbares nicht aufgefunden werden.

Wie aber könnte es sonst eine Vergewisserung des Unmittelbaren geben? Kant, Fichte, Hegel, Schelling und Jacobi bieten, jeder auf seine eigene Weise, eine Lösung an. In dieser Diskussion verortet Kuhn sein Denken. Ab Mitte des Jahrhunderts erhebt sich aber im katholischen Raum die Neuscholastik, die die andere Seite des Problems im Verhältnis von Philosophie und katholischem Glauben betont. Im Vordergrund steht nicht mehr die Frage, wie der Glaube sich vor den philosophischen Fragen verantworten und ausweisen könne, sondern wie der (katholische)

Glaube sich wieder von sich aus präsentieren könne, wenn auch unter Zuhilfenahme der (vor allem scholastischen) Philosophie. Der Auseinandersetzung mit dieser Strömung kann und will sich Kuhn nicht entziehen.

2. Die Dogmatik im Gesamtwerk Kuhns

Kuhns Veröffentlichungen sind zunächst philosophischer und dann auch exegetischer Natur. Erst ab 1838 folgen dogmatische Beiträge. Ein zweiter Punkt im Verlauf des Kuhn'schen Denkens betrifft den Ansatz der Dogmatik. Wie gesagt, gibt es vom ersten Band, der die Einleitung und die allgemeine Gotteslehre umfasst, zwei Auflagen. Insbesondere die Einleitung der zweiten Auflage unterscheidet sich nicht nur beträchtlich im Umfang, sondern auch in der Anlage. In der ersten Auflage hatte Kuhn in Abgrenzung von Schleiermacher den objektiven Charakter des religiösen Glaubens als eines Fürwahrhaltens betont und seine Selbständigkeit der Philosophie gegenüber nicht durch Trennung des religiösen Glaubens und des philosophischen Glaubens oder Vernunftglaubens, sondern durch ihre Zusammengehörigkeit und wesentliche Übereinstimmung zur Geltung gebracht. Das führte dazu, dass der Glaubensakt mehr betont wurde und der Glaubensinhalt zurücktrat. Jetzt möchte Kuhn den Weg von der anderen Seite her beschreiten, indem er vom Begriff der Offenbarung ausgehend den Unterschied und die Einheit der positiven (dogmatischen) und der reinen Vernunftwahrheit nachweist, also – in Kontrast zu manchen Vertretern der Neuscholastik – Übereinstimmung und Differenz gerade vom Inhalt des Glaubens her hervortreten lässt.

3. Inhalt der Katholischen Dogmatik

Leitgedanke der Kuhn'schen Dogmatik ist, dass die dem Glauben eigene Wahrheit diesem unmittelbar, wenn auch – anders als bei Jacobi – nicht bloß unmittelbar, und nur als geglaubte, nämlich als *freiwilliges* – und insofern reflektiertes – Fürwahrhalten, gegeben ist. Die folgende Darstellung richtet sich auf die Themen, die das Eigene und die innere Einheit dieser Dogmatik konturieren.

I. Einleitung

Die Einleitung umfasst drei Kapitel: „Vom christlich-kirchlichen Glauben“, „Von der Wissenschaft des christlich-kirchlichen Glaubens“ und „Die Geschichte der Dogmatik“. Kuhn macht also einen deutlichen Unterschied zwischen Glauben und Glaubenswissenschaft. Damit beabsichtigt er keine gegeneinander isolierende Trennung, betont aber, dass sie für das Denken auseinander gelegt werden müssen.

1. Im ersten Kapitel erörtert Kuhn zunächst den Begriff der Offenbarung Gottes und der Inspiration. Er unterscheidet und verbindet natürliche und übernatürliche Offenbarung, äußeres und inneres Moment der Offenbarung.

a. Im weitesten Sinn ist die Offenbarung Gottes seine Manifestation in der Schöpfung und, davon nicht zu trennen, „in den Thaten seiner Weltregierung und

Vorsehung" (I, 6). Aufgrund der Schöpfung ist Gott den Dingen *und* dem menschlichen Geist wesentlich gegenwärtig. Offenbarung Gottes ist die Schöpfung daher, „sofern er durch sie nicht allein äußerlich erkennbar, sondern das Erkennbare von ihm unserem Geiste auch innerlich offenbar ist […]. Kraft dieser uranfänglichen und allgemeinen Offenbarung trägt der Mensch in seinem *vernünftigen* Geiste das Bewußtsein des Unendlichen (die Idee Gottes) unmittelbar in sich, und durch seinen *verständigen* Geist ist er im Stande, dasselbe, durch denkende Betrachtung der Außenwelt, wie seines eigenen Innern, zur vermittelten Erkenntniß Gottes zu erheben" (ebd.).

b. Etwas anderes ist die übernatürliche Offenbarung, nämlich eine „Kundgebung Gottes von und über sich selbst" (I, 7). Denn „Gott will der unmittelbar möglichen Verdunklung des Geistes und Verkehrung des Willens durch ein Ueberwuchern der Sinnlichkeit und Selbstsucht vorbeugen, er will den Menschen in übernatürlicher Weise mit sich einigen. Diesen seinen Willen realisirt er am Urmenschen, er realisirt ihn in der Menschheit durch die Verheißung und Sendung des Erlösers, und zwar vor Allem durch Kundgebung dieser seiner an sich verborgenen (weil aus der Schöpfung und ihrem Zweck für sich nicht erkennbaren) Absichten und Rathschlüsse zum (übernatürlichen) Heile der Menschen" (I, 6f.).

Auch dieser übernatürlichen Offenbarung ist ein inneres Moment eigen. „Die Inspiration der alttestamentlichen Propheten knüpft sich an äußere Erscheinungen und Bezeugungen Gottes; die der christlichen Apostel an die Erscheinung Christi, ihren Umgang mit ihm, seine Reden und Thaten" (I, 9). Deshalb verhält sich die Inspiration zur Offenbarung als „ein integrirender Theil derselben" (I, 12). Bei Christus selber ist das innere Moment das „eigene Selbstbewußtsein, vermöge dessen er sich mit Gott eins weiß" (I, 7).

c. Der Unterschied von natürlicher und übernatürlicher Offenbarung kommt nur dann richtig zum Tragen, wenn man zugleich ihrem Zusammenhang Rechnung trägt. Die übernatürliche Offenbarung, die „die natürliche voraussetzt und sich aufs engste an diese anschließt, und inhaltlich genommen nichts Anderes ist als die Erweiterung und Verinnerlichung der letztern" (I, 14f.) ist „nicht als eine Ergänzung des Schöpfungswerkes Gottes, das für sich gut und vollkommen ist, noch etwa bloß als das Ergebniß seiner allgemeinen Weltregierung und Leitung, sondern als ein Werk seiner besondern Vorsehung gegenüber dem Freiheitsgebrauch der vernünftigen Creatur und als übernatürliche Versehung derselben in Absicht auf ihre durch Vernunft und Freiheit zu realisirende Bestimmung zu begreifen" (I, 17). Dasselbe gilt für das innere Moment. Kuhn möchte „die göttliche Inspiration weder dem natürlichen menschlichen Gottesbewußtsein, noch dem besonnenen Selbstbewußtsein entgegensetzen" (I, 9).

2. Im Verhältnis von Schrift und Tradition ist die Überlieferung Quelle des Glaubens, während die Schrift Beweis- und Verteidigungsquelle ist. Zugleich aber ist für Kuhn die Bibel unter Voraussetzung des Geistes, der das Verstehen lenkt, „inhaltlich vollkommen zureichend". Die Überlieferung wird „unter Voraussetzung der inhaltlichen Sufficienz und Perfection der Schrift, d.i. der Schrift als alleiniger Quelle der Wahrheit, als Quelle des Glaubens und als Materialprincip der Schriftauslegung betrachtet" (I, 41).

3. Für die Entwicklungsfähigkeit der christlichen Wahrheit gilt, dass nicht das Festhalten an den Buchstaben der Schrift oder des Dogmas, sondern der heilige Geist, der „jeder Zeit den Sinn der christlichen Wahrheit für alle Zeiten aufschließt" (I, 149), einsteht für die bleibende Bewahrung der Wahrheit der christlichen Offenbarung. Daher ist „[d]as Organ dieses Geistes und seiner Wirksamkeit in der Menschheit […] der Gesammtkörper der Gläubigen, der Leib Christi, seine Kirche, die in ihren Vorstehern gipfelt" (I, 150f.). Letztere verkündigen den Glauben, indem sie „auf die Bedürfnisse der jeweiligen Gegenwart, auf die sie bewegenden Geistesrichtungen und Gegensätze" (I, 151) eingehen.

4. Entsprechend gestaltet sich das dogmatische Wissen. Der Theologe geht zwar nur von den Wahrheiten der Offenbarung aus, diese enthalten aber zugleich die Vernunftwahrheiten. Um über die mittels des Denkens bewährende Erkenntnis zum Wissen des Glaubens zu gelangen, muss er deshalb „zugleich auf die Vernunft als Quelle der Wahrheit und Princip ihrer Erkenntniß" eingehen (I, 234), sonst wäre nur „eine formell logische Behandlung des Glaubens" möglich, „die den Namen einer wissenschaftlichen Erkenntniß desselben nicht verdiente" (I, 235). Wenn aber die Wahrheit der Erkenntnis schlechthin gegeben ist, kann der im dogmatischen (wie auch im vernünftigen) Wissen erreichte Begriff kein einfaches Wissen der Wahrheit, der Begriff „nicht die wesentliche Form des Bewußtseins" der Wahrheit sein (I, 239). Der im dogmatischen Wissen erreichte Begriff kann sich also nie gänzlich von der auf der Stufe der Vorstellung zugrunde gelegten Bestimmtheit der Anschauung lösen (oder in sich auflösen). Der Weg zum Wissen ist nicht die Negation, wie im mittelbaren Wissen, sondern die Determination als unmittelbare Fortbestimmung oder Erweiterung (vgl. I, 238-245).

II. Allgemeine Gotteslehre

Gegenstand der allgemeinen Gotteslehre ist der Glaube an Gott als „Inhalt des *an sich rein natürlichen* Gottesglaubens, der aber für uns gleichfalls ein positiver, weil in dem übernatürlich geoffenbarten als dessen Voraussetzung und *allgemeine Grundlage* mitgegebener ist" (I, 535). Kuhn teilt den Stoff in zwei Abschnitte ein: die „Gotteserkenntniß als solche" (I, 537-722) und „die göttlichen Eigenschaften" (I, 722-1098). In beiden Fällen erörtert er zunächst den positiven Glauben (Schrift und kirchliche Tradition) und sodann die bewährende Vermittlung mit der Vernunft.

1. Im ersten Abschnitt geht es um das Dasein Gottes und die Art seiner Erkenntnis. Ausführlich geht Kuhn auf die Beweise des Daseins Gottes als Bewährung der Gottesidee ein. Wir beschränken uns hier auf seine These der unmittelbaren Gottesidee. Diese beinhaltet nicht, dass „das unmittelbare Gottesbewußtsein […] eine allgemeine und nothwendige Erfahrung (Vernunftwahrnehmung) des menschlichen Geistes, eine wesentliche Eigenschaft des seiner selbst und der Welt bewußten Geistes" (I, 611) wäre. Denn wenn die Kirchenväter „von dem Gottesbewußtsein als der natürlichen Mitgift der Seele reden", meinen sie nicht, dass „das unmündige Kind von Gott wisse". Die „Gottesidee ist in der Vernunft des Menschen innerlich angelegt" (ebd.). „Die Wahrnehmung Gottes […]", wie sie in der „Vernunft natür-

lich angelegt [...] ist, ist als effective und wahre durch ihre eigene Reinheit und Integrität bedingt; diese aber beruhen auf der lebendigen und ungeschwächten Wechselwirkung ihres theoretischen und praktischen Vernunftvermögens, der Vernunft und des Gewissens“ (I, 612). Hier sind zwei Punkte wichtig: Die Gottesidee ist für die Gotteserkenntnis schlechthin Voraussetzung; wirkliche und wahre Gotteserkenntnis beruht auf einer Wechselwirkung in der Vernunft. Sie beruht „auf der geistigen und sittlichen Subjectivität, auf der *Persönlichkeit* des Menschen“ (ebd.).

a. Zum ersten: Dieser Punkt hängt direkt mit Kuhns erkenntnistheoretischem Grundsatz zusammen, nach dem die Wahrheit der Erkenntnis gegeben ist. Sie ist ihr nicht gegeben als Teil oder Glied in der Erkenntnis oder als etwas, das von außen der Erkenntnis hinzugefügt wird, sondern unmittelbar, also der Erkenntnis als solcher gegeben. Sie gehört zur Erkenntnis in dem, was sie als Erkenntnis ist. Nun ist die Erkenntnis als bestimmtes Vermögen des Geistes in ihrem Verhältnis zum anderen, d.h. zur Freiheit, was sie ist.

b. Zum zweiten: Wenn die Erkenntnis als solche durch das Verhältnis zur Freiheit bestimmt ist, ist die aktuelle Erkenntnis immer durch eine Wechselwirkung mit der Freiheit bestimmt. Dabei ist die Unterscheidung von formeller und materieller Freiheit zu beachten. Aufgrund seiner Freiheit ist einem Menschen Wollen und etwas Wollen unumgänglich eigen. Diese formelle Freiheit geht sozusagen unbemerkt in die Aktualität, in das freie Handeln über. Dass ein Mensch näherhin auf das Gute aus ist, macht die materielle Freiheit aus. Diese geht aber nicht ohne weiteres positiv in das Handeln über, sondern nur, indem ein Mensch sich in dieser Entscheidung zugleich selbst so bestimmen, seine Persönlichkeit gestalten will.

c. Vor diesem Hintergrund lehnt Kuhn die Möglichkeit eines strengen Gottesbeweises ab. Dieser würde auch den Einsatz der Freiheit, den ‚Verdienst des Glaubens‘ ausschließen. Die Schlussfolgerung aus der Welt als Wirkung auf Gott als Ursache ist nicht stringent, weil sie schon voraussetzt, dass die Welt als verursacht anzusehen sei. Letztere Ansicht ist zwar wahr, aber ihre Wahrheit und Gewissheit „beruht auf der unmittelbaren Gottesidee und dem ihr beiwohnenden unmittelbaren assensus des Geistes zu derselben“ (I, 443).

2. Im zweiten Abschnitt erörtert Kuhn die Namen oder Eigenschaften Gottes. Wie kann man aber dem schlechthin einen Gott viele Eigenschaften zuschreiben? Der Einheit logisch am nächsten kommen die negativen (in Verneinungen sich ausdrückenden) Eigenschaften, von denen die Unendlichkeit die am meisten allgemeine ist. Diese haben aber nicht die Bestimmtheit, die der christlichen Gottesidee eigen ist. Unter den Gott charakterisierenden, positiven Eigenschaften ist ‚absoluter Geist‘ der umfassendste Ausdruck. Beide Reihen entstehen aus einem Vergleich von Gott und Welt, d.h. aus den Momenten der Nicht-Übereinstimmung und der Ähnlichkeit. Kuhn bezieht beide Reihen aufeinander, und zwar so, „daß die metaphysische, speculative Erkenntniß Gottes im Fortgang von den bloß negativen Bestimmungen der Unendlichkeit zu den positiven der absoluten Geistigkeit realisirt wird“ (I, 760). Das positive Moment hat also das Übergewicht, ohne aber das negative ausschließen zu können. Die Dialektik beider Momente bleibt bei Kuhn offen, nicht im Sinne einer Beliebigkeit, sondern der Fortbestimmung.

In der Ausarbeitung zuerst der negativen Eigenschaften und dann der positiven, d.h. der Eigenschaften des göttlichen Verstandes und Willens, laufen beide Reihen am Ende zusammen in den Begriff der Einheit Gottes. Hier betont Kuhn die absolute Individualität Gottes. Das menschliche Wesen gibt es nur in vielen Individuen. Das göttliche Wesen gibt es nur als einen Gott. Deshalb kann man Gott zwar ‚persönlicher Geist' nennen, aber diese Persönlichkeit ist nicht individuell wie der endliche Geist. Gottes Wesen ist also nicht persönlich als einpersönlich. Damit hat Kuhn den Übergang zur Trinitätslehre vollzogen.

III. Trinitätslehre

Auch in diesem Band legt Kuhn zuerst die Schriftlehre und, sehr umfassend und präzise analysierend, die kirchliche Lehre und dann die „wissenschaftliche Vermittlung des Dogma" dar. Wir beschränken uns auf den letzten Abschnitt.

Einleitend unterstreicht Kuhn die Bedeutung der Erkenntnislehre: Der Versuch, einen reinen Anfang zu machen, führt nur dazu, im ‚spekulativen Begriff' eine Richtung der Vorstellung absolut zu setzen. Die wissenschaftliche Vermittlung soll die Denkbarkeit und Erkennbarkeit dartun. Zu den Einwänden gegen die Denkbarkeit antwortet Kuhn jeweils mit einer Analogie: Die Analogie der Gattung (der Mensch ist individuell *und* in Gemeinschaft) zum Problem, dass von Gott zugleich eins und drei gesagt wird; die Analogie des menschlichen Geistes als Einheit von Verstand und Wille zum Problem der Verschiedenheit der Personen gegenüber der Einfachheit des Wesens und die Analogie der Person zum Problem des Werdens und des ewigen Seins.

Die Aufgabe der Erkennbarkeit ist die Frage, *wie* die Verschiedenheit der Personen so gedacht werden könne, dass sie der Einheit des Wesens nicht widerspricht. Hierauf antwortet Kuhn mit der Analogie der menschlichen Persönlichkeit, die die bereits genannten Analogien in sich aufnimmt. Hier vollzieht sich die Erweiterung der (jetzt) als abstrakt zu betrachtenden Idee des einen Gottes in Verbindung mit dem besonderen Moment der Persönlichkeit zur Trinität als konkreten Monotheismus.

4. Wirkungs- und Rezeptionsgeschichte des Werkes

Die Dogmatik Kuhns übte auf die ihr direkt folgende Theologie kaum inhaltlichen Einfluss aus. Kuhn hat keine Schule gebildet. Die Verweise auf seine Dogmatik, die sich zwar auch in unserer Zeit noch öfters finden, markieren selten einen inhaltlichen Anschluss oder eine Weiterführung. Sie können als Vermutungen gewertet werden, dass das Werk auch für künftige Theologie Impulse bereithält. Stärker tritt eine inhaltliche Wirkung Kuhns bei J.R. Geiselmann (Traditionsbegriff) und W. Kasper (vor allem Gotteslehre) hervor.

Literatur

Quellen und Werkausgaben

KUHN, J., Katholische Dogmatik, Erster Band, Tübingen 1846; ²1859/²1862 (ND Frankfurt/Main 1968).

KUHN, J., Katholische Dogmatik, Zweiter Band: Die Trinitätslehre. Die christliche Lehre von der göttlichen Dreieinigkeit, Tübingen 1857 (ND Frankfurt/Main 1968).

Sekundärliteratur

FRIES, H., Johannes von Kuhn, Graz 1973 (Textauswahl mit Einleitung).

GEISELMANN, J.R., Die lebendige Überlieferung als Norm des christlichen Glaubens. Die apostolische Tradition in der Form der kirchlichen Verkündigung – das Formalprinzip des Katholizismus dargestellt im Geiste der Traditionslehre von Joh.Ev. Kuhn, Freiburg 1959 (enthält Ausschnitte zum Thema ‚Tradition' aus Vorlesungen Kuhns zwischen 1840 und 1865).

KASPER, W., Der Gott Jesu Christi, Mainz 1982.

Adrian Brants

Matthias Joseph Scheeben, Die Mysterien des Christenthums. Wesen, Bedeutung und Zusammenhang derselben nach der in ihrem übernatürlichen Charakter gegebenen Perspective dargestellt, ED Freiburg i. Br. 1865

1. Autor und Werk

Matthias Joseph Scheeben (1835-1888), einer der bedeutendsten katholischen Theologen des 19. Jahrhunderts, studierte 1852-1859 als Alumne des Collegium Germanicum an der der römischen Jesuitenhochschule, dem Collegium Romanum, Philosophie und Theologie und wurde 1858 in Rom zum Priester geweiht. Nach seiner Rückkehr war er zunächst Rektor und Religionslehrer bei den Ursulinen in Münstereifel. Seit 1860 wirkte er am Kölner Priesterseminar, zuerst ein halbes Jahr als Repetent, dann als Professor für Dogmatik und Moraltheologie (vgl. das Lebensbild von Gasper, Wirken). Aufgrund seiner Herkunft von einer römischen Jesuitenausbildungsstätte war ihm der Weg an eine deutsche Universität verwehrt. Scheebens erste größere Veröffentlichung galt der Marienfrömmigkeit (Marienblüthen aus dem Garten der heiligen Väter und christlichen Dichter zur besonderen Verherrlichung der ohne Makel empfangenen Gottesmutter gesammelt und übertragen, Schaffhausen 1860). Auf dogmatischem Feld wandte er sich der Frage nach dem Verhältnis von Natur und Gnade zu, das unter erkenntnistheoretischer wie ontologischer Perspektive eines der Grundprobleme der Theologie des 19. Jahrhunderts darstellte. Bei aller Trennung von Natur- und Gnadenordnung plädierte er für eine Hinordnung der ersteren auf letztere (Natur und Gnade. Versuch einer systematischen, wissenschaftlichen Darstellung der natürlichen und übernatürlichen Lebensordnung im Menschen, Mainz 1861; hrsg. von M. Grabmann, in: M.J. Scheeben, Gesammelte Schriften, Bd. 1). War dieses Werk eher für die innertheologische Diskussion bestimmt, unternahm Scheeben eine Popularisierung seiner Gedanken, indem er das Erbauungsbuch *Del aprecio y estima de la divina gracia* (Madrid 1638) des Jesuiten Eusebius Nieremberg (1595-1658) ins Deutsche übersetzte und bearbeitete. Mit diesem, noch zu seinen Lebzeiten mehrfach wiederaufgelegten Buch erzielte Scheeben eine gewisse Breitenwirkung (Die Herrlichkeiten der göttlichen Gnade nach P. Eusebius Nieremberg frei bearbeitet, Freiburg 1862; letzte von Scheeben besorgte Auflage: ^{4}1885; hrsg. von R. Grosche, in: M.J. Scheeben, Gesammelte Schriften, Bd. 1). Unvollendet blieb sein *Handbuch der katholischen Dogmatik* (3 Bde. Freiburg 1873-1887; hrsg. von M. Grabmann u.a., in: M.J. Scheeben, Gesammelte Schriften, Bde. 3-7).

2. *Die Mysterien des Christenthums*

Das umfangreiche, 1865 bei Herder in Freiburg erschienene Werk ging hervor aus einer Artikelserie über *Die übernatürlichen Geheimnisse des Christenthums* und weiteren Beiträgen, die Scheeben 1861-1863 für die von seinem väterlichen Freund Johann Baptist Heinrich (1816-1891) in Mainz herausgegebene ultramontane Zeitschrift *Der Katholik* verfasst hat (vgl. Paul, 1970, XIII). Scheeben versucht hier eine organische Gesamtschau des christlichen Glaubens vorzulegen, bei der allerdings keine materiale Vollständigkeit angezielt ist wie in seiner Dogmatik. Er möchte vielmehr, wie er einleitend darlegt, nur die *Mysterien* in den Blick nehmen, die zentralen Wahrheiten des christlichen Glaubens, die aus der natürlichen Erkenntnis nicht ableitbar sind und auch als offenbarte noch eine eigentümliche Dunkelheit behalten entsprechend seiner Definition: „Das christliche Mysterium ist eine durch die christliche Offenbarung uns kundgewordene Wahrheit, die wir mit *der bloßen Vernunft nicht erreichen* und, nachdem wir sie durch den Glauben erreicht, *mit den Begriffen unserer Vernunft nicht ausmessen können*“ (ed. Höfer, 11).

Scheeben beginnt seine Darlegungen der einzelnen Mysterien mit dem der göttlichen Trinität. Entsprechend seiner Definition sind zunächst deren „Indemonstrabilität“ zu beweisen und alle Versuche einer rationalen Begründung, von Raimundus Lullus (1232/33-1315/16) bis Anton Günther (1783-1863), als unmöglich darzustellen. Das Dunkel des Mysteriums hellt sich nur im Licht des Glaubens auf: „Nur dann, wenn man deutlich den Punkt feststellt, wo die Vernunft unter ihren Füßen den Boden verliert und von wo aus sie nur auf den Flügeln des Glaubens weitergetragen werden kann, ist es möglich, das Mysterium der Trinität wissenschaftlich zu entwickeln und Licht über dasselbe zu verbreiten“ (41). Für die theologische Erhellung der Trinität greift er, wie seit Augustinus (354-430) üblich, auf „die Produktionen in der göttlichen Erkenntnis und Liebe“ (47) sowie auf den Begriff der Hypostase bzw. der Person zurück, um zu einem analogen Verständnis der zweiten und dritten Person sowie der Einheit der drei Personen zu gelangen. Nachdem er die Bedeutung der Trinitätslehre aufgezeigt hat, wendet Scheeben sich den göttlichen Sendungen zu. Hier entfaltet er, vor allem in den verschiedenen Fassungen der §§ 29f., die für ihn charakteristische Lehre der personalen Einwohnung des Heiligen Geistes in den Gerechtfertigten. Scheeben hat diese in der griechischen Patristik entstandene Auffassung von seinen römischen Lehrern Carlo Passaglia (1812-1887) und Clemens Schrader (1820-1875) übernommen und weiterentwickelt, die dazu ihrerseits von Dogmenhistorikern wie dem Jesuiten Dionysius Petavius (1583-1652) und dem Oratorianer Louis Thomassin (1619-1695) angeregt wurden (vgl. dazu Schauf, Einwohnung; Binninger, Mysterium, sowie die jüngere Diskussion zusammenfassend Minz, Communio). Danach behandelt Scheeben das Mysterium der Mitteilung der göttlichen Natur an die ursprüngliche Schöpfung, d.h. die Urstandsgerechtigkeit, und – im Kontrast dazu – das Mysterium der Sünde im allgemeinen und der Erbsünde im besonderen.

Ähnlich umfangreich wie der Trinität widmet er sich sodann dem Mysterium des Gottmenschen, in dem im Ineinander von sichtbarer Menschheit und verborgener Gottheit die Grundstruktur des christlichen Mysteriums aufleuchtet. Auch hierbei geht Scheeben durchaus eigene Wege, indem er die Menschwerdung der zweiten göttlichen Person nicht allein durch die (Erb-)Sünde motiviert sieht, sondern auch und vor allem durch das Ziel der Vergöttlichung des Menschen. In diesem Sinne interpretiert er auch das Opfer Jesu Christi, das nicht nur sühnenden Charakter hat, sondern der Verherrlichung Gottes dient. In diesem Zusammenhang – und nur hier – ist auch von der Auferstehung Jesu Christi die Rede, die für Scheeben mehr ist als ein den Anspruch Christi beglaubigendes Mirakel, sie ist Vollendung des Opfers Christi, in das die Kirche mithineingenommen ist (vgl. 360f. 366). Von hierher schlägt Scheeben die Brücke zur Eucharistie, die er vor der Kirche und den übrigen Sakramenten behandelt. In der Eucharistie geschieht die „Inkorporation der Christen in Christus“ (397). Im Unterschied zu den Theologen, die den Opfercharakter der Eucharistie an der Vernichtung der Substanz von Brot und Wein festmachen oder denjenigen, welche die Transsubstantiation nur als Bedingung der Möglichkeit dafür interpretieren, dass der sich hingebende Leib Christi gegenwärtig wird, findet Scheeben „das Wesen der eucharistischen Opferhandlung […] in der *Verwandlung* nach ihrer Totalität“ (420), die er in ihren ekklesialen und zutiefst pneumatologischen Bezügen entfaltet (vgl. 416-423; dazu Bode, 1986, 93-96). Bei der anschließenden Erörterung der Kirche und der Sakramente ist wieder zu beachten, dass Scheeben diese nicht umfassend darzulegen beabsichtigt. So behandelt er etwa nicht primär die gesellschaftliche Verfasstheit der Kirche, sondern ihr unsichtbares, übernatürliches Wesen, insofern sie der „Leib des Gottmenschen“ (445) ist. Die Strukturanalogie zwischen der Kirche, den Sakramenten und dem Gottmenschen bildet das Darstellungsprinzip dieses Hauptstücks. Die Funktion der Kirche den Gliedern des Leibes Christi gegenüber wird als „Mutterschaft“ beschrieben, die von „den

Vätern der Kirche", den Priestern, ausgeübt wird (457). Scheeben hat diese Ausdrucksweise später vermieden (vgl. Valković, 1965, 71f.). Während er sich in diesem Zusammenhang auf die Herausarbeitung der Grundstruktur der Sakramente beschränkt, widmet Scheeben allein der Ehe einen ausführlicheren Abschnitt (§ 85), was der Bedeutung der Begriffe „Vermählung" bzw. „connubium" entspricht, die für ihn zur Beschreibung des gesamten christlichen Mysteriums grundlegend sind (vgl. Gasper, 1988). Der Darstellung des Heilswerks Jesu Christi entspricht es, dass die Rechtfertigung nicht nur als Sündenvergebung, sondern als „Mitbesitz der persönlichen Gerechtigkeit und Heiligkeit Christi, des menschgewordenen natürlichen Sohnes Gottes und des von ihm ausgehenden Geistes" (519) beschrieben wird. Einen besonderen Abschnitt widmet er hierbei dem Glauben, der nicht nur dispositiven Charakter hat: Die Rechtfertigung geschieht, indem sie geglaubt wird (§ 90).

Das letzte Ziel des Menschen besteht für Scheeben nicht einfach in der Unsterblichkeit der Seele und in der ewigen Ruhe oder bei negativem Ausgang im ewigen Unfrieden – „das sind einfach philosophische Wahrheiten" (541) –, sondern in der „Erfüllung der Kreatur mit göttlicher Herrlichkeit" (545). Als letztem in der Reihe der Mysterien widmet sich Scheeben demjenigen der Prädestination, einer Frage, in der sich in der nachreformatorischen katholischen Theologie im sog. Gnadenstreit Theologen aus dem Jesuitenorden im Anschluss an Luis de Molina (1535-1600) und aus dem Dominikanerorden im Gefolge von Domingo Báñez (1528-1604) gegenüberstanden. Während letztere die Position ihres Ordenslehrers Thomas von Aquin (1225-1274) vertraten, der den Vorrang der göttlichen Gnade betonte, versuchten erstere dem in der Neuzeit erwachten Interesse an der menschlichen Freiheit Rechnung zu tragen. Scheeben möchte zwischen diesen Positionen, die auch in seiner Zeit ihre Anhänger haben, vermitteln, wobei er, wie seine Auseinandersetzungen mit Vertretern des Molinismus wie Joseph Kleutgen (1811-1883) zeigen, tatsächlich näher bei der thomistischen Position zu stehen kommt: „Denn der natürlichen Freiheit schreiben wir im Werke des Heiles absolut nichts zu [...] Die Fähigkeit und der Antrieb, mit der Gnade zu kooperieren, wird dem natürlichen Willen erst durch die Gnade gegeben; die Kooperation ist ein Akt der von der Gnade gegebenen übernatürlichen Freiheit, und somit hängt der Mensch in allem von der Gnade Gottes ab" (603). Erst am Ende legt Scheeben die Konsequenzen seines Ansatzes für die theologische Methode dar. Die entscheidende Folgerung für eine dem Mysteriencharakter ihres Gegenstandes entsprechende Theologie formuliert Scheeben so: „Soll der übernatürliche und deshalb übervernünftige Charakter der Glaubensobjekte gewahrt bleiben, dann müssen *die Vernunftbegriffe selbst gehoben, verklärt, umgeformt werden, nach Maßgabe der durch die Offenbarung gemachten Vorlage*" (635). Entsprechend dem Hell-Dunkel des Mysteriums haftet auch den solcherart verklärten Begriffen Dunkelheit an. Gleichwohl lassen sie „wenigstens in etwa, *den Inhalt des Glaubens, das, was wir glauben, verstehen und es in uns nachdenken*" (636, vgl. Paul, 1970, 169-192).

3. Rezeption und Wirkungsgeschichte

Bereits von Zeitgenossen wurde die Eigenart der Scheebenschen Darstellung kritisiert. Der aus der Tübinger Tradition kommende Theologe Wenzeslaus Mattes (1815-1886) hat pikanterweise in dem von der mit dem Kölner Priesterseminar in Spannung stehenden Bonner Theologischen Fakultät herausgegebenen *Theologischen Literaturblatt* eine kritische Rezension veröffentlicht, in der er das Werk „nicht blos ein Buch über Mysterien, sondern auch ein mysteriöses Buch“ (Mattes, 381) nennt, in dem „solche Unklarheit, Verwirrung und Unverständlichkeit [herrschen], daß es beinahe unmöglich ist, dasselbe durchzulesen“ (383). Wenn er als Beispiele für problematische Positionen den trinitätstheologischen Ansatz und die Auffassung Scheebens vom Grund der Menschwerdung nennt (ebd.), dann sind dies gerade zwei derjenigen Aussagen, welche sich in der späteren theologischen Diskussion als fruchtbar erwiesen haben. Auch Scheebens Lehrer Kleutgen kritisierte bisweilen dessen Unklarheit und „Mystizismus“ (vgl. Walter, 2000, 303 Anm. 130). An der Scheebenschen „Erosterminologie“ (Gasper, 1988, 224. 237 mit Textbeispielen aus den *Mysterien*) und der damit einhergehenden „Androzentrik“ (ebd., 234. 238) scheinen sich die Zeitgenossen nicht gestoßen zu haben.

Über der Vorbereitung der zweiten Auflage, deren Spuren sich in zwei Handexemplaren der Erstauflage erhalten haben, ist der Verfasser verstorben. Der Verlag Herder hat daraufhin mit dieser Aufgabe verschiedene Bearbeiter betraut. Der erste, der Neuthomist Ceslaus Maria Schneider (1840-1908), hat das Werk durchgängig in seinem Sinne umgestaltet. Gedruckt wurde diese Fassung allerdings nicht. Stattdessen kam 1898 als „zweite Auflage“ die Bearbeitung des Religionslehrers Ludwig Küpper heraus, eines Schülers Scheebens. Dieser hat zur Vorbereitung zwar eines der beiden Scheebenschen Handexemplare herangezogen, sich aber zugleich bemüßigt gesehen, das Werk „Seite für Seite“ durchzuarbeiten, „um die Gedanken des Verfassers kürzer und zugleich deutlicher hervortreten zu lassen“ (vgl. Vorbemerkungen zur zweiten Auflage, ed. Küpper, VIII-XV, VIII). Inhaltliche Eingriffe erlaubte er sich vor allem hinsichtlich der für Scheeben charakteristischen Auffassung von der Einwohnung des Heiligen Geistes in der Seele der Gerechtfertigten (vgl. die Begründung ebd., IX-XV). Die „dritte Auflage“ aus der Feder des Bonner Fundamentaltheologen Arnold Rademacher (1873-1939) erschien 1912. Sie baut auf der von Küpper auf, kehrt aber in der von diesem für korrekturbedürftig erachteten Frage zur ursprünglichen Auffassung Scheebens zurück, allerdings unter Einbeziehung von späteren Veröffentlichungen desselben zum Thema (Vorwort zur dritten Auflage, ed. Rademacher, XVI-XVIII, XVII). Diese Ausgabe erfuhr in mehreren Nachdrucken eine weite Verbreitung, die das wachsende Interesse an einer Theologie bezeugt, die zum einen durchaus der von Rom protegierten neuscholastisch-ultramontanen Richtung der katholischen Theologie entsprach, zum andern aber einen mystischen Tiefgang aufwies (vgl. Gasper, 1990). Gegenüber den Versuchen, die Aktualität Scheebens durch Bearbeitungen zu gewährleisten, wurde schließlich die Forderung nach dem ursprünglichen Text laut, die der Matthias-Grünewald-Verlag in Mainz aufgriff. Er brachte 1925 einen von Josef Weiger (1883–1966), dem Freund Romano Guardinis, mit einem Nachwort versehenen „unveränderten Abdruck der Erstausgabe von 1865“ heraus. Für die *Gesammelten Schriften* griff man nicht auf die Erstausgabe der *Mysterien* zurück, sondern der Paderborner Theologe Josef Höfer (1896-1976) rekonstruierte aus den beiden Scheebenschen Handexemplaren der Erstauflage eine „Ausgabe letzter Hand". Diese erschien mitten im Zweiten Weltkrieg 1941 und erlebte 1958 die dritte Auflage. Allerdings kann sie heutigen kritischen Ansprüchen nicht genügen (zu den beiden „Handexemplaren" und den Editionsgrundsätzen vgl. Vorbemerkung des Herausgebers, in: ed. Höfer, V-IX, VI-VIII; zur Problematik der Vorgehensweise vgl. Paul, 1970, 6f. Die Handexemplare sind nach freundlicher Auskunft der Erzbischöflichen Diözesan- und Dombibliothek zu Köln nicht auffindbar und wohl als Kriegsverlust zu verbuchen). 1956 veröffentlichte Friedrich Fuchs bei der Steyler Verlagsbuchhandlung in Kaldenkirchen eine zusammenfassende Bearbeitung „für weitere Kreise", die das Werk auf ein Drittel seines Umfangs reduzierte. Diese verschiedenen Bearbeitungen und die Ausgabe letzter Hand wurden in mehrere Sprachen übersetzt. Dies bezeugt ebenso wie die umfangreiche, gleichermaßen vielsprachige Forschungsliteratur das Interesse an der Scheebenschen Theologie.

Scheebens Hauptverdienst um die Erneuerung der katholischen Theologie aus den Schätzen der Tradition liegt vor allem in seiner organischen Sicht der Glaubensgeheimnisse, die er von der Mitte der Trinität und der Inkarnation her als Aussagen über die Hineinnahme des Menschen in das göttliche Leben interpretierte. Die *Mysterien* haben mit ihrem trinitätstheologischen Ansatz mit zu der Neubesinnung auf die Trinität beigetragen, wie sie im 20. Jahrhundert in ökumenischer Einmütigkeit stattgefunden hat, und sie haben mit ihrer Sicht der Kirche als „Mysterium" den Weg bereitet für die Darstellung der Kirche als „Sakrament" in der Kirchenkonstitution *Lumen gentium* des II. Vaticanums (vgl. Bernards, 1969, bes. 41).

Literatur

Quellen und Werkausgaben

SCHEEBEN, M.J., Die Mysterien des Christenthums. Wesen, Bedeutung und Zusammenhang derselben nach der in ihrem übernatürlichen Charakter gegebenen Perspective dargestellt, Freiburg i. Br., 1865.

SCHEEBEN, M.J., Die Mysterien des Christenthums. Nach Wesen, Bedeutung und Zusammenhang dargestellt von M. J. S., zweite Auflage, besorgt durch L. KÜPPER, Freiburg i. Br. 1898.

SCHEEBEN, M.J., Die Mysterien des Christenthums. Nach Wesen, Bedeutung und Zusammenhang dargestellt von M. J. S., dritte Auflage bearbeitet v. A. RADEMACHER, Freiburg i. Br. [1912] ^{4}1932.

SCHEEBEN, M.J., Die Mysterien des Christentums. Wesen, Bedeutung und Zusammenhang derselben nach der in ihrem übernatürlichen Charakter gegebenen Perspektive dargestellt von M. J. S. Unveränderter Abdruck der Erstausgabe von 1865, hrsg. v. J. WEIGER (Deutsche Klassiker der katholischen Theologie aus neuerer Zeit 1), Mainz [1925] ^{2}1931.

SCHEEBEN, M.J., Die Mysterien des Christentums. Wesen, Bedeutung und Zusammenhang derselben nach der in ihrem übernatürlichen Charakter gegebenen Perspektive dargestellt von M. J. S., Ausgabe letzter Hand, hrsg. von J. HÖFER (M.J. SCHEEBEN, Gesammelte Schriften 2), Freiburg i. Br. [1941] ^{3}1958.

SCHEEBEN, M.J., Die Mysterien des Christentums. Wesen, Bedeutung und Gesamtschau, zusammenfassend für weitere Kreise dargestellt v. F. FUCHS, Kaldenkirchen 1956.

SCHEEBEN, M.J., Gesammelte Schriften, hrsg. von J. HÖFER u.a., 8 Bde. Freiburg i. Br. 1941-1967.

Sekundärliteratur

BERNARDS, M., Zur Lehre von der Kirche als Sakrament. Beobachtungen aus der Theologie des 19. und 20. Jahrhunderts, in: Münchener theologische Zeitschrift 20 (1969), 29–54.

BINNINGER, C., Mysterium inhabitationis trinitatis. M. J. Scheebens theologische Auseinandersetzung mit der Frage nach der Art und Weise der übernatürlichen Verbindung der göttlichen Personen mit dem Gerechten (Münchener theologische Studien 2, 62), St. Ottilien 2003.

BODE, F.-J., Gemeinschaft mit dem lebendigen Gott (Communicatio Vitae Trinitatis). Die Lehre von der Eucharistie bei Matthias Joseph Scheeben (Paderborner theologische Studien 16), Paderborn 1986.

GASPER, H., Das Wirken Scheebens als Priester und Theologe, in: Das Kölner Priesterseminar im 19. und 20. Jahrhundert, hrsg. v. N. TRIPPEN (Studien zur Kölner Kirchengeschichte 23), Siegburg 1988, 223-243.

GASPER, H., Die Vermählung von Natur und Gnade als Modell für die Theologie Scheebens, in: Geist und Kirche, 213-246.

GASPER, H., Mystik in der Neuscholastik. Überlegungen zu Matthias Joseph Scheeben (1835–1888), in: Gottes Nähe. Religiöse Erfahrung in Mystik und Offenbarung, hrsg. v. P. IMHOF (FS J. Sudbrack), Würzburg 1990, 194-216.

HAMMANS, H./H.-J. REUDENBACH/H. SONNEMANS (Hrsg.), Geist und Kirche. Studien zur Theologie im Umfeld der beiden Vatikanischen Konzilien, (FS H. Schauf), Paderborn u.a. 1988.

MATTES, W., Rezension: M.J. SCHEEBEN, Die Mysterien des Christenthums, in: Theologisches Literaturblatt 1 (1866), 381-384.

MINZ, K.-H., Pleroma Trinitatis. Die Trinitätstheologie bei Matthias Joseph Scheeben (Disputationes theologicae 10), Frankfurt/Bern 1982.

MINZ, K.-H., Communio Spiritus Sancti. Zur Theologie der „inhabitatio propria" bei M.J. Scheeben, in: Geist und Kirche, 181-200.

PAUL, E., Denkweg und Denkform der Theologie von Matthias Joseph Scheeben (Münchener theologische Studien 2, 40), München 1970.

SCHAUF, H., Die Einwohnung des Heiligen Geistes. Die Lehre von der nichtappropriierten Einwohnung des Heiligen Geistes als Beitrag zur Theologiegeschichte des neunzehnten Jahrhunderts unter besonderer Berücksichtigung der beiden Theologen Carl Passaglia und Clemens Schrader (Freiburger theologische Studien 59), Freiburg i. Br. 1941.

TANZELLA-NITTI, G., La SS. Trinità e l'economia della nostra santificazione ne „I misteri del cristianesimo" di M. J. Scheeben, Roma 1991.

VALKOVIC, M., L'uomo, la donna e il matrimonio nella teologia di Matthias Joseph Scheeben (Analecta Gregoriana 152), Roma 1965.

WALTER, P., „Für die eine katholische Wahrheit ohne Menschenfurcht zu kämpfen". Briefe Joseph Kleutgens an den Mainzer Theologen Christoph Moufang aus den Jahren 1863-1866, in: Bücherzensur – Kurie – Katholizismus und Moderne, hrsg. v. P. WALTER/H.-J. REUDENBACH (FS H.H. Schwedt) (Beiträge zur Kirchen- und Kulturgeschichte 10), Frankfurt/Main u.a. 2000, 271-307.

Peter Walter

John Henry Newman, Essay in Aid of a Grammar of Assent, ED London 1870

Dieser Essay, der bei seiner Veröffentlichungen einerseits hoch gelobt, andererseits aber auch ein Außenseiter blieb, ist bis heute eine Quelle der Inspiration für das Verständnis des Glaubensvollzugs unter den Bedingungen der Moderne (Tolksdorf, 2000). Wie ist eine unbedingte Glaubenszustimmung des Menschen als geschichtlichem, endlichem und die Wahrheit immer nur aspektiv erreichendem Wesen möglich, auch wenn die Wahrscheinlichkeit Führerin durch das Leben ist und Gottes unauslotbare Größe und erschütternde Heiligkeit gerade diesen Menschen zu ernsthafter Umkehr ruft.

Newman war der Überzeugung, dass er nicht sterben dürfe, ohne dieses Buch geschrieben zu haben (B 371). In diesem Buch sammelt sich seine lebenslange Reflexion auf den Glaubensakt angesichts jener Herausforderungen der Zeit, die die konfessionellen Streitigkeiten der kirchlichen Theologien schon längst hinter sich gelassen hatten. Nicht dieser oder jener Inhalt sei problematisch geworden: „Die Hauptschwierigkeit ist, überhaupt zu glauben" (Z 348). Im Kontext der historischen und rationalistischen Versuche, den Glauben zu begründen, ist Newmans Zugang zur Problemstellung innovativ; – und zugleich experimentell suchend. Mit der Analyse des Glaubensaktes im Blick auf seinen realen Vollzug in der persönlichen und gemeinschaftlichen Glaubensgeschichte, sowie der Rechtfertigung seiner Gewissheit als unbedingte, reale Zustimmung angesichts der Forderungen wissenschaftlicher Beweisbarkeit mit ihrer These von der bloßen Wahrscheinlichkeit jeglicher Argumentation beschäftigt sich Newman seit den Oxforder Universitätspredigten (1826-43). Seine Frage lautet: Kann ich mit Unbedingtheit glauben, auch wenn es nur wahrscheinliche Gründe geben kann und ich in meinem Leben immer in der Entwicklung bin. Der *Grammar* zählt Newman zu seinen Hauptwerken. Sie ist das Werk einer lebenslangen Anstrengung (Biemer, 2002).

Übersicht und Kontext

Der Essay ist in zwei Teilen aufgebaut. Im ersten Teil untersucht er Sätze als Akte der Person und legitimiert den Glauben als unbedingte Zustimmung („real assent") unter dem Aspekt der Erfassung („aprehension"). Im zweiten Teil wird das Verhältnis von Zustimmung und Folgerung („inference") zum Thema. In Rückgriff auf Aristoteles und in der Tradition des englischen Empirismus (Bacon, Locke) setzt sich Newman mit der Forderung des Rationalismus auseinander, dass Glaube und demonstrativer Beweis in einem wechselseitigen Bedingungsverhältnis stünden. Nach dieser Auffassung könne es aber nur Grade der Wahrscheinlichkeit, nie unbedingte Gewissheit geben. Newmans Antwort beruht letztlich auf einer Neubestimmung theologischer Vernunft (‚phronesis' statt ‚episteme'; Siebenrock, 1996). Als Ausgangspunkt entwickelt er ein Verfahren zur Anerkennung und Explikation lebensweltlicher Gewissheitsbildung, in der eine Art von Phänomenologie der Lebenswelt zu finden ist, die sich auch kritische auf den gesunden Menschenverstand bezieht. Die entscheidende Einsicht liegt in der Herausarbeitung und Analytik der

Zustimmung als eigenständigem Akt der Person. Newmans Essay gehört einerseits in sein Programm, ein neues Organons der Theologie erarbeiten zu wollen; und andererseits in seine kirchliche Option, dass die Zukunft des Glaubens davon abhänge, dass angesichts des Pluralismus und einer Religion des Tages, für die der Glaube unterschiedliche Funktionen erfüllt, christliche Persönlichkeiten sich herausbilden, die achtsam ihrem Gewissen folgen, die Heilige Schrift und die kirchliche Lehre kennen und für den Glauben sich wagen; – mit einem Wort: die Ernst machen mit dem Glauben. Leitend wird die Erkenntnis, dass Gewissheit keine Eigenschaft von Aussagen, sondern eine Qualifikation des Subjektes ist, das Aussagen hält, d.h. wie das Subjekt Aussagen zustimmt. Damit wird die Frage nach der Gewissheit des Glaubens zur Frage, zu einer Qualifikation der Person.

Teil I: Zustimmung und Erfassung

In der Tradition von Locke entwickelt Newman seine Fragestellung als Sprachanalytik. Den unterschiedlichen Formen des Haltens von Sätzen (Zweifel, Folgerung, Zustimmung) korrespondieren unterscheidbare Weisen des Erfassens (‚notional – real'). Beide verweisen aufeinander. Newmans Interesse gilt dem realen Erfassen, dessen Bedeutung er mit einem Sprachspiel einführt. Damit stellt er die Frage nach jener Lebenssituation, in der das Wort Gott in einer Biographie ursprünglich Bedeutung gewinnt. Die Differenz zwischen Erfassung und Zustimmung wird dadurch geschlossen, dass der Mensch unausweichlich und unvertretbar mit sich und der Wirklichkeit konfrontiert wird. Enthaltung ist nicht in jeder Frage möglich. Als begriffliches Erfassen (notional) wird bestimmt, was ohne persönlich-lebensgeschichtliches Engagement (Ernst) und Erfahrung bejaht und sogar in der Weise eines Papageis gesagt werden kann. Solche Sätze mögen als Voraussetzung für Prüfung und Entwicklung fungieren und das alltägliche Orientieren im Wechselspiel der Meinungen ermöglicht. Damit aber stehen sie in der Gefahr, die Wirklichkeit zu verzerren. Mit Bacon spricht Newman hier von verschiedenartigen Idolen, die einerseits für erste Orientierung notwendig ist, aber auch den Blick auf die Wirklichkeit verstellen können. Er unterscheidet fünf Arten der begrifflichen Zustimmung (Bekenntnis/profession; Glauben-schenken/credence; Meinung/opinion; Voraussetzung/presumption und Spekulation/speculation).

In ‚notionalen' Sätzen werden Dinge als Begriffe vorgestellt. Sie verbleiben im Modus des Allgemeinen und ermöglichen daher Wissenschaft und Logik. Die reale Erfassung hingegen stellt das Ding als Individuum vor und verlangt persönlichen Umgang und Erfahrung (‚realize'). In ihr wird die Kraft der Imagination wirksam, die Newman für den ursprünglichen religiösen Sinn hält. Beide Erfassungsweisen können in einer Entwicklungsdynamik zueinander stehen, der einen lebenslangen Lernprozess einschließen mag. Sie schließen sich also wechselseitig nicht aus, auch wenn Newmans Anliegen auf das Verstehen der „realen Zustimmung" vor allem gerichtet bleibt. Denn der Mensch beginnt grundsätzlich mit nichts Verwirklichtem sondern muss sich selbst entwickeln, ja er ist selbstgeschaffen („self-made": Z 245).

Eine reale Erfassung Gottes, die den Optionen für das Imaginative, der Person und des Unbedingten entspricht, findet Newman zunächst im Phänomen des Gewissens, das jedem Menschen ein ursprüngliches Bild Gottes zu vermitteln vermag. „Und dieses erste Prinzip, das ich annehme, und zwar ohne den Versuch, es zu beweisen –, ist dass wir von Natur aus ein Gewissen haben“ (Z 73). Seine Analytik unterscheidet zwei Dimensionen: „Dieses Gefühl des Gewissens ist ein doppeltes: Es ist ein Sinn für das Sittliche (*moral sense*) und ein Sinn für Pflicht (*sense of duty*) – ein Urteil der Vernunft und ein herrischer Befehl [...]. So hat das Gewissen sowohl ein kritisches als auch ein richterliches Amt“ (Z 74). Im „moral sense“ kommt das kulturell Bedingten zum Tragen. Im „sense of duty“ jedoch erfährt der Mensch einen unbedingten Anspruch, der eine transzendente Verwiesenheit impliziert (Z 75). Darin wird ein Bild Gottes inaugiert, das die Person durchdringt: „’Es gibt einen Gott’ ist – bei realer Erfassung – der Gegenstand einer kräftigen energischen Einwilligung, die eine Revolution im Geiste schafft“ (Z 88). Das Prinzip Gewissen kann Newman für die auftauchende religionsgeschichtliche Fragestellung ebenso fruchtbar machen, wie für die Ernsthaftigkeit christlicher Lebensführung, weil im Gewissen auch der ursprüngliche Statthalter Christi zu finden ist. Sein Versuch den Glauben an die Trinität in realer Erfassung zu beschreiben, beruht auf der Möglichkeit einer Beziehung des gerechtfertigten Menschen zu jeder einzelnen der drei trinitarischen Personen. Ob auch Aussagen der dogmatischen Theologie auf reale Weise erfasst werden können, die für viele Glaubenden unverständlich sein können, beantwortet Newman mit der realen Zustimmung zur Kirche und der Zustimmung zum „depositum“ des Glaubens. Darin sind aber nicht allein die möglichen Konsequenzen und Ausdeutungen des Glaubens impliziert, sondern auch die Unfehlbarkeit der Kirche selbst.

Teil II: Zustimmung und Folgerung

Das Verhältnis von Zustimmung und Folgerung untersucht Newman in der Unterscheidung von einfacher und komplexer Zustimmung, in der Diskussion des Verhältnisses von Gewissheit und Folgerung und den unterschiedlichen Formen der Folgerung. Theologisch wendet er sein Instrumentar auf das Verhältnis von natürlicher (Gewissen, Ernst und Furcht) und geoffenbarter Religion an, die er in ein Entwicklungsverhältnis (Verheißung und überbietender Erfüllung) stellt (Fries, 1948). Ziel und Mitte der Imagination ist es, das Bild Christi zu realisieren.

Der einzigartige Schlüssel Newman zur Lösung des Problems liegt in der Unterscheidung des formellen, natürlichen und formlosen Folgerns und der entsprechenden Bestimmung des lebensbefähigenden Denkens als Folgerungssinn (‚illative sense’; Aristoteles: ‚phronesis’): Denken ist keine maschinelle Fertigkeit, sondern eine personale Auszeichnung. Daher stellt die Imagination, die das Bild als Verlebendigung des Wortes erschließt, die vorzügliche religiöse Fähigkeit dar.

Die Folgerung begründet eine Erkenntnis der Wirklichkeit über die eigene unmittelbare Erfassung hinaus. Die dem Begrifflichen entsprechende formelle Folgerung ist die ausgezeichnete Leistung der Wissenschaft, die mit den verschiedenen Formen der Logik operiert. Im Blick auf die Prämissen und die Anwendung auf das konkrete Einzelne jedoch hängt sie offen (Z 199f). Für die Vergewisserung im Konkreten sucht Newman nach einem geeigneteren Werkzeug. Dabei geht Newman von der Prämisse aus, dass der Mensch immer schon in der Wahrheit im Konkreten lebt, ohne die er keinen einzigen Tag überleben könnte. Newman entdeckt darin die Priorität der Lebenswelt gegenüber allem begrifflichen Denken. In diesen Kontexten folgert ein Mensch mit reicher Erfahrung auf natürliche Weise, ohne jeweils diese Schlüsse begründen oder auch nur erläutern zu können. Als Beispiele nennt er den Feldherr, einen Bauern und den erfahrenen Arzt. Sein Anliegen ist es, die Möglichkeiten des natürlichen mit der Stringenz des formellen Folgerns im sogenannten formlosen Folgern zu verbinden. Dafür postuliert er einen entwicklungsfähigen „illative sense", den er mit der aristotelischen Phronesis verbindet und dessen Folgerungskraft er mit einem Kabel versinnbildlicht (B 378f). Der Folgerungssinn sammelt alle Indizien und Hinweise, die für sich genommen nur je größere Wahrscheinlichkeit ergeben können und entwickelt einen von der Person getragenen Schluss der auf die in diesen vielen Einzelaspekten innewohnende Konvergenz hin. Dabei bleibt der Illative sense für Kritik offen und daher auch entwicklungsfähig: „Urteilskraft in allem Konkreten ist also die architektonische Fähigkeit; und was man den Folgerungssinn (illative sense) nennen kann oder das richtige Urteil beim Schlussfolgern ist ein Zweig von ihr" (Z 240).

Der Gebrauch dieses persönlichen Vermögens hängt von moralischen Voraussetzungen ab. Daher ist Wahrheitserkenntnis im Konkreten eine zutiefst sittliche Aufgabe, die darin noch einmal reflektiert werden (Merrigan, 1991). Sie umfängt deshalb das wissenschaftliche Urteil, weil sie nach der Bedeutung für das eigene Leben fragt und keine Logik ihre eigene Konkretion determinieren kann. Erkenntnis ist ein Vollzug der Freiheit (Ferreira, 1980).

Seine Gewissensanalyse aufnehmend bestimmt Newman die natürliche Religion als Religion des Gewissens, die die Erlösungsbedürftigkeit des Menschen diagnostiziert. Die natürliche Religion ist die Religion des sich seiner Lage bewusst werdenden Sünders, der nach Rettung Ausschau hält. Dabei versperrt die Erfahrung der Welt den Weg zu Gott. „Was dem Geist so stark und so peinlich auffällt, ist Seine Abwesenheit […] von seiner eigenen Welt. Es ist ein Schweigen, das redet" (Z 378). Erst das Gewissen eröffnet ihm einen Sinn für Gott. Darin aber erfährt der Mensch sich als Sündern und als Geschöpf. Aus dieser Vorgabe erwächst die Offenbarung in der Geschichte, die im Judentum ihr monotheistisches Prinzip gewinnt. Erst das Christentum kann diesen Prozess vollenden. Dabei widerspricht es den Erwartungen. Es verbreitete sich durch Leiden und Opfer, gemahnt eine Eroberung ohne Gewalt, und stützt sich auf jene Schichten, die ohne gesellschaftspolitische Bedeutung sind, die Armen (Z 326). Das alles inspirierende Moment ist die Nachfolge Christi, die als Realisierung des Bildes Christi durch die Glaubenden geschieht. Das Bild Christi ist ein Lebensprinzip: „Es wird im Leben ganz nahe am Herzen getragen; es wird im Tod vor die brechenden Augen gehalten. Hier also ist einer, der *nicht* ein bloßer Name, nicht eine bloße Fiktion ist. Er ist tot und dahingegangen, und doch lebt er" (Z 343).

Newman leistet einen singulären Beitrag zur Anerkennung des nicht formell wissenschaftlichen Denkens in der Fundierung des Glaubensaktes angesichts der Kolonialisierung aller Lebensbereiche durch den zeitgenössischen Rationalismus (Kuld, 1989). Er ist der erste, der das Denken des ‚Ungebildeten' (einfachen Glaubenden) als Ort theologischer Vernunftbestimmung und Argumentation anerkennt und damit den Vorrang der Lebenswelt anerkennt. Er sieht darin einen neuen Stil der Theologie (‚egotism') und die Kontur eines neuen ‚organon investigandi', das die Glaubensvernunft als Phronesis, d.h. als Vernunft der Lebensführung begreift und vom Wissenschaftsideal der „Episteme" abhebt (Siebenrock). Im deutschen Sprachraum blieb aufs Ganze gesehen, trotz vieler einzelner Impulse (Przywara, Fries, Biemer), der Ansatz aufgrund seines essayistischen Stils und seinem Plädoyer für das Konkrete letztlich ohne nachhaltige Wirkung.

Literatur

Quellen und Werkausgaben

NEWMAN, J.H., Essay in Aid of a Grammar of Assent, London 1870.

NEWMAN, J.H., Essay in Aid of a Grammar of Assent, hrsg. v. I.T. KER, Oxford 1985.

NEWMAN, J.H., Entwurf einer Zustimmungslehre. Deutsche Neuausgabe der Übersetzung v. T. HAECKER v. J. ARTZ, Mainz 1961 (= Ausgewählte Werke Bd. VII); abgekürzt mit Z.

NEWMAN, J.H., Briefe und Tagebücher aus der katholischen Zeit seines Lebens. Übersetzt v. M. KNOEPFLER, Mainz 1957 (AW II/III); abgekürzt mit B.

Sekundärliteratur

BIEMER, G., Die Wahrheit wird stärker sein. Das Leben Kardinal Newmans, Frankfurt/Main u.a. ^{2}2002 (NSt XVII).

FERREIRA, M.J., Doubt and religious commitment. The Role of Will in Newman's Thought, Oxford 1980.

FRIES, H., Die Religionsphilosophie J.H. Newmans, Stuttgart 1948.

KULD, L., Lerntheorie des Glaubens. Religiöses Lehren und Lernen nach J.H. Newmans Phänomenologie des Glaubensaktes, Sigmaringendorf 1989 (NSt XIII).

MERRIGAN, T., Clear Heads and Holy Hearts. The religious and theological Ideal of John Henry Newman. With a foreword by I. KER, Louvain 1991 (LthpM 7).

SIEBENROCK, R., Wahrheit, Gewissen und Geschichte. Eine systematisch-theologische Rekonstruktion des Wirkens John Henry Kardinal Newmans, Sigmaringendorf 1996 (NSt XV).

SIEBENROCK, R./W. TOLSKDORF (Hrsg.), Sorgfalt des Denkens. Wege des Glaubens im Spiegel von Bildung und Wissenschaft. Ein Gespräch mit John Henry Newman, Frankfurt/Main u.a. 2006 (NSt XIX).

TOLSKDORF, W., Analysis fidei. John Henry Newmans Beitrag zur Entdeckung des Subjektes beim Glaubensakt im theologiegeschichtlichen Kontext, Frankfurt/Main u.a. 2000 (NSt XVIII).

Roman Siebenrock

Erich Przywara, Analogia entis. Metaphysik. Bd. I Prinzip, ED München 1932

1. Kontext und problemgeschichtlicher Hintergrund

In den Zwischenkriegsjahren gibt der Jesuit Erich Przywara (1889-1972) durch zahlreiche Vorträge und Aufsätze entscheidende Anstöße zum Aufbruch aus einem restaurativen Katholizismus. Für Karl Rahner gehört er „in erster Reihe" zur Generation des Aufbruchs der katholischen Kirche aus dem neuscholastischen Ghetto, in dem sie erkannte, „daß man weder modernistisch noch antimodernistisch sein müsse, sondern daß man schlicht modern sein könne, daß man von der neuzeitlichen und zeitgenössischen Philosophie und der evangelischen Theologie lernen könne und sich nicht nur gegen sie zu verteidigen habe, daß man erst im Hören auf den anderen seine eigene Wahrheit ganz findet" (Rahner, 1968, 269f.).

Przywaras Denken lässt sich insgesamt nur als großes, unabschließbares Gespräch verstehen, das in beeindruckender Extensität und Intensität mit der gesamten europäischen Geistesgeschichte geführt wird. Unzählig viele und ganz widersprüchliche Stimmen kommen darin zu Wort. Dies gilt für seine über 800 Veröffentlichungen (davon mehr als 50 Monographien) insgesamt und es gilt in besonderer Weise für sein 1932 erschienenes Hauptwerk *Analogia entis*.

Unter den vielen Begegnungen wurde jedoch das Zusammentreffen mit Karl Barth für Przywara entscheidend. „In der Auseinandersetzung mit ihm baute sich das Theologische der analogia entis zu seiner eigentlichen Gestalt aus." (8) 1929 folgt er der Einladung Barths nach Münster und als Antwort auf dessen Vortrag *Zum Begriff der Kirche* spricht er über das *Katholische Kirchenprinzip*. „Nach einem Vortrag über die Kirche hat er in meinem Seminar nochmals zwei Stunden brilliert, hat mich endlich noch zwei Abende lang hier ‚überströmt', wie nach seiner Lehre der liebe Gott die Menschen nur so überströmt mit Gnade, so daß die Formel ‚Gott in-über Mensch von Gott her' das Stenogramm seiner Existenz und zugleich die Auflösung aller protestantischen und modernistischen Dummheiten und Verkrampfungen im Frieden der analogia entis bedeutet." (Brief Barths an Thurneysen zit. n. Busch, Karl Barths Lebenslauf. Nach seinen Briefen und autobiographischen Texten, München 1975, 196f.)

2. Analogia entis: Antwort auf die „Tragik der Neuzeit"

In diesem Text, in dem Barth Przywara liebenswürdig charakterisiert, wird zugleich dessen überspanntes Sendungsbewusstsein in seiner Frühphase spürbar, seine Überzeugung von der „wahren Messiassendung des Katholizismus an das zerrüttete Geistesleben". Provokant-holzschnittartig, damit aber auch fast unerträglich schematisierend, diagnostiziert er als den „eigentlichen Krankheitsherd unseres neuzeitlichen Geisteslebens" den lutherischen Gottesbegriff, der sich im occamistischen Nominalismus und in der deutschen Mystik vorbereitete. Durch ihn trete an Stelle der „gesunden katholischen Lehre von Eigenwirklichkeit und Eigenwert des Geschöpfs“ eine „Ausschließlichkeit der Transzendenz“, durch die das Geschöpfliche notwendig zur „wesenlosen Erscheinung des ‚alleinwirklichen und alleinwirksamen’ Gottes“ entwertet werde (vgl. 60ff. und Ringen der Gegenwart, Bd. 2, 543ff.). Die Tragik neuzeitlicher Geistesgeschichte ist für Przywara, dass sie im „furchtbaren Taumel“ zwischen „Menschenvergötterung und verwegenster Mystik“, „zwischen gottesleugnerischer Weltimmanenz und weltflüchtigem Schwärmertum“, „zwischen pietistischem Sektentum und verwässertem Kulturchristentum“ hin und her gerissen wird. „Dieses Verhängnis zwischen Theopanismus und Pantheismus“ (71) aber treibt für Przywara alle Formen der „Identitätsphilosophie“ hervor, in denen die Differenz zwischen Gott und Welt unerbittlich aufgesogen wird.

So gewiss Przywara hier Wesentliches sieht, so fragwürdig bleibt es, die hochkomplexe Entwicklung neuzeitlichen Denkens von diesem einzigen Punkt her angehen zu wollen. Und noch fragwürdiger ist die Leichtigkeit, mit der der junge Przywara seine frühe Fassung der analogia entis als die Formel der Lösung anbietet – in der Transzendenz und Immanenz nicht in „explosiver Widerspruchs-Identität“ unheilvoll ineinander verschlungen seien, sondern in fruchtbarer polarer Spannung zueinander wären: „An Stelle der Urkrankheit des neuzeitlichen ‚Gott alles *allein*’ die Urgesundheit des thomistischen ‚Gott alles *in allem*’: an Stelle ‚Gott über uns *oder* Gott in uns’ (in-Gott-aufgesogene Welt *oder* in-Welt-aufgelöster Gott) das große, lebensbefreiende ‚Gott über uns *und* in uns’“ (Ringen der Gegenwart, Bd. 2, 961).

Solche Texte machen die feine Ironie, mit der Barth eine solche „Lösung“ quittiert, nur allzu verständlich – und allzu verständlich ist auch, dass die Kritiker Przywaras immer wieder an diesem Schwachpunkt ansetzen: dass die gewagten „geistesgeschichtlichen Durchblicke“ des frühen Przywara nicht so sehr dem realen Kontakt mit wirklicher Geistesgeschichte als eigenen vorkonstruierten Schemata zu entspringen scheinen.

3. Przywara und Barth – Nähe im Widerspruch

Insgesamt ist die Auseinandersetzung, die unter dem Stichwort „analogia entis“ zunächst zwischen Barth und Przywara begonnen und dann von zahlreichen weiteren Gesprächsteilnehmern, vor allem von evangelischer, aber auch von katholischer Seite weitergeführt wurde, wohl die Thematik, durch die das Denken Przywaras am wirkmächtigsten in die theologische Diskussion unseres Jahrhunderts eingegangen ist. Dieser Disput ist jedoch in vieler Hinsicht unglücklich und missverständlich verlaufen. Seine Tragik liegt vor allem darin, dass er im Ringen zwischen dem frühen Przywara und dem frühen Barth seinen Ursprung hat: „Barths Dialektik war damals weitgehend abstrakt, Przywaras Analogik war es auch“ (v. Balthasar, 1951, 48). Die sich im weiteren Verlauf vollziehende dramatische Wandlung – sowohl des „dialektischen Barth“ zum „Barth der kirchlichen Dogmatik“ wie auch Przywarascher analogia entis vom „krypto-metaphysischen Prinzip“ zum Widerstandswort gegen die Flucht aus der Unversöhntheit und Nicht-Identität der Geschichte – wurde von den Disputanten nur mehr sehr ungenügend wahrgenommen. So konnten über Jahrzehnte Positionen fixiert werden, die bei Barth und Przywara selbst längst überwunden waren.

Am Anfang steht, wie Hans Urs von Balthasar zu Recht scharfsinnig anmerkt, die „höchst paradoxe Lage der Diskussion, in der sich beide Gegner letztlich den gleichen Vorwurf entgegenschleudern, also offenbar das gleiche Anliegen verteidigen" (v. Balthasar, 1944, 171). Dieses Anliegen ist bei beiden die leidenschaftliche Proklamation der Göttlichkeit und Herrlichkeit Gottes - und so wirft einer dem anderen vor, gerade die unüberspringbare Differenz zwischen Gott und Welt letztlich zu verraten.

Przywara sieht in der Dialektik Barths und seiner Freunde die „urechte Wiedergeburt" des Luthertums der ausschließlichen Transzendenz (vgl. Ringen der Gegenwart, Bd. 2, 553), das in einer Theologie des unerbittlichen „Nein zu allem Geschöpflichen" auf seine letzte Spitze getrieben wird. Sie ist ihm der titanische Versuch, aller geschöpflichen Vermittlung sich entledigend die Distanz zu Gott in der Identität des Glaubens und des Wortes zu überspringen.

Umgekehrt sieht Barth in der analogia entis eine geheimnisvolle, alles infizierende Grundstruktur des Katholischen, die letztlich der wider-christliche Versuch des Menschen ist, sich mit Gott auf eine Ebene zu stellen und so nach „Gott zu greifen". Immer noch, wie schon bei Platon, sei die Analogie das „Band des Alls", das einen Erkenntnisaufstieg in Stufen vom Geschöpf zum Schöpfer, eine „natürliche Theologie", gestatte.

Kennt jemand schließlich nichts von Przywara, so kennt er wenigstens Barths vielzitierte Bemerkung über ihn im Vorwort zur *Kirchlichen Dogmatik*: „Weil ich zwischen dem nur auf römisch-katholischem Boden legitimen Spiel mit der analogia entis, zwischen der Größe und dem Elend einer angeblichen natürlichen Gotteserkenntnis im Sinn des Vaticanums, und einer aus ihrer eigenen Quelle sich nährenden, auf ihren eigenen Füßen stehenden, von jenem säkularen Elend endlich befreiten protestantischen Theologie keine dritte Möglichkeit mehr sehe, deshalb kann ich hier nur Nein sagen. Ich halte die analogia entis für die Erfindung des Antichrist und denke, daß man ihretwegen nicht katholisch werden kann. Wobei ich mir zugleich erlaube, alle anderen Gründe, die man haben kann, nicht katholisch zu werden, für kurzsichtig und unernst zu halten." (K. Barth, Kirchliche Dogmatik I/1, Zürich ^{5}1947, VIII)

4. Analogia entis: Formel radikaler „Entabsolutierung"

Der Anspruch, in der Analogie die „katholische Denkform" herausgestellt zu haben, musste als geradezu größenwahnsinnige Überheblichkeit provozieren. Bei genauerem Zusehen zeigt sich jedoch, dass analogia entis sich – entgegen dem sich aufs erste nahelegenden Missverständnis – als die Formel radikaler „Entabsolutisierung" und Offenheit versteht. Sie besagt kein bestimmt Inhaltliches gegen anderes bestimmt Inhaltliches, sondern mit dem „Prinzip" der analogia entis sucht Przywara gerade jedem menschlichen Logos, der Absolutheit und damit Identität mit dem göttlichen Logos beansprucht, zu widerstehen und ihn unter das Joch geschichtlicher Kontingenz und Relativität zu beugen. Im scharfen Gegensatz zum „Katholischen“ steht das, was sich selbst absolut setzt und zum selbstgenügsamen System schließt – während dieses „Katholische“ selbst wesenhaft im Wissen um die unschließbare Differenz zwischen göttlichem und menschlichem Erkennen gründet und so auf das gelöste Offenstehen zu allen logoi der Wahrheit – auch den sich scheinbar noch so „glaubensfeindlich“ gebärdenden – zielt.

Das Bewusstsein unaufhebbarer Differenz zwischen göttlichem und menschlichem Logos ist für Przywara schlichte Konsequenz der Anerkennung menschlicher Kreatürlichkeit. Nichts anderes als „kreatürliche Metaphysik“ will die analogia entis sein. Sie „zeigt sich im stärksten Sinn als ‚kreatürliches Prinzip' und darum in dem unumgrenzbaren Offensein der Werde-Bewegtheit. Wäre sie so etwas wie die Formel des Kreatürlichen (und folgerichtig des Verhältnisses zwischen Gott und Geschöpf), so wäre sie der absoluteste Ansatz einer absoluten Metaphysik: aus dem alles ableitbar wäre bis in die tiefsten theologischen Geheimnisse hinein. So aber ist sie nur Ausdruck dafür, wie im Ansatz des Denkens als Denken die restlose Kreatürlichkeit des Denkens sich auswirkt (bis in die potentia oboedentialis hinein). Sie ist nicht Prinzip, in dem das Kreatürliche begriffen und darum handhabbar ist, sondern in dem es in seiner restlosen Potentialität unverkrampft schwingt.“ (206)

Da sich die analogia entis als Destruktion jedes Systems zugunsten einer restlosen Verfügbarkeit des Geschöpfs zu Gott gibt, ist es nur schwer verständlich, wie daraus ihr landläufiges und unverwüstliches Missverständnis – als einer Formel, die sich von der Welt aus Gottes zu bemächtigen sucht – werden konnte. Noch schärfer mit geradezu „Barthschem Pathos“ formuliert Przywara im Vorwort zur ersten Ausgabe der *Analogia Entis*, dass „gegenüber einem humanistischen Rationalismus bis in die Neuscholastik hinein“ die analogia entis „eine radikale Beugung allen glatten Errechnens unter die Souveränität Gottes meint: einen alles Menschliche relativierenden Theozentrismus des ‚Gott in Christo in der Kirche'“ (10).

5. Eberhard Jüngels kongeniale Kritik der Analogia entis

Der wichtigste Kritiker Przywaras, der zugleich dem zäh festgehaltenen Missverständnis der analogia entis ein Ende setzt, ist Eberhard Jüngel (vgl. Jüngel, 1977, 388ff.). Gegen alle Unterstellung eines Zusammenzwingens von Gott und Welt erkennt er gerade ihre „je größere Unähnlichkeit“ als das entscheidende Moment bei Przywara. Scharf arbeitet er heraus, dass in der analogia entis das Verhältnis zwischen Schöpfer und geschaffenem Seiendem so bestimmt wird, dass „sie jede deduktive oder induktive Ableitung des Einen aus dem Anderen von der Wurzel her ausrottet. Aber auch die Vermittlung von Schöpfer und Geschöpf zu einem versöhnenden Dritten bleibt ausgeschlossen“. Zugleich schützt Jüngel die analogia entis vor dem sie zur „metaphysischen Weltformel“ entstellenden Missverständnis: „Als ‚durchgehende Struktur eines rein frei Faktischen' ist sie Gralshüterin des Mysteriums, auf jeden Fall aber so ziemlich das Gegenteil dessen, was protestantische Polemik aus ihr gemacht hat.“

In eigentümlicher Umkehrung der traditionellen kontroverstheologischen Positionen wird nun aber Jüngel genau dies in der Konzeption Przywaras zum Problem, was bislang an ihr vermisst wurde: „Ginge es nur darum, Gott als den ganz anderen zu respektieren – nichts wäre besser geeignet, dies denkend zu leisten, als die vielgeschmähte analogia entis. Aber eben darum kann es einer dem Evangelium entsprechenden Theologie letztlich nicht gehen."

Jüngel klagt Przywara an, dass er die Unähnlichkeit zwischen Gott und Mensch so übersteigere, dass er die *Nähe* Gottes zum Menschen nicht mehr zu denken vermöge. Zwar setzt er dem selbst entgegen, dass „der große Przywara denn auch – in einer gewissen Spannung zum Gefälle seiner Argumentation – darauf bestanden hat, daß die je neue Erfahrung noch so großer Ähnlichkeiten zwischen Gott und Geschöpf nicht ausbleiben darf". Doch für Jüngel müsste gerade das, was seines Erachtens Przywara im Nachhinein hinzufügt, zum Ansatzpunkt einer theologischen Analogielehre gemacht werden. Die je neue Erfahrung je größerer Ähnlichkeit dürfe kein bloßes Moment in einem Rhythmus der immer neuen Durchkreuzung durch die „je größere Distanz" bleiben. Denn „die so verstandene Analogie kommt als Schwebe zu keinem Schluß. Ihr Stigma ist die zu *keinem* Ende kommende augustinische ‚Unruhe zu Gott', ihr Symbol die Ursprung und je neues Werden in sich bergende – *Nacht.*"

„Nacht" aber dürfe nicht das letzte Wort für das Verhältnis des Menschen zu Gott bleiben. Gleichsam gegenläufig zur analogia entis versucht Jüngel, ein „evangeliumsgemäßes Analogieverständnis" zu entwickeln, in dem er die Metapher der Nacht durch die „des aufgehenden Lichts des neuen Tages" ersetzt. Es geht Jüngel um „die Analogie des Advents, die die Ankunft Gottes beim Menschen als ein definitives Geschehen zur Sprache bringt". Denn die Welt, die von sich aus zwar schlechthin keinen Hinweis auf Gott zu geben vermag, ist zur definitiven Analogie Gottes geworden, weil der analogielos zur Welt kommende Gott diese Welt von sich her als sein Gleichnis in Anspruch genommen hat.

Dort, wo Jüngels eigener Ansatz im kritischen Gegenüber zu Przywara am bestechendsten ist, drängen sich jedoch auch die notvollsten Fragen auf: Vermag denn eine analogische Rede von Gott, wie er sie einklagt – als die Überwindung der unstillbaren Unruhe zu Gott in die Ansage seiner je größeren Nähe –, der Realität christlicher Glaubenserfahrung zu entsprechen? Und vermag ein solch „tag-helles" Theologieverständnis der Gottesfinsternis einer Welt standzuhalten, die unzähligen Menschen zur mörderischen Falle wird? Ist so die Rede von der je größeren Nähe Gottes nicht geradezu in Gefahr, zynisch zu werden?

Um in ihr den biblischen Gott zur Sprache zu bringen, bedarf es des Stachels der Analogie, so wie sie Przywara auffasst: als das Bewusstsein um die aufgebrochene und immer unerträglicher werdende Differenz. Indem ihr die Nacht auf Golgatha zur letzten Metapher des Glaubens an den Gott Jesu Christi wird, versteht sich solche Analogie im Gegenüber zu einer „Sprachform der definitiven Ankunft Gottes" gerade als die „Sprachform des Gott-vermissens" in den Katastrophen einer gottlosen Welt. In ihr wird die apokalyptische Spannung zwischen der erlittenen Unversöhntheit und der Hoffnung auf das definitiv rechtfertigende und versöhnende Ende im immer lauter werdenden „Schrei nach Gott" offengehalten.

Die *Analogia Entis* von 1932 darf wohl als das Hauptwerk Przywaras bezeichnet werden. Dieser Höhepunkt ist aber zugleich Bruch und Umbruch. Ein Doppeltes trifft mit unheimlicher Koinzidenz zusammen: Es ist zugleich die weltgeschichtliche Katastrophe des Nationalsozialismus und des zweiten Weltkriegs, in der Przywara alle „bloß gedachte Einheit“ zerbricht – hinein in das schmerzliche Mysterium des Kreuzes. Und es ist die immanente Dynamik dieses Denkens selbst, die das mit äußerster Anstrengung errungene „Gleichgewicht“ zusammenbrechen lässt und durch die das wahre Antlitz der analogia entis sich immer mehr als heilsgeschichtliches und kreuzestheologisches enthüllen wird.

Das zusammenfassende Urteil über die Theologie Erich Przywaras soll Hans Urs von Balthasar überlassen werden: „Erich Przywaras ungeheurer theologischer Auftrag – an Tiefgang und Breite mit keinem anderen dieser Zeit vergleichbar – hätte das entscheidende Heilmittel für unser christliches Denken heute werden können. Die Zeit hat den leichteren Weg gewählt, sich nicht mit ihm auseinanderzusetzen. Und er selbst ist nicht schuldlos daran. Er hat von jeher die Öffnung der Kirche zum All, die das Konzil gebracht hat, gesehen, besitzt aber darüber hinaus das Korrektiv, das in Tonfall und Breitenwirkung des Konzils nicht zur Geltung kommt: den elementaren, geradezu alttestamentlichen Sinn für die Göttlichkeit Gottes, der verzehrendes Feuer ist und tötendes Schwert und hinwegraubende Liebe. Wohl als einziger besaß er die Sprache, in der das Wort ‚Gott‘ ohne die leichte Übelkeit anhörbar ist, die das laue Gerede unserer Durchschnittstheologie verursacht.“ (v. Balthasar, 1966, 354)

Literatur:

Quellen und Werkausgaben

Przywara, E., Analogia entis. Metaphysik. Bd. I Prinzip, München 1932.
Przywara, E., Analogia entis. Metaphysik. Ur-Struktur und All-Rhythmus (= Schriften Bd. 3), Einsiedeln 1962.
Przywara, E., Ringen der Gegenwart. Gesammelte Aufsätze 1922-1927, 2 Bde., Augsburg 1929.
Przywara, E., Deus semper maior. Theologie der Exerzitien, 3 Bde., Freiburg i. Br. 1938-1940. (2. Aufl. in 2 Bänden, Wien 1964).
Przywara, E., Alter und Neuer Bund. Theologie der Stunde, Wien 1956.
Przywara, E., Mensch. Typologische Anthropologie Bd. 1, Nürnberg 1959.
Przywara, E., Religionsphilosophische Schriften (= Schriften Bd. 2), Einsiedeln 1962.

Sekundärliteratur

Balthasar, H.U. v., Analogie und Dialektik, in: Divus Thomas 22 (1944), 171-216.
Balthasar, H.U. v., Karl Barth – Darstellung und Deutung seiner Theologie, Köln 1951.
Balthasar, H.U. v., Erich Przywara, in: H.J. Schultz (Hrsg.), Tendenzen der Theologie im 20. Jahrhundert, Stuttgart 1966, 354-359.
Faber, E.-M., Kirche zwischen Identität und Differenz. Die ekklesiologischen Entwürfe von Romano Guardini und Erich Przywara, Würzburg 1993.
Gertz, B., Glaubenswelt als Analogie. Die theologische Analogielehre Erich Przywaras und ihr Ort in der Auseinandersetzung um die analogia fidei, Düsseldorf 1969.
Jüngel, E., Gott als Geheimnis der Welt. Zur Begründung der Theologie des Gekreuzigten im Streit zwischen Theismus und Atheismus, Tübingen ^{2}1977.

KÜHN, U., Natur und Gnade. Untersuchungen zur deutschen katholischen Theologie der Gegenwart, Berlin 1961.
LAGGER, C., Dienst. Kenosis in Schöpfung und Kreuz bei Erich Przywara, Innsbruck 2007.
NIEBORAK, S., „Homo analogia". Zur philosophisch-theologischen Bedeutung der „analogia entis" im Rahmen der existentiellen Frage bei Erich Przywara, Frankfurt/Main 1994.
PUNTEL, L.B., Analogie und Geschichtlichkeit, Bd. l: Philosophiegeschichtlich-kritischer Versuch über das Grundproblem der Metaphysik, Freiburg i. Br. 1969, 149-168. 533-552.
RAHNER, K., Laudatio auf Erich Przywara, in: DERS., Gnade als Freiheit. Kleine theologische Beiträge, Freiburg i. Br. 1968, 266-273.
REIKERSTORFER, J., Analogia entis – Grundlage und Krise der Gottesrede, in: E. SCHMETTERER (Hrsg.), Variationen zur Schöpfung der Welt, Innsbruck 1995, 184-199.
RUSTER, T., Die verlorene Nützlichkeit der Religion. Katholizismus und Moderne in der Weimarer Republik, Paderborn 1994.
SCHAEFFLER, R., Die Wechselbeziehungen zwischen Philosophie und Katholischer Theologie, Darmstadt 1980.
ZECHMEISTER, M., Gottes-Nacht. Erich Przywaras Weg negativer Theologie, Münster 1997.
ZIMNY, L., Erich Przywara. Sein Schrifttum 1912-1962. Bibliographie, Einsiedeln 1963.

Martha Zechmeister

Henri de Lubac, Surnaturel. Études historiques (= Théologie 8), ED Paris 1946

1. Erste allgemeine Charakteristik

Surnaturel des französischen Jesuitentheologen Henri de Lubac (1896-1991) mit dem Untertitel „historische Studien" vertritt eine theologische Anthropologie, die den Menschen in seiner Geistnatur auf Gott als einzig erfüllendes Ziel hin geschaffen sieht. Es übt damit Kritik an der neuscholastischen Konzeption einer theologisch-anthropologisch und gnadentheologisch vermeintlich anzunehmenden „natura pura" des Menschen und stellt den so genannten „Extrinsezismus" in Frage. Es destruiert damit eine der Grundlagen der in der katholischen Theologie seit dem Ende des 19. Jahrhunderts dominierenden, sich vornehmlich auf Thomas von Aquin berufenden Schulrichtung und wird dementsprechend von den führenden Vertretern der Neuscholastik als Ausdruck einer „nouvelle théologie" verdächtigt und erbittert bekämpft. Die durch das Buch ausgelösten Debatten bringen dem Autor zunächst ordensintern ein Lehrverbot (1950-1958) ein, bevor Henri de Lubac 1960 mit der Berufung zum Konzilsberater endgültig rehabilitiert ist. Die epochale Bedeutung von *Surnaturel* besteht in der nachhaltigen Erschütterung einer der Grundannahmen neuscholastischer Schultheologie. Neben *Catholicisme* (1938) desselben Autors gehört *Surnaturel* zu den wichtigsten Werken, mit denen der Durchbruch zu einer aus Schrift sowie aus patristischer und wahrhaft scholastischer Tradition schöpfenden Theologie gelingt, wie sie auf dem Zweiten Vatikanischen Konzil (1962-1965) zur Grundlage der katholischen Lehrverkündigung wird.

2. Geistesgeschichtlicher Kontext der Entstehung

Henri de Lubac befasst sich mit der Thematik von „Natur" und „Übernatur" seit der Zeit seiner philosophischen Studien in den frühen 1920er Jahren. Neben Autoren wie Pierre Rousselot (1878-1915; vgl. sein *Les yeux de la foi*) und Joseph Maréchal (1878-1944) wird vor allem das Denken des Philosophen Maurice Blondel (1861-1949) bestimmend. Durch ihn sieht de Lubac schon früh die schmerzlich empfundene „séparation" (Trennung) von Kirche und Welt, Denken und Glauben, Philosophie und Theologie, Natur und Gnade, letztlich von Gott und Mensch überwunden. Blondel hatte in diesem Zusammenhang den Begriff „Extrinsezismus" eingeführt (vgl. *Histoire et dogme*, Paris 1904). In der theologischen Fachsprache hat sich dafür das Bildwort vom „Zwei-Stockwerk-Denken" etabliert: Natur und „Übernatur", Natur und Gnade, Gott und Mensch verhalten sich wie zwei unverbundene Wirklichkeitsbereiche, wie zwei Stockwerke, die keine Verbindung miteinander haben. De Lubacs historische Studien sollten zeigen, dass eine bestimmte Form von Theologie selbst diese theologische Entfremdung des Menschen von Gott begünstigt hat.

Blondel hatte in seiner epochalen, an der streng laizistischen Sorbonne in Paris eingereichten Dissertation *l'Action* (1893) mit allein philosophischen Argumenten das Ungenügen einer nur philosophischen Wesensbestimmung des Menschen dargelegt, das Paradox der menschlichen Geistnatur beschrieben und den Begriff „surnaturel" (übernatürlich) so definiert: „Absolument impossible et absolument nécessaire à l'homme, c'est là proprement la notion du surnaturel" – Absolut unmöglich und zugleich absolut notwendig für den Menschen: dies ist die exakte Bedeutung von „surnaturel". Der Mensch ist demnach absolut angewiesen auf Gott und seine Gnade, ohne Gott nur ein Torso; andererseits hat er doch kein Recht auf Gottes gnädige Zuwendung.

Aus der Korrespondenz zwischen de Lubac und Blondel vom April 1932 (vgl. Meine Schriften im Rückblick, 46-53) geht die tiefe Übereinstimmung zwischen den beiden hervor, und de Lubacs Anliegen wird deutlich, das Werk des philosophischen Lehrers theologiegeschichtlich zu fundieren, systematisch theologisch zu untermauern und somit die Lücke zu schließen, die nach de Lubac darin besteht, „dass sich kein Theologe fand, der hinreichend über die ganze Tradition auf dem laufenden gewesen wäre, um allen einsichtig zu machen, dass Sie [M. Blondel] noch tiefer im Recht waren, als dies gewisse Ihrer treuesten Schüler angenommen haben" (ebd., 52). Schon in den 1930er Jahren entstehen denn auch die Einzelstudien, die bereits 1942 zu *Surnaturel* zusammengefasst werden, aber erst nach Ende des Zweiten Weltkriegs nach einer nochmaligen Überarbeitung (vgl. Meine Schriften im Rückblick, 66-71) erscheinen können.

3. Inhalt

Surnaturel wird 1945/46 unter schwierigen äußeren Bedingungen auf schlechtem Papier in Lyon für Aubier Paris in einer Auflage von nur 700 Exemplaren gedruckt (vgl. Meine Schriften im Rückblick, 69f.). Es ist als Ganzes nie in eine andere Sprache übersetzt worden. Das Werk trägt im Vorsatz zweifach das „Imprimatur" der zuständigen kirchlichen Autoritäten. Das erste datiert bereits vom 5. und 11. Mai 1942, das zweite dann aus der Zeit nach Ende des Krieges: 19./20. Oktober 1945. Dies bestätigt, dass der Text schon 1942 zur Publikation bereit lag. *Surnaturel* besteht im Wesentlichen aus einer Verschmelzung von vier umfangreichen Aufsätzen aus den 1930er Jahren, die der Autor jeweils noch überarbeitet, miteinander verbunden und schließlich in einer systematischen Schlussfolgerung ausgewertet hat (zur Textgeschichte: Neufeld/Sales, Bibliographie, 63-65).

Das Werk gliedert sich somit in vier Teile und eine „Conclusion". Der erste Teil „Augustinisme et Baianisme" führt zu den Ursprüngen der „natura-pura-Theorie": Sie wurde im 16./17. Jahrhundert in der Auseinandersetzung mit dem „Augustinismus" von Michael Bajus (1513-1589) und Cornelius Jansen (1585-1638) entwickelt, hatte zu ihrer Zeit ein bedingtes Recht, sollte sich aber in der Folge äußerst verhängnisvoll auswirken.

Der zweite Teil „Esprit et Liberté dans la tradition théologique" greift die scholastische Diskussion auf, wie sich Geistbegabung und moralische Freiheit des Menschen zueinander verhalten. Dieser Teil ist nur locker mit den übrigen verbunden, enthält aber ebenso deutliche Anfragen an bestimmte Tendenzen in der neuscholastischen Schultheologie.

Teil drei „Aux origines du mot ‚surnaturel'" ist äußerlich eine begriffsgeschichtliche Studie, die den Ursprüngen und Bedeutungstransformationen des Begriffes „supernaturalis" nachgeht. Von Thomas von Aquin nachhaltig in die theologische Fachsprache eingeführt, wird er erst im Zuge der nachreformatorischen Theologie zum Leitbegriff einer Konzeption, welche die Gnade als bloßes „superadditum" zu einer in sich und für sich betrachteten natürlichen Welt begreift.

Dass die Synthese des Thomas von Aquin von seinen Interpreten und Kommentatoren seit dem 16. Jahrhundert – die Weichen werden entscheidend von Cajetan (1469-1534) gestellt – nicht bewahrt sondern zu einer Trennung von Natur und Gnade und einer Systematisierung zweier paralleler Welten des natürlichen und des übernatürlichen fortentwickelt wird, zeigt der vierte Teil, überschrieben mit: „Notes historiques". In der kurzen, fast skizzenhaften „Conclusio" deutet de Lubac schließlich seine eigene Lösung an.

Das Werk hat im Wesentlichen zwei Hauptaussagen, eine theologiegeschichtliche (1) und eine systematisch theologische (2):

(1) Die gesamte theologische Tradition des Ostens wie des Westens, Thomas von Aquin und Bonaventura eingeschlossen, bis herauf ins 16. Jahrhundert und noch darüber hinaus (Bsp. Bérulle) geht davon aus, dass die menschliche Geistnatur allein durch die Gemeinschaft mit dem lebendigen Gott zu ihrer Erfüllung gelangen kann. Vor dem Hintergrund eines sich wandelnden „Natur-Verständnisses" an der Schwelle zur Neuzeit zeichnet sich auch ein Wandel in der Thomasinterpretation ab. Nach Aristoteles hat jede Natur – im philosophischen Sinne – ein Ziel, das sie

aus eigenen Kräften erreichen kann. Dem Verlangen der Natur entspricht eine auf der Ebene der Natur mögliche Erfüllung. Obwohl Thomas die Naturphilosophie des Aristoteles rezipiert, hält er doch daran fest, dass sich die Natur des Menschen von allen anderen Naturen wesentlich unterscheidet: Als Bild Gottes ist der Mensch von Natur aus auf die Anschauung Gottes hin angelegt. Darin besteht das eine wahre und letzte Ziel des Menschen; er kann dieses Ziel aber nicht aus den eigenen Kräften (seiner Natur) erreichen, sondern nur als Geschenk von Gott selbst her empfangen. Diese theologische Transformation der aristotelischen Naturphilosophie gerät unter dem Einfluss neuzeitlichen Denkens seit Cajetan und nach ihm bei vielen anderen Thomaskommentatoren aus dem Blickfeld. Man interpretiert die Texte des Thomas ohne diese Voraussetzung. Indem er von einer im aristotelischen Sinne verstandenen menschlichen Natur ausgeht, die ihre Erfüllung notwendig würde finden können, muss er, um die Freiheit der Gnade zu wahren, davon ausgehen, dass die Sehnsucht des Menschen nach der Gottesschau nicht schon eine mit der menschlichen Natur als solcher gegebene Ausrichtung auf sein Endziel ist, sondern dass ihm diese erst gnadenhaft dazugegeben werden muss.

Hinzu kommt eine zweite, zeitlich in etwa parallel verlaufende Entwicklung, die mit der Theorie der „natura pura“ zusammenhängt. De Lubac analysiert sie im Zusammenhang mit Bajus und Jansenius, denen er Scheintreue zu Augustinus vorwirft. Sie hatten den reformatorischen Protest gegen die scholastische Unterscheidung von Natur und Gnade mit ihrer Betonung der relativen Eigenständigkeit der Natur aufgegriffen und Natur und Gnade im Urstand derart identifiziert, dass mit dem Verlust der Gnade im Sündenfall auch die Natur als zerstört gedacht werden muss. Um demgegenüber die Freiheit der Gnade und die Erlösungsfähigkeit des Menschen zu sichern, spricht die Lehre von der „natura pura“ nicht nur vom Eigenstand des Menschen, sondern auch von einer hypothetisch anzunehmenden, prinzipiellen Vollendbarkeit des Menschen auf der natürlichen Ebene sozusagen „unterhalb“ der Gemeinschaft mit Gott. Bajus und Jansenius sind nach de Lubac ihrem Meister Augustinus deshalb nur scheinbar treu, weil sie Augustins existentielle Gnadenlehre – ungeachtet einer mittlerweile 1000jährigen Geschichte der Glaubensreflexion – nur einfach wiederholen und in ein System pressen, in dem sich Augustinus selbst nicht wieder erkannt hätte. Augustins berühmte Formulierung, mit der er seine *Confessiones* eröffnet: „Fecisti nos ad Te“, ein Wort, das gewissermaßen als Motto über dem gesamten Werk de Lubacs steht, bringt unmissverständlich zum Ausdruck, dass sich die menschliche Geistnatur, im Unterschied zu allen anderen Geschöpfen („Naturen“), über sich hinaus verwiesen erfährt, so dass die ihr innewohnende Finalität nicht durch die ihr eignende Dynamik erreicht werden kann. Darin besteht die Würde und der Adel des Menschen, dass ihm aufgrund seiner Geistnatur ein „Desiderium naturale ad videndum Deum“, ein natürliches Verlangen nach der Gottesschau eignet. Es handelt sich dabei nicht nur um eine unbegrenzte Offenheit im Sinne einer rein formalen und unbestimmten „potentia oboedientialis“ (Hörfähigkeit), noch weniger nur um eine bloße Non-Repugnanz: „Halten wir fest, dass die Sehnsucht nach Gott eine absolute ist. Die absoluteste in allen unseren Sehnsüchten“ (484). De Lubac geht noch weiter, indem er den geschaffenen Geist definiert als Sehnsucht nach Gott: „L'esprit est [...] désir de Dieu“ (483). Die Sehnsucht ist dabei noch keineswegs mit einem Besitz Gottes als der

Erfüllung zu verwechseln; es ist eine Sehnsucht durch Nichtbesitz. Andererseits ist die Erfüllung dem solcherart geschaffenen Menschen dennoch nicht geschuldet. Von einem „Anspruch“ (exigence) des Menschen Gott gegenüber kann man schon deshalb nicht sprechen, weil sich die menschliche Sehnsucht gerade auf eine freie, nicht geschuldete, rein aus Liebe geschenkte göttliche Zuwendung richtet: „Der Geist begehrt nicht nach Gott wie das Tier nach der Beute. Er wünscht sich ihn wie ein Geschenk. Er trachtet nicht nach dem Besitz des Unendlichen: er möchte eine frei gewährte Gemeinschaft mit einem personalen Wesen. Gesetzt deshalb, was unmöglich ist, er könnte sein höchstes Gut schlichtweg ergreifen, so wäre es nicht mehr sein Gut. Will man da immer noch von ‚Forderung‘ reden? Dann müsste man sagen, die einzige Forderung des Geistes sei hier: nichts zu fordern [...]. Er fordert, dass Gott in seinem Angebot frei sei, wie er selber (in einem ganz andern Sinn) frei zu sein fordert im Empfangen dieses Angebotes. Von einem Glück, das er sich raubte, will er ebenso wenig wissen wie von einem, das er zwangsmäßig entgegennehmen müsste. So erscheint das vollkommene Umsonst der göttlichen Gabe als etwas vom Geschöpf Erbetenes, sowohl um seiner selbst wie um der Größe Gottes willen“ (483f.).

(2) Hinter de Lubacs historischen Studien steht eine zweite grundlegende Einsicht: Der Mensch ist nur als Paradox zu verstehen. Was nach de Lubac für alle großen Glaubensaussagen gilt (vgl. 484), gilt besonders auch für die theologische Bestimmung des Menschen: es sind Wirklichkeiten zusammenzudenken, die sich offenkundig nicht ausschließen, deren positive Synthese sich aber dem menschlichen Begreifen noch entzieht. Der Mensch ist auf Gott hin geschaffen, und gleichzeitig ist dem Menschen die Erfüllung nicht geschuldet, Gottes Gnade ist frei. Sowohl der Augustinismus als auch die Neuscholastik verkennen die paradoxe Wesensstruktur des Menschen. Die Augustinisten können mit ihrer Identifizierung von Natur und Gnade die Freiheit der Gnade nicht wahren, die Anhänger der natura-pura-Lehre mit ihrer Trennung von Natur und Gnade verlieren die Hinordnung der menschlichen Natur auf Gott aus dem Blick. Beide Male wird die Spannung nicht ertragen, das Paradox aufgelöst. De Lubac plädiert dafür, nicht zu trennen, sondern zu unterscheiden; zu unterscheiden jedoch, um zu einen bzw. aufeinander zu beziehen.

4. Rezeption

Führende Vertreter der neuscholastischen Schultheologie (allen voran R. Garrigou-Lagrange und Ch. Boyer) reagieren mit heftiger Gegenkritik, die im Vorwurf des Modernismus gipfelt. Der Aufsatz *Le mystère du surnaturel* (1949), in dem de Lubac seine Conclusio erläutert, untermauert und vor Missverständnissen in Schutz nimmt, führt nicht zur Beruhigung, im Gegenteil. Schließlich tritt auch das kirchliche Lehramt in Form der Enzyklika *Humani generis* (1950) von Papst Pius XII. auf den Plan. Gewöhnlich deutet man folgende Aussage der Enzyklika als Kritik an Henri de Lubac: „Andere machen die wahre ‚Gnadenhaftigkeit‘ der übernatürlichen Ordnung zunichte, da sie behaupten, Gott könne keine vernunftbegabten Wesen schaffen, ohne diese auf die seligmachende Schau hinzuordnen und dazu zu berufen“ (DH 3891). Aber de Lubac ist damit nicht getroffen, zielten seine Überlegungen doch nicht auf die Möglichkeiten göttlicher Schöpfertätigkeit, sondern allein auf den theologiegeschichtlichen Nachweis, dass die theologische Tradition bis zu Thomas von Aquin und über ihn hinaus bis ins 16. Jahrhundert nur die eine übernatürliche Endbestimmung des konkret-geschichtlichen Menschen gelehrt habe.

Dennoch halten es die Ordensoberen für richtig, de Lubac von seinem Lehrstuhl an der katholischen Universität Lyon zu verbannen (bis 1958) und ihm auch jede spezifisch theologische Publikationstätigkeit zu verbieten. Während diese Maßnahmen vollzogen werden, ohne dass der betroffene Autor gehört wird, entwickelt sich auf theologischer Ebene eine lebhafte Debatte. Hans Urs von Balthasar rezipiert das Werk und diskutiert von seiner Grundlage aus die Position Karl Barths (H.U.v. Balthasar, Karl Barth, Köln 1951). Karl Rahner bemüht sich um Vermittlung und entwickelt die Theorie vom „übernatürlichen Existential“, mit der sich de Lubac durchaus einverstanden erklärt, wenngleich ihm die Anleihe bei der Terminologie Heideggers unnötig scheint.

Einen wichtigen Beitrag zur Rezeption leistet schließlich der Autor selbst, indem er 1965 unter dem Obertitel *Le mystère du surnaturel* ein zweibändiges Werk folgen lässt (dt. *Die Freiheit der Gnade I und II*, Einsiedeln 1971), in dem, aufbauend auf *Surnaturel*, die Hauptthesen aufgegriffen, die Diskussion dargestellt und auf die Einwände eingegangen wird. Beachtlich ist die uneingeschränkte Zustimmung des Mediävisten Étienne Gilson, der sich von der Richtigkeit der Thomasinterpretation de Lubacs vollständig überzeugen lässt (vgl. *Lettres de monsieur Etienne Gilson au Père de Lubac*, Paris 1986).

Endgültig bestätigt wird der mittlerweile zum Konzilsberater berufene Henri de Lubac, als das II. Vatikanische Konzil in seiner Pastoralkonstitution über die Kirche in der Welt von heute im Zusammenhang mit der Atheismusproblematik formuliert: „Es gibt in Wahrheit nur eine letzte Berufung des Menschen: die göttliche“ (*Gaudium et Spes* 22). Darin kommt zugleich zum Ausdruck, dass die neuere Theologie auf das Begriffspaar „Natur-Übernatur“ zunehmend verzichtet und, nicht zuletzt unter dem Einfluss de Lubacs (vgl. Surnaturel, 325f.), zur biblischen Begrifflichkeit von Gnade, Mysterium, Erwählung und Bund zurückkehrt.

Apologeten der Neuscholastik wie D. Berger (*Natur und Gnade*) unterstellen de Lubac die religionsgeschichtliche Einebnung des Christentums und die Verkennung der Größe der Gnade. Milbank greift das Wort Balthasars, dass de Lubacs Denken sich in einer „schwebenden Mitte“ (Balthasar, Henri de Lubac, 12) zwischen Philosophie und Theologie befinde, auf, wendet es aber gegen de Lubac, plädiert für eine präzisere Trennung und problematisiert de Lubacs Denkform des Paradoxes (Milbank, 2005).

Surnaturel erfährt im Gesamtwerk de Lubacs eine späte Abrundung in der aus einem Gutachten für die Internationale Theologische Kommission hervorgegangenen Schrift *Petite catéchèse sur Nature et Grâce* (Paris 1980). Darin wird die Diskussion seit dem Konzil rekapituliert und in der Conclusio die These Hans Küngs in dessen *Christ sein* (München 1974) zurückgewiesen, die traditionelle Vorstellung von der Bestimmung des Menschen zur „Vergöttlichung“ sei nicht mehr zeitgemäß. Mit K. Rahner und J. Ratzinger hält de Lubac daran fest, das Christentum verfehle seine Sendung, wenn es dem Menschen weniger verheißt als die Vollendung in der Teilhabe am Leben des dreifaltigen Gottes.

Literatur

Quellen und Werkausgaben

LUBAC, H. DE, Surnaturel. Études historiques (= Théologie 8), Paris 1946. Neudruck: nouvelle édition avec la traduction intégrale des citations latines et grecques, préparée et préface par Michel Sales, Paris 1991. Ausgabe im Rahmen der Œuvres complètes in 50 Bänden bei Édition du Cerf als Band XI in der quatrième section angekündigt, aber noch [29. 2.2008] nicht erschienen.

Darin eingegangen die folgenden Artikel des Autors:

Deux Augustiniens fourvoyés: Baius et Jansenius, in: RSR 21 (1931) 422-443. 513-540.

Esprit et Liberté dans la tradition théologique, in: BLE 40 (1939) 121-150. 189-207.

Remarques sur l'histoire du mot "surnaturel", in: NRTh 61 (1934) 225-249. 350-370.

La rencontre de "susperadditum" et "supernaturale" dans la théologie médiévale, in: RMA 1 (1945) 27-34.

LUBAC, H. DE, Meine Schriften im Rückblick (= ThRom XXI), Freiburg 1996.

Sekundärliteratur

BERGER, D., Natur und Gnade. In systematischer Theologie und Religionspädagogik von der Mitte des 19. Jahrhunderts bis zur Gegenwart, Regensburg 1998.

CHANTRAINE, G., Rez. zu Milbank, The suspended Middle, in: Bulletin de L'Association Internationale Cardinale Henri de Lubac VIII (2006) 47-64.

FIGURA, M., Der Anruf der Gnade. Über die Beziehung des Menschen zu Gott nach Henri de Lubac (= Sammlung Horizonte N.F. 13), Einsiedeln 1979.

GOMES, V.F., Le paradoxe de désir de Dieu. Étude sur le rapport de l'homme à Dieu selon Henri de Lubac (= Études lubaciennes IV), Paris 2005.

HAEFFNER, G., Art.: Surnaturel, in: LThW 692-693.

MILBANK, J., The suspended Middle. Henri de Lubac and the Debate concerning the Supernatural, Cambridge 2005.

NEUFELD, K.H./M. SALES, Bibliographie Henri de Lubac S.J. 1925-1974, Einsiedeln [2]1974.

RULANDS, P., Menschsein unter dem An-Spruch der Gnade. Das übernatürliche Existential und der Begriff der natura pura bei Karl Rahner (= Innsbrucker theologische Studien 55), Innsbruck 2000.

SALES, M., L'être humain et la connaissance naturelle qu'il a de Dieu dans la pensée du P. Henri de Lubac (= Parole et Silence), Paris 2003.

VANNESTE, A., Nature et grâce dans la théologie occidentale. Dialogue avec Henri de Lubac, Louvain 1996.

VODERHOLZER, R., Das Paradox als spezifisch theologische Denkform nach Henri de Lubac, in: W. SCHÜSSLER (Hrsg.), Wie lässt sich über Gott sprechen? Von der negativen Theologie Plotins bis zum religiösen Sprachspiel Wittgensteins, Darmstadt 2007, 217-233.

VODERHOLZER, R., Henri de Lubac begegnen (= Zeugen des Glaubens), Augsburg 1999.

Rudolf Voderholzer

Pierre Teilhard de Chardin, Le Phénomene humain / Der Mensch im Kosmos, ED Paris 1955

I. Inhalt

a. Aufbau

Pierre Teilhard de Chardins Werk *Der Mensch im Kosmos* (Original: *Le Phénomene humain*), geschrieben 1938-1940, mehrfach ergänzt und überarbeitet, erschienen posthum 1955 (siehe II. Rezeption), ist klar und übersichtlich aufgebaut. In der veröffentlichten Fassung schließt sich an das Verzeichnis eines wissenschaftlichen Komitees und eines Ehrenkomitees, in dem Wissenschafter v.a. naturwissenschaftlicher Disziplinen und prominente Personen der Gesellschaft Frankreichs vertreten sind, ein Vorwort des Theologen Wildiers an, der Teilhard aus der römischen „Schusslinie" bringen will, indem er betont, das Buch wolle auf dem Boden der Erfahrungswissenschaft bleiben und schiebe „absichtlich alle theologischen Probleme beiseite". An eine „Vorbemerkung des Verfassers" fügt sich ein Prolog an, bevor der Haupttext mit vier Kapiteln beginnt: „I: Die Vorstufe des Lebens", „II: Das Leben", „III: Das Denken", „IV: Das höhere Leben". Den Abschluss bilden ein Epilog „Das Phänomen des Christentums", ein de facto an Rom adressiertes Nachwort „Die Essenz des Phänomens Mensch" sowie ein Anhang „Einige Bemerkungen über den Rang und die Rolle des Bösen in einer evolutionären Welt".

b. Vorbemerkung des Verfassers (15-17)

Der erste Satz gibt bereits Teilhards Dilemma und die sein Werk durchziehende Spannung an: „Um das Buch, das ich hier vorlege, richtig zu verstehen, darf man es nicht lesen, als wäre es ein metaphysisches Werk, und noch weniger wie eine Art theologischer Abhandlung, sondern einzig und allein als naturwissenschaftliche Arbeit." (15) Teilhard hat die Vorbemerkung 1947 – vergeblich – hinzugefügt, um eine vatikanische Druckerlaubnis zu erhalten. Tatsächlich geht es ihm weniger um die Klärung klassischer metaphysischer und theologischer Probleme als um eine holistische Darstellung des Kosmos bzw. des Menschen, insofern er sich staunend inmitten kosmischer Ordnung betrachten kann. Dies ist deutlich im Titel der deutschsprachigen Ausgabe angezeigt. Teilhard spricht von „einer das Universum umfassenden Schau" (16), was die für ihn zentrale mystische Dimension andeutet.

c. Prolog: Sehen (17-23)

Die mystische Schau des Kosmos bedeutet das Erkennen umfassenderen Vereintseins: „Höheres Sein ist umfassenderes Vereintsein: dies ist der Grundgedanke des vorliegenden Buches und der Schluß, zu dem es gelangt." (19) Darin deutet sich auch eine ethische Dimension an, insofern es Teilhard gegen den Wahnsinn des Nationalsozialismus und diverser Faschismen wesentlich um die eine Menschheit zu tun ist, die nur dann entsprechend zur Sprache gebracht wird, wenn ihre Verbundenheit mit dem Leben und dessen Vorstufe erkannt wird. Der Mensch ist nicht das statische vinculum substantiale des Seienden, „nicht fester Weltmittelpunkt, sondern Achse und Spitze der Entwicklung – und das ist viel schöner“ (23). Damit ist eine weitere zentrale Auffassung Teilhards zum Ausdruck gebracht: Das Sein als umfassende Vereinigung des Kosmos ist kein statischer Gegenstand unserer Erkenntnis, vielmehr erschließt es sich genetisch einer *Erzählung*, die gewissermaßen performativen Charakter hat. *Die mystische Ganzheit des Kosmos und die in ihm verborgene Verheißung vollzieht sich im Akt des Erzählens*: „Ich erhebe nicht den Anspruch, sie [die dem Menschen vorhergehenden Zeiten] zu beschreiben, wie sie wirklich gewesen sind, sondern wie wir sie uns vorstellen müssen, damit die Welt in diesem Augenblick für uns wahr werde.“ (22) So lässt sich das Hauptwerk Teilhards als große, bis in die Zukunft hinausreichende Erzählung des Kosmos, des Lebens und des Menschen betrachten.

d. I. Die Vorstufe des Lebens (25-65)

Der erste Akt von Teilhards Erzählung („Die Vorstufe des Lebens“) ist, wie auch die anderen Hauptkapitel, Hegel vergleichbar in drei Teile gegliedert. Der sachliche Grund liegt wohl darin, dass der erste Teil jedes Kapitels gewissermaßen die Entstehung, der zweite die volle Verwirklichung und der dritte den Übergang in die nächste Stufe anzeigt. Gemäß seiner Grundthese des Seins als Vereinigung versucht Teilhard bereits in der „Vorstufe des Lebens“ aufzuzeigen, dass auch das nichtlebendige Sein als in sich gegliedertes Ganzes zu verstehen ist. In der Diktion Leibniz’, zu dessen Denken sich starke Parallelen zeigen, könnte man sagen, dass Teilhard den Kosmos als Zentralmonade ansieht, der ein unendlich komplexes, in sich gegliedertes Gebilde darstellt, wobei jeder Teil, insofern er Einheit ist, dieses Ganze widerspiegelt, d.h. als Mikrokosmos den Makrokosmos abbildet („perzipiert“). Bereits die anorganische Welt ist nicht bloße Zusammensetzung von Teilchen, sondern als in sich gegliederter Organismus Einheit von Einheiten. Wie sehr Teilhard, Leibniz vergleichbar, in seinen naturphilosophischen – besser: naturgeschichtlichen – Überlegungen neue naturwissenschaftliche Konzeptionen aufgenommen hat, zeigt sich daran, dass er (ohne theologische Vereinnahmung) auf die Urknalltheorie (vgl. 36) und den zweiten Hauptsatz der Thermodynamik, d.h. der zunehmenden Entropie, eingeht: „Jede Synthese kostet“, was „ein Grundgesetz für alles Wirkliche [ist], das [...] bis in den geistigen Bereich des Seins sein Recht behauptet“ (39). Bereits hier lässt sich erahnen, dass Teilhard entgegen zahlreichen Vorwürfen keinen ungebrochenen Fortschrittsoptimismus vertritt. Während die „Außenseite der Dinge“ in der Entropie endet, gibt es auch eine „Innenseite der Dinge“, welcher der zweite Teil der „Vorstufe des Lebens“ gewidmet ist. Diese Innenseite ist, der Monade vergleichbar, das geistige Moment der Entität, welches ihr als innerer, d.h. nicht zusammengesetzter Einheit zukommt. Jede Einheit ist gleichsam Trägerin einer ganz bestimmten, je ihr zukommenden Information, die sie von anderen unterscheidet, wobei sich eine im Lauf der Zeit zunehmende Komplexität dieser Informationsreihen zeigt, die in gewissem Sinne den Gegenpol zur Entropie darstellt. Bemerkenswerterweise geht Teilhard, wiederum Leibniz vergleichbar, von einer kontinuierlichen Entwicklung aus, die ihn von der anorganischen zur organischen Chemie führt. Diese mündet ohne einen genau angebbaren Zeitpunkt ersten Auftretens in das Reich des Lebens.

e. II. Das Leben (67-160)

Teilhard setzt schon in der Sphäre der Vorstufe des Lebens innere, also nicht durch äußere Instanzen zusammengesetzte Einheiten, die Träger von „Information" sind und so geistige Bedeutung („Bewußtsein") haben, sodass das Leben einerseits eine kontinuierliche Weiterentwicklung der physikalisch-chemischen Welt ist, andererseits aber – bereits in seinem ersten Auftreten als Zelle – auch eine neue ontologische Qualität darstellt. Die Zelle hat „eine neue Methode gefunden [...], eine größere Masse von Materie zu einer Einheit zusammenzufassen" (79). Der Vorgang der Lebensentstehung ist durch Einmaligkeit gekennzeichnet, nicht zuletzt deshalb, weil das Leben selber die Ressourcen der Erde so verändert hat, dass der Zustand, der zu dessen Entstehung geführt hat, nicht mehr wiederholbar ist. Grundsätzlicher noch zeigt sich im Sein eine formende Kraft, die einen bestimmten Kairos, d.h. Zeiten besonders intensiver Entfaltung und Zeiten der Erschöpfung hat. Dies gilt für Kosmos und Erde wie für das Leben und später für die menschliche Geschichte. Nach den grundsätzlichen Reflexionen über die Lebensentstehung erzählt Teilhard mit offensichtlicher Freude im zweiten Teil dieses Kapitels von der Ausbreitung und Entwicklung des Lebens. Im Ausdruck „geplanter Zufall" (105) zeigt sich weniger eine direkte Kritik am Darwinismus als vielmehr die Auffassung, dass im Sein selber gewissermaßen die Kraft zu einer Geschichte steckt, die zunehmend höhere, d.h. universalere und seinsmächtige Einheiten generiert. Teilhard negiert den Darwinismus als Beschreibung der evolutiven Entwicklung auf ontischer („äußerer") Ebene nicht, ist aber der Auffassung, dass hinter jener ein metaphysisches geistiges Prinzip zunehmender Vereinigung (bis hin zum Menschen und darüber hinaus) steckt. In anderen Worten: Ein geistig-teleologisch ausgerichtetes Sein vermittelt sich wirkursächlich-materiell. Entscheidend ist, dass Teilhard seine Geschichte auf den Menschen (ja sogar auf intersubjektive Geistigkeit hin) ausrichtet, weil der Mensch auf Grund seiner Reflexions- und Sprachfähigkeit sich auf das Ganze des Seins hin öffnen und damit Vereinigung in einem umfassenderen Sinn (als etwa Stein oder Schwamm) zum Ausdruck bringen kann. Teilhard erzählt die Genese der einzelnen Tierstämme auf der Höhe der wissenschaftlichen Erkenntnis seiner Zeit und streicht dabei die „Biogenese" deutlich heraus: „Wollte man künftig unsere Überzeugung von der Tatsache einer Biogenese erschüttern, so müßte man die Gesamtstruktur der Welt untergraben und den Lebensbaum entwurzeln." (139) Die Biogenese führt zu einer Komplexität, die biologisch gesehen in keine bestimmte Richtung weist, metaphysisch betrachtet aber den Geist und seine Vereinigungskraft (die Fähigkeit, das Seiende im Ganzen in sich zu versammeln) immer deutlicher hervortreten lässt, was den „Ariadnefaden" für Teilhards Geschichte abgibt

(141-146). Ausdruck dieser nun auftretenden Geistigkeit ist das Nervensystem und als dessen Ausdifferenzierung das Gehirn. Die geistige Entwicklung stellt nach der „Geogenese“ und der „Biogenese“ als „Psychogenese“ den dritten Abschnitt der Seinsgeschichte dar (wobei jede dieser drei Epochen auch in den je anderen wirkt). Gemäß dieser auf den Menschen (bzw. den Geist) zielenden Entwicklung fokussiert Teilhard den Blick immer stärker auf den Homo sapiens. In konzentrischen Kreisen öffnet sich die Erzählung von den Säugetieren über die Primaten zu den Hominiden, um schließlich beim Menschen (3. Hauptkapitel) anzukommen.

f. III. Das Denken (163-239)

Der erste Abschnitt dieses Hauptkapitels expliziert „Die Geburt des Denkens“ analog zum Übergang zum Leben als „Diskontinuität in der Kontinuität“, d.h. einerseits als kontinuierlichen Übergang, der keinen fixierbaren Anfang des vernunftbegabten Menschen festhalten lässt, andererseits als die Diskontinuität, die das Phänomen des Ichbewusstseins mit sich bringt und die Vorstellung eines Wesens zwischen Reflexion und Nichtreflexion verunmöglicht. Teilhard bringt das Proprium der Reflexion auf den Punkt, indem er betont, dass das Selbstbewusstsein nicht nur Wissen, sondern „Wissen des Wissens“ ist (vgl. 166). Der zweite Teil versucht die menschliche Evolution näher nachzuzeichnen, um dann in eine geschichtsphilosophische Betrachtung überzugehen, die den Westen, d.h. „Mesopotamien, Ägypten, die hellenische Welt – bald auch Rom – und über alledem [...] das geheimnisvolle jüdisch-christliche Ferment, das Europa seine geistige Form gab“ als entscheidendes Agens der Weltgeschichte sieht. Im dritten Teil trachtet Teilhard, eine Art Gesellschaftstheorie verbunden mit einer Genese des Wissens zu geben. Entscheidend für das moderne Bewusstsein ist dabei erstens das Wissen der *gemeinsamen Herkunft des Menschen* (bzw. des Seins überhaupt) und darin ein „Verwachsensein in gemeinsamer Genese“ (222), womit auch der ethische Aspekt deutlich wird: Die zunehmende Einheit des Seins hat nicht zuletzt die Bedeutung, dass die Menschheit auf eine globale Gesellschaft zustrebt und letztlich in Solidarität mit dem Kosmos zu stehen hat. Gedanken, die umso schwerer wirken, zumal weite Teile des Buches zur Zeit des nationalsozialistischen Wahnsinns abgefasst wurden. Das zweite Paradigma moderner Gesellschaft ist die *Evolution* als „die allgemeine Bedingung, der künftig alle Theorien, alle Hypothesen, alle Systeme entsprechen und gerecht werden müssen, sofern sie denkbar und richtig sein wollen“ (223). Der Mensch bestimmt sich nicht nur als geschichtliches Wesen, sondern führt in seinen kulturellen Errungenschaften die Evolution weiter, wobei er gleichzeitig in das Bewusstsein nie erahnter zeitlicher (und räumlicher) Dimensionen vorstößt, was die Frage aufwirft, ob das (menschliche) Bewusstsein „in den unbegrenzten Weiten eines regungslosen oder eines ewig bewegten Universums [...] in nichts vergehen [müsste]“ (233). Dies drängt schließlich zur letzten und entscheidenden Frage nach der Stellung des Menschen als (derzeitiger) „oberster Spitze der großen biologischen Synthese“ (229) innerhalb des Kosmos. Ist der (menschliche) Geist nur Teil eines auch ohne ihn weiterlaufenden Universums oder gibt es eine „Überseele“, die quasi das All durchdringt und als Punkt „Omega“ dessen Seinsprinzip (Zentralmonade) ist?

g. IV. Das höhere Leben (241-301)

Der erste Teil dieses Hauptkapitels („Die kollektive Lösung“) bringt vor allem eine fundamentale Kritik an den „Häresien des Individualismus und der Rassenlehre“ (252f.), die einer wirklichen Einigung des Menschen als dem nächsten Schritt hin zur kosmischen Seinseinheit entgegenstehen. Teilhard schwebt die Vision einer in einem gemeinsamen Wissens- und Erzählschatz geeinten Menschheit vor, wofür sein Buch Zeugnis gibt: Es versteht sich als eine Art Leiterzählung einer geeinten Menschheit. Viele in diesem Zusammenhang genannte Details sind fraglich – so die Andeutung, dass die Menschheit unter der Führung einer Elite stehen muss (251) oder die Vision einer lückenlosen Schau des Universums (255) –, allerdings werden diese „Details“ lediglich zur Illustration der Grundvision am Rand mitgeführt. Die Abgrenzungen des ersten Abschnitts werden im zweiten Teil „Jenseits des Kollektiven: Das Überpersönliche“ fortgesetzt, wo sie auf Positionen, die das Individuum in einer Massenbewegung aufgehen lassen, zielen, also auf den Sozialismus (sowjetischer Prägung). Vor allem wird deutlich, dass das visionär geschaute universale Band des Geistes, welches nicht unter das Niveau des Persönlichen fallen darf, nicht vom Menschen selbst erzeugt werden kann (vgl. 261). Damit stellt sich nun die Frage, wie der *Punkt Omega* (267) als Schlussstein zu denken ist – gerade auch vor dem Hintergrund der fortschreitenden Entdeckung der räumlichen und zeitlichen Ausmaße des Kosmos (vgl. 265). Teilhard gibt eine mystische, an Leibniz erinnernde Antwort: „Was ist denn gerade im Interesse des Gesamtlebens das Werk der menschlichen Werke, wenn nicht die Errichtung eines absolut originalen Zentrums in jedem von uns, worin sich das Universum in einzigartiger, unnachahmlicher Weise widerspiegelt – eben unser Ich, unsere Persönlichkeit?“ (269) Dies lässt an die Monade denken: Jede ist innere Einheit, Fokuspunkt ihrer Relationen und nicht einfach Mechanismus (Zusammengesetztes aus Teilchen). In unterschiedlicher Weise ist jede Entität auf alle anderen bezogen und spiegelt sie wider. Diese Beziehungsebene manifestiert sich im Nichtlebendigen etwa als Gravitation, das Lebendige ist „intensivere“, „beziehungsfähigere“ Einheit. Insofern der Mensch Kraft seines Geistes Offenheit für das Sein im Ganzen ist, steht er in Teilhardschen Kategorien ausgedrückt noch stärker im *Zentrum* als das sonstige Seiende, spiegelt das Universum allerdings in endlicher Perspektive. Der Punkt Omega ist nun nicht ein aus endlichen Entitäten zusammengesetztes Universum und somit bloßer Mechanismus, sondern unendlicher Spiegel, in dem sich alle Monaden „durchdringen“, die „Überpersönlichkeit“, die – mit Leibniz gesprochen – allem Sein zu Grunde liegt, oder der absolute Vereinigungspunkt konkretisiert als Gottes Liebe, die der zureichende Grund ist, warum etwas so und nicht anders ist. Teilhard bestimmt dieses universale Band als Liebe, in der sich das Sein als je höhere Vereinigung zum Ausdruck bringt. Denn die Liebe ist der zureichende Grund, aus dem alles ist und zu dem alles hinstrebt. Der Punkt Omega, Ausdruck höchster Liebe, ist nicht empirisch er-fass-bar, sondern muss mit den Augen der Liebe visionär erblickt werden. Als das je Größere ist er nicht in der Reihe der Erscheinungen zu verorten, sondern als Transzendenz das erfahrbare Sein noch einmal übersteigend. Der Schlussabschnitt („Der Endzustand der Erde“) ist eschatologisch ausgerichtet. Die natürliche Evolution wurde von der „künstlichen“, d.h. von der Intelligenz des

Menschen, wenigstens was das treibende Moment der Geschichte anbelangt, abgelöst. Das „Ende“ sieht Teilhard in einer universalen Vergeistigung des Seins, die in eine „Ekstase“, „die über die Ausmaße und den Rahmen des sichtbaren Universums hinausführt“ (300), mündet. In dieser Ekstasis lässt sich eine Art ultimativer Vereinigung mit Gott erahnen, dem als absoluter Transzendenz auch die Bezeichnung Punkt Omega nicht gerecht werden kann – ein Gott, in dem alle Zeiten und Räume vereinigt sind und der auf diese Weise Anfang, Mitte und Endpunkt der Geschichte ist, die Teilhard erzählt. Gott ist nicht fernab von Geschichte zu denken, allerdings muss (anders Schiwy, 2001) zugleich betont werden, dass Gott als Zentrum der Geschichte nicht nur utopisches Omega, sondern auch vorgängiges Alpha der Zeit ist und so *nicht* einem zeitlichen Wandel unterliegt.

h. Schluss

Teilhards Werk hat einen dreifachen Ausgang: Zunächst den „Epilog“ (302-310) als ursprünglichen Schluss, in dem er das Christentum als *die* Religion, in der die kosmische Liebe zum Ausdruck gebracht wird, andeutet: „Das Christentum allein, ganz allein auf der modernen Erde zeigt sich fähig, in einem einzigen, aus dem Leben entspringenden Akt das All und die Person zur Synthese zu bringen.“ (309) Dem ist eine „Zusammenfassung oder Nachwort“ angeschlossen, das auf Fragen angesichts der Beanstandungen der römischen Kurie eingeht und die grundsätzliche Möglichkeit des Scheiterns der Evolution einräumt, sie aber für unwahrscheinlich hält. Dem Pantheismusvorwurf wird entgegnet, Gott sei nicht das Resultat eines evolutiven Prozesses, sondern müsse als Zentrum der Zeiten und Räume auch als präexistent aufgefasst werden. Beendet wird das Werk mit dem – zehn Jahre nach dem Haupttext geschriebenen – Anhang „Einige Bemerkungen über den Rang und die Rolle des Bösen in einer evolutionären Welt“ (323-326), der dem Vorwurf der (wenigstens impliziten) Negierung der Erbsünde antwortet. Teilhard verdeutlicht, sehr wohl die Realität des Bösen zu erkennen, wobei aber unausgesprochen bleibt, dass seine Geschichte wesentlich eine der Hoffnung ist.

i. Einschätzung

Teilhards Werk besticht durch die mystische Zusammenschau des Kosmos (in der viele naturwissenschaftliche Erkenntnisse in den Grundzügen bis heute Gültigkeit besitzen) und beeindruckt durch seine Lesbarkeit. Tatsächlich kann das Buch wohl als große Erzählung gedeutet werden, die einerseits gegen erstarrte Religiosität das lebendige und d.h. geschichtliche Wirken des Geistes aufzeigen und dabei das (katholische) Christentum mit der Evolutionslehre versöhnen will, andererseits darwinistischen Positionen mit ihrer latenten Hoffnungslosigkeit, die sich daraus ergibt, dass der Mensch und das, was er liebt, letztlich eine verschwindende Episode einer richtungslosen Zeit sind, eine optimistischere und weniger traurige Geschichte entgegenstellt. Haltlos ist der Pantheismus-Vorwurf, Gott wäre Produkt eines welthaften Prozesses, berechtigter die Kritik, die Bedeutung des Bösen und der Erbsünde sei zu gering veranschlagt, wobei jene Kritik die Intention einer hoffnunggebenden Geschichte – die wahrlich dringlich war in Zeiten des Nationalsozialismus – unterläuft. An den Fortschrittsoptimismus koppelt sich als unangenehm berührende Seite die Gleichgültigkeit gegenüber der sozialen Frage („von mittelmäßigem Interesse", 273) und eine manchmal naiv anmutende Technikgläubigkeit, die sogar vor Eugenikphantasien nicht zurückschreckt (vgl. 292). Was die Kritik von naturwissenschaftlicher Seite betrifft, wurde bereits festgehalten, dass Teilhard nicht gegen die darwinistischen Prinzipien Selektion, Mutation und Generation argumentiert, wohl aber ein geistiges Element der Seinsgenese veranschlagt, für das gute philosophische Gründe angeführt werden können. Diese allerdings wird man in differenzierterer Form bei Leibniz (Monadologie), Kant, Schelling und Hegel finden. Man kann Teilhards Werk vielleicht sogar als popularisierten Leibniz lesen, und es bleibt sein großartiges Verdienst, eine geistige Gesamtschau in Form einer Erzählung gegeben zu haben, die in breiten Kreisen der Menschheitsfamilie (im Gegensatz zu Leibniz und den idealistischen Denkern) Verständnis finden konnte.

II. Rezeption

Der Mensch im Kosmos, geschrieben von 1938-1940, konnte erst posthum veröffentlicht werden, weil die Druckerlaubnis seitens der römischen Kurie verweigert wurde. 1955 erschienen, wurde es umso enthusiastischer aufgenommen. Teilhards Buch ist wohl eines der letzten und wenigen theologischen wissenschaftlichen Werke, welches eine weltweite wie massenhafte Verbreitung fand, wovon nicht zuletzt zahlreiche Teilhard-Gesellschaften und Stiftungen zeugen. In den 50er und 60er Jahren des 20. Jh. prägte es eine ganze Generation von Theologen (aber auch Philosophen wie Löwith). Besonders beeinflusst durch Teilhard wurden etwa Henry de Lubac, Karl Rahner, Carlo Maria Martini und Jean Daniélou. Herauszuheben ist Rahners *Grundkurs des Glaubens*: Eines seiner Leitmotive, die Suche nach einer „Christologie innerhalb einer evolutiven Weltanschauung" entspringt direkt den Gedanken Teilhards, wenngleich Rahner diesen in seinem Hauptwerk nicht zitiert. Auch die Pastoralkonstitution des zweiten Vatikanischen Konzils *Gaudium et spes* zeugt mit ihrer Fortschrittsvision vom Einfluss Teilhards. War der Höhepunkt der Rezeption wohl mit den 60er Jahren erreicht, finden sich auch danach – etwa in der Prozesstheologie und in zeitgenössischen Versuchen, eine causa finalis in der Entwicklung des Seienden festzumachen (etwa in Claytons Emergenztheorie) – wichtige Zeugnisse des Einflusses. Neben zustimmender Rezeption gab es aber auch heftige Kritik. Diese kam einerseits – wie bereits dargestellt – aus theologischen und kirchlichen Kreisen. Andererseits wurde und wird Teilhard von radikalen Darwinisten und Materialisten die teleologische und metaphysische Interpretation der Naturgeschichte zum Vorwurf gemacht. Rückzufragen ist allerdings, ob nicht vielmehr diese Kritiker in ihrer Konzeption der blinden Zufälligkeit als Motor der Evolution Gefahr laufen, ohne weitere hermeneutische und naturphilosophische Reflexion legitime naturwissenschaftliche Modelle und die ihnen zugrundeliegenden Methoden und Voraussetzungen zu ontologisieren, d.h. als Deutungsschema der Wirklichkeit zu verabsolutieren. Zuletzt ist festzuhalten: Da Fragestellung und Vision, die Teilhard angetrieben haben, nämlich die Einheit des Kosmos darzustellen und die Utopie einer universalen wie unvergänglichen Liebe zu erzählen, aktueller denn je sind, wird Teilhards Werk vorerst wohl nicht in Vergessenheit geraten.

Literatur

Quellen und Werkausgaben

CHARDIN, PIERRE TEILHARD DE, Le Phénomene humain, Paris 1955.
CHARDIN, PIERRE TEILHARD DE, Das Phänomen Mensch, München ^{3}2005.

Sekundärliteratur

BROCH, T., Denker der Krise. Vermittler von Hoffnung – Pierre Teilhard de Chardin, Mainz 2000.
GRUMETT, D., Teilhard de Chardin: Theology, Humanity and Cosmos (Studies in Philosophical Theology), Leuven 2005.
LEINER, M./N. KNOEPFFLER/H.J. BIRX (Hrsg.), Teilhard de Chardin: Naturwissenschaftliche und theologische Perspektiven seines Werks, Göttingen 2005.
LUBAC, H. DE, La pensée religieuse du père Pierre Teilhard de Chardin, Paris 1962.
SCHIWY, G., Ein Gott im Wandel, Düsseldorf 2001.
SCHIWY, G., Teilhard de Chardin: Sein Leben und seine Zeit (2 Bde.), München 1981.
SCHMITZ-MOORMANN, K., Pierre Teilhard de Chardin, Mainz 1996.
SCHMITZ-MOORMANN, K. (Hrsg.), Teilhard de Chardin in der Diskussion, Darmstadt 1986.

Kurt Appel

Hans Urs von Balthasar, Theodramatik, 4 Bde., ED Einsiedeln 1973-1983

1. Kontext und problemgeschichtlicher Hintergrund

Mit seiner vierbändigen *Theodramatik* (TD) hat Hans Urs von Balthasar (12.8. 1905-26.6.1988) den zweiten Teil seiner Triologie gebildet, die in ihrer Form in der deutschsprachigen Theologie einzigartig dasteht, ein unglaublich aufwändiges Unternehmen, das sich über 27 Jahre hin zog. Gerahmt ist diese Trilogie durch die dreibändige *Herrlichkeit*, in sieben Teilen ausgeführt und in den 1960er Jahren erarbeitet, und durch die dreibändige *Theologik*, die in den Jahren 1985-1987 publiziert wurde.

In der *Theodramatik* suchte Balthasar das Drama von Gott und Mensch nicht nur zu reflektieren, sondern theologisch als Geschehen zu erwecken in einer sehschwach und fast taub gewordenen Zeit; darin liegt der gewiss mäeutische Impuls seiner Theologie, die sich deshalb auch niemals an irgendwelche Vorgaben in formaler Hinsicht hielt, was Ordnung, Aufbau oder methodisch abgegrenzte Denkbezirke betraf. Denn Balthasar war fasziniert von der Beweglichkeit und Lebendigkeit der ewigen göttlichen Gestalt, ihrem dramatischen Einsatz vom Unscheinbarsten bis zu dem, was Balthasar für das Äußerste hielt, nämlich die Gottverlassenheit des göttlichen Sohnes von seinem göttlichen Vater, der Kampf mit Tod und Teufel, den der göttliche Sieger kämpft und kämpft; und so trifft Balthasar auf ein paradoxales Geflecht, das sich ausfaltet und zu (scheinbaren) Widersprüchen zusammenzieht, und in dem gewohnte Wertungen umgewertet werden durch göttliches Handeln.

Diese paradoxale Form des Theodramas ist an Balthasar selbst aufzufinden: Er, der niemals an einer Universität oder kirchlichen Hochschule Theologie lehrte, brachte ein Opus hervor, das eine ganze Reihe von theologisch-wissenschaftlichen Leistungen in den Schatten stellt, inhaltlich wie formal; er, der ein germanistisches, kein theologisches Doktorat innehatte, kritisierte unverblümt und unverdrossen große Denker seiner Zeit wie etwa Karl Rahner oder Karl Barth, trotz aller Nähe, die er auch zeigte; er, der mit einer in der deutschsprachigen Theologie kaum je annähernd erreichten sprachlichen Brillanz dachte und schrieb, betonte gerade nicht das Wort der Offenbarung, sondern suchte vom inkarnatorischen Prinzip aus die Gestalthaftigkeit und Schaubarkeit der göttlichen Offenbarung. Gerade an dieser Stelle erweist sich Balthasar, der theologische Sprachartist, als sprachlicher Materialist: In der materiale Sichtbarkeit liegt sein offenbarungstheologischer Fokus, in dieser Sichtbarkeit auch die radikale „Gegenbewegung gegen alle sündigen Tendenzen zur Desinkarnation" (TD 2/2,377), wie sie in allen gnostizistischen und titanischen Spielformen von Philosophie und Theologie erkennt.

2. Werkgeschichtliche Stellung

Tiefen theologischen Grund hat es, dass Balthasar die Trilogie von *Herrlichkeit*, *Theodramatik* und *Theologik* geschaffen hat; vorbereitet durch sein erstes großes dreibändiges Werk *Apokalypse der deutschen Seele* (Neuauflage 1998 in dem von Balthasar gegründeten Johannes-Verlag; vgl. dazu auch Hallensleben/Vergauwen, 2006), das er aus seiner germanistischen Dissertation erarbeitet und unmittelbar vor dem Zweiten Weltkrieg publiziert hatte) und wohl auch durch die weithin unbekannte kleinere Schrift *Das Herz der Welt* aus dem Jahr 1945 (vgl. dazu auch Treitler, 2005), in der er das Erlösungsdrama erstehen lässt, lagen sowohl trinitarische oder triadische Formen vor wie auch diejenige Form, die sich zur Theodramatik gestalten ließ.

Das bedeutet zum einen: In der Trilogie als Ganzer vermittelt sich der trinitarisch komplexe Gedanke des einen göttlichen Wesens und seiner drei Hypostasen. Daher lässt sich keiner der drei Teile einer göttlichen Hypostase zuordnen, sondern jeder nur einer bestimmten Selbstaufbietung des einen göttlichen-trinitarischen Wesens. – Zum andern besagt dies: Innerhalb dieser umgreifenden göttlichen Wesenseinheit brechen hypostatische Schwergewichte hervor, wie das besonders in der *Theodramatik* und in der *Theologik* sich zeigt: In der *Theodramatik* baut sich die christologisch-soteriologische Dramatik auf, die in *Herrlichkeit* langsam umkreist wurde, und in der *Theologik* geht es eher um die Pneumatologie des Erkennens von Gestalt und Drama. So variiert Balthasar dreimal das ewige Gottesgeheimnis. Dass Balthasar in dieser trinitarischen Ausfaltung nicht immer frei von tritheistischen Schüben blieb, weil er in der Schau des trinitarischen Beziehungsgeflechts mitunter mehr sah, als sich zeigen konnte, gehört nicht nur zum Problem seiner Trilogie, sondern zu den Fundamentalproblemen von Trinitätstheologie stets dann, wenn die Einheit und Einzigkeit Gottes in der Faszination des relationalen Schauspiels der Trinität nur noch abgewerteter, dunkler Vergangenheitsgrund jüdisch-monotheistischer Herkunft bleiben kann (Balthasar ist in dieser Hinsicht auch sehr eindeutig geblieben bis zum Schluss: In seinem *Epilog* bezieht er sich ausdrücklich auf den Monotheismus des Judentums und vermeint, hier wäre jede „Brücke zwischen Gott und Mensch, die etwas anderes ist als eindirektes freies Wirken Gottes in Inspiration oder Wunder [...] bewußt abgebrochen“ (v. Balthasar, 1987, 26); daher sein Urteil, „daß man über Jahwe nicht philosophieren kann, ohne ihn tief zu problematisieren. Deshalb die Abwege jüdischen Denkens: Einigungsmystik, Theosophie, Atheismus. Jahwe bleibt eine Gottgestalt, die über sich hinausweist auf ihre eigene Verheißung hin, auf den Gott Jesu Christi“ (ebd., 32).

Nun bildet die *Theodramatik* nicht nur formal, sondern auch theologisch-inhaltlich den Kern der Trilogie. Denn in ihr bricht dramatisch heraus, was scheinbar ruhend die Gestalt schon zeigte. „Mitten in der Ästhetik hat also die ‚theologische Dramatik' schon begonnen.“ (TD 1,15). Die Theologik wird das alles pneumatologisch noch einmal zusammenschauen.

3. Inhalt der Theodramatik

Die *Theodramatik* hat Balthasar in vier Bänden publiziert, wobei der zweite Band zwei Teile umfasst, wohl aus buchtechnischen Gründen. Dreifach ist die jeweilige Bandstruktur in *Herrlichkeit* und *Theologik*, in denen es eher in die Richtung von Gottes Gehalten und Formen selbst geht, vierfach wie der Weltbau und die Weltelemente aber ist die *Theodramatik*, welche die dramatische Konfrontation von Gott und Welt im Gottmenschen schauen will.

Balthasar war sich dessen bewusst, welche Probleme sein theodramatischer Bau in sich trug. Denn das Theatrische geriet, so legt er in den *Prolegomina* der *Theodramatik* aus, nicht nur unters Verdikt der frühen Theologen und Philosophen des Christentums; es lauert in ihm vielmehr ein Grundproblem, das den theodramatischen Bau fundamental gefährdet: die unüberwindbare Differenz von Rolle und Person. Mögen auch unüberschaubar viele Motive des Christusdramas das Dramatische als Topos fordern – die Gegenwart von Gott und Mensch in ihm, der Kampf von Liebe, Freiheit und Sünde, das Gute und sein Tragos, der hochdramatische Stellvertretertod Christi, usw. –, so hat die anthropologische Differenz von Rolle und Person oder die noch schärfere theologische Differenz von Rolle und Sendung in sich die Kraft, diesen Zugang schon zu Beginn zu zerstören. Denn vielfältige

Entfremdung lässt den Menschen nie ganz werden; was an Selbsterkenntnis aufleuchtet, bleibt umschattet von Endlichkeit und Sterblichkeit und einem unendlich abständigen Verhältnis zum Absoluten (TD 1,460). Doch an genau dieser Stelle wendet Balthasar die Problematik christologisch um: Im Gottmenschen hat diese Differenz niemals Platz gefunden; von seiner Identität aus wird das Dramatische nicht nur möglich, sondern real und geheiligt; von seiner Identität aus wird aber auch erst sichtbar, worauf hin der Mensch stets schon gehofft hatte und was ihm nirgendwo anders geschenkt wird als in der dramatischen Gestalt Jesu Christi; von ihr aus begreift langsam der Mensch, dass auch er in die Identität von Rolle und Sendung hinein genommen worden ist als dramatisches, einmaliges Ich. „Wie elementar dieser einmalige Ich-Name Sendung bedeutet, wird erst in Jesus Christus deutlich, wo das Ich und die Rolle in der Wirklichkeit der Sendung schlechthin und allem irdisch Erreichbaren gegenüber einmalig und überschwänglich identisch werden." (TD 1,604).

Damit hat Balthasar das *Doppelthema des zweiten Bandes* bereits aufgenommen, die Konfrontation von Gott und Mensch und ihr christodramatischer Austrag. Klar bleibt die doppelte apologetische Absicht Balthasars: die Festigung des Inkarnationsfaktums in der Zeit einerseits und die Verteidigung seines absoluten und abschließenden Sinns andererseits (TD 2/1,103). Daraus ergibt sich, dass der Sinnaufweis sich wesentlich auf dem Weg der Überbietung ereignet; Balthasar gehört zu den pointierten Denkern des Komparativs (vgl. Heinz, 1975), die am Ende nichts mehr sehen können als das Absolutum, auf das hin sie zublickten und zudachten – und dieses Nachdenken wird seinen Grund nirgendwo anders hernehmen als daraus, dass es selbst ins Gefälle der dramatischen Gottesgestalt geraten ist; das aber entspricht dem göttlichen Einsatz. Denn „wie Gottes Einsatz in seinem Sohn endgültig und bedingungslos ist, so wird auch das Verfügtwerden in die Nachfolge Christi lebensumspannend sein." (ebd., 278). Gesetzt und möglich ist dies alles nur durch den göttlichen Sohn, der das niemals ganz zerstörte, aber verfinstere Bild und Gleichnis Gottes, den Menschen, von innen her heilt und ihn doch unendlich übersteigt in seiner eignen „vollen Gottheit" (ebd., 373). Diese Heilung vom Wesensinnern her macht für Balthasar auch Christi Tod so dramatisch: Mit diesem Tod, den seine Ewigkeit nicht kannte, aber in der Sendung vorweg schon annahm, „unterwandert" (ebd., 374) der Gottmensch all das, was menschliche Freiheit gegen Gott hielt.

Sichtbar steht Balthasar hier an der Schwelle einer dramatischen Christologie, die im zweiten Teil des zweiten Bandes das Scharnier zur christodramatischen Handlung bildet. Wenn er den Sendungsbegriff zum Grundbegriff der Christologie macht (innertrinitarisch und inkarnatorisch), so trifft er damit auf den ewigen Gehorsam des Sohnes (TD 2/2,473). Diesem schreibt er das Ja zur Sendung ein und malt es drastisch aus: Im Gehorsam wird sich die trinitarische Relation von Vater-Sohn-Geist inkarnatorisch umkehren in die Relation Vater-Geist-Sohn, so dass der Sohn den Vater und den Geist über sich hat (ebd., 167-175); damit hängt auch Balthasars These zusammen, dass derart gehorsam der Sohn sowohl auf seine volle Gottheit wie auch vor allem auf das Wissen darüber verzichtet hat. Daher lehnt er jede These eines doppelten Bewusstseins Christi ab (ebd., 208) oder auch die These, bezogen auf Christi Realität, dass er, der solchermaßen Gott ist, nicht ganz Mensch werden kann. Gerade in Bezug auf seine volle Gottheit gilt, dass er in dieser und mit dieser sich „dazu senden lässt, dieses [menschliche] Wesen zu sein." (ebd., 209). Das heißt dann also, „daß der Sohn, der alles vom Vater hat, seine ‚Gottgestalt' beim Vater, von dem er sie hat, ‚hinterlegt', um sich in allem Ernst und Realismus auf seine Sendung (die eine Möglichkeit seines Ausgang vom Vater ist) zu konzentrieren, so wenig in einem Als-Ob, daß das Ergebnis die Gottverlassenheit am Kreuz sein wird. Diese ‚unendliche Entfernung', die den Modus der Gottentfremdung des Sünders in sich hineinholt, wird aber immer noch die höchste weltliche Offenbarung der Diastase zwischen Vater und Sohn im Heiligen Geist innerhalb des ewigen Wesens Gottes sein." (ebd., 209). So wird auch das Subjekt konstituiert, das dem göttlichen Sohn entsprechen kann; in mitunter etwas seltsamer Form konstruiert Balthasar dieses Subjekt als weibliches, d.h. als ein hörendes und empfangendes. Daher: Christus bringt in eigentlichem Sinn Maria hervor, die Hörende, die Empfangende, die Ja Sagende, die Gehorsame, die Demütige, die Mutter und Braut und Schwester und Tochter, und er präformiert in ihr die Kirche; in diesem zwei-einen weiblichen Subjekt wird „das uns vom Vater zugesprochene Wort der Versöhnung" (TD 2/2,476) realpräsent bleiben.

Im dritten Band zieht Balthasar nun den Vorhang auf und lässt auf einen dramatisch umkämpften, sich vielfach wandelnden Szenenlauf blicken, in den man hineingezogen werden soll. Hier nun spielt sich die eigentliche *Handlung* ab, ihr unglaublicher Einsatz, ihre unausdenkbare Spannweite, ihre unermessliche Zeit, die zurück- und voranreicht ins Unvordenkliche, die hinabreicht in den Abyssus und ihn qualifizieren wird und die hinaufreichen wird in die Himmel. Die Szenen sind apokalyptisch, kollisionsträchtig ist jede ihrer Etappen. Zeit, Schuld und Tod fordern nach Balthasar einen andern Blick und Zugang zur Soteriologie, als er von der Patristik bis in die Gegenwart entwickelt wurde. In der Mitte steht das harte Faktum des Kreuzes, diese „unfaßbare und unüberbietbare ‚Trennung' Gottes von sich selbst" (TD 3,302), die den einzigen Weg ins Mysterium des trinitarischen Gottes freigibt. Im Kreuz zeigt sich für Balthasar der unbändige Erlösungswille des Sohnes im Gehorsam seinem Vater gegenüber. Nichts wird ihm erspart angesichts von menschlicher Zeit, Schuld und vieldeutigem Tod, alles zielt auf eine ganz besondere Handlungsdramatik, eben aufs Kreuz, auf die Sünde, die Stellvertretung, den Zorn und den Taumel, das Licht und die Finsternisse und schließlich, als ballte sich alles gegen den Gottmenschen zusammen, „das am Karfreitag gesprochene Nein" (ebd., 322). Im komparativischen Zugang liegt es, dass Balthasar hier einen doppelten Komparativ am Werk sieht, den mysterialen Komparativ der „gegenseitigen Steigerung von Ja und Nein" (ebd., 326), der sich schon angebahnt hat: Wie Jesus weggegeben ist in die Welt zum Heil der Menschen, so ist zeitlich zuvor schon Maria „weggeben an Josef" (ebd., 333); danach wird die Kirche weggeben sein an die „gefährliche Entblößung" (ebd., 344) des Erlösers, der alles gab und sich eucharistisch weiter realisieren wird im fortlaufenden Opfer seiner selbst.

In diesem hochgespannten Drama verwundert es nicht, dass Balthasar schließlich feststellen muss, dass mit der Auferstehung Christi „nicht alles getan" (ebd., 399) ist; denn die auf sie kommende Geschichte wird in ihrer Neinsage gegen den exklusiven Erlöser nicht ruhen. Die Feinde dieser Exklusivität, die er entdeckt, und das Arrangement, das er in ihrer irritierenden Zusammenstellung trifft, werfen allerdings ein fahles Licht auf Balthasar selbst. Denn für ihn zählen zu den Mächten der Gegen- und Unterwelt die von ihm so genannte „jüdisch-heidnische Gnosis, der erste Erzfeind des christlichen Glaubens und der kirchlichen Lehre“ (ebd., 416), und der Antichrist, der sein „Nein zur totalen Ohnmacht Christi“ (ebd., 417) spricht. Unklar und äußerst problematisch bleibt die Konjunktion von Jüdischem und Heidischem prinzipiell. Worauf Balthasar zielt, ist allerdings gerade dadurch überklar: Die marianisch-kirchlichen Christenmenschen sind es einzig, die in ihrem Martyrium, in ihrer „Mit-Passion mit Christus“ (ebd., 419) ins Drama Christi hineingesandt werden auf der Seite des Erlösers. In ihnen kämpft der Sieger noch bis ans Ende der Tage seine „*Theodramatik der Befreiung*“ (ebd., 444) durch. Das Profil dieses Kampfes, der eschatologische Züge zeigt, lässt sich nach Balthasar nicht mehr anschauen.

Und doch begibt er sich im vierten Band seiner Theodramatik unter dem Titel *Endspiel* auf die Spurensuche des Kommenden, vielfach begleitet von Adrienne von Speyr, mit der er fast drei Jahrzehnte engstens verbunden war. Den Sinn dieses Endspiels legt Balthasar in die Darstellung der eschatologischen Gültigkeit des Theodramas in seiner „trinitarischen Form“ (TD 4,49). Indem er damit die Summe der christodramatischen Handlung aufbaut und zieht, blickt er auf die fortlaufende Dramatik von Gottes Ewigkeit und der Zeit der Kirche, auf die paradox-dramatischen Verflechtungen von Freude und Kreuz, von völliger Hingabe und Erlösung, von Trennung und Einheit, von göttlich-trinitarischem Ratschluss und kirchlichem Sakrament und da vor allem die Verdichtung von allem in der Eucharistie als der dramatisch gestimmten trinitarischen Welt- und Menschenliebe (ebd., 239); hier, an dieser Stelle des wiederkehrende Erlöseropfers, hier bleibt das Theodrama in abgründiger und erlösender Bewegung. Und doch kämpft der Erlöser als Sieger; Balthasar zitiert wieder Adrienne von Speyr, indem er sieht, des Erlösers „Fahrt in die Unterwelt ist trotz seiner Verlassenheit objektiv ‚die Fahrt eines Siegers. Er mustert wie ein Feldherr die geschlagenen Heere und die Siegesbeute: die gefesselten Mächte und die überwundene Sünde [...], die von den erlösten Menschen abgeschwemmte, nicht mehr eigentlich persönliche, sondern formlos und unübersehbar gewordene Weltsünde, deren Trennung von den Sündern das Werk seines Kreuzes war‘“ (ebd., 287).

So gleitet man ans Ende der Theodramatik, nicht unähnlich der furchtbaren und siegreichen Fahrt Magellans, der nach den grausamen Stürmen während der Südumschiffung Amerikas endlich in den stillen Ozean hineingleitet und müde, aber seines Sieges gewiss irgendwann an Land kommt; dort aber wirft ihn eine Krankheit nieder, bald darauf stirbt er, der nur Mensch war. Hier aber, am Ende der Theodramatik, gerät die Welt ins ewige trinitarische Leben hinein, in das siegreiche Je-Mehr- und sein Je-Neu-Sein (TD 4,475).

Der ewig trinitarische Gott braucht die gerettete Welt nicht. Und so fragt Balthasar zum Schluss der *Theodramatik*: „Was hat Gott von der Welt [deretwegen all diese Dramatik zeitlich vonstatten ging]? Ein zusätzliches Geschenk, das der Vater dem Sohn, aber ebensosehr der Sohn dem Vater und der Geist beiden macht, ein Geschenk deshalb, weil die Welt durch das unterschiedliche Wirken jeder der drei Personen am göttlichen Lebensaustausch innerlichen Anteil gewinnt und sie Gott deshalb, was sie Göttliches von Gott erhielt, mitsamt dem Geschenk ihres Geschaffenseins auch als göttliches Geschenk erstattet." (ebd., 476).

4. Wirkungsgeschichte

Hans Urs von Balthasars *Theodramatik* wie auch die Trilogie im Ganzen fand zwar Beachtung, weil sie ein außergewöhnliches Werk war und ist. Doch wurde sie erst durch die Enkelgeneration rezipiert. Sie arbeitete sich ab der Mitte der 1970er Jahre an der Trilogie Balthasars in unterschiedlichen Zugängen und Ausprägungen ab, wobei sich das niemals ohne die *Theodramatik* machen ließ. Etwa ein Jahrzehnt später, als nach und nach die Schriften Balthasars in Englische übertragen wurden, begann auch vor allem in den USA ein beachtlicher Rezeptionsprozess der Theologie und der Theodramatik Balthasars. Beides hält bis heute an, was an der imposanten Bibliografie sichtbar wird, die Cornelia Capol und Claudia Müller erstellt haben.

Rezeptionsmotive liegen viele vor. Eines aber schimmert immer wieder durch und weist an Balthasars eigene Anfänge zurück: Balthasar bietet sprachlich und gedanklich ein theologisches Opus auf, das in fast jeder seiner Zeilen von der Faszination am Gottesgeheimnis lebt, es bedenkt, dichterisch umkreist, andeutend feiert. Der ewige Gott – er ist bei Balthasar keine routinierte Spielmarke im theologischen Jargon, der an seiner eigenen Langweile chronisch leidet; der ewige Gott – er ist bei Balthasar dieses abgründige trinitarische Geheimnis, das ihn stets und täglich neu angefordert hat. Dass Balthasar manchmal auch der Faszination des eigenen trinitarischen Baus erlag, weiter lief, als möglich sein dürfte, und Schlüsse zog, die ihn seines Fundamentes verlustig werden lassen (besonders deutlich ist das angesichts seiner Ignoranz des Judentums oder angesichts von dessen mehrfachen, theologisch problematischen Abweisungen), zeigt an, dass das hehre Licht dieser theodramatischen Konzeption nicht das schattenlose Licht des Ewigen ist, sondern ein gebrochen reflektiertes und nur so auf die Erde und ins Denken geworfenes Leuchten. Aber immerhin: Wenn ein gespiegeltes irdisches Licht des unschaubaren unirdischen Lichts in die Nacht fällt, dann ahnt der Schauende etwas vom Ewigen Licht, von dem das irdische sein Leuchten empfing. Ähnlich war es doch mit all den gesprochenen Worten und ihrer irdischen Grammatik: Auch sie deuteten immer und immer wieder das unaussprechliche ewige Wort des Ewigen an, damit man es nicht vergisst und verliert.

Und so deuten vielleicht solche Worte das ewige Geheimnis doch besser und eindringlicher an als die Schau, die, wie Balthasar wusste, stets gefährdet ist, das Geschaute in seiner Schönheit zu vergötzen und es nicht mehr als Zeugen der Herrlichkeit Gottes zu erschauen. Gerade darum hat der theologisierende Germanist Hans Urs von Balthasar im Schauraum der Geschichte so gekonnt und meisterhaft wie kaum je ein Theologietreibender das Wort eingesetzt, um der Schau den lebendigen Atem des Wortes wieder und wieder einzulesen.

Literatur

Quellen und Werkausgabe

BALTHASAR, H.U. V., Theodramatik. Erster Band: Prolegomina, Einsiedeln 1973.

BALTHASAR, H.U. V., Theodramatik. Zweiter Band: Die Personen des Spiels. Teil 1: Der Mensch in Gott, Einsiedeln 1976.

BALTHASAR, H.U. V., Theodramatik. Zweiter Band: Die Personen des Spiels. Teil 2: Die Personen in Christus, Einsiedeln 1978. [2]1998.

BALTHASAR, H.U. V., Theodramatik. Dritter Band: Die Handlung, Einsiedeln 1980.

BALTHASAR, H.U. V., Theodramatik. Vierter Band: Das Endspiel, Einsiedeln 1983.

BALTHASAR, H.U. V., Epilog, Einseideln/Trier 1987.

BALTHASAR, H.U. V., Apokalypse der deutschen Seele. Studien zu einer Lehre von letzten Haltungen. 3 Bände, Salzburg/Leipzig 1937-1939. Neuauflage 1998.

BALTHASAR, H.U. V., Das Herz der Welt, Einsiedeln 2002.

Sekundärliteratur

CAPOL, C., Hans Urs von Balthasar, Bibliographie 1925-2005. Neu bearbeitet und ergänzt von C. CAPOL/C. MÜLLER, Einsiedeln/Freiburg im Breisgau 2005.

FRANKS, J.D., The Logos Interrupts Ideology. Balthasar's Theodramatics as Political Theology, Boston 2006.

HALLENSLEBEN, B./G. VERGAUWEN (Hrsg.), Hans Urs von Balthasars „Apokalypse der deutschen Seele“ – neu gelesen, Fribourg 2006.

HEINZ, H., Der Gott des Je-Mehr. Der christologische Ansatz Hans Urs von Balthasars, Frankfurt/Main 1975.

KRENSKI, T., Hans Urs von Balthasars Literaturtheologie, Hamburg 2007.

TREITLER, W., Das Herz der Welt – Mitte der Theologie Hans Urs von Balthasars. Zu seinem 100. Geburtstag, in: Freiburger Zeitschrift für Philosophie und Theologie 52 (2005), 613-627.

WEDLER, M.E., Splendor caritatis. Hans Urs von Balthasars „Trilogie" als theologischästhetische und theodramatische Antwort auf Herausforderungen der Moderne. Ein ökumenisches Gespräch, Würzburg 2008 (= Erfurter Theologische Studien Bd. 94).

Die gesamte primär- und sekundärliterarische Bibliografie zu Hans Urs von Balthasar, laufend aktualisiert, findet sich unter folgender URL: http://www.johannes-verlag.de/.

Wolfgang Treitler

Gustavo Gutiérrez, Teología de la liberación. Perspectivas / Theologie der Befreiung, ED Salamanca 1972

1. Kontext und problemgeschichtlicher Hintergrund

Spätestens in den 60er Jahren des 20. Jahrhunderts fand die Frage nach einer gerechten Gesellschaftsordnung Eingang in den theologischen Diskurs und in die kirchliche Lehre. Es zeigte sich, dass es nicht mehr genügte, theologische Grundsätze auf die gesellschaftliche Realität „anzuwenden", sondern die prekären Lebensbedingungen vieler Menschen (vor allem Hunger, Ausbeutung, Unterdrückung und soziale Marginalisierung) als „Ort" und Ansatz der Glaubenspraxis und der theologischen Verantwortung wahrzunehmen. Das Zweite Vatikanische Konzil zählte die Diskrepanz zwischen „Erster Welt" und „Dritter Welt" zu den „Zeichen der Zeit" (vgl. Gaudium et Spes, Nr. 4) und damit zu den entscheidenden Glaubenskriterien der Gegenwart.

Auf der Zweiten Generalversammlung des Lateinamerikanischen Episkopats in Medellin (Kolumbien) im Jahr 1968 kam ein tief greifender Bewusstseinswandel der Kirche zum Durchbruch: die vorrangige Option für die Armen wurde zur Leitlinie für das pastorale Handeln und das theologische Denken. Die Einsicht, dass die Suche nach sozialer Gerechtigkeit nicht von der biblischen Verheißung des „Reiches Gottes" getrennt werden kann, bildete die Grundlage für die „Theologie der Befreiung", die zu den innovativsten, aber auch umstrittensten Projekten der Kirchen- und Theologiegeschichte des 20. Jahrhunderts gehört.

Im Juli 1968, kurz vor der Konferenz von Medellin, hielt der peruanische Theologe Gustavo Gutiérrez (geboren 1928 in Lima, Studium der Medizin, Philosophie, Psychologie und Theologie in Lima, Löwen, Rom und Lyon) in der Stadt Chimbote einen Vortrag, der kurz darauf in einer erweiterten Version in Buchform erschien. Dieses Werk mit dem Titel *Teología de la liberación* (1971) reflektiert eine radikale Wende des kirchlichen Selbstverständnisses in Lateinamerika und gilt als „intellektueller Startschuss" der Befreiungstheologie. Die deutsche Ausgabe *Theologie der Befreiung* (München-Mainz 1973) bildet zusammen mit der Aufsatzsammlung *Die historische Macht der Armen* (München-Mainz 1984: HMA) die Grundlage der folgenden Darstellung.

2. Inhalt des Werkes

Der Ursprung der neuen Dynamik von kirchlichem Leben und theologischer Reflexion liegt in der Erfahrung, dass die verarmten und unterdrückten Massen der Bevölkerung Lateinamerikas einen umfassenden Prozesse der Befreiung in Gang setzten. Die gesellschaftliche Realität, geprägt von einer immensen sozialen Kluft, ließ sich nicht mehr mit den Kategorien „Entwicklung" und „Fortschritt" verstehen, sondern eher in denen von „Unterdrückung" und „Befreiung". Mit aller Schärfe stellt Gutiérrez fest: „Klassenkampf ist eine Tatsache und Neutralität in diesem Punkt ist schlicht unmöglich" (260). Gutiérrez bezieht eine Vielzahl von soziologischen Untersuchungen und theologischen Reflexionen ein und formuliert eine klare politische Option: „Es kommt darauf an, lyrische Aufrufe zur gesellschaftlichen Harmonie zu unterlassen und eine sozialistische, gerechtere, freiere und menschlichere Gesellschaft zu schaffen und nicht eine beschönigende Gesellschaft, in der nur eine scheinbare und trügerische Gleichheit existiert“ (262). Wichtig ist, dass hier nicht eine politische Überzeugung „getauft“ wird, sondern die Christen mit einer beinharten Realität konfrontiert werden: einem unterdrückerischen System von Wirtschaft und Politik einerseits sowie mit einer aufstrebenden – oftmals blutig unterdrückten – politischen Befreiungsbewegung anderseits. Eine neutrale Position kann in dieser extrem politisierten und konfliktreichen Situation niemand einnehmen. Im Anschluss an die von Medellin 1968 formulierte „Option für die Armen“ sieht Gutiérrez nur einen gangbaren Weg: „So kommen die Christen nicht daran vorbei, sich den Befreiungsprozess dieses unterdrückten Kontinents zu eigen zu machen und sich konkret mit den Unterdrückten dieses Erdteils zu solidarisieren“ (HMA 34).

Hinter dieser Entscheidung für eine Teilnahme an der „geschichtlichen Praxis der Befreiung“ (21) steht eine entscheidende theologische Frage: „Welche Beziehung besteht zwischen der Erlösung und dem historischen Prozess der Befreiung des Menschen?“ (44) bzw. „Worin besteht die *Relevanz des Glaubens* für das Engagement im Kampf gegen Ungerechtigkeit und Entfremdung? Wie verhält sich der Aufbau einer gerechten Gesellschaft zum absoluten Wert des Reiches Gottes?“ (124) Haben die Vorstellung der „Erlösung“ des Menschen und die Bemühung um Befreiung von Unterdrückung etwas miteinander zu tun? Oder steht die theologische Ebene eschatologischer Erlösung unerreichbar hoch über der politischen Ebene gesellschaftlich-geschichtlicher Befreiung? Die befreiende Praxis in Lateinamerika – diese Klärung ist wichtig im Werk von Gutiérrez – bezieht sich 1. auf wirtschaftliche, soziale und politische Konflikte, 2. auf die menschliche Entfaltung von Solidarität und Gemeinschaft als solcher und 3. auf die biblische Kategorie „Sünde“ (vgl. 41f.). Diese dreifache Unterscheidung in eine (sozial-)wissenschaftliche, geschichtlich-utopische und theologische Bedeutung von Befreiung macht deutlich, dass die Aufgabe der Befreiung einen komplexen und ganzheitlichen Prozess bildet, in dem die Dimension des christlichen Glaubens eine wichtige (aber nicht die einzige) Rolle spielt. Nur so kann der „Bruch zwischen Glauben und sozialem Leben“ (53) geheilt werden. „Sünde“ und „Erlösung“ sind nicht nur geschichtstranszendente Kategorien, sondern immer auch eine soziale, geschichtliche und politische Realität.

Im christlichen Bekenntnis zur Menschwerdung Gottes sieht Gutiérrez die theologische Berechtigung dafür, die menschliche Geschichte als „locus theologicus“ zu begreifen: „Seitdem Gott Mensch geworden ist, sind die Menschheit, jeder Mensch in ihr und die gesamte Geschichte lebendiger Tempel Gottes“ (178). Der Glaube an Gottes Heilshandeln in Jesus Christus verpflichtet zu einem umfassenden Engagement, das keine Trennung in „weltliche“ und „religiöse“ Belange kennt; als zentrale These – gegen jegliche Spiritualisierung bzw. Säkularisierung – formuliert Gutiérrez: „Es gibt nur eine Geschichte mit Christus als ihrem Ziel“ (140). Die Mitarbeit der Christen am politischen Befreiungsprozess der unterdrückten Völker Lateinamerikas beruht also auf der Überzeugung, dass es „eine einzige menschliche Zukunft“ (HMA 38) gibt, die sich nicht in ein „politisches Diesseits“ und in ein „religiöses Jenseits“ aufspalten lässt. Eine fundamentale Überzeugung der Theologie der Befreiung lautet: „Christus ist Mensch geworden in dieser einen alles umfassenden Geschichte, die eben keine Geschichte am Rande des konkreten menschlichen Lebens ist. Seine befreiende Tat macht das Zentrum der geschichtlichen Entwicklung der Menschheit aus. Deshalb ist der Kampf für eine gerechte Gesellschaft im eigentlichen Sinn Bestandteil der Heilsgeschichte“ (161). Die These einer grundlegenden Einheit der Geschichte bildet die Voraussetzung dafür, das Engagement für eine menschlichere Gesellschaft als Glaubensakt zu begreifen: „In der Liebe des Menschen steckt eine unvermutete Dichte. Denn in ihr vollzieht sich die Begegnung mit dem Herrn. Wenn die Utopie der wirtschaftlichen, sozialen und politischen Befreiung eine menschliche Dimension verleiht, dann offenbart sich im Lichte des Evangeliums in dieser menschlichen Dimension Gott selbst“ (232).

Durch diese Vermittlung von menschlicher Befreiung und christlicher Erlösung in einer ganzheitlichen Sicht der Geschichte hat sich die Theologie der Befreiung dem Vorwurf ausgesetzt, Glaube und Politik in unzulässiger Weise zu vermischen; der Kampf für eine gerechte Gesellschaft – so lautete die Kritik – würde gleichgesetzt mit der Hoffnung auf das Reich Gottes. Dem gegenüber hat Gutiérrez überzeugend dargelegt, dass es nicht um eine Identifizierung von politischer Befreiung und eschatologischem Heil geht, sehr wohl aber um einen inneren Zusammenhang: „Das Wachsen des Reiches ist ein Prozess, der sich geschichtlich *in* der Befreiung vollzieht [...]. Das Reich nimmt Gestalt an in geschichtlichen Befreiungsversuchen, weist auf ihre Grenzen und Doppeldeutigkeiten hin, kündigt ihre letztgültige Vollendung an und treibt sie wirksam bis zur Schaffung der vollen Gemeinschaft [...]. Man kann sagen, das politische und geschichtliche Befreiungsgeschehen *sei* Wachstum des Reiches, *sei* Heilsereignis. Jedoch ist es weder das *Kommen* des Reiches selbst noch die *ganze* Erlösung“ (171).

Worin besteht somit die Eigenart der Befreiungstheologie als einer speziellen Form christlicher Glaubensverantwortung? Gutiérrez resümiert: „Die Theologie der Befreiung versucht, ausgehend vom Kampf zur Überwindung der augenblicklichen ungerechten Situation und vom Engagement zum Aufbau einer neuen Gesellschaft, über ein Leben im Glauben und über die Bedeutung des Christentums nachzudenken“ (287). Theologie der Befreiung will also nicht in erster Linie neue Themen bringen, sondern versteht sich als „eine *neue* Art, Theologie zu treiben“ (21). Kennzeichnend dafür ist zweierlei: ihre *Methode* – verstanden als „kritische Reflexion, die aus der historischen Praxis und über die historische Praxis im Lichte des gläubig angenommenen und gelebten Wortes Gottes getrieben wird“ (HMA 169) – und ihre *Perspektive* – ausgehend von der Gruppe der Armen, „ausgebeuteter Klassen, an den Rand gedrängter Rassen und mit Verachtung belegter Kulturen“ (ebd.). Theologie der Befreiung wird betrieben „von der Rückseite der Geschichte her“ (HMA 61), das heißt „von ihren Opfern aus“ (Situation und Aufgaben der Theologie der Befreiung, 17). Gerade diese Perspektive der Armen ist es, wodurch sich die Befreiungstheologie in grundlegender Weise von der modernen westlichen Theologie unterscheidet: „Die fortschrittliche Theologie will sich der Herausforderung des ‚Nichtglaubenden‘ stellen, die Theologie der Befreiung der des ‚Nichtmenschen‘“ (HMA 63): Immer wieder machte Gutiérrez auf die Differenz zwischen westlicher

Theologie und lateinamerikanischer Befreiungstheologie aufmerksam, die vor allem in ihren unterschiedlichen Gesprächspartnern begründet ist. Für die einen ist es der „ungläubige, atheistische oder skeptische Bürger“ (HMA 137), für die anderen sind es die „Männer und Frauen, die in der Geschichte nirgends vorkommen“ (HMA 148). Für Gutiérrez und die Befreiungstheologie insgesamt sind die Armen und Marginalisierten Subjekte sowohl des politischen Befreiungskampfes als auch des kirchlichen Lebens – eine Perspektive, die die Theologie auf unerhörte Weise herausfordert: „In diesem Zusammenhang muß der Theologe ein ‚organischer Intellektueller‘ sein, das heißt organisch verbunden sowohl dem volksbezogenen Befreiungsprojekt als auch den christlichen Gemeinden, die ihren Glauben aus der Option für dieses Vorhaben leben“ (HMA 75).

3. Wirkungsgeschichte

Der von Gutiérrez maßgeblich inspirierte Diskurs befreiungstheologischen Denkens erfuhr seit der Erstveröffentlichung der *Theologie der Befreiung* eine weitere Entwicklung und auch Korrektur. Im Vorwort zur zehnten Auflage dieses Werks weist der „Nestor“ der Befreiungstheologie auf einen sich abzeichnenden Umbruch hin: Zwar ist das Grundanliegen der „Befreiung aus Unterdrückung“ nach wie vor aktuell; allerdings wurden in der frühen Phase der Befreiungstheologie „nahezu ausschließlich der soziale und ökonomische Aspekt der Armut betont“ (In die Zukunft blicken, 23). Demgegenüber muss den Fragen der Kultur, der ethnischen Identität und der Geschlechterrollen ein höherer Stellenwert zuerkannt werden. Das Engagement für die Armen hat sich nicht bloß dem Problem der wirtschaftlich-politischen Unterdrückung zu stellen, sondern wird sich „noch entschiedener den Themen ‚Kultur‘, ‚Rasse‘ und ‚Frau‘ zuzuwenden haben“ (ebd., 25). Weiters kommt Gutiérrez auf die Volksfrömmigkeit zu sprechen als einer – früher vernachlässigten – Quelle befreiender Praxis. Mag auch die lateinamerikanische Spiritualität in den Augen des „aufgeklärten“ Europas als primitiv und abergläubisch gelten, drückt sie die tiefe Verbundenheit der politischen, kulturellen und religiösen Dimension in der lateinamerikanischen Lebenserfahrung aus.

Das, was Befreiungstheologie zu reflektieren versucht, entspringt letztlich der innersten Mitte christlichen Glaubens; Gutiérrez kommt das unschätzbare Verdienst zu, in seinen Veröffentlichungen diesen Zusammenhang herausgearbeitet zu haben: „Das letzte Motiv für das Engagement für die Armen und Unterdrückten liegt nicht in der Gesellschaftsanalyse, auf die wir uns stützen, in menschlichem Mitgefühl oder der unmittelbaren Erfahrung, die wir mit Armut gemacht haben mögen. All dies sind gute Gründe, die sicherlich eine wichtige Rolle bei unserem Engagement spielen, aber insofern wir Christen sind, gründet dies sich wesentlich auf den Gott unseres Glaubens. Es ist eine theozentrische und prophetische Option, die in der Geschenkhaftigkeit der Liebe Gottes wurzelt und von dieser gefordert wird“ (Gutiérrez, 1995, 299). Wenn Gutiérrez über die geistlichen Wurzeln der Befreiungstheologie spricht, bringt er eine Einheit von „Mystik und Politik“ zum Ausdruck, wie sie im biblischen Zeugnis grundgelegt ist und in der Kirche stets lebendig blieb: „Im Kern der vorrangigen Option für die Armen steht das spirituelle Element der

Erfahrung der ungeschuldeten Liebe Gottes" (Gutiérrez, 2000, 22). Dieser fundamentale Anspruch christlicher Praxis und theologischen Denkens wurde von Gustavo Gutiérrez in beeindruckender Weise im Kontext brutalster gesellschaftlicher Auseinandersetzungen zur Geltung gebracht. Seine „Theologie der Befreiung" rezipieren heißt, die biblisch bezeugte Botschaft vom „Reich Gottes" *heute* zu verantworten.

Literatur

Quellen und Werkausgaben

GUTIÉRREZ, G., Teología de la liberación. Perspectivas, Salamanca 1972 (Nueva edición 1990).

GUTIÉRREZ, G., Theologie der Befreiung, München-Mainz 1973.

GUTIÉRREZ, G., Befreiungspraxis, Theologie und Verkündigung, in: Concilium 10 (1974), 408-419.

GUTIÉRREZ, G., Die historische Macht der Armen (Fundamentaltheologische Studien, hrsg. v. J.B. METZ/J. MOLTMANN, Nr. 11), München-Mainz 1984.

GUTIÉRREZ, G., Aus der eigenen Quelle trinken. Spiritualität der Befreiung (Fundamentaltheologische Studien, hrsg. v. J.B. METZ/J. MOLTMANN, Nr. 12), München-Mainz 1986.

GUTIÉRREZ, G., Von Gott sprechen in Unrecht und Leid – Ijob (Fundamentaltheologische Studien, hrsg. v. J.B. METZ/J. MOLTMANN, Nr. 15), München-Mainz 1988.

GUTIÉRREZ, G., Gott oder das Gold. Der befreiende Weg des Bartolomé de las Casas, Freiburg 1990.

GUTIÉRREZ, G., Wie kann man von Ayacucho aus von Gott reden? In: Concilium 26 (1990), 68-74.

GUTIÉRREZ, G., In die Zukunft blicken. Einleitung zur Neuauflage, in: DERS., Theologie der Befreiung, Mainz [10]1992, 17-58.

GUTIÉRREZ, G., Der Ausgegrenzte wird zum Jünger, in: Concilium 30 (1994), 355-361.

GUTIÉRREZ, G., Die Armen und die Grundoption, in: E. ELLACURÍA/J. SOBRINO (Hrsg.), Mysterium liberationis. Grundbegriffe der Theologie der Befreiung, Band 1, Luzern 1995, 293-311.

GUTIÉRREZ, G., Ignacio Ellacuría (1930-1989), in: Orientierung 63 (1999), 237-238.

GUTIÉRREZ, G., Situation und Aufgaben der Theologie der Befreiung, in: M. DELGADO/O. NOTI/H.-J. VENETZ (Hrsg.), Blutende Hoffnung. Gustavo Gutiérrez zu Ehren, Luzern 2000, 9-24.

GUTIÉRREZ, G./G.L. MÜLLER, An der Seite der Armen. Theologie der Befreiung, Augsburg 2004.

GUTIÉRREZ, G., Nachfolge Jesu und Option für die Armen. Beiträge zur Theologie der Befreiung im Zeitalter der Globalisierung (Studien zur christlichen Religions- und Kulturgeschichte, hrsg. v. M. DELGADO, Band 10), Stuttgart 2008.

Sekundärliteratur

DUSSEL, E., Die Geschichte der Kirche in Lateinamerika, Mainz 1988, 380-404.

DAHLING-SANDER, C., Zur Freiheit befreit. Das theologische Verständnis von Freiheit und Bewährung nach Martin Luther, Huldrych Zwingli, James H. Cone und Gustavo Gutiérrez, Frankfurt 2003.
BAUER, C., Meine größte Sorge gilt der Befreiung meines Volkes. Interview mit Gustavo Gutiérrez, in: Orientierung 70 (2006), 107-108.
MONTEJO, C.L., Armut und Spiritualität. Der Beitrag Gustavo Gutiérrez' zur Theologie der Evangelisierung (Würzburger Studien zur Fundamentaltheologie, hrsg. v. E. KLINGER, Band 34), Frankfurt 2006.

Franz Gmainer-Pranzl

Karl Rahner, Grundkurs des Glaubens. Einführung in den Begriff des Christentums, ED Freiburg i.Br. 1976

Karl Rahner SJ (geboren 1904 in Freiburg i.Br., gestorben 1984 in Innsbruck) stand bereits im achten Lebensjahrzehnt, als 1976 sein Buch *Grundkurs des Glaubens. Einführung in den Begriff des Christentums* veröffentlicht wurde. Wider Erwarten wurde das komplexe Werk mit seinen rund 450 Seiten rasch zum theologischen Bestseller. Es war der Verlag Herder, der den Haupttitel *Grundkurs des Glaubens* favorisierte. Rahner selbst hatte seine Vorlesungen, die der Buchpublikation vorausgingen, unter den Titel „Einführung in den Begriff des Christentums" gestellt. Der entsprechende Untertitel zeigt die Programmatik dieses Buches wohl besser an als der Haupttitel. Dieses Werk ist jedenfalls kein volkstümlicher Katechismus, sondern ein anspruchsvoller Versuch, das Ganze des Christentums auf den Begriff zu bringen. Schon in der Einleitung weist Rahner gleichsam warnend darauf hin, dass es sich bei seinem Gedankengang um eine „Anstrengung des Begriffs" handle (vgl. 13).

1. Lebens- und geistesgeschichtlicher Hintergrund

Karl Rahner, der die meiste Zeit seines akademischen Wirkens als Professor für Dogmatik in Innsbruck tätig war, wurde 1964 als Nachfolger von Romano Guardini auf den Lehrstuhl für christliche Weltanschauung und Religionsphilosophie nach München berufen. Besonders im Umkreis des Zweiten Vatikanischen Konzils (1962-1965), an dem Rahner als Berater (peritus) mitwirkte, erlebte seine Theologie eine wachsende weltweite Resonanz. Rahner wechselte damals gerne von Innsbruck nach München, was zugleich einen gewissen fachlichen Wechsel von der Dogmatik zur Religionsphilosophie bedeutete. Da er von seiner Ausbildung her gleichermaßen Philosoph wie Theologe war, entsprach diese neue Herausforderung auch seinen fachlichen Neigungen. Erstaunlicherweise blieb München dann doch ein kurzes, dreijähriges Intermezzo. Rahner verließ den Guardini-Lehrstuhl bereits 1967 in

Richtung Münster, wo er bis zu seiner Emeritierung 1971 als Professor für Dogmatik und Dogmengeschichte seine akademische Lehrtätigkeit abschloss.
Diese Münchener und Münsteraner Zeit ist für das Buch von Bedeutung, weil Rahner in diesen Jahren seine Vorlesung „Einführung in den Begriff des Christentums" ausarbeitete und mehrmals hielt. Sie bildet den Grundstock des *Grundkurs des Glaubens*. Bis zur Publikation in Buchform erfuhr der Text viele Umschichtungen; die Vorlesungen wurden außerdem durch frühere und spätere Arbeiten Rahners ergänzt. Der Text hat denn auch in seiner Druckfassung den Charakter eines „Patchworks" behalten; er ist nicht ganz frei von Wiederholungen und Unebenheiten.

Wenn man den größeren geistesgeschichtlichen Rahmen ausleuchten möchte, in dem Rahners *Grundkurs* steht, wird man wenigstens zwei Problemkreise benennen müssen: Zum einen die anthropologische Wende der Neuzeit, zum anderen das, was Rahner die „gnoseologische Konkupiszenz" der Gegenwart nennen konnte. Rahners Programm heißt: anthropologische Wendung der Theologie. In der Neuzeit sei es nicht mehr die äußere Natur, nicht mehr der äußere Kosmos, von wo her die Gottesfrage aufleuchte, sondern das Dasein des Menschen selbst, die Anthropologie. Rahner hält diese anthropologische Wende für eine christlich legitime Entwicklung. Er stellt entschieden die Frage nach dem „Subjekt" von Glaube und Theologie. Rahner kommt das Verdienst zu, die katholische Theologie nach einer langen Phase der Neuscholastik für die neuzeitliche Subjektivitätsproblematik geöffnet zu haben.

Der *Grundkurs* ist ein Paradebeispiel für Rahners Denkform der Anthropo-Theologie. Er wiederholt nicht bloß die Inhalte der christlichen Botschaft, sondern fragt bei jedem Gegenstand auch nach dem Subjekt des Glaubensvollzugs. Schon der erste Gang setzt mit dem „Hörer der Botschaft" ein. Kenner der Philosophie Martin Heideggers werden in Rahners Skizze des menschlichen Daseins sicherlich einzelne Momente der frühen Heideggerschen Daseinsanalytik identifizieren können, bei dem Rahner zwei Jahre (1934-1936) studierte. Allerdings steht die anthropologische Reflexion bei Rahner ganz im Dienste der Theologie. Rahner will nicht auf der Linie des neuzeitlichen Atheismus die Religion als bloße Projektion des Menschen entlarven, sondern vielmehr die dynamische Verwiesenheit des Menschen auf das Geheimnis, das wir Gott nennen, aufzeigen. Den *Grundkurs* durchweht eine große Zuversicht, was die Leistungsfähigkeit einer solch anthropologischen Glaubensbegründung anbelangt – eine Zuversicht, die vielleicht schon damals nicht mehr ganz berechtigt war und mittlerweile noch mehr an Plausibilität eingebüßt haben dürfte.

Mit der Begriffsprägung „gnoseologische Konkupiszenz" umschreibt der späte Rahner den unüberwindlichen Pluralismus der Wissenschaften, dem sich der Mensch der Moderne gegenübergestellt sieht. Dieser Pluralismus betreffe auch die heutige Philosophie und Theologie, betreffe damit auch die Form der Glaubensbegründung. Kein Mensch sei mehr in der Lage, alle relevanten Wissenschaften so zu überblicken, dass von diesem Standpunkt aus eine rationale Rechtfertigung des christlichen Glaubens möglich sei. Rahners *Grundkurs* will dennoch eine rationale Rechtfertigung des Glaubens leisten. Die Argumentation bewegt sich auf einer „ersten Reflexionsstufe", die noch vor dem Durchgang durch die einzelnen theologischen Fächer das Ganze des menschlichen Daseins und das Ganze des Christentums in den Blick nehmen will. Dabei argumentiert Rahner in einer Einheit von Philosophie und Theologie, in einer Einheit von Fundamentaltheologie und Dogmatik. Er verweist für sein Vorhaben ausdrücklich auf das Dekret des Zweiten Vatikanischen Konzils über die Ausbildung der Priester, das einen „Einführungskurs" fordert, der den Studierenden das „Mysterium Christi" erschließen solle (Optatam totius 14; vgl. GK 15).

2. Werkgeschichtliche Stellung

Es ist oft bemerkt worden, dass Karl Rahner, der die dogmatische Reflexion des 20. Jahrhunderts maßgeblich prägte, selber keine große Dogmatik geschrieben hat. Die frühen Arbeiten *Geist in Welt* (1936) und *Hörer des Wortes* (1937) sind wohl als eigenständige Bücher erschienen; die bevorzugte Textform Rahners war aber nicht das Buch, sondern der Vortrag, der Aufsatz und in zunehmendem Maße auch der Lexikonartikel. Wenn in der Rahner-Forschung heute von „Anlasstheologie" gesprochen wird, dann ist damit der Umstand gemeint, dass Rahner sich bis zur persönlichen Erschöpfung von konkreten Anfragen aus Kirche und Gesellschaft in Anspruch nehmen ließ, nicht aber zurückgezogen an einem großen Systementwurf arbeitete. Ab 1954 gab er seine Aufsätze im schweizerischen Benziger-Verlag als *Schriften zur Theologie* heraus; die Reihe wuchs bis 1984 auf 16 Bände an. Diese Aufsätze sind oft kleine theologische Kunstwerke und in ihrer Form für Rahners theologisches Schaffen charakteristisch. Sie haben die theologische Landschaft mehr befruchtet und verändert als manch opulente Dogmatik.

Vor dem Hintergrund dieser Editionsgeschichte wuchs dennoch der Wunsch, Rahner möge eine große Dogmatik vorlegen, eine Synthese, die sein weites Denken bündle und systematisiere. Nicht nur der Verlag Herder hegte diesen Wunsch, sondern wohl auch Rahner selbst. Er hatte schon Ende der 30er Jahre zusammen mit seinem damaligen Weggefährten Hans Urs von Balthasar (1905-1988) eine Dogmatik geplant, welche die beiden aber nicht realisieren konnten (vgl. Rahner, 1954, 9-47). In diese gesteigerte Erwartungshaltung hinein erscheint 1976 der *Grundkurs*. Ist er nun Rahners theologische Summe? Die Selbstauskünfte des Autors sind schwankend: „Ich möchte nicht, daß man dieses Buch als die systematische und alles integrierende Darstellung meiner Theologie wertet [...] Aber das Buch bietet auf der ersten Reflexionsstufe doch einen Überblick über das Ganze der christlichen Glaubenslehre." (Rahner, 1979, 62)

3. Inhaltlicher Durchblick

Der *Grundkurs des Glaubens* ist in neun „Gänge" gegliedert. Eingerahmt sind diese Gänge durch eine Einleitung sowie durch den abschließenden Epilog mit drei „Kurzformeln des Glaubens". Im Folgenden kann nur ein äußerst geraffter Überblick über den komplexen Gedankengang vermittelt werden:

Die „Einleitung" eröffnet den Grundkurs mit wichtigen wissenschaftstheoretischen Vorbemerkungen (13-34). In diesen Vorbemerkungen wird die Methodik einer Glaubensbegründung auf der ersten Reflexionsstufe erklärt. Bereits in der Einleitung führt Rahner auch sein Verständnis von „transzendentaler Erfahrung" ein und bringt sie in Verbindung mit einem „unthematischen Wissen von Gott". Die Berechtigung der Rede von „transzendentaler Erfahrung" ist ein virulentes Thema in der Rahner-Interpretation. Für Rahners Verständnis der Transzendentalphilosophie ist besonders das Werk des belgischen Jesuiten und Philosophen Joseph Maréchal (1878-1944) maßgeblich. Entscheidend ist, dass Rahner Gotteserfahrung für möglich hält – ohne diese Voraussetzung ist der *Grundkurs* nicht zu verstehen.

Erster Gang: Der Hörer der Botschaft (35-53): Schon terminologisch stellt Rahner hier eine Nähe zu seiner frühen religionsphilosophischen Schrift *Hörer des Wortes* (1937) her. Rahner fragt nach dem Wesen des Menschen und definiert ihn als das „Wesen der Transzendenz". Für diesen Nachweis greift er nicht zurück auf einzelne Humanwissenschaften (wie etwa Psychologie oder Neurobiologie). Es reichen ihm die Phänomene der menschlichen Erkenntnis und Freiheit (in denen Rahner das Menschsein des Menschen bündelt), um aufzuweisen, inwiefern der Mensch als „Vorgriff auf das Sein" existiere. Der Mensch ist nicht ein Seiendes unter Seiendem, sondern er erfährt sich als Person und Subjekt, als Offenheit für das Sein.

Zweiter Gang: Der Mensch vor dem absoluten Geheimnis (54-96): So wie man den ersten Gang des *Grundkurses* als Gegenrede gegen jede Form eines anthropologischen Reduktionismus lesen kann, so kann man den zweiten Gang nun als Gegenrede gegen jede Form eines theologischen „Ontologismus" verstehen. Auch Gott ist kein Ding unter Dingen, kein Seiendes unter Seiendem. Ein vulgärer Theismus trifft sich gemäß Rahner darin mit dem Atheismus, dass er Gott bloß als ein Moment in einem größeren Ganzen begreift. Rahner will aufweisen, dass mit der transzendentalen Erfahrung im menschlichen Dasein immer schon eine unthematische Erfahrung Gottes mitgegeben ist. Rahner ringt um die adäquate Bezeichnung dieses „Woraufhin der Transzendenz" und findet es im Ausdruck „heiliges Geheimnis". Dieser Ausdruck soll – nebst vielen anderen Konnotationen – eine objektivierende Redeweise für Gott vermeiden.

Dritter Gang: Der Mensch als das Wesen der radikalen Schuldbedrohtheit (97-121): Die Freiheit des Menschen muss sich in Welt und Geschichte hinein realisieren, sich „auszeitigen". Die Freiheit ist gemäß Rahner „das Vermögen des Endgültigen". Der Mensch entscheidet durch seinen Freiheitsvollzug über das Ganze seines Daseins. Allerdings kann sich die Freiheit auch verfehlen, kann sich sogar gegen Gott selbst richten. Dieser Gang unterbricht die fast bruchlose Rede von transzendentaler Erfahrung, indem er die Gefährdetheit des menschlichen Selbstvollzugs thematisiert und so ein Vorverständnis für die „vergebende" Selbstmitteilung Gottes (Vierter Gang) schafft.

Vierter Gang: Der Mensch als das Ereignis der freien, vergebenden Selbstmitteilung Gottes (122-142): Der Begriff der „Selbstmitteilung" ist ein Schlüsselbegriff in Rahners Theologie. Er scheint notabene schon in den Exerzitien des Ignatius von Loyola auf (Nr. 15), ist aber besonders durch den Deutschen Idealismus spekulativ entfaltet worden. Rahner teilt die Pointe der Rede einer Selbstmitteilung Gottes, dass nämlich Gott nicht etwas, sondern sich selbst offenbare. Die Rahnersche These einer Einheit von heilsökonomischer und immanenter Trinität hängt unmittelbar mit dem Gedanken der Selbstmitteilung Gottes zusammen: So, wie sich Gott in Existenz und Geschichte mitteilt, ist er auch wesentlich in sich selber. Allerdings ist Rahner gerade im *Grundkurs* äußerst vorsichtig damit, auf dieser Grundlage allzu weitgehende Rückschlüsse auf das innere Leben Gottes zu ziehen.

Fünfter Gang: Heils- und Offenbarungsgeschichte (143-177): Wenn sich die Selbstmitteilung Gottes in der menschlichen Existenz ereignet, wie ist dann eine Offenbarungsgeschichte denkbar, wie sie das Christentum behauptet? Rahners Argumentation bewegt sich nun in einer durchgängigen Inkarnationslogik. Der Mensch muss sich notwendig der Geschichte und dem „Kategorialen" zuwenden, um darin seine Transzendentalität zu vollziehen. Seine Gottunmittelbarkeit ist eine vermittelte Unmittelbarkeit. Der Mensch ist verwiesen auf die geschichtliche Selbstmitteilung Gottes, die sich „koextensiv" mit der Weltgeschichte entfalte. Der Mensch muss in der Geschichte nach dem geglücktesten Fall einer Synthese von transzendentaler und kategorialer Offenbarung suchen. Von diesem Punkt aus kann Rahner nun bruchlos in den christologischen Gang des *Grundkurses* überleiten.

Sechster Gang: Jesus Christus (178-312): Mit dem christologischen Gang haben wir den umfangreichsten Gang vor uns; er macht fast einen Drittel des Textes aus und bildet den Kulminationspunkt des *Grundkurses*. Eine einheitliche Christologie wird man hier aber nicht finden, sondern eher verschiedene Perspektiven und Zugänge. Der Gang beginnt mit Erwägungen zur Christologie innerhalb einer evolutiven Weltanschauung, wo Rahner nach einer Vereinbarkeit des Evolutionsgedankens mit dem Christentum sucht. Er skizziert eine Lösung mit Hilfe des Begriffs der „aktiven Selbsttranszendenz der Materie". Von den weiteren Zugängen zur Christologie sind etwa zu nennen der Versuch einer „transzendentalen Christologie" oder die Frage nach Jesus Christus in den nichtchristlichen Religionen. Wenn man in all diesen Zugängen ein einheitliches Motiv finden will, kann man es in der anti-gnostischen und anti-doketischen Stoßrichtung der Ausführungen sehen. Obwohl Rahner nur spärlich historisch-kritische Rekonstruktion des Lebens Jesu betreibt, ist es für seine Christologie ganz entscheidend, dass Gott in Jesus Christus wahrer Mensch wurde, nicht bloß in einem Scheinleib erschien. Das Moment der Inkarnation ist bei Rahner sicherlich das christologische Zentraldatum. In der Überzeugung, dass in der Inkarnation Gottes in einem Menschen die gesamte Weltgeschichte kulminiert und die Inkarnation gleichsam die geheime Essenz der ganzen Materie bildet, kann er auch unbefangen nach unserem heutigen Verhältnis zu Jesus Christus oder nach Jesus Christus in den nichtchristlichen Religionen fragen. Nur aus dieser Christozentrik heraus ist seine Theorie der „anonymen Christen" verstehbar.

Siebter Gang: Christentum als Kirche (313-387): Die inkarnatorische Bewegung wird nun weiter konkretisiert in die Ekklesiologie hinein. Im siebten Gang formuliert Rahner eine erstaunlich massive Apologie der katholischen Kirche als der Kirche Jesu Christi. Er betont die Bedeutung des Institutionellen, des Lehramts, des Rechts in der Kirche. Rahner muss allerdings selber im Rückblick konzedieren: „Die Ekklesiologie des Buches ist etwas zu harmlos, fast ein wenig triumphalistisch ausgefallen." (Rahner, 1979, 61)

Achter Gang: Bemerkungen zum christlichen Leben (388-413): Mit diesem kurzen Gang setzt Rahner die Konkretisierung in den Bereich der Lebensführung und des sakramentalen Lebens hinein fort.

Neunter Gang: Die Eschatologie (414-429): Auch hier bringt Rahner nur noch kurze Überlegungen, die der „Hermeneutik eschatologischer Aussagen" gelten und sodann die Eschatologie als individuelle sowie als kollektive behandeln.
Kleiner Epilog: Kurzformeln des Glaubens (430-440): Rahner selbst hatte immer wieder die Formulierung von Kurzformeln des Glaubens angeregt, und er legt hier selber drei Vorschläge vor: eine theologische, eine anthropologische sowie eine futurologische Kurzformel. Sie wirken allerdings appliziert, sind mit dem *Grundkurs* nur unzureichend koordiniert. So dünnt der *Grundkurs* am Ende doch etwas aus; eine zusammenfassende Schlussreflexion fehlt.

4. Zur Wirkungsgeschichte

Rahners *Grundkurs* fand eine rasche Verbreitung, nicht nur im deutschsprachigen Raum – Übersetzungen in neun Sprachen liegen vor. Die zahlreichen zeitgenössischen Rezensionen zeigen sich durchweg von der imponierenden Synthese Rahners beeindruckt, betonen aber auch, dass sich dieser *Grundkurs* wohl nicht für die Einführung in das Studium eigne, da er selbst für ausgebildete Theologen schwer verständlich sei. So steht dieses Buch heute auf manchem Büchergestell, wird aber selten integral gelesen. So wie es keine Rahner-Schule gibt, so hat auch der *Grundkurs* keine direkten Nachfolger gefunden. Der Text bleibt ein Rahner-Original. Rahner hatte wohl zahlreiche bedeutende Mitarbeiter (J.B. Metz, K. Lehmann u.a.), sie sind aber durchaus eigenständige theologische Wege gegangen. J.B. Metz kritisierte Rahners Ansatz als „transzendental-idealistisch" und entwickelte selber eine „neue politische Theologie".

Die Diskussion um die Rahnerschen Thesen war bereits vor der Publikation des *Grundkurses* sehr lebhaft. Der *Grundkurs* hat die Diskussionslage nicht wesentlich verändert, da er keine substantiell neuen Thesen vorlegt. Die Begrifflichkeiten Rahners waren schon vorher im theologischen Gespräch angekommen (etwa das „übernatürliche Existential" oder die Theorie der „anonymen Christen"). Auch die bitterste Polemik, die Rahner durch H.U. v. Balthasar erfahren musste, liegt zeitlich noch vor der Publikation des *Grundkurses* (v. Balthasar, 1966).

Die Rahner-Rezeption – um sie grob zu strukturieren – fragte in einer ersten Phase eher nach dem Philosophen Rahner, nach der Herkunft und Plausibilität seiner transzendentalen Methode (P. Eicher u.a.). In einer zweiten Phase wurde zunehmend der Jesuit und Theologe Rahner wieder entdeckt, es wurde nach seinen Quellen in der ignatianischen Spiritualität, nach seinen mystagogischen Intentionen und nach der Grundlegung seiner Theologie in der Gnadenlehre gefragt (K.P. Fischer, R. Siebenrock u.a.). Seit 1995 werden von der Karl-Rahner-Stiftung *Sämtliche Werke* Karl Rahners ediert. Diese ambitionierte Gesamtausgabe in 32 Bänden soll es in Zukunft noch besser erlauben, Karl Rahner „ganzheitlich" wahrzunehmen.
Allerdings ist gerade der *Grundkurs* ein Werk, das sich auch einer textimmanenten Lektüre erschließt. Er kommt selber ohne Fußnoten aus und nimmt selten Verweise vor; er präsentiert ein philosophisch-theologisches Denken im aktuellen Vollzug, das unmittelbar zum Nachvollzug einlädt. Lücken des *Grundkurses* wird man schon in einer rein immanenten Lektüre finden. Man wird etwa feststellen, dass eine aus-

gearbeitete Schöpfungslehre oder eine Pneumatologie fehlen. Man wird aber auch fragen, ob eine transzendentale Anthropologie wirklich der zuverlässige Boden ist, von dem aus die Glaubensbegründung ausgehen kann. Könnte es gar sein, dass diese Denkform der Anthropo-Theologie heute grundsätzlich an ein Ende gekommen ist?

Trotz dieser Anfragen wird man die denkerische Leistung des *Grundkurses* hoch schätzen müssen. Joseph Ratzinger, der Rahners *Grundkurs* eine konzise Besprechung widmete, schließt mit den Worten: „Man muß dankbar sein, daß Rahner als Frucht all seiner Bemühungen zuletzt diese imponierende Synthese geschaffen hat, die eine Quelle der Inspiration bleiben wird, wenn einmal ein Großteil der heutigen theologischen Produktion vergessen ist" (Ratzinger, 1978, 186).

Literatur

Quellen und Werkausgaben

RAHNER, K., Grundkurs des Glaubens. Einführung in den Begriff des Christentums, Freiburg i.Br. 1976 (Zahlreiche weitere Aufl., alle seitenidentisch).

RAHNER, K., Sämtliche Werke Bd. 26, Grundkurs des Glaubens. Studien zum Begriff des Christentums, Freiburg i.Br. 1999, bearb. von N. SCHWERDTFEGER/A. RAFFELT (= kritisch revidierte Version der Ausgabe 1976 mit Editionsbericht und Anhang; Seitenmarginalien verweisen auf Ausgabe 1976).

RAHNER, K., Schriften zur Theologie Bd. 14, Einsiedeln 1979.

RAHNER, K., Über den Versuch eines Aufrisses einer Dogmatik, in: Schriften zur Theologie Bd. 1, Einsiedeln 1954, 9-47; jetzt in: K. RAHNER, SW 4, 404-448.

Sekundärliteratur

BALTHASAR, H.U. v., Cordula oder der Ernstfall, Einsiedeln 1966.

HOPING, H., Ein transzendentaltheologischer Begriff des Christentums – Rahners Kurzformeln, in: M. DELGADO (Hrsg.), Das Christentum der Theologen im 20. Jahrhundert. Vom „Wesen des Christentums" zu den „Kurzformeln des Glaubens", Stuttgart 2000, 235-245.

IMHOF, P./H. BIALLOWONS (Hrsg.), Karl Rahner. Bilder eines Lebens, Freiburg i.Br. 1985.

Internet: www.ub.uni-freiburg.de/referate/04/rahner/rahnerma.htm (umfangreichste und aktuellste Sammlung bio-bibliographischer Informationen).

KERN, W., Karl Rahners „Grundkurs des Glaubens". Kleine Einführung in eine große Einführung, in: Stimmen der Zeit 195 (1977), 326-336.

NEUFELD, K.H., Die Brüder Rahner. Eine Biographie, Freiburg i.Br. 1994 (^{2}2004).

RAFFELT, A./H. VERWEYEN, Karl Rahner, München 1997.

RATZINGER, J., Vom Verstehen des Glaubens. Anmerkungen zu Rahners Grundkurs des Glaubens, in: Theologische Revue 74 (1978), 177-186.

SECKLER, M., Intrinsezistische Fundamentaltheologie. Der Paradigmenwechsel vom „Hörer des Wortes" zum „Begriff des Christentums" im Werk Karl Rahners, in: Theologische Quartalschrift 185 (2005), 237-254.

Günther Boss

Johann Baptist Metz, Glaube in Geschichte und Gesellschaft. Studien zu einer praktischen Fundamentaltheologie, ED Mainz 1977

1. Problemgeschichtlicher Hintergrund: Die europäische Aufklärung als Krise und Herausforderung des Christentums

Die Prozesse der europäischen Aufklärung haben für das Christentum und seine Theologie eine Grundlagenkrise heraufbeschworen, in der es sich auch zu grundlegenden Neuorientierungen im Selbstverständnis herausgefordert sah. Im Zerfall der religiösen Gesellschaft wurde das Christentum selbst eine partikulare Größe, der fortan die sich emanzipierende Gesellschaft als Horizont für eine Rechtfertigung und Erläuterung seines Wahrheitsanspruchs aufgedrängt bleibt. Erstmals war die christliche Religion mit einer Vernunft konfrontiert, die als Freiheit zu sich selber kommen will. Die Anerkennung dieser „kopernikanischen Wende" im Vernunftverständnis erzwang die Frage nach dem praktischen Subjekt und der intelligiblen Kraft der Glaubenspraxis im gesellschaftlichen Kontext. Metz stellt sich dieser aufgeklärten Forderung nach einem „öffentlichen Vernunftgebrauch" (Kant) und entwickelt die Figur einer praktischen Fundamentaltheologie als „Politische Theologie", die sich der Theorie-Praxis-Dialektik im Glaubensverständnis verpflichtet weiß. Sie sucht in dieser Praxisorientierung vor allem in der Antwort auf die ideologiekritische Religionsentlarvung das kritisch-produktive Gesellschaftspotential des christlichen Verheißungsglaubens freizulegen. Weil die Aufklärung sich selbst jedoch durch neue Formen der Unfreiheit, der Unmündigkeit und Manipulierbarkeit um die Entfaltung ihres universalistischen Geistes brachte, konnte sie nicht mehr unkritisch als Horizont für die Selbstvergewisserung des Christentums reklamiert werden.

Erst in einer Aufklärung über die inneren Widersprüche und Krisen des geschichtlichen Aufklärungsprojekts kann die Theologie jenen „Vernunfthorizont" gewinnen, in dem sie die gesellschaftliche Kraft der messianischen Hoffnung produktiv zu erläutern vermag. Die so sich vergewissernde Vernunft verankert die Vernunftdiskurse in ihrer subjekthaften Basis und bindet ihre Logik an die in Erinnerungen lebendige – und deshalb durch das Vergessen bedrohte – Geschichte zurück. „Politisch" ist diese Theologie nicht als eine „politisierende" Theologie vormodernen Zuschnitts, auch nicht infolge eines verstärkten Interesses an gesellschaftspolitischen Fragen, vielmehr in der Entfaltung des Menschheitspotentials der biblischen Verheißungen im Ringen um eine aufgeklärt-humane Gesellschaft.

2. Inhalt des Werkes

Eine Theologie „mit dem Gesicht zur Welt" muss der Welt als Geschichte in ihren jeweils neuen „Unterbrechungserfahrungen" auf der Spur bleiben. Sie verlangt in der Preisgabe eines abstrakt-geschichtslosen Weltbegriffs nach einer zeitkritischen

Diagnose des gesellschaftlichen Bewusstseinswandels („Zeitindizes"), in den der Einzelne bereits vorreflexiv und spekulativ unhintergehbar eingefädelt ist. Nach *Zur Theologie der Welt* (1968), in der sich erste Ansätze und bereits die Grundtendenz einer politischen Glaubensverantwortung abzeichnen, gelingt Metz eine Konzeption praktischer Fundamentaltheologie, die auf einem neuen Niveau der „ratio-fides-Diskussion" die gesellschaftsbezogene Hoffnung mit ihren praktischen Implikationen als „vernünftig" zu erweisen sucht. Dem klassischen Axiom „fides quaerens intellectum" ist nur in einem öffentlichen Vernunftgebrauch zu entsprechen, der sich über die „Praxis" und die intelligible Kraft der Erinnerung begreift (Teil I). Elementare Selbstvergewisserungen der Identität eines Christentums im Übergang zur nicht-europäischen Weltkirche bilden den thematischen Kern des Werkes (Teil II). Schließlich wird in einem eingehenden Begründungsverfahren die theologische Erschließungskraft der Grundkategorien dieses Konzepts eines politischen Paradigmas der Gottesrede erörtert (Teil III).

In Teil I („Konzept") deckt Metz theologiekritisch die Subjektvergessenheit der traditionellen („rational-historischen") Glaubensverantwortung ebenso wie die Subjektlosigkeit neuzeitlicher Subjekttheologien personaler, existentialer und transzendentaler Art („wider die subjektlosen Subjekttheologien") auf. Der „Kampf um das Subjekt" wird zur Referenz- und Vergewisserungsbasis für die Rechtfertigung des Hoffnungspotentials der christlichen Gottesrede. Im Ringen um das Subjekt, um Praxis und Alterität erweist sich die solidarische Hoffnung mit ihrem Gott der „Lebenden und der Toten" als produktiver Stachel für die Subjektwerdung und das Subjektbleiben der Subjekte in ihrer geschichtlichen Bedrohtheit. Die „Anderen" spielten schon früh im Intersubjektivitätsansatz bei Metz eine wesentliche Rolle. Doch radikalisierte sich dieser Ansatz allmählich zur Anteilnahme an den ausgegrenzten und vergessenen Anderen, die allein eine Logik der Markt-, der Tausch- und Konkurrenzverhältnisse zu brechen vermag.

Teil II („Themen") bleibt in seiner inneren Fächerung („Gefährliche Erinnerung der Freiheit Jesu Christi. Zur Präsenz der Kirche in der Gesellschaft", „Zukunft aus dem Gedächtnis des Leidens. Zur Dialektik des Fortschritts", „Erlösung und Emanzipation", „Kirche und Volk. Vom vergessenen Subjekt des Glaubens", „Transzendental-idealistisches oder narrativ-praktisches Christentum? Die Theologie vor der Identitätskrise des gegenwärtigen Christentums" und „Hoffnung als Naherwartung oder der Kampf um die verlorene Zeit. Unzeitgemäße Thesen zur Apokalyptik") zentral auf die Frage nach „Erlösung und Emanzipation" bezogen. Mit dieser inhaltlichen Fokussierung schärft Metz im Wissen um die „Dialektik der Aufklärung" (M. Horkheimer/T.W. Adorno) den subversiven Blick für die im neuzeitlichen Autonomieverständnis verdrängte Autorität der Leidenden ein. Durch die Einbeziehung der Opfer und der Besiegten unserer Geschichte bewährt sich der Erlösungsglaube mit seinem strikt universalen Gerechtigkeitspathos als humanisierende Kraft unter den Lebenden. Doch vermag die theologische Rede vom Heil der schmerzlichen Nichtidentität der Geschichte nur standzuhalten, wenn die Theologie auch die kognitive Würde der Erzählung für die Vermittlung von Heil und Geschichte anerkennt. Im Aufbruch der Kirche zu einer kulturell polyzentrischen Weltkirche kommt „Welt" als eine soziale Leidensgeschichte und als Geschichte der bedrohten Würde der Anderen in ihrem Anderssein in den Blick. Dieser Übergang von einer

Kirche für das Volk zu einer Kirche des Volkes zielt auf eine Geschichte der Subjektwerdung in authentischen Lebens- und Ausdrucksformen. Die Option für ein narrativ-praktisches Christentum in Abgrenzung gegen transzendental-idealistische Versionen christlicher Identitätssicherung beschließt zusammen mit einer neuen Aufmerksamkeit für das theologisch weithin geächtete apokalyptische Erbe der biblischen Traditionen den Thementeil.

Teil III („Kategorien") entwickelt „Erinnerung", „Erzählung" und „Solidarität" als Grundkategorien dieses Konzepts praktischer Fundamentaltheologie. Sie dienen der Vergewisserung und Rettung von Identität in den geschichtlichen Bedrohungen und Kämpfen, in denen Menschen sich als Subjekte konstituieren und erfahren. Aufgrund ihrer identitätsstiftenden Bedeutung werden diese Kategorien auch zu geschichtsbezogenen Basiskategorien für eine pluralitätsverträgliche, differenz- und alteritätsbewusste Wahrnehmung der messianischen Hoffnung des Christentums im Welthorizont. – Erinnerung erweist sich in Gestalt der Leidenserinnerung wegen ihres „Unterbrechungscharakters" als eine Kategorie der „Rettung" im Widerstand gegen die schleichende Ent-subjektivierung des Menschen. In ihr vermittelt sich eine Freiheitspraxis, die sich sowohl dem Bann der normativen Kraft des Tatsächlichen als auch einer „herrschaftlichen" Interpretation der Geschichte entzieht. Sie konfrontiert als „gefährliche Erinnerung" das herrschende Bewusstsein mit dem Gedächtnis vergangener Leiden und Schrecken, um darin ihr humanisierendes Potential zu entfalten. So wird diese Erinnerung unter neuzeitlichen Verhältnissen zu einer Ausdrucksgestalt der christlichen Hoffnung. Die „gefährliche Erinnerung" hat eine narrative Tiefenstruktur. – Die Erzählung bietet die Möglichkeit, Heil und Geschichte ohne gegenseitige Verkürzung miteinander zu verbinden und Heil in Geschichte zu tradieren. Mit ihrer Durchlässigkeit für geschichtliche Erfahrungen der Nichtidentität erweist sie sich auch in der Begegnung und im Austausch unterschiedlicher Kulturwelten kommunikationsfähiger als die subjektlose Argumentationssprache der traditionellen Metaphysik und heutiger Wissenschaft. Darin liegt ihre kognitive Würde als Basis- oder Brückenkategorie für die interreligiöse und interkulturelle Verständigung. – Gegenüber dem „bürgerlichen Individuationsprinzip", das geschichtslos mit Gleichheitsunterstellungen operiert, schärft die Kategorie der „Solidarität" eine praktische Verantwortung ein, wie sie der eschatologischen Vision des christlichen Glaubens entspricht. Geleitet von der im biblischen Gottesgedächtnis eingeschlossenen „Gemeinschaftsvision" vermag Metz – vor allen Fragen nach der institutionellen Kirchlichkeit – die Idee einer gemeinschaftlichen Trägerschaft des Gottesgedächtnisses („konstitutionelle Kirchlichkeit") zu entwerfen.

Mit der Ausarbeitung eines neuen Paradigmas praktischer Fundamentaltheologie gilt dieser Entwurf als ein Standardwerk der von Metz initiierten neuen Politischen Theologie. Die produktiv-kritische Auseinandersetzung mit Kants Primat der praktischen Vernunft, den neo-marxistischen Denkern wie E. Bloch und Repräsentanten der „Frankfurter Schule" (W. Benjamin, Th.W. Adorno, J. Habermas) hat zusammen mit einer neuen Aufmerksamkeit für die jüdischen Wurzeln des Christentums dieser Theologie ihr eigentümliches Profil gegeben. Unverkennbar ist auch ihre ökonomische Relevanz in der Berührung mit J. Moltmann und D. Sölle, aber auch durch den Einfluss D. Bonhoeffers und einem gesellschaftskritisch interpretierten S. Kierkegaard.

3. Zur motivgeschichtlichen Weiterentwicklung

Diese Theologie „mit dem Gesicht zur Welt“ bleibt zeitsensibel den gesellschaftlichen Bewusstseinsveränderungen mit ihren immer neuen Herausforderungen geöffnet. Weil sie nur in der Auseinandersetzung mit Gegen-Erfahrungen und in Gegen-Horizonten ihr Profil gewinnt, kann sie sich niemals in einem zeitlosen Systemwissen beruhigen. Immer neue Prioritäten schieben sich in das Blickfeld theologischer Wahrnehmung, die das umrissene Konzept in der Dynamik seiner Entwicklungsfähigkeit eindrucksvoll nahebringen.

3.1.

Im Laufe der Jahre verschärfte sich der „Theodizeeblick“ mit seiner besonderen Leidempfindlichkeit für eine zeitgerechte Gottesrede. Immer mehr bewährt sich der Gottesgedanke als „praktischer Gedanke“ auch in der Ausweitung auf die Passionsgeschichte der Menschheit und die daraus erwachsenden Fragen. Die Bedrohung der christlichen Hoffnung durch das Dunkel der menschlichen Leidensgeschichte zwingt das Christentum in bislang unbekannter Dramatik vor die Gottesfrage als Theodizeefrage. Mit dieser Rückkehr der *biblischen* Theodizeefrage und ihrer Gerechtigkeitsoption öffnet sich die Theologie den kulturell-religiös pluralistischen Lebenswelten und setzt sich den abgründigen Erfahrungen der Leidens- und Katastrophengeschichte der Menschheit aus. Darin artikuliert sich in „politischer“ Fassung der „Schrei nach der Rettung der Anderen, der ungerecht Leidenden, der Opfer und Besiegten unserer Geschichte“ (Metz). Diese Frage wird zur eschatologischen Frage schlechthin, für die es keine Antwort, wohl aber eine immer neue Sprache geben muss, um sie in geschichtlicher Öffentlichkeit unvergesslich zu machen. Diese elementare Gottesfrage „vermisster“ Gerechtigkeit erweist ihren humanen und humanisierenden Sinn als Frage nach einem „rettenden Gedächtnis für die Zukunft des Menschen“. Mit dieser Aufmerksamkeit reagiert Metz auf den „Kontingenzschock“ der singulären Katastrophe von Auschwitz, die der Theologie eine Revision ihres allzu verblüffungsfesten Logos im Antlitz der verstummten Opfer abverlangt. Die Auschwitz-Erinnerung erzwingt gegenüber einem allgemeinen Geschichtlichkeitspathos den Eintritt konkreter Geschichte in das Zentrum der Theologie und verwehrt es dem Christentum, seine Identität quasi heilsmetaphysisch oder in der weltlosen Innerlichkeit eines „gnostischen“ Erlösungsmythos zu suchen.

3.2.

In der Zeit der „Gotteskrise" erwächst der Gottesrede – radikaler noch als jeder Projektions- und Ideologieverdacht – ein neuer Gegenhorizont, der sich mit dem aus dem Schatten von Hegel und Marx herausgetretenen Namen Nietzsche verbindet. Elementarer als jede Glaubens- oder Kirchenkrise offenbart sie sich als schwelende „Menschheitskrise", die tief in das überkommene Selbstverständnis des Menschen eingreift und es verändert. Sie äußert sich im Schwund einer universalistischen „Weltmoral", in der um sich greifenden „Kultur der Amnesie" und nicht zuletzt auch als Krise der menschlichen Sprache. Als fundamentale Krise des geschichtlichen Menschengedächtnisses befördert sie jene Vergesslichkeit, die den Horizont der Geschichte mit ihren erkämpften und gleichwohl bedrohten Zielen aus dem Selbstverständnis verdrängt und den Menschen einer Rationalität ausliefert, die ihn aus dem geschichtlichen Gedächtnis herauslöst und ihn immer mehr zum Objekt technischen Experimentierens werden lässt. An dieser Front ruft Metz erneut das totgesagte Gottesgedächtnis mit seinem bislang verdrängten oder kategorial überlagerten „Geist" zur Rettung des Menschen in seiner lebensgeschichtlichen Identität an.

3.3.

Metz diagnostiziert im Hintergrund der „geistigen Situation unserer Zeit" einen „elementaren Bruch" im Zeitdenken, der das europäische Geschichtsbewusstsein mit seinen humanen Zielen von innen her schwächt und entspannt. Hatte die biblische Gottesbotschaft mit ihrem „Zeitkern" lange das Zeitbewusstsein der Moderne strukturiert, so gerät es immer mehr in den Bann einer zeitlosen, einer unbefristet ins Unendliche weiterlaufenden Zeit. Im Sog der sich selbst überlassenen Zeit „ohne Finale" aber zerbrechen die Menschheitsvisionen, der Lebensstil wird „hypothetischer" und der darin aufkommende „neue Mensch" lebt immer weniger aus seinem geschichtlichen Gedächtnis und wird infolgedessen unausweichlich zum Experiment einer sich ausweitenden technischen Rationalität. Die biblische Gottesbotschaft aber ist selbst eine Zeitbotschaft, die mit ihrem „Fristcharakter" auch Entscheidendes, Einmaliges und Endgültiges ermöglicht. An dieser theologisch kaum noch wahrgenommenen Front wird die Theologie ihr apokalyptisches Erbe des Zeitverständnisses für eine Schärfung des humanen Gedächtnisses, zur Inspiration einer gedächtnisgeleiteten Anerkennungskultur und zur Förderung der sozialen und politischen Compassion einzubringen haben („Dem Schrei ein Gedächtnis geben und der Zeit eine Frist"). Deshalb verlangt Metz für eine vernunftgeleitete Glaubensrede in der Öffentlichkeit der Geschichte die Neuerschließung des verdrängten und nicht selten geächteten biblischen Geistangebots, weil das Christentum in seiner „Theologiewerdung" mit der Leidenserinnerung auch seine elementare Zeitempfindlichkeit eingebüßt hat.

3.4.

Im Zeitalter der „Globalisierung“ weiß das Christentum wie noch nie zuvor seine Botschaft als eine „Weltbotschaft“ und seinen Auftrag als „Weltprogramm“ herausgefordert. Es verstand sich von Anfang an als eine Welt-religion mit einem universalen Sendungsanspruch. Der neuartige Pluralismus der Religions- und Kulturwelten zwingt indes mit seiner vergleichgültigenden Tendenz im aufgedrängten Nebeneinander vor die Frage nach einem pluralitätsverträglichen Umgang mit den Anderen, der ein konfliktträchtiges Nebeneinander in ein produktives Miteinander zu verwandeln vermag. Ein in diesem unwiderruflich anerkannten Pluralismus allen zugängliches und in diesem Sinn wahrheitsfähiges Kriterium für die Verständigung und das Zusammenleben erkennt Metz in der biblischen Mitgift der „memoria passionis“ und dem ihr entsprechenden Konzept der „anamnetischen Vernunft“. Ein in leidempfindlicher Weltverantwortung („Compassion“) verwurzelter Universalismus der Gottesrede könnte – antitotalitär und pluralismusfähig – einen Verantwortungsuniversalismus stützen, der im „Eingedenken fremden Leids“ dem öffentlichen Handeln die Basis des Hasses und der puren Gewalt entzieht und eine Friedens- und Anerkennungspolitik zu inspirieren vermag. Die Wahrheitsfähigkeit dieser immanent verpflichteten Vernunft erzwingt die Rückbindung des „Verständigungsapriori“ einer kommunikativen Vernunft an das „Leidensapriori“ der anamnetischen Vernunft. Sie erst kann als universale Vernunft gelten, weil sie einer Diskursrationalität jene Einspruchs- und Widerspruchsmöglichkeiten verleiht, die eine Vernunft überhaupt erst als „humane Vernunft“ erweist.

3.5.

In diesem Weltprogramm des Christentums liegt auch ein Reformprogramm für die Kirche angelegt, wenn sie sich der öffentlichen Provokation der Gottesbotschaft Jesu stellt und sich an ihr zu orientieren sucht. Gefordert ist eine „Entprivatisierung“ auf neuer Ebene, um die „unsäkularisierbaren Inhalte“ des Christentums in einer „Kirche der Compassion“ geschichtlich wirksam werden zu lassen. Das multikulturelle Experiment der Kirche im Übergang zur „Kirche der Anderen“ kann wohl nur gelingen, wenn es von dem Geist der Compassion geleitet bleibt, der die Autorität der Leidenden „zum Kriterium aller Kultur- und Religionsdialoge, aller Inkulturationen und jeder politischen Kultur der Anerkennung macht“ (Metz). Im Geiste der memoria passionis ließe sich wohl auch ein „Eurozentrismus“ der Kirchendefinition mit seinen Vereinnahmungs- und Unterwerfungsansprüchen überwinden und ein hoffnungsvolleres Paradigma für die Entstehung eines realen – und nicht bloß simulierten – Weltchristentums entwickeln. Theologie ist für Metz in diesen weltlichen Unterbrechungserfahrungen „welthaltiger und in diesem Sinn auch politischer“ geworden.

Metz hat mit seiner neuen Politischen Theologie in der beharrlichen Entwicklung seines Grundansatzes die theologische Landschaft weltweit geprägt und der Theologie in pluralistischer Öffentlichkeit insgesamt eine neue Ausrichtung gegeben. Ihr Einfluss auf die lateinamerikanische Befreiungstheologie, die feministische Theologie wie überhaupt auf jede lebensgeschichtlich verwurzelte Theologie im interkulturellen Kontext ist unverkennbar. Die Übersetzung der Werke in alle bedeutenden Weltsprachen zeugt von der weltweiten Rezeption dieses prophetisch-kreativen Theologiekonzepts „mit dem Gesicht zur Welt". Die große Resonanz, die diese Theologie heute auch in den ehemaligen „Ostblockländern" findet, liegt wohl in ihrem Grundgestus begründet, der sich nur kontext- und situationsbezogen von konkreten Subjekten in gesellschaftlichen Interessenszusammenhängen in Anspruch nehmen und einüben lässt und der nur in dieser geschichtlichen Dialektik dem Wahrheitsanspruch standzuhalten vermag.

Literatur

Quellen und Werkausgaben

METZ, J.B., Zur Theologie der Welt, Mainz 1968. ^{5}1985.
METZ, J.B., Glaube in Geschichte und Gesellschaft. Studien zu einer praktischen Fundamentaltheologie, Mainz 1977, 5. erw. Aufl. 1992.
METZ, J.B., Zum Begriff der neuen Politischen Theologie 1967-1997, Mainz 1997.
METZ, J.B., Memoria passionis. Ein provozierendes Gedächtnis in pluralistischer Gesellschaft, Freiburg i.Br. 2006. ^{3}2007.
METZ, J.B., „Mit dem Gesicht zur Welt". Eine theologisch-biographische Skizze, in: J. MANEMANN/B. WACKER (Hrsg.), Politische Theologie – gegengelesen (Jahrbuch Politische Theologie Bd. 5), Münster 2008.

Sekundärliteratur

ASHLEY, J.M., Interruptions. Mysticism, Politics, and Theology in the Work of Johann Baptist Metz, University of Notre Dame Press 1998.
MARTINEZ, G., Confronting the Mystery of God. Political, Liberation, and Public Theologies, London 2001.
PETERS, T.R., Johann Baptist Metz. Theologie des vermißten Gottes, Mainz 1998.
REIKERSTORFER, J., Weltfähiger Glaube. Theologisch-politische Schriften, Münster 2008.

Johann Reikerstorfer

III. Protestantische Literatur

Philipp Melanchthon, Loci communes rerum theologicarum seu hypotyposes theologicae, ED Wittenberg 1521

1. Kontext, problemgeschichtlicher Hintergrund und theologischer Ansatz

Philipp Melanchthons *Loci communes rerum theologicarum seu hypotyposes theologicae* erschienen das erste Mal im gesamten Umfang Mitte Dezember 1521 in Wittenberg (Kolde, 48). Sie stellten zunächst nichts als eine überarbeitete Hilfe zum Verständnis der Römerbriefes dar, zugleich aber sind sie die Keimzelle der Dogmatik der Wittenberger Reformation und der lutherischen Orthodoxie.

Melanchthon verfasste die *Loci* während Luthers Abwesenheit von Wittenberg (1521/22), mit dem er sich aber auch brieflich über das Werk austauschte (Luthers Brief an ihn vom 9.9.1521, WABr 2, Nr. 428/MBW 165). Eine Skizze, die Melanchthon zu seiner im Jahre 1521 gehaltenen Vorlesung über den Römerbrief niedergeschrieben hatte, die sogenannten „lucubratiuncula“, wurde, von ihm nicht autorisiert, veröffentlicht; die überarbeitete Form dieser Skizze stellen die Loci dar (Engelland, Vorwort zu StA II/1,1f; Bizer, Einleitung zu: Artifitium Epistolae Pauli ad Romanos a Philippo Melanchthone, in: ders., Texte, 18f.).

Gerade aufgrund ihres nach wie vor skizzenhaften Charakters („hypotyposes“) und ihrer Beschränkung der traditionellen Zahl von theologischen Themen sind die Loci von 1521 als „erste evangelische Dogmatik“ aufzufassen (H. Engelland, Vorwort zu: StA II/1, 1. Aufl., 1). Denn damit wird erstens, wie aus dem Widmungsschreiben an Tilemann Plettener hervorgeht, in angemessener Weise das Verhältnis von Heiliger Schrift und Dogmatik gewürdigt. Die Erkenntnis Gottes kann nirgend besser erlangt werden als durch die inspirierende Lektüre, die „Umarmung“, die Umgestaltung in die Heilige Schrift. Darum soll mit den *Loci* weniger ein Kommentar als lediglich ein „index“ vorgelegt werden, ein Wegweiser zum besseren Verständnis der Heiligen Schriften. Zweitens ist, wie der Einleitungsabschnitt besagt, christliche Erkenntnis dies, „scire quid lex poscat, unde faciendae legis vim, unde peccati gratiam petas, quomodo labascentem animum adversus daemonem, carnem et mundum erigas, quomodo afflictam conscientiam consoleris.“ (StA II/1, 2. Aufl., 21,8-12). Damit wird der reformatorischen Konzentration auf die Lehre von Gesetz und Evangelium Rechnung getragen.

Methodisch kommt Melanchthon zu dieser Neuformulierung der christlichen Lehre durch eine sich dem Gegenstand anpassende Anwendung einer allgemeinen Wissenschaftstheorie auf die Theologie, in welcher er die von Luther bereits entwickelte Rechtfertigungslehre von seinem Ausgangspunkt als Humanist einholt. Das „Humanistische“ an Melanchthon und seinen *Loci* ist nicht eine Teilhabe an einem Vorrat gemeinsamer Ideen, der Humanisten zueigen gewesen wäre und einen „Humanismus“ definiert hätte – denn „Humanismus“ in diesem Sinne hat es nicht gegeben (Spitz, 639f.; Grosse, 2002, 293-298). Humanismus ist lediglich ein bestimmter Umgang mit Wissenschaft, wie er von einem Teil der in den studia humaniora, d.h. u.a. der Rhetorik, Unterwiesenen seit dem 14. Jh. geübt wurde, und denen Melanchthon, kaum Fachtheologe, sondern Lehrer für Griechisch in Wittenberg, zuzurechnen ist. Dieser Umgang ist bestimmt durch eine radikal kritische Haltung zur bisherigen Tradition in den Fachwissenschaften und einen bewusst nicht-fachmännischen Neuentwurf der Wissenschaften, der eminent durch das Bewusstsein der Erfordernisse der Rhetorik bestimmt ist, d.h. durch das Bewusstsein, dass jeder Wissensinhalt sprachlich vermittelt werden muss.

Es ist also bei jedem Versuch, Wissen zu erlangen, nach dem Nutzen (usus) dieses Wissens zu fragen und damit nach der Beziehung dieses Wissensinhaltes auf den Adressaten der Wissensvermittlung und zwar nicht nur auf dessen kognitives Vermögen, sondern auch auf seine Gefühle (affectus), von denen die Rezeption wesentlich abhängt. In der Zuwendung zur Theologie kommt Melanchthon darum in den den *Loci* vorauslaufenden Arbeiten zu dem Begriff des „usus Christi", nach dem zu fragen sei (Grosse, 2003, 78 Anm. 35); in den *Loci* wird daraus die berühmte Formulierung: „hoc est Christum cognoscere beneficia eius cognoscere." (StA II/1, 20,27f.). Damit erreicht Melanchthon Luthers Forderung des reflexiven Glaubens, die dieser von Bernhard von Clairvaux übernommen hatte: alle theologische Aussagen sind von dem Glaubenden auf sich selbst zu beziehen, sie müssen „pro me" gelten (Grosse, 2007, 189f.).

Dabei hebt Melanchthon keineswegs, wie in der späteren neuprotestantischen Theologie, die Gegenstandsbezogenheit theologischer Aussagen auf. Die rechte, nämlich mit der Dialektik verbundene Rhetorik handelt nicht nur von verba, sondern auch von res. In diesem Sinne ist der zentrale Begriff des „locus" definiert. Von seinem Ursprung her ein lediglich rhetorischer Begriff – ein gegebenes Thema in einer Rede, bei dem bestimmte Worte zu sagen sind – meint er bei Melanchthon zugleich die forma rerum (Grosse, 2003, 75f.).

Die Anwendung des Kriteriums der Nützlichkeit führt Melanchthon im Einleitungsabschnitt unter scharfer Kritik der theologischen Tradition zu einer starken Eingrenzung der in der scholastischen Summenliteratur zusammengestellten Themen, „capita", der Theologie. Denn „Mysteria divinitatis rectius adoraverimus quam vestigaverimus" (StA II/1, 19,30f.). Aus diesem Grunde seien die loci von Gott, seiner Einheit, seiner Dreieinigkeit, vom Geheimnis der Schöpfung und der Art der Menschwerdung nicht zu behandeln. Melanchthon folgt mit dieser Behauptung gerade der Bewegung der Inkarnation: gemäß 1. Kor 1,21 darf die theologische Betrachtung nicht bei Gott in seiner Gottheit, sondern sie muss bei Gott in seiner Menschheit einsetzen. In dieser Überzeugung stimmt Melanchthon mit Luther überein (Hebräerbriefvorlesung, WA 57/III, 99,1-10), vorausgehend Augustin (De vera religione, VII. [13] 39), unter den späteren Theologen mit Karl Barth (KD II/1, 9-11).

In der Niedrigkeit des Fleisches Christi erkennt der Mensch seine Sünde und seine Erlösungsbedürftigkeit. Daraus ergibt sich, in einer Analogie zur Medizin, die Auswahl der loci, die jeder Christ kennen kann und kennen muss: der Sünde als der Krankheit, dem Gesetz in seinem usus elenchticus als der Diagnose, dem Evangelium – bzw. der Gnade und der Rechtfertigung – als der Therapie. Es ist dabei vorab die Frage zu klären, ob eine Selbstheilung des Menschen auch infrage kommt; deswegen beginnt Melanchthon die materialen Ausführungen mit einem locus „De hominibus viribus adeoque de libero arbitrio". Er stimmt hier noch völlig mit Luthers später in *De servo arbitrio* bekräftigten Auffassung überein, wonach in der Heilsfrage der freie Wille nichts vermöge.

Die Behandlung dieser loci muss, dem rhetorischen Ansatz Melanchthons gemäß, die Auswirkung auf die Affekte mit einschließen. Sünde wird darum als „pravus affectus" definiert (StA II/1, 32,5f.); der Freispruch durch das Evangelium führt zu seinem getrosten Herzen, das fröhlich das Gesetz erfüllt (StA II/1, 110,10-14).

2. Durchführung des theologischen Ansatzes

Der Zielpunkt des Hauptteils der *Loci* ist die Definition der Rechtfertigung: „Iustificamur igitur, cum mortificati per legem resuscitamur verbo gratiae, quae in Christo promissa est, seu evangelio condonante peccata et illi fide adhaeremus, nihil dubitantes, quin Christi iustitia sit nostra iustitia, quin Christi satisfactio sit expiatio nostri, quin Christi resurrectio nostra sit." (StA II/1, 106,2-7). Der in dieser Definition verwendete Begriff der Gnade wird, in scharfem Gegensatz zur scholastischen Tradition, so bestimmt: „Non significat ergo gratiae vocabulum qualitatem aliquam in nobis, sed potius ipsam dei voluntatem seu benevolentiam dei erga nos." (StA II/1, 104,26-28), der des Glaubens in Abgrenzung zur scholastischen Definition als bloßer assensus als „fiducia divinae promissae in Christo" (StA II/1, 110,9f.). Von der Gnade, die als Wohlwollen Gottes außerhalb des Menschen bleibt und in der Vergebung der Sünde besteht, wird die Gabe der Gnade, das donum gratiae unterschieden, „Donum est spiritus sanctus regenerans et sanctificans corda.", und zugleich der Gnade zugeordnet: „Tam gratiam quam donum promittit evangelium." (StA II/1, 105,21f. 23f.). Der scholastische Begriff der Gnade als qualitas wird damit aufgegliedert und einerseits deutlich gemacht, dass die Rechtfertigung durch eine fremde Gerechtigkeit erfolgt, nämlich die Gerechtigkeit Christi (StA II/1, 106,6f.), andererseits aber aus der Rechtfertigung das Tun guter Werke und die Erfüllung des Gesetzes durch die Liebe hervorgeht. Melanchthon stimmt in dieser Unterscheidung und Zuordnung bis in die Terminologie mit Luthers Schrift *Rationis Latomonianae confutatio* überein, die im September 1521 erschienen ist (WA 8,107) und in der ausgehend davon die Formel „simul iustus et peccator" begründet wird. Die Konzentration auf die Rechtfertigung als Lossprechung von der Sünde wird in den späteren *Loci* Melanchthons als forensischer Akt formuliert (StA II/2, 395).

Das vorangehende Kapitel über das Gesetz führt Melanchthon so durch, dass er in ihm auch einen Abschnitt de lege naturae bringt. Er definiert dieses als „sententia communis, cui omnes homines pariter adsentimur atque quam deus insculpsit cuiusque animo" (StA II/1, 56,6-8). Die erste Bestimmung dieses Naturgesetzes lautete „Deus colendus est" (StA II/1, 57,5). Dies stimmt überein mit dem ersten der zehn Gebote, die Melanchthon in dem folgenden Abschnitt über die göttlichen Gesetze durchgeht; hier macht er aber klar, dass dieses Gebot eine Erfüllung mit den Affekten, d.h. der Liebe des Menschen verlangt, diese aber nicht möglich ist, solange der Mensch der Sünde unterworfen ist (StA II/1, 60f. 63f.). Melanchthon vereinbart also miteinander eine Lehre von einem allen Menschen gemeinsamen Naturrecht mit der Einsicht, dass eine tiefere Erfüllung desselben, so wie Gott sie erwartet, aufgrund der Sünde völlig ausgeschlossen ist.

Des Weiteren bringt er in dem Kapitel über das Gesetz auch eine Auseinandersetzung mit der tradierten Lehre von den evangelischen Räten und den Mönchsgelübden und der Autorität von Papst und Konzil in der Kirche. Nach dem ganzen Komplex der Rechtfertigungslehre und der näher damit zusammenhängenden Themen (De discrimine novi et veteri testamenti usw.) legt Melanchthon unter dem Titel ‚De signis' eine Lehre von den Sakramenten vor, zu denen er nur die Taufe und die Teilnahme am Tisch des Herren zählt. Die Definition lautet: „Nos enim signa sacramentalia ea esse iudicamus, quae gratiae dei signa divinitus tradita sunt." (StA II/1, 164,12f.). Nicht die Sakramente rechtfertigen, sondern der Glaube allein (StA II/1, 161). Die Sakramente sind vielmehr Zeichen der Gnade, also des Wohlwollens Gottes, auf welches der Glaube vertraut (StA II/1, 165). Bei der Teilnahme am Tisch des Herrn ist vor allem Thema, dass dies nicht eine Teilnahme an einer Opferhandlung darstellt, in welcher Christus Gott geopfert wird. Zugleich wird aber bekannt, dass Christi Leib und Blut gegessen und getrunken wird, ohne dass dies weiter erläutert wird. – Die Buße ist kein Zeichen, sondern das christliche Leben als Ganzes.

Das Kapitel ‚De caritate' ist bewusst sehr kurz gehalten, weil der Liebe der Glauben vorzuziehen ist. In ‚De magistratibus' wird eine Kurzfassung der Zwei Reiche-Lehre geboten, im abschließenden Kapitel ‚De scandalo' geht es letztlich um die damals aktuelle Frage, wann man sich über Menschensatzungen in religiösen Dingen hinwegsetzen dürfe.

3. Werkgeschichtliche Stellung

Eine vieldiskutierte Frage betrifft die loci, von denen Melanchthon im Einleitungsabschnitt erklärt, dass sie zu übergehen seien. Melanchthon hat nämlich in 1535 ein theologisches Lehrbuch unter dem Titel *Loci communes theologici* (CR 21, 333-558, vgl. die Vorlesung von 1533, CR 21, 253-332) unter dem Titel *Loci* herausgebracht, in welchem er alle diese loci in eigenen Abschnitten behandelt hat. Diesem Aufriss der *Loci* der zweiten Aetas ist er auch in der *Loci* der dritten Aetas ab 1543 bis zur Letztausgabe zu Lebzeiten, 1559, treu geblieben. Ist damit ein Bruch zu seiner früheren Position vollzogen worden? Es zeigt sich, dass Melanchthon bereits in den *Loci* von 1521 sich über seinen in der Einleitung geäußerten Grundsatz hinweggesetzt oder vielmehr diesen in der Durchführung seines Ansatzes erläutert hat. Innerhalb des Locus de iustificatione et fide erörtert er nämlich auch den Locus de creatione. Die als „Geheimnisse" bezeichnenden Loci sind also schon zu erforschen und erkennbar, doch kommt es hier auf den Erkenntnisweg an. Die Erkenntnis Gottes als des Schöpfers setzt nämlich den rechtfertigenden Glauben an Jesus Christus voraus. Dieser Glaube ist Vertrauen auf Gottes Güte und Barmherzigkeit, und dieser Glaube ist auch zu üben, wenn es um die Erweise von Gottes Güte und Barmherzigkeit in der Erhaltung und Leitung seiner Schöpfung geht: „Et huiusmodi corporalia non contemnenda rudimenta sunt exercendae fidei." (StA II/1, 115,10-12). Gott als den Schöpfer zu erkennen heißt also, seine Wohltaten zu erkennen, und dies ist nur möglich durch den reflexiven, vertrauenden Glauben. Die Frage nach dem usus einer Lehre erweist sich also nicht nur als ein kritisches, sondern auch als ein genetisches Prinzip, welches aus der Rechtfertigungslehre die Lehre von der Schöpfung hervorbringt, welche in den *Loci* ab der secunda aetas als eigener locus geführt wird und folgerichtig so gestaltet wird, dass nicht nur die Schöpfung, sondern, sachlich unterschieden, aber zugleich im Zusammenhang mit ihr, die Providenz behandelt wird (Grosse, 2003, 81-86).

Die Konzentration auf die Rechtfertigungslehre, die in den *Loci* von 1521 zum Programm gemacht wird, bedeutet also keine Einschränkung auf diesen Komplex von loci, sondern die Zuwendung zur der Mitte der christlichen Lehre, von welcher aus alle anderen Bereiche dieser Lehre erschlossen werden können und müssen. Somit ist auch die Trinitätslehre implizit schon in den *Loci* von 1521 enthalten. Melanchthon entwickelt diese Lehre in den späteren *Loci* als die Struktur des christlichen Gebets, das seiner Erfüllung gewiss sein kann. Die erste Gebetserhörung, die dem Beter mit der Zusage der Gewissheit gegeben wird, ist die Rechtfertigung allein aus Glauben (CR 21, 537). Jedes christliche Gebet ist aber ein Gebet an den dreieinigen Gott, wie Melanchthon an einem Mustergebet deutlich macht (Locus de oratione, Loci von 1543/1559, StA II/2, 688,28-689,9, vgl. Locus de tribus personis divinitatis, StA. II/1, 237,34-238,22). Wenn er in dem Einleitungsabschnitt der *Loci* von 1521 erklärt, es ginge in der Theologie darum, „scire […] unde peccati gratiam petas" (StA. II/1, 21,8f.), dann ist Theologie ein praktisches Wissen, ein Wissen, recht zu beten um das, was not tut, und in dieser Praxis wendet sich der Mensch dem dreieinigen Gott zu. Christliche Gotteserkenntnis ist Erkenntnis Gottes in der durch den Heiligen Geist entzündeten Anrufung Gottes des Vaters durch seinen fleischgewordenen Sohn Jesus Christus.

Auch die Rezeption philosophischer Gotteslehre in den späteren *Loci* ist kein Bruch mit 1521, wo Melanchthon erklärt hatte, „Esse deum […] non possunt igitur a carne cognosci" (StA II/1, 107,23f). Denn die „descriptio Dei Platonis", die er in den späteren *Loci* einführt, wird von Melanchthon selbst als „mutilata", als verstümmelt und unvollständig angesehen. Das Ganze, von dem aus betrachtet diese Beschreibung als unvollständig sich erweist, ist die Erkenntnis Gottes durch die Offenbarung (StA II/1, 199f.). Damit bekräftigt Melanchthon wieder seine Ausgangsposition von 1521. Insgesamt betrachtet ist die ungebrochene Entwicklung der späteren *Loci* aus den *Loci* von 1521 der Beweis dafür, dass die reformatorische Engführung der Theologie auf die Rechtfertigungslehre sehr wohl der Aneignung der bisherigen theologischen und philosophischen Tradition fähig war.

4. Wirkungs- und Rezeptionsgeschichte

Die *Loci* der prima aetas erhielten von Seiten Luthers größte Anerkennung. In der Vorrede von *De servo arbitrio* 1525 erklärt Luthers, dass die Schrift des Erasmus über den freien Willen ihre gültige Widerlegung bereits in Melanchthons *Loci* erhalten hätten. Dieses Büchlein sei nicht nur der Unsterblichkeit, sondern sogar des kirchlichen Kanons würdig (WA 18, 601,3-6). Dieses Lob Luthers bezieht sich also gerade auf einen Punkt, in dem Melanchthon in seinen späteren *Loci* seine Position zurücknahm. Aber auch in der berühmten Vorrede zum ersten Band seiner lateinischen Werke von 1545 stellt Luther seine eigenen Werke insgesamt hinter den *Loci* Melanchthons – nun also der tertia aetas – zurück. Diese ragten unter den neueren Lehrbüchern der Theologie hervor, seine eigenen Werke hingegen ließen zu sehr an Ordnung vermissen (WA 54, 179,1-12).

Damit hat Luther selbst die Ursache der Entwicklung anerkannt, die sich nun vollzog: die *Loci*, und zwar die der Letztausgabe von 1559 wurden zum grundlegenden Lehrbuch des lutherischen Protestantismus. Die Darstellung der dogmatischen Lehre erfolgte in der Darlegung von *Loci* und zwar als Kommentar zu den *Loci* Melanchthons, die oft mitgedruckt wurden. An diesem Verfahren wurde auch festgehalten nach der Melanchthon-Kritik der Gnesiolutheraner, nur dass an den Punkten, an welchen die Konkordienformel Einspruch gegen den späten Melanchthon erhoben hatte, dies dann auch zur Sprache kam. Diese Rezeptionslinie geht von Chemnitz, Heerbrand, Hafenreffer, Leonhart Hütter bis zu Johann Gerhard. Während des 17. Jahrhunderts wurde die lutherisch-orthodoxe Dogmatik nach der analytischen Methode neu formiert: in drei Teilen werden über das Ziel der Theologie: Gott, in dessen Schau das Heil des Menschen besteht, das Subjekt der Theologie, nämlich den Menschen, welcher das Heil erlangen soll, und drittens die Ursachen und Mittel seines Heils gehandelt. Damit wird die lockere heilsgeschichtliche Reihung der späteren *Loci* zurückgelassen, jedoch aus einem Grundgedanken der *Loci* von 1521 das Gliederungsprinzip gewonnen: in der Theologie geht es, in Analogie zur Medizin, um das Heilwerden des Menschen (Weber, 20-74, bes. 28).

Literatur

Quellen und Werkausgaben

Loci communes rerum theologicarum seu hypotyposes theologicae. Vvittembergae. An. M.D.XXI., bei Melchior Lotther d. J., Oktav.

Texte aus der Anfangszeit Melanchthons, hrsg. v. E. BIZER, Neukirchen-Vluyn 1966 (Texte zur Geschichte der evangelischen Theologie 2).

Philippi Melanthonis Opera quae supersunt omnia, edidit C.G. BRETSCHNEIDER, Halle/Saale, Bd. 1ff., 1834ff. (CR). Bd.21, Braunschweig 1854, enthält verschiedene beispielhafte Ausgaben der prima, secunda und tertia aetas der Loci, sowie Vorarbeiten.

Melanchthons Werke in Auswahl, 1. Aufl., hrsg. v. H. ENGELLAND, Gütersloh 1952, 3-163. 2. Aufl. hrsg. v. R. STUPPERICH (Studienausgabe = StA), Bd. II/1, Gütersloh 1978, 15-185: Loci communes rerum theologicarum seu hypotyposes theologicae 1521; Loci praecipui theologici nunc denuo cura et diligentia summa recogniti multisque in locis copiose illustrati 1559: ebd., 1. Aufl.: Bd. II/1, 164-352; Bd. II/2, Gütersloh 1953, 353-816. 2. Aufl.: Bd. II/1, 186-388 / Bd. II/2, Gütersloh, 1980:. Bd. II/1, 9-12: Lit. in Auswahl.

Loci communes 1521, lat.-dt., übers. u. mit kommentierenden Anmerkungen vers. v. H. G. PÖHLMANN, hrsg. v. Lutherischen Kirchenamt der VELKD, Gütersloh 1993.

Die Loci communes Philipp Melanchthons in ihrer Urgestalt, nach G.L. PLITT, von neuem hrsg. u. erl. v. T. KOLDE, Leipzig/Erlangen [4]1925.

MELANCHTHON, P., Heuptartikel Christlicher Lere. Melanchthons deutsche Fassung seiner Loci Theologici nach dem Autograph und dem Originaldruck von 1553, hrsg. v. R. JENETT/J. SCHILLING, Leipzig 2002.

Sekundärliteratur

GROSSE, S., Renaissancehumanismus und Reformation. Lorenzo Valla und seine Relevanz für die Kontroverse über die Willensfreiheit in der Reformationszeit, in: Kerygma und Dogma 48 (2002), 276-300.

GROSSE, S., Die Nützlichkeit als Kriterium der Theologie bei Philipp Melanchthon, in: Melanchthon und die Neuzeit, hrsg. v. G. FRANK/U. KÖPF, Stuttgart – Bad Cannstatt 2003 (Melanchthon-Schriften der Stadt Bretten 7), 69-93.

GROSSE, S., Theodizee im Bittgebet. Melanchthons Position zum Theodizeeproblem, in: Neue Zeitschrift für Systematische Theologie 46 (2004), 149-167.

GROSSE, S., Der junge Luther und die Mystik, in: Gottes Nähe unmittelbar erfahren. Mystik im Mittelalter und bei Luther, hrsg. v. B. HAMM/V. LEPPIN, Tübingen 2007 (Spätmittelalter und Reformation. Neue Reihe), 187-235.

GROSSE, S., Melanchthons Wendung zur Trinitätslehre, in: Kerygma und Dogma 54 (2008) (im Druck).

MAURER, W., Zur Komposition der Loci Melanchthons von 1521. Ein Beitrag zur Frage Melanchthon und Luther, in: Luther-Jahrbuch 25 (1958), 146-180.

MAURER, W., Melanchthons Loci communes von 1521 als wissenschaftliche Programmschrift. Ein Beitrag zur Hermeneutik der Reformationszeit, in: Luther-Jahrbuch 27 (1960), 1-50.

MAURER, W., Der junge Melanchthon zwischen Humanismus und Reformation, Bd. 2, Göttingen 1969, 30-414.

SCHEIBLE, H., Art.: Melanchthon, Philipp. TRE 22 (1992), 371-410 (Lit.).

SPITZ, L.W., Art.: Humanismus/Humanismusforschung, TRE 15 (1986), 639-661.

WEBER, H.E., Der Einfluß der protestantischen Schulphilosophie auf die orthodoxe lutherische Dogmatik, Leipzig 1908 (ND Darmstadt 1969).

Sven Grosse

Martin Luther, De servo arbitrio. Lutheri ad D. Erasmum Roterodamum, ED VVittembergae 1525

Martin Luthers (1483-1546) Streitschrift gegen Erasmus von Rotterdam (1466/9-1536) *De servo arbitrio* von 1525 ist nicht nur eines der bedeutendsten Dokumente der frühneuzeitlichen Geistesgeschichte, sondern eine der wichtigsten Schriften des Reformators. Alle wesentlichen Themen der Theologie Luthers werden in ihr aus dem Blickwinkel der Frage nach dem menschlichen Willen und seiner Reichweite thematisiert. Im Kern geht es um die Frage, was der freie Wille vermag, was ihm widerfährt und wie er sich gegen die Gnade Gottes verhält. Noch ein Jahrzehnt nach dem Streit mit Erasmus äußerte Luther, dass von allen seinen Schriften lediglich *De servo arbitrio* und die Katechismen erhaltenswert seien (Brief an Wolfgang Capito, 9. Juli 1537, WABr 8,99,8f.). Das Thema der Streitsache zwischen Luther und Erasmus, die Frage nach der Freiheit des menschlichen Willens und seines Verhältnisses zum göttlichen Gnadenhandeln gehört seit der Kontroverse zwischen Augustin und Pelagius zu den Fragen, die in der abendländischen Theologie und Philosophie immer wieder erörtert wurden.

1. Entstehungskontext

Den unmittelbaren Anlass für Luthers Schrift von 1525 bildet zwar Erasmus' Schrift *De libero arbitrio ΔΙΑΤΡΙΒΗ sive collatio per Desiderium Erasmum Roterodamum*, welche Anfang September 1524 bei Froben in Basel erschien, aber der weitere Entstehungskontext der Schrift liegt in Luthers reformatorischer Entdeckung und ihren Implikationen. Einsetzend mit der ersten Psalmenvorlesung 1513-15 hatte sich Luther in seinen exegetischen Vorlesungen ein neues Verständnis der *iustitia dei* erarbeitet und dieses bereits in seiner Römerbriefvorlesung von 1515/16 mit dem Gedanken der Alleinwirksamkeit Gottes verbunden. In der 13. seiner insgesamt 40 Heidelberger Thesen, die Luther 1518 anlässlich der Disputation vor dem Orden der Augustiner-Eremiten verfasst hatte, heißt es: „Der freie Wille (liberum arbitrium) ist nach dem Sündenfall nur dem Namen nach eine Sache (res de solo titulo), und wenn er tut, was in ihm ist (facit, quod in se est), begeht er eine Todsünde." (WA 1,354ff.) Diese These Luthers, dass der menschliche Wille nach ‚dem Sündenfall nur dem Namen nach eine Sache' sei, wurde in der Bannandrohungsbulle Leos X. vom 15. Juni 1520 verworfen (DS 1586). In seiner *Assertio omnium articulorum M. Lutheri per bullam Leonis X. novissimam damnatorum* vom 29. November 1520 (WA 7,94-151) hatte Luther die von ihm eingenommene Lehrposition noch einmal verschärft. Unter Bezugnahme auf die 13. Heidelberger These schreibt er: „Ich muß daher auch diesen Artikel widerrufen. Denn ich habe nicht recht geredet, daß der freie Wille, ehe die Gnade wirkt, nur der Name einer Sache sei; sondern ich hätte einfachhin sagen sollen, der freie Wille sei ein Name ohne Sache, weil in niemandes Vermögen steht, etwas Böses oder Gutes zu gedenken, sondern alles durch eine absolute Notwendigkeit geschieht, wie der Artikel des Wiclif, der in Konstanz verdammt worden ist, ganz recht lehrt." (WA 7,146,3-8) Diese Position war denn auch für Erasmus unannehmbar, der der Reformation in gewisser Hinsicht durchaus wohlwollend gegenüberstand. Im Zusammenhang seiner Auseinandersetzung mit Ulrich von Hutten ging Erasmus zu Beginn der 20er Jahre des 16. Jahrhunderts auch öffentlich in Distanz zu Luther. Der Streit, der schließlich in den beiden Streitschriften kulminierte, war freilich auch veranlasst durch mancherlei Indiskretionen und Briefveröffentlichungen der beiden in den Streit verwickelten Kontrahenten. In seiner *Diatribe* von 1524 unternimmt er den Versuch, Luthers Bestreitung der menschlichen Willensfreiheit durch Belege aus der Schrift, den Kirchenvätern und praktische Vernunftgründe seinerseits zu widerlegen. Dabei ist es ihm um eine vermittelnde Position zwischen dem göttlichen Gnadenhandeln und der menschlichen Willensfreiheit zu tun.

Zwar reagierte Melanchthon, an den Erasmus eines der ersten Exemplare der *Diatribe* geschickt hatte, erleichtert über den maßvollen Ton, in dem Erasmus seine Schrift gehalten hatte und gab diesem zu erkennen, dass auch Luthers Antwort entsprechend ausfallen würde. Aber Luthers Antwort, der die Schrift des Erasmus nur mit Widerwillen las, fiel dann doch anders aus. Durch die ab Mitte der 20er Jahre einsetzenden innerreformatorischen Streitigkeiten sowie die Bauernaufstände kam Luther erst im Jahre 1525 zu einer Antwort auf Erasmus' Schrift. Am 31. Dezember 1525 lag *De servo arbitrio* als Druckschrift vor und bereits Mitte November desselben Jahres begann Justus Jonas mit der Arbeit an der deutschen Übersetzung. Sie erschien Anfang 1526 unter dem Titel *Das der freie // wille nichts sey, Antwort // D. Martini Luther an // Erasmum Roterdam. // Verdeutscht durch // Justum Jo= // nam. Wittemberg*, gedruckt bei Hans Lufft. Erasmus war über Luthers gegen ihn gerichtete Schrift entsetzt und tief verletzt. 1526 publizierte er eine Replik mit dem Titel *Hyperaspistes Diatribae adversvs servvm arbitrivm Martini Lvtheri, libri duo*, auf die Luther jedoch nicht mehr reagiert hat.

2. Aufbau und Inhalt von *De servo arbitrio*

In seinem Aufbau orientiert sich *De servo arbitrio* an der *Diatribe* von Erasmus. Luther geht in seiner Antwort an den Einwänden entlang, die Erasmus gegen ihn vorgebracht hatte. Hieraus resultieren der umständliche Aufbau der von Luther in vier Teile untergliederten Schrift sowie die zahllosen Wiederholungen und das unsystematische Gepräge von *De servo arbitrio*. Auffallend breiten Raum widmet Luther der Vorrede des Buches von Erasmus (WA 18,603-661). Auf einleitende Darlegungen, die die Frage der Glaubensgewissheit thematisieren, folgen ausführliche Erörterungen zum Schriftverständnis. Da Erasmus Luthers Behauptung, dass der freie Wille nach dem Fall des Menschen ein Name ohne Sache sei, anhand der Schrift widerlegen wollte, unterzieht Luther seinerseits dessen Schriftverständnis der Kritik und entfaltet seine Lehre von der doppelten Klarheit der Schrift. Luthers Schriftverständnis und seine Auflösung der mittelalterlichen Lehre vom vierfachen Schriftsinn ist zum einen das Resultat seiner exegetischen Vorlesungen, in deren Folge er 1518/19 in der zweiten Psalmenvorlesung den *sensus historicus* zum Grundsinn der Schrift erhebt, und zum anderen eine Folge seiner Auseinandersetzung mit der römischen Kirche und deren Lehramt. In *De servo arbitrio* unterscheidet Luther zwischen der *claritas externa* und der *claritas interna scripturae*. Die äußere Klarheit der Schrift bezieht sich auf eine offenkundige Sache, die im Licht steht und die durch sprachliche Zeichen angezeigt wird. Luther hat dies in der Schrift von 1525 durch sein bekanntes Brunnenbeispiel ausgedrückt, den man von den Seitengassen einer Stadt aus nicht sieht (606). Gemeint ist also mit der äußeren Klarheit der Schrift die in dem Wortsinn der Schrift sich ausdrückende Sachevidenz. Die *claritas interna* bezieht sich im Unterschied zur äußeren Klarheit der Schrift auf die Rechtfertigungsgewissheit des Christen, die durch das innere Wirken des Heiligen Geistes im Herzen zustande kommt. Luther verbindet jedoch die innere Klarheit der Schrift derart mit der *claritas externa*, dass das Wirken des Geistes an das Vehikel des äußeren Schriftwortes gebunden ist. Mit der Unterscheidung und Zuordnung von äußerer und innerer Klarheit der Schrift als zwei gleichursprünglichen Momenten im Verstehen der Schrift weist Luther die Behauptung der obscuritas der Schrift von Erasmus zurück. „Es gibt eine zwiefache Klarheit der Schrift [...], eine äußerliche im Dienst des Wortes gesetzte und eine andere, in der Erkenntnis des Herzens gelegene." (609) Luthers in *De servo arbitrio* ausgeführter

Kirchengedanke baut auf die Lehre von der doppelten Klarheit der Schrift auf, und zwar derart, dass die äußere Klarheit dem öffentlichen Predigtamt und die innere Klarheit dem Christen als Privatperson angehört.

Auf der Basis dieses Schriftverständnisses weist Luther die von Erasmus vorgebrachten Belege aus der Schrift sowie den Kirchenvätern für den freien Willen des Menschen zurück. Dabei radikalisiert Luther freilich unter der Hand Erasmus' Bestimmung des freien Willens zu einem absoluten Willen. Dieser Fassung des Willensbegriffs als dem Vermögen der Selbstbestimmung setzt Luther die These entgegen, dass der Wille des Menschen immer schon bestimmt ist. Luther hat dies in das bekannte Bild von dem menschlichen Willen als einem Reittier gefasst, um das sowohl Gott als auch der Satan im Streit liegen. „So ist der menschliche Wille in der Mitte hingestellt wie ein Lasttier; wenn Gott darauf sitzt, will er und geht, wohin Gott will, [...]. Wenn der Satan darauf sitzt, will er und geht, wohin Satan will. Und es liegt nicht in seiner freien Wahl, zu einem von beiden Reitern zu laufen und ihn zu suchen, sondern die Reiter selbst kämpfen darum, ihn festzuhalten und in Besitz zu nehmen." (635) Der menschliche Wille ist also immer schon ein bestimmter, so dass von einer Indifferenzfreiheit keine Rede sein kann. Da der menschliche Wille immer schon bestimmt ist, untersteht er einer absoluten Notwendigkeit, die sich jedoch, wie Luther wiederholt versichert, von jedem äußerlichen Zwang unterscheiden soll. Deshalb kann von einem freien Willen des Menschen keine Rede sein, so dass „der freie Wille gänzlich ein göttlicher Name ist und keinem anderen zukommen kann als allein der göttlichen Majestät" (636). Die über 200 Schriftstellen, welche Erasmus als biblische Belege für den freien Willen des Menschen anführt, leisten nicht, was sie sollen, sondern zeigen, so Luther, nicht die menschliche Freiheit, wohl aber deren Unvermögen. Es geht um die Einsicht darum, was der Mensch soll, aber nicht kann. Folglich ist beim Wort Gottes zu unterscheiden zwischen Gesetz und Evangelium. Die Forderung des Gesetzes impliziert also nicht die Freiheit des Willens, sondern enthüllt das Elend des Menschen.

Der menschliche Wille, so hatte es Luther in *De servo arbitrio* festgehalten, ist immer schon bestimmt, nämlich entweder durch Gott oder durch den Satan. Der Übergang von dem Bestimmtsein des Willens durch den Satan zum Bestimmtsein durch Gott kann damit nicht durch den Willen des Menschen zustande kommen. Darin liegt ja gerade das *servum arbitrium*. Luther spricht in diesem Zusammenhang von einer Notwendigkeit der Unveränderlichkeit, einer „necessitate immutabilitatis" (634), die er an die Stelle der scholastischen Unterscheidung von absoluter und bedingter Notwendigkeit (*necessitas consequentis* und *necessitas consequentiae*) setzt. Diese Fassung des menschlichen Willens impliziert zwei weitreichende Konsequenzen, die Luther in seiner Streitschrift gegen Erasmus mit unerbittlicher Härte zieht. Die erste Konsequenz betrifft den Gottesgedanken und sie besagt, dass der Übergang von dem Bestimmtsein des menschlichen Willens zu dessen Bestimmtsein durch Gott, also der Übergang vom Unglauben zum Glauben nur durch Gott selbst zustande kommen kann. Wenn jedoch der eigene Glaube sich dem Handeln Gottes verdankt und Gott, wie Luther mit Paulus (1. Kor 12,6) sagt, „alles in allem wirkt", dann muss Gott auch in den Nichtglaubenden ihren Unglauben wirken. Der von Luther in *De servo arbitrio* ausgeführte Prädestinations- und Verstockungsgedanke hat hieran seinen Anhalt und stellt eine Konsequenz der Bestimmung Gottes als alleinwirkender Aktuosität dar. Das kontingente Zustandekommen der eigenen Heilsgewissheit wird von Luther durch die für die Schrift von 1525 signifikante Unterscheidung von *Deus absconditus* und *Deus revelatus* aufgenommen. „Man muß anders über Gott oder den Willen Gottes, der uns gepredigt, offenbart, angeboten, verehrt wird, und anders über Gott, der nicht gepredigt, nicht offenbart, nicht angeboten, nicht verehrt wird, disputieren. Soweit sich nun Gott verbirgt und von uns nicht erkannt werden will, geht er uns nichts an." (685) Die von Luther vorgenommene Unterscheidung steht ganz im Zeichen der Vergewisserung der eigenen Heilsgewissheit und möchte alle Spekulationen über den göttlichen Willen abschneiden. Der Glaubende soll sich ganz an den in Christus offenbar gewordenen Willen Gottes halten und nicht über Gottes Absichten spekulieren. Die Unterscheidung nimmt also das kontingente Zustandekommen des eigenen Glaubens in den Gottesgedanken auf, indem sie mit einem notwendigen Handeln Gottes verbunden wird. Luthers Rede von einem Deus absconditus wäre missverstanden, wenn man sie als eine Bestimmung Gottes verstehen wollte. Die zweite Konsequenz, die aus Luthers theologischer Beschreibung des menschlichen Willens als eines immer schon bestimmten resultiert, steht mit der soeben erläuterten in einem engen Zusammenhang. Wenn Gott Luthers Grundbestimmung zufolge ‚alles in allem wirkt' und das Wirkende in dem Wirken seiner Kreaturen ist, dann scheint er auch in den Bösen zu wirken. Auch vor dieser Konsequenz schreckt Luther in *De servo arbitrio* nicht zurück. Gott wirke nicht nur Verstockung und Unglauben, sondern „notwendigerweise auch im Satan und im Gottlosen" (709). Der Grundzug von Luthers Gottesanschauung, und zwar nicht nur in *De servo arbitrio*, besteht darin, dass Gott unablässiges allmächtiges Wirken ist. Insofern wirkt er in den Menschen, so wie er sie vorfindet. Auch diesen Gedanken hat Luther in seiner Schrift von 1525 in ein plastisches Bild gekleidet. „Der Fehler also liegt in den Werkzeugen, die Gott nicht müßig sein lässt, so daß Böses geschieht eben unter Gottes Antrieb, nicht anders als wenn ein Zimmermann mit einem gezackten und gezahnten Beil schlecht schneidet." (ebd.) Zu wollen, dass Gott wegen der Bösen nicht wirkt, damit dieses nicht sei, käme darauf hinaus, zu wollen, dass Gott nicht Gott sei (vgl. 712).

Luther hat am Ende von *De servo arbitrio* den gesamten Gedankengang seiner religiösen Freiheitsreflexion noch einmal prägnant durch die Unterscheidung von dreierlei Licht zusammengefasst. Er unterscheidet hier zwischen den drei Lichtern der Natur, der Gnade und der Herrlichkeit als drei Stufen menschlich-religiöser Wahrheitserkenntnis. Während es im Licht der Natur unauflösbar sei, dass es den Bösen gut und den Guten schlecht geht, ist es im Licht der Gnade unauflösbar, dass Gott den verdammt, der aus eigenen Kräften gar nicht anders vermag als zu sündigen. Aber, so fährt Luther fort, „das Licht der Herrlichkeit sagt etwas anderes und wird zeigen, dass Gott, dessen Gericht eben noch eine unbegreifliche Gerechtigkeit in sich birgt, von höchst gerechter und höchst offensichtlicher Gerechtigkeit ist, nur, daß wir inzwischen das glauben sollen, gemahnt und gefestigt durch das Beispiel des Lichtes der Gnade, welches ein ähnliches Wunder beim natürlichen Licht vollbringt" (785).

3. Wirkungs- und Rezeptionsgeschichte

De *servo arbitrio* gehört zu den wichtigsten und prägnantesten Schriften des Reformators. Von Luther selbst als eine seiner wichtigsten Schriften eingestuft, hat sie in der nachfolgenden protestantischen Theologie höchst unterschiedliche Beurteilungen erfahren. Bereits Melanchthon schwächte in den späteren Auflagen seiner *Loci communes* Luthers Bestimmung des menschlichen Willens ab. Die Aufklärungstheologie hat dann andere Motive aus dem Werk des Reformators in den Vordergrund gerückt. Auch die protestantische Theologie des 19. Jahrhunderts hat sich mit *De servo arbitrio* schwer getan. Albrecht Ritschl etwa sah in Luthers Streitschrift gegen Erasmus von Rotterdam „ein unglückliches Machwerk", welches insbesondere in seiner Gotteslehre Reste der spätmittelalterlichen nominalistischen Theologie enthalte. Im 20. Jahrhundert erfolgte eine Neubewertung der Schrift durch den bedeutenden Lutherforscher Karl Holl, der die Rechtfertigungslehre ins Zentrum der Theologie des Reformators stellte und damit Motive aus dessen Denken in den Vordergrund rückte, die von der älteren Ritschl-Schule abgeblendet wurden. Auch die Lutherdeutungen der sich nach dem Ersten Weltkrieg etablierenden Dialektischen Theologie von Friedrich Gogarten oder Hans Joachim Iwand maßen *De servo arbitrio* einen hohen Stellenwert bei, so dass sich an der Stellung zu dieser Schrift geradezu die Wahrheit einer Theologie erweisen sollte.

Literatur

Quellen und Werkausgaben

LUTHER, M., De servo abritrio. Lutheri ad D. Erasmum Roterodamum VVittembergae 1525.
LUTHER, M., Das der freie wille nichts sey, Antwort D. Martini Luther an Erasmum Roterdam. Verdeutscht durch Justum Jonam, Wittemberg 1526.
LUTHER, M., De servo arbitrio, in: DERS., Kritische Gesamtausgabe (Weimarer Ausgabe = WA), Bd. 18, Weimar 1908, 551-787.
LUTHER, M., De servo arbitrio, in: Luthers Werke in Auswahl, hrsg. v. O. CLEMEN, Bd. 3: Schriften von 1524-1528, Berlin [6]1966, 94-293.
LUTHER, M., Daß der freie Wille nichts sei. Antwort D. Martin Luthers an Erasmus von Rotterdam (= M. LUTHER, Ausgewählte Werke, hrsg. v. H.H. BORCHERDT/G. MERZ, Ergänzungsreihe Erster Band), München 1962.
LUTHER, M., De servo arbitrio, in: DERS., Studienausgabe Bd. 3, hrsg. v. H.-U. DELIUS, Berlin 1983, 170-356.
LUTHER, M., De servo arbitrio, in: DERS., Lateinisch-Deutsche Studienausgabe, Bd. 1: Der Mensch vor Gott, hrsg. v. W. HÄRLE, Leipzig 2006, 219-661.

Sekundärliteratur

BANDT, H., Luthers Lehre vom verborgenen Gott. Eine Untersuchung zu dem offenbarungsgeschichtlichen Ansatz seiner Theologie, Berlin 1958.

BEINER, M., Intentionalität und Geschöpflichkeit. Die Bedeutung von Martin Luthers Schrift »Vom unfreien Willen« für die theologische Anthropologie, Marburg 2000.

HERMANN, R., Von der Klarheit der Heiligen Schrift. Untersuchungen und Erörterungen über Luthers Lehre von der Schrift in „De servo arbitrio", in: DERS., Studien zur Theologie Luthers und des Luthertums. Gesammelte und nachgelassene Werke II, Berlin 1981, 170-255.

HERMANN, R., Zu Luthers Lehre vom unfreien Willen, in: DERS., Studien zur Theologie Luthers und des Luthertums. Gesammelte und nachgelassene Werke II, Berlin 1981, 88-97.

HIRSCH, E., Luthers Gottesanschauung, Göttingen 1918.

IWAND, H.J., Die grundlegende Bedeutung der Lehre vom unfreien Willen für den Glauben, in: DERS., Um den rechten Glauben. Gesammelte Aufsätze, München 1965, 13-30.

IWAND, H.J., Studien zum Problem des unfreien Willens, in: DERS., Um den rechten Glauben. Gesammelte Aufsätze, München 1965, 31-61.

MAHLMANN, T., Die Interpretation von Luthers De servo arbitrio bei orthodoxen lutherischen Theologen, vor allem Sebastian Schmidt (1616-1696), in: N. SLENCZKA/W. SPARN (Hrsg.), Luthers Erben. Studien zur Rezeptionsgeschichte der reformatorischen Theologie Luthers. Festschrift für Jörg Baur zum 75. Geburtstag, Tübingen 2005, 72-136.

MCSORLEY, H.J., Luthers Lehre vom unfreien Willen nach seiner Hauptschrift De servo arbitrio im Lichte der biblischen und kirchlichen Tradition, München 1967.

REINHUBER, T., Kämpfender Glaube. Studien zu Luthers Bekenntnis am Ende von De servo arbitrio, Berlin/New York 2000.

SCHWARZWÄLLER, K., Sibboleth. Die Interpretation von Luthers Schrift De servo arbitrio seit Theodosius Harnack. Ein systematisch-kritischer Überblick, München 1969.

WENZ, G., Martin Luther: ‚De servo arbitrio'/‚Vom unfreien Willen', in: H.V. GEPPERT (Hrsg.), Große Werke der Literatur. Eine Ringvorlesung an der Universität Augsburg, Bd. II, Augsburg 1992, 63-102.

ZICKENDRAHT, K., Der Streit zwischen Erasmus und Luther über die Willensfreiheit, 1909.

Christian Danz

Johannes Calvin, Institutio Christianae Religionis, ED Basel 1536

Die *Institutio Christianae Religionis*, am besten zu übersetzen mit *Unterricht in der christlichen Gottesverehrung*, ist die Summe der Theologie Calvins, vielleicht sogar so etwas wie die „summa theologiae des reformierten Protestantismus" (Wendel, 101).

1. Zur Entstehung

Die erste Fassung der *Institutio* erschien 1536 in Basel. Johannes Calvin war in Folge der sogenannten Pariser Plakataffäre, an der er beteiligt war und die eine Verfolgungswelle des französischen Königs Franz I. ausgelöst hatte, nach Basel geflohen. Hier, in der Nähe Frankreichs, wollte Calvin auf seine Weise die französische Reformation stärken, indem er eine Darstellung der christlichen Lehre gab. In der an Franz I. gerichteten Vorrede, die allen weiteren Auflagen vorangestellt blieb, nennt Calvin sein Buch eine „einfache und elementare Form der Lehre" (Widmungsschreiben der *Institutio* [1536], 67) – im Vollzug ist es eine profunde Verteidigung der evangelischen Lehre.

Die 1536 erschienene erste lateinischsprachige Auflage orientiert sich sachlich und im Aufbau stark an Luthers Katechismen: Die ersten vier der insgesamt sechs Kapitel widmen sich zuerst dem Gesetz, dann dem Glauben (Auslegung des Apostolischen Glaubensbekenntnisses), dem Gebet (Auslegung des Unser-Vaters) und den Sakramenten Taufe und Abendmahl. In den beiden letzten Kapiteln, die deutlich apologetischer als die ersten vier sind, geht Calvin auf die seitens der Reformation abgelehnten Sakramente ein (Buße, Priesterweihe, Firmung, letzte Ölung, Ehe) und reflektiert die christliche Freiheit – hier finden sich bereits Hinweise auf das Verständnis einer Kirche, die in einem tyrannischen Staat existiert. Auch wenn man die Nähe zu Luthers Katechismen hier zu betonen hat, so weisen doch gerade die beiden letzten Kapitel auf die im Nachhinein noch deutlicher zu erkennende Handschrift Calvins hin. Ob diese erste Ausgabe eine französische Übersetzung erfahren hat, wird zwar diskutiert, ist aber nach gegenwärtigem Forschungsstand unwahrscheinlich. Der Adressatenkreis war also aufgrund der lateinischen Sprache auf einen Gelehrtenkreis reduziert und deshalb klein; dennoch war das Werk schon nach knapp einem Jahr vergriffen.

Die zweite Fassung der *Institutio* erschien 1539, als Calvin in Straßburg Pastor der französischen Flüchtlingsgemeinde und Hochschullehrer an der Straßburger Universität war – und aus dem ehedem kleinen Katechismus war jetzt ein Lehrbuch entstanden. Auch wenn die Anordnung des Stoffs sich an vielen Stellen der Erstauflage noch verdankt, ist diese doch erheblich erweitert worden – aber vieles ist auch im Fluss, weil manche Zusätze noch nicht ihren rechten Ort gefunden haben. Die vermutlich erste französische Übersetzung erscheint dann 1541 in Genf, kurz nach Calvins Rückkehr. Die französische *Institutio*-Ausgabe ist für die Evangelischen in Frankreich kaum zu überschätzen; es ist – vor allem in den späteren Ausgaben – zum grundlegenden Lehrbuch der französischen reformierten Kirche geworden und bildet gleichsam einen wesentlichen Teil ihrer Identität. Dass sie auch von den Gegnern der Evangelischen als relevant angesehen wird, ist auch daran erkennbar, dass die lateinische und französische Fassung der *Institutio* im Erlass des Pariser Parlaments 1542, in der ketzerische Bücher verboten werden, als einziges Werk ausdrücklich benannt wird. Das Französisch Calvins hat nach dem Urteil Wendels „die Sprache bis tief ins 17. Jahrhundert" mitgestaltet (Wendel, 96).

Die Ausgabe von 1543 (französisch 1545) trägt die Widmung Johannes Sturms: „Johannes Calvin gibt sich in seiner Institutio als ein Mann von außergewöhnlichem Scharfsinn, großer Gelehrsamkeit und einem ausgezeichneten Gedächtnis zu erkennen. Er ist ein klar verständlicher Schriftsteller, reich an tiefsinnigen Gedanken." (van't Spijker, 149). Treffend an diesem Zitat ist auch ein Hinweis auf Calvins Gedächtnisleistung. Denn Calvin hatte sich im Selbststudium – von Hause war er ja Jurist – eine breite theologische Bildung angeeignet und viel gelesen; seine eigene Bibliothek war bis in die Straßburger Zeit hinein klein. Fast alles, was er gelesen hatte, zitiert er aus dem Kopf, so dass van't Spijker mit Recht sagt: „Im übrigen besaß Calvin ein photographisches Gedächtnis, das ihn befähigte, Zitate nahezu fehlerlos wiederzugeben.“ (van't Spijker, 124). Seit der Ausgabe von 1550 (französisch 1551) sind die Kapitel in Paragraphen unterteilt.

Die Letztgestalt der *Institutio* erschien dann 1559, in französischer Übersetzung 1560 – diese Ausgabe ist als Testament Calvins anzusehen. Auf diese Fassung von 1559 wird im Regelfall Bezug genommen, weshalb sie auch im Folgenden inhaltlich genauer vorgestellt werden soll.

2. Aufbau und Inhalt der Institutio von 1559

Auch bei der maßgeblichen Ausgabe der *Institutio Christianae Religionis* von 1559 fällt auf, dass sie kein abgeklärtes Werk ist. Die verschiedenen Abschnitte sind zum Teil von sehr unterschiedlichem Stil, manche Passagen sind sehr polemisch und zeigen Calvin in konkreten Auseinandersetzungen verhaftet, andere Teile zeigen einen sehr reflektierten und nüchternen, wissenschaftlichen Duktus. Die *Institutio* ist also keine klassische Dogmatik, die den Stoff evangelischer Lehre wohlverteilt und portioniert aufarbeitet. Gleichwohl ist sie ebenfalls kein Werk, das keinen klaren Aufbau hätte oder in dem Teile in der Luft hingen – das Gegenteil ist der Fall.

Immer wieder ist versucht worden, anhand der *Institutio* eine Mitte der Theologie Calvins zu finden. Zu den polemischen Ansätzen zählt die angebliche Zentralstellung der Prädestinationslehre, zu den ernsthaften, im Begriff der Ehre Gottes (so häufiger gegen Ende des 19. und Anfang des 20. Jahrhunderts) oder der Selbst- und Gotteserkenntnis (so vor allem in der zweiten Hälfte des 20. Jahrhunderts) die Zentralaussage Calvins zu erkennen. Die Schwierigkeit bei Calvin – man könnte es auch seine Stärke nennen – besteht darin, dass es nicht gelingen kann, *einen* Punkt zu markieren, der alle anderen Aussagen erschließt; bei Martin Luther ist das in seinem Verständnis der Rechtfertigung auf dem Horizont von Gesetz und Evangelium deutlich eher möglich.

Die *Institutio* gliedert sich in vier Bücher mit insgesamt 80 Kapiteln; die deutsche Fassung in der Übersetzung von Otto Weber umfasst 1057 Textseiten.

Das erste Buch trägt den Titel: „Von der Erkenntnis Gottes als des Schöpfers“. Und gleich mit dem ersten berühmt gewordenen Satz steigt Calvin steil ein: „All unsere Weisheit, sofern sie wirklich den Namen Weisheit verdient und wahr und zuverlässig ist, umfasst im Grunde eigentlich zweierlei: Die Erkenntnis Gottes und unsere Selbsterkenntnis.“ (Institutio I,1,1) Anders als bei Luther, der eine schematische Reihenfolge von Gesetz (hier erkennt der Mensch anhand der Unmöglichkeit, Gottes Willen zu befolgen, seine Sünde) und Evangelium als Freispruch des Menschen lehnt Calvin einen festgelegten Weg ab: Gottes- und Selbsterkenntnis sind im Leben der Christen immer aufeinander bezogen. Angesichts der Zuwendung Gottes erkennt der Mensch seine eigene Distanz zu Gott und die Erkenntnis seiner Sünde lässt die Liebe Gottes, die den Menschen, ohne dass er eine eigene Leistung erbringt, annimmt, um so mehr erstrahlen. Deutlich ist damit, dass damit schon eine lebendige und keine statische Beziehung zwischen Gott und Mensch vor Augen ist.

Woher weiß der Mensch von seiner Sünde und von der Zuwendung Gottes? Letztlich allein aus der Heiligen Schrift, denn wer „zu Gott, dem Schöpfer, gelangen will, der muss die Schrift zum Leiter und Lehrer haben" (Institutio I,6). Diese Aussage ist für Calvins *Institutio* nicht allein eine dogmatische Aussage, sondern ein Hinweis auf die zahlreichen exegetischen Arbeiten Calvins. Denn die Beweisführung für die einzelnen Aussagen in der *Institutio* finden sich deutlich ausführlicher in den jeweiligen Schriftauslegungen; Calvin hat sich ja vor allem als Exeget betätigt. Seine nur zum Teil ins Deutsche übersetzten Bibelauslegungen haben in den letzten Jahren wieder verstärkt Aufmerksamkeit erfahren; viele Wechselwirkungen von Bibelauslegung und Lehre sind noch zu entdecken und also Forschungsdesiderat.

Allerdings ist es nach Calvin für ein evangelisches Schriftverständnis nötig, dass Gott im Heiligen Geist selber die Glaubwürdigkeit der Bibel bezeugt, weil es dafür keinen Beweis gibt (vgl. Institutio I,7). Damit ist ein theologischer Kreislauf beschrieben, der bereits anklang: Aus sich heraus vermag der Mensch nichts zu erkennen, Gott aber gibt sich – reichlich! – im Glauben zu erkennen, der vom Heiligen Geist geschenkt wird.

Das zweite Buch mit der Überschrift „Von der Erkenntnis Gottes als des Erlösers in Christo" ist der soteriologische Kern. Die Grundstruktur ist zunächst gemein reformatorisch: Aufgrund des Sündenfalls ist der Mensch verloren und hat auch keinen freien Willen mehr, sich Gott zuzuwenden. Das Gesetz überführt der Sünde und führt deshalb zu Christus hin. In Christus ist Gott selber Mensch geworden und hat in seinem Kreuzestod die Menschen erlöst. Aber in dieser klassischen Struktur sind doch manche ungewöhnlichen Aussagen enthalten. So ist das Gesetz keineswegs auf seine sündenüberführende Dimension zu beschränken, weil es in seinem ursprünglichen und dann in Christus wieder freigelegten Sinn Lebenshilfe bietet. Die Auslegung der 10 Gebote, die Calvin in diesem Abschnitt vorlegt, lassen sie als die hilfreichen Lebensgebote verstehen. Das Alte Testament ist deshalb für Calvin auch nicht als veraltet zu betrachten, sondern mehr noch als die Differenzen zwischen den beiden biblischen Teilen betont Calvin die „Ähnlichkeit des Alten und Neuen Testaments" (Institutio II,10). Der Unterschied besteht eher in der unterschiedlichen Klarheit beider Bücher, das Alte Testament atmet Evangelium. Die strukturbildende Mitte der Christologie ist für Calvin das dreifache Amt Jesu Christi – er ist zum Propheten, Priester und König gesalbt worden. Mit dieser Lehre, die Vorläufer hat, aber erst von Calvin so in den Mittelpunkt gestellt wird, gelingt es Calvin, Person und Werk Jesu Christi zusammen zu halten: Die Person Jesu Christi und das in Kreuz und Auferstehung gipfelnde Heilswerk gehören zusammen. Nicht verwunderlich ist es deshalb, wenn konfessionsübergreifend diese Vorstellung in vielen dogmatischen Entwürfen zustimmend rezipiert wurde.

Das dritte Buch trägt den Titel: „Auf welche Weise wir der Gnade Christi teilhaftig werden, was für Früchte uns daraus erwachsen und was für Wirkungen sich daraus ergeben" und zieht die soteriologischen Folgerungen aus dem zweiten Buch. Lag dort der Akzent vor allem auf dem, was Gott in Christus für die Menschen getan hat, so fällt hier die Betonung auf den Menschen; es sind die Themen, die die innere „Wirksamkeit des Heiligen Geistes im Menschen" (Wendel, 100) betreffen, also Glaube, Rechtfertigung und gute Werke, Gebet, Erwählung und Auferstehungshoffnung. Grundlegende reformatorische Kontroversen haben sich auf diesen Themenfeldern abgespielt – und gerade dieses Buch ist deshalb mehr als die anderen durch zuweilen recht polemische Auseinandersetzungen bestimmt. Die Diskussionen mit der römisch-katholischen Schultheologie werden in der Frage der Verdienstlichkeit der menschlichen Werke ausführlich geführt, dem Nürnberger Theologen Andreas Osiander wirft Calvin vor, die reformatorische Rechtfertigungsauffassung zu missdeuten – und hier findet sich auch Calvins bekannteste Darstellung der doppelten Prädestinationslehre. Ohne sie hier ausführlich thematisieren zu können ist zumindest auf Calvins Intention hinzuweisen: Nicht die Spekulation darüber, wer von Gott erwählt oder verworfen ist, beschäftigt ihn. Sondern allein der Hinweis, dass der Grund und damit die Gewissheit des Glaubens nicht am Glauben oder an den Menschen ablesbar ist, sondern Gott selber erwählt, wen er will. Und wenn Gott Menschen erwählt, dann geschieht das, weil er sie in Dienst nimmt – Calvins positives Verständnis des Gesetzes ist hier erneut zu betonen.

Das vierte und letzte Buch dient im Wesentlichen der Kirche: „Von den äußeren Mitteln oder Beihilfen, mit denen uns Gott zu der Gemeinschaft mit Christus einlädt und in ihr erhält“. Im Unterschied zur ersten Ausgabe der *Institutio* von 1536 hat Calvin im Laufe seiner theologischen Reflexion die Kirche weniger unter dem Aspekt der Unsichtbarkeit betrachtet – niemand weiß, wer wirklich dazugehört (ecclesia invisibilis) – sondern Calvin betont je länger je mehr die Gestaltwerdung des Leibes Christi. Luther fragt ganz anders als Calvin. Für Luther ist die Frage, die er immer wieder stellt: Wo wird der Glaube des Einzelnen durch äußere Mittel gefährdet, weil bestimmte Handlungen oder Verhaltensweisen für essentiell gehalten werden? Luther war deshalb extrem kritisch im Blick auf kirchliche Reformen, was sein Konflikt mit Karlstadt in Wittenberg zeigt. Calvin hingegen denkt vom Leib Christi aus und fragt, wie denn der Leib Jesu Christi Gestalt gewinnt. Deshalb ist das vierte Buch auch das ausführlichste geworden. Der „Mutter aller Frommen“ (Institutio IV,1), wie Calvin die Kirche immer wieder nennt, muss große Aufmerksamkeit geschenkt werden. Zwar richtet er sich gegen falsche Vollkommenheitsforderungen und betont die Unvollkommenheit aller Gläubigen (Institutio IV,3), auch reicht es für das Kirche-Sein aus – in Übereinstimmung mit der Confessio Augustana Artikel VII –, dass das Wort rein gelehrt und die Sakramente recht verwaltet werden. Daneben aber fallen hier viele Entscheidungen, die für die reformierten Kirchen weltweit wichtig geworden sind. Der Fokus liegt auf der versammelten Gemeinde, in der ein gegliedertes Amtsverständnis zum Tragen kommt; hier sind die Grundlinien für das so genannte presbyterial-synodale Prinzip erkennbar. Die römisch-katholische Kirche überhöht sich in Calvins Augen und diskreditiert sich damit selber. Im Sakramentsverständnis ist für Calvin die Gegenwart Jesu Christi im Heiligen Geist, nicht in den Elementen wichtig – sie dienen Gott zur Veranschaulichung seiner Gnade und sind so etwas wie göttliche ganzheitlich-pädagogische Hilfsmittel. Und am Schluss reflektiert Calvin noch den Weg der Kirche und des Staates in Zuordnung und Unterschiedenheit – ansatzweise kommt hier auch die Möglichkeit des Ungehorsams gegenüber der Obrigkeit in den Blick, wenn der Staat mehr verlangt als es der Gehorsam Gott gegenüber erlaubt.

Immer wieder wird in der Calvin-Forschung kontrovers diskutiert, auf wen sich Calvin in seiner theologischen Arbeit stützt und welche Kontroversen – explizit und implizit – erkennbar sind. Aufgrund der oben bereits genannten Methodik Calvins, viele Autoren gelesen zu haben, sie aber sehr häufig aus dem Kopf und nicht immer ausdrücklich zu zitieren, ist es umstritten, auf wen er sich positiv bezieht, von wem er vielleicht sogar abhängig ist und von wem er sich abgrenzt. Einige Beobachtungen sind mittlerweile allerdings allgemein anerkannt. Einmal ist hervorzuheben, dass sich die *Institutio* in enger Nachbarschaft zu den Exegesen Calvins befindet und dass die intensive Bezugnahme vor allem auf alttestamentliche Texte ein Charakteristikum ist, welches Calvin von den meisten Reformatoren unterscheidet. Die herausragende Rolle bei den Kirchenvätern spielt eindeutig Augustin. Auch Chrysostomos ist wichtig, aber keinen Kirchenvater übernimmt Calvin kritiklos – sie müssen ebenso wie alle Konzilien „dem Kriterium der Schrift unterworfen werden“ (Wendel, 105). Auch Anselm von Canterbury, Thomas von Aquin, Petrus Lombardus, Bernhard von Clairvaux, Duns Scotus und Ockham werden reflektiert, ohne dass eine einfache Abhängigkeit aussagbar wäre. Unter den philosophischen Zeitgenossen sind, ohne dass sie explizit genannt werden, Erasmus von Rotterdam und Budé deutlich erkennbar. Bezüge zu Luther sind vielfach erkennbar. Zu Recht sagte bereits August Lang, dass Calvin die „Kernlehre Luthers von der Glaubensgerechtigkeit und der Wiedergeburt aus dem Glauben treuer bewahrt und theologisch schärfer zum Ausdruck gebracht hat als irgendein Dogmatiker der Reformnation.“ (Lang, 106). Auch sind deutliche Bezüge zu Bucer und Melanchthon vorhanden, mit denen Calvin befreundet war; zu Zwinglis Schriften hatte Calvin zeit seines Lebens ein distanziertes Verhältnis.

3. Zur Wirkungsgeschichte der Institutio

Die Wirkung dieses Werkes Calvins kann kaum überschätzt werden – es ist beinahe identisch mit der Calvins selber. Für die französisch-sprachige reformierte Kirche wurde die *Institutio* zum theologischen Lehrbuch und über Frankreich hinaus infolge der vielen in Genf studierenden Theologen zum Dokument, auf das sich die verschiedenen reformierten Theologien in den verschiedenen Ländern ausrichteten. Allerdings ist es für die reformierte Reformation charakteristisch, dass vor allem die Inspiration aus dem Werk Calvins und besonders aus seiner *Institutio* zu erkennen ist. So ist beispielsweise der Heidelberger Katechismus als die maßgeblich deutschsprachige reformierte Bekenntnisschrift zwar deutlich von Calvins Theologie beeinflusst, andererseits fehlt aber dort zum Beispiel Calvins Fassung der Prädestinationslehre. In den reformierten Kirchen sind in der Organisation weltweit calvinische Grundentscheidungen erkennbar, etwa im gegliederten Amt wie auch in der synodal-presbyterialen Struktur.

Fast alle wichtigen aus dem reformierten Bereich stammenden theologischen Entwürfe sind stark durch die *Institutio* beeinflusst; hier ist zuvorderst Calvins Nachfolger Theodor Beza zu nennen. Die Dordrechter Synode 1618/19 war geprägt durch den Streit um das richtige Erbe Calvins im Blick auf die Erwählungslehre. Der Jurist Althusius (1563-1638) entwickelte auf der Grundlage von Calvins Verhältnisbestimmung von Staat und Kirche eine eigenständige Staatsrechtstheorie, die durch die Betonung der Souveränität des Volkes und des genossenschaftlichen

Staatsaufbaus gekennzeichnet ist. Die Föderaltheologie und hier insbesondere Coccejus schließt eng an Calvins heilsgeschichtliches Verständnis an. Inwiefern sich der reformierte Theologe Daniel Friedrich Schleiermacher von Calvin her hat beeinflussen lassen, ist in der Forschung heftig umstritten; ebenso, ob Max Webers Calvinismus-Kapitalismus-These bei Calvin selber einen Anhalt findet (wohl eher nicht). Hingegen ist Karl Barths *Kirchliche Dogmatik* und da vielleicht hervorzuheben seine Versöhnungslehre stark von Calvins christologischen Grunderkenntnissen bestimmt.

Die Barmer Theologische Erklärung ist mit ihrer Betonung, dass die Gestalt der Kirche ihrem Glauben zu entsprechen hat, ein Hinweis, wie wichtig Calvins Ekklesiologie besonders in Krisenzeiten der Kirche sein kann.

Diese sehr differenzierte Wirkungsgeschichte ist letztlich als Erfolg von Calvins *Institutio* zu sehen. Denn schon in der Vorrede der französischen Ausgabe von 1541 hatte Calvin betont, dass die *Institutio* nicht um ihrer selbst willen interessant sei, sondern dass sie „für alle Kinder Gottes so etwas wie ein Schlüssel und eine Tür zu einem guten und rechten Verständnis der Heiligen Schrift sein kann.“ (zitiert nach Wendel, 125)

Literatur

Quellen und Werkausgaben

CALVIN, J., Institutio Christianae Religionis (Ausgaben 1536-1554), in: Corpus Reformatorum XXIX (= Calvini Opera I), Braunschweig 1863

CALVIN, J., Institutio Christianae Religionis (Ausgabe 1559), in: Corpus Reformatorum XXX (= Calvini Opera II), Braunschweig 1864

CALVIN, J., Instituin de la Religion Chrétienne (1560), in: Corpus Reformatorum XXXI-XXXII (= Calvini Opera III-IV), Braunschweig 1865-1866

Johannes Calvini Opera Selecta, Vol I-V, hrsg. v. P. BARTH/W. NIESEL, München 1926-1936.

CALVIN, J., Unterricht in der christlichen Religion. Institutio Christianae Religionis, nach der letzten Ausgabe übersetzt und bearbeitet v. O. WEBER, Neukirchen 1955.

Sekundärliteratur

BUSCH, E. u.a. (Hrsg.), Calvin-Studienausgabe (bisher 5 Bände), Neukirchen 1994ff.

BUSCH, E., Gotteserkenntnis und Menschlichkeit. Einsichten in die Theologie Johannes Calvins, Zürich 2005.

LANG, A., Zwingli und Calvin, Bielefeld 1913.

PLASGER, G., Johannes Calvins Theologie – Eine Einführung, Göttingen 2008.

RAVENSWAAY, J.M.J. LANGE VAN, Augustinus totus noster. Das Augustinverständnis bei Johannes Calvin, Göttingen 1997.

SPIJKER, W. VAN'T, Calvin [= Die Kirche in ihrer Geschichte, Bd. 3, Lieferung J 2], Göttingen 2001.

WENDEL, F., Calvin. Ursprung und Entwicklung seiner Theologie, Neukirchen 1968.

Widmungsschreiben der Institutio [1536], in: E. BUSCH u.a. [Hrsg.], Calvin-Studienausgabe Bd. 1,1: Reformatorische Anfänge 1533-1541, 67.

Georg Plasger

Leonhart Hütter, Compendium Locorum Theologicorum, ED Wittenberg 1610

1. Zur Charakteristik des Werkes

Das *Compendium Locorum Theologicorum* des per Anagramm „redonatus Lutherus" (vgl. die Nachweise bei Steiger, 699 Anm. 1) genannten Wittenberger Theologen Leonhart Hütter (Leonhardus Hutterus [1563-1616]; vgl. Sparn) ist eines der bedeutendsten und wirkungsträchtigsten Lehrbücher aus der Feder eines der wichtigsten Vertreter der lutherischen Orthodoxie. Diese Quelle vermittelt bestechend klar, knapp und eindrücklich in 34 Loci, die *more catechetico* im Frage-Antwort-Wechsel (in drei Schwierigkeitsstufen) abgehandelt werden, einen Einblick in das Gesamte der lutherischen Theologie des beginnenden 17. Jahrhunderts (von der Schriftlehre bis hin zur Eschatologie) und kann zugleich als eine Einführung in das Konkordienbuch, mithin in die Bekenntnisschriften der Lutherischen Kirche, gelesen werden. Das für den schulischen und universitären Lehrbetrieb geschaffene Compendium (vgl. Grosse) zielt, wie Hütters Vorrede klar akzentuiert, auf Stiftung von theologischer Bildung (eruditio) um willen der Grundlegung und Stärkung der Frömmigkeit (pietas):

„Hujus autem informationis finis ac scopus praecipuus esse debet pietas, sive vera veri DEI agnitio. Quemadmodum enim inutilis est pietas si scientiae discretione careat: ita nulla est scientia, si utilitatem pietatis non habeat: ut in moralibus scribit Gregorius." (Aber Zweck und vornehmliches Ziel dieser Erziehung muß die Frömmigkeit sein oder die wahre Erkenntnis des wahren Gottes. Denn wie die Frömmigkeit unnütz ist, wenn sie der wissenschaftlichen Erkenntnis entbehrt, so ist die Wissenschaft nichts, wenn sie die Nützlichkeit der Frömmigkeit nicht hat, wie Gregor [d. Gr.] in seinen ‚Moralia [in Job]' schreibt. Hütter 2006, 18).

2. Zu Entstehung und problemgeschichtlichem Hintergrund

Daran, dass Hütter den Auftrag bekam, ein theologisches Compendium zu verfassen, war er in mehrerlei Hinsicht selbst schuld. Seit 1596 war Hütter dafür zuständig, in Wittenberg „die seit 1577 angeordnete Vorlesung über Melanchthons 'Loci communes'" (Mahlmann 1999, 149) zu halten. Im Jahre 1602, mithin erst sechs Jahre später, beendete Hütter diese Vorlesungsreihe (vgl. Jani, 38), die 1619, also postum und wahrscheinlich ediert von Nikolaus Hunnius (1585-1643), unter dem Titel *LOCI COMMUNES THEOLOGICI* im Druck erschien. Nach Abschluss seines

Kollegs über Melanchthons Loci wollte Hütter nicht mehr diesen Text als Grundlage verwenden, sondern hielt Ausschau nach einer anderen, war aber unschlüssig, welche er wählen solle. Nachdem sich Hütter mit dem Kollegium der Wittenberger Theologischen Fakultät beraten hatte, beschloss diese, Hütter im Rahmen seiner Vorlesungen mit der Auslegung der Konkordienformel zu betrauen und zudem das Dresdener Konsistorium nach dessen Einschätzung zu fragen. Darum sandte die Fakultät am 3.7.1602 eine entsprechende Anfrage dorthin (vgl. Jani, 38f.). Hütter traktierte die Formula Concordiae im Rahmen von akademischen Kollegs in höchst ausführlicher Weise und ließ die Ergebnisse dieser Arbeit, die zugleich auch wichtige Vorarbeiten im Hinblick auf das Compendium darstellen, im Jahre 1608 unter dem Titel *LIBRI CHRISTIANAE CONCORDIAE* drucken.

Mit der Ausschaltung des sog. Kryptocalvinismus (vgl. Junghans 1990, Koch, Mahlmann 2005) im Kurfürstentum Sachsen (1574) verlor das *Corpus doctrinae Christianae*, das im Wesentlichen eine Kompilation von Schriften Melanchthons darstellt und noch in dessen Todesjahr (1560) erschienen war, seine Bedeutung. An die Stelle der auch 'Corpus Philippicum' genannten Textsammlung trat faktisch im Jahre 1580 das Konkordienbuch. Um willen einer Festigung des nach der zweiten Phase des Kryptocalvinismus 1586-1591 (unter Kurfürst Christian I.) wiederhergestellten konkordistischen Bekenntnisstandes ordnete Kurfürst Christian II., der die Regierungsgeschäfte 1601 übernommen hatte, eine Visitation der Schulen und der Universitäten seines Landes an, die im Jahre 1603 durchgeführt wurde. Innerhalb dieser Visitation hatte Hütter die Aufgabe, die drei Fürstenschulen Meißen, Grimma und Schulpforta zu evaluieren. Dabei stellte er eine Reihe von Missständen fest, u.a. die Tatsache, dass insbesondere die Christologie, die Lehre vom Austausch der Wesenseigenschaften in Christus (communicatio idiomatum) und die (mit dieser eng zusammenhängende) Abendmahlslehre nicht überall in einer dem Kryptocalvinismus genügend ausschließenden Weise traktiert wurden. Im Rahmen dieser Visitation erteilte der Kurfürst der Wittenberger Theologischen Fakultät am 27.6.1603 den Auftrag, ein auf dem Boden der Konkordienformel stehendes theologisches Lehrbuch abzufassen, das sowohl in den Schulen des Landes als auch als Grundlage für das Examen der zu ordinierenden Pfarrer Verwendung finden sollte (vgl. Urkundenbuch, 636). Am 15.12.1603 wandte sich das Dresdener Konsistorium an die Wittenberger Fakultät, um auf deren oben erwähntes Anschreiben zu reagieren. Die Frage, welcher Text den dogmatischen Vorlesungen zugrunde gelegt werden solle, beantwortete das Konsistorium mit der Erinnerung daran, dass die Fakultät bereits den Auftrag bekommen habe, ein theologisches Compendium für den Gebrauch „et in scholis, et in academiis" (vgl. Jani, 40) auszuarbeiten. Die Wittenberger Fakultät übertrug diese Aufgabe zunächst Salomon Gesner (1559-1605). Da das von Gesner vorgelegte Ergebnis, das postum 1606 veröffentlichte *Compendium Doctrinae Coelestis*, jedoch mehr für Unzufriedenheit sorgte als es Zustimmung fand, bat die Wittenberger Fakultät den Kurfürsten mit Schreiben vom 16.11.1605, Hütter mit der Aufgabe betrauen zu dürfen, ein auf dem Konkordienbuch fußendes Lehrbuch abzufassen. Diesem Antrag wurde am 16.12.1605 stattgegeben und zugleich die deutliche Mahnung ausgesprochen, die Sache möglichst umgehend zum Abschluss zu bringen. In der Zeit des Jahreswechsels 1605/06 muss Hütter die Arbeiten an der (nicht überlieferten) handschriftlichen Urfassung des Compendium abgeschlossen haben, woraufhin es am 6.1.1606 nach Dresden gesandt werden konnte.

Im Dresdener Konsistorium wurde die Auftragsarbeit einer gründlichen Prüfung unterzogen und ein recht opulenter Katalog mit Verbesserungsvorschlägen erstellt, der im Wesentlichen auf Polycarp Leyser d.Ä. (1552-1610) zurückgehen dürfte. Diese betreffen u.a. die Abfolge der Loci. Unbeschadet der in der Zeit der Auseinandersetzung zwischen Gnesioluthertum und Philippismus nicht gerade geringer gewordenen Vorbehalte der Theologie Melanchthons gegenüber, verlangt das Konsistorium von Hütter zudem, „daß er die bekandte und in den Schulen gebräuchliche Definitiones und Divisiones Philippi, so viel derselben nicht in controversiam gezogen worden sind / als definitiones DEI, Personae, legis, Poenitentiae, Ecclesiae und dergleichen / behalte“ (Text und Nachweise bei Steiger, 716f.). Offenbar war hier das Interesse maßgeblich, eine Kontinuität der melanchthonisch geprägten Methodik des Schulunterrichtes zu gewährleisten und einer völligen Zurückdrängung des Erbes Melanchthons, wie sie nach der zweimaligen Niederkämpfung des Kryptocalvinismus ja immerhin denkbar und vielleicht auch nachvollziehbar gewesen wäre, mitunter aus pädagogischer Motivation heraus entgegenzuwirken. Das neue Compendium sollte zwar Melanchthons *Examen theologicum*, von dem es auch Aufbereitungen in Form von Lehrbüchern gab, ablösen, zugleich aber dafür Sorge tragen, dass die Schüler das bereits Gelernte betreffend nicht in Konfusion geraten. Dies werde am einfachsten dadurch erreicht, so das Konsistorium, wenn man die von Melanchthon eingeführte Begrifflichkeit und dessen gängig gewordenen Definitionen übernimmt.

Hütter beherzigte innerhalb seiner Umarbeitung fast alle Kritikpunkte und schenkte auch der seitens der Kirchenbehörde eingeforderten Kontinuität bezüglich des melanchthonisch geprägten Schulunterrichts das notwendige Augenmerk. Die Endfassung seines Compendium weist aus, dass Hütter bemüht war, sowohl Melanchthons *Loci* als auch dessen *Examen ordinandorum* Gerechtigkeit widerfahren zu lassen. Hiermit fügte sich Hütter keineswegs einer kirchenobrigkeitlich verordneten, Melanchthon gegenüber freundlichen Haltung, und schon gar nicht wider Willen. Vielmehr liegt auf der Hand, dass Hütter bereits in seiner oben genannten Vorlesung über Melanchthons *Loci* eine sehr ausgeprägte Hochschätzung dieses Autors verband mit einem genauso kritischen wie urteilskräftigen Umgang mit dessen Schriften (vgl. Mahlmann 1999, 150). Genau dieses Miteinander von höchster Wertschätzung und gleichzeitiger kritischer Distanz im theologischen Urteil spiegelt sich auch in Hütters Vorrede zum Compendium, wenn er sagt, er habe sich in diesem Werk der Worte „aliorum Theologorum, ut B. LUTHERI, D. PHILIPPI (ubi quidem orthodoxían ille tenuit) Doctoris MARTINI CHEMNITII, Doctoris AEGIDII HVNNII“ (Hütter 2006, 20) bedient.

Insofern trifft die Formel Gustav Franks, Hütters Compendium sei „das Depositum der gnesiolutherischen, die Abrogation der melanchthonschen Lehre“ (Frank, 331), nicht den Kern der Wahrheit, denn Hütter rezipiert keineswegs lediglich die Melanchthonsche Methodik, sondern weit mehr als diese. Von einer Zurückdrängung Melanchthons kann in keiner Weise die Rede sein, schon darum nicht, weil er derjenige Autor ist, den Hütter im Compendium mit Abstand am häufigsten zitiert (vgl. Junghans 1999, 23).

Ebenfalls auf einen Impuls des Konsistoriums geht die Tatsache zurück, dass Hütter jeden einzelnen Abschnitt seines Lehrbuches einem von drei Schwierigkeitsgraden zuordnete. Es ist erstaunlich, mit welch ausgeprägtem didaktischen Gespür man sich auf Seiten des Konsistoriums Gedanken über eine pädagogisch verantwortbare Verteilung des Stoffes des geplanten Lehrbuchs auf die drei oberen Klassen innerhalb der Fürstenschulen des Landes machte (vgl. Meisner, fol. b 8r). Nachdem Hütter die erwünschte Umarbeitung vorgenommen, die Wittenberger Fakultät ein zustimmendes Gutachten zum revidierten Text abgefasst hatte und beides dem Kurfürsten überstellt worden war, beauftragte dieser mit Schreiben vom 6.2.1606 die Theologische Fakultät der Universität Leipzig, sich ebenfalls in einem (nicht überlieferten) Gutachten zu Hütters Werk zu äußern. Doch damit war die äußerst aufwendige Evaluation des künftigen Lehrbuches keineswegs abgeschlossen. Vielmehr wurde das Manuskript unter dem Datum vom 31.5.1608 zusätzlich auch den drei Fürstenschulen in Meißen, Grimma und Schulpforta zur Begutachtung vorgelegt (vgl. Meisner, fol. c 2r), nachdem Hütter selbst diese Verfahrensweise vorgeschlagen hatte (vgl. Steiger, 723). Die Lehrerkollegien würdigten in ihren Gutachten Hütters Entwurf, unterbreiteten jedoch auch eine Reihe von Verbesserungsvorschlägen (vgl. Steiger, 723-729). Am 10.5.1609 wandte sich der Kurfürst an die Fakultät in Wittenberg mit dem Auftrag, Hütter mit einer abermaligen Umarbeitung seines Textes im Sinne der von den Fürstenschulen geäußerten Vorschläge zu betrauen und das Werk sodann in den Druck zu geben. Am 25.11.1609 schließlich wurde Hütter das erbetene Druckprivileg erteilt.

3. Zur Druck- und Wirkungsgeschichte

Hütters Compendium wurde erstmals im Jahre 1610 in Wittenberg bei Paul Helwig (den Druck besorgte Johann Gormann), eingeleitet durch eine Vorrede des Auftraggebers und sächsischen Kurfürsten Christian II., publiziert. Offenbar war die Nachfrage so groß, dass noch im selben Jahr vier Neudrucke und im Folgejahr drei weitere Auflagen produziert werden mussten. Doch der Siegeszug des Lehrbuches ging weiter. Dem derzeitigen bibliographischen Kenntnisstand zufolge erschienen zu Hütters Lebzeiten (also bis 1616) insgesamt 18 Ausgaben und bis zum Ende des 17. Jahrhunderts 79. Bis 1622 wurde(n) in jedem Jahr ein oder mehrere Drucke des Compendium veranstaltet. Insgesamt sind bis in das Jahr 2000 107 Ausgaben zu verzeichnen (Bibliographie bei Steiger, 792-848), darunter zwei schwedische Übersetzungen (1618 und 1845) sowie je eine Übertragung ins Ungarische (1635) und ins Englische (1868), die von der Wirkung des Compendium im amerikanischen Luthertum des 19. Jahrhunderts zeugt. Ein Kuriosum stellt die tamilische Übersetzung des Compendium aus dem Jahre 1881 dar, die Zeugnis ablegt von lutherisch motivierter Mission im südlichen Indien des 19. Jahrhunderts. Mit vollem Recht wird man das Compendium das „verbreitetste Lehr- und Schulbuch der orthodoxen Kirchenlehre“ (Mahlmann, 1981, 320) nennen dürfen.

Die erste deutschsprachige Version des Compendium, erstellt von dem Lübecker Pastor Caspar Holstenius (1554-1638), wurde schon im Jahr nach dem Erscheinen der lateinischen Erstausgabe auf den Buchmarkt gebracht. Offenbar umgehend nachdem Holstenius' Übersetzung die Druckerpresse verlassen hatte, bekam Hütter Kenntnis von der Neuerscheinung, nahm diese kritisch in Augenschein und stellte eine ganze Reihe von Diskrepanzen zwischen der lateinischen Vorlage und der deutschen Version fest: Nicht nur habe der Übersetzer fast durchweg Ergänzungen und Zusätze interpoliert, sondern zudem nicht selten ganze Passagen einfach ausgelassen. Ein gravierendes Manko erblickte Hütter in dem Umstand, dass Holstenius die mannigfaltigen Zitate aus dem Konkordienbuch einfach ins Deutsche übertragen hat, ohne dass er sich hierbei am (ja häufig differenten) Wortlaut von dessen deutschsprachiger Fassung orientiert hätte. So erwirkte Hütter von seinem Landesherrn, dem sächsischen Kurfürsten Johann Georg I. (1585-1656, regierte seit 1611) den Auftrag, selbst eine offizielle und von ihm, Hütter, autorisierte deutschsprachige Fassung zu erstellen. Diese erschien im Jahre 1613 in Wittenberg – wie der lateinische Erstdruck bei Paul Helwig.

Hütter hatte das Compendium (zwar nicht ausschließlich, aber doch) vornehmlich als Lehrbuch für den schulischen Unterricht konzipiert und abgefasst. In den Schulen – und keineswegs nur in Kursachsen – wurde eifrig Gebrauch von Hütters bestechend klarer und elementarisierender Darstellung des Stoffes der lutherischen Theologie gemacht. Generationen von Schülern haben sich ihre theologischen Grundkenntnisse mit Hilfe von Hütters Lehrbuch angeeignet. Zu ihnen gehören auch nachmals zu hohem Bekanntheitsgrad gekommene Personen wie z.B. Paul Gerhardt (1607-1676), der in den Jahren 1622-1627 in Grimma die Schulbank drückte, Johann Sebastian Bach (1685-1750), der die Prima des Gymnasiums in Lüneburg besuchte, wo das Compendium auf dem Lehrplan stand, und der Leipziger Thomaner Paul Fleming (1609-1640). Die Wahrscheinlichkeit, dass diejenigen, die in lutherischen Territorien des 17. Jahrhunderts ein Gymnasium besucht haben, sich ihre theologischen Grundkenntnisse anhand des Hütterschen Lehrbuches erarbeitet haben, ist relativ hoch. Insofern ist diese Quelle keineswegs lediglich von theologie- und kirchenhistorischer Relevanz. Vielmehr ist sie zudem von hohem allgemein-bildungsgeschichtlichem Interesse, da auch und gerade diejenigen Vertreter der geistigen Elite, die kein Studium der Theologie anstrebten, im Zuge ihrer schulischen Beschäftigung mit dem Compendium ein vergleichsweise hohes Maß an theologischer Urteilskraft erworben haben. Nicht zuletzt bezüglich der Frage, welche Grundkenntnisse z.B. lutherische Prediger im 17. Jahrhundert neben dem Kleinen Katechismus u.a. – jedenfalls bei den Gebildeten – voraussetzen konnten, kommt dem Hütterschen Compendium ein hoher Quellenwert zu.

Nicht nur in Kursachsen, sondern auch im Herzogtum Sachsen war Hütters Compendium in allen Lateinschulen verbindliches Lehrbuch. Nach Ausweis der im Anhang zur 1626 publizierten Kirchenordnung Johann Casimirs von Coburg-Gotha abgedruckten Schulordnung und dessen *LECTIONUM CATALOGUS* für das Gymnasium in Gotha wurde Hütters Compendium traktiert, allerdings – anders als in Kursachsen – ausschließlich in der Prima. Salomon Glassius (1593-1656) war es, der 1656 im Auftrage Ernsts des Frommen von Sachsen-Gotha (1601-1675) eine kommentierte Fassung des Compendium in den Druck gab, die er für den Gebrauch in den Gymnasien und Schulen des Fürstentums Gotha konzipiert hatte und die sechsmal aufgelegt wurde. Auch am akademischen Gymnasium zu Coburg, an der Thomas- und der Nikolai-Schule zu Leipzig, am Straßburger akademischen Gymnasium sowie am Hamburger Johanneum stand Hütters Compendium (nicht selten bis zum Ende des 18. Jahrhunderts) auf dem Lehrplan.

Es spricht für die Qualität von Hütters Compendium, dass dieses keineswegs allein im schulischen Kontext Verwendung fand, sondern auch im akademischen Lehrbetrieb. An der Theologischen Fakultät zu Wittenberg avancierte das Compendium zur gängigen Grundlage für die ausführlichere Darbietung des dogmatischen Stoffes im Rahmen von Vorlesungen. Diese unbestrittene Vorrangstellung büßte das Compendium erst zu dem Zeitpunkt ein, als Johann Andreas Quenstedt (1617-1688) in Wittenberg damit begann, seinen Vorlesungen das im Jahre 1664 erstmals erschienene dogmatische Lehrbuch seines Rostocker Kollegen Johann Friedrich König (1619-1664) mit dem Titel *Theologia positiva acroamatica* zugrunde zu legen. Großen Anklang im Rahmen des akademischen Lehr- und Studienbetriebes fand das Compendium auch außerhalb Kursachsens. Nicht wenige prominente Theologen arbeiteten Erläuterungen und Kommentare zu Hütters Compendium im Zuge von entsprechenden Vorlesungen aus und publizierten sie. Auffälligerweise stammt der Großteil der ausführlichen Kommentarwerke zum Compendium nicht von Wittenberger, sondern von Jenaer Theologen. Hier sind zu nennen die umfänglichen *Notae et observationes, quibus Compendium theologicum Leonharti Hutteri illustrantur* (1648, mehrfach neu aufgelegt) aus der Feder des Jenaer Theologen Gottfried Cundisius (1599-1661). Eine minutiöse Auslegung zu eben diesem Werk stellen die *Praelectiones in locos theologicos Huttero-Cundisianos* (1668) von Christian Chemnitz (1615-1666) dar, die Johann Ernst Gerhard (1621-1668) nach dem Tode des Autors und kurz vor seinem eigenen in den Druck gegeben hat. Einen sehr umfänglichen (rund 950 Quart-Seiten starken) Kommentar zu Hütters Compendium bilden die *Annotationes uberiores in Compendium Hutteri* (1690, mehrere Neudrucke) von Friedemann Bechmann (1628-1703). Bechmann war in Jena seit 1668 auf dem Lehrstuhl Johann Ernst Gerhards als dessen Nachfolger tätig. Doch auch die Wittenberger konnten mit einem höchst stattlichen (über 1700 Seiten im Oktavformat umfassenden) Kommentarwerk zu Hütters Compendium aufwarten, nämlich mit Johann Deutschmanns (1625-1706) *Analytico-Exegeticum [...] Leonharti Hutteri Compendium Theologicum* (1665). An all diesen Werken zeigt sich: Der akademisch-theologische Lehrbetrieb war bestrebt, den den Studenten bereits in der Lateinschule vermittelten Kenntnisstand aufzugreifen und auf diesen aufzubauen. Dass dem Compendium eine höchst facettenreiche Wirkung im universitären Kontext beschieden war, belegen auch die in der zeitgenössischen Anleitungsliteratur zum theologischen Studium recht häufig, etwa von Johannes Olearius (1611-1684), Abraham Calov (1612-1686) und Johann Hülsemann (1602-1661) gegebenen Ratschläge, sich die dogmatischen Grundkenntnisse mit Hilfe Hütters anzueignen (Nachweise bei Steiger, 768-770).

Mannigfach sind die Versuche, den Stoff des Compendium – meist für den schulischen Unterricht – aufzubereiten, zu elementarisieren, zu erläutern und zu analysieren (vgl. Steiger, 772-781). Aus der Masse der einschlägigen Quellen sei hier nur hingewiesen auf ein kleines Werklein, nämlich den *Hutterus in Digitis* (1691) von Johann Friedrich Treiber (1642-1719), der seit 1674 Rektor des Gymnasiums in Arnstadt war. Treiber leitet dazu an, sich mit Hilfe von fünf Fingern den Stoff des Hütterschen Compendium anzueignen, und bietet Merkverse. Hinzu kommt eine weitere Facette der Wirkungsgeschichte von Hütters Compendium, nämlich die geistlich-lyrische. Der Rektor des Lüneburger Gymnasiums Johann Georg Kettembeil (1624-1675) veröffentlichte im Jahre 1668 im Selbstverlag die *HYMNODIA SACRA GRAECO-LATINO GERMANICA, Ad B. Hutteri Compendium Locorum Theologicorum maximam partem accommodata*. Kettembeil geht an den loci des Compendium entlang und bietet zu jedem derselben mehrere vierzeilige Strophen – jeweils in drei Sprachen: Griechisch, Lateinisch und Deutsch. Als Zielgruppe hat Kettembeil die Schüler des Gymnasiums – vor allem des Lüneburger – im Blick, denen er nicht nur Memorierhilfen im Hinblick auf die Erlernung des Hütterschen Stoffes bereitstellen will, sondern ihnen zudem Anlass geben möchte, ihre altsprachlichen Kenntnisse zu üben.

Das heute wohl bekannteste dogmatische Handbuch, das Hütter im Titel führt, der *Hutterus Redivivus* Karl von Hases (1800-1890), zwischen 1829 und 1883 in immerhin zwölf Auflagen erschienen, hat mit Hütters Compendium so gut wie gar nichts zu tun. Von Hase borgt sich für sein dogmatisches Repertorium vielmehr nur den Namen des großen Wittenberger Theologen, ohne sich jedoch etwa von Aufbau oder Inhalt des Compendium leiten zu lassen. Von Hase, dem die protestantische „Freimüthigkeit und Liberalität" (von Hase, V) genauso am Herzen liegt wie die Würdigung sehr unterschiedlicher, ja gegensätzlicher theologischer Positionen, ist es vielmehr darum zu tun, den dogmatischen Stoff so darzubieten, wie es Hütter seiner Ansicht nach unter den Bedingungen der veränderten Zeitumstände, mithin im 19. Jahrhundert, getan hätte.

Hütters Compendium liegt als historisch-kritische, lateinisch-deutsche Parallelausgabe mit ausführlichem Kommentar, detaillierten Registern, einer Bibliographie sämtlicher Drucke, dem Abdruck der englisch-sprachigen Version sowie einer detaillierten Einführung in Entstehung und Wirkung dieser eminent wichtigen Quelle vor.

Literatur

Quellen und Werkausgaben

HASE, K. V., Hutterus Redivivus oder Dogmatik der evangelisch-lutherischen Kirche. Ein dogmatisches Repertorium für Studirende, Leipzig ^{10}1862.

HÜTTER, L., COMPENDIUM LOCORVM THEOLOGICORUM, Ex Scripturis sacris, & libro Concordiae, Jussu & autoritate SERENISS. ELECT. SAXONIAE, CHRISTIANI II. &c. Collectum, & ab utraque Facultate Theologica, Lipsiensi & VVittebergensi approbatum. In usum tùm trium Scholarum Illustrium, tùm reliquarum trivialium in his regionibus [...], Wittenberg 1610 (ED).

HÜTTER, L., Compendium locorum theologicorum ex Scripturis Sacris et Libro Concordiae, lateinisch – deutsch – englisch, kritisch hrsg., komment. und mit einem Nachwort sowie einer Bibliographie sämtlicher Drucke des Compendium vers. v. J.A. STEIGER, Stuttgart-Bad Cannstatt 2006.

JANI, D.F., DE HVTTERO EIVSQVE COMPENDIO THEOLOGICO [...] COMMENTATIO BREVIS, in: L. HÜTTER (Verf.)/C. JUNCKER (Bearb.)/D.F. JANI (Hrsg., Vorr.): D.

LEONHARDI HVTTERI [...] COMPENDIVM LOCORVM THEOLOGICORVM Ex Script. S. ET Libr. Concordiae [...], Leipzig 1736, 1-69 [separate Paginierung].

MEISNER, J., Praefatio, in: LEONHARDI HUTTERI, D. COMPENDIUM LOCORUM THEOLOGICORUM [...], Wittenberg 1677, fol. b 3v-c 5v.

Sekundärliteratur

FRANK, G., Geschichte der Protestantischen Theologie, Teil 1: Von Luther bis Johann Gerhard, Leipzig 1862.

GROSSE, S., Compendium locorum theologicorum, Leonhard Hutter, in: M. ECKERT u.a. (Hrsg.), Lexikon der theologischen Werke, Stuttgart 2003, 117f.

JUNGHANS, H., Art. Kryptocalvinisten, in: Theologische Realenzyklopädie 20 (1990), 123-129.

JUNGHANS, H., Philipp Melanchthons Loci theologici und ihre Rezeption in deutschen Universitäten und Schulen, in: G. WARTENBERG (Hrsg.), Werk und Rezeption Philipp Melanchthons in Universität und Schule bis ins 18. Jahrhundert, Leipzig 1999, 9-30.

KOCH, E., Der kursächsische Philippismus und seine Krise in den 1560er und 1570er Jahren, in: H. SCHILLING (Hrsg.), Die reformierte Konfessionalisierung in Deutschland. Das Problem der 'Zweiten Reformation', Gütersloh 1986, 60-77.

MAHLMANN, T., Die Bezeichnung Melanchthons als Praeceptor Germaniae auf ihre Herkunft geprüft. Auch ein Beitrag zum Melanchthon-Jahr, in: U. STRÄTER (Hrsg.), Melanchthonbild und Melanchthonrezeption in der Lutherischen Orthodoxie und im Pietismus. Referate des dritten Wittenberger Symposiums zur Erforschung der Lutherischen Orthodoxie (Wittenberg, 6.-8. Dezember 1996), Wittenberg 1999, 135-226.

MAHLMANN, T., Martin Chemnitz, in: M. GRESCHAT (Hrsg.), Gestalten der Kirchengeschichte, Bd. 6: Die Reformationszeit II, Stuttgart u.a. 1981, 315-331.

MAHLMANN, T., Melanchthon als Vorläufer des Wittenberger Kryptocalvinismus, in: G. FRANK u.a. (Hrsg.), Melanchthon und der Calvinismus, Stuttgart-Bad Cannstatt 2005, S. 173-230.

SPARN, W., Art.: Hütter (Hutterus), Leonhart, in: RGG^4 Bd. 3 (2000), 1967f.

STEIGER, J.A., Nachwort, in: L. HÜTTER, Compendium locorum theologicorum ex Scripturis Sacris et Libro Concordiae, lateinisch – deutsch – englisch, kritisch hrsg., komment. und mit einem Nachwort sowie einer Bibliographie sämtlicher Drucke des Compendium vers. v. J.A. STEIGER, Stuttgart-Bad Cannstatt 2006, 699-848.

Urkundenbuch der Universität Wittenberg. Teil 1 (1502-1611), bearb. v. W. FRIEDENSBURG, Magdeburg 1926.

Johann Anselm Steiger

Johann Joachim Spalding, Betrachtung über die Bestimmung des Menschen, ED Greifswald 1748

1. Kontext und problemgeschichtlicher Hintergrund

Das epochale Jugendwerk des Aufklärungstheologen Johann Joachim Spalding (1714-1804) eröffnete ein neues Kapitel der Kirchen- und Theologiegeschichte: In ihm debütierte das Zeitalter der Neologie. Zugleich manifestierte sich darin erstmals die „anthropologische Wende“ des frühneuzeitlichen Protestantismus.

Der vielgestaltige, namentlich von Humanismus und Reformation getragene Aufbruch in die Frühe Neuzeit hatte die Frage des Menschen nach sich selbst programmatisch intensiviert und damit den nachmittelalterlichen Prozess der Individualisierung unumkehrbar beschleunigt. Die nun in allen christlichen Konfessionen betriebene religiöse Selbsterfahrung führte eine neue Kultur des Gewissens mit sich herauf, die auch gattungsspezifisch zu Buche schlug, so in der um 1600 massiv expandierenden Erbauungsliteratur, in einer ausufernden Produktion von Kirchenliedern, nicht zuletzt auch in den aufblühenden literarischen Gattungen des Romans und der Autobiographie.

Während sich die konfessionellen Milieus in religiöser Selbstfindung übten, emanzipierte sich der philosophische Diskurs vom Menschen zunehmend aus kirchlicher Prädominanz; namentlich unter dem Einfluss der naturwissenschaftlichen Weltbemächtigung und des philosophischen Rationalismus entwickelte sich eine auf autonome Erfahrung („Erfahrungsseelenkunde“) und natürliches Gefühl rekurrierende, säkulare Anthropologie. Angesichts dieses drohenden Auseinanderbrechens von religiös-traditionaler und naturwissenschaftlich-empirischer Vergewisserung der menschlichen Subjektivität fragte Spalding, auf die evident zu machende Konvergenz von Vernunft- und Offenbarungswahrheit vertrauend, in popularphilosophischer Absicht nach der „Bestimmung des Menschen“.

2. Werkgeschichtliche Stellung

Spalding, 1714 im vorpommerschen Tribsees geboren, zählt zu den bedeutendsten Theologen des 18. Jahrhunderts. Wegen seiner intellektuellen Redlichkeit, kirchlichen Modernität und menschlichen Integrität verehrten ihn nicht nur gleichgesinnte Zeitgenossen als den Patriarchen der Neologie. Seine der Praxis und Theorie christlicher Religion gewidmete Lebensarbeit machte ihn zu einem theologischen Bahnbrecher der Moderne.

Die theologische Orientierungslosigkeit, mit der Spalding 1733 die Universität Rostock verlassen hatte, begann allmählich zu weichen, als er kurz darauf den theologischen Wolffianismus für sich entdeckte. In ergänzender Auseinandersetzung mit der empirischen Erkenntnisphilosophie Andreas Rüdigers und namentlich durch die intensive Rezeption des englischen Moralphilosophen Shaftesbury, von dem er zwei Hauptwerke ins Deutsche übertrug, formierten sich seine weithin autodidaktisch erworbenen Kenntnisse zu eigenständiger, sein Lebenswerk grundierender

Bildung. In Berlin, wohin Spalding Ende 1745 als Sekretär der schwedischen Gesandtschaft gekommen war, entspann sich mit Johann Wilhelm Ludwig Gleim, Ewald von Kleist, Johann Georg Sulzer und anderen Vertretern der Anakreontik alsbald ein empfindsamer Freundschaftskult.

Mit dem Versprechen, seine den Berliner Freunden offenbar bereits mündlich entwickelten „Gedanken über die Bestimmung des Menschen" aufzuzeichnen, kehrte Spalding Anfang 1747 in der Hoffnung auf pastorale Bestallung und zur Pflege seines wassersüchtigen Vaters nach Tribsees zurück. In den am Kranken- und Sterbebett des Vaters durchwachten Nächten reifte die literarische Etüde zur Vollendung heran. Anfang November 1747 sandte Spalding das Manuskript mit der Bitte um kritische Rückmeldung an seine Freunde. Im Mai 1748 konnte er das Erscheinen des Bandes vermelden.

Dass der „Aufsatz", wie Spalding das Schriftchen nannte, als unmittelbare Abwehr der in Julien Offray de La Mettries *L'homme machine* (Leiden 1748) vertretenen Anthropologie des französischen Materialismus gedacht war, dürfte, obwohl bisweilen vermutet, abwegig sein, nicht nur aus chronologischen Gründen, sondern auch und vor allem wegen seines ganz unpolemischen, auf existentielle Selbstvergewisserung abzielenden Gestus.

Spalding, der, nach fünfzehnjährigem Pfarrdienst in Vorpommern, 1764 als Propst und Oberkonsistorialrat nach Berlin berufen wurde, hat seine Theologie „in wachsenden Ringen" gebildet und präzisiert. Die Grundfragen, die ihn umtrieben und die er erstmals in seiner *Bestimmung des Menschen* benannte, hat er in einem sechzig Jahre umfassenden, stufenlosen Ausformungsprozess expliziert: in fortwährend erneuerter Auseinandersetzung mit den Fragen der Zeit, jedoch bei erstaunlicher Konstanz der Leitmotive. Diese bruchlose Ausformung seines in der Erstlingsschrift bereits keimhaft angelegten, konsistenten aufklärungstheologischen Denkens lässt sich in dem umfangreichen Predigtwerk, das er hinterlassen hat, ebenso nachvollziehen wie in den populartheologischen Hauptwerken, die er, jeweils im Abstand von etwa zwölf Jahren, verfasste: Zunächst entwickelte er *Gedanken über den Werth der Gefühle in dem Christenthum* (1761, ^{5}1784, NA 2005), danach handelte er *Ueber die Nutzbarkeit des Predigtamtes und deren Beförderung* (1772, ^{3}1791, NA 2002), um schließlich, nach der Herausgabe von *Vertraute[n] Briefe[n], die Religion betreffend* (1784, ^{3}1788, NA 2004), in seinem auf Schleiermacher vorausweisenden Alterswerk *Religion, eine Angelegenheit des Menschen* (1797, ^{4}1806, NA 2001) die Koordinaten seiner theologischen Existenz bündelnd zu reflektieren. Noch als Greis fand Spalding, sich jenes Erstlings erinnernd, „die Sicherheit des Weges, den ich gegangen war", zu seiner „erfreulichen Bestärkung" verbürgt (Religion, 2001, 1).

3. Inhalt

Nicht allein die titelgebende Wendung, sondern auch das damit markierte Sachinteresse hat Spalding mit seinem schmalen Büchlein *Die Bestimmung des Menschen* in die anthropologische Erörterung eingebracht. Durch Shaftesbury angeregt, wählte er die literarische Form des Selbstgesprächs: Mittels eines inneren Monologs soll ein „Ich“ sich seiner Bestimmung vergewissern und damit zugleich den Leser zu aufgeklärtem Selbstdenken anregen. Die popularphilosophische, allein auf empirische Evidenz gegründete und darum auf offenbarungstheologische und andere Autoritätsrekurse programmatisch verzichtende Schrift wendet sich nicht an Christen, sondern an den Menschen schlechthin. Wie das als Motto vorangestellte Persius-Zitat „Quid sumus? et quidnam victuri gignimur?“, so folgt auch der Gedankengang zunächst einer von Shaftesbury vorgezeichneten Spur. Ausgehend von der Frage, „warum ich da bin, und was ich vernünftiger Weise seyn soll“ (1; Belege nach Spalding, Kritische Ausgabe I/1, 2006), rekurriert das Ich, über das Streben nach Reichtum und Ehre hinausgreifend, alsbald auf die Natur. Zwar findet es den „Trieb zum Vergnügen [...] tief in meiner Seele“ (2), doch wird es bald darauf der Endlichkeit alles sinnlichen Vergnügens gewahr. Selbst „ein ordentlicher Wollüstling“ (5) erfahre seine sinnliche Befriedigung letztlich als defizitär. Das damit angewandte Verfahren wiederholt Spalding auf allen Stufen der über Sinnlichkeit, Geistesvergnügen, Tugend und Religion zum vernünftigen Unsterblichkeitspostulat emporführenden Skala des Denkens: Jedesmal würdigt er die erreichte Stufe zuerst in ihrer positiven Bedeutung, um sodann ihre Grenzen zu erkunden und dadurch auf die nächsthöhere Stufe geführt zu werden, auf der die vorausgehende Stufe nicht etwa dualistisch negiert, sondern als ein den Aufstieg konstituierendes Erkenntnismoment in das größere Ganze integrativ eingebracht wird.

Über der Sinnlichkeit steht für Spalding das Streben nach Vervollkommnung des eigenen Geistes. Defizitär erweist sich jedoch auch dieses „Vergnügen des Geistes“ (65) insofern, als der dabei verfolgte eigene Nutzen nicht den einzigen „Zweck [...] meiner Sele“ (7) ausmachen kann. Die damit in den Blick rückende menschliche Sozialität und Moralität erschließt dem sich selbst ergründenden Ich die „Triebe [...] zu dem, was sich schickt“ (8), nämlich die „Triebe des Rechts und der Güte“ (9), als eine „ursprüngliche Einrichtung meiner Natur“ (11). In der dadurch freigesetzten Vorstellung eines vollkommenen Geistes „erweitert sich meine erstaunte Sele bis zum Unendlichen“ (15).

Diese religiöse Wendung des Moralitätsgedankens macht das Gewissen als die Stimme Gottes kenntlich, „die sich ohne Unterlaß in dem innersten Grunde meiner Sele hören lässet“ (17). Diese Einsicht erschließt dem Ich zugleich die sittliche Pflicht, nach Übereinstimmung seiner Natur „mit den Absichten der höchsten Regierung“ (ebd.) zu trachten, und damit verbunden auch die Beruhigung, sich in den unlösbaren, verwirrenden Rätseln des Lebens getrost „den Fügungen desjenigen überlassen“ zu können, „der alles nach seinem Willen lenket, und dessen Wille immer gut ist“ (19).

Bereits in dieser Verknüpfung – nicht Identifikation! – von Moralität und Religion hat Spalding eine die Denkspur Shaftesburys verlassende Anverwandlung von Ideen der Leibniz-Wolffischen Schule vollzogen. Erst recht wählt er dann in der Begründung seines Unsterblichkeitspostulats einen neuen, auf seinen späteren Briefpartner Immanuel Kant vorausweisenden Weg. Zum einen lasse die in der Welt wahrzunehmende „Disharmonie“, deren Erscheinungsformen Spalding in ungeschminkter Drastik benennt und durch die sich sein „Begriff von einer herrschenden Ordnung [...] gänzlich [verwirret]“, die Erwartung einer späteren „vollkommene[n] Zusammenstimmung“ und „vollständige[n] Aufklärung“ unabweisbar erscheinen: „Es muß eine Zeit seyn, da ein jeder das erhält, was ihm zukömmt" (20). Zum andern transzendiere die Einsicht in die eigene geistige und moralische Perfektibilität die Grenzen der Endlichkeit: „Ich bin also für ein anderes Leben gemacht" (22). Bereits für Spalding – wie dann später in analoger Weise für Kant – dienen die axiomatischen Gottes- und Unsterblichkeitsvorstellungen als regulative Ideen: Der Begriff des „ganzen Lebens" macht „dieses Leben" erst wahrhaft schätzenswert, indem er dazu anhält, „von einer jeden Sache immer so zu denken, wie ich einmal in der zukünftigen Welt und in den letzten Augenblicken des itzigen Lebens davon werde denken müssen" (23). Dass der Mensch dazu bestimmt ist, „rechtschaffen, und in der Rechtschaffenheit glückselig zu seyn" (25), ist dem zu seiner wahren Bestimmung vorgedrungenen Selbsterkunder eine so wichtige Einsicht, „daß ich mich aufs möglichste hüten würde, sie falsch zu finden, wenn sie es auch seyn könnte. Es ist mir zu viel daran gelegen, daß sie wahr sey" (24). Die transzendentalphilosophische Relevanz dieser abschließenden Äußerung taucht den gesamten Text in ein eigenes, von den meisten Rezipienten bis heute nicht wahrgenommenes oder abgeblendetes Licht.

Bis zu der letzten von Spalding besorgten Auflage (1794) entfaltete sich das ursprünglich kaum zwei Bogen umfassende Heft zu einem stattlichen, 244 Druckseiten füllenden Buch. Diese augenfällige Vermehrung kam einerseits dadurch zustande, dass Spalding, um sich eingehender zu erklären und teilweise auch kritische Einwände der Rezensenten zu entkräften, seine „Betrachtung" in den nachfolgenden Auflagen sukzessive mit Ergänzungen, die mitunter bis zu zehn Druckseiten füllen konnten, versah. Andererseits stellte er dem derart sich ausweitenden Haupttext später noch Widmung, Vorrede und Einleitung voran und fügte ihm einen ausführlichen „Anhang" hinzu. Außerdem vermehrte er den Band ab der 7. Auflage (1763) um vier „Zugaben", nämlich um die ursprünglich separat publizierten Meditationen *Der vernünftige Werth der Andacht* (1758), *Das glückliche Alter* (1758) und *Die menschlichen Erwartungen* (1756) sowie um den neu verfassten Essay *Die Entschlossenheit.*

4. Wirkungs- und Rezeptionsgeschichte

Das zunächst anonym publizierte Jugendwerk Spaldings – erst seit der 7. Auflage (1763) gab er sich als Verfasser des Erfolgsbuchs zu erkennen – avancierte zu einer der erfolgreichsten Publikationen des 18. Jahrhunderts. In ihm haben ein „Leitwort" (D'Alessandro) und „eine Basisidee der deutschen Aufklärung" (Hinske, 3) maßgebende Gestalt angenommen. Nicht ohne Grund wurde dessen unprätentiöse, klare und eingängige Sprachgestalt sogleich als mustergültig empfunden. Repräsentativ war das Urteil Johann Kaspar Lavaters: „Wir kennen wenig deutsche Schriftsteller, die ihrer Sprache so viel Ehre machen. Hier scheinet sie zur höchsten Vollendung gestiegen zu sein" (1763, 72). Spalding selbst benannte als Erfolgsrezept schlicht den Mut, sich mit der natürlichen, weder durch rhetorische Manieriertheit noch durch logische Akrobatik verfälschten Ausdrucksweise zu bescheiden: „Der Beyfall, den dieser Aufsatz erhalten, ist ein Beweis, wie viel Gewalt eine gewisse Einfalt und Wahrheit der Gesinnungen und des Ausdrucks noch immer auf die Gemüther der Menschen hat“ (Lebensbeschreibung, 134). Als Anleitung zu einem tugendhaften Leben gab der Basler Geschichtsphilosoph Isaak Iselin 1770 den schlichten Rat, man möge im letzten Monat eines jeden Jahres den neuen „Phaedon“ von Moses Mendelssohn lesen „und in dem ersten die Bestimmung des Menschen“.

Bis zu der 1764 erschienenen 8. Ausgabe hat Spalding die Auflagen durchnumeriert. Danach sind bei „seinem“ Leipziger Verlag Weidmanns Erben und Reich drei weitere, „von neuem verbesserte und vermehrte“ Auflagen erschienen. Infolgedessen wird man von elf rechtmäßigen Auflagen ausgehen können. Hinzu kamen mindestens sieben Raubdrucke, von denen die Ausgabe Wien 1769 besonders verbreitet gewesen sein soll. Nachweisbar sind außerdem je eine schwedische, russische, tschechische und lateinische, ferner zwei niederländische und sechs französische Übersetzungen; eine davon stammte aus der Hand der preußischen Königin Elisabeth Christine, deren Beichtvater Spalding war. Einschließlich der Raubdrucke und Übersetzungen lassen sich damit für *Die Bestimmung des Menschen* im 18. Jahrhundert mindestens 29 Auflagen nachweisen. Der von Spalding um 1763 erwogene Plan, als Fortsetzung dieser Schrift ein Buch über „Das Christenthum eines ehrlichen Mannes“ zu schreiben, in dem er die Übereinstimmung der „eigenthümlichen Lehren des Christenthums [...] mit den Absichten der natürlichen Religion und der Bestimmung des Menschen zu zeigen gedachte“ (Lavater 1997, 706f.), blieb unausgeführt.

Aparterweise begann die Rezeptionsgeschichte dieses theologischen Klassikers bereits vor dessen Erscheinen. Johan Melchior Goeze, seinerzeit Pfarrer in Aschersleben, war wohl noch Ende 1747 auf nicht mehr zu erhellenden Wegen an das in Spaldings Freundeskreis kursierende Manuskript der „Bestimmung des Menschen“ gelangt. Datiert auf den 18. März 1748, mithin zwei Monate *vor* der Erstausgabe, veröffentlichte Goeze eine ausführliche, in ihrem Urteil bisweilen höchst ungerechte Widerlegung, die er um den Abdruck des von ihm inkriminierten Textes vermehrte. Spalding, der zunächst seiner Empörung öffentlichen Ausdruck hatte geben wollen, fand es „bald rathsamer, einen Streit zu vermeiden, davon der Nutzen nicht groß seyn konnte“ (Lebensbeschreibung, 134). Stattdessen gab er der 1749 erschienenen Neuauflage einen „Anhang“ bei, in dem er den Aschersleben Fehdehandschuh aufnahm, jedoch den Angriff nicht direkt erwiderte, sondern in die konstruktive Erläuterung der eigenen Position überführte. Dabei suchte Spalding zu zeigen, dass der offenbarungstheologische Rahmen, den Goeze eingeklagt hatte, für ihn selbstverständliche Voraussetzung war. Indem Spalding den Druck von 1749 als die dritte Auflage zählte, hat er die Goeze-Edition als zweite Auflage seiner *Bestimmung des Menschen* nostrifiziert.

Größere Aufmerksamkeit fand die 1763/64 zwischen Thomas Abbt und Moses Mendelssohn ausgetragene Debatte um das Jugendwerk Spaldings. Die von Abbt vorgetragenen „Zweifel über die Bestimmung des Menschen“ kulminierten in zwei veritablen Bedenken. Aufgrund der personalistischen Engführung Spaldings bleibe die Bestimmung des Menschen als Gattung ganz außer acht, weshalb auch die durch das „Ich“ erlangte Selbstvergewisserung jeder Verallgemeinerungsfähigkeit entbehre. Und hinsichtlich des von Spalding erhobenen Unsterblichkeitspostulats wandte er ein, dass dem Wunsch, vermeintliches oder wirkliches Unrecht vergolten zu sehen, keine Beweiskraft zukomme; überhaupt lasse sich die Moralität des Menschen nicht durch transzendente Instanzen wie Gott oder Unsterblichkeit, sondern nur durch innerweltliche Evidenzen begründen. Beide Problemkreise haben in der anthropologischen Diskussion des 18. Jahrhunderts eine bedeutende Rolle gespielt.

Interessanterweise scheint *Die Bestimmung des Menschen* zum Ende des 18. Jahrhunderts noch einmal intensiv und, als eine „Übergangsidee von der Aufklärung zum Idealismus" (D'Alessandro, 23), gleichsam epochenübergreifend erörtert worden zu sein. Johann Gottlob Fichte hat das frühe Werk Spaldings beifällig zitiert und sich im Übrigen ausdrücklich dazu bekannt, dass dieses Werk des „ehrwürdige[n] Vater[s] Spalding [...] den ersten Keim der höhern Speculation in meine jugendliche Seele" geworfen habe. In seiner 1800 erschienenen popularphilosophischen Schrift hat Fichte nicht allein den Titel, sondern auch die bis auf René Descartes' *Meditationes* zurückweisende literarische Form und wichtige Elemente der Argumentationsstruktur fortgeschrieben.

Zwischen 1908 und 2000 ist *Die Bestimmung des Menschen*, jeweils einer einzigen Auflage folgend und teilweise sprachlich modernisiert, viermal nachgedruckt worden. Im Rahmen der Kritischen Spalding-Ausgabe erschien 2006 erstmals eine den Text aller rechtmäßigen Auflagen darbietende kritische Edition. Eine den anthropologischen Diskurs des 18. Jahrhunderts maßgebend speisende Quelle ist damit erschlossen. Aus ihr zu schöpfen, wird die Herausforderung – und das Vergnügen! – der künftigen Forschung darstellen.

Literatur

Quellen und Werkausgabe

[SPALDING, J.J.], Betrachtung über die Bestimmung des Menschen, Greifswald 1748.

SPALDING, J.J., Die Bestimmung des Menschen nebst einigen Zugaben, Leipzig [11]1794.

SPALDING, J.J., Die Bestimmung des Menschen ([1]1748-[11]1794), hrsg. v. A. BEUTEL et al. (Spalding Kritische Ausgabe I/1), Tübingen 2006.

Sekundärliteratur

ABBT, T., Zweifel über die Bestimmung des Menschen, in: M. MENDELSSOHN, Gesammelte Schriften, hrsg. v. A. ALTMANN et al., Bd. 6/1, Stuttgart-Bad Cannstatt 1981, 9-18.

BEUTEL, A., Kirchengeschichte im Zeitalter der Aufklärung. Ein Kompendium (UTB 3180), Göttingen 2009.

BEUTEL, A., Spalding und Goeze und „Die Bestimmung des Menschen". Frühe Kabalen um ein Erfolgsbuch der Aufklärungstheologie, in: DERS., Reflektierte Religion. Beiträge zur Geschichte des Protestantismus, Tübingen 2007, 186-209.

D'ALESSANDRO, G., Die Wiederkehr eines Leitworts. Die „Bestimmung des Menschen" als theologische, anthropologische und geschichtsphilosophische Frage der deutschen Spätaufklärung, in: N. HINSKE, aaO, 21-47.

FICHTE, J.G., Die Bestimmung des Menschen, Berlin 1800.

[GOEZE, J.M.], Gedanken über die Betrachtung von der Bestimmung des Menschen, in einem Sendschreiben entworfen von G*** nebst dem Abdruck gedachter Betrachtung selbst, Halle 1748.

HINSKE, N. (Hrsg.), Die Bestimmung des Menschen (Aufklärung 11,1), Hamburg 1999.

[ISELIN, I.], Rez.: Die Bestimmung des Menschen (1768), in: Allgemeine deutsche Bibliothek 11 (1770), 261f.

LAVATER, J.K., Rez.: Johann Joachim Spalding: Die Bestimmung des Menschen (1763), in: Vollständige und kritische Nachrichten von den besten und merkwürdigsten Schriften unserer Zeit nebst zur Gelehrtheit gehörigen Sachen 2 (1763), 71-88.

LAVATER, J.K., Reisetagebücher, hrsg. v. H. WEIGELT, Teil 1, Göttingen 1997.

LOOK, V., Johann Joachim Spalding. Populartheologie im Zeitalter der Aufklärung, in: Protestantismus in Preußen. Lebensbilder aus seiner Geschichte. Bd. 1: Vom 17. Jahrhundert bis zum Unionsaufruf 1817, hrsg. v. A. BEUTEL, Frankfurt/Main 2009, S. 207-226.

LORENZ, S., Skeptizismus und natürliche Religion. Thomas Abbt und Moses Mendelssohn in ihrer Debatte um Johann Joachim Spaldings „Bestimmung des Menschen", in: M. ALBRECHT et al. (Hrsg.), Moses Mendelssohn und die Kreise seiner Wirksamkeit (Wolfenbütteler Studien zur Aufklärung 19), Heidelberg 1994, 113-133.

MENDELSSOHN, M., Orakel, die Bestimmung des Menschen betreffend, in: DERS., Gesammelte Schriften, hrsg. v. A. ALTMANN et al., Bd. 6/1, Stuttgart-Bad Cannstatt 1981, 19-25.

SCHWAIGER, C., Zur Frage nach den Quellen von Spaldings ‚Bestimmung des Menschen'. Ein ungelöstes Rätsel der Aufklärungsforschung, in: N. HINSKE, aaO, 7-19.

SOMMER, A.U., Aufklärung durch Individualgeschichte. J.J. Spaldings „Bestimmung des Menschen", in: Zeitschrift für Neuere Theologiegeschichte 8 (2001), 163-200.

SPALDING, J.J., Lebensbeschreibung von ihm selbst aufgesetzt (1804), in: DERS., Kleinere Schriften 2, hrsg. v. A. BEUTEL/T. JERSAK (Spalding Kritische Ausgabe I/6-2), Tübingen 2002, 105-240.

Albrecht Beutel

Friedrich Schleiermacher, Der christliche Glaube nach den Grundsäzen der evangelischen Kirche im Zusammenhange dargestellt. Zweite umgearbeitete Ausgabe. 2 Bände, Berlin 1830 / 1831

1. Kontext und problemgeschichtlicher Hintergrund

Friedrich Schleiermachers Dogmatik *Der christliche Glaube nach den Grundsäzen der evangelischen Kirche im Zusammenhange dargestellt*, in der Regel kurz *Glaubenslehre* genannt, ist das überragende Dokument der neuzeitlichen Theologie. In diesem zweibändigen Werk führt der Berliner Universitätsprofessor und Prediger das historische Bewusstsein der Aufklärungsepoche, die pietistische Jesus-Frömmigkeit, das romantische Sensorium für die eigenständige Bedeutung und Kraft der Religion sowie die Denkfiguren der idealistischen Philosophie zusammen und legt einen originellen und höchst anregenden theologischen Entwurf vor. Damit steht das Werk in problemgeschichtlicher Kontinuität zu den wesentlichen die Neuzeit geistig prägenden Strömungen und markiert zugleich einen theologischen Neueinsatz, an dem sich die Evangelische Theologie bis heute abarbeitet. Die Glaubenslehre, die in erster Auflage 1821/22 erschien und in überarbeiteter Fassung 1830/31 publiziert wurde, begründet den Ruhm Schleiermachers als „Kirchenvater des 19. Jahrhunderts". Zu Recht hat Hermann Fischer festgestellt, dass sich „ohne Kenntnis dieses Werkes [...] die neuzeitliche Theologie nicht verstehen" (Fischer, 98) lässt. Wichtige programmatische Konturen der Glaubenslehre lassen sich bereits der Formulierung ihres Titels entnehmen.

Schleiermacher vermeidet die Verwendung des Begriffs „Dogmatik" und positioniert sich damit klar im zeitgenössischen Diskurs um das Verständnis der dogmatischen Aufgabe. Sie besteht für ihn nicht in der thematischen Auslegung der normativen Grundtexte aus Bibel und Bekenntnisschriften. Vielmehr steht „Der christliche Glaube" für den methodischen Einsatz beim christlichen Bewusstsein, das philosophisch als besondere Gestalt des humanen Selbstbewusstseins rekonstruiert und kulturtheoretisch, soziologisch und kommunikationstheoretisch als „Kirche" verortet wird. Ausgangspunkt ist also die vorausgesetzte Glaubenserfahrung, die wissenschaftlich entfaltet wird. Schleiermacher wird damit zum Begründer einer subjektivitätstheoretischen Interpretation der Inhalte des christlichen Glaubens und hat darin bis in die Gegenwart viele Nachfolger gefunden.

Die Formulierung „nach den Grundsätzen der evangelischen Kirche" verrät nicht nur das protestantische Profil dieser Dogmatik, sondern auch Schleiermachers Interesse an der Ökumene von Lutheranern und Reformierten, an deren praktischer Umsetzung er sich in Preußen federführend beteiligt hat. Daher bezieht er sich in der Glaubenslehre gleichermaßen auf die lutherischen und reformierten Bekenntnisschriften, liefert durch diese Aktivierung des gemeinsamen Erbes die Lehrgrundlage für die protestantische Kirchengemeinschaft und greift damit der weiteren kirchlichen Entwicklung in Deutschland weit voraus. Diese kirchliche Wirkung der Dogmatik liegt innerhalb der Auslegung ihres Begriffs, weil für Schleiermacher die Dogmatik wie die Theologie insgesamt ein Instrument zur Leitung und Förderung der Kirche ist. Einerseits gibt es die dogmatische Theologie nur, weil und insofern es eine Kirche gibt, in der der Glaube kommuniziert wird. Andererseits wirkt die wissenschaftliche Bearbeitung des Glaubens ‚reinigend und vervollkommnend' auf die Kirche zurück und gibt damit indirekt kirchengestaltende Impulse.

Die Wendung „im Zusammenhange dargestellt" deutet den idealistischen Zugriff auf den dogmatischen Stoff an, der sich in der wissenschaftstheoretischen und religionsphilosophischen Begründung ebenso zeigt wie im hoch originellen, zugleich sehr artifiziellen Arrangement des Stoffs. Der „Zusammenhang" zielt auf systematische Abrundung, Vollständigkeit und innere Kohärenz der wissenschaftlichen Darstellung des christlichen Glaubens.

2. Werkgeschichtliche Stellung der Glaubenslehre

Innerhalb von Friedrich Schleiermachers Lebenswerk nimmt die Glaubenslehre eine hervorragende Bedeutung ein. Sie steht in engem Kontext zu dem Buch *Kurze*

Darstellung des theologischen Studiums (1811). Diese thesenartig knappe Schrift bietet eine grundsätzliche Besinnung auf das Wesen und die Aufgabe der Theologie und gilt in der evangelischen Theologie als Grunddokument wissenschaftstheoretischer Selbstbeschreibung. Die Glaubenslehre knüpft unmittelbar an der enzyklopädischen Entfaltung der Theologie an. Das Besondere besteht darin, dass Schleiermacher die übliche Trennung von Dogmatik und historischer Theologie in Frage stellt mit dem Ziel, in die geltende Lehre das „Moment geschichtlichen Wandels" ebenso zu integrieren wie „das Moment gegenwärtiger Verbindlichkeit." (Birkner, 107). Die *Kurze Darstellung* und die Glaubenslehre sind aus Schleiermachers akademischer Vorlesungstätigkeit hervorgegangen und wurden nach ihrem Erscheinen von ihm seinen Vorlesungen zu Grunde gelegt. Ihre werkgeschichtliche Bedeutung zeigt sich auch daran, dass Schleiermacher beide Bücher überarbeitet und 1830 bzw. 1830/31 in zweiter Auflage veröffentlicht hat. Die erste Fassung der Glaubenslehre hatte neben viel Zustimmung auch Missverständnisse hervorgerufen und Kritik auf sich gezogen. Vor der Veröffentlichung der zweiten Auflage hat sich Schleiermacher ausführlich mit seinen Kritikern auseinandergesetzt und seinen Ansatz in den Aufsätzen *Über die Glaubenslehre. Zwei Sendschreiben an Lücke* (1829) ausführlich verteidigt.

Die Glaubenslehre steht in innerer Verbindung zu Schleiermachers religionstheoretischem Hauptwerk *Über die Religion. Reden an die Gebildeten und ihren Verächtern* (1799. ^{2}1806. ^{3}1821. ^{4}1831) und zu seinem in der Regel nur als Vorlesungsmanuskripte bzw. -nachschriften überlieferten philosophischen Denken. Im Einzelnen ist das Verhältnis der jeweiligen Arbeitsschwerpunkte Schleiermachers freilich nicht leicht zu bestimmen und Gegenstand intensiver und unabgeschlossener wissenschaftlicher Diskussionen.

Auch die zweite Auflage der Glaubenslehre hat ein lebhaftes Echo ausgelöst. Neben großer Zustimmung, die die nachhaltige Wirkung begründete, gab es auch scharfe Kritik. Während theologisch konservative Kreise Schleiermacher vorwarfen, den Boden von Bibel und Bekenntnis verlassen zu haben, ging z.B. für David Friedrich Strauß (1808-1874) Schleiermachers Kritik an der traditionalen Lehre nicht weit genug. Als sich im ersten Drittel des 20. Jahrhunderts unter der Federführung der sog. Dialektischen Theologie die Denkparadigmen veränderten, galt Schleiermachers Glaubenslehre für ca. 40 Jahre als prominentestes Beispiel für den Irrweg der neuzeitlichen Theologie. Erst in den sechziger Jahren des 20. Jahrhunderts kam es zu einer Wiederentdeckung und Anerkennung von Schleiermachers dogmatischer Theologie.

Innerhalb der protestantischen Theologiegeschichte ist vor allem die zweite Auflage der Glaubenslehre rezipiert worden, weil sie in die erste Werkausgabe Schleiermachers *Sämmtlichen Werke* aufgenommen und immer wieder nachgedruckt wurde. Vor allem die von Martin Redeker 1960 veranstaltete Ausgabe hat wesentlich zur breiten Rezeption der zweiten Auflage beigetragen. Erst 1980 wurde die erste Auflage von 1821/22 im Rahmen der zunächst von Hans-Joachim Birkner herausgegebenen *Kritischen Gesamtausgabe* (KGA) wieder abgedruckt. Der von Ulrich Barth edierte Teilband enthält Schleiermachers Marginalien, die zusammen mit den Sendschreiben ermöglichen, die Motive und Intentionen der Umarbeitung zu rekonstruieren. Inzwischen ist auch die zweite Auflage im Rahmen der KGA erschienen. Von beiden Auflagen der Glaubenslehre liegen inzwischen Studienausgaben vor, die den Text der KGA bieten.

3. Inhalt des Werkes

a. Die „Einleitung“ in die Glaubenslehre

Die umfangreiche und sachlich höchst gewichtige Einleitung in die Glaubenslehre enthält die klassischen Prolegomena zur Dogmatik. Schleiermacher hat sie in der zweiten Auflage neu gegliedert und überarbeitet, weil die erste Fassung erhebliche Irritationen ausgelöst hatte. Der vorgeschaltete § 1 nimmt auf jene Missverständnisse Bezug, erläutert die Funktion und Bedeutung der Einleitung und begründet die Anordnung der Paragraphen. Die Einleitung ist in zwei Kapitel unterteilt. Das erste umfasst die §§ 2-19 und ist mit „Zur Erklärung der Dogmatik“ überschrieben. Darin findet sich die epochale wissenschaftssystematische Einordnung und religionstheoretische Begründung der Christentumstheorie. Zunächst bietet § 2 die bekannte funktionale Definition der dogmatischen Aufgabe: „Da die Dogmatik eine theologische Disciplin ist, und also lediglich auf die christliche Kirche ihre Beziehung hat: so kann auch nur erklärt werden was sie ist, wenn man sich auf den Begriff der christlichen Kirche verständigt hat.“ (Leitsatz). Dem Letztgenannten dienen die folgenden „Lehnsätze aus der Ethik“ (§§ 3-6), die den ersten Abschnitt des ersten Kapitels ausmachen. Unter „Ethik“ ist hier Schleiermachers philosophische Kulturtheorie zu verstehen, in der er die notwendigen Ergebnisse der humanen Vernunfteinwirkung auf die Natur analysiert. Innerhalb der Kultursphären ist die Kirche in einem ganz allgemeinen Sinn die „Gemeinschaft in Beziehung auf die Frömmigkeit“ (§ 3.1.,20). „Frömmigkeit“ ist das von Schleiermacher in der Glaubenslehre stets verwendete Synonym für „Religion“ und definiert in der berühmt gewordenen Formel: „Die Frömmigkeit, welche die Basis aller kirchlichen Gemeinschaften ausmacht, ist rein für sich betrachtet weder ein Wissen noch ein Thun, sondern eine Bestimmtheit des Gefühls oder des unmittelbaren Selbstbewusstseins.“ (§ 3 Leitsatz). Damit ist das eigentliche Thema dieses Abschnittes benannt, nämlich die religionstheoretische Grundlegung der Dogmatik. Nach der abgrenzenden Unterscheidung der Religion von den anderen Bewusstseinsfunktionen erfolgt in § 4 ihre Spezifizierung im humanen Selbstbewusstsein: „Das gemeinsame aller noch so verschiedenen Aeußerungen der Frömmigkeit, wodurch diese sich zugleich von allen andern Gefühlen unterscheiden, also das sich selbst gleiche Wesen der Frömmigkeit ist dieses, daß wir uns unsrer selbst als schlechthin abhängig, oder, was dasselbe sagen will, als in Beziehung mit Gott bewußt sind.“ (§ 4 Leitsatz). Der zitierte Satz enthält die berühmte Formel vom Gefühl der schlechthinnigen Abhängigkeit, als dessen Korrelat der Gottesbegriff eingeführt wird. Die Entfaltung dieses Gedankens nimmt großen Raum ein und gehört zu den wissenschaftlich umstrittensten Gebieten der Schleiermacher-Forschung. § 5 erläutert den Zusammenhang des religiösen Selbstbewusstseins zu den anderen Stufen des humanen Selbstbewusstseins. Religion bildet die „höchste Stufe“ (§ 5 Leitsatz), ist jedoch von den anderen Stufen „niemals getrennt“ (ebd.), muss aber eigens ausgebildet werden. Dabei unterliegt es Schwankungen, so dass die Bildung zur Religion durch die Ambivalenz von Lust und Unlust gekennzeichnet ist und von sich aus einer „Unstätigkeit“ (§ 5.4.,50) unterliegt, „welche wir nicht für das Höchste achten können“ (ebd.). Diese Formulierungen verweisen auf die Christologie vor, denn die Erlösung besteht in der von Christus mitgeteilten Stetigkeit des Gottesbewusstseins. In § 6 wird das religionstheoretische Ergebnis als anthropologisches Universale ausgewiesen und auf die Sphäre des Sozialen zurück bezogen. „Das fromme Selbstbewußtsein wird wie jedes wesentliche Element der menschlichen Natur in seiner Entwicklung notwendig auch Gemeinschaft, und zwar einerseits ungleichmäßige fließende andrerseits bestimmt begrenzte d.h. Kirche.“ (§ 6 Leitsatz).

Der zweite Abschnitt ist überschrieben mit „Von den Verschiedenheiten der frommen Gemeinschaften überhaupt. Lehnsätze aus der Religionsphilosophie“ und umfasst die §§ 7-10. Er enthält einen typologischen Vergleich der Weltreligionen, die nach Entwicklungsstufen und Arten eingeteilt werden. Götzendienst und Polytheismus gelten als niedere Entwicklungsstufen, während die Monotheismen hoch komplexe Religionen sind. Diese werden nach ihrem Verhältnis von Sittlichkeit und Natur geordnet. Dabei zeigt sich, dass das Christentum im Verhältnis zu Judentum und Islam diejenige Religion ist, in der die sittlichen Impulse zur Gestaltung der Welt am stärksten ausgeprägt sind: „Jenes im Christenthum so bedeutende ja alles unter sich befassende Bild eines Reiches Gottes ist aber nur der allgemeine Ausdrukk davon, daß im Christenthum aller Schmerz und alle Freude nur in so fern fromm sind als sie auf die Thätigkeit im Reiche Gottes bezogen werden, und daß jede fromme Erregung die von einem leidentlichen Zustande ausgeht im Bewußtsein eines Ueberganges zur Thätigkeit endet.“ (§ 9.2.,79).

Die volle Definition des Christentums leitet den dritten Abschnitt ein, die „Darstellung des Christenthums seinem eigenthümlichen Wesen nach. Lehnsätze aus der Apologetik“ (§§ 11-14). Die Formel für das Wesen des Christentums lautet: „Das Christenthum ist eine der teleologischen Richtung der Frömmigkeit angehörige monotheistische Glaubensweise, und unterscheidet sich von andern solchen wesentlich dadurch, daß alles in derselben bezogen wird auf die durch Jesum von Nazareth vollbrachte Erlösung.“ (§ 11 Leitsatz). In dieser Definition wird das Christentum einerseits wiederum als ethische Religion gekennzeichnet („teleologische Richtung der Frömmigkeit“), andererseits wird die religiöse Zentralstellung Jesu eingeführt und mit dem Begriff der Erlösung die soteriologische Leitkategorie der Glaubenslehre vorgestellt.

Der vierte Abschnitt „Vom Verhältnis der Dogmatik zur christlichen Frömmigkeit“ (§§ 15-19) führt auf die Bestimmung der dogmatischen Aufgabe zurück mit dem Ziel, den wissenschaftlichen Modus mit der kirchlichen Funktion zu verknüpfen. „Dogmatische Theologie ist die Wissenschaft von dem Zusammenhange der in einer christlichen Kirchengesellschaft zu einer gegebenen Zeit geltenden Lehre“ (§ 19 Leitsatz).

Das zweite Kapitel der Einleitung, „Von der Methode der Dogmatik“ (§§ 20-31) enthält im ersten Abschnitt, der untertreibend mit „Von der Aussonderung des dogmatischen Stoffs“ (§§ 21-26) überschrieben ist, vor allem die Protestantismustheorie, die in der Formulierung des § 24 ihren klassisch gewordenen Ausdruck gefunden hat: „Sofern die Reformation nicht nur Reinigung und Rükkehr von eingeschlichenen Mißbräuchen war, sondern eine eigenthümliche Gestaltung der christlichen Gemeinschaft aus ihr hervorgegangen ist, kann man den Gegensatz zwischen Protestantismus und Katholizismus vorläufig so fassen, daß ersterer das Verhältniß des Einzelnen zur Kirche abhängig macht von seinem Verhältniß zu Christo, der leztere aber umgekehrt das Verhältniß des Einzelnen zu Christo abhängig macht von seinem Verhältnis zur Kirche.“ (§ 24 Leitsatz). Die Selbstständigkeit des protestantischen Christentums wird damit ebenso scharf herausgearbeitet wie die bleibende dogmatische Differenz beider Konfessionen, die sich bis heute am Kirchenverständnis festmacht. Auch in diesen Passagen betont Schleiermacher die Kontextbezogenheit, zu der auch die Eigentümlichkeit des Dogmatikers gehört. Jede Dogmatik enthält daher auch heterodoxe Lehren. Erst im zweiten Abschnitt „Von der Gestaltung der Dogmatik“ (§§ 27-31) kommt Schleiermacher auf die klassischen Themen der dogmatischen Prolegomena, nämlich auf die Heilige Schrift und die kirchlichen Bekenntnisse zu sprechen. Sie sind ihrer prinzipientheologischen Stellung entkleidet und werden in dieser Funktion durch die o.g. Bestimmung des Wesens des Christentums ersetzt.

b. Der materiale Teil der Glaubenslehre

Die Struktur des Glaubens liefert die Gliederung der materialen Dogmatik. Das christliche Bewusstsein ist Ausdruck des Bewusstseins schlechthinniger Abhängigkeit. Als solches ist es durchweg bezogen auf die durch Jesus vollbrachte Erlösung und charakterisiert durch den Gegensatz von Sünde und Gnade. Freilich setzt es, durch diesen Gegensatz bestimmt, einen Gemütszustand voraus, in dem dieser Gegensatz nicht vorliegt, an dem er sich aber ausbilden kann. „Der Zustand also, welcher der mitgetheilten Fähigkeit [der Erlösung] vorangeht, kann weder die absolute Gottvergessenheit sein noch auch das bloße gehaltlose Streben nach dem Gottesbewußtsein, sondern dieses muß irgendwie im Selbstbewußtsein gegeben sein.“ (§ 29. 1.,191). Die durch das Gottesbewusstsein geprägten, aber nicht vom Gegensatz bestimmten Gemütszustände stehen daher am Anfang der Glaubenslehre, weil sie sich durchhalten und durch die Erlösung wiederhergestellt werden.

Aus dieser Ausdifferenzierung ergibt sich die Einteilung des Werkes in zwei Hauptteile. Der erste Hauptteil der Glaubenslehre erörtert die Tatsachen des frommen Selbstbewusstseins abgesehen vom Gegensatz von Sünde und Gnade, während der zweite Hauptteil das fromme Selbstbewusstsein analysiert, wie es durch den Gegensatz von Sünde und Gnade bestimmt ist. Dadurch entsteht eine faktische Dreiteilung des dogmatischen Stoffs. Diese wird mit einer anderen Dreiteilung kombiniert. Nach Schleiermacher sind Aussagen des christlich frommen Selbstbewusstseins entweder Aussagen über Gott, über den Menschen oder über die Welt. „Alle Sätze, welche die christliche Glaubenslehre aufzustellen hat, können gefaßt werden entweder als Beschreibungen menschlicher Lebenszustände, oder als Begriffe von göttlichen Eigenschaften und Handlungsweisen, oder als Aussagen von Beschaffenheiten der Welt; und alle diese drei Formen haben immer neben einander bestanden“ (§ 30 Leitsatz). Als dogmatische Grundform gilt zwar die Beschreibung menschlicher Lebenszustände, da nur hier gewährleistet ist, dass die Aussagen auch wirklich „aus dem Gebiet der innern Erfahrung“ (§ 30.2.,194) der Christen stammen. Für die beiden anderen dogmatischen Formen gilt das nicht in gleicher Weise. Aussagen über Gott können nämlich leicht in eine spekulative Theologie umschlagen, solche über die Welt in eine spekulative Kosmologie. Solche Sätze aber führen die Dogmatik in eine von Schleiermacher stets abgelehnte Abhängigkeit von der Philosophie einerseits bzw. von der Naturwissenschaft andererseits. Aussagen über Gott und die Welt sind vielmehr in der Dogmatik nur insoweit möglich, als sie sich am christlich-frommen Selbstbewusstsein auszuweisen vermögen, sich also auf die dogmatische Grundform der Beschreibung menschlicher Gemütszustände zurückführen lassen.

Aus der Verschränkung beider Einteilungsprinzipien ergibt sich ein Neunerschema, das den Stoff strukturiert. Schleiermacher setzt in beiden Hauptteilen jeweils mit der dogmatischen Grundform ein, lässt im ersten Hauptteil Aussagen über Gott und die Welt folgen, während er im zweiten diese Reihenfolge umkehrt. Damit verteilt sich die Gotteslehre auf die drei Teile der Dogmatik. Die Trinitätslehre aber wird aus diesem Aufriss ausgegliedert und in einem als „Schluß“ bezeichneten Teil behandelt, weil sie sich in ihrer kirchlichen Fassung nicht als unmittelbarer Ausdruck des christlichen Selbstbewusstseins darlegen lasse. Nur „eine auf ihre ersten Anfänge zurükkgehende Umgestaltung“ (§ 172 Leitsatz) der Lehre könne hier Abhilfe schaffen.

Der Aufbau der Glaubenslehre

<table>
<tr><td colspan="5">Einleitung: §§ 1-31</td></tr>
<tr><td></td><td>I. Hauptteil</td><td colspan="3">II. Hauptteil</td></tr>
<tr><td></td><td>Das fromme Selbstbewußtsein als solches
§§ 32-61</td><td colspan="3">Das fromme Selbstbewußtsein
unter dem Gegensatz von
Sünde (Unlust) und Gnade (Lust)
§§ 62-169</td></tr>
<tr><td>Mensch</td><td>Schöpfung und Erhaltung
§§ 36-49</td><td>Mensch</td><td>Sünde
§§ 65-74</td><td>Gnade
(Christologie,
Soteriologie;
Wiedergeburt,
Heiligung)
§§ 91-112</td></tr>
<tr><td>Gott</td><td>Ewigkeit
Allgegenwart
Allmacht
Allwissen
§§ 50-56</td><td>Welt</td><td>Übel
§§ 75-78</td><td>Ekklesiologie
Eschatologie
§§ 113-163</td></tr>
</table>

Welt	Die ursprüngliche Vollkommenheit der Welt und des Menschen §§ 57-61	Gott	Heiligkeit Gerechtigkeit §§ 79-85	Liebe Weisheit §§ 164-169
(Graphik nach Fischer, Schleiermacher, 105).				Schluss: Von der göttlichen Dreiheit §§ 170-172

Schleiermacher eröffnet jeden Paragraphen mit einem Leitsatz, den er in durchnummerierten Unterabschnitten erläutert. In jedem dogmatischen Lehrstück entwickelt er in den als „Einleitung" bezeichneten Paragraphen zunächst sein eigenes Verständnis, um in den anschließenden „Lehrsätzen" die überlieferte kirchliche Lehre kritisch zu sichten und neu zu interpretieren. Diejenigen traditionellen Lehrbestände, denen er keinen religiösen Gehalt abgewinnen konnte, hat er in „Anhängen" zu den Lehrsätzen behandelt, so z.B. die Lehre „von den Engeln", die Lehre „vom Teufel", die Lehren „von der Auferstehung" und „Wiederkunft Christi".

Von den dogmatischen Grundentscheidungen, die Schleiermacher trifft, können hier nur wenige hervorgehoben werden. Die Vorstellung eines zeitlichen Schöpfungsaktes wird ebenso verabschiedet wie die einer göttlichen Vorsehung, die sich durch supranaturale Eingriffe betätigt. Für das fromme Selbstbewusstsein ist vielmehr die göttliche Erhaltung der Welt von primärem Interesse. Die Lehre vom ersten Menschenpaar, dessen ursprünglicher Vollkommenheit, dem Fall und der von ihm ausgehenden Ursünde wird als mythische Dichtung charakterisiert. Schleiermacher geht vielmehr von einer Vollkommenheit der geistig-religiösen Anlage des Menschen aus, die aber durch die soziale Verflechtung des Lebens an der Entfaltung gehindert wird, so dass in diesem sozialen Kontext von einer „Gesammtthat und Gesammtschuld des menschlichen Geschlechts" (§ 71 Leitsatz) gesprochen werden muss, die zugleich seine „allgemeine[] Erlösungsbedürftigkeit" (ebd.) begründet.

Kernstück der Dogmatik ist die Christologie, in der Jesus Christus als Urbild, also als Modell und Spender, desjenigen ungehemmten und kräftigen Gottesbewusstseins vorgestellt wird, zu dem die menschliche Natur bestimmt ist. Die eigentümliche „Würde" des Erlösers besteht darin, ein solches vollkräftiges Gottesbewusstsein aufgebaut und in allen Lebenslagen bewährt zu haben. Schleiermacher betont unter weitestgehender Zurückstellung aller Supranaturalismen die Menschlichkeit Jesu und formt die kirchliche Zweinaturenlehre kritisch um, wie an der Formulierung des viel diskutierten § 94 deutlich wird: „Der Erlöser ist sonach allen Menschen gleich vermöge der Selbigkeit der menschlichen Natur, von Allen aber unterschieden durch die stetige Kräftigkeit seines Gottesbewußtseins, welche ein eigentliches Sein Gottes in ihm war." (§ 94 Leitsatz). Seine „erlösende Tätigkeit" besteht in der Aufnahme der Gläubigen „in die Kräftigkeit seines Gottesbewußtseins" (§ 100 Leitsatz). Durch die Mitteilung seines Gottesbewusstseins stiftet der

Erlöser den geschichtsmächtigen Zusammenhang eines höheren humanen Selbstbewusstseins, das nicht nur für den einzelnen Gläubigen ein „Wendepunkt ist, an dem das frühere Leben gleichsam abbricht und das neue beginnt" (§ 106.2.,167), sondern auch der gesamten Menschheitsgeschichte eine neue Richtung gibt, deren Ziel das Reich Gottes ist. Dieses „neue geistige Leben, welches sich durch geistige Befruchtung mittheilt und fortentwikkelt" (§ 94.3.,58), verdichtet sich institutionell im christlichen Gesamtleben, wofür der Begriff der Kirche steht, der geisttheologisch und geschichtsphilosophisch interpretiert wird. „Alle im Stande der Heiligung lebenden sind sich [...] des Gemeingeistes des von Christo gestifteten neuen Gesammtlebens bewußt." (§ 121 Leitsatz). Dabei handelt es sich um den Heiligen Geist, der die Identität mit dem Stifter des neuen Lebens sichert, denn er ist „die Vereinigung des göttlichen Wesens mit der menschlichen Natur in der Form des das Gesammtleben der Gläubigen beseelenden Gemeingeistes." (§ 123 Leitsatz). Nur innerhalb des vom Geist beseelten Wirkungszusammenhangs wird der Glaube verbreitet. Eine Unmittelbarkeit des Einzelnen zu Jesus Christus gibt es daher nicht.

Die Vollendung des durch den Erlöser gestifteten und vom Heiligen Geist beseelten neuen Lebens wird in den als „prophetische Lehrstücke" bezeichneten, inhaltlich sehr zurückhaltenden Ausführungen zur Eschatologie vorgestellt. Schleiermacher optiert hier für die Vorstellung der Allversöhnung, denn für das christliche Mitgefühl bliebe „ein unauflöslicher Mißklang zurück, wenn wir uns unter Voraussetzung einer Fortdauer nach dem Tode einen Teil des menschlichen Geschlechtes von dieser Gemeinschaft gänzlich ausgeschlossen denken sollten." (§ 118 Leitsatz).

Literatur

Quellen und Werkausgaben

SCHLEIERMACHER, F.D.E., Der christliche Glaube nach den Grundsäzen der evangelischen Kirche im Zusammenhange dargestellt, Erster Band, Berlin 1821; Zweiter Band, Berlin 1822.

SCHLEIERMACHER, F.D.E., Der christliche Glaube 1821/22. Studienausgabe, 2 Bände, hrsg. v. H. PEITER, Berlin/New York 1984.

SCHLEIERMACHER, F.D.E., Der christliche Glaube nach den Grundsäzen der evangelischen Kirche dargestellt, zweite umgearbeitete Ausgabe, Erster Band, Berlin 1830; Zweiter Band, Berlin 1831.

SCHLEIERMACHER, F.D.E., Der christliche Glaube. 2. Auflage (1830/31). Studienausgabe, 2 Bände, hrsg. v. R. SCHÄFER, Berlin/New York 2008.

SCHLEIERMACHER, F.D.E., Kritische Gesamtausgabe, hrsg. von H. FISCHER/U. BARTH/K. CRAMER/G. MECKENSTOCK/K.-V. SELGE, Berlin/New York.

- Abt. I., Bd. 7, Tlbd. 1+2: Der christliche Glaube nach den Grundsätzen der evangelischen Kirche im Zusammenhange dargestellt (1821/22), hrsg. v. H. PEITER, 1980.
- Abt. I., Bd. 7, Tlbd. 3: Der christliche Glaube nach den Grundsätzen der evangelischen Kirche im Zusammenhange dargestellt (1821/22). Marginalien und Anhang, hrsg. v. U. BARTH, 1983.
- Abt. I., Bd. 6: Universitätsschriften, Herakleitos, Kurze Darstellung des theologischen Studiums, hrsg. v. D. SCHMID, 1998.

- Abt. I., Bd. 10: Dogmatische Abhandlungen und Gelegenheitsschriften, hrsg. von F. TRAULSEN, 1990.
- Abt. I., Bd. 13, Tlbd. 1+2: Der christliche Glaube nach den Grundsätzen der evangelischen Kirche im Zusammenhange dargestellt [2. Aufl. Nachdr. der Ausg. Reimer 1830/1831], hrsg. v. R. SCHÄFER, 2003.

Sekundärliteratur

BARTH, U., Christentum und Selbstbewußtsein. Versuch einer rationalen Rekonstruktion des systematischen Zusammenhangs von Schleiermachers subjektivitätstheoretischer Deutung der christlichen Religion, Göttingen 1983.

BIRKNER, H.-J., Beobachtungen zu Schleiermachers Programm der Dogmatik, in: ders.: Schleiermacher-Studien, hrsg. von H. FISCHER, Berlin/New York 1996, S. 99-112.

FISCHER, H., Friedrich Schleiermacher, München 2001.

JUNKER-KENNY, M., Das Urbild des Gottesbewußtseins. Zur Entwicklung der Religionstheorie und Christologie Schleiermachers von der ersten zur zweiten Auflage der Glaubenslehre, Berlin/New York 1990.

LANGE, D., Historischer Jesus oder mythischer Christus. Untersuchungen zu dem Gegensatz zwischen Friedrich Schleiermacher und David Friedrich Strauß, Gütersloh 1975.

LAUSTER, J., Prinzip und Methode. Die Transformation des protestantischen Schriftprinzips durch die historische Kritik von Schleiermacher bis zur Gegenwart, Tübingen 2004.

LÜLMANN, C., Schleiermacher. Der Kirchenvater des 19. Jahrhunderts, Tübingen 1907.

NOWAK, K., Schleiermacher. Leben, Werk und Wirkung, Göttingen 2001.

OHST, M., Schleiermacher und die Bekenntnisschriften. Eine Untersuchung zu seiner Reformations- und Protestantismusdeutung, Tübingen 1989.

OSTHÖVENER, C.-D., Die Lehre von den Eigenschaften Gottes bei Friedrich Schleiermacher und Karl Barth, Berlin/New York 1996.

SCHLENKE, D., Geist und Gemeinschaft. Die systematische Bedeutung der Pneumatologie für Friedrich Schleiermachers Theorie der christlichen Frömmigkeit, Berlin/New York 1999.

SCHRÖDER, M., Die kritische Identität des neuzeitlichen Christentums. Schleiermachers Wesensbestimmung der christlichen Religion, Tübingen 1996.

WEEBER, M., Schleiermachers Eschatologie. Eine Untersuchung zum theologischen Spätwerk, Gütersloh 2000.

Arnulf von Scheliha

Albrecht Ritschl, Die christliche Lehre von der Rechtfertigung und Versöhnung, 3 Bde., ED Bonn 1889.

1. Kontext und problemgeschichtlicher Hintergrund

Albrecht Ritschl (1822-1889) gehört zu den Schlüsselfiguren der modernen evangelischen Theologie. Der von ihm ausgehende Kulturprotestantismus ist eine der bis heute wichtigsten theologischen Richtungen des evangelischen Christentums seit der Aufklärungsepoche. Die unmittelbare Wirkung seines Denkens ist seit dem letzten Drittel des 19. Jahrhunderts erkennbar und währt bis ca. 1930. Darin ist er in vielerlei Hinsicht mit Friedrich Schleiermacher (1768-1834) vergleichbar, von dem er wesentliche Motive aufgenommen, aber eigenständig umgeformt hat. Zu seinen Akzenten, die Ritschl dem liberaltheologischen Ansatz Schleiermachers hinzufügt, gehören neben einer differenzierten theologie- und philosophiegeschichtlichen Einordnung der eigenen Theologie deren exegetische-biblische Begründung sowie eine an einem ethischen Lutherverständnis orientierte Interpretation des Christentums, aufgrund derer Adolf von Harnack (1851-1930) Ritschl im Jahre 1896 als den „letzten lutherische Kirchenvater" bezeichnen konnte.

Eine Besonderheit seiner Wirkungsgeschichte besteht darin, dass viele derjenigen Theologen, die sich von Ritschl haben anregen lassen, nicht im eigentlichen Sinne als seine Schüler anzusprechen sind. Vielmehr verdankt sich die Vermittlung seiner Einsichten vor allem der Lektüre seiner Schriften und seiner verbreiteten Korrespondenz. Daraus erklärt sich, dass Ritschls Theologie keineswegs einheitlich rezipiert, sondern Ausgangspunkt zum Verfolg ganz unterschiedlich gelagerter theologischer Interessen wurde.

Ritschls Theologie konnte auch deshalb so anregend wirken, weil er unterschiedliche geistige Strömungen aufzunehmen und in sein Werk zu integrieren vermochte. Zu der Rezeption wichtiger Grundeinsichten der idealistischen Philosophie und der Umformung Theologumena Schleiermachers gehört die mit dem Neukantianismus geteilte Wiederentdeckung der Philosophie Immanuel Kants (1724-1804) und die Rezeption der Wertphilosophie seines Göttinger Kollegen Hermann Lotzes (1817-1881). Auf dieser Basis konnte Ritschl seine historische und systematische Theologie auf die zeitgenössischen Diskurse, insbesondere auf die Weltanschauungskämpfe, auf das Verhältnis der Geistes- zu den florierenden Naturwissenschaften und die Rückwirkungen der gesellschaftlichen Modernisierungsprozesse auf den Einzelnen beziehen und seine Theologie auf der Höhe des damaligen Problemniveaus entfalten. In der Ritschl-Forschung ist die Gewichtung dieser geistigen Einflüsse freilich strittig. Deutlich ist aber, dass seine Theologie deshalb als repräsentativer Ausdruck einer theologischen Epoche gelten konnte, weil seine Kombination aus historischer Forschung und systematischer Konstruktivität dem Wissenschaftsideal der Zeit entsprach. Dabei war sein Werk durchaus nicht unumstritten. Politisch und theologisch dem Liberalismus verpflichtet und engagiert für die Union aus Reformierten und Lutheranern eintretend, hat Ritschl sich Zeit seines Lebens mit Angriffen konservativer Theologen, insbesondere aus dem lutherischen Konfessionalismus und der Erweckungstheologie, auseinandersetzen müssen.

2. Werkgeschichtliche Stellung von *Rechtfertigung und Versöhnung*

Bei der dreibändigen *Die christliche Lehre von der Rechtfertigung und Versöhnung* handelt es sich um das systematisch-theologische Hauptwerk Ritschls. Der erste Band enthält „Die Geschichte der Lehre" und erschien erstmals 1870, in überarbeiteter Fassung 1882, in die er vor allem diejenigen Erkenntnisse eingearbeitet hat, die er im Zuge der Ausarbeitung seiner dreibändigen *Geschichte des Pietismus* (1880-1886) gewonnen hatte. Die dritte Auflage des ersten Bandes ist ein Wiederabdruck der zweiten. Der zweite Band von „Rechtfertigung und Versöhnung" ist überschrieben mit „Der biblische Stoff der Lehre". Diese exegetische Aufbereitung des Stoffs auf der damaligen Höhe der historisch-kritischen Bibelforschung erschien erstmals 1874. Die überarbeitete zweite Auflage legte er Ende 1882 vor. Für die dritte Auflage 1889 hat Ritschl in drei Paragraphen einige Berichtigungen vorgenommen und Zusätze eingearbeitet. Der 1874 erschienene dritte Band enthält „Die positive Entwickelung der Lehre" und entfaltet Ritschls dogmatische Grundeinsichten. Für die zweite Auflage von 1883 hat Ritschl den Stoff gründlich überarbeitet und ergänzt. Ausführlicher fallen nun die methodischen Überlegungen aus. Neu sind die Werturteilslehre und die damit verbundene theologische Erkenntnislehre. Beide hatte Ritschl zuvor in seinem Buch *Theologie und Metaphysik. Zur Verständigung und Abwehr* (1881. ^{2}1887) entfaltet. Die dritte Auflage von 1889 enthält noch einmal einige Verbesserungen. Alle drei Bände wurden 1895 unverändert als vierte Auflage nachgedruckt. In dieser Fassung ist Ritschls Hauptwerk in der nachfolgenden Theologiegeschichte rezipiert worden.

Während *Rechtfertigung und Versöhnung* in biblischer, theologiegeschichtlicher und dogmatischer Hinsicht auf die protestantische Zentrallehre konzentriert ist, bereitet die gleichzeitig publizierte und ebenfalls dreimal bearbeitete Schrift *Unterricht in der christlichen Religion* (1875. ^{2}1881. ^{3}1886) den ganzen Stoff der Dogmatik auf. Dieses ursprünglich für den Oberstufenunterricht an höheren Lehranstalten bestimmte Buch ist hoch originell disponiert, wirft aber wegen seines thetischen Stils auch viele Verstehensprobleme auf. Beide Werke stehen in einem engen Zusammenhang mit Ritschls akademischer Lehrtätigkeit. In seiner Bonner und Göttinger Zeit hat Ritschl insgesamt 35-mal Vorlesungen über den Stoff der Dogmatik gehalten. Aus den – bislang noch unveröffentlichten – Vorlesungsnachschriften geht hervor, dass Ritschl diese Kollegs konventionell aufgebaut hat. Die inhaltliche Klärung des Verhältnisses seiner akademischen Lehre zu seinen dogmatischen Veröffentlichungen wird Gegenstand künftiger Forschung sein.

3. Inhalt des Werkes

Die ungewöhnliche Dreiteilung des Werkes *Rechtfertigung und Versöhnung* ist Ausdruck von methodischen und christentumstheoretischen Einsichten Ritschls und verweist auf die innere Zusammengehörigkeit von theologiegeschichtlichen, exegetischen und systematisch-theologischen Schwerpunkten, die sein Lebenswerk insgesamt ausmacht.

a. Der erste Band „Die Geschichte der Lehre"

Beim ersten Band handelt es sich um eine in elf Kapitel eingeteilte theologiegeschichtliche Rekonstruktion der Rechtfertigungslehre. Nach einer knappen Einleitung widmen sich die ersten drei Kapitel der Rechtfertigungslehre im Mittelalter, während das vierte und fünfte die reformatorische Auffassung der Lehre behandeln. Ritschl setzt mit seiner Darstellung also im Hochmittelalter ein und verzichtet wegen ihrer hohen Komplexität auf die altkirchliche Lehrbildung. Originell für die damalige Zeit rückt Ritschl die Reformationszeit zunächst eng an die mittelalterliche Entwicklung heran und tritt damit den üblichen Epocheneinteilungen entgegen. Seine These besagt, dass der die Reformation leitende Gedanke, nämlich der Ausschluss der menschlichen Verdienste gegen Gott durch das Bewusstsein der vollen Abhängigkeit von seiner Gnade, Gemeingut der christlichen Frömmigkeit des Abendlandes ist. Dies lasse sich bis auf Augustin zurückführen. Das Besondere der Reformation besteht darin, dass die Rechtfertigung durch Christus zum ausschließlichen Maßstab der Frömmigkeit wird und als der „religiöse Regulator des praktischen Lebens" (164) dient. So bringt die Reformation einerseits ein genuines Motiv des Mittelalters klar zur Geltung, aber weitet dies andererseits zu einem neuen Kulturideal aus, weil in der Rechtfertigung auch die „religiöse Anerkennung unserer Bestimmtheit durch Gott in ethischer Beziehung" (ebd.) erkannt wird. Dadurch gewinnt die reformatorische Bewegung besondere Schubkraft, denn mit dieser Einsicht verbindet sich nicht nur die Ausdifferenzierung der Kirche in eine rechtliche, sittliche und religiöse Seite, sondern auch die innerweltliche Bewährung des Glaubens im sittlichen Beruf. Die damit verbundene Ablehnung des monastischen Ideals begründet die protestantische Weltfrömmigkeit und -verantwortung. In dieser religiösen Grundeinsicht seien sich alle Reformatoren, insbesondere Luther, Zwingli und Calvin, einig gewesen. Es sei ihnen aber nicht gelungen, der religiösen Grundeinsicht einen adäquaten Ausdruck zu geben. Daher kann die reformatorische Rechtfertigungs*lehre* nicht als zeitloser Maßstab der evangelischen Dogmatik gelten. Vielmehr müsse das protestantische Prinzip durch ein historisches und systematisches Neuverstehen immer wieder zur Geltung gebracht werden.

Das sechste Kapitel beschreibt das Schicksal der Rechtfertigungslehre im Rahmen der lutherischen und reformierten Orthodoxie. In dieser Epoche seien die religiösen Motive und praktischen Auswirkungen des reformatorischen Glaubens wenig wirksam, weil das kirchenpolitische Interesse an der schulmäßigen Lehre im Vordergrund gestanden hat. Das siebte und achte Kapitel analysieren die Umformung des Lehrstücks in Theologie und Philosophie der Aufklärungszeit, die Ritschl sehr positiv würdigt, weil hier versucht wird, „zum erstenmale den eigenthümlichen Werth des sittlichen Individuum unter Beseitigung conventioneller Hemmungen durchzusetzen, eine Aufgabe, welche sehr starke Motive im Christenthum besitzt" (387). Das praktische Interesse der Aufklärung bringe den ethischen Gehalt des Christentums neu zur Geltung und zerstöre die doktrinale Verschalung des Glaubens. Unter dem von Ritschl herausgearbeiteten Einfluss der Theodizee-Schrift des Philosophen Gottfried Wilhelm Leibniz (1646-1716) erfolge eine Verwandlung des Menschenbildes, die es ermöglicht, die Subjektivität des Glaubens und den Wert des Individuums zu betonen. Mit Kant beginnt für Ritschl die Gegenwart. Seine Verhältnisbestimmung von Praktischer Philosophie und Religionsphilosophie komme der „Erneuerung der sittlichen Weltanschauung der Reformation" (431) gleich und sei grundlegend für die Geschichte der Versöhnungslehre des 19. Jahrhunderts, die in den folgenden Kapiteln behandelt wird. Ein Schwerpunkt liegt dabei auf Schleiermacher, bevor Ritschl im Schlusskapitel unter der Überschrift

„Der Verlauf des modernen Pietismus bis zur Repristination der lutherischen Orthodoxie“ kritisch auf die soteriologischen Konzepte seiner theologischen Zeitgenossen zu sprechen kommt.

b. Der zweite Band „Der biblische Stoff der Lehre“

Die exegetische Grundlegung für die Neuformulierung der Rechtfertigungslehre ist begründet in Ritschls Auffassung, nach der die Theologie „die authentische Kenntniß der christlichen Religion“ nur aus Urkunden schöpfen kann, „welche der Stiftungsepoche der Kirche nahe stehen, und aus keinen anderen“ (13). „Die Gründungsepoche derselben umfaßt aber nicht blos das persönliche Wirken Christi, sondern auch die erste Generation seiner Gemeinde, da ohne diesen bestimmten Erfolg die Absicht des Stifters nicht als wirksam erkannt werden kann. Diese Urkunden dieser wirksamen Offenbarung sind die Bücher des Neuen Testaments“ (13). Ritschl ist also nicht an einer Revitalisierung des altprotestantischen Schriftprinzips gelegen, sondern an einer konsequent historischen Lesart der neutestamentlichen Quellen. Dazu gehört, dass ihr religiöser Gehalt aus dem religionsgeschichtlichen Zusammenhang mit dem Judentum, wie er in den Schriften des Alten Testamentes erkennbar ist, erhoben werden muss. Ritschl tritt damit der auf Schleiermacher zurückgehenden These von der Äquidistanz des Christentums zu der Religionsgeschichte des AT einerseits und der hellenistischen Bildungsreligion andererseits entgegen und rückt den historischen Jesus ebenso wie die neutestamentlichen Schriftsteller an das frühe Judentum und das Alte Testament heran. Ritschl wertet die Evangelien gegenüber dem *Corpus Paulinum* auf. Die Briefe des Paulus seien wie die gesamte neutestamentliche Briefliteratur nicht als „theologische[] Lehre“ (21), sondern als „religiöse Rede aus dem Bewußtsein der religiösen Gemeinschaft heraus“ (22) zu verstehen. Darin seien sie grundsätzlich gleichwertig. Für die dogmatische Theologie haben diejenigen Texte Quellenwert, die „übereinstimmenden Gedankenstoff des N.T.“ (2, 23) ausweisen. Die dogmatische Priorität des religiösen Gedanken des Paulus dagegen ergebe sich erst durch den abendländischen bzw. reformatorischen Augustinismus, sei also historisch vermittelt und Ausdruck des konfessionellen Bewusstseins.

Auf der Basis dieser differenzierten historisch-kritischen Schrifthermeneutik untersucht Ritschl die biblische Versöhnungslehre in vier Kapiteln. Das erste Kapitel bereitet in elf Abschnitten „Die Beziehungen der Sündenvergebung in dem Gedankenkreise Jesu“ auf und interpretiert vornehmlich die synoptische Überlieferung vor dem Hintergrund der alttestamentlichen Tradition. Ritschl kommt zu dem Ergebnis, dass Jesus „die Ausübung seiner Gottesherrschaft […] auf die Bildung einer neuen religiösen Gemeinde begründet, welche innerhalb der religiösen Volksgemeinschaft Israels durch die Anerkennung seiner Messianität und durch die Gewißheit der von ihm verbürgten Sündenvergebung abgegrenzt ist […]. Deshalb gilt für Jesus nicht mehr […] die politische Machterhebung des umgestimmten Volkes als die Probe der Heilswirkung seines Leidens, sondern die Befreiung der Glieder seiner Gemeinde vom Tode, sofern derselbe bisher als die endgiltige Vernichtung des Lebens angesehen wurde, und darum auch die Zweckmäßigkeit der einzelnen Menschen für Gott aufzuheben schien." (86). Das zweite Kapitel, „Die Beziehungen der biblischen Gottesidee auf Versöhnung und Sündenvergebung", vergleicht die alt- und neutestamentlichen Gottesvorstellungen miteinander. Ritschl versucht hier die These wahrscheinlich zu machen, dass im Unterschied zum Alten Testament die Rede vom göttlichen Zorn in den Texten des Neuen Testaments kein Merkmal des Gottes- und Versöhnungsverständnis ist. „Demgemäß fehlt [...] im Neuen Testament jede Andeutung darüber, daß in der Begründung des Heiles durch Christus der Gnadenwille Gottes mit dem Zornwillen in einer Beziehung zusammentreffe." (155). Das dritte Kapitel erläutert die neutestamentliche Opfertheologie im religionsgeschichtlichen Zusammenhang mit dem Alten Testament und interpretiert sie als Funktion der Liebe Gottes. Im vierten Kapitel, „Die Gerechtigkeit als Attribut der Gläubigen", zeigt Ritschl, dass für Paulus die „Rechtfertigung aus dem Glauben" nicht nur „das Grundverhältniß, in welches Sünder in der christlichen Gemeinde zu Gott gesetzt sind" (339), bezeichnet, sondern auch „eine positive Bestimmtheit des Lebens" (340) ist, die den Glaubenden wirksam mit Gott verbindet, welcher nun im „Frieden [...] gegen Gott" (344) lebt und „sich der Hoffnung auf die Anerkennung Gottes im letzten Gerichte" (343) erfreut. Das interpretatorische Gewicht liegt auf der Gegenwärtigkeit des Heilsbesitzes, das Ritschls spätere effektive Interpretation der Rechtfertigungslehre stützt.

c. Der dritte Band „Die positive Entwickelung der Lehre"

Nach einer „Einleitung", in der der Stoff der Prolegomena zur Dogmatik verhandelt wird, setzt Ritschl mit „A. Der Begriff der Rechtfertigung und die Relationen derselben" ein. Dieser Hauptteil enthält drei Kapitel, (1.) „Die Definition" (§§ 5-16), (2.) „Die allgemeinen Relationen der Rechtfertigung" (§§ 17-22) und (3.) „Die Subjective Seite der Rechtfertigung im Besondern" (§§ 23-26). In Raum greifender Kritik der wichtigen Positionen aus der Theologiegeschichte klärt Ritschl seine Leitbegriffe und wendet sich insbesondere von der üblichen forensischen Interpretation der Rechtfertigung zugunsten einer Logik der Anerkennung ab. „Die Rechtfertigung ist Sündenvergebung [...], Versöhnung mit Gott, Annahme zur Stellung der Kinder, welche in Gottes Gnadenoffenbarung durch Christus als Anrechnung der Gerechtigkeit Christi so erfolgt, daß dessen gegebene und von ihm behauptete Stellung als Sohn Gottes [...] auch den Sündern [...] angerechnet [...] wird" (157). Dieser Glaube wird möglich durch den in der Gemeinde verwirklichten Überlieferungszusammenhang, in den der Einzelne eintritt. „Das Vertrauen auf Gottes Gnade [...] ist bei jedem Einzelnen demgemäß möglich, daß er sich durch diesen Glauben der Gemeinde Christi einreiht, welche die Verheißung der Sündenvergebung [...] als den nächsten Grund ihres eigenen Bestandes allen ihren Angehörigen gegenwärtig hält, und um deren Seligkeit willen darbietet." (157).

In Hauptteil B. werden dafür die dogmatischen „Voraussetzungen" geklärt. Das vierte Kapitel „Die Lehre von Gott" (§§ 27-39) setzt mit einer religionstheoretischen Klärung ein, in der die Aussagen der christlichen Dogmatik auf die metaphysische Differenz von Natur und Geist bezogen, die Selbstständigkeit religiöser „Deutung" (182) erkenntnistheoretisch und anthropologisch verteidigt und gegen

Philosophie und Naturwissenschaft abgegrenzt wird. „In aller Religion wird mit Hilfe der erhabenen geistigen Mächte, welche der Mensch verehrt, die Lösung des Widerspruches erstrebt, in welchem der Mensch sich vorfindet als Theil der Naturwelt und als geistige Persönlichkeit, welche den Anspruch macht, die Natur zu beherrschen. [...] In dieser Lage entspringt die Religion als der Glaube an erhabene geistige Mächte, durch deren Hilfe die dem Menschen eigene Macht in irgend einer Weise ergänzt oder zu einem Ganzen in seiner Art erhoben wird, welches dem Drucke der Naturwelt gewachsen ist." (186). Im Christentum „sichert sich der Geist seine übernatürliche Eigenthümlichkeit als eines Ganzen durch das Selbstgefühl der Seligkeit, welches bedingt ist durch die Idee des rein geistigen Gottes, der als der Schöpfer des Weltganzen Alles demgemäß leitet, daß die Menschen in dem Vertrauen auf Gott und als Glieder seines sittlichen Reiches zum Zwecke der Welt bestimmt sind" (208). Der Glaube ist also das Bewusstsein des geistigen Individuums von seinem „höhern Werth [...] als die ganze Welt" (465). Gott wird daher als geistige Persönlichkeit gedacht, die sich zur Liebe bestimmt, die darin wirklich wird, dass er „seinen Selbstzweck setzt in der Heranbildung des Menschengeschlechtes zum Reiche Gottes als der überweltlichen Zweckbestimmung der Menschen selbst." (263). Im Reich Gottes fallen also die göttliche Liebe und die geistige Bestimmung des Menschen zusammen. Weil die göttliche Liebe derjenige Wille ist, „welcher den Selbstzweck anderer gleichartiger persönlicher Wesen dauernd zu fördern als Aufgabe in den eigenen Selbstzweck" (354) aufgenommen hat, werden die Menschen durch die Sündenvergebung (vgl. Kapitel 5: „Die Lehre von der Sünde" (§§ 40-43)) in das Reich aufgenommen und in Liebe miteinander verbunden. Der Stiftung des Reiches Gottes in der Welt sind die Person und das Werk Christi zugeordnet, wie Ritschl im sechsten Kapitel ausführt (§§ 44-50).

Hauptteil „C. Der Beweis" führt in zwei Kapiteln, (7.) „Die Nothwendigkeit der Sündenvergebung oder Rechtfertigung im Allgemeinen" (§§ 51-54) und (8.) „Die Nothwendigkeit der Begründung der Sündenvergebung in dem Wirken und Leiden Christi" (§§ 55-61) durch. Dabei wird nun der Begriff der Freiheit als zentrale religiöse und sittliche Kategorie profiliert, die das Reich Gottes bestimmt. Auf dieser Basis wird es möglich, ein wesentliches Motiv der neuzeitlichen Philosophie aufzugreifen und als apologetischen ‚Beweis' für die Unverzichtbarkeit des christlichen Rechtfertigungsglaubens zu präsentieren, denn der Glaube sichert die vom Sittengesetz vorausgesetzte Position der Freiheit und bildet ihre „positive Voraussetzung" (Korsch, 246).

Der letzte Hauptteil „D. Die Folgerungen" enthält das neunte Kapitel „Die religiösen Functionen aus der Versöhnung mit Gott und die religiöse Ordnung des sittlichen Handelns" (§§ 62-68) und bietet eine Grundlegung des christlichen Lebens im Bewusstsein der Kindschaft Gottes, die durch die Zugehörigkeit zu seinem Reich begründet wird. Ritschls effektive Interpretation der Rechtfertigung wird in der Lehre von der christlichen Vollkommenheit durchgeführt. Angesichts der gesellschaftlichen Modernitätskrise und der profanen Religionskritik sucht Ritschl die reale Bedeutung des Glaubens auszuweisen. Danach kultiviert der Christ bestimmte Tugenden wie Geduld, Demut, Gebet und Mut, die ihn in seiner besonderen Stellung in der Welt bewahren und aller Enttäuschungen und Hemmungen zum Trotz dazu befähigen, an der liebevollen göttlichen Vorsehung festzuhalten und das sittlich Gebotene auszuführen. „Es giebt keine andere Art, sich von seiner Versöhnung mit Gott zu überführen, als daß man die Versöhnung erlebt in dem activen Vertrauen auf Gottes Vorsehung, in der geduldigen Ergebung in die von Gott verhängten Leiden als die Mittel zur Erprobung und Läuterung, in dem demüthigen Lauschen auf den Zusammenhang seiner Fügung unseres Schicksals, in dem Muthe der Unabhängigkeit von den menschlichen Vorurtheilen [...], endlich in dem täglichen Gebete um die Sündenvergebung unter der Bedingung, daß man durch die Uebung der Versöhnlichkeit seine Stellung in der Gemeinde bewährt" (607). Mit diesen Formulierungen ist der tugendethische Übergang in die Ethik schon angedeutet. Der innerweltliche Beruf des Christen stellt die konkreten Kontexte bereit, in denen das christliche Ethos alltagspraktischer Weltverantwortung umgesetzt wird. „Die Autonomie des sittlichen Handelns kommt [...] zu Stande, wo man an dem sittlichen Berufe die nähere Norm findet, welche für Jeden das sittengesetzlich nothwenige Handeln specificirt" (620f.).

Literatur

Quellen und Werkausgaben

RITSCHL, ALBRECHT, Die christliche Lehre von der Rechtfertigung und Versöhnung. Erster Band: Die Geschichte der Lehre, Bonn 1870, ^{2}1882, ^{3}1889; Zweiter Band: Der biblische Stoff der Lehre, Bonn 1874, ^{2}1882, ^{3}1889; Dritter Band: Die positive Entwickelung der Lehre, Bonn 1874, ^{2}1883, ^{3}1888.

RITSCHL, ALBRECHT, Die christliche Lehre von der Rechtfertigung und Versöhnung, 3 Bände, ND der zweiten Auflage von 1882/83, Hildesheim/Zürich/New York 1978.

RITSCHL, ALBRECHT, Unterricht in der christlichen Religion. Studienausgabe nach der 1. Auflage von 1875 nebst den Abweichungen der 2. und 3. Auflage, eingeleitet und hrsg. von C. AXT-PISCALAR, Tübingen 2002.

Sekundärliteratur

BARTH, U., Das gebrochene Verhältnis zur Reformation. Bemerkungen zur Luther-Deutung Albrecht Ritschls, in: DERS.: Aufgeklärter Protestantismus, Tübingen 2004, 125-146.

KORSCH, D., Glaubensgewißheit und Selbstbewußtsein. Vier systematische Variationen über Gesetz und Evangelium, Tübingen 1989.

NEUGEBAUER, M., Lotze und Ritschl: Reich-Gottes-Theologie zwischen nachidealistischer Philosophie und neuzeitlichem Positivismus (Beiträge zur rationalen Theologie; Bd. 11), Frankfurt/Main 2002.

RINGLEBEN J. (Hrsg.), Gottes Reich und menschliche Freiheit. Ritschl-Kolloquium, Göttingen 1990.

RITSCHL, O., Albrecht Ritschls Leben, 2 Bände, Freiburg im Breisgau 1892 und 1895.

SCHÄFER, R., Ritschl. Grundlinien eines fast verschollenen dogmatischen Systems, Tübingen 1968.

SCHÄFER, R., Art.: Ritschl, Albrecht (1822-1889), Ritschlsche Schule, in: Theologische Realenzyklopädie Bd. 29, Berlin/New York 1998, 220-238.

SCHELIHA, A. VON, Protestantismus und Kirche. Albrecht Ritschls ekklesiologische Korrektur von Schleiermachers Protestantismusformel, in: A. VON SCHELIHA/ M. SCHRÖDER (Hrsg.), Das protestantische Prinzip in seiner Geschichte. Historische und systematische Studien zum Protestantismusbegriff, Stuttgart 1998, 77-101.

SCHELIHA, A. VON, Der Glaube an die göttliche Vorsehung. Eine religionssoziologische, geschichtsphilosophische und theologiegeschichtliche Untersuchung, Stuttgart 1999.

SCHELIHA, A. VON, Albrecht Ritschls Deutung von Friedrich Schleiermachers Reden 'Über die Religion', in: 200 Jahre 'Reden über die Religion'. Akten des 1. Internationalen Kongresses der Schleiermacher-Gesellschaft Halle 14.-17. März 1999, hrsg. v. U. BARTH/C.-D. OSTHÖVENER (Schleiermacher-Archiv; Bd. 19), Berlin/New York 2000, 728-747.

SLENCZKA, N., Der Glaube und sein Grund: Franz Hermann Reinhold von Frank, seine Auseinandersetzung mit Albrecht Ritschl und die Fortführung seines Programms durch Ludwig Ihmels, Göttingen 1998.

WITTEKIND, F., Geschichtliche Offenbarung und die Wahrheit des Glaubens. Der Zusammenhang von Offenbarungstheologie, Geschichtsphilosophie und Ethik bei Albrecht Ritschl, Julius Kaftan und Karl Barth (1909-1916) (Beiträge zur historischen Theologie; Bd. 113), Tübingen 2000.

WRZECIONKO, P., Die philosophischen Wurzeln der Theologie Albrecht Ritschls. Ein Beitrag zum Problem des Verhältnisses von Theologie und Philosophie im 19. Jahrhundert, Berlin 1964.

Arnulf von Scheliha

Adolf von Harnack, Das Wesen des Christentums. Sechzehn Vorlesungen vor Studierenden aller Fakultäten im Wintersemester 1899 / 1900 an der Universität Berlin gehalten, ED Leipzig 1900

1. Kontext und problemgeschichtlicher Hintergrund

Adolf von Harnacks *Wesen des Christentums* gehört zu den meistbeachteten Büchern der theologischen Moderne. Nur Rudolf Ottos *Das Heilige* (1917) hat eine ähnliche über alle Fachgrenzen und konfessionellen Milieus hinausreichende Verbreitung erlangt. Es verdankt diese Wirkung zum einen der Stellung seines Autors, der zu den kulturwissenschaftlichen Leitfiguren seiner Zeit zählte. Doch speist sich die von ihm ausgelöste Debatte auch aus seiner doppelten Fähigkeit, den religiösen Bedürfnissen seiner Gegenwart Ausdruck zu verleihen und zugleich in freier Kritik zu gängigen Deutungsmustern sich quer zu stellen. Adolf von Harnack wurde 1851 in Dorpat geboren und wuchs im baltischen Luthertum auf. Während seines Studiums erschloss er sich vor allem die Welt der christlichen Spätantike und wurde in der Folgezeit zum bedeutendsten Kirchenhistoriker seiner Zeit, später auch zu einem einflussreichen Wissenschaftsorganisator. Seit 1888 wirkte er in Berlin, 1930 starb er auf einer Dienstreise in Heidelberg.

Die Frage nach einem Wesen des Christentums wird seit der Aufklärung in immer wieder neuer Weise aufgeworfen. Es geht seit Johann Salomo Semler und Friedrich Schleiermacher um eine Bestimmung des Christlichen vor dem Hintergrund seiner Strittigkeit. Der Begriff eines Wesens des Christentums nimmt dabei eine historische und systematische Fokussierung vor, die immer auch eine Ortsbestimmung ist im innerchristlichen Disput über das Verhältnis von Tradition und Gegenwart. Er enthält daher eine ganze Fülle von inhaltlichen, methodischen und wissenschaftssystematischen Problemen.

2. Werkgeschichtliche Stellung

Harnacks Buch geht auf Vorlesungen für Hörer aller Fakultäten im Wintersemester 1899/1900 zurück und verdankt sich einer studentischen Nachschrift, die von Harnack für den Druck überarbeitet wurde. In diesem Semester beging Harnack das Jubiläum seiner 25jährigen akademischen Lehrtätigkeit, die er im Herbst 1874 als junger außerordentlicher Professor begonnen hatte. In der Reihe der Werke stellt die Wesensschrift eine Bilanz seines bisherigen Schaffens dar, auf deren Grundlage wiederum neue Projekte gedeihen sollten. Das innere Zentrum von Harnacks Werk bildet zweifellos das Lehrbuch der Dogmengeschichte, das in den Jahren 1886 bis 1890 in drei umfangreichen Bänden erschienen ist. Die Entstehung und Entwicklung des kirchlichen Dogmas wurde mit einer bis dahin ungekannten Unabhängigkeit von der dogmatischen Tradition dargestellt und mit allen vom 19. Jahrhundert so reich entfalteten Mitteln der historischen Kritik und Hermeneutik in seinen Entstehungsbedingungen und damit eben auch in seiner historischen Bedingtheit transparent gemacht. Frömmigkeitsgeschichte, Institutionengeschichte und Ideengeschichte sind in diesem Werk zu einer spannungsreichen Einheit verbunden. Dem gesellte sich später die ebenfalls dreibändige *Geschichte der altchristlichen Literatur* (1893-1904) hinzu, sowie die sozialgeschichtlich epochemachende Untersuchung der *Mission und Ausbreitung des Christentums in den ersten drei Jahrhunderten* (1902). Die Wesensschrift partizipiert an all diesen Forschungen, hebt sie aber auch auf eine neue Ebene, indem sie eine Gesamtwürdigung der vielgestaltigen Christentumsgeschichte unternimmt.

3. Inhalt

Harnacks Buch ist zunächst einmal auf ein breiteres, allerdings akademisch gebildetes Publikum abgestimmt. Es werden keine speziellen Vorkenntnisse vorausgesetzt und die Sprache ist schlicht und einprägsam. Sieht man genauer hin, so bemerkt man jedoch, wie unter der Oberfläche ein komplexes Geflecht von Strukturen und Perspektiven die Darstellung leitet. Diese sollen im Folgenden herauspräpariert und erörtert werden. Schon ein Blick in das Inhaltsverzeichnis zeigt eine Zwei- bzw. Dreiteilung an. „Das Evangelium“ und „Das Evangelium in der Geschichte“ lauten die Überschriften der beiden Hauptteile, die je acht Vorlesungen umfassen. Im zweiten Teil geht es um „den Gang der christlichen Religion durch die Geschichte“

(89), aber auch der erste Teil ist historisch fundiert in seiner Erörterung der „Verkündigung Jesu nach ihren Grundzügen“ und der „Hauptbeziehungen des Evangeliums“. Vor allem aber stehen beide Hauptteile in einer methodisch wechselseitig aufeinander verweisenden Beziehung: „Das Gemeinsame in allen diesen Erscheinungen, kontrolliert an dem Evangelium, und wiederum die Grundzüge des Evangeliums, kontrolliert an der Geschichte, werden uns, so dürfen wir hoffen, dem Kerne der Sache nahe bringen“ (18). Hier wird also die Linearität des fortlaufenden Vortrags durchbrochen durch einen wechselseitigen Verweisungszusammenhang. Noch ein weiteres wird durch das Zitat deutlich. Es geht um eine Typisierung („die Hauptwandlungen des Christlichen in der Geschichte verfolgen und die großen Typen zu erkennen“, ebd.), durch welche die Fülle der Phänomene auf ihre Hauptmomente hin durchleuchtet werden. Damit steht Harnack in der Tradition des bereits von Friedrich Schleiermacher eingesetzten vergleichend-kritischen Verfahrens, einer Verknüpfung systematisch-begrifflicher und phänomenorientierter empirischer Arbeit, die dann später auch in Max Webers „Idealtypen“ zum Tragen kommt. Somit weisen die Vorlesungen zwei Erstreckungen auf: einen geschichtlichen Längsschnitt, der allerdings nicht linear chronologisch verläuft, sondern auch die früheren Perioden an den späteren misst, sowie eine stets mitgeführte Doppelperspektive, nämlich auf die Fülle der Phänomene und die gedanklichen Hauptmomente. Beides zusammengenommen bedeutet, dass Harnack insbesondere die entscheidenden Knotenpunkte der Entwicklung beleuchtet und einer Faktorenanalyse unterzieht.

3.1. Das Evangelium

Bevor dies an einem Beispiel näher beleuchtet wird, sei die Struktur des ersten Teils über das Evangelium gewürdigt. Der Begriff des Evangeliums ist schon in Martin Luthers Theologie keineswegs nur der literarischen Gattung oder dem buchtechnischen Abschnitt des Neuen Testaments vorbehalten, sondern zielt auf einen religiösen Kernbestand, der sich der sprachlichen Objektivierung durchaus erfolgreich zu entziehen vermag, da er auf das Gottesverhältnis des Menschen zielt, das jeder sprachlichen oder gar lehrhaften Objektivierung vorausliegt. Diese von Aufklärung, Romantik und Idealismus auf je ihre Weise aufgegriffene und ausgebaute Einsicht liegt auch Harnacks Rekonstruktion des Evangeliums zu Grunde. Nach der Klärung einiger Vorfragen, die weitgehend in die Einleitungswissenschaften fallen, wird zum Einen die Verkündigung Jesu in drei Perspektiven durchleuchtet und zum Andern werden die Hauptbeziehungen des solcherart herausgearbeiteten Evangeliums in sechs Abschnitten erörtert. Diese Beziehungen sind sowohl soziologischer Natur (Soziales Leben, Recht, Ökonomie) als auch im engeren Sinne theologisch-lehrhafter Art (Christologie, Bekenntnis). Erst alles zusammen bildet einen zureichenden Begriff von „Evangelium“, welches dann im zweiten Hauptteil in seiner geschichtlichen Entwicklung dargestellt werden kann.

Die Verkündigung Jesu wird von Harnack unter drei Leitthemen entfaltet: das Reich Gottes, der unendliche Wert der Menschenseele und das Gebot der Liebe. Im ersten Kreis setzt er sich mit der damals eifrig diskutierten Frage auseinander, inwiefern die Predigt Jesu wesentlich von Endzeitvorstellungen geprägt gewesen sei. Der zweite Kreis entfaltet an zentralen Sprüchen Jesu die Gedanken der Gotteskindschaft und des unendlichen Wertes der menschlichen Seele. Im dritten Kreis wird die durch das Gebot der Liebe erreichte Stufe der „besseren Gerechtigkeit“ gewürdigt. Harnack betont, dass diese drei Kreise gleichwertig sind und jeweils das Ganze der Verkündigung Jesu abbilden. Man wird jedoch sagen können, dass ein gewisser Akzent auf dem mittleren Kreis liegt und hier wiederum in dem Abschnitt über das Vater-Unser: „Nach diesem Gebet ist das Evangelium Gotteskindschaft, ausgedehnt über das ganze Leben, ein innerer Zusammenschluss mit Gottes Wille und Gottes Reich und eine freudige Gewissheit im Besitz ewiger Güter und in Bezug auf den Schutz vor dem Übel“ (45). Bereits an dieser Beschreibung des Evangeliums fällt auf, dass der Akzent auf den Momenten der Ganzheit, der Innerlichkeit und der Gewissheit liegt, die wiederum einen deutlich affektuales Gepräge (freudige Gewissheit) aufweist. Diese Momente werden noch einmal integriert durch den Gedanken des unendlichen Wertes der menschlichen Seele. Diese seit Kant, Hegel und Feuerbach auch außerhalb der Theologie etablierte Idee ist für Harnack geradezu das humane Fundament einer jeden religiösen Haltung: „Wirkliche Ehrfurcht vor dem Menschlichen ist, ob sie’s weiß oder nicht, die praktische Anerkennung Gottes als des Vaters“ (47). Systematisch betrachtet, exponiert der gesamte Abschnitt über die Verkündigung Jesu drei Aufbaumomente der Religion: die Absolutheitsdimension (Reich Gottes), die Subjektivitätsdimension (Wert der Seele) und die intersubjektive oder ethische Dimension (bessere Gerechtigkeit). Das heißt, im Medium der historischen Rekonstruktion werden zugleich systematisch fruchtbare Begriffsmomente entwickelt, ohne daß man das eine auf das andere reduzieren könnte.

Der zweite Abschnitt über die Hauptbeziehungen des Evangeliums erörtert dann die gesellschaftliche und institutionelle Verortung der christlichen Religion und wendet sich damit auch zeitgenössischen Themenstellungen zu. Daher umgreift bereits der erste Hauptteil über das Evangelium die gesamte Christentumsgeschichte von ihren Anfängen bis zur Gegenwart. Die nähere stufenweise Entfaltung dieser Geschichte wird dann der zweite Hauptteil bringen. Aus diesen Hauptbeziehungen des Evangeliums sei nur ein Thema herausgegriffen, die ‚Christologie‘. Harnack geht hier auf das damals vieldiskutierte Thema des Selbstzeugnisses Jesu ein, das in eine Zeit verweist, bevor die Deutungen der ersten Gemeinde die spätere Entstehung des christologischen Dogmas vorbereitet haben. Ob man diese Selbstdeutung Jesu überhaupt zuverlässig rekonstruieren könne, war zu Harnacks Zeiten bereits umstritten. Daher geht Harnack auch hier den Weg der vorsichtigen Abgrenzung und der versuchsweisen Perspektivierung. Ihn leitet dabei ein Ideal, das auch bereits Schleiermachers dogmatischem Lehrstück der Christologie zugrundelag, nämlich dasjenige der anthropologischen Denkbarkeit der Person Jesu. Es dürfen keine unausweisbaren metaphysischen Vorannahmen zur Geltung kommen, die ohnehin für die Gegenwart jede Relevanz verloren haben. Damit scheidet eine Deutung im Lichte der klassischen christologischen Dogmen (Trinität, Zweinaturenlehre) von vornherein aus. Zugleich aber wird die Geschichte Jesu nicht auf das bloß Denkbare reduziert, sondern ein möglicherweise unergründliches Geheimnis seines Wirkens ausdrücklich anerkannt. In dem so umschriebenen Bereich versucht Harnack, dem

Wesen und dem Wirken Jesu auf die Spur zu kommen. Als zentrales Element fungiert die Selbstbezeichnung Jesu als ‚Sohn Gottes'. Man erkennt unschwer die untergründige Verbindung dieses Themas zum Gedanken der Gotteskindschaft in der Erörterung des Evangeliums. Auch das Sohnesbewusstsein Jesu fügt sich ein in das Bewusstsein, ein Kind Gottes zu sein. Hierin ist zunächst kein wesentlicher Unterschied zu allen anderen Menschen festzustellen. Doch zwei Momente sind es, die eine Differenz markieren: „Jesus ist überzeugt, Gott so zu kennen, wie keiner vor ihm, und er weiß, daß er den Beruf hat, allen anderen diese Gotteserkenntnis – und damit die Gotteskindschaft – durch Wort und Tat mitzuteilen" (77). Das heißt, die Einzigartigkeit Jesu und sein Wirken als Mittler des Gottesverhältnisses, sind ihrer metaphysischen Dimensionen entkleidet und zurückgeführt auf eine nicht näher ergründbare Selbstdeutung Jesu, die sich durch nichts anderes zu legitimieren vermag, als durch ihre nach wie vor andauernde Wirkung: „er ist die persönliche Verwirklichung und die Kraft des Evangeliums gewesen und wird noch immer als solche empfunden" (86). Eben daraus folgt aber eine der umstrittensten Thesen Harnacks: „Nicht der Sohn, sondern allein der Vater gehört in das Evangelium, wie es Jesus verkündigt hat, hinein" (85). Das aber bedeutet, dass die Absolutheitsdimension des Evangeliums allein dem Gottesgedanken zugeordnet ist; Werk und Würde Jesu dagegen partizipieren an dieser Absolutheitsdimension nur im Rahmen seiner allerdings ausgezeichneten Funktion innerhalb der christlichen Gemeinde. Damit schließt Harnack eine Entwicklung ab, die von der Dogmenkritik der Aufklärung über den Neubau der christlichen Dogmatik durch Schleiermacher bis zum theologischen Historismus reicht und es nun erlaubt, die reformatorischen Einsichten Martin Luthers auf eine der Moderne angemessene Weise zum Ausdruck zu bringen.

3.2. Die Geschichte des Evangeliums

Der zweite Teil der Wesensschrift widmet sich der geschichtlichen Entwicklung der Religion, genauer, den großen Typen des Christentums. Für diese Art der Betrachtung hatte sich im Laufe des 19. Jahrhunderts eine eigene Disziplin herausgebildet, die Konfessionskunde, in der Nachfolge der älteren Symbolik. Sie ist neben der Dogmengeschichte der zweite wichtige Beitrag des 19. Jahrhunderts zur Neugestaltung der theologischen Wissenschaft und in mancher Hinsicht eine Vorläuferin der Religionssoziologie, die sich damals zu etablieren begann, bei Georg Simmel, Max Weber und Ernst Troeltsch.

Um das Verfahren Harnacks in seiner Geschichtsdeutung deutlich zu machen, soll ein ausgewählter Abschnitt nach seinen Aufbaumomenten beleuchtet werden. Gut geeignet dafür ist der erste Abschnitt der Geschichtsdarstellung über „Die christliche Religion im apostolischen Zeitalter". Bereits in seiner Dogmengeschichte hatte Harnack darauf hingewiesen, dass kein Jahrhundert der Christentumsgeschichte einen so starken Einschnitt markiere, wie das zweite. Dies ist auch die These der Wesensschrift (vgl. 111). Das apostolische Zeitalter bereitet diesen Einschnitt vor und es ist interessant zu sehen, wie Harnack es an die Verkündigung Jesu anknüpft und zugleich von ihr abgrenzt. Harnack entfaltet die Wesensbestimmung der ersten Gemeinde in drei Momenten: Die Anerkennung Jesu als des Herrn, die erlebte Religion und das heilige Leben. Die Erörterung des Bekenntnisses „Jesus Christus der Herr“ ist ein Rückgriff zunächst auf die eben skizzierte „Frage der Christologie“, sodann aber auch auf die Verkündigung Jesu. Das Neue, das sich in der ersten Gemeinde gegenüber Jesu Verkündigung und den Anschauungen seiner Jünger entwickelte, entstand aus einer Deutung seines Todes, die diesen als Opfertod interpretierte und ihn in der Auferstehung über den Tod triumphieren sah. Harnack sieht seine Aufgabe ausdrücklich nicht in der Verteidigung dieser Vorstellungen, das wäre vielmehr eine Aufgabe für die Apologetik, sondern darin, deren „Bedeutung nachzuempfinden“ (93). So zeichnet er mit wiederum wenigen Strichen eine religionsgeschichtliche Würdigung der Opfervorstellung, auf deren Grundlage erst verständlich wird, warum die junge Gemeinde Jesus „als das wirksame Prinzip des eigenen Lebens“ empfand (92). Harnack weiß, wie stark die Vorstellung von einem stellvertretenden Sühnetod dogmatisch in die Kritik geraten ist. Doch sieht er seine Aufgabe nicht in erster Linie darin, eine historisch fundierte Kritik am dogmatischen Lehrbestand zu üben, sondern er will die religiösen Motive freilegen, die sich später in diesen begrifflichen Gebäuden lehrtechnisch verfestigt haben. Seine historische Hermeneutik ist weder abstrakte Dogmenkritik noch distanzlose Anempfindung, sondern die Ermöglichung freien Verstehens und daher auch des freien Umgangs mit der Tradition. Mag daher auch das dogmatische Gebäude des stellvertretenden Strafleidens obsolet sein, in den Vorstellungen der ersten Gemeinde wird den Hörern doch die Berechtigung verdeutlicht, den Tod Jesu als Opfertod und als Sühnetod aufzufassen und sie vermögen so eine Brücke zu schlagen zwischen ihrer gegenwärtigen Lebenswelt und der frühen Christentumsgeschichte, eine Brücke freilich, welche die Distanzen nicht einebnet, sondern eben transparent werden lässt. In solchen Skizzen liegt die eigentliche Meisterschaft und auch das programmatisch Avancierte der Wesensschrift. Sie führt damit auf eine zeitlich und thematisch erweiterte Weise das theologische Programm der Dogmengeschichte fort.

Das zweite Moment, die erlebte Religion, knüpft deutlich genug an die „Frage nach dem Bekenntnis“ an. Hieß es dort in der Tradition der Aufklärung und des 19. Jahrhunderts, dass „nur die selbst erlebte Religion“ bekannt werden solle (88), so finden wir nun diese Gedanken auch wirksam in der ersten Gemeinde. Nicht zuletzt deswegen ist Harnack häufig der Vorwurf der Modernisierung gemacht worden. Aber diese Kritik greift zu kurz. Denn es geht nicht darum, spezifisch moderne Ideen in die urchristliche Zeit einzutragen, sondern darum, die historische Kontinuität freizulegen, die es dem modernen Menschen erlaubt, sich jedenfalls in den entscheidenden Motiven mit der frühen Christenheit eins zu wissen. Gelänge das nicht, würde die Einheit des Christentums auseinanderbrechen und die Frage nach seinem Wesen müsste unbeantwortet bleiben. Doch so ist es nicht. Vielmehr steht die Urgemeinde für ein nach wie vor eindrückliches „Ineinander der vollen gehorsamen Unterordnung unter den ‚Herrn‘ und der Freiheit im Geiste“ (98). Harnack war der festen Überzeugung, dass sich das Christentum als eine Religion freier Geister verstehen lässt und daher die Kritik etwa Friedrich Nietzsches mit gelassenem Selbstbewusstsein aufzunehmen und zu integrieren vermag.

Das dritte Moment schließlich, das heilige Leben, greift zurück auf den ethischen Kreis der Verkündigung Jesu. Harnack hat dieses Thema in großem Stil wieder aufgegriffen in seiner nach der Wesensschrift verfassten ‚Missionsgeschichte', die auch die ethischen Ideen und Strukturen der frühen Gemeinde und werdenden Kirche in den Blick nahm. Insofern ist das heilige Leben auch verknüpft mit den gesellschaftlichen Hauptbeziehungen des Evangeliums. Man sieht also, wie der zweite Teil der Wesensschrift die im ersten Teil exponierten Momente für die Erschließung der Fülle der Phänomene fruchtbar werden lässt, ohne diese nun allerdings auf schematische Weise zu exekutieren. Vielmehr wird jede Phase, jede Epoche nach ihrem Selbstverständnis und ihrem je spezifischen Beitrag gewürdigt. Man erkennt im Durchgang durch diese analytisch aufbereitete Geschichtsdarstellung, wie stark auch sie wiederum auf die Exposition der im ersten Teil aufgebotenen Begriffsmomente eingewirkt hat.

4. Wirkungs- und Rezeptionsgeschichte

Harnacks Buch hat eine zum Teil hitzige Diskussion ausgelöst (vgl. die Bibliographie bei Hübner), an der sich Harnack selbst allerdings nicht beteiligte. Er beschränkte sich darauf, einige Kleinigkeiten zu ändern und ab 1908 einige Anmerkungen dem Text der Vorlesungen beizugeben. So sehr Harnack aus manchen kirchlichen und theologischen Lagern allerdings auch angegriffen wurde, so sehr erhielt er doch auch Zustimmung aus allen akademischen Bereichen und gesellschaftlichen Schichten. In insgesamt vierzehn Sprachen wurde das Werk übersetzt, in vielen Auflagen wurde es zu Harnacks Lebzeiten verbreitet. Es war und ist ein charakteristisches Werk für eine moderne, gegenwartsoffene und historisch kenntnisreiche Theologie, die allerdings nach dem ersten Weltkrieg für einige Zeit in den Hintergrund gerückt ist. In den letzten zwei Jahrzehnten dagegen wird Harnack zunehmend und fächerübergreifend als Wissenschaftsorganisator und theologischer Historiker aufs Neue entdeckt und gewürdigt. Die Vorlesungen über das Wesen des Christentums sind für eine solche Entdeckung ein geeigneter Anfang.

Literatur

Quellen und Werkausgaben

HARNACK, A. VON, Das Wesen des Christentums, Leipzig 1900.

HARNACK, A. VON, Das Wesen des Christentums (56.-60. Tausend. Durch Anmerkungen vermehrte Ausgabe), Leipzig 1908.

HARNACK, A. VON, Das Wesen des Christentums, hrsg. v. C.-D. OSTHÖVENER, Tübingen ²2007.

HARNACK, A. VON, Lehrbuch der Dogmengeschichte. Freiburg i. Br. 1886-1890 (Tübingen ⁴1909/10).

HARNACK, A. VON, Mission und Ausbreitung des Christentums in den ersten drei Jahrhunderten. Leipzig 1902 (⁴1924).

Sekundärliteratur

HÜBNER, T., Adolf von Harnacks Vorlesungen über das Wesen des Christentums unter besonderer Berücksichtigung der Methodenfragen als sachgemäßer Zugang zu ihrer Christologie und Wirkungsgeschichte, Frankfurt/Main u. a. 1994.

NOTTMEIER, C., Adolf von Harnack und die deutsche Politik 1890-1930. Eine biographische Studie zum Verhältnis von Protestantismus, Wissenschaft und Politik, Tübingen 2004.

OSTHÖVENER, C.-D., Adolf von Harnack als Systematiker, in: Zeitschrift für Theologie und Kirche 99 (2002), 296-331.

OSTHÖVENER, C.-D., Nachwort, in: A. V. HARNACK, Das Wesen des Christentums, Tübingen ²2007, 257-289.

ROLFFS, E., Harnack's Wesen des Christentums und die religiösen Strömungen der Gegenwart, Leipzig 1902.

ZAHN-HARNACK, A. VON, Adolf von Harnack, Berlin-Tempelhof 1936 (Berlin ²1951).

Claus-Dieter Osthövener

Ernst Troeltsch, Die Absolutheit des Christentums und die Religionsgeschichte, ED Tübingen / Leipzig 1902

1. Kontext und problemgeschichtlicher Hintergrund

In der Absolutheitsschrift entwickelt Ernst Troeltsch (1865-1923) eine neue Rechtfertigung für die innere unbedingte Evidenz und zugleich den kulturellen Überlegenheitsanspruch der christlichen Religion. Das Christentum erlaubt und begründet am besten verantwortliches und selbstbewusstes Handeln in der orientierungsbedürftigen Gegenwart. Doch diese pragmatisch-funktionale Normierung kann nicht begrifflich-logisch aufgezeigt werden, sondern nur aus dem historisch-kulturtheoretischen Vergleich aller bekannten Religionen gewonnen werden. Diese ‚religionsgeschichtliche' Vorgehensweise ersetzt die Berufung auf Inhalte der Religion selbst, auf ihren Offenbarungsanspruch oder auf die zeitlose Gültigkeit der heiligen Texte. Damit gehorcht die neue Auffassung von Absolutheit dem kulturgeschichtlichen Gesetz, dass sich in einer fortgeschrittenen Zivilisation jede unmittelbare Lebenseinstellung öffnet für ihre rationalisierende Reflexion. Zwar verändert sich zugleich das, was überhaupt unbedingte (religiöse) Gewissheit sein kann. Aber erst so können hochdifferente Wertorientierungen in komplexeren Gesellschaften praktisch-politisch bearbeitet werden.

Troeltsch studierte Theologie wegen der wissenschaftlichen Verbindung von Historie und Metaphysik (vgl. Troeltsch, Meine Bücher, 4). Es geht ihm um die Begründung grundlegender, letzter Orientierungen im Kontext historischen Wissens. Theologie wird zu einem kulturgeschichtlichen Legitimationsprogramm gegenwärtiger Praxis. Den zeitgeschichtlichen Hintergrund bildet die zunehmende Ausweitung des kulturellen Blickfelds, über das protestantische Deutschland hinaus in den europäischen und globalen Kontext. Moderne Technik, Wirtschaft und Wissenschaft machen die Welt größer, tiefer und bunter. Doch diese Tendenzen werden in der zeitgenössischen Wissenschaft nicht hinreichend thematisiert. Dass die Moderne nicht so einfach ist, wie (klein)deutsche Historiker und (protestantische) Theologen annahmen, dass Deutschlands Gegenwart nicht als einlinige Erfolgsgeschichte der Reformation zu verklären ist, dass die Werte der bürgerlichen Gesellschaft nicht mit Hilfe einer umstandslosen moralischen Interpretation des Christentums legitimierbar sind, dass also in Bezug auf die spezifische Verbindung historischer und ethischer Gewissheiten als tragende Ideologie des Kaiserreichs ‚alles wackelt', war das Credo des jungen Troeltsch.

Trotz dieser Kritik auf der Begründungsebene stimmt er inhaltlich mit den christlichen und ethischen Normen der Mehrheitsgesellschaft überein. Es geht ihm mit den anderen Theologen insbesondere der Schule Ritschls um die Verteidigung des Geistes gegen die Natur, um die strikte Ablehnung atheistischer, naturalistischer und monistischer Weltanschauungen und anderer, Moralität und Selbstbestimmung zersetzender moderner Tendenzen, zugleich aber immer auch um bessere, der Moderne einleuchtendere Begründungen für diese Ablehnung. Die Persönlichkeit als Zentrum individuell zuzurechnender Verantwortung für die Ethisierung und Sozialisierung der Gesellschaft ist der Kern der Religion. Troeltschs Überzeugung von der Wirklichkeit Gottes im Gegenüber zum religiösen Subjekt resultiert aus seinem Beharren auf der Unbedingtheitsdimension jeder Verantwortung. Damit bindet er die Religion direkt ein in die geschichtliche Existenz. Religion wird zum Reflexionsmedium individuellen geschichtlichen Handelns, zur Aufklärung über dessen Strukturen, über seine normativen Bestandteile und kulturellen Abhängigkeiten.

2. Werkgeschichte

Werkgeschichtlich steht die Schrift (1901/02) am Ende einer ersten Schaffensphase, die der methodenbezogenen Auseinandersetzung Troeltschs mit der ihn prägenden Systematischen Theologie gilt. (Die zweite Auflage von 1912 enthält nur wenige Textänderungen.) Auf der Basis der Absolutheitsschrift wendet sich Troeltsch dann neuzeittheoretischen, religionssoziologischen und kulturphilosophischen Themen zu. Die theologisch erarbeitete metaphysisch-geschichtsphilosophische Grundlage beherrscht das weitere Werk (vgl. Voigt, 2003, VII-XXXVI).

Bereits in seinen Promotionsthesen 1891 hat Troeltsch gegen seinen Lehrer A. Ritschl eine neue religionsgeschichtliche Grundlegung der Theologie gefordert. Ritschl hatte das Auftreten Jesu Christi in der Geschichte zum Offenbarungsort des göttlichen, auf die Entwicklung der Weltgeschichte bezogenen Reich-Gottes-Willens erklärt. Daraus hatte sich in der Generation seiner Schüler eine ungeklärte Auszeichnung der historischen Jesusfigur als normativer Durchbruch von Gottes Offenbarung in der Geschichte entwickelt. Ethische und religiöse Letztgültigkeiten wurden mit Verweis auf Christi Leben, Lehre und Heilsstiftung unmittelbar beansprucht. Dieses Verfahren hielt Troeltsch für falsch, weil es offenbarungstheologische Selbstimmunisierung und ein bloß pseudomodernes Geschichtsbewusstsein miteinander verband und so gerade die ernsthafte Auseinandersetzung mit den

Konsequenzen der modernen historischen Weltsicht verhinderte. Hintergrund der Kritik der religionsgeschichtlichen Schule war die intensive Erforschung des religiösen Umfelds des Neuen Testaments. Eine Ausnahmestellung Jesu ließ sich historisch nicht mehr so leicht behaupten, wie Ritschl noch angenommen hatte.

Troeltsch zeigte deshalb in verschiedenen, auf die theologische Methode zielenden Schriften um die Jahrhundertwende auf, wie ethische Normen immer auch kultur- und geistesgeschichtlich bedingt sind, wie religiöse Normen religionspsychologisch erklärt werden können, wie scheinbar rein deskriptive Aussagen zur Geschichte des Christentums inhaltlich immer aus der gegenwartsbezogenen Entscheidung des Religionshistorikers leben.

In den Kontext dieser (letztlich christologischen) Auseinandersetzung mit der Theologie der Ritschlschule gehört die Absolutheitsschrift. Sie formuliert umfassend die Bedeutung der konsequenten historischen Methodik für Theologie und Glauben. Troeltsch hatte die zentralen Ideen bereits zuvor in einer auf den Ritschlianer Friedrich Niebergall bezogenen Gegenkritik geltend gemacht hatte. Dieser hatte die Relativität, Unsicherheit, Inkonsequenz und Irreligiosität von Troeltschs Religionsanschauung moniert. In dem Aufsatz *Über historische und dogmatische Methode in der Theologie* (1900) hatte Troeltsch Niebergalls Behauptung mangelnder religiöser Gesinnung entschieden zurückgewiesen und zugleich gefordert: „[E]s muß voller Ernst mit der historischen Methode gemacht werden“ (GS 2, 738, vgl. Troeltsch-Lesebuch, 11). Was das heißt, erörtert die Absolutheitsschrift. Ihr Grundgerüst bilden 14 Thesen, die Troeltsch für einen Vortrag formuliert hatte, den er 1901 vor den Freunden der Christlichen Welt hielt, einer Versammlung der Anhänger Ritschls (vgl. KGA 5, 54-56).

3. Inhalt

Die Absolutheitsschrift ist in sechs Kapitel unterteilt. Von der theologischen Fragestellung (1) über die geschichtsphilosophische Kritik (2) und ihre neue Grundlegung (3) hin zu der sich daraus ergebenden religionsgeschichtlichen Beurteilung des Christentums (4) führt zunächst der Weg. Die beiden letzten Kapitel haben diesem klaren Duktus gegenüber eine reflexive Funktion. Sie fragen zunächst (5) nach der Innensicht der Religion und ihrer Möglichkeit einer Akzeptanz der neuen historischen Absolutheitsthese. Das abschließende Kapitel bietet eine kulturphilosophische Reflexionstheorie in Anwendung auf die Religions- und Christentumsgeschichte. Troeltsch nimmt damit die Unterscheidung von Religion und Theologie auf und baut einen neuen Rahmen um die von Ritschl initiierten, besonders von Harnack ausgebauten (historischen) Theorien zur Unterscheidung von Religion und Dogmatik innerhalb des Christentums. Die falsche Absolutheitsthese, so die historisch-reflexive Schlussthese, resultiert selbst aus der dogmengeschichtlichen Fehlentwicklung, die die einfache Religion Jesu überdeckt habe.

Bereits der ersten Auflage stellt Troeltsch ein längeres Vorwort voran, in dem er auf Reaktionen und Gegenschriften eingeht, die die intensive Diskussion des Themas innerhalb der Ritschlschule belegen. Er weist darauf hin, dass seine Rede von der „historischen Methode“ bloß abgrenzend gegen die übliche Begründung und insofern stark abkürzend gemeint sei. In Wahrheit handele es sich bei dem von ihm Vorgeschlagenen um eine „Gesamtanschauung“, in die neben historischen Beobachtungen selbstverständlich auch allgemeine Begriffe, normative Wertungen und (gegen neukantianische Religionsauffassungen) ontologische Begründungen miteinfließen sollten. Dies warnt davor, die konzeptionelle Anlage zu unterschätzen, und es verweist auf die nie ausgearbeitete, aber immer vorausgesetzte Religionsphilosophie.

Zu 1): Wie lässt sich die Absolutheit des Christentums heute noch behaupten? Die Theologie der Vormoderne ging von der wunderhaften, durch Offenbarung begründeten Übergeschichtlichkeit der Kirche aus. In der Moderne lässt sich die Theologie auf das historische Bewusstsein ein und begründet den normativen Wahrheitsanspruch des Christentums aus einer historischen Entwicklungsbehauptung: Die Geschichte ist angelegt auf die Realisierung des wahren Begriffs der Religion. Der abstrakt gedachte und als Ziel der Geschichte konstruierte Religionsbegriff übernimmt also die Funktion der alten Offenbarungsbehauptung. Er soll eine unbestreitbare, weil *begrifflich notwendige* Absolutheit der christlichen Religion sichern. Doch so richtig das moderne Eingehen auf die Geschichte ist, so falsch ist ihre begrifflich-entwicklungsgeschichtliche Konstruktion, mit der das Christentum als absolute Religion erwiesen wird. Genau dagegen will Troeltsch von einer „spekulationsfreien Historie“ (KGA 5, 122) aus die Geltung des Christentums neu bestimmen.

Zu 2): Die zeitgenössische Kirchengeschichtsschreibung ist eine moderne Wissenschaft. In ihren vorbildlichen Forschungen (z.B. bei Harnack) behandelt sie de facto das Christentum als eine rein historische Erscheinung, leitet seine Entwicklung aus dem kulturellen Umfeld her und verzichtet auf konstruierende Stufenbehauptungen für seine innere Geschichte. Das zeigt implizit: Absolutheit und Geschichtlichkeit widersprechen sich. Der Geist realisiert sich in der Geschichte, aber er ist nicht festgelegt auf eine bestimmte Realisierung. Denn Geschichte *ist* nichts anderes als freie Realisierung des Geistes, und zwar als andauerndes Geschehen. Hintergrund der historischen Methode bleibt auch bei Troeltsch eine dem 19. Jahrhundert verpflichtete Philosophie des Geistes.

Troeltsch zeigt in vier Punkten auf, dass die (bei den Ritschlianern beliebten) Absolutheitskonstruktionen der wirklichen Religionsgeschichte nicht entsprechen. 1. Der verwendete allgemeine Religionsbegriff kann die Vielfalt religiöser Erscheinungen nicht wirklich inhaltlich normieren, weil er sie sonst nicht mehr vorurteilslos beschreiben könnte. 2. Die Verbindung von absoluter Religion und der Behauptung ihres Realisiertseins in einer bestimmten Religion – dem Christentum – ist nicht erweisbar, sondern willkürlich und standpunktabhängig. 3. Die Anwendung des absoluten Religionsbegriffs auf das Christentum als einer historisch-konkreten Religion ist nur möglich durch künstliche Abstraktionen und falsche Differenzierungen innerhalb dieser konkreten Religion. 4. Zwar hat die Moderne zu Recht den Entwicklungsbegriff zur Grundlage der Geschichte gemacht. Aber in diesen (historischen!) Entwicklungsgedanken darf keine logisch-begriffliche Notwendigkeit hineingelegt werden. Geschichte, auch die Religionsgeschichte, ist der Ort der Freiheit. Es kann immer auch anders kommen.

Zu 3): Die rein historische Entwicklung der Religion vermeidet sowohl eine unhistorische Absolutheitsbehauptung wie eine relativistische Wert- und Urteilslosigkeit im Hinblick auf geschichtliche Phänomene. In der Bestreitung des zweiten besteht das Ziel von Troeltschs Argumentation. Die Auffassung der Geschichte als Realisierung des Geistes führt auf eine Kennzeichnung der Gegenwart zu, die deren praktische Gewissheit wegen der dahinterstehenden Entwicklung des Geistes zu sich selbst als eine neue, nichtabstrakte Form von Absolutheit beschreiben lässt. Damit setzt sich Troeltsch von nichtmentalen – evolutionsbiologischen, naturalistischen, psychologistischen – Deutungen der Geschichte ebenso ab wie von hermeneutisch beliebigen, Multikulturalität und Vielfalt zum letzten Maßstab erhebenden. Jedes geschichtliche Verstehen belegt bereits die einheitsstiftende Selbstbezüglichkeit des Geistes.

Troeltsch bleibt damit dem idealistischen, von Hegel ausgearbeiteten Entwicklungsgedanken verhaftet. Er entwickelt eine Geschichtsphilosophie, die das begriffliche Konstrukt des realisierten Geistes durch ein nichtspekulatives, aber universelles Bild einer Entwicklung des Geistes zu sich selbst in der uns bekannten Geschichte ersetzt. Darin bezieht er ein ontologisches Grundgerüst von Geist auf die historische Lage des europäischen Kulturkreises, und zwar mittels der Idee einer annähernden Realisierung. Er verzichtet einzig auf die absolute, abstrakte und begriffliche Auszeichnung der Gegenwart als des *abschließenden* und *prinzipiell* (also gedanklich) unüberbietbaren Entwicklungszieles. Der entscheidende Satz der Absolutheitsschrift lautet: „Nicht das Entweder-Oder von Relativismus und Absolutismus, sondern […] das Herauswachsen der Richtungen auf absolute Ziel aus dem Relativen ist das Problem der Geschichte." (KGA 5, 171) Die Beurteilungsfrage für das Christentum lautet dann, wieweit es zu diesem Herauswachsen absoluter Ziele beiträgt. Und (nur) diese Frage wird so beantwortet, dass innerhalb der uns erkennbaren Geschichte eine höhere Religion als das Christentum nicht in Sicht sei.

Denn Religion wird auf dieses geistige Ziel der Geschichte hin definiert. In der Geschichte ereignen sich metaphysisch zu nennende Durchbrüche des Geistes zu sich selbst. Religion hält dies absolute Geistesziel in einer besonderen Weise präsent. Kriterien dafür sind die kritische Stellung zur rein geschichtsimmanenten Kultur, die (Personalität stärkende) Gegenwart der Transzendenz Gottes im Glauben sowie die Inanspruchnahme dieser Transzendenz als Grund des Geisteslebens. Religion ist die geistbezogene Reflexivität des historischen Bewusstseins, ist Darstellung seiner normativen, auf persönliche Verantwortung, Freiheit und Selbstbestimmung zielenden Aufbauelemente.

Zu 4): Der historische Religionsvergleich führt also zur Ersetzung der abstrakten begrifflichen Absolutheit des Christentums durch eine Absolutheit, die auf der Basis umfassender historischer und an die Kultur des Abendlandes gebundener Vergleichung entsteht. Von den polytheistischen Naturreligionen über die höheren polytheistischen Religionen führt der Weg zu den Universalreligionen. Als personalistische Erlösungsreligion ist das Christentum „der Konvergenzpunkt aller erkennbaren Entwicklungsrichtungen der Religion" (KGA 5, 90). Troeltsch endet mit der Unterscheidung, dass bei einem Rückfall in die Barbarei diese personalistische Erlösungsreligion (wenn auch möglicherweise in einer ganz anderen geschichtlichen Gestalt als das Christentum) wiederkehren müsse, andererseits eine prinzipielle Vertiefung des Geistes durch eine höhere Offenbarung (sei es von unserer heutigen Kultur aus oder einer anderen Kultur, die diese personale Geistigkeit verwirklicht hat) nicht ausgeschlossen bleibe.

Zu 5): Wie wirkt sich die neue Theorie auf die gelebte Religion und den unmittelbaren Gottesglauben aus? Troeltsch argumentiert, dass die begrifflich-realisierungsorientierte Absolutheitsbehauptung ein theoretisches Konzept sei, das sich selbst an die Stelle des wirklichen Glaubens setze. Die unter modernen Bedingungen einzig mögliche historisch gebrochene Form des Absolutheitsbewusstseins widerspricht nicht, sondern entspricht ganz dem historischen Selbstgefühl des Glaubens. Die Apologetik der Väterzeit mit ihrem Rückgriff auf griechische philosophische Argumente stellt den Sündenfall des Christentums hin zu einer begrifflich dominierten Selbstauffassung des Glaubens dar. Damit wird die kritisch-neuprotestantische Theorie Harnacks zur Entwicklung und Bedeutung des Dogmas aufgenommen.

Zu 6): Das hier vorausgesetzte Verhältnis von Glaube und Reflexion in der Religion wird abschließend in einen neuen Theorieentwurf überführt. Auch für die Religion gilt die allgemeine Kulturentwicklungsthese, dass in der notwendigen und Kultur herstellenden Ablösung von anfänglicher Gegenständlichkeit und Naivität der Weltauffassung Aspekte von Verinnerlichung, Sozialisierung, Abstrahierung, Reflexion und Pluralisierung versammelt sind. Gleichwohl bleibt die ursprüngliche Gegenständlichkeit erhalten und wird in sich kulturell entwickelnden naiven Bewusstseinsstufen präsent gehalten. Die religiöse Kulturentwicklung verläuft deshalb in einer aufsteigenden Linie hin zu Jesu Gottesanschauung einerseits. Andererseits verfällt sie innerhalb der christlichen Dogmengeschichte seit der alten Kirche und endet in den modernen begrifflich-abstrakten Theorien über das Christentum als absolute Religion. Die historisch-vergleichende Theologie hingegen, die Troeltsch vorschwebt, beendet diese Verfallsgeschichte. Sie bezieht sich wieder auf das interne Gegenstandsgefühl der Religion und lässt seine christliche Fassung im Vergleich als höchste stehen. Deshalb endet die Absolutheitsschrift mit einer religiösen Apotheose der historischen Jesusfigur und schließt sich darin inhaltlich eng an Harnacks Wesensschrift an.

4. Wirkungsgeschichte

Geht man auf die Kernthese der Absolutheitsschrift, dass das Christentum eine religionsgeschichtlich zu erweisende Höchstgeltung beanspruchen könne, die für die religiöse Praxis ausreichend sei, so wird man von einer fast schon geschlossenen Front der Ablehnung sprechen müssen. Historisch ist im Zuge postmoderner Relativierungen die Höchstgeltung eine viel zu positive These. Andererseits erscheint den Theologen bis heute eine bloß historische Höchstgeltung für die Innensicht des religiösen Subjekts zu wenig. Religiöse Gewissheit steht, so die überwiegende Gegenthese, unter dem Kennzeichen von Unbedingtheit. In dieser Perspektive allerdings muss Troeltsch dann als Vertreter derjenigen generellen historischen Relativität auch des Glaubens gelesen werden, zu deren Bestreitung er die Absolutheitsschrift gerade verfasst hatte.

Nun hat Troeltsch die Höchstgeltungsthese in seinen Spätschriften selbst zurückgenommen bzw. umgewandelt. Im Zuge der enger werdenden Verbindung von Religionsgeschichte und Kulturphilosophie wird ihm das Christentum zum Ausdruck der europäisch-abendländischen Kultur. In anderen Kulturen können deren Religionen zu Recht gleiche Höchstgeltung beanspruchen. Damit aber wird das Konzept der historischen Absolutheit aufgelöst.

Die Generation der frühen dialektischen Theologie, besonders aber Karl Barth, hat für Troeltschs ‚tastende Versuche' kein Sensorium entwickelt. Seinen welt- und kulturgeschichtlichen Panoramen stand sie mit ablehnendem Spott gegenüber, weil diese Visionen so wenig zu den realen Apokalypsen der Gegenwart passten. Wie aus der Editionsgeschichte ersichtlich, muss vom Ende der 20er Jahre bis in die späten 60er Jahre hinein weitgehend der Ausfall der Rezeption festgestellt werden. Die seitdem einsetzenden neuen Bezugnahmen auf Troeltschs Werk, auch im Kontext der kritischen Gesamtausgabe, lassen die Höchstgeltungsthese ebenfalls eher als Kuriosum aufscheinen, auch da, wo mit Troeltsch die bleibende (kritische) Normativität in der geschichtlichen Existenz betont wird.

Dagegen hat die pluralistische Religionstheologie der Gegenwart die inhaltliche Auseinandersetzung mit dem Absolutheitsthema neu aufgenommen. Dabei werden Absolutheitsanspruch und unbedingte Evidenz in komplexe Theorien überführt, die differente Beobachtungs- und Wahrnehmungsperspektiven der Religion in den Religionen und ihre Rekonstruierbarkeit in der Theologie thematisieren. In Bezug auf diese neuen Anforderungen ist das Potenzial von Troeltschs Absolutheitsschrift, insbesondere einer historischen Rekonstruktion von reflexiven Prozessen in der Religion, noch nicht ausgeschöpft.

Literatur

Quellen und Werkausgaben

Troeltsch, E., Die Absolutheit des Christentums und die Religionsgeschichte, Tübingen/Leipzig 1902 (2. Auflage 1912 mit Überarbeitungen und Erweiterungen; 3. unveränderte Auflage 1929).

Troeltsch, E., Die Absolutheit des Christentums und die Religionsgeschichte und zwei Schriften zur Theologie (mit einer Einleitung von Trutz Rendtorff), München/Hamburg 1969 (2. Auflage Gütersloh 1985).

Troeltsch, E., Die Absolutheit des Christentums und die Religionsgeschichte (1902/1912) mit den Thesen von 1901 und handschriftlichen Zusätzen, hrsg. v. T. Rendtorff in Zusammenarbeit mit S. Pautler, Berlin/New York 1998 (= Ernst Troeltsch Kritische Gesamtausgabe [KGA], Bd. 5).

Ernst Troeltsch Lesebuch. Ausgewählte Texte, hrsg. v. F. Voigt, Tübingen 2003; darin: Kap. 2 der Absolutheitsschrift, 26-44.

Troeltsch, E., Über historische und dogmatische Methode in der Theologie, in: Ders., Gesammelte Schriften [GS] Bd. 2 (2. Auflage Tübingen 1922), 729-753 (die Urfassung von 1900 auch in: Voigt, Ernst Troeltsch Lesebuch, 2-25).

Troeltsch, E., Meine Bücher (1922), in: Ders., Gesammelte Schriften Bd. 4, Tübingen 1923, 3-18 (die erste Fassung [1921] auch in Voigt, Ernst Troeltsch Lesebuch, 372-385).

Sekundärliteratur

BERNHARDT, R., Der Absolutheitsanspruch des Christentums. Von der Aufklärung bis zur pluralistischen Religionstheorie, Gütersloh [2]1993.

BERNHARDT, R./G. PFLEIDERER (Hrsg.), Christlicher Wahrheitsanspruch – historische Relativität. Auseinandersetzungen mit Ernst Troeltschs Absolutheitsschrift im Kontext heutiger Religionstheologie, Zürich 2004.

CLAUSSEN, J.H., Die Jesus-Deutung von Ernst Troeltsch im Kontext der liberalen Theologie, Tübingen 1997.

RENDTORFF, T., Einleitung, in: E. TROELTSCH, Die Absolutheit des Christentums und die Religionsgeschichte (1902/1912) mit den Thesen von 1901 und handschriftlichen Zusätzen, hrsg. v. T. RENDTORFF in Zusammenarbeit mit S. PAUTLER, Berlin/New York 1998, 1-53. 57-80.

SCHLIPPE, G. V., Die Absolutheit des Christentums bei Ernst Troeltsch auf dem Hintergrund der Denkfelder des 19. Jahrhunderts, Neustadt an der Aisch 1966.

VOIGT, F., Einleitung des Herausgebers, in: Ernst Troeltsch Lesebuch. Ausgewählte Texte, hrsg. v. F. VOIGT, Tübingen 2003, VII-XXXVI.

Folkart Wittekind

Karl Barth, Die Kirchliche Dogmatik, 13 Bde. und ein Registerband, ED Zürich 1932-1967

1. Zu Kontext und Charakteristik des Werkes

Karl Barths *Kirchliche Dogmatik* ist nicht nur das monumentalste, sondern wohl auch das bedeutendste und international einflussreichste und wirkmächtigste Werk deutschsprachiger protestantischer Theologie im 20. Jahrhundert. Schon hinsichtlich seines Umfangs von 13 Einzelbänden mit insgesamt über 9000 Druckseiten ist das in fast vierzigjähriger Arbeit entstandene Werk, dessen Teile vor der Veröffentlichung jeweils in Vorlesungen vorgetragen wurden, mit keiner anderen zusammenhängende Publikation eines einzelnen protestantischen Theologen in der Neuzeit vergleichbar. Verglichen worden ist Barths *Kirchliche Dogmatik* (KD) des öfteren mit der Theologischen Summe des Thomas von Aquin, nicht zuletzt auch, weil sie wie diese trotz ihres enormen Umfangs Fragment geblieben ist. Der Vergleich hinkt freilich schon insofern, als Barths Werk zur Theologie seiner Epoche in einem wesentlich einsameren und spannungsreicheren Verhältnis steht als jenes Hauptwerk der mittelalterlichen Scholastik zu der seinen.

Die KD will nicht die (positive) Bilanz und die weiterführende systematische Summierung des theologischen Denkens ihrer Zeit sein; ihr schon im Titel signalisierter Anspruch auf kirchliche Orthodoxie wendet sich vielmehr gegen die Theologie einer ganzen Epoche, nämlich der von wissenschaftlicher Aufklärung und historischer Kritik bestimmten Theologie der Moderne, der ihr Autor selbst entstammt, die er aber spätestens mit der strikt theo- bzw. christozentrischen Offenbarungstheologie seines Hauptwerkes definitiv zu überwinden beansprucht. Auch im Verhältnis zu anderen Vertretern der breitgefächerten antihistoristischen und antiliberalen Aufbruchsbewegungen in Theologie und Philosophie nach dem Ersten Weltkrieg (wie Gogarten, Brunner, Bultmann, Tillich, Althaus oder Hirsch bzw. Buber, Heidegger oder Jaspers) dominiert insbesondere in den ersten Bänden des Werkes ein Gestus mehr oder weniger scharfer Abgrenzung.

Die mit gleichsam neoreformatorischem Anspruch vorgetragene Theologie der KD ist freilich eine, die sich selbst als ‚semper reformanda' begreift. Der enorme Umfang dieses Werks ist nicht zuletzt auch die Folge dessen, dass sein Verfasser immer wieder bemüht ist, „dasselbe noch einmal ganz anders zu sagen" (KD I/1, VI). Für seine gedankliche Struktur und sein Erscheinungsbild ist eine eigentümliche Verbindung aus einer apodiktisch prinzipiellen und zugleich hochfiligranen systematischen Architektonik einerseits und einer abundanten Narrativität andererseits charakteristisch, in der verschiedene theologische Textgattungen und Themenbestände praktisch aller theologischen Disziplinen unter dem Dach der Dogmatik auf eine kunstvoll-kreative Weise zusammengeführt werden. In der aktualistischen Gebrochenheit seines affirmativ-orthodoxen Gestus lässt sich ein Krisenbewusstsein für die drohende Gefahr des Endes religiöser Großerzählungen in einer als säkularistisch wahrgenommenen Moderne erkennen, dem sich das Werk als Rettungsunternehmen mit dem Pathos heroischen Selbstbewusstseins und einem Höchstmass individueller Kreativität entgegenstemmt. Das autopoietische Projekt der Geburt eines theologisch legitimen Christentums aus dem Geist der Bibel und der reformatorischen Theologie ist de facto der Moderne und ihren kritischen Wendungen auf sich selbst stärker verpflichtet, als ihr Autor in der Regel zu erkennen gibt.

2. Zur werkgeschichtlichen Stellung der *Kirchlichen Dogmatik*

In Form eines (überarbeiteten) Römerbriefkommentars hatte der – ehedem in Marburg und Berlin liberaltheologisch sozialisierte, zwischenzeitlich religiös-sozial engagierte, dann unter dem Eindruck des Kriegsausbruchs und seiner Folgen nach einer spekulativ-realistischen Geschichtstheologie im Stile der Blumhardts suchende – Schweizer Landpfarrer Karl Barth 1922 eine furios expressionistisch formulierte, streng theozentrische, negativ-dialektische Theologie vorgelegt. Im Rückgriff vor allem auf Platon, Paulus, Luther, S. Kierkegaard, F. Overbeck und H. Cohen wird hier die Selbstoffenbarungstat Gottes in Jesus Christus als aktualer Angriff auf Welt und Mensch, näherhin auf die Selbstsicherheit eines neuzeitlichen Humanitäts- und Fortschrittsdenkens und einer individualisierten modernen Erlebnisreligiosität, präsentiert. Der im Medium einer lectio continua des paulinischen Textes sublim durchgeführte (Wieder-)Aufbau eines avantgardistischen religionskritisch-theologischen Freiheitsbewusstseins verweigert sich freilich nicht nur jedweder praktisch-ethischen Konkretion, sondern auch methodologischer Reflexion und darum akademischer Multiplikation. Als methodisches Instrument zur Behebung dieses doppelten Mankos entwickelt der ins akademische Lehramt berufene Krisentheologe ab 1924 einen trinitarisch strukturierten Offenbarungsbegriff, der die „*unaufhebbare Subjektivität Gottes in seiner Offenbarung*“ (Thurneysen, Briefwechsel, 254) als positives Grundprinzip allen theologischen Denkens begreift und dieses in eine von der altreformierten Orthodoxie inspirierte Dogmatik umzuformen nötigt. An die Stelle der progressiven, negativen Dialektik des Römerbriefkommentars tritt so – erstmals in der Göttinger bzw. Münsteraner Dogmatikvorlesung von 1924-26 (welche die einzig vollständig ausgearbeitete Dogmatik Barths geblieben ist), sodann im publizierten Erstversuch der *Christlichen Dogmatik* von 1927 – die positive Dialektik einer Offenbarungstheologie, die alle dogmatischen Inhalte in eine einzige große und in sich vielfältig differenzierte trinitarisch-theologisch strukturierte Denkbewegung einzubinden sucht.

3. Inhalt des Werkes: Prolegomena

In eigenständigem Rückgriff auf Anselm von Canterbury entwickelt Barth 1931 die modal- und aussagenlogischen Implikationen dieser autopoietischen Dogmatik weiter, mit dem Ziel, die Theologie insgesamt als Theorie des „principiellen (singulären) Faktums“ (Korsch, 170) der Selbstoffenbarungshandlung Gottes in Jesus Christus aufzubauen und durchgängig zu gestalten. Um jedwede andere erkenntnistheoretische Grundlegung der Theologie als „natürliche Theologie“ abzuweisen, wird im relativen Neuansatz der KD von 1932 das an sich materialdogmatische Lehrstück der Trinitätslehre in die Prolegomena vorgezogen, deren Kernstück darum eine antizipierte (ihrerseits trinitarisch strukturierte) Gotteslehre (vgl. §§ 9-12), eine Christo- bzw. Soteriologie (§§ 13-15) sowie eine Pneumatologie bzw. Erlösungslehre (§§ 16-18) bildet. Auf diese Weise sollen die Erkenntnisform der Dogmatik und ihre materialen Inhalte in ein prinzipielles Wechselverhältnis gebracht werden. Besondere Berühmt(-berüchtigt-)heit hat § 17 erlangt, der „Gottes Offenbarung als Aufhebung der Religion“ (I/2,304-396) auslegt und hierbei (meta-)kritischen Gebrauch von der radikalen Religionskritik L. Feuerbachs macht. Wie konsequent die Grundlegung der KD Barths theologische Leitidee „*Gott offenbart sich als der Herr*“ (I/1,324) umzusetzen sucht, zeigt sich auch daran, dass sämtliche Situierungs-, Funktions- und Verortungsfragen der Theologie, wie namentlich diejenigen nach ihrem Verhältnis zu Kirche, näherhin kirchlicher Verkündigung und Hl. Schrift, in um jenen trinitätstheologischen Kernteil der Prolegomena herumgelagerten Kapiteln verhandelt werden, und zwar in einer Form, die bis in die Gliederung der Unterabschnitte der Paragraphen hinein die trinitarische, d.h. offenbarungslogische Systematisierung erkennen lässt.

4. Inhalt des Werkes: Materialdogmatik

Auch der Aufbau der *Materialdogmatik* ist in seiner Grob- wie Feingliederung konsequent durch die Struktur des Offenbarungsbegriffs bestimmt und darum insgesamt drei- bzw. vierteilig: Gotteslehre (KD II) mit Schöpfungslehre (KD III), Versöhnungslehre (KD IV), Erlösungslehre (KD V; nicht ausgeführt).

Die trinitarische Bestimmtheit der *Gotteslehre* soll durch die Doppelbestimmung des Seins Gottes „als der Liebende in Freiheit" (II/1,288ff.) zur Darstellung gebracht werden, wobei „Liebe" und „Freiheit" auch als die organisierenden Grundbestimmungen der Eigenschaftenlehre zur Geltung kommen (vgl. II/1,319). Der (eher implizite) dritte (der Sache nach erste) Leitbegriff ist der der einen göttlichen „Person" (II/1,320).

Zu den meistbeachteten materialdogmatischen Innovationen der KD gehört zweifellos die Neufassung der reformierten *Prädestinationslehre* als der Lehre von der teleologischen Gesamtorientierung der *opera Dei ad extra*. Indem Barth das Prädestinationsdogma strikt christologisch und inklusivistisch deutet, bindet er die theologische Spekulation konsequent an die offenbarungstheologisch begründete Glaubensgewissheit und intendiert so eine „Totalrevision des Dogmas" (II/2,373). Dabei hält er formaliter am Gedanken einer doppelten Prädestination fest, statuiert jedoch, dass „in der Erwählung Jesu Christi, die der ewige Wille Gottes ist, […] Gott *dem Menschen das Erste, die Erwählung*, die Seligkeit und das Leben, *sich selber aber das Zweite, die Verwerfung*, die Verdammnis und den Tod *zugedacht*" (II/2,177) habe. In dieser christologischen Klammer kommt freilich die Doppelheit von Erwählung und Verwerfung auch auf Seiten des Menschen zur Darstellung, nämlich in Gestalt der Kollektive „Kirche" als „der Darstellung des göttlichen *Erbarmens*" und „Israel" als „der Darstellung des göttlichen *Gerichtes*" (II/2,215). Die hier 1942 (!) publizierte Israeltheologie ist trotz des dominanten Versuchs einer theologischen Entdiskriminierung des Judentums von gegenläufigen Tendenzen einer negativen Heilsgeschichte nicht ganz frei (vgl. II/2,230. 260 u.ö.; vgl. aber III/3,238-256, bes. 252).

Auch die *Schöpfung* ist gnoseo- und ontologisch, nämlich teleologisch, strikt auf die „Geschichte des Bundes Gottes mit dem Menschen, die in Jesus Christus ihren Anfang, ihre Mitte und ihr Ende hat" (KD III/1,44), hingeordnet. Sie ist „äusserer Grund des Bundes" (III/1,103), während „der Bund als innerer Grund der Schöpfung" (III/1,258) zu verstehen sei. Die der Theo-, bzw. Christozentrik korrespondierende Anthropozentrik wird in einer *Lehre vom Menschen* konkret, die den trinitäts- und erkenntnistheoretischen Grundbegriff der analogia relationis auf das Verhältnis Gottes zum Menschen überträgt (III/2,262f.) und ihn darüber hinaus auf das für den Menschen als fundamental konstitutiv erachtete Geschlechterverhältnis bezieht (III/1,220; III/2,390f.). Alle sonstigen empirischen Differenzierungen nach „Rassen, Völkern und dergl." (III/1,208) werden für akzidentell erklärt. Von „Jesus", als dem „Mensch[en] für den anderen Menschen" (III/2,242) her wird die Geschlechterdifferenz christologisch zu einer Lehre von der prinzipiellen „Mitmenschlichkeit" des Menschen (III/2,252) vertieft – was Barth als grundsätzliche theologische Überbietung bzw. Konterkarierung des aus seiner Sicht in F. Nietzsches „Humanität ohne den Mitmenschen" (III/2,277) gipfelnden und sich als solchen dekouvrierenden amoralischen Solipsismus der „europäischen Humanität der Neuzeit" (III/2,282) gedeutet wissen will, der seinerseits zu guten Teilen „den Nationalsozialismus vorbereitet" (ebd.) habe. Von Jesus als dem „ganz[en] Mensch[en]" (III/2,391ff.) her möchte Barth auch eine Überwindung des platonisch-cartesischen Leib-Seele-Dualismus (§ 46) und ein neues Verständnis der Endlich- und Zeitlichkeit des Menschen (§ 47) erschließen. Wiewohl sich diese Schöpfungslehre und Anthropologie explizit und oft auch implizit in intensiver Auseinandersetzung mit zeitgenössischen außertheologischen Theorien befindet, kann und will sie freilich in ein inhaltlich konstruktives Gespräch mit den Naturwissenschaften so wenig eintreten wie etwa mit den empirischen Sozial- und Kulturwissenschaften.

Den Abschluss der dogmatischen Schöpfungslehre bildet die Lehre von der *Vorsehung*, die, als „Ausführung" (III/3,3) des Prädestinationsdekrets verstanden, „das überlegene Handeln des Schöpfers mit seinem Geschöpf" (III/3,1) darlegen soll, in dem jener diesem „in einem nicht aussetzenden und keine Lücken lassenden Handeln" „koexistiert" (III/3,13). Von diesem Handlungskonzept her ist nach Barth auch „das Nichtige" als ontologisches Substrat der Sünde zu denken. Es wird paradox als diejenige „Wirklichkeit" beschrieben, die Gott „in seinem ewigen Ratschluss *verworfen* hat, [...] die gerade nur unter dem Nein Gottes Wirklichkeit haben und sein kann" (III/3,84). Die aufhebende Vermittlung von Vorsehungshandeln (§ 49) und seinem von ihm selbst gesetzten, weil verworfenen Oppositum des Nichtigen (§ 50) geschieht in der *Angelologie*, als der Lehre von den mythologischen Wesen, die „Gottes Handeln in Jesus Christus [...] als treue und mächtige Diener [...] begleiten, die den ihm widerstehenden Gestalten und Mächten des Chaos gegenüber überlegene Wache halten" (III/3,426). In Passagen wie diesen wird Barths Renitenz gegenüber jedweder expliziten metaphorologischen Reflexion seines bzw. des von ihm angezogenen biblischen Denkens besonders spürbar.

Die von Barth im Pensionierungsalter begonnene für die KD insgesamt zentrale *Versöhnungslehre* (KD IV) ist trotz ihrer Nichtvollendung der umfangreichste und außerdem der am weitaus aufwendigsten durchkomponierte Teil der KD. Die systematische Funktionalität der Gliederungselemente kann sich dem Leser freilich dadurch eher verdecken als erschließen, dass der Autor dabei auf die klassischen Differenzierungstheologumena der Christo- und Soteriologie, nämlich auf (a) die Unterscheidung von Person (de persona) und Amt (de officio), (b) die Zweinaturenlehre (vere Deus, vere homo), (c) die Ständelehre (de statibus: status exaltationis, status exinanitionis) sowie (d) die Dreiämterlehre (officium triplex: officium/munus sacerdotale, regale, propheticum) zurückgreift. Die grundsätzliche Dreiteilung der Versöhnungslehre wird durch eine an Hegels *Phänomenologie des Geistes* erinnernde Herr-Knecht-Dialektik erzeugt, die ihrerseits durch eine Verbindung der drei ersten Unterscheidungslehren (Person/Amt, Zweinaturenlehre, Dreiständelehre) zustande kommt. Dabei wird die Ausarbeitung der dialektischen Basisunterscheidung: „Der Herr als Knecht"/„Der Knecht als Herr"/„Der wahrhaftige Zeuge" über den christologischen Kernteil hinausgeführt, indem an diesen ein hamartiologischer, ein im engeren Sinne soteriologischer, ein pneumatologischer, der wiederum ein kollektiv-ekklesiales und ein individuumsbezogenes Element hat und schliesslich ein (nur noch ansatzweise ausgeführter) ethischer Teil angeschlossen wird (zur besseren Orientierung vgl. die tabellarische Übersicht bei Jüngel, 265).

Die so hochkomplex strukturierte theologische Herr-Knecht-Dialektik soll den einfachen versöhnungstheologischen Grundgedanken entfalten, dass Gott ein „Gott mit uns" (IV/1,1) ist: „Immanuel". Zwar hat Barth seit seinen dialektisch-theologischen Anfängen betont, dass die Handlungssubjektivität Gottes gerade darin als solche ihr Wesen hat und sich zu erkennen gibt, dass sie sich – abstrakt gesprochen – an der Stelle des Anderen ihrer selbst (also des Endlichen, des

Schwachen, des Niedrigen) expliziert (hat) und nur darum als solche für uns erkennbar ist. Gleichwohl ist zu erkennen, dass der Gedanke der Selbstalteration Gottes, christologisch gesprochen: seine Selbsterniedrigung – in der Versöhnungslehre der KD mit größerer Konsequenz betont und ausgearbeitet wird als etwa noch in der Christologie der Prolegomena. Die aktualistische „Ereignis"-Begrifflichkeit (IV/1, 4) wird nun entschiedener als in den ersten Bänden der KD durch narrative Metaphern der „Bewegung" (IV/1,3), insbesondere durch die Rede von der „Geschichte", nämlich von einer „inklusiven Geschichte" (IV/1,16) (Gottes mit den Menschen) ausgedeutet und gewissermaßen zu verflüssigen versucht.

Diese Verschiebung hat auch einen erkenntnistheoretischen Aspekt. In KD IV/3 wird das munus propheticum Jesu Christi als Selbstaufschließung Gottes für die menschliche Erkenntnis gedeutet, was solchermaßen geradezu als das Ziel der gesamten Bewegung des göttlichen Handelns erscheint. Wohl nicht von ungefähr findet sich in diesem dritten Teil der Soteriologie nicht nur eine für Barth überraschend positive Neudeutung des neuzeitlichen Christentums (vgl. IV/3,18-40) und seiner Weltoffenheit, sondern auch ein Versuch, Sinn und Intentionen einer theologia naturalis mit offenbarungstheologischen Mitteln einzuholen (sog. Lichterlehre, IV/3,106ff.).

Eine grundsätzliche theologiegeschichtliche Neuerung der KD ist die Einbeziehung der *Ethik* in die Dogmatik, nämlich in der Weise, dass in systematischer Vorordnung des „Evangeliums" vor das „Gesetz" an die einzelnen materialdogmatischen Lehrstücke jeweils ein ethisches Kapitel angeschlossen wird. Dabei erhebt die Ethik der Gotteslehre als Lehre von „Gottes Gebot" (II/2, Kap. 8) den Anspruch, die ethische Gebundenheit und Konkretheit individueller Freiheit besser begründen zu können als jede philosophische (kantische) Autonomietheorie. In der Ethik der Schöpfungslehre (III/4, Kap. 12) wird eine allgemeine Theorie der ethischen Strukturen des individuellen und sozialen Lebens unter dem Gesichtspunkt der theonomen Verfasstheit seiner individuellen Freiheit entworfen. Darin, wie auch in vielen ethischen Einzelargumentationen (bes. in den §§ 55-56), wird deutlich, dass der theologische Autoritarismus Barths nicht auf eine pauschale Diskreditierung zentraler Anliegen liberal-theologischer Ethik zielt, sondern deren ‚tiefere' Begründung zu leisten versucht. Die zeittypischen patriarchalistischen Tendenzen, von denen die 1951 publizierte Ethik der Geschlechter (III/4,127-269) trotz einigem gegenläufigen Problembewusstsein bestimmt ist, tun solchem Ansinnen keinen grundsätzlichen Abbruch. Von der Ethik der Versöhnungslehre, die eine „Ethik des christlichen Lebens" unter dem Gesichtspunkt des Versöhnungsgedankens hätte entfalten sollen, konnte Barth nur noch einen ersten Teil zur Niederschrift bringen, eine Tauflehre (!), die eine Bestreitung der Legitimität der Kindertaufe enthält. Die Ethik der Erlösungslehre ist wie diese selbst ganz unausgeführt geblieben.

5. Wirkungsgeschichte

Karl Barths Kirchliche Dogmatik hat eine enorme Wirkungsgeschichte freigesetzt, die über ihren eigenen konfessionellen Bezugsraum, den reformierten deutschsprachigen Protestantismus, weit hinausreicht. Im angelsächsischen Bereich ist Barths

Theologie vor allem über die (englische Übersetzung der) KD rezipiert worden, wobei oft die Auseinandersetzung mit einzelnen wichtigen materialdogmatischen Lehren im Vordergrund stand. Stark anregend hat Barth auf die katholische Theologie und das ökumenische Gespräch gewirkt; einige klassische Sekundärliteratur zur KD stammt von katholischen Autoren (bes. H.U. v. Balthasar, H. Küng). Im deutschsprachigen Bereich hat die Wort Gottes-Theologie der KD über Jahrzehnte stilbildend gewirkt für das professionelle Handeln und die Selbstbilder großer Teile der Pfarrerschaft. Auch in der Universitätstheologie hat die KD eine semantische Binnenkodierung der Theologie gefördert, die erst seit etwa den 1980er Jahren deutlich nachgelassen hat. Die Auseinandersetzung mit Barth hat sich oft auf die systematischen Grundentscheidungen der KD, auf ihre „Denkform" konzentriert. Auf der Basis einer inzwischen breiten kritischen Edition von Barths Schriften auch vor und außerhalb der KD sind solche Untersuchungen in den letzten Jahrzehnten insbesondere auch mit Versuchen der Erhellung des komplizierten Verhältnisses dieser Theologie zur neuzeitlich-liberalen Tradition verbunden worden. Eine präzise Rekonstruktion der systematischen Gesamtarchitektonik der KD als komplexer Theorie absoluter göttlicher Handlungssubjektivität und ihrer inneren Modifizierungen sowie deren Einordnung in die Theologie- und Geistesgeschichte der „reflexiven Moderne" (U. Beck) ist freilich auch nach Jahrzehnten intensiver Barthforschung immer noch Desiderat.

Literatur

Quellen und Werkausgaben

BARTH, K., Gesamtausgabe. 6 Abteilungen, hrsg. im Auftrag der Karl Barth-Stiftung (ohne KD).

BARTH, K., Die christliche Dogmatik im Entwurf. 1. Bd., Die Lehre vom Worte Gottes, Prolegomena zur christlichen Dogmatik 1927, hrsg. v. G. SAUTER (KB Gesamtausgabe), Zürich 1982.

BARTH, K., Die Kirchliche Dogmatik, 13 Bde. und ein Registerband, Zürich 1932-1967.

BARTH, K., Der Römerbrief (Zweite Fassung 1922), Zürich [17]2005.

BARTH, K., Fides quaerens intellectum. Anselms Beweis der Existenz Gottes im Zusammenhang seines theologischen Programms (1931), hrsg. v. E JÜNGEL/I.U. DAHLFERTH (KB Gesamtausgabe), Zürich [2]1986.

BARTH, K., Unterricht in der christlichen Religion, hrsg. v. H. REIFFEN bzw. H. STOEVESANDT (KB Gesamtausgabe), Zürich 1985/1990/2003.

THURNEYSEN, E. (Hrsg.), Karl Barth – Eduard Thurneysen, Briefwechsel, Bd. 2, 1921-1930 (KB Gesamtausgabe), Zürich 1974.

Sekundärliteratur

JÜNGEL, E., Art.: Barth, Karl (1886-1968), in: TRE Bd. 5, Berlin/New York 1980, 251-268.

KORSCH, D., Dialektische Theologie nach Karl Barth, Tübingen 1996.

PFLEIDERER, G., Karl Barths praktische Theologie. Zu Genese und Kontext eines paradigmatischen Entwurfs Systematischer Theologie im 20. Jahrhundert (BHTh 115), Tübingen 2000.
RENDTORFF, T. (Hrsg.), Die Realisierung der Freiheit. Beiträge zur Kritik der Theologie Karl Barths, Gütersloh 1975.
WEBER, O., Karl Barths Kirchliche Dogmatik. Ein einführender Bericht, Neukirchen [12]2002.
WEBSTER, J. (Hrsg.), The Cambridge Companion to Karl Barth, Cambridge [5]2007.

Georg Pfleiderer

Paul Tillich, Systematic Theology, Vol. I-III, ED Chicago 1951-1963

Die dreibändige *Systematic Theology* (1951-1963) stellt ohne Zweifel Paul Tillichs (1886-1965) theologisches Hauptwerk dar. In ihr fasst Tillich den Ertrag seines theologisch-philosophischen Denkens von vier Jahrzehnten zusammen und sie darf als eine der bedeutendsten Schriften der Theologie des 20. Jahrhunderts gelten. Obwohl Tillich die *Systematic Theology* in den USA geschrieben hat, in die er 1933 nach dem Verlust seines Frankfurter Lehrstuhls für Philosophie und Soziologie emigrieren musste, liegen die Anfänge seines systematisch-theologischen Denkens in seiner deutschen Zeit. Bereits 1913 konzipierte der junge Tillich einen Entwurf einer Systematischen Theologie (EGW IX) und 1925 begann er in Marburg eine Dogmatik-Vorlesung (EGW XIV), die 1926 in Dresden fortgesetzt und erst aus dem Nachlass publiziert wurde. Die Bedeutung dieser frühen Dogmatik-Vorlesung für die Ausarbeitung der späteren *Systematischen Theologie* wird von Tillich im Vorwort der deutschen Übersetzung des ersten Bandes des späteren systematischen Hauptwerkes ausdrücklich erwähnt. Tillichs *Systematische Theologie* zeichnet sich vor allem durch ihre Offenheit gegenüber den Fragen der Zeit sowie durch die Einbeziehung von religionsphilosophischen und kulturtheoretischen Überlegungen aus. „Ein theologisches System muß zwei grundsätzliche Bedürfnisse befriedigen: Es muß die Wahrheit der christlichen Botschaft aussprechen, und es muß diese Wahrheit für jede neue Generation neu deuten." (I,9) Angemessen zu würdigen ist Tillichs *Systematische Theologie* jedoch nur in ihrem problem- und werkgeschichtlichen Entstehungskontext.

1. Der problemgeschichtliche Kontext

An erster Stelle ist die „Krisis des Historismus" (Ernst Troeltsch) zu nennen, auf die Tillich mit seiner Theologie eine eigenständige Antwort geben möchte. Seine Auseinandersetzung und Rezeption der Philosophie F.W.J. Schellings, der er zwei Dissertationen widmete (*Die religionsgeschichtliche Konstruktion in Schellings positiver Philosophie, ihre Voraussetzungen und Prinzipien* [1910] und *Mystik und*

Schuldbewußtsein in Schellings philosophischer Entwicklung [1912]), ist ganz dem Anliegen einer geschichtsphilosophischen Überwindung des Historismus geschuldet. Tillichs im Anschluss an Motive des deutschen Idealismus ausgearbeitete religiös-ethische Geschichtsphilosophie knüpft einerseits an die Geschichtsphilosophie von Ernst Troeltsch an, verbindet die Aufnahme der Problemstellung Troeltschs jedoch andererseits mit einer Kritik an dessen Geschichtsphilosophie. Die Kritik an Troeltsch zielt vor allem darauf, dass die Religion oder der Glaube von Tillich als der Ort des Wissens um Geschichte verstanden wird und nicht wie bei Troeltsch als eine von der Religion unterschiedene Geschichtsphilosophie. In dieser Kritik an der Theologie und Religionsphilosophie von Troeltsch stimmt Tillich mit anderen Vertretern der sogenannten dialektischen Theologie wie Karl Barth, Friedrich Gogarten und Rudolf Bultmann überein. Im Unterschied zu den dialektischen Theologen hat Tillich zeitlebens am Religionsbegriff als Grundlage einer modernegemäßen Theologie festgehalten, diesen jedoch mit einer Dialektik versehen. Hieraus resultiert die für Tillichs Theologie und Religionsphilosophie signifikante kulturtheoretische Erweiterung der Religionsphilosophie, wie sie in dem programmatischen Vortrag *Über die Idee einer Theologie* der Kultur (MW II) von 1919 zum Ausdruck kommt.

2. Die werkgeschichtliche Stellung der *Systematischen Theologie*

Tillichs Hauptwerk wird man als die Durchführung des frühen theologischen Programms in dem veränderten Kontext der USA verstehen können. Dabei führt Tillich Grundgedanken seines Denkens weiter, die er sich bereits vor dem Ersten Weltkrieg in seinem Entwurf einer Systematischen Theologie erarbeitet hatte. Diese sind insbesondere in der geistesphilosophischen Grundlegung von Theologie und Religionsphilosophie zu sehen. Während der frühe Systementwurf von 1913 von einem identitätsphilosophischen Wahrheitsbegriff ausgeht, für den das geschichtlich Konkrete notwendiges Medium ist, wird es doch zugleich als Durchgangsstadium auf dem Weg hin zur absoluten Wahrheit verstanden (vgl. Danz, 2004; Wittekind, 2004). Dieser identitätsphilosophische Wahrheitsbegriff wird von Tillich einer Transformation unterzogen, in dessen Folge zwar die geistesphilosophische Grundlage des Systems beibehalten, jedoch die geschichtlich konkrete Wahrheit einer neuen Bestimmung zugeführt und das Konkrete nun nicht mehr als Durchgangsstadium verstanden wird. Zum systematischen Grundbegriff von Tillichs Theologie und Religionsphilosophie avanciert nun der Sinnbegriff (vgl. Barth, 2003). Dieser wird zum ersten Mal in dem Briefwechsel mit Emanuel Hirsch exponiert und in den programmatischen Schriften nach dem Ersten Weltkrieg ausgeführt. Im *System der Wissenschaften nach Gegenständen und Methoden* (GW I) von 1923 und der *Religionsphilosophie* (GW I) von 1925 ist die von Tillich nach dem Krieg entwickelte Sinntheorie mit der Geistesphilosophie verbunden. Sie zielt auf die Normativität des eigenen geschichtlichen Standorts und dessen Erfassung als eines geschichtlich gewordenen. Die sinntheoretische Geistesphilosophie und die mit ihr verbundenen wissenschaftstheoretischen Implikationen bilden den gedanklichen Hintergrund von Tillichs 1925 bis 1927 in Marburg und Dresden gehaltener Dogmatik-Vorlesung. Tillich hatte bereits in der Systematischen Theologie von 1913 die theologische

Dogmatik auf eine spezifische Weise der Religionsphilosophie zugeordnet. In seinen Schriften nach dem Ersten Weltkrieg und im Zusammenhang mit der Ausarbeitung seiner sinntheoretischen Geistesphilosophie unterscheidet er zwischen Religionsphilosophie und normativer Religionswissenschaft bzw. theologischer Dogmatik und verzahnt beide durch eine Geschichtsphilosophie der Religion. Religionsphilosophie und normative Religionswissenschaft stehen Tillich zufolge in einem Wechselverhältnis. Dadurch möchte er die Standortabhängigkeit jeder Bestimmung eines Begriffs der Religion auf eine methodisch reflektierte Weise in die Konstruktion von Religionsphilosophie und Theologie aufnehmen. Tillichs Dogmatik aus den 20er Jahren, die offenbarungstheologisch durchgeführt und als „*wissenschaftliche Rede von dem, was uns unbedingt angeht*“ (EGW XIV,1), verstanden wird, bildet also nur den konkret normativen Teil der Religionswissenschaft, dessen religionsphilosophisches Seitenstück die *Religionsphilosophie* von 1925 darstellt. Diese frühe Ausarbeitung einer Dogmatik ist Fragment geblieben und bricht mit dem zweiten Teil ab. Tillich hat von der auf drei Teile konzipierten Dogmatik lediglich die Einleitung, welche das Wesen der Dogmatik erörtert, sowie den ersten und zweiten Teil ausgearbeitet. Der erste Teil, von Tillich überschrieben mit „Das Seiende als Natürliches in der vollkommenen Offenbarung“, rekonstruiert die überlieferte theologische Schöpfungslehre als theologische Seinsdeutung und der zweite Teil „Das Seiende als Geschichtliches in der vollkommenen Offenbarung“ arbeitet die Christologie als Sinndeutung der Geschichte aus. Der dritte Teil der Dogmatik, der von Tillich nicht mehr ausgeführt wurde, sollte die Überschrift „Das Seiende jenseits von Natürlichkeit und Geschichtlichkeit in der vollkommenen Offenbarung (Von der Vollendung. Theologische Sinndeutung)“ tragen. Diese frühe Dogmatik-Vorlesung, deren Publikation Tillich am Ende der 20er Jahre erwogen hatte, bildet die Grundlage auch noch für die spätere *Systematische Theologie*. Freilich nennt Tillich sein späteres Hauptwerk nicht mehr Dogmatik, aber die in den 20er Jahren mit diesem Terminus zum Ausdruck gebrachte Zuspitzung auf die Normativität des eigenen Standpunkts hält das späte Hauptwerk in der methodischen Anweisung des theologischen Zirkels fest. Auch die für die *Systematische Theologie* dann signifikante Ontologie, welche in der zweiten Hälfte der 20er Jahre zunehmend in den Schriften Tillichs auftaucht, begegnet bereits in der Dogmatik-Vorlesung, und zwar im Rahmen der Geistesphilosophie.

3. Aufbau und Inhalt der *Systematischen Theologie*

Tillichs dreibändige *Systematische Theologie* ist in fünf Teile gegliedert: nach einer Einleitung werden behandelt: (1) „Vernunft und Offenbarung“, (2) „Sein und Gott“, (3) „die Existenz und der Christus“, (4) „das Leben und der Geist“ und schließlich (5) „Geschichte und Reich Gottes“. Während der erste und der fünfte Teil des theologischen Systems aus methodischen Gründen von den drei Hauptteilen ausgegliedert wurden, ergibt sich die polare Ausführung jedes Teils der *Systematischen Theologie* aus der von Tillich sogenannten „Methode der Korrelation“ (vgl. I,73-80; II,19-22). Tillich erläutert die von ihm seinem System zugrunde gelegte Methode so, dass sie „die Inhalte des christlichen Glaubens durch existentielle Fragen und theologische Antworten in wechselseitiger Abhängigkeit“ (I,74) erklären soll. Durch diese Methode möchte Tillich die jeweilige geschichtliche Selbstdeutung des Menschen, also die existentielle Frage, mit der theologischen und religiösen Tradition des Christentums so verzahnen, dass die religiösen Gehalte des Christentums als Beschreibungsformen und als Ausdruck wahren geschichtlichen Menschseins verstanden werden können. Frage und Antwort stehen also aus dem Grund in einem Wechselverhältnis, weil das Geschehen menschlichen Sich-Verstehens, welches immer in eine konkrete religiöse Kultur eingebunden ist, unableitbar und mithin kontingent ist. Tillich interpretiert damit die überlieferten christlich-dogmatischen Inhalte als Selbstbeschreibungsformen menschlichen Sich-Verstehens, so dass die Dogmatik als eine begriffliche Form religiöser Endlichkeitsreflexion verstanden wird. In diesem Zusammenhang hat der für Tillichs Theologie und Religionsphilosophie insgesamt signifikante Symbolbegriff seinen Ort, der explizit in seinen Schriften zu Beginn der 20er Jahre auftaucht.

Menschliches Sich-Verstehen ist immer konkret und in eine bestimmte Geschichte eingebunden. Seit seinen ersten theologischen Schriften hat Tillich das Geschehen des Sich-Verstehens mit dem Offenbarungsbegriff beschrieben. Im ersten Teil der *Systematischen Theologie*, der dem traditionellen Themenkomplex von Vernunft und Offenbarung gewidmet ist, hat Tillich dies aufgenommen. Tillich bestimmt den Offenbarungsbegriff in diesem Kontext als „Manifestation der Tiefe der Vernunft und des Seinsgrundes. Sie weist hin auf das Mysterium der Existenz und auf das, was uns unbedingt angeht“ (I,142). Vernunft und Offenbarung bilden deshalb keinen Gegensatz, weil die Offenbarung das konkrete und unableitbare Geschehen des Sich-Verstehens des Menschen in seinen kulturellen Bestimmungen darstellt. Während Tillichs Ausführungen zum Offenbarungsbegriff in der *Systematischen Theologie* bereits die in der frühen Dogmatik-Vorlesung ausgearbeiteten weiterführen, scheint dies für die Gotteslehre nicht der Fall zu sein. Deren markantestes Merkmal liegt in der Ontologie und der mit dieser verbundenen Bestimmung Gottes als Sein-Selbst. „Das Sein Gottes ist das Sein-Selbst.“ (I,273) Tillich legt seinem Hauptwerk eine ontologische Explikation des Selbst-Welt-Verhältnisses zugrunde. Diese ontologische Beschreibung des Selbstverhältnisses wird von Tillich durch drei Polaritäten aufgefächert: Individualisation und Partizipation, Dynamik und Form sowie Freiheit und Schicksal. Damit ist der Bezugsrahmen von Tillichs Erörterung der Gotteslehre in der *Systematischen Theologie* genannt. Die materialdogmatische Durchführung der Gotteslehre nimmt diese aufgefächerte ontologische Beschreibung des Selbstverhältnisses so auf, dass diese als symbolische Selbstdeutung der Unbedingtheitsdimension im Selbstverhältnis erscheint. „Gott ist die Antwort auf die Frage, die in der Endlichkeit des Menschen liegt, er ist der Name für das, was den Menschen unbedingt angeht.“ (I,247) Mit der Gottesvorstellung verständigt sich das endliche Subjekt sowohl über seine Endlichkeit als auch über seine Unbedingtheit.

Während der erste Band der *Systematischen Theologie* in dem der Gotteslehre gewidmeten dritten Teil eine ontologisch aufgefächerte Strukturtheorie der menschlichen Freiheit bietet, die von Tillich Essenz genannt wird, nimmt der zweite Band unter dem Leitbegriff Existenz den ambivalenten Vollzug dieser Struktur in den Blick. Aus dieser Zuordnung resultiert die Neubestimmung der Christologie durch den Begriff des „Neuen Seins“. „Das Neue Sein ist das essentielle Sein unter den Bedingungen der Existenz, das Sein, in dem die Kluft zwischen Essenz und Existenz überwunden ist.“ (II,130) Terminologisch tritt dieser Begriff zwar erst im Spätwerk Tillichs auf, der Sache nach ist er jedoch bereits in den der Christologie gewidmeten Texten aus dem Frühwerk präsent. Tillich bezieht die Christologie auf den menschlichen Selbstvollzug, dessen Aporetik er im ersten Teil des zweiten Bandes seines Hauptwerkes beschreibt. Dabei ersetzt er die überlieferte theologische Sündenlehre und den für diese grundlegenden Erbsündengedanken vollständig durch eine Beschreibung der menschlichen Selbstbestimmung und ihres ambivalenten Selbstvollzugs. Die Christologie ist auf die Aporien der menschlichen Selbstbestimmung bezogen und wird als eine Selbstbeschreibung der Erfassung der menschlichen Freiheit in ihrem aporetischen Vollzug rekonstruiert. Das Christusbild, von Tillich „Realbild“ (II,127) genannt, ist der Ausdruck des konkreten Sich-Verstehens des Menschen in seiner geschichtlichen Einbindung und geschichtlichen Wandelbarkeit. Auf dieses unableitbare Sich-Verstehen zielt Tillichs christologischer Zentralbegriff eines ‚Neuen Seins’. Tillichs Christologie reflektiert den geschichtshermeneutischen Zirkel, der in jeder Geschichtsdeutung steckt. Er besteht darin, dass die christologische Selbstdeutung des menschlichen Sich-Verstehens sich selbst einer bestimmten Geschichte der Selbstdeutung verdankt. In der Systematischen Theologie hat Tillich diesem Zirkel durch die Unterscheidung und Zuordnung von Faktum und Aufnahme Ausdruck verliehen. „Jesus als der Christus ist sowohl historisches Faktum als auch Gegenstand gläubiger Aufnahme.“ (II,108).

Die im zweiten Band der *Systematischen Theologie* von Tillich ausgeführte Christologie des Neuen Seins ist ohne die in dem umfangreichen dritten Band entfaltete Geschichtsphilosophie nicht zu verstehen. Aber nicht nur deshalb darf dieser Band, der mit dem Lebens- und dem Geschichtsbegriff den vierten und fünften Teil des theologischen Systems ausführt, als das gedankliche Zentrum von Tillichs Hauptwerk gelten. „Ein dritter Teil beruht auf der Tatsache, daß die Essenz- und Existenzmerkmale Abstraktionen sind und in Wirklichkeit in der komplexen und dynamischen Einheit erscheinen, die ‚Leben’ genannt wird.“ (I,81) Tillich erörtert in diesem Band zunächst den Lebensbegriff als vieldimensionale Einheit und im Anschluss daran den Geschichtsbegriff, der, wie er vermerkt, lediglich aus methodischen Gründen von der Explikation des vierten Teils abgelöst wurde. Mit den Dimensionen von Leben und Geschichte thematisiert die *Systematische Theologie* die Dimension des Geistes und in ihr nimmt Tillich seine frühe Geistesphilosophie auf. Tillich versteht im Anschluss an den jungen Hegel Leben als einen Prozess, in dem dieses dadurch mit sich identisch bleibt, dass es über sich hinausgeht. Daraus ergibt sich die Unterscheidung von drei Momenten im Lebensprozess. „Das Gleichbleiben-mit-sich-selbst (Selbstidentität) bleibt in dem Herausgehen-aus-sich-selbst (Selbstveränderung) erhalten. Infolgedessen kann man von einem dritten Schritt im Lebensprozeß reden, nämlich der Rückkehr-zu-sich-selbst“ (III,42). In diesem in sich gestuften Prozess, den Tillich terminologisch als „Selbst-Integration“, „Sich-Schaffen“ und „Selbst-Transzendierung“ bestimmt, realisiert sich das Leben. In der Dimension des Geistes entsprechen diesen drei Momenten des Selbstvollzugs des Lebens Kultur, Moralität und Religion. Die Realisierung des Lebens ist jedoch immer zweideutig und ambivalent. Das kontingente Erfassen der bleibenden Zweideutigkeit des Lebens in dem Prozess des Lebens versteht Tillich wie bereits in seinen frühen Schriften als Religion. Im dritten Band der *Systematischen Theologie* thematisiert Tillich dies mit dem Glaubensbegriff, den er als „Zustand des Ergriffenseins von der transzendenten Einheit" (III,154) bestimmt und dem er die Liebe als „Hineingenommenwerden in die transzendente Einheit" (ebd.) zuordnet. Die christlich-religiöse Deutung des Sich-Verstehens des Menschen fasst Tillich in dem Symbol „Gegenwart des göttlichen Geistes im menschlichen Geist zusammen". Implizit ist mit der religiösen Selbsterfassung des Lebens in der Dimension des Geistes die Dimension der Geschichte, welche nach Tillich die umfassendste Dimension des Lebens darstellt, schon berührt. Tillich thematisiert sie im fünften und letzten Teil seines theologischen Systems. Ausführlich werden hier die mit dem Geschichtsbegriff verbundenen Probleme wie die Konstruktion der Geschichte, deren Periodisierung oder die Frage nach den Trägern der Geschichte sowie die Zweideutigkeiten des geschichtlichen Prozesses besprochen. Wie in den anderen Teilen seines Systems rekonstruiert Tillich auch in dem letzten Teil der Systematischen Theologie die christlich-religiösen Symbole als Selbstdeutungsformen des geschichtlichen Sich-Verstehens des Menschen. Das Ziel der Geschichte ist für Tillich das geschichtliche Sich-Verstehen des Menschen und es findet seinen Ausdruck in dem Symbol Reich Gottes. Damit nimmt Tillich in seinem Hauptwerk sein frühes Anliegen einer religiösen Sinndeutung der Geschichte auf.

4. Wirkungsgeschichte

Tillich hat mit seiner *Systematischen Theologie* ein Werk von eindrucksvoller Geschlossenheit vorgelegt. Eine große Wirkung erzielte dieses wichtige theologische Werk des 20. Jahrhunderts vor allem in den USA, wo Tillich seit den 50er Jahren einen breiten Einfluss über die Fachgrenzen der Theologie hinaus erzielte. In der deutschsprachigen Debatte wurde Tillichs Hauptwerk aufgrund der theologischen Situation nach dem Zweiten Weltkrieg, die auf der einen Seite durch den Barthianismus und auf der anderen durch das konfessionelle Luthertum geprägt war, zunächst nicht in der Weise rezipiert, wie er es erhofft hatte. Seit den 90er Jahren, insbesondere im Zusammenhang der Veröffentlichung von neuen Quellen aus dem Frühwerk Tillichs, sind zahlreiche Untersuchungen zur Theologie und Religionsphilosophie Tillichs entstanden, die auch zu einer neuen Erschließung seines Hauptwerkes führen werden.

Literatur

Quellen und Werkausgaben

TILLICH, P., Systematic Theology, Vol. I-III, Chicago 1951-1963.
TILLICH, P., Systematische Theologie, Bd. I-III, Stuttgart ^{2}1956-1966.
TILLICH, P., Systematische Theologie, Bd. I und II, Berlin/New York 1987. ND 8. Auflage 1984.

TILLICH, P., Systematische Theologie, Bd. III, Berlin/New York 1987. ND der 4. Auflage 1984.
TILLICH, P., Gesammelte Werke Bd. I-XIV (GW), hrsg. v. R. ALBRECHT, Stuttgart 1959ff.
TILLICH, P., Ergänzungs- und Nachlaßbände zu den Gesammelten Werken, Bd. I-XV (EGW), Stuttgart 1971ff.
TILLICH, P., Main Works/Hauptwerke, Bd. I-VI (MW), hrsg. v. C.H. RATSCHOW, Berlin/New York 1987-1998.
TILLICH, P., Ausgewählte Texte, hrsg. v. C. DANZ/W. SCHÜSSLER/E. STURM, Berlin/New York 2008.

Sekundärliteratur

BARTH, U., Die sinntheoretischen Grundlagen des Religionsbegriffs. Problemgeschichtliche Hintergründe zum frühen Tillich, in: DERS., Religion in der Moderne, Tübingen 2003, 89-123.
DANZ, C., Religion als Freiheitsbewußtsein. Eine Studie zur Theologie als Theorie der Konstitutionsbedingungen individueller Subjektivität bei Paul Tillich, Berlin/New York 2000.
DANZ, C. (Hrsg.), Theologie als Religionsphilosophie. Studien zu den problemgeschichtlichen und systematischen Voraussetzungen der Theologie Paul Tillichs, Wien 2004.
FISCHER, H. (Hrsg.), Paul Tillich. Studien zu einer Theologie der Moderne, Frankfurt/Main 1989.
WAGNER, F., Absolute Positivität – Das Grundthema der Theologie Paul Tillichs, in: DERS., Was ist Theologie? Studien zu ihrem Begriff und Thema in der Neuzeit, Gütersloh 1989, 126-144.
WENZ, G., Subjekt und Sein. Die Entwicklung der Theologie Paul Tillichs, München 1979.
WITTEKIND, F., ‚Sinndeutung der Geschichte'. Zur Entwicklung und Bedeutung von Tillichs Geschichtsphilosophie, in: C. DANZ (Hrsg.), Theologie als Religionsphilosophie, 135-172.

Christian Danz

Rudolf Bultmann, Theologie des Neuen Testaments, ED Tübingen 1953

1. Problemgeschichte und theologiegeschichtlicher Hintergrund

Rudolf Bultmann (1884-1976) gilt mit Recht nicht nur als einer der bedeutendsten Neutestamentler, sondern überhaupt als einer der wichtigsten protestantischen Theologen des 20. Jahrhunderts. Von der liberalen Theologie und der religionsgeschichtlichen Schule herkommend, näherte er sich früh der von Karl Barth (1886-1968) begründeten Dialektischen Theologie an und war bald neben Barth, Emil Brunner, Friedrich Gogarten, Eduard Thurneysen und Georg März einer ihrer führenden Vertreter. 1910 promovierte Bultmann, der aus einem oldenburgischen

Pfarrhaus stammte, mit einer Untersuchung zur Theologie des Paulus und habilitierte sich 1912 mit einer Studie zur Exegese Theodors von Mopsuestia. 1916 wurde er als a.o. Professor für Neues Testament nach Breslau berufen, 1920 als ordentlicher Professor nach Gießen und 1921 nach Marburg, wo er bis zu seiner Emeritierung lehrte. In der Zeit des Kirchenkampfes während des „Dritten Reiches“ gehörte Bultmann der Bekennenden Kirche an.

Wie die Dialektische Theologie insgesamt ist auch die Theologie Bultmanns als Reaktion auf die Krise des Historismus zu verstehen. Die für die liberale Theologie charakteristische Diastase zwischen Religion und wissenschaftlicher Theologie, welche Bultmann in seiner Frühzeit mitvollzogen hat, lehnte er später vehement ab. Freilich hat Bultmann einen durchaus differenzierten Begriff von Dialektischer Theologie vertreten. 1924 schrieb er, es handele sich bei der Dialektischen Theologie eben „nicht um Erneuerung der Orthodoxie, sondern um Besinnung auf die Konsequenzen, die sich aus der durch die liberale Theologie bestimmten Situation ergeben“ (Die liberale Theologie, 1). In kritischer Kontinuität mit seinem Lehrer Wilhelm Herrmann (1846-1922) fragt Bultmann nach der Erkennbarkeit Gottes in seiner Offenbarung. Im Unterschied zu Barth lassen sich Gott und Mensch nach Bultmanns Offenbarungsverständnis nicht voneinander trennen. Will man von Gott reden, so muss man vielmehr von sich selbst reden.

Kennzeichnend für Bultmanns theologisches Werk und Denken ist die Verbindung von historischer Exegese und systematischer Theologie. Wie Bultmann in den Epilegomena seiner *Theologie des Neuen Testaments* ausgeführt hat, besteht die Aufgabe der Theologie in der Einheit ihrer Disziplinen darin, „das aus dem Glauben erwachsende Verständnis von Gott und damit von Welt und Mensch zu entwickeln“ (585). Versteht man diese Aufgabe mit Bultmann als systematische Theologie, die freilich von jeder unhistorisch verfahrenden „Normaldogmatik“ unterschieden wird, so war Bultmann ganz gewiss nicht nur ein Exeget *und* ein Systematiker von Rang, sondern *als Exeget* ein Systematischer Theologe. Weil für Bultmann, wie er bereits 1926/1936 in seiner postum veröffentlichten *Theologischen Enzyklopädie* erklärt hat, die Aufgabe der „begriffliche[n] Darstellung der Existenz des Menschen als durch Gott bestimmter“ und diejenige der „Erklärung der Schrift“ zusammenfallen (Enzyklopädie, 169), die Bestimmtheit menschlicher Existenz durch Gott, wie sie der christliche Glaube versteht, also nur im Medium der biblischen Texte erschließbar ist, kann es neben solcher Exegese „keine besondere systematische Theologie mehr“ geben, „die nach eigenen Prinzipien ein System christlicher Lehre darstellte. Was systematische Theologie heißen könnte […], kann nur eine durch konkrete augenblickliche Fragen motivierte Selbstverständigung über die historische Aufgabe der Exegese selbst sein“ (Enzyklopädie, 170).

Bultmanns theologisches Programm stellt freilich nicht nur einen gängigen Begriff von Systematischer Theologie in Frage, sondern auch das Selbstverständnis der Exegese. Was Bultmann will und tatsächlich auch auf beispielhafte Weise betrieben hat, ist eine *theologische* Exegese der biblischen Texte, d.h. ihre Interpretation *als Heilige Schrift.* Bultmann versteht die theologische Arbeit insgesamt als Akt des Glaubens. Was er Glauben nennt, ist weder die bloße Prämisse der Interpretation, noch das von ihr ablösbare Resultat, sondern deren in bestimmter Weise qualifizierter Vollzug selbst. Für das Verhältnis zur historisch-kritischen Exegese bedeutet dies: „Theologie ist eigentlich und immer *historische Theologie*. Die Rückwendung der Theologie zur Geschichte ist dabei keine grundsätzlich andere als in jeder Geschichtswissenschaft, d.h. sie ist die unter dem in der Gegenwart vernommenen Anspruch der Zukunft erfolgende kritische [!] Rückwendung zur eigenen Geschichte. Zum Glauben wird [!] diese Rückwendung, wenn sie den Anspruch dieses geschichtlichen Faktums (Faktums meiner Geschichte), der Schrift anerkennt, was nicht als Voraussetzung von der Interpretation erledigt sein kann, sondern sich nur in ihr vollzieht" (ebd., 169). Geschichtsauslegung ist nach Bultmann immer zugleich Selbstauslegung, und je klarer dies ist, „um so deutlicher ist es auch, daß die Exegese ausdrücklich von der Frage der Selbstauslegung geleitet sein muß, wenn sie nicht dem Subjektivismus verfallen will" (ebd.).

Die praktische Konsequenz aus diesen Überlegungen besteht in Bultmanns Programm der existentialen Interpretation, deren Kehrseite die sogenannte Entmythologisierung ist. In ihr wird der Vollzug dessen, was er als Schriftauslegung des Glaubens bezeichnet, praktisch. Begriff und Durchführung der Sache sind in starkem Maße durch das intensive Gespräch mit Martin Heidegger (1889-1976) angeregt worden. Doch geht die Kritik fehl, die Bultmann eine einseitige Abhängigkeit von Heideggers Philosophie unterstellt. Bultmann ist weder der Epigone Heideggers, dem zwar der erste Band seiner vierbändigen Aufsatzsammlung *Glauben und Verstehen* gewidmet war und – trotz der politischen Verirrungen Heideggers nach 1933 – ausdrücklich gewidmet blieb, noch derjenige Wilhelm Diltheys, dessen Name im ersten Band der Aufsatzsammlung nicht einmal erwähnt wird.

2. Werkgeschichtliche Stellung

Bultmanns *Theologie des Neuen Testaments* ist sein wichtigstes Werk. In ihm laufen die Fäden seiner umfangreichen exegetischen Forschungen und theologischen Fragestellungen zusammen. Mit ihm halten wir die Summe von Bultmanns theologischem Denken in Händen. Das Werk erschien ab 1948 in mehreren Lieferungen. 1953 war die erste Auflage vollständig. Wie eine Untersuchung der zahlreichen Rezensionen und Forschungsberichte, die Bultmann im Laufe seines Lebens geschrieben hat, zeigt, war seine theologisch-hermeneutische Entwicklung, also auch die Integration Heideggerschen Denkens als ontologischer, anthropologischer und begrifflicher Grundlage, jedoch schon 1930 „so gut wie abgeschlossen" (Dreher, 19). Damals erschien Bultmanns Paulus-Artikel in der zweiten Auflage der RGG. Die Grundzüge seiner exegetischen und theologischen Positionen standen aber bereits in den zwanziger Jahren fest.

Zu Bultmanns Lebzeiten hatte die *Theologie* sechs Auflagen. Wenige Monate vor seinem Tod übertrug Bultmann die weitere Betreuung des Werkes seinem Schüler Otto Merk. Die von ihm besorgte 7. und 8. Auflage ist ein reprographierter Nachruck, der durch umfangreiche Literaturnachträge ergänzt wurde. Der Haupttext aber ist unverändert geblieben. Weitere Hauptwerke Bultmanns sind sein 1926 erschienenes Buch *Jesus* – bis heute ein Klassiker der Jesusforschung –, die *Geschichte der synoptischen Tradition* von 1921, die 1931 stark erweitert und seither oft nachgedruckt wurde, sowie der *Kommentar zum Johannesevangelium*, der 1941 publiziert wurde. Die exegetischen Vorarbeiten zu diesem Kommentar und zu seiner Theologie des Neuen Testaments finden sich in dem Aufsatzband *Exegetica* (1967). Grundlegend für Bultmanns Programm der existentialen Interpretation bzw. der Entmythologisierung ist sein Vortrag über *Neues Testament und Mythologie* aus dem Jahr 1941. Die durch ihn ausgelöste Debatte, die für mehrere Jahrzehnte die theologische Diskussion bestimmt hat, ist in den Bänden der Reihe *Kerygma und Mythos* dokumentiert.

3. Inhalt

Über die Zielsetzung seiner neutestamentlichen Theologie gibt Bultmann in den Epilegomena Rechenschaft. Seine Darstellung „steht einerseits in der Tradition der historisch-kritischen und religionsgeschichtlichen Forschung und sucht andrerseits deren Fehler zu vermeiden, der in der Zerreißung von Denk- und Lebensakt und daher in der Verkennung des Sinnes theologischer Aussagen besteht" (598f.). Die Aufgabe einer Theologie des Neuen Testaments besteht für Bultmann weder darin, die theologischen Gedanken der neutestamentlichen Schriften als eine systematisch gegliederte Einheit darzustellen, noch darin, die Religionsgeschichte des ältesten Christentums zu rekonstruieren. Ist zwischen Rekonstruktion und Interpretation zu unterscheiden, so lassen sich beide doch nicht trennen. Es fragt sich aber, „welches von beiden im Dienst des anderen steht" (599). Bei Bultmann steht die Rekonstruktion erklärtermaßen im Dienst der Interpretation und nicht umgekehrt. Vorausgesetzt wird dabei, dass die Schriften des Neuen Testaments „der Gegenwart etwas zu sagen haben" (ebd.).

Im Zentrum steht für Bultmann „die Grundeinsicht, daß die theologischen Gedanken des NT die Entfaltung des Glaubens selbst sind, erwachsend aus dem im Glauben geschenkten neuen Verstehen von Gott, Welt und Mensch, – oder, wie auch formuliert werden kann: *aus dem neuen Selbstverständnis*" (587). Zur Darstellung kommt nicht der Gegenstand des Glaubens, sondern der Glaube selbst in seiner Selbstauslegung. Der Glaube aber ist *„Glaube an das Kerygma*, das von dem Handeln Gottes in dem Menschen Jesus von Nazareth redet" (ebd.). Dieser lässt sich wissenschaftlich darstellen, insofern und insoweit das Kerygma und das durch dieses erschlossene Selbstverständnis des Glaubens darstellbar ist.

Das Kerygma ist seinem Wesen nach Anrede. Es spricht in die konkrete Existenz und ist stets Anrede in einer konkreten Situation. Der wissenschaftlichen Analyse begegnet es in den neutestamentlichen Texten „zunächst nur als Frage, als Zumutung" (589). Sofern das durch das Kerygma geweckte Selbstverständnis als eine Möglichkeit menschlichen Selbstverständnisses verstanden wird, wird es „zum Ruf zur Entscheidung" (ebd.). Für diese Möglichkeit soll sich der Exeget in seiner wissenschaftlichen Arbeit am Text, d.h. der Interpretation, in deren Dienst die historische Rekonstruktion steht, offen halten.

Das Kerygma lässt sich freilich nicht in einer reinen Form erheben, sondern es begegnet immer nur in geschichtlich kontingenten, theologischen Auslegungen. Folglich ist es nicht möglich, im Neuen Testament zwischen kerygmatischen und theologischen Sätzen strikt zu unterscheiden, wie dies die liberale Theologie und die religionsgeschichtliche Schule unterstellt haben. Das Kerygma ist nun keinesfalls mit einer den Glauben objektivierenden Lehre zu verwechseln. „Aber eben das Kerygma kann die Theologie nie in definitiver Gestalt erfassen, sondern immer nur als begrifflich gefaßtes und d.h. als ein schon theologisch ausgelegtes“ (588).

Wenn die theologischen Gedanken der neutestamentlichen Schriften jedoch nicht als systematische Einheit, sondern in ihrer Verschiedenheit je nach den einzelnen Schriften oder Schriftengruppen dargestellt werden, so kommt darin zum Ausdruck, „daß es eine christliche Normaldogmatik nicht geben kann, daß es nämlich nicht möglich ist, die theologische Aufgabe definitiv zu lösen“ (585).

Von Theologie ist nach Bultmann im Neuen Testament im strengen Sinne des Wortes nur bei Paulus und im johanneischen Schriftkorpus zu sprechen. Hier lässt sich nach Bultmann das glaubende Selbstverständnis direkt in seinem Bezug auf das Kerygma deutlich machen, in den übrigen Schriften, welche die Entwicklung zur alten Kirche repräsentieren, nur indirekt (599). Seine eigene theologische Konzeption steht Paulus nahe, weil dieser nach Bultmanns Auffassung seine Theologie als Anthropologie entwickelt hat und daher von der anthropologischen Begrifflichkeit her zu entfalten ist. Im Unterschied zu Paulus steht für Johannes nach Bultmann nicht die Frage nach dem Heils*weg*, sondern die Frage nach dem Heil selbst im Mittelpunkt (427). Glaube im johanneischen Sinne ist nach Bultmann „*Entweltlichung* als die Zerbrechung aller menschlichen Maßstäbe und Wertungen“ (428). Dieses neue Selbstverständnis versteht Bultmann als eschatologische Existenz, wobei die johanneische Eschatologie streng präsentisch interpretiert wird. Der Zusammenhang von Glaube und Kirche, von Eschatologie und Ekklesiologie wird bei Bultmann ebenfalls ganz johanneisch gedacht. Nach seiner Deutung ist die Gemeinde im johanneischen Sinne „eine Gemeinde der gesammelten Einzelnen“, die durch ihre „Glaubensentscheidung“ Jesu Jünger werden (444). Ihre eschatologische Existenz „ist aber nur im Glauben wirksam und *nicht in einem direkten Verhältnis zu Jesus oder zu Gott*“ (437).

Die synoptischen Evangelien gelten nicht im strengen Sinne des Wortes als theologische Schriften. Sie dienen Bultmann lediglich als Quelle, um „das Kerygma der Urgemeinde“ (34ff.) zu erschließen. Ein eigenes Kapitel ist dem „Kerygma der hellenistischen Gemeinde vor und neben Paulus“ (66ff.) gewidmet. Beides aber fasst Bultmann unter der Überschrift „Voraussetzungen und Motive der neutestamentlichen Theologie“ (1ff.) zusammen. Auch Jesus von Nazareth und seine Verkündigung gehören zu den Voraussetzungen neutestamentlicher Theologie, nicht in diese selbst (34ff.). Denn das Christentum beginnt damit, dass der Verkündiger zum Verkündigten wurde, vereinfacht gesagt mit der Ostererfahrung, welche im Kern nach Bultmann nichts anderes ist als die Erfahrung der Bedeutsamkeit des Kreuzes.

4. Wirkungs- und Rezeptionsgeschichte

Bultmanns *Theologie des Neuen Testaments* zählt bis heute zu den maßgeblichen Werken neutestamentlicher Forschung. Auch bei katholischen Exegeten und Dogmatikern kam es zu einer nennenswerten Bultmann-Rezeption, die durch seine Anknüpfung an die Philosophie und sein Kirchenverständnis begünstigt wurden. Produktiv wirkte hierbei die sachliche Nähe zwischen Bultmann und der Theologie Karl Rahners, wenngleich es zwischen beiden auch signifikante Unterschiede gibt.

Bultmanns Konzeption theologischer Hermeneutik wurde von einigen seiner Schüler (besonders Ernst Fuchs und Gerhard Ebeling) zum Programm einer hermeneutischen Theologie weiterentwickelt, das freilich im Unterschied zu Bultmann auch die Philosophie des späten Heidegger rezipiert hat. Wichtige Anregungen empfing die neuere hermeneutische Theologie außerdem von Heideggers Schüler Hans-Georg Gadamer (1900-2002). Dessen Hermeneutik nimmt wiederum ausdrücklich auf Bultmann Bezug.

Einige Schüler Bultmanns äußerten freilich die Ansicht, seine existentiale Interpretation des Neuen Testaments ginge in der Frage der Entmythologisierung nicht weit genug. Insbesondere Herbert Braun kritisierte, selbst noch die Rede vom Handeln Gottes, die sich bis in Bultmanns Theologie des Neuen Testaments findet, sei ein begrifflich aufzulösender mythologischer Rest. Der Baseler Systematiker Fritz Buri kritisierte überhaupt den Begriff des Kerygmas als eine mythische Größe und sah in der „Entkerygmatisierung" der Theologie die letzte Konsequenz des von Bultmann eingeschlagenen Weges.

Kurz nach dem Erscheinen seiner *Theologie des Neuen Testaments* wurde im Schülerkreis Bultmanns, vor allem durch Ernst Käsemann, die Frage nach dem historischen Jesus neu aufgeworfen. Zwar könne das Auferstehungskerygma nicht durch den Rückgriff auf den historischen Jesus legitimiert werden, doch gebe es eine historische Kontinuität zwischen der vorösterlichen Verkündigung Jesu und der nachösterlichen Verkündigung seiner Jünger, die auch systematisch-theologische Relevanz habe. Folgerichtig stellt sich die Frage, inwiefern der historische Jesus in die Theologie des Neuen Testaments selbst und nicht lediglich zu ihren Voraussetzungen gehört. Bultmann stand jedoch der neuen Frage nach dem historischen Jesus, deren erste Phase mit Albert Schweitzers Darstellung der Geschichte der Leben-Jesu-Forschung (1906. ^{2}1913) ihren Abschluss gefunden hatte, kritisch gegenüber.

Seit den 70er Jahren des 20. Jahrhunderts wurden Konzepte einer narrativen Theologie entwickelt, die es nahe legen, im Unterschied zu Bultmann auch die synoptischen Evangelien als theologische Literatur im strengen Sinne des Wortes zu interpretieren. Neuere Darstellungen der Theologie des Neuen Testaments (z.B. das Lehrbuch von Hans Conzelmann in der Bearbeitung von Andreas Lindemann, 1987) widmen darum auch der Theologie des Markus-, des Matthäus- und des Lukasevangeliums eigene Kapitel. Darin ist letztlich eine Weiterführung der redaktionsgeschichtlichen Methode zu sehen.

Mit der Hinwendung zu rezeptionsästhetischen bzw. leseorientierten Konzeptionen einer Hermeneutik biblischer Texte vollzieht sich eine Abkehr von Bultmanns punktuellem Verständnis der Anrede durch das Kerygma, das letztlich auf Kierkegaard zurückgeht. Nach Paul Ricœur ist es die erste Aufgabe der Hermeneutik „nicht, eine Entscheidung des Lesers hervorzurufen, sondern die Seinswelt sich entfalten zu lassen, die die ‚Sache' des biblischen Textes ist" (Ricœur, 40).

Die gegenwärtige Lage in Exegese und Dogmatik ist durch die Wiederaufnahme der Fragestellungen des Historismus gekennzeichnet. Auf dem Gebiet der neutestamentlichen Theologie wird programmatisch über die Alternative zwischen

„Theologie des Neuen Testaments" und „Religionsgeschichte des Frühchristentums" debattiert. Das letztgenannte Programm vollzieht die entschlossene Abkehr von Bultmanns Konzeption, insofern nun wieder die Interpretation in den Dienst der Rekonstruktion gestellt und an die Stelle eines offenbarungstheologischen Verständnisses von Theologie ein kulturwissenschaftliches tritt. Damit wird zugleich die Einheit von Interpretation und Applikation, die Bultmann und seine Schüler zu wahren versuchten, aufgelöst. In diesem entscheidenden Punkt führt der „cultural turn" in Theologie und Exegese jedoch nicht über Bultmann hinaus, sondern stellt einen Rückschritt dar.

Literatur

Quellen und Werkausgaben

BULTMANN, R., Theologie des Neuen Testaments, 3 Lfg., Tübingen 1948-53 (Neue Theologische Grundrisse 1); 9., um Vorwort u. Nachträge erweiterte Aufl., hrsg. v. O. MERK, Tübingen 1984.

BULTMANN, R., Exegetica. Aufsätze zur Erforschung des Neuen Testaments, hrsg. v. E. DINKLER, Tübingen 1967.

BULTMANN, R., Glauben und Verstehen, 4 Bde., Tübingen 1933/1952/1960/1965; Taschenbuchausgabe (UTB 1760-1763) Tübingen 1993.

BULTMANN, R., Die liberale Theologie und die jüngste theologische Bewegung, in: DERS., Glauben und Verstehen I, Tübingen 1933, 1-25.

BULTMANN, R., Neues Testament und Mythologie. Das Problem der Entmythologisierung der neutestamentlichen Verkündigung, in: DERS., Offenbarung und Heilsgeschehen (BEvTh 7), München 1941, 27-69; Nachdruck der 1941 erschienenen Fassung hrsg. v. E. JÜNGEL (BEvTh 96), München ^{3}1988.

BULTMANN, R., Theologische Enzyklopädie, hrsg. v. E. JÜNGEL/K.W. MÜLLER, Tübingen 1984.

Sekundärliteratur

BARTSCH, H.W. (Hrsg.), Kerygma und Mythos, 6 Bde., Hamburg 1948-1964.

BENDEMANN, R. V., „Theologie des Neuen Testaments" oder „Religionsgeschichte des Frühchristentums"?, Verkündigung und Forschung 48 (2003), 2-27.

Bibliographie zu Rudolf Bultmann, erstellt von O. HACKENBERG, weitergeführt von C. LANDMESSER/A. KLEIN/R. MICHELFELDER, Stand 26.08.209: www.univie.ac.at/ bultmann/bilder/Bibliographieneu.doc (15.12.1009).

DREHER, M., Rudolf Bultmann in seinen Rezensionen und Forschungsberichten. Kommentierte Auswertung (Beitr. zum Verstehen der Bibel 11), Münster 2005.

JASPERT, B. (Hrsg.), Rudolf Bultmanns Werk und Wirkung, Darmstadt 1984.

JÜNGEL, E., Glauben und Verstehen. Zum Theologiebegriff Rudolf Bultmanns, in: DERS., Wertlose Wahrheit. Zur Identität und Relevanz des christlichen Glaubens. Theologische Erörterungen III, München 1990, 16-77.

MURRMANN-KAHL, M., Strukturprobleme moderner Exegese. Eine Analyse von Rudolf Bultmanns und Leonhard Goppelts „Theologie des Neuen Testaments", Frankfurt/Main u.a. 1995.

RICŒUR, P., Philosophische und theologische Hermeneutik, in: DERS./E. JÜNGEL, Metapher. Zur Hermeneutik religiöser Sprache, München 1974, 24-45.
SCHMITHALS, W., Die Theologie Rudolf Bultmanns: eine Einführung, Tübingen [2]1967.
STEGEMANN, E.W., Zwischen religionsgeschichtlicher Rekonstruktion und theologischer Interpretation: Rudolf Bultmanns „Theologie des Neuen Testaments" in ihrem forschungsgeschichtlichen Kontext, in: Theologische Zeitschrift 55 (1999), 137-155.
STEGEMANN, W., Der Denkweg Rudolf Bultmanns: Darstellung der Entwicklung und der Grundlagen seiner Theologie, Stuttgart 1978.

Ulrich H.J. Körtner

Wolfhart Pannenberg (Hrsg.), Offenbarung als Geschichte, in Verbindung mit R. Rendtorff, U. Wilckens, T. Rendtorff, ED Göttingen 1961

Unter dem Titel *Offenbarung als Geschichte* (= OaG) firmiert ein Sammelband von Beiträgen mehrerer Autoren einer jungen Theologengeneration, der als Separatheft von *Kerygma und Dogma* herausgegeben von Wolfhart Pannenberg erstmals 1961 erschienen ist. Im Anhang zur zweiten Auflage findet sich eine ausführliche Entgegnung von Pannenberg auf die erste Welle der Kritik an diesem Band. Dessen Titel ist Programm. Es soll das Verständnis von Offenbarung *als Geschichte* in seiner Bedeutung sowohl für das biblische Zeugnis als auch in systematisch-theologischer Hinsicht herausgestellt werden. Dafür hat Rolf Rendtorff ein Referat zu den alttestamentlichen Vorstellungen von Offenbarung beigetragen, in dem er den Erweis des göttlichen Handelns in der bereits geschehenen und in der für die Zukunft erwarteten Heilsgeschichte an Israel und den Völkern als eine Grundaussage des alttestamentlichen Zeugnisses herausarbeitet. Ulrich Wilkens widmet sich den neutestamentlichen Texten und unterstreicht die Bedeutung des religionsgeschichtlichen Kontexts der jüdischen Apokalyptik für die Aussagen des Neuen Testaments in seiner ganzen Breite. Trutz Rendtorff betont als Konsequenz der Geschichtlichkeit des Offenbarungsgeschehens in Jesus Christus die geschichtliche Wirklichkeit der Christentumsgeschichte als grundlegend für das Verständnis von Kirche, das nicht durch ein rein aktualistisches Verstehen von Offenbarung als Vollzug der jeweiligen Selbstvergegenwärtigung Jesu Christi aufgelöst werden dürfe, weil dadurch die empirische Existenz der Kirche für die Bestimmung derselben nicht mehr in den Blick komme. Wolfhart Pannenberg greift die Summe der exegetischen Überlegungen auf und führt sie weiter in einer systematischen Konzeption des Verständnisses von Offenbarung Gottes als Geschichte.

Nach Selbstauskunft der Autoren war der Band eigentlich nicht so gedacht, ist aber de facto als eine Programmschrift aufgefasst worden. Dies gilt vor allem für Pannenbergs Beitrag „Dogmatische Thesen zur Lehre von der Offenbarung". Diese Thesen haben wichtige Impulse für die theologische Debatte des 20. Jahrhunderts gegeben und sind in gewisser Weise durchaus von programmatischer Bedeutung für

Pannenbergs Verständnis der Wirklichkeit des trinitarischen Gottes, das er nach *Offenbarung als Geschichte* durch weitere einzelne Aufsätze zur Sache ergänzt (vgl. Pannenberg 1967. 1980), dann in den *Grundzügen zur Christologie* (1964) für das Verständnis von Person und Werk Jesu Christi entfaltet und in der dreibändigen *Systematischen Theologie* (1988-93) für den Gottesgedanken in Gänze zur Ausarbeitung gebracht hat.

1. Das Anliegen von *Offenbarung als Geschichte* im theologiegeschichtlichen Kontext

Mit dem Verständnis von Offenbarung als Geschichte treten die genannten Autoren in eine kritische Auseinandersetzung zu demjenigen Offenbarungsverständnis, wie es in der Wort-Gottes-Theologie vertreten wurde. Darin liegt eine entscheidende Stoßrichtung des Bandes. Die Wort-Gottes-Theologie hatte – ihrerseits in kritischer Abgrenzung vor allem zur religionsgeschichtlichen Schule (Troeltsch) – den Offenbarungsbegriff zum Schlüsselbegriff der Theologie erhoben, weil sie dadurch garantiert sah, dass die Erkenntnis Gottes durch ihn selbst, durch sein sich offenbarendes Handeln geschieht. „Gott wird nur durch Gott erkannt", lautet einer der zentralen Sätze Karl Barths, womit er die offenbarungstheologisch begründete Gotteserkenntnis von aller anderweitigen, „natürlichen", außertheologischen und außerchristlichen Erkenntnis entschieden abgrenzte. In der Einführung zu *Offenbarung als Geschichte*, die wiederum grundlegend ist für das Verständnis der ganzen Schrift, gibt Pannenberg einen Überblick über die Debatte um den Offenbarungsbegriff im 19. Jahrhundert mit der Pointe, dass Hegel und die ihm folgende spekulative Theologie (bes. Philipp Marheineke) einen Begriff von Offenbarung entwickelt hatten, durch den diese im strikten Sinne als *Selbst*offenbarung und insofern in ihrer *Einzigkeit* gedacht wurde; und dass sie dieses Offenbarungsverständnis als das Spezifikum der christlichen Religion behauptet haben. Pannenberg ordnet – nicht ohne Süffisanz – Barths Offenbarungsverständnis diesem spekulativen Hintergrund zu. Dabei teilt Pannenberg die Grundaussagen der Barthschen Konzeption in der Verbindung von Offenbarung, Selbstoffenbarung und Einzigkeit der Offenbarung Gottes. Allerdings ergibt sich für ihn daraus die Frage, wie die für das Christusgeschehen behauptete Selbstoffenbarung Gottes zusammenzudenken ist mit dem Heilshandeln Gottes an und mit der Welt über seine Offenbarung in diesem Geschehen hinaus bis zur Vollendung seines Heilshandelns im Eschaton. Dieses will Pannenberg denken, und zwar, indem er *zugleich* die schlechthin einzigartige Bedeutung der Offenbarung Gottes in Jesus Christus festhalten möchte. Darin liegt die systematische Funktion des Gedankens der „Antizipation" bzw. „Prolepse" des Endes der Geschichte in der Auferweckung Jesu Christi von den Toten, wie sie in der 4. These von *Offenbarung als Geschichte* (s.u.) formuliert ist. In der Verbindung beider Aspekte – der der *umfassenden Einheit des Heilshandelns Gottes* und der *absoluten Bedeutung des Christusgeschehens* – sieht Pannenberg auch eine Antwort auf den durch David Friedrich Strauß der Theologie vorgehaltenen Einwand gegen die Christologie, dass es nämlich nicht die Art der absoluten Idee (also Gottes) sei, ihre ganze Fülle in ein einziges Individuum auszuschütten, statt sie fortschreitend in der

Entwicklung der menschlichen Gattung darzustellen (zitiert von Pannenberg, OaG, 18). Strauß hatte den Offenbarungsbegriff in die Idee der Menschheitsentwicklung aufgelöst, damit die Exklusivität der Offenbarung Gottes in Jesus Christus unterlaufen und so eine Dauerdebatte um die Christologie ausgelöst.

Stärker als Karl Barth hat vor allem Rudolf Bultmann das Verständnis der Offenbarung dezidiert als Wort Gottes, sich vollziehend im Kerygma der kirchlichen Verkündigung, behauptet, und das Kerygma, in und durch welches Gottes Handeln am Menschen sich offenbart, in der Rechtfertigung des Sünders gesehen. Bultmann hat nicht nur das Offenbarungsgeschehen auf das je und je sich ereignende Wort Gottes in der Verkündigung, das den Sünder in die Entscheidung vor Gottes Anspruch stellt, fokussiert verstanden. Er hat auch die aus der jüdischen Apokalyptik stammenden Vorstellungsgehalte des neutestamentlichen Zeugnisses einer Entmythologisierung unterzogen. Für Bultmann gehören sie einer anderen Welt als der unsrigen an und kolportieren in ihrer Sprache einen Aussagegehalt, der, sofern er sich der existentialen Interpretation, in deren Dienst die Entmythologisierung bei Bultmann steht, entzieht, zu verabschieden ist. Mit der für viele provokanten, für Bultmann durchaus programmatischen Formulierung, dass Jesus Christus ins Kerygma auferstanden sei, hat er das neutestamentliche Zeugnis von der Auferweckung Jesu interpretiert und seines apokalyptischen Verstehenshorizontes entkleidet. Wider beide Grundaussagen Bultmannscher Theologie wendet sich Pannenberg in *Offenbarung als Geschichte* mit seinen Thesen. Gegenüber dem aktualisierenden, auf das Kerygma konzentrierten Offenbarungsverständnis klagt er das heilsgeschichtliche Verständnis von Offenbarung ein und beansprucht dieses als dasjenige, das sich aus dem biblischen Zeugnis ergebe.

2. Die dogmatischen Thesen von *Offenbarung als Geschichte*

Vor diesem problemgeschichtlichen Hintergrund behauptet die These 1 von OaG die Selbstoffenbarung Gottes in seinem Geschichtshandeln: „Die Selbstoffenbarung Gottes hat sich nach den biblischen Zeugnissen nicht direkt, [...] sondern indirekt, durch Gottes Geschichtstaten vollzogen“. Da Pannenberg das Verständnis von Offenbarung strikte als Selbstoffenbarung im Sinne der vollen Wesenserschließung Gottes verstehen will, verknüpft er die These von der Selbstoffenbarung Gottes in seinen Geschichtstaten mit einer weiteren, die das „Ganze des Gotteshandelns“ und damit das „Ganze alles Geschehens“ (17), wie es allererst im Eschaton verwirklicht sein wird, für die Selbstoffenbarung Gottes festhält. Daher heißt es in These 2: „Die Offenbarung findet nicht am Anfang, sondern am Ende der offenbarenden Geschichte statt.“

Darüber hinaus will Pannenberg gegen Bultmann an der Bedeutung der jüdischen Apokalyptik für das genuine Verständnis der neutestamentlichen Botschaft festhalten. Er verbindet damit vor allen Dingen zwei für seine eigene Konzeption grundlegende Interessen. Zum einen gehört der Gedanke einer endzeitlichen Selbstoffenbarung Gottes vor den Augen aller Völker in den religionsgeschichtlichen Kontext der jüdischen Apokalyptik, den Pannenberg in der Aussage vom Ende der Geschichte als dem endgültigen Selbsterweis Gottes aufgreift. Sodann ist ihm zufolge die Auferweckung Jesu auf dem Hintergrund der apokalyptischen Hoffnung zu verstehen, was nach Pannenberg bedeutet, dass derjenige, der von Gott auferweckt wird, als der Messias von Gott selbst bestätigt ist, und darin der Anbruch der endzeitlichen Gottesherrschaft sich ereignet. Beide Aussagen legt Pannenberg für das Verständnis des Geschickes Jesu zugrunde, indem die 4. These von *Offenbarung als Geschichte* formuliert: „Die universale Offenbarung der Gottheit Gottes ist noch nicht in der Geschichte Israels, sondern erst im Geschick Jesu von Nazareth verwirklicht, insofern darin das Ende alles Geschehens vorweg ereignet ist“. Damit soll die absolute Bedeutung von Person und Werk Jesu Christi für die Selbstoffenbarung Gottes und zugleich der Gedanke des Ganzen der Geschichte als Selbstoffenbarung ausgesagt werden. Beide Aspekte miteinander zu verbinden, darin liegt die Funktion des Gedankens des Vorwegereignisses des Endes im Geschick Jesu, was Pannenberg als Prolepse bzw. Antizipation des Endes bezeichnet. Denn „obwohl nur die Gesamtgeschichte die Gottheit des Einen Gottes erweisen und dieses Resultat erst am Ende aller Geschichte sich ergeben kann, hat doch ein einzelnes Geschehen absolute Bedeutung als Offenbarung Gottes“ (106). Und weiter: „Aus demselben Grunde, als Vorausereignis des Endes, kann das Christusgeschehen durch kein späteres Geschehen überholt werden und bleibt auch allem Begreifen immer noch voraus, solange die Menschen der offenen Zukunft des Eschaton noch entgegengehen“ (ebd.). Dass dem Geschick Jesu diese *absolute* Bedeutung zukommt, wird nach Pannenberg erkannt, wenn es im überlieferungsgeschichtlichen Zusammenhang der Geschichte Israels und nicht zuletzt auf dem Hintergrund der apokalyptischen Erwartung verstanden wird. Dies hält die 5. These fest: „Das Christusgeschehen offenbart nicht als isoliertes Ereignis die Gottheit des Gottes Israels. Sondern nur, sofern es Glied der Geschichte Gottes mit Israel ist“. Dann erhält es, im Kontext der apokalyptischen Erwartung nämlich, die Bedeutung eines Vorwegereignisses des Endes. „Erst in bezug auf das Geschichtsverständnis der Apokalyptik und ihrer Erwartung einer endzeitlichen Totenauferstehung hat die Auferweckung Jesu die Bedeutung, Vorausereignis des Endes zu sein“ (107). Durch dieses Ereignis, in welchem Gott an Jesus Christus gehandelt hat, erweist der Gott Israels sich zugleich als der Gott aller Menschen, denn dasjenige, was an dem einen bereits Wirklichkeit geworden ist, steht „für uns andere noch aus“ (105). Insofern hat „der Gott Israels im Geschick Jesu endgültig seine Gottheit erwiesen und ist nun auch als der eine Gott aller Menschen offenbar“ (ebd.).

Mit diesem Gedanken ist Pannenbergs später in den „Grundzügen der Christologie“ vertretene Behauptung von der Historizität der Auferweckung Jesu vorbereitet; eine Auffassung, die er hier in Auseinandersetzung mit den Axiomen moderner historischer Kritik, insbesondere gegen Troeltschs Analogiekriterium, das für alles geschichtliche Geschehen in Anwendung zu bringen sei, verteidigt und mit einer These verbindet, die er in *Offenbarung als Geschichte* für *alles* geschichtliche Geschehen aufgestellt hat: Dass nämlich „im Unterschied zu besonderen Erscheinungen der Gottheit […] die Geschichtsoffenbarung jedem, der Augen hat zu sehen, offen [ist]“ (These 3). Damit will Pannenberg behaupten, dass die Erkenntnis der Geschichtsoffenbarung nicht eigentlich einer besonderen Geistbegabung bedarf, sondern dem unbefangenen vernünftigen und historischen Wahrnehmen des biblischen Zeugnisses offensteht. „Insbesondere ist der Heilige Geist nicht die Bedingung, ohne die das Christusgeschehen nicht als Offenbarung erkannt werden könnte" (100). Das gilt ihm zufolge auch für die biblischen Berichte von der Auferweckung Jesu, wie er in den *Grundzügen der Christologie* genauer ausführt. Das biblische Zeugnis, dass Jesus auferstanden ist, impliziert für Pannenberg die Behauptung einer historischen Tatsache. Die unbefangene Wahrnehmung desselben gehört für Pannenberg zur tragfähigen Basis des Glaubens, der kein bloßes Wagnis ist, sondern ein Vertrauen, das seinen Grund in der Geschichte Jesu hat, die als historisches Geschehen im Kern auch historischer Erkenntnis zugängig ist. Daher hält er entschieden fest: „Das Wissen von Gottes Offenbarung in der seine Gottheit erweisenden Geschichte muß also Grund des Glaubens sein" (101). Schon in *Offenbarung als Geschichte* wird diese Auffassung dahingehend präzisiert, dass „der Glaube im Akt des Vertrauens sich über sein eigenes *Bild* vom Geschehen hinausschwingt, in dem Geschehen selbst Fuß faßt, indem er sich selbst verläßt auf den darin offenbaren Gott" (102), und gesagt, dass zwar das Wissen „Grund des Glaubens" sei, aber sogleich hinzugefügt, dass „noch nicht das Wissen, sondern erst das aus ihm folgende Vertrauen auf Gott des Heils teilhaftig macht" (ebd.). In Reaktion auf die heftige Kritik an dieser These hat Pannenberg bereits für das Erkennen geltend gemacht, dass es keine bloße, distanzierte Kenntnisnahme sei, sondern damit die existentielle Betroffenheit durch den Gegenstand des Glaubens immer schon einhergehe. Allerdings wird nach wie vor darauf beharrt, dass nicht „die Forderung nach existentieller Betroffenheit prinzipiell an die Stelle inhaltsvoller Erkenntnis des Grundes solcher Glaubenshaltung treten" (OaG, 2. Aufl., Anhang, 136) dürfe.

Mit der Betonung des heilsgeschichtlichen Verständnisses von Offenbarung vollzieht Pannenberg eine kritische Relativierung des Verständnisses von Offenbarung exklusiv als Wort Gottes. In diesem Zusammenhang macht er auf die Vielgestaltigkeit der Rede vom Wort Gottes für die Frage nach der Selbstbekundung Gottes in der Bibel aufmerksam und bestimmt in seiner eigenen Konzeption dessen Funktion in These 7 wie folgt: „Das Wort bezieht sich auf Offenbarung als Vorhersage, als Weisung und als Bericht". Entscheidend ist diesbezüglich die von Pannenberg geforderte Rückbindung des Kerygmas an die Geschichte Jesu Christi. Diese ist der Grund des Glaubens und auch der dem Kerygma selber vorgängige Grund. „Das Wort des Kerygma ist eben nicht selbst erst das eigentliche Offenbarungsgeschehen, sondern es ist ein Moment des Offenbarungsgeschehens, indem es von dem eschatologischen Ereignis berichtet, das in sich selbst suisuffizienter Selbsterweis Gottes ist, der zur allgemeinen Kundmachung treibt und durch sie allenthalben expliziert wird" (114).

3. Zur Rezeption von *Offenbarung als Geschichte*

Es sind vor allem zwei Aussagen Pannenbergs, die in der Theologie zu einer heftigen Kritik geführt haben. Dies ist die These von der Historizität der Auferstehung Jesu, die historischem Begreifen zugängig sei; sowie die These, dass das Verstehen und Erkennen den Grund des Glaubens bilde. In den Veröffentlichungen, die auf *Offenbarung als Geschichte* folgten, insbesondere in der *Systematischen Theologie* hat Pannenberg dazu ausgewogenere Ausführungen vorgetragen. Dies gilt auch für das Verhältnis von heilsgeschichtlichem Verständnis der Offenbarung und Wort Gottes, das er nun im Sinne einer Zuordnung begreift (vgl. den entsprechenden Abschnitt „Offenbarung als Geschichte und Wort Gottes“ (Pannenberg, 1989, 251-281). Gegen den wider ihn erhobenen Vorwurf des Hegelianismus hat sich Pannenberg bereits im Anhang zur zweiten Auflage von *Offenbarung als Geschichte* entschieden verwahrt.

Was die Rezeption von *Offenbarung als Geschichte* und die Bedeutung für die Theologie angeht, sind vor allen Dingen folgende Gesichtspunkte zu nennen. Der Band *Offenbarung als Geschichte* hat das heilsgeschichtliche Denken, das in Gerhard von Rads *Theologie des Alten Testaments* (2 Bde., München 1957-60) in seiner Bedeutung für den alttestamentlichen Glauben herausgearbeitet worden war, erneuert und als zentral für das jüdisch-christliche Verständnis des Handelns Gottes mit der Welt betont. Pannenbergs Konzeption bindet die Christologie an den historischen Jesus zurück, was er in den *Grundzügen der Christologie* weiter ausführt, und hat damit einen entscheidenden Beitrag zur neuen Frage nach dem historischen Jesus, wie sie dann auch die Bultmannschule vollzogen hat, geleistet. Die Trinitätslehre rückt ins Zentrum der christlichen Gotteslehre. Sie wird wie bei Barth als Spezifikum des christlichen Gottesgedankens für das Verständnis des Christusgeschehens als Selbstoffenbarung Gottes betont. Dabei wird nun aber auch die Eschatologie in ihrer Bedeutung für die Wirklichkeit des trinitarischen Gottes in besonderer Weise herausgestellt. Dadurch erhielten die nicht nur präsentisch, sondern auch endzeitlich verstandene Eschatologie und mit ihr die jüdisch eschatologischen Vorstellungsgehalte wieder eine stärkere Beachtung in der Theologie des 20. Jahrhunderts.

Literatur

Quellen und Werkausgaben

PANNENBERG, W. (Hrsg.), in Verbindung mit R. RENDTORFF, U. WILCKENS, T. RENDTORFF, Offenbarung als Geschichte. Kerygma und Dogma. Beiheft 1. Göttingen 1961.

PANNENBERG, W. (Hrsg.), in Verbindung mit R. RENDTORFF, U. WILCKENS, T. RENDTORFF, Offenbarung als Geschichte, Göttingen 1961, [5]1982, ab der zweiten Auflage 1963 mit einem Nachwort von Wolfhart Pannenberg (danach wird im Text zitiert).

PANNENBERG, W., Grundfragen Systematischer Theologie. Gesammelte Aufsätze, Bd. 1, Göttingen 1967 und Bd. 2, Göttingen 1980.

PANNENBERG, W., Grundzüge der Christologie, Göttingen 1964. [5]1976.

PANNENBERG, W., Systematische Theologie, 3 Bde, Göttingen 1988-93.

Sekundärliteratur

ALTHAUS, P., Offenbarung als Geschichte und Glaube. Bemerkungen zu W. Pannenbergs Begriff der Offenbarung, in: Theologische Literaturzeitung 87 (1962), 321-330.

KLEIN, G., Die Theologie des Wortes Gottes und die Universalgeschichte. Zur Auseinandersetzung mit Wolfhart Pannenberg, München 1964.

KLEIN, G., Offenbarung als Geschichte?, Marginalien zu einem theologischen Programm, in: Monatsschrift für Pastoraltheologie zur Vertiefung des gesamten pfarramtlichen Wirkens 51 (1962), 65-88.

MCCONKEY ROBINSON, J., Heilsgeschichte und Lichtungsgeschichte, in: Evangelische Theologie 22 (1962), 113-141.

STEIGER, L., Offenbarungsgeschichte und theologische Vernunft. Zur Theologie W. Pannenbergs, in: Zeitschrift für Theologie und Kirche 59 (1962), 88-113.

ZIMMERLI, W., „Offenbarung" im Alten Testament. Ein Gespräch mit R. Rendtorff, in: Evangelische Theologie 22 (1962), 15-51.

Christine Axt-Piscalar

Jürgen Moltmann, Theologie der Hoffnung, Untersuchungen zur Begründung und zu den Konsequenzen einer christlichen Eschatologie, ED München 1964

Kontext und problemgeschichtlicher Hintergrund

Mit dem 1964 erschienenen Buch *Theologie der Hoffnung* wurde der damals 38-jährige evangelische Theologe Jürgen Moltmann in der akademischen Welt und weit darüber hinaus bekannt. Es war ihm gelungen, den Kairos für einen theologischen Neuansatz zu treffen. Diesen Neuansatz hat er im Laufe seiner akademischen Karriere mit Phantasie und Neugier in vielfältigen Themenbereichen entfaltet. Der immense Erfolg seiner Veröffentlichungen hat sowohl Bewunderung als auch Skepsis hervorgerufen. Hermann Fischer etwa kann in seiner Darstellung der Protestantischen Theologie des 20. Jahrhunderts geradezu warnend schreiben: „Die verführerische Wirkung der Hoffnungstheologie Moltmanns ist unübersehbar" (Fischer, Theologie, 183). – Fest steht, dass die *Theologie der Hoffnung* zu den bedeutendsten evangelisch-theologischen Texten der zweiten Hälfte des 20. Jahrhunderts zählt.

Zum Autor

Biographie und Erfahrungshorizont des Autors haben die *Theologie der Hoffnung* stark geprägt. Jürgen Moltmann wurde am 8. April 1926 in Hamburg als Sohn eines Lehrers geboren. Als 17-jähriger Luftwaffenhelfer erlebte er im Juli 1943 beim Angriff der Royal Air Force auf seine Heimatstadt, wie neben ihm ein Freund von einer Bombe zerrissen wurde. In englischer Kriegsgefangenschaft wurde er mit Fotos aus den Konzentrationslagern Bergen-Belsen und Auschwitz konfrontiert. Rückblickend hat Moltmann vielfach geschildert, wie er in dieser Situation die Bibel entdeckte. Die Klagepsalmen verliehen seinem Entsetzen und seiner Scham Sprache, so etwa Worte des Psalms 39: „Ich bin verstummt und muss mein Leid in mich fressen […] schweige nicht zu meinen Tränen“ (Moltmann, Raum, 41). Bei der Lektüre der Darstellung des Leidens Jesu Christi im Markusevangelium wurde Moltmann von einer großen Hoffnung ergriffen. Diese Kraft der Hoffnung zu verstehen und sie zu vermitteln – das war von nun an die Aufgabe, der er sein gesamtes Lebenswerk widmete. Auch der Ansatz und die Mitte der *Theologie der Hoffnung* werden aus diesem biographischen Schlüsselerlebnis heraus verständlich: Die Auferstehung Christi ist die Kraftquelle der Hoffnung. In einer frühen Programmschrift aus dem Jahr 1959 kann er diesen christozentrischen Ansatz als die „Mitte“ bezeichnen, die dort, „wo sie wirklich begegnet, herausschleudernde Kraft in sich hat“ (zitiert in: Dröge, Vielfalt, 62).

Der zeitgeschichtliche Kontext

Die *Theologie der Hoffnung* ist in einer Zeit der Aufbruchstimmung erschienen. Ein gutes Jahr zuvor hatte der Bürgerrechtler Martin Luther King seine berühmte Rede „I have a dream“ gehalten. Die Nachricht von der Ermordung Kings am 6. 4. 1968 traf Moltmann, als er während einer Gastprofessur 1967/68 an der Duke University, Durham, North Carolina, an einer Konferenz mit über 500 Theologen teilnahm, die sich thematisch mit seiner *Theology-of-Hope* beschäftigte (Moltmann, Raum, 108). In Europa war es Alexander Dubceks „Sozialismus mit menschlichem Antlitz“, der neue Perspektiven zu eröffnen schien. In Lateinamerika war nach der kubanischen Revolution im Jahre 1959 ein christlich revolutionärer Geist erwacht. Im kirchlichen Bereich weckte das Zweite Vatikanische Konzil und die Arbeit des Ökumenischen Rates der Kirchen neue Hoffnungen für die Einheit der Kirchen. Aber gleichzeitig schien diese Aufbruchstimmung die westdeutsche Gesellschaft kaum zu beeinflussen. Noch prägte die Regierung Konrad Adenauers das gesellschaftliche Klima im Geiste des Wahlkampfmottos der CDU/CSU aus dem Jahr 1957: „Keine Experimente“.

Dieser zeitgeschichtliche Kontext brachte den Kairos für das Thema „Hoffnung“. Die evangelische Theologie hatte bis dato noch völlig unter dem Einfluss der beiden großen Antipoden Karl Barth und Rudolf Bultmann gestanden, und das vielfach gepflegte Erbe der Barmer Theologischen Erklärung drohte zur „Barmen-Orthodoxie“ zu erstarren. Moltmann selbst hatte zunächst den Eindruck, dass es schwer sei, nach Karl Barth überhaupt noch einen neuen theologischen Ansatz zu finden, obwohl ihm bewusst geworden war, dass die christologische Konzentration der Dialektischen Theologie allein noch keine zukunftsweisende Theologie ermöglicht. Wie konnte es gelingen, einerseits im Sinne der Dialektischen Theologie „bei der Sache“ zu bleiben, aber andererseits auch den weiten Horizont der vielfältigen Herausforderungen des politischen und gesellschaftlichen Lebens in den Blick zu nehmen?

In diesem Kontext hat Moltmann sein Interesse auf die Verbindung von exegetischer Forschung und systematisch-theologischer Fragestellung gerichtet. Orientiert an den Arbeiten von Gerhard von Rad, Walther Zimmerli, Hans Walter Wolff und Hans-Joachim Kraus war er fasziniert vom Thema „Verheißung und Geschichte“. Als eine fachwissenschaftliche Spezialuntersuchung zu dieser Fragestellung hat er seine *Theologie der Hoffnung* verstanden. Sie war nicht geplant als das publikumswirksame *coming out* einer großen theologischen Begabung.

Eine „theologische Parallelhandlung" zu Ernst Bloch

Die *Theologie der Hoffnung* ist im Gegenüber zu Ernst Blochs Philosophie entstanden. Moltmann hatte Bloch anlässlich eines Vortrags im Jahr 1959 in Wuppertal kennen gelernt. Dessen *Prinzip Hoffnung* las er im Urlaub 1960. Fasziniert war er nicht so sehr vom Neomarxismus des Autors, vielmehr von dessen jüdisch-christlichem Messianismus. Diesen Ansatz verband er nun mit seinen exegetischen und systematisch-theologischen Forschungserkenntnissen. Sein Ziel war es nicht, Ernst Blochs Philosophie zu „taufen", wie Karl Barth nach der ersten Lektüre der *Theologie der Hoffnung* leicht ironisch vermerkte. Vielmehr wollte er eine „theologische Parallelhandlung" in der christlichen Theologie vollführen, um die ursprünglich christliche Hoffnung wieder heimzuführen (Moltmann, Erfahrungen, 90). Das Ziel hat er selbst wie folgt beschrieben: Es gehe ihm darum, die christliche Trias von Glaube, Hoffnung, Liebe zu vervollständigen. Nachdem die mittelalterliche Theologie die Liebe (caritas) betont habe und die Reformation den Glauben, sei es nun an der Zeit, die Hoffnung neu zu entdecken und zu erfahren. „Ich wollte nicht nur eine Theologie *über* die Hoffnung, sondern eine Theologie *aus* der Hoffnung" (ebd.).

Werkgeschichtliche Stellung

Die Frühschriften

Als Moltmann die *Theologie der Hoffnung* veröffentlichte, hatte er bereits 44 Studien und Lexikonartikel verfasst (vgl. Dröge, Vielfalt, 44 Anm. 1). Seine Dissertation von 1952 behandelte die Theologie des hugenottischen Lehrers Moyse Amyraut; in seiner Habilitation von 1957, die er während seiner Zeit als Gemeindepfarrer in einem Dorf bei Bremen fertig stellte, widmete er sich dem calvinistischen Reformtheologen Christoph Pezel. Im Frühjahr 1958 wurde er an die Kirchliche Hochschule in Wuppertal berufen. An dieser jungen, erst 1935 gegründeten Hochschule fand er den nötigen Freiraum zur eigenen Entwicklung. 1959 erschien seine erste Programmschrift *Die Gemeinde im Horizont der Herrschaft Christi*, die allerdings wenig Resonanz fand. Mit ihr war er nach seinen ausführlichen dogmengeschichtlichen Forschungen in der kirchlichen und gesellschaftlichen Gegenwart angekommen. 1961 folgte die Untersuchung *Exegese und Eschatologie der Geschichte*, in der er die Eschatologie als den grundlegenden hermeneutischer Ansatz der Bibelauslegung bestimmte.

Die „verschiedenen ‚Anfänge'" verknüpfen

Im April 1963 wurde Moltmann auf den Lehrstuhl für Systematische Theologie und Sozialethik an die Universität Bonn berufen (Moltmann, Raum, 98). Nun war die Zeit gekommen, seine „verschiedenen ‚Anfänge'" zusammen zu tragen (a.a.O., 103). Die Fäden fügten sich wie zu einem Teppich zusammen, als er begann zu knüpfen (ebd.). Die *Theologie der Hoffung* wurde in Wuppertal und in Bonn zugleich vorgetragen (a.a.O., 81). Es war für Moltmann die „einzige Vorlesung, die ich je gehalten habe, bei der am Schluss mehr Hörer da waren als am Anfang" (ebd.). Der veröffentlichte Text wurde die erste seiner drei „Programmschriften" (Müller-Fahrenholz, Phantasie, 9). Es folgte 1972 die Kreuzestheologie *Der gekreuzigt Gott* und 1975 die Ekklesiologie *Kirche in der Kraft des Geistes*. Im Anschluss an diese „Trilogie" (Moltmann, Raum, 197) begann eine neue Epoche seiner Publikationen.

Die Systematischen Beiträge

Ab 1980 erschien die Reihe der *Systematische[n] Beiträge[n] zur Theologie*: *Trinität und Reich Gottes. Zur Gotteslehre* (1980), *Gott in der Schöpfung. Ökologische Schöpfungslehre* (1985), *Der Weg Jesu Christi. Christologie in messianischen Dimensionen* (1989), *Der Geist des Lebens. Eine ganzheitliche Pneumatologie* (1991). Abgeschlossen wurde diese Reihe durch die Wiederaufnahme des Themas „Eschatologie" mit dem Buch, *Das Kommen Gottes. Christliche Eschatologie* (1995) und mit einer Methodenlehre *Erfahrungen theologischen Denkens. Wege und Formen christlicher Theologie* (1999). Mit dieser Reihe wollte Moltmann bewusst „nicht ‚mein System' oder ‚meine Dogmatik'" (Moltmann, Erfahrungen, 13) entfalten, sondern im dialogischen Stil „Beiträge" leisten, da er Theologie als eine „Gemeinschaftsaufgabe des gemeinsamen Theologentums aller Gläubigen" (ebd.) versteht. Im Jahr 2006 hat Moltmann schließlich seine Biographie unter dem Titel *Weiter Raum* veröffentlicht.

Inhalt

Meditation über die Hoffnung

Die *Theologie der Hoffnung* beginnt mit einer „Meditation über die Hoffnung", in der die These der Untersuchung formuliert wird: Eine „Lehre" („Logos") von den letzten Dingen kann es nicht geben. Denn eine Lehre besteht aus Lehrsätzen, die aufgrund von Erfahrung formuliert werden (12). Insofern ist der Versuch, eine Eschatologie als Lehre von den Dingen des „jüngsten Tag[es]" (11) zu entwerfen, zum Scheitern verurteilt. Eine solche Lehre steht beziehungslos zu allen anderen Glaubensaussagen. Sie führt ein „steriles Dasein am Ende der christlichen Dogmatik" (ebd.), wie es bisher in der Theologiegeschichte gewesen ist. Aus der Beobachtung, dass die biblischen Zeugnisse „randvoll mit messianischer Zukunftshoffnung für die Erde sind" (ebd.), fordert Moltmann deshalb, die Eschatologie ganz neu zu entwerfen. Die Wirklichkeit des auferweckten Jesus Christus muss erkannt werden als eine Wirklichkeit, die hier schon Zukunft eröffnet (13). Allerdings kann diese Wirklichkeit nicht im Geiste griechischer Logos-Philosophie begriffen werden. Gottes Präsenz ist nicht als Gegenwart des ewigen Seins im Hier und Jetzt zu verstehen. Eine solche „Seinsmystik" (25) ist vermessen. Die Erfahrung solcher Gottunmittelbarkeit steht dem Menschen nicht zu. Gott ist vielmehr gegenwärtig, „wo man seiner Verheißung in Hoffnung" gegenwärtig ist (ebd.). Er ist ein Gott des Weges, der Verheißung, der Hoffnung (Röm 15,13), „ein Gott mit ‚Futurum als Seinsbeschaffenheit'" (E. Bloch) (12). Moltmann schließt die Meditation mit der Vorstellung seines Programms: Die „Geschichte von Menschen und Dingen" (30) muss vollständig neu bedacht werden. Wenn einst Anselm von Canterbury den Grundsatz formulierte, dass der Glaube nach verstandesmäßiger Einsicht verlange (fides quaerens intellectum), so müsse nun der Grundsatz gelten: Die Hoffnung verlangt nach Einsicht – spes quaerens intellectum. Der Mensch „hofft, um zu erkennen, was er glaubt" (28).

Klärungen

In Kapitel I beginnt Moltmann unter der Überschrift „Eschatologie und Offenbarung" die Untersuchung mit einer ausführlichen theologiegeschichtlichen Einordnung seines Themas. Das Kapitel II („Verheißung und Geschichte") ist dann dem Offenbarungsbegriff gewidmet. Dazu wird ein idealtypisches Verständnis von „Epiphanienreligion" dem „Verheißungsglauben" gegenübergestellt. Die gesamte Geschichte Israels kann verstanden werden als der Kampf des Verheißungsglaubens gegen eine „Epiphanienfrömmigkeit" (88), die sich nach der Erscheinung des ewigen Gottes im Moment der Gegenwart sehnt. So aber will Gott nicht erscheinen. Er will seine Treue durch das Wort der Verheißung erweisen (92ff.). Durch die Kraft der Verheißung kommt ein Element der Unruhe in die Geschichte. Jedes Faktum ist nur ein Moment im „Prozeß der Wirkungsgeschichte des Wortes" (101). Alles liegt daran, dass nicht ein bestimmtes Geschichtsverständnis dem lebendigen Verheißungswort übergeordnet wird und ihm damit die erneuernde Kraft raubt. Das Wort muss vielmehr immer neu das Verständnis von Geschichte erschüttern (vgl. 100f.). Nur so kann der sich selbst in seiner Macht offenbarende Gott angemessen „inmitten der werdenden, offenen und auf das Spiel der Verheißungen gesetzten Geschichte" (106) verstanden werden. Der Verstand darf sich dabei nicht auf das Vorfindliche verlassen, sondern muss die Möglichkeiten, die die Verheißungen eröffnen, erkennen. Er muss das Prinzip der *adaequatio rei et intellectus* (Übereinstimmung der Sache mit dem Verstand) überwinden und zu einer Erkenntnisform der *inadaequtio intellectus et rei* finden, d.h. zu einer Erkenntnis „in einem aufweisbaren Widerspruch zur geschichtlichen Wirklichkeit" (107).

Die Auferstehungstheologie und ihre Konsequenzen

Nachdem das Offenbarungsverständnis geklärt ist, kann in Kapitel III, dem Zentrum des Buches, das Verständnis Jesu Christi (Christologie) und des von ihm ausgehenden Heils (Soteriologie) in biblisch begründeter und dennoch überraschend neuer Weise entfaltet werden. Die Grundthese lautet: Das Geschehen von Kreuz und Auferstehung Jesu Christi ist die Tat Gottes, mit der Gott seine Verheißungen an Israel universal in Kraft setzt. Der Inhalt der Verheißungen bleibt in diesem Erneuerungsgeschehen gleich. Neu ist lediglich ihre Ausweitung und Bekräftigung. Im „Gotteswort in Christus“ sind Evangelium und Verheißung eins geworden. Die Erfüllung der Verheißungen ist nun „unumstößlich“ (133). Die paulinische Theologie verteidigt die Voraussetzungslosigkeit dieser In-Kraft-Setzung und grenzt sie gegen ein hellenistisches Verständnis von präsentischer Verheißungserfüllung ab („eschatologia gloriae“, 144). Weil das Heil noch nicht vollständig erfüllt ist, müssen die Glaubenden in der „Kraft des Geistes, der Christus von den Toten auferweckt hat, [...] gehorsam das Leiden der Nachfolge auf sich nehmen“ („eschatologia crucis“, 146).

Mit Kreuz und Auferstehung ist ein neuer „eschatologisch bestimmter Geschichtsprozeß in Gang gekommen“ (148). Dieser Prozess erfordert ein neues Wirklichkeitsverständnis und ein neues Verständnis von Geschichte. Ein rein existentialistisches Verständnis des Ostergeschehens greift zu kurz, weil es die Wirklichkeit der Auferstehung „von einem Geschehen an dem gekreuzigten Jesus zu einem Geschehen an der Existenz der Jünger“ (169) reduziert. Eine Christologie, die der Wirklichkeit der Auferstehung Rechnung trägt, muss vielmehr „in eschatologischer Perspektive“ (175) die „Tendenzen“ der Zukunft Christi erschließen. So wird christliche Eschatologie zur „Tendenzkunde der Auferweckung und Zukunft Christi“ (177). Orientiert am paulinischen Geistverständis (besonders Röm. 8,11) und an dem von Hegel in der „Phänomenologie des Geistes“ entwickelten Begriff der „Wahrnehmung“ (vgl. Dröge, Vielfalt, 91-94) verortet Moltmann den Ursprung des Geistes in der Wahrnehmung der dialektischen Identität von Kreuz und Auferstehung Jesu Christi: Der Geist wohnt in denen, die Christus und seine Zukunft in Kreuz und Auferstehung wahrnehmen (192). Dieser Geist des Auferstandenen stellt in die Tendenzen der Zukunft Christi hinein, die mit den neutestamentlichen Begriffen der „Gerechtigkeit“ im paulinischen Sinne, des „Lebens“ in johanneischem Sinne und des „Reiches Gottes“ im Sinne der Synoptiker näher beschrieben werden können. So lässt der Geist die „Intention“ (192) Gottes erkennen und zeigt sich als die „Macht der Zukünftigkeit“ (193).

Dieser Ansatz der *Theologie der Hoffnung*, in dem das Christus- und das Geist-Verständnis eng aufeinander bezogen werden, kann als eine pneumatologische Christologie (Geistchristologie) verstanden werden, obwohl Moltmann diese Form der Christologie erst später in seinem Buch *Der Weg Jesu Christi* ausdrücklich entfaltet. In den weiteren Kapiteln der *Theologie der Hoffnung* entwickelt Moltmann ein Geschichtsverständnis, das dem Wirklichkeitsverständnis der Auferstehung entspricht und zu einer „Hermeneutik der christlichen Sendung“ (250ff.) sowie zu einem eschatologischen Gemeindeverständnis („Exodusgemeinde“, 280ff.) führt.

Wirkungs- und Rezeptionsgeschichte

Die zeitgenössische Rezeption

Die *Theologie der Hoffnung* erlebte bereits innerhalb von zwei Jahren sechs Auflagen und fünf Übersetzungen (Moltmann, Raum, 104). Sie wurde nicht nur in der theologischen Fachwelt lebhaft diskutiert, sondern auch in der säkularen publizistischen Öffentlichkeit. Bis 1969 erschienen Rezensionen in *Newsweek*, *New York Times*, *Los Angeles Times*, *Der Spiegel*, *Time Magazine* (ebd.) – eine für theologische Werke seltene internationale und interdisziplinäre Rezeption. Der 1967 erschienene Sammelband „Diskussion über die ‚Theologie der Hoffnung'" verdeutlicht mit seinen dreizehn Beiträgen von Theologen unterschiedlicher Konfession, wie aufmerksam Moltmanns kraftvoller Neuansatz wahrgenommen und gewürdigt wurde. Gleichzeitig werden bereits die Schwächen benannt, die im weiteren Verlauf der Rezeptionsgeschichte immer wieder kritisiert wurden und werden: Kann der christliche Glaube so ganz in die Zukunft hineingezogen werden? Muss nicht die gegenwärtige Erfüllung stärker betont werden? Sind die Konsequenzen nicht viel zu unkonkret entfaltet? Ist die Betonung der *spes quaerens intellectum* nicht zu kopflastig? – In seiner ausführlichen „Antwort" (Marsch, Diskussion, 201-238) begegnet Moltmann dieser Kritik zum einen mit einer Unterscheidung im Zukunftsbegriff (futurum und adventus, a.a.O., 210f.) und betont zum Anderen die Kreuzestheologie und die Pneumatologie als weiterführende Ansätze, um die Konkretion des Glaubens verstärkt zum Ausdruck zu bringen. Später wird es vor allem der aus der jüdischen Tradition stammende Begriff der Schechina sein, mit dem Moltmann die präsentische Einwohnung Gottes zu entfalten versucht (vgl. Moltmann, Raum, 107).

Die Theologie des Ökumenischen Rates der Kirchen mit ihren Versuchen, den Zusammenhang zwischen Glaube und Weltverantwortung zu explizieren, ist erkennbar durch die *Theologie der Hoffnung* geprägt worden. Im Jahr 1968 formulierte die Weltkirchenkonferenz in Uppsala: „Wir hören den Schrei derer, die sich nach Frieden sehnen [...] Im Vertrauen auf Gottes erneuernde Kraft rufen wir euch auf: Beteiligt euch an dieser Vorwegnahme des Reiches Gottes" (zitiert in: Moltmann, Raum, 109). Zu Recht kann Moltmann rückblickend schreiben: „Ich habe damals die Erklärungen der Weltkirchenkonferenz von Uppsala als ökumenische Erfüllung dessen begrüßt, was mir mit der *Theologie der Hoffnung* vorschwebte" (ebd., 110). Im politischen Raum hat Moltmann sich am christlich-marxistischen Dialog beteiligt, dem er sich durch die gemeinsame Frage nach einer alternativen Zukunft der Menschheit verpflichtet fühlte. Die Diskussionen um eine politische Theologie hat er in Europa, in Nord- und Südamerika und im asiatischen Raum maßgeblich beeinflusst (vgl. Moltmann, Raum, 147-182).

Ausblick

Die zeitgeschichtlichen Zuspitzungen der *Theologie der Hoffnung* haben in weiten Teilen ihre Bedeutung verloren, die Grundzüge des kraftvollen Ansatzes aber gilt es zu bewahren und weiterzuentwickeln (vgl. zum Folgenden: Welker, Zukunftsaufgaben). Diese Grundzüge lassen sich wie folgt charakterisieren: Die *Theologie der Hoffnung* hat die eschatologische Dimension der Christologie klar herausgearbeitet: zum christlichen Glauben gehört wesensmäßig ein dynamisches Hoffen, das zur weltverändernden Tat führt. Sie hat die Christologie als Zentrum des christlichen Glaubens hervorgehoben: christliche Hoffnung ist Auferstehungshoffnung, die der Kraft vertraut, die den Tod und alle lebenshinderlichen Mächte überwinden kann. Diese Macht wird exegetisch als die Kraft des Heiligen Geistes begründet. Der Heilige Geist wird mit einem geist-christologischen Ansatz systematisch verortet und differenziert dargestellt (vgl. Dröge, Vielfalt, 96-108). Damit wird die Pneumatologie als der genuine Ort bestimmt, an dem die Konkretionen des gelebten Glaubens theologisch zu verantworten sind.

Eine zukünftige Rezeption wird den Schwächen der *Theologie der Hoffnung* dadurch begegnen müssen, dass die futurische und die präsentische Eschatologie komplementär aufeinander bezogen werden und die Wirklichkeit der Auferstehung präziser und differenzierter bestimmt wird (vgl. Welker, Zukunftsaufgaben, 231-238). Denn anders als in der ersten Rezeptionsphase, in der vielfach die Überzeugung vorherrschte, man könne den Problemlagen der Gerechtigkeit, des Friedens und der Bewahrung der Schöpfung mit eingängigen Konzepten begegnen, bedarf es heute einer komplexeren Analyse, um die Kraft der Hoffnung in konkrete Problemlagen hineinzutragen. Die Pluralität der Auferstehungswirklichkeit muss genauer erkannt, analysiert und in die Komplexität gegenwärtiger Fragestellungen übertragen werden. Faszinierend bleibt, dass die *Theologie der Hoffnung* die für diese theologische Zukunftsaufgabe notwendige christologische Konzentration und pneumatologische Vielfalt bereits im Ansatz enthält und somit die Möglichkeit eröffnet, auch in gewandelten Kontexten die Tendenzen des Geistes und die Spuren der Intention Gottes im Weltgeschehen zu entdecken.

Literatur

Quellen und Werkausgaben

MOLTMANN, J., Theologie der Hoffnung. Untersuchungen zur Begründung und zu den Konsequenzen einer christlichen Eschatologie, München 1964.

MOLTMANN, J., Der gekreuzigte Gott. Das Kreuz Christi als Grund und Kritik christlicher Theologie, München 1972.

MOLTMANN, J., Kirche in der Kraft des Geistes. Ein Beitrag zur messianischen Ekklesiologie, München 1975.

MOLTMANN, J., Trinität und Reich Gottes. Zur Gotteslehre, Gütersloh 1980.

MOLTMANN, J., Gott in der Schöpfung. Ökologische Schöpfungslehre, Gütersloh 1985.

MOLTMANN, Der Weg Jesu Christi. Christologie in messianischen Dimensionen, Gütersloh 1989.

MOLTMANN, J., Der Geist des Lebens. Eine ganzheitliche Pneumatologie, Gütersloh 1991.

MOLTMANN, J., Das Kommen Gottes. Christliche Eschatologie, Gütersloh 1995.

MOLTMANN, J., Erfahrungen theologischen Denkens. Wege und Formen christlicher Theologie, Gütersloh 1999.

MOLTMANN, J., Wie ich mich geändert habe, Gütersloh 1997.
MOLTMANN, J., Weiter Raum. Eine Lebensgeschichte, Gütersloh 2006.

Sekundärliteratur

BAUCKHAM, R., The Theology of Jürgen Moltmann, Edinburgh 1995.
DEUSER, H./G. M. MARTIN/K. STOCK/M. WELKER (Hrsg.), Gottes Zukunft – Zukunft der Welt, FS für Jürgen Moltmann zum 60. Geburtstag, München 1986.
DRÖGE, M., Kirche in der Vielfalt des Geistes. Die christologische und pneumatologische Begründung der Kirche bei Jürgen Moltmann, Neukirchen-Vluyn 2000.
FISCHER, H., Protestantische Theologie im 20. Jahrhundert, Stuttgart 2002.
MARSCH, W.-D., Diskussion über die „Theologie der Hoffnung", München 1967.
MÜLLER-FAHRENHOLZ, G., Phantasie für das Reich Gottes. Die Theologie Jürgen Moltmanns. Eine Einführung, Gütersloh 2000.
WELKER, M., Zukunftsaufgaben evangelischer Theologie. Nach 40 Jahren „Theologie der Hoffnung" von Jürgen Moltmann, in: J. MOLTMANN/C. RIVUZUMWAMI/T. SCHLAG (Hrsg.), Hoffnung auf Gott – Zukunft des Lebens. 40 Jahre „Theologie der Hoffnung", Gütersloh 2005, 212-238.

Markus Dröge

Eberhard Jüngel, Gott als Geheimnis der Welt. Zur Begründung der Theologie des Gekreuzigten im Streit zwischen Theismus und Atheismus, ED Tübingen 1977

1. Einleitung

Das zuerst 1977 erschienene Buch beansprucht eine Neubegründung des Gottesgedankens. Die Notwendigkeit dieser Neubegründung sieht Jüngel in der Situation des neuzeitlichen Atheismus, sofern er sich als Konsequenz des metaphysischen Gottesbegriffs verstehen lässt. Der Vorordnung dieses Gottesbegriffs und seines Axioms der Apathie, Unveränderlichkeit und allmächtigen Herrschaft Gottes vor die Christologie ist zu widersprechen. Gottes trinitarisches Wesen im Ganzen ist von seinem Sichidentifizieren mit dem gekreuzigten Menschen her zu verstehen. Es soll gezeigt werden, dass Gott nur als der sich in diesem Ereignis selbst mitteilende wirklich als Gott zu denken ist. Gerade der den metaphysischen Gott negierende neuzeitliche Atheismus, wenn er denn in seiner Genese reflektiert wird, gilt dabei als Chance dafür, dass die christliche Theologie (wie zuvor in der Reformation) erneut und vertieft zu sich selbst kommt.

Jüngels Buch erschien in einer Situation, in der auf dem Boden des Neuanfangs der evangelischen Theologie nach dem 1. Weltkrieg der alte Streit zwischen Barthscher Christozentrik und lutherischer Unterscheidung von Gesetz und Evangelium langweilig geworden schien. Die in den 50er Jahren von Fuchs und Ebeling im Anschluss an Bultmann sowie Luthers Worttheologie entwickelte hermeneutische Theologie schien ein neues theologisches Paradigma zu bieten, den Wahrheitsanspruch des Glaubens zu denken, ohne das kritische Bewusstsein seiner Geschichtlichkeit zu vernachlässigen. Auf der anderen Seite hatte sich in den 60er Jahren aus verschiedenen theologischen Traditionen, jedoch maßgeblich vorbereitet durch die Barthianische Ablehnung der lutherischen Zweireichelehre und ihres Sündenbegriffs, eine Theologie gebildet, deren Skopus die Veränderung der Gesellschaft im Sinne eines erneuerten religiösen Sozialismus war. Im dialektischen Gegenzug ließ sich seit Anfang der 70er Jahre die Tendenz zu einem synkretistischen Mystizismus beobachten.

Alle drei Entwicklungen sind auf dem Hintergrund einer breiten Tradition metaphysikkritischen Denkens zu verstehen, die auf den Deutschen Idealismus (insbesondere Hegel) zurückgeht und zunehmend auch theologisch zu einer Auflösung des theistischen Gottesbegriffs zu führen schien. Im 20. Jahrhundert wurde hier der phänomenologische, auf den Gedanken des Absoluten verzichtende Ansatz Heideggers prägend, in den 60er Jahren radikalisiert etwa durch Derrida. Auf diesem Hintergrund konnten sowohl die Barthsche Ablehnung einer natürlichen Theologie als auch die Bultmannsche Maßgabe, die Theologie habe nicht Gott an sich, sondern das im Glauben als geschichtlicher Existenzweise gegebene Gottesverhältnis zu denken, gleichermaßen als zeitgemäß erscheinen.

Die genuin theologische Argumentation Barths und Bultmanns geriet in der politischen Theologie der 60er Jahre jedoch zunehmend in Auflösung. In den USA war eine seichte Gott-ist-tot-Theologie entstanden. In Deutschland verstand Braun den Begriff Gott als Ausdruck von Mitmenschlichkeit oder Liebe. Sölle versuchte dies durch eine explizit nachtheistische Theologie des sich ganz zum leidenden Menschen entäußernden Gottes zu vertiefen.

„Am Ende der Geschichte der Metaphysik scheint Gott undenkbar geworden zu sein" – demgegenüber „ist Gott wieder denken zu lernen" (Vorw. 1.A.). Jüngels Befürchtung, dieser Anspruch sei unzeitgemäß, widersprach der Erfolg des Buches (vgl. Vorw. 3.A.). Jüngel machte Ernst mit der von Heidegger wiederholt erhobenen Forderung, die Theologie solle „die Kategorien ihres Denkens und die Art ihrer Sprache" aus dem Glauben und nicht philosophisch begründet sein lassen (vgl. Wegmarken, 69). Indem das Buch als Bedingung der Möglichkeit von Gott zu reden und ihn zu denken die Annahme expliziert, dass Gott sich selbst sprachlich zu verstehen gegeben hat und zu verstehen gibt (eine Annahme, die auch die Sprache neu zu denken aufgibt), entwickelte Jüngel die hermeneutische Theologie seines Berliner Lehrers Ernst Fuchs weiter – in Gespräch und Auseinandersetzung vor allem mit seinem Tübinger Vorgänger Ebeling sowie mit Ricoeur. Die Kritik am theistischen Gottesbegriff nahm Jüngel auf – jedoch nicht, um den Gottesbegriff aufzulösen, sondern um ihn von der Selbstmitteilung Gottes her ursprünglich zu denken. Für den breiten theologiegeschichtlichen Rückgriff, in dem Jüngel diesen Gedanken entwickelte, sind nach eigenem Zeugnis „Luther, Hegel und Karl Barth" entscheidend gewesen (Wertlose Wahrheit, 158). Als die wichtigsten Vorarbeiten sind zu nennen *Gottes Sein ist im Werden* (1965), *Vom Tod des lebendigen Gottes* (1968) und *Metaphorische Wahrheit. Erwägungen zur theologischen Relevanz der*

Metapher als Beitrag zur Hermeneutik einer narrativen Theologie (1974). Als zeitgenössische Diskussionspartner Jüngels sind zu erwähnen Mühlen (zur Verbindung von Kreuz und Trinität), Prenter (zur Theologie der Liebe), Metz (zur narrativen Theologie) und Rahner (zur Trinitätslehre). Moltmanns Arbeiten zur Kreuzestheologie scheinen dagegen im Verhältnis zu Jüngels Ansatz eher sekundär.

2. Der Gedankengang

Der Aufbau des Buches ist nicht einlinig diskursiv, sondern bewusst redundant; seine Teile explizieren denselben Gedanken in fünf verschiedenen, ihn erweiternden und zugleich konzentrierenden Durchgängen. Bereits die Einleitung (Teil A) stellt den gesamten Gedankengang als These vor. Teil B unterscheidet eine neuzeitlich atheistische und die genuin theologische Rede vom Tod Gottes. Jene bezieht sich auf den metaphysischen, diese aber auf den christologisch bestimmten Gottesbegriff. Entsprechend stellt Teil C zunächst die neuzeitliche Negation Gottes als Konsequenz dessen dar, dass der metaphysische Gottesbegriff für die „neuzeitliche Selbstbegründung des Denkens" funktionalisiert wurde. Dann expliziert er den Anspruch des Wortes vom Kreuz als „Ort der Denkbarkeit Gottes". Die Teile D und E ziehen Konsequenzen für die Gotteslehre. Erst wird das Verhältnis von Geheimnis und sprachlicher Erschlossenheit bestimmt. Dem entspricht dann material der abschließende Gedanke des trinitarischen Wesens Gottes als Liebe.

Im Einzelnen: Am Anfang der Einleitung (1-54) steht die Zeitdiagnose, dass der verbreiteten These von der Undenkbarkeit Gottes die „Sprachlosigkeit der Theologie" entspricht (2). Damit ist die Aufgabe gestellt, die neuzeitliche „Grundaporie" der Rede von Gott „als Möglichkeit einer [...] theologischeren Theologie auszuarbeiten" (3). Zu dieser Ausarbeitung gehört aber auch die sprachphilosophische Einsicht, dass Sprache nicht nur als ein sich auf die Welt der Gegenstände beziehendes Zeichensystem zu verstehen ist, sondern auch als kommunikative Wirklichkeit selbst. Die theologische These ist dann, dass der ursprüngliche Anspruch schon des Wortes „Gott" Gottes sprachliche Selbstmitteilung impliziert, und dass diese den Gedanken seiner abstrakten Absolutheit nur voraussetzt, um sich von ihr abzustoßen. Entsprechend versteht der Mensch Gott, die Welt, sich selbst und auch sein Denken (vgl. 9) vom gegebenen Wort Gottes her. „Was das Wort ‚Gott' signalisiert, ist also selber nur *im* Wort zu finden" (12).

Dagegen ist die neuzeitliche Aporie des Gottesgedankens darin begründet, dass der Mensch seine Begriffe von Wirklichkeit und Notwendigkeit konsequent als Funktionen seiner Subjektivität im Weltverhältnis konstruiert. Dann aber ist unter der Voraussetzung eines Begriffs von Gott als eines absolut Notwendigen im Gegenüber zur erfahrbaren Welt die Reflexion unausweichlich, dass Gott „weltlich nicht notwendig" (19. 21) und damit auch nicht sinnvoll denkbar ist. Erneute Relevanz kann die Rede von Gott jedoch mit der fundamentalen „Möglichkeit des Nichtseins" (38) gewinnen. In ihr macht der Mensch eine „Erfahrung mit der Erfahrung" – entweder die ambivalente Grunderfahrung der Angst (Heidegger) und Dankbarkeit, oder eben die eindeutige, „nicht ableitbare" „Erfahrung der Bejahtheit des Seins", in der Gott als der erfahren wird, der (im Sinne weltlicher Notwendigkeit) „mehr als notwendig" ist (40f.). Damit ist die Aufgabe gestellt, die weltliche Nichtnotwendigkeit Gottes positiv als Ausdruck seiner freien, absoluten Selbstbestimmung zu denken, in der er sich zur Kontingenz des Menschseins bestimmt: „Gott kommt gemäß seiner [...] Selbstbestimmung so zu sich selbst, daß er dabei zum Menschen kommt" (47).

Teil B (55-137) entwickelt die Rede vom Tode Gottes als hermeneutischen Schlüssel der neuzeitlichen Gottesfrage. Wenn der christologische Ursprung dieser Rede in der Neuzeit dem atheistischen Ursprung widerspricht, so impliziert das eine Revision des traditionellen Verhältnisses von metaphysischem Gottesbegriff und Christologie. Auf paradigmatische Weise haben das zuerst Hegel und Bonhoeffer geleistet. Jüngel beschreibt zunächst die neuzeitliche Konstellation der Gottesfrage: auch der Mensch, der in dem Bewusstsein lebt, seine Welt theoretisch und praktisch zu konstruieren, fragt in der Einsamkeit und erdrückenden Verantwortung dieser Autonomie nach Gott. Doch dem metaphysisch als reine Wirklichkeit gedachten Gott kann im Zusammenhang dieser Welt keine Wirklichkeit zugesprochen werden. Er ist nicht nur abwesend, sondern in seinem Begriff verneint. Im Folgenden interpretiert Jüngel Bonhoeffers *Widerstand und Ergebung*. Die theologische Antwort besteht hier darin, die Gottlosigkeit des autonomen Menschen kreuzestheologisch einzuholen und Gottes Präsenz in der existenziellen Negativität jenes Weltbewusstseins zu erwarten. Die theologische Integration der neuzeitlichen Autonomie des Menschen und der entsprechenden Negation „der weltlichen Notwendigkeit Gottes" (78) geschieht in dem Gedanken, dass das Leiden Gottes in Christus gerade in der Gottlosigkeit Gottes Präsenz verheißt. Doch wie ist eine die Negation voraussetzende Präsenz zu denken? Hier setzt eine umfangreiche Interpretation der zu Recht in der Tradition Luthers gesehenen „philosophischen Theologie" (83) Hegels ein, die vor allem die Schriften *Glauben und Wissen* sowie die *Phänomenologie des Geistes* umfasst. Der Vermittlungspunkt zwischen dem neuzeitlichen „Grundgefühl", Gott selbst sei tot, und der Kreuzestheologie ist hier die aus seiner Welt ganz in sich reflektierte Subjektivität des Menschen. Die Nichtigkeit aber, die sich im Bewusstsein seiner völligen Gottlosigkeit ausdrückt, ist als Moment absoluter Selbstvermittlung zu begreifen. Der am Kreuz angeschaute Tod Gottes ist als „Selbstnegation Gottes" verstanden, in der er sich selbst „als versöhnte Totalität" vermittelt (98f.). Im Verlauf dieser Hegel-Interpretation entwickelt Jüngel entscheidende Formulierungen seiner Theologie – sie hat also zentrale Bedeutung. Dazu gehört die christologische Zuspitzung, dass im Tod Christi Gott Mensch wird (102f. u.ö.). Weiter kann Jüngel in diesem Zusammenhang Hegels Gedanken, dass Gott „unendliche Liebe" beweist, indem er sich im Tod Christi „mit dem ihm Fremden identisch gesetzt hat" (122), mit der Formulierung vom Sich-Identifizieren Gottes mit dem gekreuzigten Jesus aufgreifen. Und schließlich folgt er Hegels Begriff vom Leben Gottes bzw. des Geistes, das sich darin beweist, dass es die Negation, den Tod erträgt und integriert. So lässt sich nicht nur gleichermaßen mit Barth wie mit Hegel sagen: „Gottes Sein" ist „im Werden" (118), sondern dies auch in einer an Hegel geschulten Begrifflichkeit trinitarisch ausarbeiten. Die Hegel-Kritik Jüngels wirkt demgegenüber etwas plakativ: nicht eine allgemeine Vergottung des Menschen, sondern die definitive Unterscheidung von Gott und Mensch ist der Sinn jener Selbstidentifikation Gottes (124). Diesem Sinn muss also der „Respekt vor der

Einmaligkeit Christi" entsprechen (128). Die Differenz zu Hegel lässt sich auch darin auf den Punkt bringen, dass Jüngel das Denken als menschliches Denken festhält. Menschlich aber ist nicht der Mensch als Gemeinschaft von Gott und Mensch zu denken, sondern Gott.

Teil C „Zur Denkbarkeit Gottes" (138-306) will methodisch den Fehler der dialektischen Theologie korrigieren, sich nicht wirksam mit der „geschichtlichen Situation des Denkens" auseinandergesetzt zu haben (271). Die „Krise des Gottesgedankens" ist nachzuvollziehen, um die ursprünglich mögliche Gottesgewissheit freizulegen (144). Jüngel zeigt zunächst im Verlauf einer detaillierten Interpretation Descartes und Kants, wie die revolutionäre Selbstbegründung des methodisch zweifelnden Denkens, d.h. seine Selbstvergewisserung als Funktion des Ich denke, die Existenz des metaphysisch gedachten Gottes undenkbar machte. Gewiss ist Wirklichkeit nur als Wirklichkeit für mich, als Funktion der Identität des Subjekts. Der Begriff des allmächtigen Gottes scheint zwar zunächst noch nötig, um zwischen absolutem Ich denke und wirklicher Welt zu vermitteln (152f.), als menschlichem Begriff kann ihm aber keine Wirklichkeit (Existenz) entsprechen. Diese Konsequenz ziehen Fichte, Feuerbach und Nietzsche (170-203). Bei Nietzsche beginnt sich die Genese des Atheismus selbst durchsichtig zu werden, indem er als Tat des sich selbst begründenden Menschen verstanden wird. Jüngel sieht diesen Prozess positiv, weil er ermöglicht, den Gottesgedanken neu zu konstituieren – unter der Voraussetzung der „Begegnung mit Gott", also seiner Selbstmitteilung (204f.). Hier beginnt das theologische Herzstück des Buches. Die Voraussetzung des konkreten Gottesgedankens ist der Anspruch der Selbstidentifikation Gottes mit dem gekreuzigten Jesus. „Ort der Denkbarkeit Gottes" ist das Wort (206); Gott ist „als der Redende" zu denken (210). Die Frage, inwiefern ursprüngliche Selbstmitteilung und ursprüngliche Verkündigung zu unterscheiden sind, bleibt allerdings offen.

Nur vom wirklichen Anspruch Gottes her ist auch die Ansprechbarkeit des Menschen auf Gott zu verstehen, statt sie a priori zu konstruieren. D.h. nur so ist die wahre Absolutheit Gottes zu denken. Zwar wird dieser Anspruch nur im Widerspruch zum allgemeinen Vorverständnis Gottes verständlich (209). Doch scheint Jüngel dies nur als Reflex der Sünde zu verstehen. Im supralapsarischen Sinn tritt an die Stelle etwa eines rationalen Vorverständnisses Gottes das Verhältnis Jesu zum „Vater" als Bedingung, die im Wort vom Kreuz verkündigte Identität als Ausdruck der Selbstunterscheidung von Vater und Sohn zu verstehen. Ist Glaube die „Relation des sich auf den anredenden Gott einlassenden Menschen", so bedeutet das für das Verhältnis von Glauben und Vernunft: Vernünftige Theologie denkt dem Glauben nach, die Vernunft „selbst glaubt jedoch nicht" (219). Andererseits bedeutet Glauben selbst auch ein Denken des Anspruchs. Entsprechend nennt Jüngel das Denken des zum Menschen und so zu sich kommenden Gottes ein „von Gott mitgenommen werden" (213). Die Unterscheidung von Glaube und Vernunft verschärft sich im Zuge der impliziten Auseinandersetzung mit der lutherischen Erbsündenlehre und wird dabei zu einer Unterscheidung der Vernunft selber. Gott „Denken heißt: die Vernunft durch den Rückgang in eine von ihr nicht bewirkte Herkunft auf Zukunft hin in Bewegung setzen, so daß sie die Bewegung des Um-sich-selber-Kreisens verläßt" (225). Glaube bedeutet insofern eine menschlicher Selbstbegründung widersprechende „Entsicherung" (227ff.), in der der Mensch endlich seinem Wesen entspricht, sein Selbstverhältnis primär im Gespräch zu finden. Entsicherung bedeutet die Vernichtung des Fürsichseins als Um-sich-selber-Kreisen – aber aufgrund der Selbstzusage Gottes, nicht im Sinne eines vorlaufenden Gerichtswortes: Indem der Mensch sich auf Gott verlassen kann, kann er „sich verlassen“ (243f.). Dem entspricht ein im Anschluss an Luther entwickelter Begriff wahrer Gegenwart, in dem sich die Rede von Gott als offenbarem Geheimnis ankündigt. Der Mensch findet seine Wahrheit außer sich, nämlich im Kreuz Christi, also dort, wo das Wort sub contrario Gottes Gegenwart behauptet, die es auch vollzieht: im Wort ist „Gott als Gott anwesend“ (311). Im Hinblick auf den Gottesgedanken ist dann festzuhalten, dass diese Gegenwart und Gottes Wesen nicht zu trennen sind. Das Kreuz bedeutet, dass der Mensch in der (im Glauben realisierten) Nichtigkeit seines Fürsichseins zum Leben Gottes gehört. Indem Gott das Nichts, die Vergänglichkeit in sein Leben aufnimmt, ist er in sich als Werden zu verstehen, und zwar so, dass dieses Sein im Werden schöpferisch ist. Auch die Schöpfung der Welt aus dem Nichts ist vom Kreuz her zu verstehen. Das Nichts wird zur (so formuliert Jüngel mit Hegel) „konkreten Negation“ „schöpferisch umfunktioniert“. Es gehört zu Gottes Leben, indem er „der für andere Seiende“ ist (298).

Teil D (307-408) will das „Verhältnis Gottes zur menschlichen Sprache“ (313) weiter klären. Dies geschieht, indem in zwei Durchgängen zunächst die Tradition der negativen Theologie (v.a. Pseudo-Dionysius) interpretiert wird, nach der Gott nur als der Unsagbare zur Sprache gebracht werden kann. Durch eine präzise Interpretation der Lehre von der analogia entis vor allem bei Thomas und in der theologischen Gegenwart (Przywara) zeigt Jüngel, dass auch sie einer „Hermeneutik der immer noch größeren Unähnlichkeit zwischen Gott und dem von ihm redenden Wort“ unterliegt (333); die „vollkommene Ähnlichkeit der Relationen“ wird „von einer immer noch größeren Unähnlichkeit der Relata übertroffen“ (387). Zwar wird so der scheinbar naive Anthropomorphismus der biblischen Rede von Gott korrigiert (352). Aber dass Gott selbst zur Sprache kommt, ist ausgeschlossen – wie überhaupt dann, wenn die Rede von Gott vom menschlichen Verstehensvermögen, etwa von der menschlichen Frage her konzipiert wird. Doch die menschliche Frage nach dem Sinn – warum ist überhaupt etwas? – fragt noch nicht nach Gott, da sie keinen Adressaten hat, d.h. auf ein Unbekanntes zielt. Nach Gott selbst ist gefragt, wenn der Fragende bereits von Gott angesprochen ist (335-337). Wenn dies „das Fragen so in Gang setzt, daß es dem ins Fragen bringenden Ereignis sich um so intensiver zuwendet, je mehr es von ihm erfährt [...] dann verdient das ins Fragen bringende Ereignis Geheimnis […] genannt zu werden“ (339). Doch muss sich der Anspruch des Kreuzes nicht auch auf eine diesem Nichts entsprechende Erfahrung beziehen? Und schließt dessen Bedeutung nicht auch die Frage ohne Adressaten ein?

Am Anfang von Jüngels Auseinandersetzung mit dem auf negative Theologie oder Atheismus hinauslaufenden Anthropomorphismusvorwurf steht wieder ein anthropologischer Exkurs: die Tatsache, dass Denken unhintergehbar sprachlich ist und jedes sprachliche Verständnis ein Selbstverhältnis und Selbstverständnis impliziert, widerspricht nicht dem Erkenntnisanspruch. Sprache ist Wirklichkeit als sich erschließende. Das heißt, dass sich theologisch die anthropomorphe menschliche Rede von Gott positiv verstehen lässt – indem die Annahme, dass Gott von sich aus zur menschlichen Sprache kommt, als Lehre von der Analogie des Glaubens ausgearbeitet wird. Jüngel schließt sich hier kritisch an Barth an. Es geht um eine „Analogie des Advent“ (389), deren Sprachereignis an der Selbstidentifikation Gottes mit dem Menschen am Kreuz teilhat. In der ursprünglichen Anrede der weltlichen Gleichnisse des Reiches Gottes, indem sie Glauben finden, ereignet es sich im menschlichen Leben (407). Das impliziert, dass ihr ursprünglicher Erzähler, dessen Leben im Kreuzestod integriert ist, selbst als Gleichnis Gottes verstanden wird. „Der Sohn ist [...] das personale Gleichnis des Vaters, er repräsentiert den Vater“ (395). Die „Differenz von Gott und Mensch“ wird die „einer inmitten noch so großer Unähnlichkeit immer noch größeren Ähnlichkeit“ (393 u.ö.).

Abschnitt E „Zur Menschlichkeit Gottes“ (409-543) erfüllt die in der Einleitung gestellte Aufgabe, die absolute Selbstbestimmung Gottes trinitarisch von seinem Kommen zum Menschen am Kreuz her, d.h. als Liebe zu denken. Dabei kommt es zu einer Anreicherung der Formel von der Selbstidentifikation Gottes durch eine theologische Bestimmung der Begriffe Geschichte, Liebe und Leben. Die in ihnen auszusagende Menschlichkeit Gottes legt zugleich frei, was menschliche Geschichte, menschliche Liebe und menschliches Leben bedeuten können. So impliziert Gottes Selbstidentifikation mit dem Menschen am Kreuz die „Identifikation mit der Geschichte Jesu“ bzw. mit seinem in reiner Offenheit für Gottes Nähe „gelebten Leben“ (497). Das bedeutet zum einen, dass dem Menschenleben „ewige Zukunft zugesprochen“ ist (411), zum anderen dass Gott in seiner Menschlichkeit als Geschichte zu erzählen ist – zentral als Geschichte des Lebens und Todes Jesu. Damit wird auch die menschliche Selbsterfahrung freigelegt, dass Bewusstsein stets „durch Geschichte konstituiert“ ist und auch die Vernunft eine „narrative Tiefenstruktur“ aufweist (414f.), was ihrem „post-narrativen“, konstruktivistischen Selbstverständnis widerspricht (426f.).

Gilt es, Gottes Sein trinitarisch als Geschichte seiner Liebe zu erzählen, so ist zunächst, im Dienste der Analogie des Glaubens, das Vorverständnis von Liebe im Sinne einer Eros und Agape umschließenden „Dialektik von Sein und Nichtsein“ (438) zu vertiefen. Das Ich kommt im Anderen zu sich selbst. Beide finden sich in gegenseitiger Selbsthingabe, die also ein „neues Selbstverhältnis“ konstituiert (444). Inbegriff der Hingabe aber ist der Tod des liebenden Ich: Liebe „vereinigt Leben und Tod zugunsten des Lebens“. Das heißt, Liebe bedeutet das Leben einer Gemeinschaft, das den Tod des Einzelnen „in sich birgt“ (446). Das Kreuz bedeutet nun, dass Gott selbst als schöpferische Liebe bzw. als lebendiger Gemeinschaftsvollzug zu denken ist – als Einheit seiner Selbstunterscheidung und zugleich als Gemeinschaft mit dem Menschen, indem er sich in seiner Selbstunterscheidung mit dem in seinem Fürsichsein toten Menschen identifiziert. Im Tod Jesu „ereignete“ sich „Gott selbst“ (497). Entsprechend muss sich die Gewissheit des Glaubens theologisch als (dem Geist entsprechende) Teilhabe an der gegenseitigen Liebe von Gott als Liebendem (Vater) und Geliebtem (Sohn) verstehen.

Im Kontext des trinitarisch ausgearbeiteten Begriffs vom Leben Gottes kommt es zur abschließenden Näherbestimmung der christologischen Formel: Die Selbstidentifikation Gottes mit dem toten Jesus am Kreuz, aber auch die darauf zielende Schöpfung, impliziert unmittelbar seine Selbstunterscheidung. Dass Gott zum Menschen kommt bedeutet, dass sie die Gottverlassenheit des Menschen umfasst. Der

Vater trennt sich von seinem Sohn – eben dies wird als seine Sendung „vorgestellt" (448, vgl. 498). Er erleidet „als Gott der Sohn die Verlassenheit von Gott dem Vater" (504). Als die Einheit seiner Selbstunterscheidung aber, die sich als Geist vollzieht, versöhnt er den Menschen mit sich. Eine Frage ist, ob sich darin (bzw. in der darin entschiedenen Geschichte) ursprünglich das Sein Gottes vollzieht. Jüngel nennt die Lehre der immanenten Trinität den „summarischen Begriff" der ökonomischen: „Gottes Sein ist im Kommen" (475, vgl. 507). Oder als ein Selbstverhältnis formuliert, dessen Dynamik darin besteht, dass es als solches das Verhältnis zum Andern (zum Menschen) ist: Gott ist eine „inmitten noch so großer [...] Selbstbezogenheit immer noch größere Selbstlosigkeit" (506). Ist der Geist der Vollzug der Einheit jener Selbstunterscheidung, in den die Menschen „einbezogen" werden, so gilt: „Als Heiliger Geist ist Gott das Geheimnis der Welt". Denn das trinitarische Leben Gottes ist „die Selbstunterscheidung des unsichtbaren Vaters [...] von dem als Mensch sichtbaren Sohn [...] und dem als Band der Einheit und Liebe" zwischen ihnen „auf unsichtbare Weise sichtbare Wirkungen hervorbringenden Geist" (520).

3. Wirkungsgeschichte

Das Buch ist bisher in sieben Auflagen erschienen und wurde in viele Sprachen übersetzt. Bemerkenswert ist seine starke Rezeption auch in der katholischen Theologie, etwa was die Begründung der Trinitätslehre betrifft. Außerdem führte es zu einer vertieften Diskussion der Theodizeefrage. Ein Dokument seiner gegenwärtigen Wirkungsgeschichte ist die im Jahr 2004 unter dem Titel *Denkwürdiges Geheimnis* erschienene Festschrift zum 70. Geburtstag Jüngels.

Anders als theologische Zeitgenossen wirkte Jüngel nicht strategisch schulbildend. Dass er bewusst eigenständige Fortentwicklungen seines theologischen Ansatzes förderte, dafür stehen z. B. die Namen I. U. Dalferth (vgl. *Der auferweckte Gekreuzigte* 1994), J. Fischer und Chr. Janowski. Jüngels Ansatz wirkt aber auch in die exegetischen Fächer hinein.

Dazu kommt die Breitenwirkung eines enormen Lehrerfolges. Was wirkte, war die sprachlich brilliante Konzentration der Theologie, die Versöhnung von Exegese und Dogmatik, die Synthese von lutherischer und barthscher Theologie, aber auch die Höchstschätzung philosophischer Intelligenz, ohne das heideggersche Diktum von der Todfeindschaft philosophischer und christlicher Existenz zu vergessen (vgl. Wegmarken, 66).

In der Gegenwart wurde Jüngels Theologie zu einer Hauptprojektionsfläche für die neoliberale Einforderung einer religionsphilosophischen Grundlegung der Dogmatik. Die gründliche Auseinandersetzung mit Jüngels Anspruch, konsequent Gott zu denken, ist dabei aber noch nicht weit gediehen.

Literatur

Quellen und Werkausgaben

JÜNGEL, E., Gott als Geheimnis der Welt. Zur Begründung der Theologie des Gekreuzigten im Streit zwischen Theismus und Atheismus, Tübingen 1977.

JÜNGEL, E., Paulus und Jesus. Eine Untersuchung zur Präzisierung der Frage nach dem Ursprung der Christologie, Tübingen 1962. [7]2004.

JÜNGEL, E., Gottes Sein ist im Werden, Tübingen 1965. [4]1986.

JÜNGEL, E., Vom Tod des lebendigen Gottes (1968), in: Unterwegs zur Sache. Theologische Bemerkungen, 1972, 105-125.

JÜNGEL, E., Metaphorische Wahrheit. Erwägungen zur theologischen Relevanz der Metapher als Beitrag zur Hermeneutik einer narrativen Theologie“ (1974), in: Entsprechungen: Gott – Wahrheit – Mensch. Theol. Erörterungen. [2]1986, 103-157.

JÜNGEL, E., Wertlose Wahrheit. Zur Identität und Relevanz des christlichen Glaubens. Theologische Erörterungen III, München 1990. [2]2003.

Sekundärliteratur

DALFERTH, I.U. (Hrsg.), Denkwürdiges Geheimnis. Beiträge zur Gotteslehre (FS E. Jüngel), Tübingen 2004.

HEIDEGGER, M., Wegmarken, Frankfurt/Main [2]1978.

WEBSTER, J.B., Eberhard Jüngel. An Introduction to his Theology, Cambridge 1991.

Tom Kleffmann

Mitarbeiterverzeichnis

APPEL, KURT, Prof. Dr. Dr., Katholisch-Theologische Fakultät der Universität Wien
AXT-PISCALAR, CHRISTINE, Prof. Dr., Theologische Fakultät der Universität Göttingen
BEUTEL, ALBRECHT, Prof. Dr., Evangelisch-Theologische Fakultät der Universität Münster
BOSS, GÜNTHER, Dr., Triesenberg
BRANTS, ADRIAN, Dr., Theologische Fakultät der Radboud University Nijmegen
DANZ, CHRISTIAN, Prof. Dr., Evangelisch-Theologische Fakultät der Universität Wien
DIETRICH, THOMAS, Dr., Freiburg
DRECOLL, VOLKER HENNING, Prof. Dr., Evangelisch-Theologische Fakultät der Universität Tübingen
DRÖGE, MARKUS, Dr., Koblenz
GMAINER-PRANZL, FRANZ, Dr. Dr., Katholisch-Theologische Fakultät der Universität Salzburg
GROSSE, SVEN, Dr. habil., Fachbereich Evangelische Theologie der Universität Hamburg
KLEFFMANN, TOM, Prof. Dr., Fachbereich 01/Evangelische Theologie der Universität Kassel
KLINGER, ELMAR, Prof. Dr., Katholisch-Theologische Fakultät der Universität Würzburg
KLITZSCH, INGO, Dr., Theologische Fakultät der Friedrich-Schiller-Universität Jena
KÖPF, ULRICH, Prof. Dr., Evangelisch-Theologische Fakultät der Universität Tübingen
KÖRTNER, ULRICH H.J., Prof. Dr., Evangelisch-Theologische Fakultät der Universität Wien
LEEB, RUDOLF, Prof. Dr. Dr., Evangelisch-Theologische Fakultät der Universität Wien
LEPPIN, VOLKER, Prof. Dr., Theologische Fakultät der Friedrich-Schiller-Universität Jena
MIETH, DIETMAR, Prof. Dr., Katholisch-Theologische Fakultät der Eberhard Karls Universität Tübingen
OSTHÖVENER, CLAUS-DIETER, Prof. Dr., Fachbereich A (Evangelische Theologie) der Bergischen Universität Wuppertal
PFLEIDERER, GEORG, Prof. Dr., Theologische Fakultät der Universität Basel
PLASGER, GEORG, Prof. Dr., Fachbereich 1/Evangelische Theologie der Universität Siegen
REIKERSTORFER, JOHANN, Prof. Dr. Dr., Katholisch-Theologische Fakultät der Universität Wien
RIEGER, HANS-MARTIN, PD Dr., Theologische Fakultät der Friedrich-Schiller-Universität Jena
ROSE, MIRIAM, Dr., Evangelisch-Theologische Fakultät der Universität München

SCHELIHA, ARNULF VON, Prof. Dr., Fachbereich Evangelische Theologie der Universität Osnabrück

SCHLOSSER, MARIANNE, Prof. Dr., Katholisch-Theologische Fakultät der Universität Wien

SIEBENROCK, ROMAN ANTON, Prof. Dr., Katholisch-Theologische Fakultät der Universität Innsbruck

STEIGER, JOHANN ANSELM, Prof. Dr., Fachbereich Evangelische Theologie der Universität Hamburg

STRUTWOLF, HOLGER, Prof. Dr., Evangelisch-Theologische Fakultät der Universität Münster

TREITLER, WOLFGANG, Prof. Dr., Katholisch-Theologische Fakultät der Universität Wien

ULRICH, JÖRG, Prof. Dr., Theologische Fakultät der Martin-Luther-Universität Halle-Wittenberg

VODERHOLZER, RUDOLF, Prof. Dr., Theologische Fakultät Trier

WAGNER, HARALD, Prof. Dr., Katholisch-Theologische Fakultät der Universität Münster

WALTER, PETER, Prof. Dr., Theologische Fakultät der Universität Freiburg

WISCHMEYER, WOLFGANG, Prof. Dr., Evangelisch-Theologische Fakultät der Universität Wien

WITTEKIND, FOLKART, PD Dr., Evangelisch-Theologische Fakultät der Universität Bochum

ZECHMEISTER, MARTHA, Prof. Dr., Katholisch-Theologische Fakultät der Universität Passau